비트 바이 비트

디지털 시대의 사회조사방법론

디지털 시대의 사회조사방법론

비트 바이 비트

매튜 살가닉 지음 | 강정한·김이현·송준모·윤다솜 옮김

MATTHEW J. SALGANIK

동아시아

차례

3장 _ 질문하기　　　　　　　　　　　　　　　　　• 121

옮긴이의 글

번역이란 매우 어려운 작업이다. 나는 번역을 해봐서 이 사실을 아는 게 아니라, 주변에 뛰어난 학자들이 번역을 하는 과정을 보고 그들의 고충을 들으면서 간접적이지만 확실하게 깨달았다. 번역이 얼마나 어려운지 알고, 이 책을 번역하기 이전에는 번역 경험이 없던 내가 어떻게 이 책을 번역하게 되었는지 간단히 적으려 한다.

우선 이 책의 저자인 매튜 살가닉Matthew J. Salganik은 나와 같은 사회학자이며 그가 《사이언스Science》에 게재한 대중음악 실험은 내가 사회학자로서 가장 좋아하는 연구논문 중 하나이다. 나는 기회가 될 때마다 이 글을 수업에서 학생들에게 소개하며 아직까지 이 연구를 뛰어넘는 온라인 실험은 본 적이 없다고 말하곤 한다. 그런 그가 연구년을 바쳐 데이터과학에 대한 교과서를 썼다는 것은 매우 반가운 일이며, 데이터과학을 공부하면서 연구하는 나에게 꼭 필요한 책일 뿐 아니라 동료와 학생들에게도 꼭 소개하고 싶은 책이었다. 데이터과학에서는 종종 소위 '비정형' 데이터를 정형화시킬 수 있는 창의성과 기술이 중요하다. 이와 비슷하게, 데이터과학이라는 학문 자체가 아직 많은 부분에서 비정형적인 속성이 있다. 이 책은 그러한 데이터과학의 특성을 정형화해서 소개하는 보기 드문 수작이다.

다음으로 어쩔 수 없는 상황도 있었다. 이 책의 가치와 번역에 대한 관심을 학과 동료인 김영미 교수님에게 말한 적 있는데, 김영미 교수님이 마침 이러한 내 관심을 미국에서 살가닉 교수를 만난 기회에 전달했고 번역은 급물살을 타게 되었다. 번역이 얼마나 어려운지 알고, 또 내 자신의 고유한 연구에 우선을 둘 수밖에 없는 환경에서 주저하던 나는, 더는 미뤄둘 길 없이 번역을 진행시켰다. 이 글을 빌려 김영미 교수님에게 감사드린다.

세 번째로, 나는 혼자 번역해야 했다면 번역을 꿈도 꿀 수 없었을 것이다. 이 책은 비교적 쉬운 영어로 쓰였지만 양이 많았고, 나는 글 읽는 속도도 느리고 우리말 어휘도 빈약할 뿐 아니라, 무엇보다도 뛰어난 학자에게도 번역이 얼마나 어려운지 알고 있었기 때문이다. 그러나 내 주변에는 항상 뛰어난 동료이자 제자인 대학원생들이 있어왔고, 마침 함께 번역을 해줄 김이현, 송준모, 윤다솜 학생이 있었다.

마지막으로, 사회학자로서 이 책을 통해 전달하고 싶은 메시지들이 있었다. 우선 데이터과학은 빅 데이터 분석보다 훨씬 다양하고 깊은 활동을 포함한다는 점이다. 빅 데이터 분석은 다양한 데이터과학 활동의 한 종류나 단계일 뿐이며, 어떤 종류의 사회과학이건 사회를 설명하고자 하는 이론적 욕구 없이는 훌륭한 연구가 불가능하다는 점이 이 책에 잘 드러나 있다. 다음으로 (적어도 사회과학적) 데이터과학은 모니터 앞에 홀로 앉아 코딩을 짜고 있는 활동보다, 상상하고 소통하고 협업하고 연구의 윤리성을 고민하는 활동들이 더 중요하다는 메시지이다. 데이터과학은 외롭고 차가운 분야가 아니라 끊임없이 주변 동료를 설득하고 공감하면서 내 연구의 사회적 책임을 성찰해야 하는 분야이다.

이 정도로 번역의 계기를 요약하고, 다음으로 여러 분들께 감사의 뜻을 표하고 싶다. 우선 2019년 봄 학기 지식정보사회 수업에 참여한 연세대학교 학부생들에게 감사한다. 이 당시 불완전한 번역본을 통해서라도 수강생들에게 이 책을 소개하고 싶었고, 초벌 번역을 온라인 문서로 그들과 공유하는 대신 그들은 오역을 바로잡거나 더 나은 표현을 제안해주었다. 이 책에서도 비중 있게 소개하고 있는 협업의 예를 실현할 수 있게 해준 당시 수강생들을, 잠시 지면을 할애하여 소개한다. 고하영, 권아름, 김나영, 김동현, 김유민, 김재은, 김한, 김호영, 남기명, 박선우, 박수원, 박희원, 방정현, 백신의, 서현, 성준용, 성희연, 안세희, 유서영, 유시은, 유해슬, 윤지원, 이동훈, 이보영, 이선민, 이승원, 이재서, 이지우, 이지은, 임상영, 임선아, 장동현, 정기준, 정유진, 정혜진, 조민준, 차예찬, 채명준, 최영준, 최정현, 최하림, 하정문, 한규진, 한슬기, 홍재명. 모두에게 감사한다.

다음으로 동아시아 출판사에 감사한다. 뜬금없이 출판사 이메일로 보낸 번역 제안을 진지하게 받아주고 추진해주었을 뿐 아니라 번역 과정 내내 정성스러운 소통을 해주었다. 사실 최종본이 나올 때까지 동아시아 관계자분을 한 번도 만난 적이 없고, 거의 모든 소통은 이메일로만 하였다. 디지털 사회현상을 연구해온 사람으로서 항상 소망하는 점 중 하나는, 디지털 소통이 면대면 소통에 못지않은 신뢰를 쌓고 면대면 소통보다도 바람직한 결과를 낳는 것이다. 동아시아와의 소통 경험은 그처럼 소망하던 한 사례를 경험하게 해주었으며 이에 감사한다.

마지막으로 우리 번역자 네 명 모두가 몸담고 있는 연세대학교 디지털사회과학센터Center for Digital Social Science: CDSS, 특히 조화순 센터장께 감사한다. 이 번역서는 사회과학적 데이터과학의 확립을 위해 애쓰고 있는 디지털사회과학센터의 지원과, 그 센터를 지원해준 한국연구재단 과제(NRF-2016S1A3A2925033)의 산물이다.

2020년 2월
옮긴이 네 명을 대표하여
강 정 한

머리말

이 책은 2005년 컬럼비아대학교 지하실에서 시작되었다. 그 당시 나는 대학원생이었는데 최종적으로 내 학위논문이 될 온라인 실험을 수행하고 있었다. 그 실험에 대한 모든 과학적 논의는 4장에서 다루겠지만, 여기서는 내 학위논문이나 학술지 논문 어디에서도 다루지 않은 것을 이야기할까 한다. 그것은 내가 연구에 대해 어떻게 생각하는지를 본질적으로 바꾸어놓은 이야기이다. 하루는 아침에 지하 실험실에 도착해서는 지난밤 동안 브라질에서 내 실험에 100명이 참가한 것을 발견했다. 이 단순한 경험이 나에게 심오한 영향을 미쳤다. 당시 나에게는 전통적인 실험실 실험을 하던 친구들이 있었는데 그들이 참여자를 모집, 감독, 보상하는 데에 얼마나 많은 노력을 기울이는지 나는 알고 있었다. 만일 그들이 실험을 하루에 10명을 대상으로 진행한다면 이는 상당한 진전일 것이다. 반면 내 온라인 실험에서는 내가 자는 동안 100명이나 참여한 것이다. 내가 자는 동안에도 연구를 진행했다는 사실은, 믿기 힘들겠지만 사실이다. 기술의 변화(특히 아날로그 시대에서 디지털 시대로의 변화)에 따라 우리는 사회적 데이터를 새로운 방법으로 수집하고 분석할 수 있게 된 것이다. 이 책은 이러한 새로운 방식의 사회연구에 대한 책이다.

이 책은 데이터과학을 더 도입하고 싶은 사회과학자, 사회과학을 더 도입하고 싶은 데이터과학자, 그리고 이 두 가지 분야의 혼용에 관심 있는 모든 사람들을 위한 책이다. 이러한 독자층을 고려할 때, 단지 학생이나 교수만을 위한 책이 아님은 명백하다. 나는 현재는 프린스턴대학교에 몸담고 있지만, 과거에 미국 인구조사국Census Bureau과 같은 정부기관이나 마이크로소프트 연구소와 같은 테크 산업에서도 일했기에 대학교 밖에서도 굉장히 흥미로운 연구들이 벌어지고 있다는 것을 안다. 만일 여러분이 하고 있는 활동이 사회연구라고 생각한다면, 여러분이 어디서 일하든, 어떠한 기법을 사용하든 상관없이 이 책은 여러분을 위한 책이다.

여러분이 이미 눈치챘을 수도 있지만 이 책의 어조는 보통의 학술적인 책과는 약간 다른데, 이는 사실 의도한 바이다. 이 책은 내가 2007년부터 프린스턴 사회학과에서 가르쳐온 전산사회과학computational social science에 대한 대학원 세미나 수업에서부터 발전했다. 그렇기에 그 세미나에서 있었던 에너지와 흥분을 책에 담고자 했다. 특히 나는 이 책이 다음의 세 가지 특성을 담았으면 한다. 도움이 되고, 미래지향적이며, 낙관적이기를 바란다.

도움 되기 ㅣ 내 목표는 독자인 여러분에게 도움이 되는 것이기에 나는 이 책을 개방적이고, 비공식적이고, 사례중심적인 방식으로 쓰려고 했다. 왜냐하면 내가 전달하고자 하는 가장 중요한 것은 사회연구에 대해 생각하는 어떤 방식이며, 내 경험상 이런 생각하는 방식을 전달하는 최고의 방법은 비공식적으로, 많은 사례를 사용하여 전달하는 것이기 때문이다. 또한 각 장의 끝에는 '다음 읽을거리'라는 절section을 만들어 내가 소개하는 많은 주제들에 대해 더 자세하고 전문적인 읽을거리로 옮겨 갈 수 있도록 돕고자 했다. 최종적으로는 나는 이 책이 여러분 본인의 연구를 수행하는 데, 그리고 다른 이의 연구를 평가하는 데 모두 도움이 되기를 바란다.

미래지향성 ㅣ 이 책은 여러분이 이미 구현된, 그리고 미래에 구현될 디지털 시스템들을 활용해 사회연구를 수행할 수 있도록 도움을 줄 것이다. 나는 이런 종류의 연구를 2004년에 시작했는데, 그 이후로 많은 변화를 보았고, 여러분 역시 커리어 내내 많은 변화를 겪을 것이라고 확신한다. 이런 변화의 국면에서도 이 책이 관련성을 유지하기 위해 사용한 트릭은 **추상화**이다. 예를 들자면, 이 책은 현재 존재하는 트위터 API를 구체적으로 어떻게 활용할지 가르쳐주지 않는다. 대신 여러분이 빅 데이터 소스들로부터 배우는 방법을 가르쳐줄 것이다(2장). 또한 이 책은 아마존 메커니컬 터크Amazon Mechanical Turk에서 어떻게 온라인 실험을 할지 단계별 지침을 주는 종류의 책이 아니다. 대신 디지털 시대의 기반 시설infrastructure에 의존하는 실험들을 설계하고 해석하는 법을 가르칠 것이다(4장). 이러한 추상화 방법을 통해 이 책이 시간을 초월하면서도 시의적절한 주제를 다루는 책이 되길 희망한다.

낙관성 | 이 책과 맞닿아 있는 두 커뮤니티, 즉 사회과학자와 데이터과학자는 배경과 관심이 서로 매우 다르다. 이러한 과학 분야와 관련된 차이도 이 책에서 논하겠지만, 이 두 커뮤니티는 스타일 면에서도 차이를 보인다. 데이터과학자들은 일반적으로 낙관적이어서 컵에 물이 반이나 차 있다고 생각하는 스타일이다. 반면 사회과학자들은 더 비판적이어서 같은 컵이라도 물이 반이나 비어 있다고 생각한다. 이 책에서 나는 데이터과학자들의 낙관적인 어조를 적용하려 한다. 책에서 예시를 들 때는 내가 그 예시를 좋아하는 이유를 함께 소개할 것이다. 그리고 어떤 연구도 완벽하지 않기에 그 예시의 문제점을 지적할 때는 긍정적이고 낙관적인 방식으로 지적할 것이다. 비판 자체를 위해 비판적이 되고 싶다기보다는, 비판을 통해 더 나은 연구를 창출하도록 돕고 싶다.

우리는 여전히 디지털 시대의 초기에 있음에도 디지털 시대의 연구에 대해 상당히 보편적인 오해가 만연해 있기에, 여기 머리말에서 그러한 오해를 다루어보려 한다. 우선 데이터과학자들이 흔히 범하는 오해가 두 가지 있다. 첫째는 더 많은 데이터가 자동적으로 문제를 해결할 것이라는 사고방식이다. 그러나 적어도 사회연구에서 내 경험에 따르면 이는 사실이 아니다. 사실인즉, 더 많은 데이터가 아닌 더 나은 데이터가 사회연구에는 더 유용한 것으로 보인다. 데이터과학자들에게서 보이는 두 번째 오해는, 사회과학은 그저 상식을 번지르르한 언변으로 둘러싼 것에 지나지 않는다는 생각이다. 사회과학자로서, 구체적으로는 사회학자로서 나는 물론 동의하지 않는다. 뛰어난 학자들이 오랫동안 인간 행동을 이해하기 위해 열심히 연구해왔으며, 이러한 노력이 축적되어 만들어진 지혜를 무시하는 것은 현명해 보이지 않는다. 내 바람은 이 책이 그러한 지혜의 일부를 이해하기 쉽게 독자에게 전달하는 것이다.

사회과학자들이 흔히 범하는 오해 또한 두 가지 존재한다. 첫째, 소수의 형편없는 연구논문들 때문에 디지털 시대의 도구를 활용한 사회연구 전체를 거부하는 연구자들이 있다. 여러분이 책을 읽고 있다면, 여러분은 아마도 소셜 미디어를 뻔하거나 잘못된 방식으로, 혹은 둘 다의 방식으로 이용한 여러 논문을 이미 읽었을 것이다. 나 역시 그런 논문들을 읽었다. 그렇다 하더라도 이런 논문 사례들로부터 디지털 시대의 사회연구가 모두 형편없다고 결론 내리는 것은 큰 실수다. 사실 생각해보면, 여러분은 설문조사survey 데이터를 뻔하거나 잘못된 방식으로 이용한 논문을 많이 읽었다고 해서 설문조사를 이용한 연구 전체를 거부하지는 않는다. 그 이유는 여러분이 사회조사 데이터를 이용한 훌륭한 연구가 있다는 것을 알고 있기 때문이다. 이 책을 통해 나 또한 디지털 시대의 도구를 이용한 훌륭한 연구를 소개하려 한다.

사회과학자들이 범하는 두 번째 오해는 현재를 미래와 혼동하는 것이다. 내가 이 책에서 서술하는 디지털 시대의 사회연구를 평가할 때는 두 가지 서로 다른 질문을 구분하는 것이 중요하다. 하나는 "이런 유類의 연구가 현재 얼마나 잘 통하는가?"라는 질문이고, 다른 하나는 "이런 유의 연구가 미래에 얼마나 잘 통할 것인가?"라는 질문이다. 연구자들은 첫 번째 질문에 답하도록 훈련받아왔지만, 이 책의 관점에서는 두 번째 질문이 더 중요하다. 즉, 디지털 시대의 사회연구가 아직은 패러다임을 변화시킬 만한 거대한 지적 기여를 하고 있지는 않지만, 그 향상 속도는 믿을 수 없을 만큼 빠르다. 내가 디지털 시대의 연구에 흥분하는 이유는 현재의 수준에 있는 것이 아니라, 변화 속도에 있다.

이전 단락은 마치 내가 여러분에게 미래의 그 언젠가에 실현될 잠재적 부를 제안하는 것 같겠지만, 내 목표는 여러분에게 특정한 유형의 연구를 팔려는 것이 아니다. 나는 트위터, 페이스북, 구글, 마이크로소프트, 애플 혹은 다른 어떤 테크 회사에도 개인적으로 지분을 갖고 있지 않다. 투명성을 위해 밝히자면 마이크로소프트, 구글, 페이스북으로부터 연구지원금을 받거나 그곳에서 일한 적은 있지만 말이다. 따라서 내 목표는 이 책 전체에 걸쳐서 믿을 만한 해설자로 남아, 실현 가능한 모든 흥미로운 것들을 이야기해주는 동시에 다른 이들이 빠지는(그리고 나 자신도 종종 빠지는) 함정을 피하도록 안내하는 것이다.

사회과학과 데이터과학의 교차점을 종종 전산사회과학이라고 부른다. 일부는 전산사회과학을 기술적인technical 분야라고 여기지만 이 책은 전통적인 의미에서 기술적인 책이 아니다. 예를 들어 이 책의 주된 내용에는 방정식이 없다. 내가 이런 식으로 책을 쓴 이유는 빅 데이터, 설문조사, 실험, 대규모 협업, 윤리 등에 걸쳐 독자들에게 디지털 시대의 사회연구에 대한 포괄적인 전망을 제공하기 위해서이다. 이러한 주제를 모두 다루면서 주제별로 기술적인 세부 사항까지 다루기는 결과적으로 불가능하다. 대신 좀 더 기술적인 사항들에 대한 구체적 안내는 매 장의 말미에 '다음 읽을거리' 절에서 제공한다. 바꿔 말하자면, 이 책은 독자가 특정한 계산을 하는 방법을 가르치기보다는 독자가 사회연구에 대해 생각하는 방식을 바꾸도록 고안되었다.

수업에서 이 책을 활용하는 법

앞서 밝혔듯이, 이 책은 부분적으로 2007년부터 프린스턴대학교 사회학과에서 가르쳐온 전산사회과학에 대한 대학원 세미나 수업에서부터 발전했다. 여러분이 책을 수업 교재로 쓰기를 고려할 수도 있기에, 이 책이 어떻게 내 수업으로부터 성장했으며 다른 수업에서는 어떻게 쓰일지 상상한 내용을 설명하는 것이 도움이 될 수도 있겠다.

몇 년간 나는 책 없이 논문들만 사용하여 수업을 진행했다. 물론 학생들이 논문을 통해 배우는 것도 있겠지만, 논문들만으로 내가 의도했던 개념적 전환까지 이끌 수는 없었다. 그래서 앞으로는 수업시간의 대부분을 관점, 맥락, 조언을 제공하는 데 할애하여 학생들이 큰 그림을 볼 수 있게 돕고자 한다. 이 책은 그러한 모든 관점, 맥락, 조언 등을 사회과학이나 데이터과학 차원의 선수과목이나 지식을 동원하지 않고 써 내려간 시도라 할 수 있다.

한 학기짜리 수업의 경우, 이 책을 다른 다양한 읽을거리와 짝지어 활용하길 추천한다. 예를 들어 한 학기 수업에서 2주 동안 실험에 대해 배운다면, 이 책의 4장을 다음과 같은 주제들에 대한 읽을거리와 짝지어 활용할 수 있다: 실험 설계와 분석에서 조치 전 정보pre-treatment information의 역할, 기업들의 대규모 A/B 테스트에서 야기되는 통계적이고 전산적인 문제들, 기제mechanism에 특별히 초점을 맞춘 실험의 설계, 아마존 메커니컬 터크와 같은 온라인 노동 시장에서 피험자를 활용하는 경우의 윤리적 문제 등이 그런 주제들이다. 4장은 또한 프로그래밍과 관련된 읽을거리나 활동과 짝지어 활용될 수도 있다. 이처럼 다양한 짝짓기 중 무엇이 적절한지는 여러분의 수업을 듣는 학생들의 단계(예를 들어 학부, 석사, 박사과정), 전공 배경, 수강 목적 등에 따라 다를 것이다.

한 학기짜리 수업이라면 또한 주별 문제풀이를 포함할 수도 있다. 각 장은 초급(🌑), 중급(🌒), 상급(🌓), 최상급(🌕) 등 난이도에 따라 라벨을 붙인 다양한 활동을 제공한다. 나는 또한 각 문제를 푸는 데 필요한 기술의 종류에 따라 수학(➕), 코딩(🔣), 자료 수집(🔗) 등으로 라벨을 달았다. 마지막으로, 내가 좋아하는 몇몇 문제에 대해 라벨(❤)을 달았다. 이러한 다양한 활동의 집합 내에서 여러분의 학생을 가르치는 데 적합한 것들을 찾을 수 있기를 바란다.

수업에서 이 책을 쓰는 사람들을 돕기 위해 나는 강의 계획서, 슬라이드, 각장마다 추천하는 짝짓기, 일부 연습문제 해답 등의 강의 자료들을 모으기 시작했다. 여러분이 http://www.bitbybitbook.com을 방문한다면 이러한 자료들을 찾을 수 있고, 자료 축적에 기여할 수도 있을 것이다.

1장

서론

1.1. 잉크 반점

2009년 여름, 르완다 전역에서 휴대전화가 울렸다. 가족, 친구, 사업 동료들로 부터 걸려온 전화 수백만 통 외에도 약 1,000명의 르완다 사람들이 조슈아 블루먼스톡Joshua Blumenstock과 동료들로부터 전화를 받았다. 이 연구진은 르완다 최대의 이동통신 서비스 업체 고객 150만 명의 데이터베이스로부터 무작위로 추출된 사람들에게 설문조사를 진행하여 부와 빈곤을 연구하고 있었다. 블루먼스톡과 동료들은 무작위로 선정된 사람들에게 설문조사에 참여하고 싶은지 물었고, 연구의 성격을 그들에게 설명했으며, 그들의 인구학적·사회적·경제적 특성에 대해 일련의 질문을 했다.

내가 지금까지 말한 모든 것은 전통적인 사회과학 조사처럼 들린다. 그러나 다음에 이어지는 내용은 적어도 아직까지는 전통적이지 않다. 블루먼스톡과 동료들은 설문조사 데이터 외에도 150만 명에 대한 완전한 통화 기록을 가지고 있었다. 그들은 이 두 가지 데이터를 결합한 뒤 설문조사 데이터를 사용해, 통화 기록 데이터로 개인의 부를 예측하는 기계 학습machine learning 모델을 훈런시켰다. 다음으로, 그들은 이 모델을 사용하여 데이터베이스에 있는 모든 고객 150만 명의 부를 추정했다. 그들은 또한 통화 기록에 포함된 지리적 정보를 사용하여 고객 150만 명의 거주지를 추정했다. 추정된 부와 거주지를 종합하여 그들은 르완다의 부의 지리적 분포에 대한 고해상도 지도를 만들 수 있었다. 특히 그들은 르완다에서 가장 작은 행정 단위인 2,148개의 구역 각각에 대해 부의 추정치를 알아낼 수 있었다.

안타깝게도, 아무도 르완다에서 그렇게 작은 지리적 구역에 대해 부의 추정치를 산출한 적이 없었기 때문에 이 추정치의 정확도를 검증하는 것은 불가능했다. 그러나 블루먼스톡과 동료들이 그들의 추정치를 르완다의 30개 지역으로 취합했을 때, 그들은 그 추정치가 개발도상국의 시금석gold standard으로 널리 인정되는 인구통계 건강조사Demographic and Health Survey의 추정치와 매우 유사하다는 것을 발견했다. 이 경우 두 가지 접근법이 비슷한 추정치를 산출했지만, 블루먼스톡과 동료들의 접근법은 전통적인 인구통계 건강조사보다 약 10배 더 빠르고 50배 더 저렴했다. 이처럼 극적으로 빠르고 저렴한 추정치는 연구자, 정부, 기업에 새로운 가능성을 만들어낸다(Blumenstock, Cadamuro, and On, 2015).

이 연구는 일종의 로르샤흐 잉크 반점 테스트Rorschach inkblot test이다. 이는 사람들은 자신의 배경에 따라 발견하는 것이 다르다는 것으로서, **사회과학자**들은 이를 경제 발전에 대한 이론을 검증하는 데에 사용할 수 있는 새로운 측정 도구로 본다. **데이터과학자**들은 이를 새롭고 멋진 기계 학습 과제로 인식한다. **기업인**들은 자신이 이미 수집한 빅 데이터의 가치를 드러낼 수 있는 강력한 접근 방식으로 본다. 프라이버시 옹호자들은 우리가 대중 감시의 시대에 살고 있다는 무서운 생각을 떠올린다. 마지막으로 정책 입안자들은 이를 새로운 기술이 더 좋은 세상을 만드는 데 도움을 주는 방법으로 본다. 사실 이 연구는 이런 모든 것을 포괄하고 있으며, 이런 특성들을 복합적으로 가지고 있기 때문에 나는 이 연구가 사회연구의 미래로 향하는 창이라고 생각한다.

1.2. 디지털 시대에 오신 것을 환영합니다

> 디지털 시대는 어디에나 있고, 성장하고 있으며, 연구자들이 할 수 있는 것을 변화시키고 있다.

이 책의 중심 전제는 디지털 시대가 사회연구를 위한 새로운 기회를 창출한다는 것이다. 이제 연구자들은 최근까지 불가능했던 방식으로 사람들의 행동을 관찰하고, 이에 대해 질문하고, 실험하고, 협업할 수 있다. 한편 이러한 새로운 기회들과 함께 새로운 위험들이 찾아온다. 연구자들은 이제 최근까지는 불가능했던 방법으로 사람들에게 해를 끼칠 수 있다. 이와 같은 기회와 위험의 근원이 바로 아날로그 시대에서 디지털 시대로의 전환이다. 이러한 전환이 전등 스위치를 켜는 것처럼 한순간에 일어나는 일은 아니다. 그리고 사실 아직 완성된 것도 아니다. 하지만 우리는 지금까지 거대한 무언가가 진행되고 있다는 것을 알 만큼은 충분히 보아왔다.

이러한 전환을 알아차리기 위한 방법 중 하나는, 여러분의 일상에서 일어나는 변화를 관찰하는 것이다. 예전에는 아날로그 방식이었던 많은 것들이 이제는 디지털로 작동한다. 여러분은 예전에 필름 카메라를 사용했겠지만 지금은 스마트폰의 일부인 디지털 카메라를 사용한다. 또한 예전에는 종이 신문을 읽곤 했을지도 모르지만 지금은 온라인으로 신문을 읽는다. 예전에는 현금으로 결제했지만 지금은 신용카드로 결제한다. 이러한 각각의 경우에서, 아날로그에서 디지털로의 전환은 여러분에 대해 더 많은 데이터가 디지털로 포착되고 저장된다는 것을 의미한다.

종합적으로 보면 전환의 효과는 놀랍다. 전 세계 정보의 양이 빠르게 증가하고 있으며 그중 더 많은 정보가 디지털 방식으로 저장되어 분석, 전송, 결합을 용이하게 한다(그림 1.1). 이 모든 디지털 정보는 '빅 데이터'라고 부르게 되었다. 디지털 데이터의 폭발적인 증가와 함께 컴퓨팅 능력도 발맞추어 증가하고 있다(그림 1.1). 디지털 데이터의 양과 컴퓨팅 능력의 가용성이 증가하는 이러

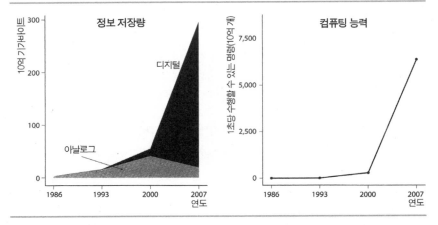

그림 1.1_ 정보 저장소 용량과 컴퓨팅 능력은 급격히 증가하고 있다.
게다가 정보는 이제 거의 전적으로 디지털로 저장된다. 이러한 변화들은 사회연구자들에게 놀라운 기회를 만들어낸다.
자료: Hilbert and López(2011: 그림 2와 5)에서 발췌.

한 추세는 가까운 미래에도 계속될 가능성이 높다.

사회연구의 목적을 고려할 때 나는 도처에 존재하는 컴퓨터야말로 디지털 시대의 가장 중요한 특징이라고 생각한다. 정부와 대기업만이 사용할 수 있었던 방 하나 크기의 기계로부터 시작하여, 컴퓨터는 크기가 작아지고 어디에나 존재하게 되었다. 1980년대 이후로 10년마다 개인용 컴퓨터, 노트북, 스마트폰, '사물 인터넷'에 내장된 프로세서(자동차, 시계, 온도 조절 장치와 같은 장치 내부의 컴퓨터 등)와 같은 새로운 종류의 컴퓨터가 등장해왔다(Waldrop, 2016). 이런 유비쿼터스 컴퓨터들은 단순한 계산 이외에도 정보를 감지, 저장, 전송하는 등 점점 더 많은 기능을 수행한다.

연구자들에게 컴퓨터가 어디에나 존재하게 되면서 나타난 결과는 온라인을 통해 쉽게 관찰할 수 있는데, 온라인은 완전히 측정되고 실험하기에 적합한 환경이기 때문이다. 예를 들어 온라인 상점은 수백만 고객의 쇼핑 패턴에 대해 믿을 수 없을 정도로 정확한 데이터를 쉽게 수집할 수 있다. 게다가 다양한 쇼핑 경험을 수집하기 위해 고객 집단을 쉽게 무작위로 배정할 수 있다. 추적 외에도 이러한 무작위 배정 능력은 온라인 상점들이 무작위 통제 실험을 지속적으로 실행할 수 있다는 것을 의미한다. 실제로 만약 여러분이 온라인 상점에서 한 번이라도 무언가를 산 경험이 있다면, 여러분이 알고 있든 아니든 간에 여러분의 행동은 추적되었으며 거의 틀림없이 어떤 실험에 참여했을 것이다.

완전히 측정되고 철저하게 무작위 추출이 일어나는 이 세계는 단지 온라인 상에서만 존재하지 않는다. 이러한 현상은 점점 더 많은 곳에서 일어나고 있다. 오프라인 상점은 이미 매우 상세한 구매 데이터를 수집하고 있으며, 고객의 쇼핑 행동을 관찰하고 일상적인 사업 관행에 실험을 혼합하기 위한 기반을 구축하고 있다. '사물 인터넷'은 실제 세계에서의 행동이 디지털 센서에 의해 점점 더 많이 포착된다는 것을 의미한다. 다르게 말하면, 디지털 시대의 사회 연구를 구상할 때 여러분은 단지 온라인 세계에서만 생각하는 것이 아니라, 모든 곳을 생각해야 한다.

디지털 시대는 사람들의 행동 측정과 무작위 실험 조치를 가능하게 했다. 또한 디지털 시대는 사람들 간의 새로운 의사소통 방법을 만들어냈는데, 이러한 새로운 형태의 의사소통을 통해 연구자들은 혁신적인 설문조사를 실행하고 동료들, 일반 대중과 대규모 협업을 할 수 있게 되었다.

회의론자는 이러한 가능성들 중 어떤 것도 정말로 새로운 것은 아니라고 지적할지도 모른다. 과거에도 사람들의 의사소통 능력에 중요한 다른 발전이 있었고 — 예를 들어 전신기telegraph(Gleick, 2011) — 컴퓨터는 1960년대 이후 거의 같은 속도로 빨라지고 있다는 것이다(Waldrop, 2016). 하지만 이 회의론자가 놓치고 있는 사실은, 같은 것이라도 그 수가 점점 더 많아지면 어느 시점에서는 무언가 다른 것으로 바뀐다는 점이다. 이에 대해 내가 좋아하는 비유가 있다 (Halevy, Norvig, and Pereira, 2009; Mayer-Schönberger and Cukier, 2013). 만약 카메라로 말의 이미지를 찍으면 그것은 사진이 되지만, 만약 말의 이미지를 초당 24번 찍으면 그것은 영화가 될 것이다. 물론 영화는 그저 사진 한 무더기일 뿐이지만, 극단적인 회의론자가 아니고서야 누구도 사진과 영화가 똑같다고 하지는 않을 것이다.

연구자들은 사진술에서 영화 촬영술로의 전환과 유사한 변화를 만드는 중이다. 그러나 이러한 변화가 우리가 과거에 배웠던 모든 것을 무시해야 한다는 것을 의미하지는 않는다. 사진술의 원칙이 영화 촬영술에서도 통하는 것처럼, 지난 100년 동안 발전해온 사회연구의 원칙은 앞으로 100년 동안 이어질 사회연구에 기여할 것이다. 이 변화는 또한 우리가 계속해서 그저 똑같은 일을 해서는 안 된다는 것을 의미한다. 그 대신 우리는 과거의 접근법과 현재와 미래의 가능성을 결합시켜야 한다. 예를 들어, 조슈아 블루먼스톡과 동료들의 연구는 전통적인 설문조사 연구와 일부 사람들이 데이터과학이라고 부르는 것을 혼합한 것이었다. 이 두 가지 요소는 모두 필수불가결하다. 설문조사 응답이나 통화 기록 그 어느 것도 하나만으로는 빈곤에 대한 고해상도 추정치를 산출하기에 충분하지 않다. 더 일반적으로 말해, 사회연구자들은 디지털 시대의 기회를 이용하기 위해서 사회과학과 데이터과학에서 나온 아이디어를 결합할 필요가 있다. 한 가지 접근법으로는 결코 충분하지 않기 때문이다.

1.3. 연구 설계

연구 설계는 질문과 대답을 연결하는 것이다.

이 책은 서로에게 배울 것이 많은 두 종류의 독자를 위해 쓰였다. 먼저 이 책은 사회적 행동을 연구하는 훈련을 거치고 경험을 지니고 있지만, 디지털 시대에 의해 창출된 기회에는 덜 익숙한 사회과학자들을 위한 것이다. 다른 한편으로 디지털 시대의 도구에는 매우 익숙하지만 사회적 행동을 연구하는 것은 처음인 또 다른 연구자 집단을 위한 것이다. 이 두 번째 집단을 간단한 이름으로 표현하기는 어렵지만, 나는 그들을 데이터과학자라고 부를 것이다. 대체로 컴퓨터 과학, 통계학, 정보 과학, 공학, 물리학과 같은 분야에서 훈련을 받은 데이터

과학자들은 필수적인 데이터와 컴퓨터 분석 기술에 접근할 수 있어 디지털 시대의 사회연구를 가장 먼저 시도한 집단 중 하나이기도 하다. 이 책은 두 커뮤니티를 한데 모아 각 공동체가 개별적으로 생산할 수 있는 것보다 더 풍부하고 흥미로운 것을 만들어내려고 한다.

이와 같은 강력한 혼합물을 만드는 가장 좋은 방법은 추상적인 사회 이론이나 화려한 기계 학습에 집중하는 것이 아니다. 가장 좋은 출발점은 연구 설계이다. 사회연구를 인간의 행동에 대한 질문을 하고 이에 대답하는 과정이라고 생각한다면, 연구 설계는 질문과 대답을 연결하는 결합 조직connective tissue이라고 할 수 있다. 이 연결을 올바르게 하는 것이 설득력 있는 연구를 만들어내는 열쇠이다. 이 책은 여러분이 과거에 보았고 또 사용했을 네 가지 접근법, 즉 사람들의 행동을 관찰하고, 질문을 던지고, 실험하고, 다른 사람들과 협업하는 방법에 초점을 맞출 것이다. 그러나 여기서 새로운 것은 디지털 시대가 우리에게 데이터를 수집하고 분석하는 색다른 기회를 제공한다는 점이다. 새로운 기회를 통해 우리는 고전적인 접근법을 대체하는 것이 아니라 현대화할 필요가 있다.

1.4. 이 책의 주제

이 책의 두 가지 주제는 ① 레디메이드readymade와 커스텀메이드custommade의 혼합과, ② 윤리이다.

두 가지 주제는 이 책 전체를 관통하는 것으로, 이 주제들이 계속해서 등장할 때마다 여러분이 알아차릴 수 있도록 강조하고자 한다. 첫 번째 주제는 미술사의 두 거장인 마르셀 뒤샹Marcel Duchamp과 미켈란젤로Michelangelo의 비유로 설명할 수 있다. 뒤샹은 샘Fountain으로 대표되듯 평범한 물건을 가져다가 예술 작품으로 용도를 변경한 레디메이드 작품으로 잘 알려져 있다. 반면에 미켈란

레디메이드

커스텀메이드

그림 1.2_ 마르셀 뒤샹의 샘*과 미켈란젤로의 다비드 상.**
샘은 예술가가 이미 세상에 존재하는 것을 보고 창의적으로 접근해 예술로 바꾸는, 레디
메이드 예술의 사례이다. 다비드 상은 의도적으로 창조된 커스텀메이드 예술의 예이다.
디지털 시대의 사회연구는 레디메이드와 커스텀메이드 모두를 포함하는 것이다.
* 1917년 앨프레드 스티글리츠Alfred Stiglitz의 샘 사진
  자료: The Blind Man, No.2/Wikimedia Commons.
** 2008년 예르크 비트너 우나Jörg Bittner Unna의 다비드 상 사진
  자료: Galleria dell'Accademia, Florence/Wikimedia Commons.

젤로는 기존에 있던 물건을 재구성하지 않았다. 미켈란젤로가 다비드 상을 만
들 때 그는 다비드처럼 보이는 대리석 덩어리를 찾는 것이 아니라 걸작을 만들
기 위해 3년을 힘쓰며 보냈다. 다비드 상은 레디메이드 작품이 아니라 커스텀
메이드 작품이다(그림 1.2).

  레디메이드와 커스텀메이드라는 두 가지 방식은 디지털 시대의 사회연구에
이용될 수 있는 방식에 대략적으로 조응한다. 앞으로 보게 되겠지만 이 책의
몇 가지 예시는 본래 기업과 정부가 만들어놓은 빅 데이터를 현명하게 용도 변
경repurposing해 사용하는 것과 관련이 있다. 그러나 다른 예시에서, 한 연구자
는 특정한 질문으로부터 시작하여 그 질문에 대답하는 데 필요한 데이터를 얻
기 위해 디지털 시대의 도구들을 사용하였다. 잘 수행한다면 이 두 가지 방식
은 모두 믿을 수 없을 정도로 강력해질 수 있다. 그러므로 디지털 시대의 사회
연구는 뒤샹과 미켈란젤로의 방식, 즉 레디메이드와 커스텀메이드 모두를 포

함할 것이다.

만약 여러분이 주로 미리 만들어진 레디메이드 자료를 사용한다면, 나는 이 책이 여러분에게 커스텀메이드 자료의 가치를 보여주는 역할을 하기를 바란다. 마찬가지로, 만약 여러분이 보통 커스텀메이드 자료를 사용한다면 이 책으로 인해 여러분이 레디메이드 자료의 가치를 인식할 수 있게 되기를 바란다. 마지막으로 가장 중요한 것으로서, 이 책을 통해 여러분이 두 방식을 결합하는 것의 가치를 깨닫게 되기를 바란다. 예를 들어 조슈아 블루먼스톡과 동료들은 절반은 뒤샹인 동시에 절반은 미켈란젤로였다. 그들은 통화 기록(레디메이드 자료)을 재구성하였고 그들 자신의 설문조사 데이터(커스텀메이드 자료)를 만들었다. 레디메이드와 커스텀메이드의 조합은 이 책에서 계속해서 보게 될 패턴이다. 이러한 조합은 사회과학과 데이터과학 양쪽의 발상을 모두 필요로 하며, 종종 가장 흥미로운 연구로 발전하기도 한다.

이 책의 두 번째 주제는 윤리이다. 나는 연구자들이 어떻게 디지털 시대의 역량을 활용하여 흥미롭고 중요한 연구를 수행할 수 있는지 보여줄 것이다. 또한 이런 기회들을 활용하는 연구자들이 어떻게 어려운 윤리적 결정들에 직면하게 되는지 보여주려고 한다. 6장 전체를 할애해 윤리 문제를 다룰 것이지만, 디지털 시대에 윤리는 연구 설계에 점점 더 필수적인 부분이 되고 있기 때문에 다른 장에서도 윤리를 통합해 다루었다.

이 경우에도 블루먼스톡과 동료들의 작업은 좋은 예시이다. 150만 명의 사람들의 세밀한 통화 기록에 접근할 수 있다는 것은 연구를 위한 훌륭한 기회를 제공하지만, 해악을 끼칠 가능성 또한 만들어낸다. 예를 들어 2016년 조너선 메이어Jonathan Mayer와 동료들은 이름과 주소가 없는 '익명 처리된' 통화 기록일지라도 공개적으로 접근 가능한 정보와 결합되어 데이터의 특정 사용자를 식별하거나 건강 정보와 같은 민감한 정보를 추론할 수 있다는 것을 보여주었다. 분명히 블루먼스톡과 동료들은 어느 누구에 대한 민감한 정보를 추론하려고 하지 않았지만 그러한 가능성으로 인해 통화 기록을 입수하기까지 많은 어려움이 따랐으며, 연구를 수행하는 동안에도 광범위한 보안조치를 취해야 했다.

통화 기록의 세부적인 내용을 넘어서, 디지털 시대에 수행되는 많은 사회연구들에는 근본적인 긴장감이 있다. 종종 기업이나 정부와 협업하는 연구자들은 참여자들의 삶에 대해 더 많은 권력을 행사한다. 여기서 권력이란 사람들의 동의 없이, 심지어 사람들이 알아차리지도 못한 상태에서 그들에게 무언가를 행사하는 능력을 의미한다. 예를 들어 연구자들은 이제 수백만 명의 사람들의 행동을 관찰할 수 있으며, 나중에 다시 설명하겠지만 수백만 명의 사람들을 대규모 실험에 동원할 수 있다. 게다가 이 모든 것들은 관련된 사람들의 동의나 인지 없이도 일어날 수 있다. 연구자들의 권력이 강해지고 있지만, 그 힘이 어떻게 사용되어야 하는지에 대한 기준은 그 정도로 명쾌하지 못하다. 사실 연구자들은 비일관적이고 중복되는 규칙, 법, 규범에 기초하여 그들의 권력을 어떻게 행사할지 결정해야 한다. 이처럼 강력한 권력과 모호한 지침의 조합 때문에 선의로 가득 찬 연구자들조차도 까다로운 결정들로 머리를 싸매야 한다.

만약 여러분이 디지털 시대의 사회연구가 어떻게 새로운 기회를 창출하는지에 주로 관심이 있다면, 나는 이 책에서 새로운 기회들이 또한 새로운 위험을 창출해낸다는 것을 보여주고자 한다. 마찬가지로 여러분이 주로 이러한 위험에 관심이 있다면, 이 책을 통해 어느 정도의 위험이 따를지라도 여전히 기회가 있다는 것을 볼 수 있길 바란다. 마지막으로 가장 바라는 점은 모든 사람들이 디지털 시대의 사회연구로부터 파생되는 위험과 기회 사이의 균형을 책임감 있게 맞추는 데에 도움이 되었으면 하는 것이다. 권력이 증가한다면, 그에 따라 책임도 증가해야 한다.

1.5. 이 책의 개요

이 책은 행동 관찰하기, 질문하기, 실험하기, 대규모 협업 창조라는 네 가지의 광범위한 연구 설계 과정을 통해 진행된다. 각각의 접근법은 연구자와 참여자 사이에 서로 다른 관계를 필요로 하며 그로부터 각기 다른 것을 배울 수 있다.

즉, 우리가 사람들에게 질문을 함으로써 우리는 단지 행동을 관찰할 때에는 알 수 없던 것들을 배울 수 있다. 비슷하게, 우리가 만약 실험을 한다면 단순히 행동을 관찰하고 질문하는 것만으로는 알 수 없던 것들을 배울 수 있을 것이다. 마지막으로 우리가 참여자들과 협업한다면, 우리는 그들의 행동을 관찰하고 질문을 하거나 그들을 실험 대상으로 삼을 때에는 배울 수 없는 것들을 배울 수 있다. 이 네 가지 접근법은 모두 50년 전에도 어떤 형태로든 사용되었으며 지금으로부터 50년 후에도 여전히 어떤 형태로든 사용될 것이라고 확신한다. 각 접근법에 제기된 윤리적 문제를 포함해 한 장씩 할애한 후, 윤리에 대해 별도로 한 장을 온전히 할애할 것이다. 서문에서 말했던 것처럼 나는 각 장의 본문을 가능한 한 깔끔하게 유지하면서, 보다 상세한 자료를 제공할 수 있게끔 중요한 서지 정보와 조언이 포함된 '다음 읽을거리' 절로 각 장을 끝맺으려고 한다.

다음에 올 2장 「행동 관찰하기」에서는 연구자들이 사람들의 행동을 관찰함으로써 무엇을, 그리고 어떻게 배울 수 있는지를 설명할 것이다. 특히 기업과 정부가 만든 빅 데이터에 집중하려고 한다. 어떤 특정한 자료를 샅샅이 소개하기보다는 빅 데이터의 일반적인 열 가지 특징을 기술하고, 이러한 특징이 빅 데이터를 사용하는 연구자의 능력에 어떻게 영향을 미치는지 설명할 것이다. 그런 다음 빅 데이터를 성공적으로 탐구하기 위해 사용할 수 있는 세 가지 연구 전략을 설명하겠다.

3장 「질문하기」에서는 연구자들이 기존의 빅 데이터를 넘어섬으로써 무엇을 배울 수 있는지를 보여주면서 논의를 시작할 것이다. 특히 나는 사람들에게 질문을 던짐으로써 연구자들이 단지 행동을 관찰할 때에는 쉽게 알 수 없던 것들을 배울 수 있다는 것을 보여주려 한다. 디지털 시대에 의해 창출되는 기회들을 체계화하기 위해 나는 전통적인 종합 설문조사 오류 체계total survey error framework를 검토할 것이다. 그다음에 어떻게 디지털 시대가 표본 추출과 대면 조사 모두에서 새로운 접근을 가능하게 하는지 보여줄 것이다. 마지막으로는 설문조사 데이터와 빅 데이터를 결합하기 위한 두 가지 전략을 설명할 것이다.

4장 「실험하기」에서는 연구자들이 행동을 관찰하고 설문조사에서 질문을 던지는 것 이상으로 나아갈 때 무엇을 배울 수 있는지 보여주면서 시작할 것이다. 특히 나는 연구자가 매우 특수한 방식으로 세계에 개입하는 무작위 통제 실험을 통해 어떻게 인과 관계에 대해 배울 수 있는지 보여줄 것이다. 나는 과거에 할 수 있었던 실험과 우리가 지금 할 수 있게 된 실험을 비교할 것이다. 이와 같은 배경들로부터 디지털 실험을 수행하기 위한 주요 전략들의 장단점에 대해 설명할 것이다. 마지막으로 디지털 실험의 힘을 어떻게 활용할 수 있을지 연구 설계에 대해 조언하며 결론을 내린 뒤, 그 힘에 따르는 책임에 대해 설명하겠다.

5장 「대규모 협업 창조」에서는 연구자들이 사회연구를 하기 위해 크라우드 소싱과 시민 과학citizen science 같은 대규모 협업을 어떻게 만들어낼 수 있는지를 보여줄 것이다. 성공적인 대규모 협업 프로젝트를 기술하고 몇 가지 핵심 조직 원칙을 제공함으로써 나는 여러분에게 다음 두 가지 사실에 대해 설득하고자 한다. 첫째, 대규모 협업이 사회연구에 활용될 수 있다는 것과 둘째, 대규모 협업을 사용하는 연구자들이 이전에는 해결이 불가능해 보였던 문제들을 해결할 수 있다는 것이다.

6장 「윤리」에서 나는 연구자들이 참여자들에게 행사하는 권력이 급속히 증가하고 있으며 이러한 능력이 우리의 규범, 규칙, 법률보다 더 빨리 변화하고 있다고 역설할 것이다. 연구자의 권력이 증가하면서도, 그 권력의 행사 방식에 대한 합의가 부족한 현실은 좋은 의도를 가진 연구자들도 곤경에 처하게 한다. 이 문제를 해결하기 위해서 나는 연구자들이 **원칙 기반**principles-based 접근법을 채택해야 한다고 주장한다. 말하자면 연구자들은 그들의 연구를 기존에 주어진 규칙 외에도 일반적인 윤리적 원칙을 통해 평가해야 한다는 것이다. 나는 연구자들의 결정에 도움이 될 네 가지 확립된 원칙과 두 가지 윤리 체계를 설명할 것이다. 마지막으로 연구자들이 미래에 직면할 것으로 예상되는 몇 가지 구체적인 윤리적 문제에 대해 설명하고, 윤리가 확립되지 않은 영역에서 유용할 만한 실용적인 조언들을 제공할 것이다.

책의 마지막 장인 7장 「미래」에서는 책 전체를 관통하는 주제들을 다시 검토하고, 이를 바탕으로 미래에 중요해질 주제를 추측해보고자 한다.

디지털 시대의 사회연구는 우리가 과거에 해왔던 것을 미래의 매우 다른 능력들과 결합시킬 것이다. 따라서 디지털 시대의 사회연구는 사회과학자와 데이터과학자 양자 모두에 의해 형성될 것이다. 각 집단은 이 과정에 기여할 것도 있고, 배울 것도 있다.

다음 읽을거리

● 잉크 반점(1.1절)

블루먼스톡과 동료들의 프로젝트에 대한 자세한 설명은 이 책 3장에 소개되어 있다.

● 디지털 시대에 오신 것을 환영합니다(1.2절)

글릭(Gleick, 2011)은 인류의 정보 수집, 저장, 전송, 처리 능력 변화에 대한 역사적 개관을 제공한다.

프라이버시 침해와 같은 잠재적 위험에 초점을 맞추어 디지털 시대를 소개한 연구로는 애벌슨, 레딘과 루이스(Abelson, Ledeen, and Lewis, 2008) 또는 마이어 쇤베르거(Mayer-Schönberger, 2009)가 있다. 디지털 시대의 기회에 주목하는 연구로는 마이어 쇤베르거와 쿠키어(Mayer-Schönberger and Cukier, 2013)를 참조할 수 있다.

일상적 관행에 실험을 도입한 회사에 대한 자세한 내용은 만지(Manzi, 2012)를 보고, 실제 세계에서 행동을 추적하는 회사에 대한 자세한 내용은 레비와 바라카스(Levy and Baracas, 2017)를 보라.

디지털 시대의 시스템은 연구의 도구일 수도 있고 대상일 수도 있다. 예를 들어 여러분은 여론을 측정하기 위해 소셜 미디어를 이용하길 원하거나, 소셜 미디어가 여론에 미치는 영향을 이해하길 원할지도 모른다. 디지털 시스템은 새로운 측정 방식을 수행하는 데 도움을 주는 도구로 기능하는 경우도 있지만, 그 자체로 연구의 대상이 되기도 한다. 이 차이에 대해 더 자세히 알고자 한다면 산비와 허르기타이(Sandvig and Hargittai, 2015)를 보라.

● 연구 설계(1.3절)

사회과학 분야의 연구 설계에 대한 자세한 내용은 킹, 코헤인과 베르바(King, Keohane, and Verba, 1994), 싱글턴과 스트레이트(Singleton and Straits, 2009), 칸과 피셔(Khan and Fisher, 2013)를 참조하자.

도노호(Donoho, 2015)는 데이터과학을 데이터로부터 배우는 사람들의 활동으로 묘사했으며 투키Tukey, 클리버랜드Cleveland, 챔버스Chambers, 브라이만Breiman과 같은 학자들까지 거슬러 올라가 이 분야의 지적 기원을 추적하여 데이터과학의 역사를 제공한다.

디지털 시대에 사회연구를 수행하는 것에 대한 일련의 1인칭 관점 보고서에 대해서는 허르기타이와 산비(Hargittai and Sandvig, 2015)를 권한다.

● 이 책의 주제(1.4절)

레디메이드 자료와 커스텀메이드 자료의 혼합에 대한 자세한 내용은 그로브스(Groves, 2011)를 참조하길 바란다.

'익명 처리' 실패에 대한 자세한 내용은 이 책 6장을 참조하라. 블루먼스톡과 동료들이 사람들의 부를 추론하기 위해 사용했던 것과 동일한 기법으로 성적 지향, 인종, 종교적 및 정치적 견해, 중독성 물질의 사용 등 잠재적으로 민감한 개인적 특성까지 추론할 수 있다(Kosinski, Stillwell, and Graephel, 2013).

2장

행동 관찰하기

2.1. 들어가는 말

아날로그 시대에는 누가, 무엇을, 언제 하는지에 대한 행동 데이터를 수집하는 데 비용이 많이 들었기 때문에 행동 데이터 수집이 상대적으로 드물었다. 그러나 디지털 시대에 들어서면서 수십억 사람들의 행동이 기록, 저장, 분석되고 있다. 예를 들어 여러분이 웹사이트를 클릭하거나, 휴대전화로 통화하거나, 신용카드로 지불할 때마다 여러분의 행동에 대한 디지털 기록이 기업의 데이터베이스에 저장된다. 이러한 유형의 데이터는 사람들의 일상적인 행위에 따른 부산물이기 때문에 종종 **디지털 흔적**digital traces이라고 부른다. 기업이 수집하는 흔적 외에도, 정부 또한 사람들과 기업에 대해 놀라울 정도로 풍부한 자료를 가지고 있다. 빅 데이터는 바로 이러한 기업과 정부의 기록을 이르는 말이다.

끊임없이 쏟아지는 빅 데이터의 홍수는 행동 데이터가 부족한 세계에서 행동 데이터가 풍부한 세계로의 이행을 의미한다. 빅 데이터를 통해 학습하기 위한 첫 단계는 빅 데이터가 **관찰 데이터**observational data, 즉 수년간 사회연구에 사용되어 온 광범위한 데이터의 일종이라는 것을 깨닫는 것이다. 요컨대 관찰 데이터란 다른 요인이 개입하지 않은 상태에서 사회 시스템을 관찰함으로써 얻을 수 있는 모든 데이터이다. 쉽게 이해하자면 사람들과 대화하거나(예를 들어 3장의 주제인 설문조사) 사람들의 환경을 바꾸지(예를 들어 4장의 주제인 실험) 않고 얻은 데이터라고 할 수 있다. 따라서 관찰 데이터는 기업과 정부의 기록 외에도 신문 기사와 위성사진 등을 포함한다.

이 장은 세 부분으로 구성되어 있다. 첫째, 2.2절에서는 빅 데이터를 더 자세히 설명하고, 과거 사회연구에 주로 사용되었던 데이터와 빅 데이터의 근본적인 차이점을 명확히 하고자 한다. 그런 다음 2.3절에서는 빅 데이터의 열 가지 일반적인 특징을 살펴볼 것이다. 이러한 특징을 이해하면 기존에 존재하는 데이터의 강점과 약점을 신속하게 파악할 수 있으며, 이는 향후 사용할 새로운 데이터를 활용하는 데 도움이 될 것이다. 마지막으로, 2.4절에서는 관찰 데이터로부터 배울 수 있는 세 가지 주요 연구 전략인 개수 세기, 예측하기, 실험에 근사시키기에 대해 설명하려 한다.

2.2. 빅 데이터

기업과 정부의 빅 데이터는 연구 이외의 목적으로 생성되고 수집된다. 따라서 이 데이터를 연구에 사용하기 위해서는 목적에 따른 용도 변경repurposing이 필요하다.

대다수의 사람들은 흔히 빅 데이터라고 부르는 것을 통해 디지털 시대의 사회연구를 처음으로 접한다. 빅 데이터라는 용어가 널리 사용되고 있음에도 이것이 무엇인지에 대해서는 합의가 이루어지지 않고 있다. 그러나 빅 데이터의 가장 일반적인 정의 중 하나는 양Volume, 다양성Variety, 속도Velocity라는, 이른바 '3V'에 중점을 둔다. 다시 말해, 빅 데이터는 다양한 형식으로 끊임없이 생성되는 많은 양의 데이터이다. 빅 데이터의 몇몇 지지자들은 진실성Veracity이나 가치Value와 같은 다른 'V'를 포함시키지만 일부 비평가들은 모호함Vague이나 텅빔Vacuum과 같은 'V'를 추가하기도 한다. 하지만 사회연구의 관점에서는, 세개의 'V'(또는 다섯 개의 'V'나 일곱 개의 'V')보다는 누가Who, 무엇을What, 어디서Where, 언제When, 왜Why를 의미하는 '5W'가 더욱 적절한 출발점이라고 생각한다. 사실, 나는 빅 데이터가 만들어내는 많은 도전과 기회는 단 하나의 'W', 왜Why로부터 나오는 것이라고 생각한다.

아날로그 시대에는 사회조사에 사용된 데이터가 대부분 연구를 목적으로 만들어졌다. 그러나 디지털 시대에는 서비스 제공, 이익 창출, 법 집행 등 연구 이외의 목적으로 엄청난 양의 데이터가 기업과 정부에 의해 생성되고 있다. 하지만 창의적인 사람들은 이러한 데이터를 연구용으로 **용도 변경**repurposing할 수 있다는 것을 깨달았다. 1장의 예술 비유에서 뒤샹이 예술 작품을 창조하기 위해 이미 존재하는 물체를 재정의했던 것처럼, 과학자들은 이제 연구를 진행하기 위해 이미 존재하는 데이터를 가져와 이전과는 다른 목적으로 사용하기 시작했다.

이미 존재하는 데이터를 연구 목적으로 사용하는 것은 의심할 여지 없이 엄청난 기회지만, 애초에 연구 목적으로 만들어지지 않은 데이터를 사용하면 새로운 문제가 발생한다. 예를 들어, 트위터와 같은 소셜 미디어 서비스를 종합사회조사General Social Survey와 같은 전통적인 여론조사와 비교해보자. 트위터의 주요 목표는 사용자에게 서비스를 제공하고 이익을 창출하는 것이다. 반면 종합사회조사는 사회연구를 위한, 특히 여론조사를 위한 범용 데이터를 만드는 것에 관심을 둔다. 이러한 목적의 차이는 트위터가 만든 데이터와 종합사회조사가 만든 데이터가 모두 여론을 연구하는 데 사용될 수 있지만 서로 속성이 다름을 의미한다. 트위터는 종합사회조사가 필적할 수 없는 규모와 속도로 작동하지만, 종합사회조사와는 달리 사용자를 신중하게 표본 추출하지 않으며, 시간이 지나도 비교 가능성을 유지할 수 있도록 하는 데에는 관심이 없다. 이 두 데이터의 성격이 너무 다르기 때문에 어느 하나의 데이터가 더 낫다고는 말할 수 없다. 만약 여러분이 세계적 분위기를 시간 단위로 측정하기 원한다면 트위터가 훨씬 나을 것이다[예를 들어 골더와 메이시(Golder and Macy, 2011); 84개국, 240만 명 사용자들의 5억 900만 개가 넘는 트위터를 분석]. 반면에 미국의 태도 양극화에 대한 장기적 변화를 이해하고 싶다면 종합사회조사가 최선의 선택이다[예를 들어 디마지오, 에반스와 브라이슨(DiMaggio, Evans, and Bryson, 1996)을 보라]. 이 장에서는 빅 데이터가 다른 유형의 데이터보다 더 좋거나 나쁘다고 논쟁하기보다는, 빅 데이터가 어떤 종류의 연구 질문에 적합하고 또 적합하지 않은지를 명확히 하려고 노력할 것이다.

많은 연구자들은 빅 데이터라고 하면 곧장 검색 엔진 기록과 소셜 미디어 게시물처럼 기업들이 만들고 수집한 온라인 데이터를 떠올린다. 하지만 이러한 좁은 시야는 빅 데이터의 다른 두 가지 중요한 원천을 배제한다. 첫째, 점점 더 많은 기업 차원의 빅 데이터가 물리적 환경에 설치된 디지털 장치로부터 생성된다. 예를 들어, 이 장에서는 슈퍼마켓 계산대의 데이터를 활용하여 동료들의 생산성이 노동자의 생산성에 어떤 영향을 미치는지 연구한 사례를 제시할 것이다(Mas and Moretti, 2009). 그다음 장들에서는 휴대전화 통화 기록(Blumenstock, Cadamuro, and On, 2015)과 전력 회사의 요금 청구 데이터(Allcott, 2015)를 사용한 연구자들에 대해 설명할 것이다. 이 사례들이 보여주는 것처럼, 기업이 수집하는 빅 데이터는 단순한 온라인 행위 이상의 의미를 가진다.

온라인 행위로만 시야를 좁혔을 때 놓칠 수 있는 빅 데이터의 두 번째 주요 원천은 정부이다. 연구자들이 **정부 행정 기록**이라고 부르는 정부 데이터에는 출생 및 사망 등록부 등의 주요 통계 기록과 세금 기록, 학교 기록 등이 포함되어 있다. 정부는 몇몇 종류에 대해서는 수백 년에 이르는 긴 시간 동안 데이터를 축적해왔고, 사회과학자들은 그들이 존재한 이래로 열심히 그 자료를 활용해왔다. 그러나 자료가 디지털화되면서 정부가 데이터를 수집, 전송, 저장, 분석하는 것이 극적으로 수월해졌다. 예를 들어, 이 장에서는 노동경제학의 근본적인 논쟁을 다루기 위해 뉴욕시 정부의 택시미터 데이터를 용도 변경한 연구(Farber, 2015)에 대해 설명할 것이다. 그런 다음 이어지는 장들에서는 정부가 수집한 투표 기록이 설문조사(Ansolabehere and Hersh, 2012)와 실험(Bond et al., 2012)에서 어떻게 사용되었는지에 대해 말할 것이다.

나는 목적에 따른 용도 변경 개념이 빅 데이터로부터 배우는 데 기본이 된다고 생각한다. 따라서 빅 데이터의 특징(2.3절)과 이러한 특징들이 연구에서 어떻게 사용될 수 있는지(2.4절)에 대해 더 구체적으로 논하기 전에, 용도 변경에 대해 두 가지 일반적인 조언을 하고자 한다. 첫째, '발견된' 데이터와 '설계된' 데이터 사이의 차이를 고려해야 한다. 둘은 비슷하지만, 꼭 그렇지는 않다. 연구자들의 관점에서 볼 때 빅 데이터는 '발견'되었을지라도 갑자기 하늘에서 뚝 떨어진 것은 아니다. 오히려 연구자들에 의해 '발견된' 데이터는 다른 누군가에 의해 특정 목적을 달성하기 위해 설계된 것이다. '발견된' 데이터는 다른 누군가에 의해 설계되었기 때문에, 데이터를 만들어낸 사람과 만드는 과정에 대해 가능한 한 많이 이해해야 한다. 둘째, 데이터를 용도 변경할 때에는 여러분의 연구 문제를 위해 이상적인 데이터셋을 상상하고, 사용 중인 실제 데이터셋과 이상적인 데이터셋을 비교하는 것이 엄청난 도움이 된다. 만약 직접 데이터를 수집하지 않았다면 원하는 데이터와 보유한 데이터 사이에는 큰 차이가 있을 것이다. 이러한 차이점을 알아차리는 것은 보유한 데이터에서 무엇을 배울 수 있고 배울 수 없는지를 명확히 하는 데 도움이 될 것이며, 어떤 새로운 데이터를 수집해야 할지 깨닫게 할 수 있다.

내 경험에 따르면, 사회과학자들과 데이터과학자들은 용도 변경에 매우 다르게 접근하는 경향이 있다. 연구를 위해 설계된 데이터를 다루는 데 익숙한 사회과학자들은 일반적으로 용도 변경된 데이터의 문제점은 재빠르게 지적하지만 장점은 무시한다. 반면 데이터과학자는 데이터를 용도 변경해서 얻는 이점은 빠르게 지적하면서 그 약점은 무시한다. 물론 가장 좋은 접근법은 두 접근 방식을 섞는 것이다. 즉, 연구자들은 빅 데이터의 장단점을 모두 이해하고 그로부터 전진할 수 있는 방법을 배워야 한다. 이에 대해서는 이 장의 나머지 부분에서 설명할 것이다. 다음 절에서는 빅 데이터의 일반적인 열 가지 특징을 설명하고, 그다음 절에서는 빅 데이터에 잘 적용될 수 있는 세 가지 연구 접근법에 대해 설명할 것이다.

2.3. 빅 데이터의 일반적인 특징 열 가지

빅 데이터는 여러 특징을 공유하는 경향이 있다. 그중 몇몇은 사회연구에 장점
으로, 몇몇은 단점으로 작용한다.

각각의 빅 데이터는 별개의 특징이 있지만, 반복해서 나타나는 몇몇 특징을 알
아놓는 것은 도움이 된다. 그러므로 여기서는 플랫폼별 접근 방식(트위터에 대
해 알아야 할 사항, 구글 검색 데이터에 대해 알아야 할 사항 등)보다는 빅 데이터의
일반적인 특징 열 가지를 살펴보고자 한다. 각 특정 시스템의 세부 사항에서
한 발짝 물러서서 빅 데이터의 일반적인 특징을 살펴봄으로써 연구자들은 기
존 데이터에 대해 빠르게 배울 수 있을 뿐만 아니라 미래에 만들어질 데이터에
적용할 수 있는 견고한 아이디어를 얻을 수 있다.

연구 목표에 따라 데이터에서 원하는 특성이 달라지지만, 열 가지 특징을 크
게 광범위한 두 가지 범주로 분류하는 것은 유용할 것이다.

- 연구에 일반적으로 유용함: 큰 규모big, 상시 접근always-on, 비반응성
nonreactive
- 연구에 일반적으로 문제가 됨: 불완전성incomplete, 접근 불가능성
inaccessible, 비대표성nonrepresentative, 변동성drifting, 알고리즘에 기반한
교란algorithmically confounded, 지저분함dirty, 민감함sensitive

이러한 특징을 설명해가면서, 여러분은 빅 데이터가 연구를 목적으로 만들
어진 것이 아니기 때문에 종종 이런 특징이 나타난다는 것을 알게 될 것이다.

2.3.1. 큰 규모

대규모 데이터셋은 목적을 위한 수단이며, 그 자체로 목적이 아니다.

빅 데이터의 특성 중 가장 널리 논의되는 것은 '크다'라는 것이다. 실제로 많은 논문들이 얼마나 많은 양의 데이터를 분석했는지 논하면서, 때로는 뽐내면서 시작한다. 예를 들어 구글 북스 말뭉치Google Books corpus로부터 단어 사용 경향을 연구해 《사이언스》에 발표된 논문은 다음과 같이 언급한다(Michel et al., 2011).

> [우리] 말뭉치는 영어(3,610억 개), 프랑스어(450억 개), 스페인어(450억 개), 독일어(370억 개), 중국어(130억 개), 러시아어(350억 개), 히브리어(20억 개) 등 단어를 5,000억 개 이상 포함하고 있다. 가장 오래된 작품들은 1500년대에 출판되었다. 초기 수십 년은 연간 단어 수십만 개로 구성된 책 몇 권만으로 대표된다. 1800년에 말뭉치는 연간 9,800만 단어로, 1900년에는 18억 단어로, 그리고 2000년에는 110억 단어로 늘어난다. 이러한 규모의 말뭉치는 인간이 읽을 수 없다. 2000년 한 해 동안 영어로 나온 말뭉치만 읽는다고 쳐도, 먹고 자는 시간 없이 1분에 200단어라는 적당한 속도로 읽으면 80년이 걸릴 것이다. 글자의 배열은 인간의 게놈보다도 1,000배 더 길다. 일직선으로 글을 쓰면 달까지 열 번은 왕복할 수 있다.

이 데이터의 규모는 의심할 여지 없이 인상적이며, 구글 북스 팀이 이 데이터를 대중에게 공개했다는 사실은 우리 모두에게 행운이다(실제로 이 장의 끝에 있는 몇몇 연습 문제에서는 이 데이터를 활용한다). 하지만 이런 것을 볼 때마다 여러분은 다음과 같은 질문을 던져야 한다. 그 모든 데이터가 정말 무언가를 하고 있는 걸까? 만약 그 데이터가 달에 도달한 뒤 한 번만 되돌아올 정도의 양이었다면 그들은 똑같은 연구를 할 수 있었을까? 데이터의 양이 그저 에베레스트 산의 정상이나 에펠탑 꼭대기까지밖에 도달할 수 없었다면 어땠을까?

실제로 이 경우 그들의 연구는 오랜 기간 동안 방대한 양의 말뭉치가 있어야만 알 수 있는 사실을 몇 가지 발견한다. 예를 들어 그들이 탐구한 것 중 하나는 문법의 진화, 특히 불규칙 동사 사용률의 변화이다. 일부 불규칙 동사는 매우 드물게 나타나기 때문에 시간의 흐름에 따라 변화를 감지하기 위해서는 많은 양의 데이터가 필요하다. 그러나 연구자들이 빅 데이터의 크기를 더 중요한 과학적 목표에 다가가기 위한 수단으로 보기보다는 "내가 얼마나 많은 데이터를 처리할 수 있는지 보라"라고 하는 것처럼 목적 자체로 대하는 경우가 너무 많다.

내 경험에 따르면 이처럼 드문 사건에 대한 연구는 데이터셋datasets이 커야 가능한 세 가지 구체적, 과학적 목적 중 하나이다. 두 번째는 이질성에 대한 연구로, 미국의 사회 이동성에 대한 라지 체티Raj Chetty와 동료들의 연구(2014)에서 알 수 있다. 과거에는 사회 이동성 연구를 부모와 자녀의 삶의 결과를 비교하여 연구하는 경우가 많았다. 이 계열 연구에서 일관되게 발견한 것은, 특권층 부모가 특권층 아이를 두는 경향이 있지만 이러한 관계의 강도는 시간이 지남에 따라 그리고 국가마다 달라진다는 것이었다(Hout and DiPrete, 2006). 한편 최근에는 체티와 동료들은 4,000만 명의 세금 기록을 사용하여 미국에서 세대 간 이동성의 지역 간 이질성을 추정할 수 있었다(그림 2.1). 예를 들어 최하위 20%의 부모로부터 자녀가 최상위 20%에 도달할 확률은 캘리포니아주 산호세에서는 약 13%이지만, 노스캐롤라이나주 샬롯에서는 약 4%에 지나지 않았다. 잠시 그림 2.1을 본다면, 여러분은 왜 세대 간 이동성이 어떤 곳에서는 더 높은지 궁금할지도 모른다. 체티와 동료들도 똑같은 질문을 했고, 이동성이 높은 구역이 주거 분리가 적고, 소득 불평등이 낮으며, 좋은 초등학교와 사회적 자본이 많고, 가족 안정성이 높다는 것을 발견했다. 물론 이러한 상관관계만으로는 이와 같은 요인들이 인과적으로 이동성을 높인다는 것을 보여주지 않지만, 앞으로의 작업에서 탐구할 만한 기제를 제안해준다. 이러한 기제 탐색이 바로 체티와 동료들이 후속 작업에서 했던 것이다. 이 프로젝트에서 데이터의 크기가 얼마나 중요했는지 생각해보자. 만일 체티와 동료들이 4,000만 명이 아닌 4만 명의 세금 기록만을 사용했었다면, 그들은 지역 간 이질성을 추정할 수 없

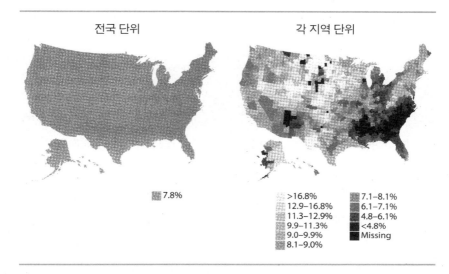

	전국 단위		각 지역 단위	

7.8%

>16.8%	7.1–8.1%
12.9–16.8%	6.1–7.1%
11.3–12.9%	4.8–6.1%
9.9–11.3%	<4.8%
9.0–9.9%	Missing
8.1–9.0%	

그림 2.1_ 소득 분배 하위 20%에 속하는 부모의 자녀가 상위 20%에 속할 확률 추정 (Chetty et al., 2014). 이질성을 보여주는 지역 수준 추정치는 자연스럽게 단일 국가 수준 추정치에서는 발생하지 않는 흥미롭고 중요한 질문들로 이어진다. 이러한 지역 수준 추정이 가능한 이유는, 부분적으로 연구자들이 4,000만 명의 사람들의 세금 기록이라는 큰 데이터를 사용하고 있었기 때문이다.

자료: http://www.equality-of-opportunity.org/에서 이용할 수 있는 데이터로 만듦.

었을 것이고 변이를 일으키는 기제를 규명하기 위해 후속 연구를 할 수 없었을 것이다.

마지막으로, 드문 사건을 연구하고 이질성을 연구하는 것 외에도 대규모 데이터셋을 통해 연구자들은 작은 차이를 탐지할 수 있다. 사실 업계에서 빅 데이터에 주목하는 부분 중에는 이러한 작은 차이에 대한 것이 상당수이다. 광고에서 1%와 1.1%의 클릭 비율 차이를 안정적으로 감지하는 것은 수백만 달러의 추가 수익으로 이어질 수 있다. 그러나 일부 과학적 배경에서 그러한 작은 차이는 통계적으로 유의하더라도 특별히 중요하지 않을 수 있다(Prentice and Miller, 1992). 하지만 일부 정책적 배경에서, 그러한 작은 차이들을 다 합쳐서 평가할 때에는 중요할 수 있다. 예를 들어 두 가지 공중 보건 개입 방안이 있고 하나가 다른 것보다 약간 더 효과적이라면, 보다 효과적인 개입 방안을 선택함으로써 추가적으로 수천 명의 생명을 구할 수도 있다.

크다는 특성이 제대로 사용되면 이는 일반적으로 좋은 재산이지만, 때때로 개념적인 오류를 야기할 수 있다는 것을 유념해야 한다. 어떤 이유에서인지 크다는 것은 연구자들이 그들의 데이터가 어떻게 생성되었는지 무시하도록 유도하는 경향이 있다. 데이터가 크면 무작위 오류에 대해 걱정할 필요를 줄여주지만 아래에서 설명할 체계적 오류, 즉 데이터가 생성되는 방식의 편향에서 비롯되는 오류에 대해서는 더 많은 신경을 쓰게 한다. 예를 들어 이 장 후반부에서 설명할 프로젝트에서, 연구자들은 2001년 9월 11일에 생성된 메시지를 사용하여 테러 공격에 대한 반응을 고해상도 감정 시간표로 작성했다(Back, Küfner, and Egloff, 2010). 연구진은 수많은 메시지를 가지고 있었기 때문에 그들이 관찰한 패턴들, 즉 하루 중 분노가 증가하는 패턴들이 무작위적인 변화에 의해 설명될 수 있는지에 대해 걱정할 필요가 없었다. 데이터가 워낙 많고 패턴들이 매우 명확해서 모든 통계 검정에서 이것이 실제 패턴이라고 암시했다. 그러나 이러한 통계 검정은 데이터가 어떻게 생성되었는지에 대해서는 알려주지 못한다. 실제로 이 패턴들 중 많은 것이 하루 종일 무의미한 메시지를 점점 더 많이 만들어내는 한 개의 봇bot에 기인한 것으로 밝혀졌다. 이 한 개의 봇을 제거하면 논문의 주요 발견 중 일부가 완전히 사라졌다(Pury, 2011; Back, Küfner, and Egloff, 2011). 간단히 이야기해서, 연구자가 체계적 오류에 대해 생각하지 않는다면 중요하지 않은 요소에 대한 정확한 추정치를 얻는 데 그들의 큰 데이터를 이용할 위험에 처한다. 자동화된 봇이 만들어낸 무의미한 메시지의 감성적 내용이 그런 추정의 예이다.

결론적으로 큰 데이터셋은 그 자체가 목적은 아니지만 드문 사건의 연구, 이질성의 추정, 작은 차이의 감지 등 특정 종류의 연구를 가능하게 할 수 있다. 한편 큰 데이터셋은 일부 연구자들이 데이터가 어떻게 생성됐는지를 무시하도록 유도하고, 결과적으로 중요하지 않은 요소의 정밀한 양적 추정치를 얻게끔 이끌 수도 있다.

2.3.2. 상시 접근Always-on

상시 접근 빅 데이터를 통해 예기치 못한 사건 연구 및 실시간 측정이 가능하다.

많은 빅 데이터 시스템은 항상 켜진 상태로 끊임없이 데이터를 수집한다. 이러한 상시 접근 특성은 연구자들에게 종단면 데이터(말하자면 시간에 따른 데이터)를 제공한다. 항상 접속해 있다는 것은 두 가지 측면에서 연구에 중요한 영향을 끼친다.

첫째, 상시 접근 데이터의 수집을 통해 연구자는 예기치 못한 사건을, 상시 접근이 아니라면 불가능했을 방식으로 연구할 수 있다. 예를 들어 2013년 여름 터키에서 벌어진 게지 공원 점령Occupy Gezi 반정부 시위 연구에 관심이 있는 연구자라면 대체로 사건 진행 동안 시위자들의 행동에 초점을 맞췄을 것이다. 하지만 세렌 부닥Ceren Budak과 던컨 와츠Duncan Watts는 사건 이전, 도중, 이후에 트위터의 상시 접근 특성을 이용함으로써 트위터를 사용한 시위자들에 대해 더 많은 것을 알 수 있었다(Budak and Watts, 2015). 그리고 그들은 사건 이전, 도중, 이후 시위에 참여하지 않는 사람들로 비교군을 만들 수 있었다(그림 2.2). 이렇듯 사후 패널 자료는 2년 동안 3만 명의 트윗을 포함했다. 부닥과 와츠는 시위에서 흔히 사용되는 데이터를 이러한 다른 정보로 강화함으로써 훨씬 더 많은 것을 알아낼 수 있었다. 그들은 터키 반정부 시위에 어떤 사람들이 더 참여할 가능성이 높은지를 추정할 수 있었고, 참가자와 비참가자의 태도의 변화를 단기적으로(터키 반정부 시위 이전과 시위 동안을 비교하여) 또한 장기적으로(시위 이전과 시위 이후를 비교하여) 추정할 수 있었다.

회의론자는 이러한 추정 중 일부가 상시 접근 데이터의 수집 없이도 이루어질 수 있다고(예를 들어 태도 변화에 대한 장기 추정치) 지적할지도 모른다. 3만 명의 데이터를 직접 수집하려면 상당히 돈이 많이 들었겠지만, 이는 합당한 지적이다. 하지만 나는 예산이 무제한으로 주어진다고 해도 연구자가 시간을 거슬러 올라가 직접 참가자들의 행동을 관찰할 수 있게 하는 다른 방법을 떠올릴 수

	시위 이전 (2012.1.1~2012.5.28)	시위 도중 (2012.5.28~2013.8.1)	시위 이후 (2013.8.1~2014.1~1)
참가자		일반적인 연구의 데이터셋	
비참가자			부닥과 와츠가 사용한 사후 패널

그림 2.2_ 2013년 여름 터키에서 벌어진 게지 공원 점령 반정부 시위를 연구하기 위해 부닥과 와츠(Budak and Watts, 2015)가 사용한 연구 설계.
연구자들은 트위터의 상시 접근 특성을 이용하여 2년에 걸쳐 약 3만 명이 참여한 사후 패널 자료를 만들었다. 시위 기간 동안 참가자들에게 초점을 맞춘 일반적인 연구와는 달리, 사후 패널은 ① 사건 전후 참가자의 데이터와 ② 사건 이전, 도중, 이후 비참가자의 데이터를 추가한다. 이렇게 풍부해진 데이터 구조를 통해 부닥과 와츠는 터키 반정부 시위에 어떤 사람들이 더 참여할 가능성이 높은지를 추정하고, 단기적으로나(시위 이전과 도중 비교) 장기적으로(시위 이전과 이후 비교) 참가자와 비참가자의 태도 변화를 측정할 수 있었다.

없다. 가장 가까운 대안은 행동에 대해 회고적 보고서를 수집하는 것이지만, 이러한 보고서는 세부적인 내용이 부족할 뿐만 아니라 정확도가 의심스러울 것이다. 표 2.1은 상시 접근 데이터를 사용하여 예기치 못한 사건을 연구하는 다른 연구들의 예시를 제공한다.

예기치 못한 사건을 연구하는 것 외에도 연구자들은 상시 접근 빅 데이터 시스템을 통해 실시간 추정치를 산출할 수 있는데, 이러한 추정은 정부 또는 산업계의 정책 입안자들이 상황적 인식situational awareness을 바탕으로 대응하고자 하는 경우에 유용할 수 있다. 예를 들어 소셜 미디어 데이터는 자연 재해에 대한 비상 대응을 안내하는 데 사용될 수 있으며(Castillo, 2016), 다양한 빅 데이터를 사용하여 경제 활동의 실시간 추정치를 산출할 수 있다(Choi and Varian, 2012).

결론적으로 상시 접근 데이터 시스템은 연구자들이 예기치 못한 사건을 연구하고 정책 입안자들에게 실시간 정보를 제공할 수 있게 한다. 그러나 나는

표 2.1_ 상시 접근 빅 데이터를 사용한 예기치 않은 사건 연구

예기치 못한 사건	상시 접근 데이터 원천	인용
2013년 터키 반정부 시위	트위터	Budak and Watts(2015)
2014년 홍콩 우산 시위	웨이보	Zhang(2016)
2014년 뉴욕시 경찰 총격 사건	경찰 불심검문 보고서	Legewie(2016)
ISIS 가입 사건	트위터	Magdy, Darwish, and Weber(2016)
9·11 테러	livejournal.com	Cohn, Mehl, and Pennebaker(2004)
9·11 테러	무선 호출기 메시지	Back, Küfner, and Egloff(2010), Pury (2011), Back, Küfner, and Egloff(2011)

상시 접근 데이터 시스템이 매우 오랜 시간 동안의 변화를 추적하는 데 적합하다고 생각하지는 않는다. 이는 많은 빅 데이터 시스템이 지속적으로 변화하고 있기 때문이다. 이런 과정을 이 장의 뒷부분에서 **변동성**drift이라고 부를 것이다(2.3.7항).

2.3.3. 비반응성nonreactive

> 빅 데이터에서의 측정은 행동을 변화시킬 가능성이 훨씬 적다.

사회연구에서 어려운 점 중 하나는, 연구자들이 관찰하는 사람들이 자신이 관찰되고 있다는 것을 알아차릴 때 그들의 행동이 바뀔 수 있다는 것이다. 사회과학자들은 일반적으로 이를 반응성reactivity이라고 부른다(Webb et al., 1966). 예를 들어 사람들은 실험실 연구에서 현장 연구에서보다 더 관대할 수 있는데, 실험실 연구의 경우 사람들은 자신이 관찰된다는 것을 매우 잘 알고 있기 때문이다(Levitt and List, 2007a). 많은 연구자들이 기대하는 빅 데이터의 한 가지 측면은 참여자들이 일반적으로 자신의 정보가 수집되고 있다는 것을 알지 못하

거나 이 정보 수집에 너무 익숙해진 나머지 더는 행동을 바꾸지 않는다는 점이다. 참여자들이 비반응적이기 때문에 이전에 정확하게 측정할 수 없었던 행동을 연구하는 데 여러 종류의 빅 데이터를 사용할 수 있다. 예를 들어 스티븐스-다비도위츠(Stephens-Davidowitz, 2014)는 미국의 여러 지역에서 인종적 반감을 측정하기 위해 검색 엔진 질의(쿼리)에 인종차별적 용어의 유통을 조사하였다. 검색 데이터의 본질적인 비반응성 및 큰 규모(2.3.1항 참조)로 인해 설문조사와 같은 방법으로는 알기 어려웠던 측정이 가능해졌다.

그러나 데이터가 비반응적이라고 해서 사람들의 행동이나 태도를 직접적으로 반영한다고 보장할 수는 없다. 예를 들어 한 인터뷰 기반 연구에서 응답자가 말했듯이, "내게 문제가 없다는 것이 아니다. 나는 단지 그것들을 페이스북에 올리지 않는 것일 뿐이다"(Newman et al., 2011). 다시 말해, 일부 빅 데이터가 비반응적일지라도 사람들이 가능한 한 자신을 좋게 보여주고자 하는 경향, 즉 사회적 바람직성social desirability 편향에서 항상 자유로운 것은 아니다. 또한 이 장 뒷부분에서 설명하겠지만 빅 데이터에서 포착된 행동은 때때로 플랫폼 소유자의 목적에 영향을 받는데, 이는 알고리즘에 기반한 교란이라고 할 수 있다. 마지막으로 비록 비반응성이 연구에 이로울지라도, 사람들의 동의와 인식 없이 행동을 추적하는 것은 6장에서 자세하게 설명할 윤리적 우려를 불러온다.

방금 설명한 큰 규모, 상시 접근, 비반응성이라는 세 가지 특성은 항상은 아니지만 일반적으로 사회연구에 유리하다. 다음으로는 불완전성, 접근 불가능성, 비대표성, 변동성, 알고리즘에 기반한 교란, 지저분함, 민감함으로 대표되는 빅 데이터의 일곱 가지 특성을 살펴보겠다. 이 일곱 가지 특성은, 항상 그렇지는 않지만 일반적으로 연구에 문제를 일으킨다.

2.3.4. 불완전성

빅 데이터가 얼마나 큰지와 상관없이 그 안에 여러분이 원하는 정보는 아마도 없을 것이다.

대부분의 빅 데이터는 여러분의 연구에 필요한 정보를 가지고 있지 않다는 점에서 **불완전하다**. 이는 연구 이외의 목적으로 생성된 데이터의 일반적인 특징이다. 많은 사회과학자들은 연구에 필요한 질문은 포함하지 않은 기존 설문조사처럼 불완전성과 마주친 경험이 이미 있을 것이다. 불행하게도 빅 데이터에서 불완전성의 문제는 더 극단적인 경향이 있다. 내 경험에 의하면 빅 데이터는 사회연구에 유용한 세 종류의 정보를 누락하는 경향을 보이는데, 그 셋은 참여자에 대한 인구학적 정보, 다른 플랫폼에서의 행동, 이론적 구성물을 조작화하기 위한 데이터 등이다.

세 종류의 불완전성 중 가장 풀기 어려운 문제는 이론적 구성물을 조작화하기에 데이터가 불완전한 경우이다. 그리고 내 경험에 따르면 이러한 문제는 공교롭게도 종종 간과된다. **이론적 구성물**theoretical constructs이란 간단히 말해 사회과학자들이 연구하는 추상적 아이디어이며, 어떤 이론적인 구성물을 **조작화한다**는 것은 관찰 가능한 데이터로 그 구성물을 포착할 방법을 제안하는 것을 의미한다. 불행하게도 이 단순해 보이는 과정은 실제로 꽤나 어려운 일이다. 예를 들어 지능이 더 높은 사람들이 돈을 더 많이 번다는, 겉으로 보기에는 단순한 주장을 경험적으로 검증한다고 생각해보자. 이 주장을 검증하기 위해서는 '지능'을 측정해야 할 것이다. 하지만 지능이란 무엇인가? 가드너는 실제로 서로 다른 지능이 여덟 가지 있다고 주장했다(Gardner, 2011). 그렇다면 이러한 지능의 종류들을 정확하게 측정할 수 있는 절차가 있는가? 심리학자들이 엄청난 양의 연구를 쏟아내고 있음에도 이러한 질문들은 여전히 명확한 대답을 얻지 못하고 있다.

이렇듯 이론적 구성물을 데이터에서 조작화하기 어렵기 때문에, 지능이 더 높은 사람이 돈을 더 많이 번다는 상대적으로 단순한 주장도 경험적으로는 평가하기 어려울 수 있다. 중요하지만 조작화하기가 어려운 이론적 구성물의 다른 예로는 '규범', '사회적 자본', '민주주의' 등이 있다. 사회과학자들은 이론적 구성물과 데이터 사이의 결합을 **구성 타당도**construct validity라고 부르는데(Cronbach and Meehl, 1955), 이처럼 짧은 구성물의 목록이 암시하듯이 구성 타

표 2.2_ 이론적 구성물을 조작화하기 위해 사용된 디지털 흔적의 예

데이터 종류	이론적 구성물	참고문헌
(메타 정보만을 포함한) 한 대학교의 이메일 로그	사회적 관계	Kossinets and Watts(2006; 2009), De Choudhury et al.(2010)
웨이보에 게시된 소셜 미디어 게시글	시민 참여	Zhang(2016)
(메타 정보와 전체 본문을 포함한) 한 기업의 이메일 로그	조직 내 문화적 적합도	Srivastava et al.(2017)

당도는 사회과학자들이 매우 오랫동안 고군분투해온 문제이다. 그러나 내 경험에 의하면, 구성 타당도 문제는 연구 목적으로 만들어지지 않은 데이터로 작업할 때 훨씬 더 크다(Lazer, 2015).

연구 결과를 평가할 때 구성 타당도를 가늠하는 빠르고 유용한 방법 중 하나는, 일반적으로 구성물의 용어로 표현되어 있는 연구 결과를 데이터상의 용어로 다시 표현해보는 것이다. 예를 들어 지능이 더 높은 사람이 돈을 더 많이 번다고 주장하는 가상의 연구 두 가지를 생각해보자. 첫 번째 연구에서 연구자들은 분석적 지능에 대해 잘 연구된 검사인 레이븐 누진행렬 검사Raven Progress Matrice Test(Carpenter, Just, and Shell, 1990)에서 높은 점수를 얻은 사람들이 더 수입을 많이 올린다는 것을 소득 신고에서 발견했다. 두 번째 연구에서 연구자들은 트위터에 더 긴 단어를 사용하는 사람이 명품 브랜드를 언급할 가능성이 더 높다는 것을 발견했다. 두 경우에서 모두 연구자들은 지능이 높은 사람이 돈을 더 많이 번다는 것을 보여줬다고 주장할 수 있다. 그러나 첫 번째 연구에서는 이론적 구성물이 데이터에 의해 잘 조작화된 반면 두 번째 연구에서는 그렇지 못하다. 또한 이 예시가 보여주듯, 데이터를 더 많이 모은다고 구성 타당도 문제가 자동으로 해결되는 것은 아니다. 여러분은 두 번째 연구가 100만, 10억 또는 1조 개의 트윗을 포함했더라도 연구 결과를 의심해보아야 한다. 구성 타당도 개념에 익숙하지 않은 연구자들에게 표 2.2는 디지털 흔적 데이터를 사용해 이론적 구성물을 조작화한 연구의 몇 가지 예시를 제공한다.

이론적 구성물을 포착하기에 불완전한 데이터 문제는 해결하기 매우 어렵지만, 불완전성의 다른 유형들(불완전한 인구학적 정보와 다른 플랫폼에서의 행동)에 대해서는 일반적인 해결책이 있다. 첫 번째 해결책은 필요한 데이터를 실제로 수집하는 것이다. 이 내용은 3장에서 설문조사에 대해 설명할 때 언급할 것이다. 주요 해결책 두 번째는 데이터과학자들은 **사용자 속성 추론**user-attribute inference이라 부르고 사회과학자들은 **귀책**imputation이라 부르는 것을 수행하는 것이다. 이 접근 방식에서 연구자들은 그들이 갖고 있는 몇몇 사람들에 대한 정보를 통해 그 외 다른 사람들의 특성을 추론한다. 세 번째 가능한 해결책은 여러 데이터를 결합하는 것이다. 이 과정을 **레코드 연계**record linkage라고 부른다. 이 과정에 대해 내가 가장 좋아하는 은유는 던(Dunn, 1946)이 레코드 연계에 대해 쓴 첫 번째 논문의 바로 첫 단락에 나오는 구절로, 다음과 같다.

> 전 세계에서 사람들은 각자 삶의 책a Book of Life을 만든다. 이 책은 출생부터 시작해서 죽음과 함께 끝난다. 책의 한 장 한 장은 삶에서 중요한 사건들의 기록으로 채워져 있다. 이 낱장들을 한 권의 책으로 묶는 과정을 레코드 연계라고 한다.

던이 그 구절을 썼을 때, 그는 삶의 책이 출생, 결혼, 이혼, 죽음과 같이 삶의 중요한 사건들을 포함할 것이라고 상상했다. 그러나 이제는 사람들에 대해 너무나 많은 정보가 기록되기 때문에, 서로 다른 낱장들(즉, 우리의 디지털 흔적)을 함께 묶을 수 있다면 그 삶의 책은 엄청나게 상세한 초상이 될 것이다. 이 삶의 책은 연구자들에게 훌륭한 자료가 될 수 있다. 그러나 그것은 또한 파멸의 데이터베이스database of ruin(Ohm, 2010)라고도 부를 수 있는데, 이는 내가 6장(윤리)에서 이야기할 것처럼 온갖 종류의 비윤리적인 목적에 사용될 수 있다.

2.3.5. 접근 불가능성

연구자들은 기업과 정부가 보유한 자료에 접근하기 어렵다.

2014년 5월 미국 국가안보국은 유타주 시골 지역에 '국가 정보공동체 종합 사이버보안 이니셔티브 데이터 센터Intelligence Community Comprehensive National Cybersecurity Initiative Data Center'라는 어색한 이름의 데이터 센터를 설립했다. 유타 데이터 센터로 알려지게 된 이 데이터 센터는 놀라운 가능성을 가진 것으로 보고되었다. 한 보고서는 이 센터가 "개인 이메일, 휴대전화 통화, 구글 검색의 완전한 내용뿐만 아니라 모든 종류의 개인적 데이터 흔적, 말하자면 주차 영수증, 여행 일정, 서점 구매 기록 및 기타 디지털 '부스러기pocket litter' 등"을 포함하여 모든 형태의 의사소통을 저장하고 처리할 수 있다고 주장한다(Bamford, 2012). 빅 데이터에서 포착되는 많은 정보의 민감한 특성이 우려를 불러일으키는 데 더해서, 유타 데이터 센터는 아래에 자세히 설명할 것처럼 연구자들이 접근할 수 없는 풍부한 데이터 소스의 극단적인 예이기도 하다. 일반적으로 많은 유용한 빅 데이터를 정부(세금 데이터와 교육 데이터 등)와 기업(검색 엔진 및 전화 통화 메타 정보)이 통제하고 제한한다. 이러한 데이터는 존재하더라도 접근할 수 없기 때문에 사회연구에는 별 쓸모가 없다.

내 경험에 의하면 대학교에 기반을 둔 많은 연구자들은 접근 불가능성의 원인을 잘못 이해하고 있다. 기업과 정부의 사람들이 어리석고 게으르거나 무신경하기 때문에 이러한 데이터에 접근할 수 없는 것이 아니다. 데이터에 대한 접근을 막는 원인은 오히려 심각한 법적·사업적·윤리적 장벽에 있다. 예를 들어 웹사이트의 일부 서비스 약관은 직원들에게만 또는 서비스 개선을 위해서만 데이터를 사용하도록 허용한다. 따라서 특정 형태로 데이터를 공유함으로써 회사는 고객에 의해 정당한 소송에 휘말릴 수 있다. 이는 데이터 공유에 관련된 회사들에게는 사업에서 상당한 위험으로 작용한다. 한 대학교 연구 프로젝트의 일환으로 우연히 개인 검색 데이터가 구글에서 유출되었다고 할 때 대중이 어떻게 반응할지 상상해보자. 이러한 데이터 유출은 극단적일 경우 회사의 존재 자체를 위험에 빠뜨린다. 그래서 구글과 대부분의 대기업들은 연구자들과 데이터를 공유하는 것을 매우 꺼린다.

실제로, 많은 양의 데이터에 대한 접근 및 공유 권한을 가진 사람들은 거의 모두 압두르 초두리Abdur Chowdhury의 사례를 알고 있다. 그가 AOL(미국의 온라인 사업 관련 회사—옮긴이 주) 연구팀장이었던 2006년, 그는 익명화되었다고 판단한 AOL 사용자 65만 명의 검색 질의(쿼리)를 의도적으로 연구 커뮤니티에 공개했다. 내가 아는 한 초두리와 AOL 연구원들은 좋은 의도로 그런 것이고, 그들은 그 데이터를 충분히 익명화했다고 판단했다. 하지만 그들은 틀렸다. 그 데이터는 연구원들이 생각했던 것만큼 익명성을 보장하지 못했으며, 《뉴욕타임스》의 기자들은 데이터셋 안의 누군가를 쉽게 식별할 수 있었다(Barbaro and Zeller, 2006). 이런 문제가 발견되자 초두리는 AOL의 웹사이트에서 데이터를 삭제했지만 이미 늦은 상황이었다. 그 데이터는 다시 다른 웹사이트에 게재되었고, 아마 여러분이 이 책을 읽고 있을 때에도 여전히 이용할 수 있을 것이다. 초두리는 해고되었고 AOL의 최고기술책임자는 사임했다. 이 사례에서 볼 수 있듯이, 기업 내부의 특정 개인의 입장에서 데이터 접근을 용이하게끔 했을 때 효용은 매우 적은 반면 최악의 시나리오는 끔찍하다.

그러나 연구자들은 때때로 일반 대중이 접근할 수 없는 데이터에 대한 접근 권한을 얻을 수 있다. 몇몇 정부는 연구자가 접근 신청을 할 수 있는 절차들을 마련해놓고 있으며, 이 장 뒷부분에 나오는 사례에서 볼 수 있듯이 연구자는 때때로 기업 데이터에 접근할 수 있다. 예를 들어 에이나브와 동료들(Einav et al., 2015)은 이베이의 연구원과 협력하여 온라인 경매를 연구했다. 이 협업에서 나온 연구들에 대해서는 이 장의 후반부에서 더 자세히 설명하겠지만, 지금 먼저 언급하고자 하는 이유는 그 연구가 성공적인 제휴에서 볼 수 있는 요소 네 가지를 모두 가지고 있었기 때문이다. 그 네 요소는 연구자의 관심, 연구자의 능력, 회사의 관심, 회사의 능력이다. 나는 연구자나 그 동업자(회사나 정부)가 이 네 요소 중 하나가 부족했기 때문에 잠재적 협업이 실패하는 것을 많이 보아왔다.

하지만 기업과 제휴를 맺거나 정부의 제한된 데이터에 접근할 수 있게 되었다고 하더라도 몇 가지 넘어야 할 난관이 있다. 그 첫째로, 그 데이터를 다른 연구자들과 공유할 수 없을 것이고, 이는 다른 연구자들이 여러분의 결과를 검증하고 확장할 수 없다는 것을 의미한다. 둘째로는, 여러분이 물어볼 수 있는 질문이 제한적일 수 있다. 기업은 그들의 이미지를 저해하는 연구 결과를 허용하지 않을 것이기 때문이다. 마지막으로 이러한 제휴는 최소한 겉으로는 이해관계의 충돌로 보이는 결과를 만들어낼 수 있는데, 이런 경우 사람들은 여러분의 연구 결과가 제휴 상대의 영향을 받았다고 생각할지도 모른다. 이 모든 단점을 해결할 수 없는 것은 아니지만, 모든 사람이 접근할 수 없는 데이터를 다루는 것이 장단점 모두를 지니고 있다는 것은 분명히 해야 한다.

요약하자면 연구자들이 빅 데이터 자료에 접근할 수 없는 경우는 많다. 데이터 접근을 막는 심각한 법적·사업적·윤리적 장벽이 있으며, 이 장벽은 기술적 장벽이 아니기 때문에 기술이 개선되어도 사라지지 않을 것이다. 일부 중앙 정부는 몇몇 데이터셋에 대해 데이터 접근을 허용하는 절차를 수립했지만, 이러한 절차들은 특히 주 정부나 지방 정부 수준에서는 임시방편에 지나지 않는다. 또한 일부 경우에 연구자가 기업과 제휴하여 데이터에 접근할 수 있다고 하더라도, 이는 연구자와 회사에게 다양한 문제를 일으킬 수 있다.

2.3.6. 비대표성

비대표적 데이터는 표본 외 일반화에는 적절하지 않지만 표본 내 비교에는 꽤 유용할 수 있다.

일부 사회과학자들은 특정 국가의 모든 성인과 같이 잘 정의된 모집단에서 확률론적 무작위 추출 표본probabilistic random sample 데이터를 다루는 데에 익숙하다. 이러한 종류의 데이터는 표본이 더 큰 모집단을 '대표'하기 때문에 대표성 있는 데이터라고 부른다. 많은 연구자들이 대표성 있는 데이터를 높이 평가하며, 일부 연구자들은 대표성 있는 데이터를 엄격한 과학과 동의어로 보는 반면 비대표적 데이터는 엉성한 것으로 치부한다. 일부 가장 극단적인 회의론자들은 비대표적 데이터로부터 아무것도 배울 수 없다고 믿는 듯하다. 그게 사실이라면, 빅 데이터 중 많은 수가 비대표적이므로 빅 데이터에서 배울 수 있는 것은 심각하게 제한될 것이다. 다행히도 이 회의론자들은 부분적으로만 옳다. 비대표적 데이터와 명백하게 맞지 않은 연구 목표도 있지만, 실제로 매우 유용하게 사용될 수 있는 연구 목표 또한 존재한다.

이러한 차이를 이해하기 위해 과학 분야의 고전인 존 스노John Snow의 1853~1854년 런던에서 발생한 콜레라 발병에 대한 연구를 생각해보자. 당시 많은 의사들은 콜레라가 '나쁜 공기'에 의해 발생했다고 믿었지만, 스노는 콜레라가 전염성 질환이며 하수에 의해 오염된 식수 때문에 퍼진다고 믿었다. 이 아이디어를 검증하기 위해 스노는 우리가 현대에 자연 실험natural experiment이라고 부르는 것을 이용했다. 그는 람베스Lambeth와 사우스워크 앤드 복스홀 Southwark & Vauxhall이라는, 두 개의 서로 다른 수도 회사에서 물을 공급받는 가정의 콜레라 발병률을 비교했다. 이 회사들은 비슷한 가정들에 물을 제공했지만, 한 가지 중요하게 다른 점이 있었다. 전염병이 발생하기 몇 년 전인 1849년 람베스는 식수의 유입 지점을 런던의 주요 하수 배출구로부터 상류로 이동시켰지만, 사우스워크 앤드 복스홀은 하수 배출구의 하류 지점에 흡입관을 두었다. 스노가 수도 공급사에 따른 가정의 콜레라 사망률을 비교했을 때, 하수로 오염된 물을 공급하는 회사인 사우스워크 앤드 복스홀의 고객이 콜레라로 사망할 확률이 열 배 높았다. 이 결과가 런던의 모든 사람을 대표하는 표본을 기반으로 한 것은 아니지만, 콜레라의 원인에 대한 스노의 주장에 강력한 과학적 증거를 제공한다.

그러나 이 두 회사로부터의 데이터는 다른 질문, 예를 들어 콜레라 유행 기간 동안 런던에서 콜레라 발병률이 얼마나 되었는지 대답하기에는 이상적이지 않을 것이다. 이 두 번째 질문 역시 중요하지만, 이에 대답하기 위해서는 런던의 모든 사람들을 대표하는 표본이 훨씬 더 나을 것이다.

스노의 연구 결과처럼 비대표적 데이터가 상당히 효과적일 수 있는 과학적 질문이 있는 반면 그렇지 않은 질문도 있다. 이 두 종류의 질문을 구분하는 쉬운 방법 중 하나는, 질문이 표본 내 비교에 대한 것인지 아니면 표본 외 일반화에 대한 것인지 구별하는 것이다. 이러한 차이는 역학疫學, epidemiology의 또 다른 고전적인 연구인 영국 의사 연구British Doctors Study로 더 잘 설명할 수 있다. 이 연구는 흡연이 암을 유발한다는 것을 입증하는 데 중요한 역할을 했다. 이 연구에서 리처드 돌Richard Doll과 브래드퍼드 힐A. Bradford Hill은 남성 의사 약 2만 5,000명을 몇 년간 추적했고, 연구가 시작될 때의 흡연량을 기준으로 사망률을 비교했다. 여기서 돌과 힐은 강한 노출-반응 관계를 발견했다(Doll and Hill, 1954). 즉, 관찰 대상이 담배를 많이 피울수록 폐암으로 사망할 가능성은 더 높았다. 물론 이 남성 의사 집단을 근거로 모든 영국인의 폐암 발생률을 추정하는 것은 현명하지 못하지만, 표본 내 비교는 여전히 흡연이 폐암을 유발한다는 증거를 제공한다.

표본 내 비교와 표본 외 일반화의 차이를 설명했으므로 이제 두 가지 주의사항을 차례로 보자. 첫째, 영국 남성 의사들의 표본으로부터 얻어진 흡연과 암의 연관성이 영국 여성 의사, 영국 남성 공장 노동자, 독일 여성 공장 노동자 또는 많은 다른 집단의 표본에 어느 정도까지 적용될 수 있는지에 대한 의문이 자연스럽게 제기된다. 이 질문은 흥미롭고 중요하지만, 우리가 표본에서 모집단으로 어느 정도까지 일반화할 수 있는지에 대한 질문과는 다르다. 예를 들어, 여러분은 아마도 영국 남성 의사들에게서 발견된 흡연과 암 사이의 관계가 다른 집단에서도 비슷하게 적용될 거라고 추측할 것이다. 이러한 외삽 extrapolation을 가능케 하는 능력은 영국 남성 의사들이 어떤 모집단으로부터 확률론적으로 무작위 추출된 표본이라는 사실에서 오는 것이 아니라, 흡연과 암을 연결하는 기제를 이해하는 데에서 비롯된다. 그러므로 표본에서 모집단으로의 일반화는 대체로 통계적인 문제이지만, 한 집단에서 다른 집단으로의 패턴 이식transportability에 대한 질문은 대체로 비통계적인 문제이다(Pearl and Bareinboim, 2014; Pearl, 2015).

이 시점에서, 회의론자는 대부분의 사회적 패턴이 흡연과 암 사이의 관계보다 집단 간 이식성이 낮다고 지적할지도 모른다. 나 또한 이 의견에 동의한다. 패턴이 이식 가능하다고 예상하는 범위는 궁극적으로 이론과 증거에 근거해 결정되어야 하는 과학적 질문이다. 패턴이 이식될 수 있다고 자동으로 가정해서는 안 되지만, 반대로 이식될 수 없다고 가정해서도 안 된다. 이러한 이식 가능성에 대해 다소 추상적인 질문들은, 연구자들이 학부생들을 대상으로 한 연구로 인간 행동에 대해 얼마나 많은 것을 배울 수 있는지 논쟁하는 것을 본 적이 있다면 보다 익숙할 것이다(Sears, 1986; Henrich, Heine, and Norenzayan, 2010b). 그러나 이러한 논쟁이 있다고 해서 연구자들이 학부생들을 연구할 때 아무것도 배울 수 없다고 말하는 것은 또한 비합리적일 것이다.

두 번째 주의사항은 비대표적 데이터를 가진 연구자들이 스노나 돌과 힐만큼 조심스럽지 못한 경우가 대부분이라는 점이다. 연구자들이 비대표적 데이터로부터 표본 외 일반화를 시도할 때 무엇이 잘못될 수 있는지 설명하기 위해, 2009년 독일 총선거에 대한 안드라니크 투마스얀Andranik Tumasjan과 동료들의 연구(Tumasjan et al., 2010)에 대해 말하고자 한다. 10만 건 이상의 트윗을 분석한 결과, 그들은 특정 정당을 언급한 트윗의 비율이 그 정당이 총선에서 얻은 득표 비율(그림 2.3)과 일치하는 것을 발견했다. 다시 말해, 기본적으로는 무료인 트위터 데이터가 데이터의 대표성에 중점을 두는, 비용이 많이 드는 전통적인 여론조사를 대체할 수 있는 것처럼 보였다.

여러분이 트위터에 대해 이미 알고 있는 사실에 비춰본다면, 이 결과에 대해 바로 의심해보아야 한다. 2009년 트위터를 사용하는 독일인들은 독일 유권자들의 확률론적 무작위 추출 표본이 아니었으며, 일부 정당의 지지자들은 다른 정당의 지지자들보다 훨씬 더 정치적인 트윗을 자주 남겼을 것이다. 그러므로 상상할 수 있는 모든 가능한 편향이 어떻게든 서로 상쇄되어, 결과적으로 이 데이터가 독일 유권자들을 직접적으로 반영하게 되었다는 것은 놀라운 일이다. 사실 투마스얀 등(Tumasjan et al., 2010)의 결과는 온전히 참으로 믿기에는 너무 좋았던 것으로 밝혀졌다. 안드레스 융헤르Andreas Jungherr, 파스칼 위르겐스Pascal Jürgens, 하랄드 쉔Harald Schoen의 후속 논문(2012)은 당초 분석이 트위터에서 가장 많이 언급된 정당인 해적당the Pirate Party(인터넷에 대한 정부 규제와 싸우는 작은 정당 — 옮긴이 주)을 제외했다고 지적했다. 해적당이 분석에 포함되었을 때, 트위터는 선거 결과에 대한 끔찍한 예측 변수가 된다(그림 2.3). 따

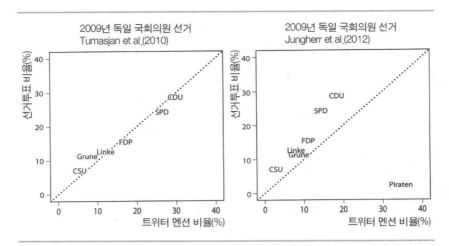

그림 2.3_ 트위터 멘션은 2009년 독일 선거 결과를 예측하는 것처럼 보이지만(Tumasjan et al., 2010), 가장 많이 언급된 해적당을 제외하였다(Jungherr, Jürgens, and Schoen, 2012). 해적당을 제외하는 데 찬성하는 주장으로는 투마스얀 등(Tumasjan et al., 2012)을 보라.

자료: 투마스얀 등(Tumasjan et al., 2010: 표 4)와 융헤르, 위르겐스와 쇤(Jungherr, Jürgens, and Schoen, 2012: 표 2)을 발췌해서 결합.

라서 표본 외 일반화를 하기 위해 비대표적인 빅 데이터를 사용하는 것은 매우 잘못된 일일 수 있다. 또한 이는 트윗이 10만 건이나 있었다는 사실과는 근본적으로 관련이 없다는 것을 알아야 한다. 많은 비대표적 데이터는 여전히 비대표적이며, 이는 3장에서 설문조사에 대해 논의할 때 다시 다루도록 하겠다.

결론적으로 많은 빅 데이터는 잘 정의된 모집단에서 추출된 대표성 있는 표본이 아니다. 표본의 분석 결과를 표본을 추출한 모집단으로까지 일반화해야 하는 질문의 경우, 이것은 심각한 문제이다. 그러나 표본 내 비교에 대한 연구 질문의 경우, 연구자가 표본의 특성을 명확히 하고 이론적 또는 경험적 증거를 통해 이식 가능성을 뒷받침하는 한 비대표적 데이터는 강력할 수 있다. 사실, 내 희망은 빅 데이터로 인해 연구자들이 많은 비대표적 집단에서 더 많은 표본 내 비교를 할 수 있게 되는 것이다. 그리고 내 추측으로는 서로 다른 집단으로부터 얻은 많은 추정치가 하나의 확률론적 무작위 추출 표본에서 얻은 단일 추정치보다 사회연구를 진전시키는 데 더 큰 도움이 될 것이다.

2.3.7. 변동성

> 인구의 변동, 사용 방식의 변동, 그리고 시스템의 변동은 장기적 추세를 연구하는 데에서 빅 데이터를 사용하기 어렵게 만든다.

많은 빅 데이터 소스들의 장점 중 하나는 데이터를 시간의 흐름에 따라 수집한다는 점이다. 사회과학자들은 이렇게 시간의 흐름에 따라 수집되는 데이터를 종단면 자료라고 부른다. 그리고 당연하게도 종단면 자료는 변화를 연구하는 데 매우 중요하다. 그러나 변화를 신뢰성 있게 측정하기 위해서는 측정 시스템 자체가 안정적이어야 한다. 사회학자 오티스 더들리 던컨Otis Dudley Duncan의 말처럼, "변화를 측정하고 싶다면 측정 방법을 바꾸지 말아야 한다"(Fischer, 2011).

안타깝게도 많은 빅 데이터 시스템, 특히 비즈니스 시스템은 항상 변화하고 있는데, 이 과정을 나는 **변동성**drift이라고 부를 것이다. 특히 이러한 시스템은 **인구의 변동**(사용자의 변화), **행동의 변동**(사람들이 시스템을 사용하는 방식의 변화), **시스템의 변동**(시스템 자체의 변화)와 같은 세 가지 주요 방식으로 변화한다. 이 변동성의 세 가지 원인이 의미하는 바는, 빅 데이터에서 관찰되는 어떠한 패턴이 세상의 중요한 변화에 의해서 일어날 수도 있지만, 사실은 어떤 형태의 변동에 의해 야기될 수도 있다는 것이다.

변동성의 첫 번째 원인인 인구 변동은 시스템의 사용자가 변하면서 발생하며, 단기간과 장기간 모두에서 나타날 수 있다. 예를 들어 2012년 미국 대통령 선거 기간 동안 여성에 의해 쓰인 정치 관련 트윗의 비율은 날마다 요동쳤다(Diaz et al., 2016). 이와 같이 트위터 문구에 나타나는 동향의 변화는 실제로는 그저 누가 어떤 순간에 말을 하고 있는지의 변화일 수도 있다. 트위터에는 이런 단기적인 변동 외에도 특정한 인구 집단이 트위터를 시작하고 그만두는 장기적인 동향이 있어왔다.

시스템을 사용하는 사람의 변화 외에도 시스템 사용 방식 또한 변하는데, 나는 이것을 행동의 변동이라고 부를 것이다. 예를 들어, 2013년 터키 반정부 시위에서 시위가 진화함에 따라 시위자들은 해시태그 사용 양상을 바꾸었다. 제이넵 투펙시Zeynep Tufekci(2014)는 그녀가 트위터에서뿐 아니라 직접 행동을 관찰하고 있었기 때문에 감지할 수 있었던 행동 변동에 대해 다음과 같이 설명했다.

> 시위가 주된 이야깃거리가 되면서 많은 사람들이 … 새로운 현상에 관심을 끌기 위한 목적을 제외하고는 기존에 쓰던 해시태그 사용을 멈췄다. … 시위는 계속되고 심지어 더욱 격렬해졌지만 그 해시태그들의 사용은 줄어들었다. 인터뷰는 이에 대한 두 가지 이유를 보여준다. 첫째, 일단 모든 사람들이 이 주제를 알게 되면, 문자 길이 제한이 있는 트위터 플랫폼에서 기존의 해시태그는 즉시 불필요한 낭비가 된다. 둘째, 해시태그는 어떤 주제에 대해 이야기하기 위해서가 아니라, 그에 대해 관심을 끌기 위해서만 유용한 것으로 보인다.

따라서 시위와 관련된 해시태그로 트윗을 분석하여 시위를 연구했던 연구자들은 이런 행동 변동으로 인해 무슨 일이 일어나고 있는지에 대해 왜곡된 지각을 하게 되었을 것이다. 예를 들어 그들은 시위에 대한 논의가 실제로 줄어들기 훨씬 전부터 줄어들었다고 생각했을 수도 있다.

세 번째는 시스템의 변동이다. 이 경우에는 사용자가 변하거나 그들의 행동이 바뀌는 것이 아니라, 시스템 자체가 변한다. 예를 들어 시간이 지나면서 페이스북은 상태 업데이트의 길이 제한을 늘렸다. 따라서 상태 업데이트에 대한 종단면 연구는 이러한 인공적 변화에 취약할 것이다. 시스템 변동은 2.3.8항에서 다룰 알고리즘에 기반한 교란 문제와 밀접하게 연관되어 있다.

결론적으로, 많은 빅 데이터 자료는 사용하는 사람, 사용되는 방식, 시스템의 작동 방식의 변화들로 인해 변동하고 있다. 이러한 변화의 원천은 때때로 흥미로운 연구 과제이지만, 이 변화는 시간에 따른 장기적 변화를 추적할 수 있는 빅 데이터의 능력을 제한한다.

2.3.8. 알고리즘에 기반한 교란

빅 데이터 시스템상의 행동은 자연스럽지 않으며 빅 데이터 시스템의 공학적 목표에 의해 추동된다.

본인의 데이터가 기록되고 있다는 것을 사람들이 알지 못하는 까닭에 많은 빅 데이터는 비반응적이지만(2.3.3항), 연구자들은 이러한 온라인 시스템상의 행동을 '자연스럽게 발생하는' 것으로 간주해서는 안 된다. 실제로 행동을 기록하는 디지털 시스템은 광고 클릭이나 내용물 게시와 같이 특정 행동을 유도하기 위해 고도로 설계된다. 시스템 설계자의 목적으로 인해 데이터에 일정 패턴이 발생하게 되는 방식을 알고리즘에 기반한 교란이라고 부른다. 알고리즘에 기반한 교란은 사회과학자들에게는 상대적으로 덜 알려져 있지만 주의 깊은 데이터 과학자들 사이에서는 주요 우려 사항이다. 그리고 디지털 흔적을 다룰 때의 다른 문제들과 달리 알고리즘에 기반한 교란은 대부분 알아채기 힘들다.

알고리즘 교란의 비교적 간단한 예시 중 하나는 요한 우간더Johan Ugander와 동료들(2011)이 발견한 것처럼 페이스북에 약 20명의 친구를 가진 사용자의 수가 비정상적으로 높다는 것이다. 페이스북의 작동 방식에 대한 이해 없이 이 데이터를 분석하는 과학자들은 어떻게 20이 일종의 마법의 사회적 숫자가 되는지에 대해 많은 이야기를 만들어낼 수 있다. 다행스럽게도 우간더와 동료들은 데이터를 생성하는 과정을 상당히 깊게 이해하고 있었고, 그들은 페이스북이 접속을 거의 하지 않는 사람들에게 20명의 친구가 연결될 때까지 더 많은 친구를 사귀도록 장려했다는 사실을 알았다. 비록 우간더와 동료들이 자신들의 논문에서 언급하지는 않았지만, 이 정책은 아마도 신규 사용자들이 더 활발하게 활동하도록 하기 위해 페이스북에 의해 만들어졌을 것이다. 그러나 이 정책의 존재를 알지 못한다면 이 데이터에서 잘못된 결론을 도출하기 쉽다. 다시 말해 페이스북에 친구가 20명 정도인 사람들이 놀랍도록 많은 것은 인간 행동보다는 페이스북에 대해 더 많은 것을 알려준다.

앞선 예시에서 보듯이, 알고리즘에 기반한 교란은 신중한 연구자라면 더 깊이 탐구하고 조사할 만한 기이한 결과를 낳았다. 그러나 온라인 시스템의 설계자들이 사회 이론을 알고 이를 시스템 수행에 적용한다면, 더 까다로운 수준의 알고리즘적 교란이 일어난다. 한 이론이 그 세계를 변화시켜 그 이론과 더욱 일치하도록 할 때, 사회과학자들은 그것을 **수행성**performativity이라고 부른다. 알고리즘의 교란이 수행성을 지닐 경우 데이터의 교란 요소는 감지해내기 매우 어렵다.

수행성에 의해 만들어진 패턴의 한 예는 온라인 소셜 네트워크상에서의 이행성transitivity이다. 1970년대와 1980년대에 연구자들은 만약 당신이 앨리스Alice와 밥Bob 두 사람 모두와 친구라면 그 둘은 무작위로 선택되었을 때보다 서로 친구가 될 가능성이 더 높다는 것을 반복적으로 발견했다. 이와 동일한 패턴이 페이스북의 사회적 망에서 발견되었다(Ugander et al., 2011). 따라서 적어도 이행성의 관점에서는 페이스북에서의 우정 패턴이 현실의 우정 패턴을 재현한다고 결론지을 수 있다. 그러나 페이스북의 사회적 망에서 이행성 규모는 부분적으로 알고리즘에 기반한 교란에 의해 좌우된다. 즉, 페이스북의 데이터과학자들은 이행성에 대한 경험적·이론적인 연구를 인지한 후 그것을 페이스북의 작동 방식에 집어넣었다. 페이스북은 '알 수도 있는 사람' 기능을 통해 새로운 친구를 제안하고 있고, 이행성은 그런 면에서 페이스북이 여러분에게 누구를 추천할지를 결정하는 한 가지 방법이다. 즉, 페이스북에서 여러분은 친구들의 친구들과 친구가 될 가능성이 더 높다. 따라서 이 설계상의 특징은 페이스북의 사회적 망에서 이행성을 증가시키는 효과를 갖는다. 다시 말해, 이행성 이론은 이론의 예측과 일치하게 세계를 구성한다(Zignani et al., 2014; Healy, 2015). 그러므로 빅 데이터가 사회 이론의 예측을 재현하는 것처럼 보일 때, 우리는 이론 자체가 그 시스템이 작동하는 방식에 개입하지 않았는지 확실히 해야 한다.

빅 데이터에 대해서는 자연스러운 환경에서 사람들을 관찰한 것으로 생각하기보다는 카지노에서 사람들을 관찰한 것으로 보는 것이 더 적절한 비유일 것이다. 카지노는 특정한 행동을 유도하도록 설계된 고도로 공학적인 환경이며, 연구자들은 카지노에서의 행동이 인간 행동에 대해 자유로운 창을 제공할 것이라고 결코 기대하지 않을 것이다. 물론 카지노에서 사람들을 연구함으로써 인간 행동에 대해 배울 수는 있겠지만, 카지노에서 데이터가 생성되고 있다는 사실을 무시한다면 잘못된 결론을 도출할 수도 있다.

불행하게도 온라인 시스템의 많은 특성이 사적으로 소유되고, 제대로 문서화되지 않고, 끊임없이 변하기 때문에 알고리즘에 기반한 교란을 다루는 것은 특히 어렵다. 이 장의 뒷부분에서 설명할 예시를 들자면 알고리즘 교란은 구글 독감 트렌드Google Flu Trends의 점진적인 실패를 설명할 수 있는 하나의 설명이지만(2.4.2항), 구글 검색 알고리즘의 내부 작동에 외부자가 접근할 수 없다 보니 이 설명을 평가하기는 어려웠다. 알고리즘에 기반한 교란의 동적 특성은 시스템 변동의 한 형태이다. 알고리즘에 기반한 교란은 단일 디지털 시스템에서 나온 인간 행동에 대한 어떤 주장이라도 데이터의 크기와는 상관없이 신중하게 평가해야 한다는 것을 의미한다.

2.3.9. 지저분함

빅 데이터에는 쓰레기와 스팸이 들어차 있을 수 있다.

일부 연구자들은 빅 데이터, 특히 온라인 데이터가 자동으로 수집되기 때문에 아주 깨끗하다고 믿는다. 그러나 빅 데이터를 사용해본 사람들은 데이터가 상당히 빈번하게 지저분하다는 것을 안다. 즉, 빅 데이터는 연구자들의 관심사와 관련된 실제 행위들만을 반영해 포함하는 것은 아니다. 대부분의 사회과학자들은 이미 대규모 사회조사 자료를 클리닝하는 과정에 익숙하지만, 빅 데이터를 클리닝하는 것은 더 어려워 보인다. 이러한 어려움의 궁극적인 원인은, 많은 빅 데이터가 연구를 위해 사용될 의도가 전혀 없었기에, 데이터 클리닝이 용이하도록 한 가지 방식으로 수집, 저장 및 문서화되지 않았기 때문이다.

지저분한 디지털 흔적 데이터의 위험성은 이 장 앞에서 간략하게 언급한 백 N.D.Back과 동료들의 2001년 9월 11일 테러에 대한 감정적 반응 연구(Back, Küfner, and Egloff, 2010)가 잘 보여준다. 연구자들은 일반적으로 수개월 또는 심지어 수년에 걸쳐 수집된 회고적 데이터를 사용하여 비극적인 사건에 대한 반응을 연구한다. 그러나 백과 동료들은 상시 접근 디지털 흔적 데이터, 즉 8만 5,000개의 미국 무선 호출기에서 시간이 기록된 자동 녹음 메시지를 찾았고, 그로 인해 그들은 훨씬 더 짧은 시간 단위에서 감정적 반응을 연구할 수 있었다. 그들은 호출기 메시지의 감정적 내용을 ① 슬픔sadness(예를 들면 '눈물 crying'과 '비통grief' 등), ② 불안anxiety(예를 들면 '걱정worried'과 '공포fearful' 등), ③ 분노anger(예를 들면 '증오hate'와 '비난critical' 등)와 관련된 단어들의 퍼센트로 코드화함으로써 9월 11일의 분 단위 감정 시간표를 만들었다. 그들은 슬픔과 불안이 일관적인 패턴 없이 종일 변동하는 반면, 하루 내내 분노가 눈에 띄게 증가했다는 것을 발견했다. 이 연구는 상시 접근 데이터의 힘을 잘 보여주는 것처럼 보인다. 전통적인 데이터를 사용했었다면 예기치 못한 사건에 대한 즉각적 반응의 고해상도 시간표를 얻는 것은 불가능했을 것이다.

그러나 겨우 1년 후, 신시아 퓨리Cynthia Pury는 이 자료를 좀 더 주의 깊게 살펴보았다. 그녀는 분노 메시지로 추정되는 많은 양의 메시지가 하나의 호출기에서 생성되었고 그것들이 모두 동일하다는 것을 발견했다(Pury, 2011). 다음은 그 분노 메시지로 추정되는 글들이다.

[위치]:중요(CRITICAL):[날짜 및 시간]의 캐비닛 [이름]에서 NT 머신[이름]을 재부팅하십시오.

이 메시지들은 'CRITICAL'이라는 단어를 포함했기 때문에 분노로 분류되었

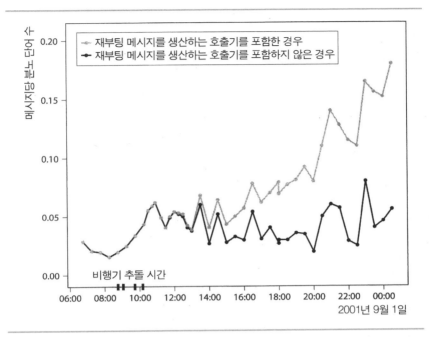

그림 2.4_ 8만 5,000명의 미국 무선 호출기에 근거한 2001년 9월 11일 하루 동안의 분노 경향 추정치(Back, Küfner, and Egloff, 2010; 2011; Pury, 2011).
원래 백, 퀴프너와 에글로프(Back, Küfner, and Egloff, 2010)는 하루 동안 분노가 커지는 양상을 보고했다. 그러나 이렇듯 명백한 분노 메시지 대부분은 "[위치]:중요CRITICAL: [날짜 및 시간]의 캐비닛 [이름]에서 NT 머신 [이름]을 재부팅하십시오"라는 메시지를 반복적으로 보내는 단일 호출기에 의해 생성되었다. 이 메시지를 제거하면, 분노의 명백한 상승 경향은 사라진다(Pury, 2011; Back, Küfner, and Egloff, 2011).
자료: 퓨리(Pury, 2011: 그림 1b)에서 발췌.

는데, 이 단어는 일반적으로 분노를 나타내지만 이 경우에는 그렇지 않다. 이 자동 호출기로 생성된 메시지를 제거하면 하루 동안 분명하게 나타나는 분노의 상승 경향이 완전히 사라진다(그림 2.4). 즉, 백, 퀴프너와 에글로프(Back, Küfner, and Egloff, 2010)의 주요 결과는 한 호출기로 인한 인공물이었다. 이 예에서 알 수 있듯이 상대적으로 복잡하고 난잡한 데이터에 대한 비교적 단순한 분석은 심각하게 잘못될 가능성이 있다.

시끄러운 호출기 한 대에서 생성된 데이터처럼 의도치 않게 생성된 지저분한 데이터는 신중한 연구자에 의해 탐지될 수 있지만, 의도적인 스팸 발송자를 끌어들이는 온라인 시스템들도 있다. 이러한 스팸 발송자들은 종종 수익을 내려는 목적으로 가짜 데이터를 적극적으로 생성하며, 스팸 활동을 발각되지 않은 채로 유지하기 위해 매우 열심히 작업한다. 예를 들어 트위터의 정치 활동은 적어도 상당히 정교한 스팸을 포함하는 것처럼 보이는데, 이를 통해 어떤 정치적 명분들은 실제보다 더 인기 있어 보이도록 의도적으로 조성된다(Ratkiewicz et al., 2011). 안타깝게도 의도적인 스팸을 제거하는 일은 꽤 어려울 수 있다.

물론 무엇이 지저분한 데이터로 간주되는지는 연구 질문에 따라 어느 정도 달라질 수 있다. 예를 들어, 위키피디아의 많은 편집 내용은 자동화된 봇에 의해 작성된다(Geiger, 2014). 만약 여러분이 위키피디아의 생태학에 관심이 있다면 봇에 의해 만들어진 편집 내용들은 중요하다. 하지만 만약 여러분이 위키피디아에 사람들이 어떻게 기여하는지에 관심이 있다면 봇에 의한 편집은 배제되어야 한다.

지저분한 데이터를 충분히 클리닝했다는 것을 보장할 수 있는 단일한 통계 기법이나 접근법은 없다. 결국 지저분한 데이터에 속지 않는 최선의 방법은 데이터가 어떻게 생성되었는지 가능한 한 많이 이해하는 것이다.

2.3.10. 민감함

기업과 정부가 가지고 있는 정보 중 일부는 민감하다.

의료 보험 회사들은 고객이 받는 의료 서비스에 대해 자세한 정보를 가지고 있다. 이 정보는 건강에 대한 중요한 연구에 사용될 수 있지만, 만약 공개될 경우 잠재적으로 감정적 손해(당혹감 등)나 경제적 손해(일자리 상실 등)를 입힐 수 있다. 다른 많은 빅 데이터도 민감한 정보를 지니고 있는데, 이 때문에 종종 빅 데이터에 접근할 수 없게 되기도 한다.

넷플릭스 대회Netflix Prize의 예에서도 확인할 수 있듯이, 실제로 어떤 정보가 민감한지 결정하는 것은 불행하게도 꽤 까다로운 일로 밝혀졌다(Ohm, 2015). 5장에서 설명하겠지만 2006년 넷플릭스는 약 50만 명의 회원들이 제공한 1억 개의 영화 평점을 공개했고, 넷플릭스의 영화 추천 능력을 향상시킬 수 있는 알고리즘을 전 세계 사람들로부터 공개 모집했다. 데이터를 공개하기 전에 넷플릭스는 이름과 같은 명백한 개인식별정보를 삭제했다. 그러나 이 자료가 공개된 지 겨우 2주 후 아빈드 나라야난Arvind Narayanan과 비탈리 스마티코프Vitaly Shmatikov(2008)는 이 책 6장에서 소개할 속임수를 사용하여 특정인들의 영화 평점에 대해 알 수 있다는 것을 보여주었다. 그러나 만약 누군가 공격적으로 한 사람의 영화 평점을 알아낼 수 있을지라도 여기에 여전히 민감한 정보는 없는 것처럼 보인다. 데이터셋의 50만 명의 사람들 중 적어도 일부에게는 그게 전반적으로 사실일 수 있었겠지만, 영화 평점은 민감한 정보였다. 실제로 성적 지향을 숨겨왔던 한 레즈비언 여성이 데이터의 공개와 재식별화에 반응해 넷플릭스를 상대로 한 집단소송에 참여했다. 이 소송에서 제기된 문제는 다음과 같다(Singel, 2009).

> 영화와 평점 자료는 … 매우 개인적이고 민감한 성격의 자료를 포함한다. 이 넷플릭스 회원의 영화 자료는 회원의 사적인 관심 및 본인이 씨름하고 있는 매우 개인적인 문제들을 드러내는데, 이러한 문제들은 섹슈얼리티, 정신 질환, 알코올 중독에서의 회복, 근친상간으로 인한 피해, 신체적 학대, 가정폭력, 간통, 강간 등 다양하다.

이 사례는 별문제가 없어 보이는 데이터베이스 내부에도 일부 사람들이 민감하게 여기는 정보가 있을 수 있음을 보여준다. 또한 연구자들이 민감한 데이터를 보호하기 위해 사용하는 익명화 등 주요 방어 수단이 뜻밖의 방식으로 실패할 수 있다는 것을 보여준다. 이 두 가지 문제는 6장에서 더 자세하게 살펴볼 것이다.

민감한 데이터에 대해 기억해야 할 마지막 유의점은 어떤 피해가 야기되지 않더라도 사람들의 동의 없이 데이터를 수집하는 것은 윤리적 문제를 일으킨다는 점이다. 동의 없이 누군가 샤워하는 모습을 지켜보는 것이 그 사람의 프라이버시를 침해하는 것과 마찬가지로, 동의 없이 민감한 정보를 수집하는 것(무엇이 민감한지를 결정하는 것이 얼마나 어려운 것인지 기억하자)은 잠재적인 프라이버시 문제를 만들어낸다. 6장에서는 프라이버시에 대한 질문을 다시 제기할 것이다.

종합하면, 정부 및 기업 행정 기록과 같은 빅 데이터는 전반적으로 사회연구의 목적으로 만들어지지 않는다. 오늘날의 빅 데이터에는 열 가지 특징이 있고, 아마 미래에도 그럴 것이다. 일반적으로 연구에 긍정적으로 여겨지는 속성들(큰 규모, 상시 접근, 비반응성)의 많은 부분은 디지털 시대에 기업과 정부가 이전에는 불가능했던 규모로 데이터를 수집할 수 있다는 사실로부터 비롯된다. 그리고 일반적으로 연구에 부정적으로 여겨지는 많은 특성(불완전성, 접근 불가능성, 비대표성, 변동성, 알고리즘에 기반한 교란, 지저분함, 민감함)은 이러한 데이터가 연구자를 위해, 그리고 연구자들에 의해 수집되지 않았다는 사실에서 비롯된다. 지금까지 나는 정부와 기업 데이터를 같이 이야기해왔지만 둘 사이에는 약간의 차이가 있다. 내 경험에 따르면 정부 데이터는 더 대표성이 있고, 알고리즘에 기반한 교란이 더 적으며 덜 변동하는 경향이 있다. 한편 기업 행정 기록은 더 상시 접근성이 높은 경향이 있다. 이러한 빅 데이터의 일반적인 열 가지 특징을 이해하는 것은 빅 데이터로부터 배우기 위해 내딛는 첫걸음이다. 이제 이 데이터를 사용하기 위한 연구 전략으로 넘어가보도록 하자.

2.4. 연구 전략

빅 데이터의 열 가지 특징과 완벽하게 관찰된 데이터라 하더라도 고유의 한계가 있음을 고려할 때, 빅 데이터로부터 배우기 위한 주요 전략은 세 가지가 있을 수 있다. 개수 세기, 예측하기, 실험에 근사시키기가 그것이다. 여기서는 '연구 전략' 또는 '연구 비결'이라고 할 수 있는 이 접근법에 대해 각각 기술하고 예를 들어 설명할 것이다. 그러나 이 세 가지 전략은 상호 배타적이지도, 가능한 전략을 완벽하게 포괄하지도 않는다.

2.4.1. 개수 세기

좋은 질문과 좋은 데이터를 결합하면 단순한 개수 세기도 흥미로울 수 있다.

비록 많은 사회연구가 정교해 보이는 언어로 표현될지라도 사실 이는 대부분 단순히 개수를 세는 것에 지나지 않는다. 빅 데이터 시대에 연구자들은 그 어느 때보다도 더 많은 것을 셀 수 있지만, 그렇다고 해서 연구자들이 무턱대고 세기 시작해야 하는 것은 아니다. 대신 연구자들은 어떤 것들이 셀 만한 가치가 있는지 질문해야 한다. 이는 완전히 주관적인 문제처럼 보일 수도 있지만, 몇 가지 일반적인 패턴이 있다.

종종 학생들은 "이전에 아무도 세지 않았던 것을 셀 것"이라고 하면서 자신의 개수 세기 연구에 동기를 부여한다. 예를 들어 어떤 학생은 많은 사람들이 이주자를 연구해왔고 또한 쌍둥이를 연구해왔지만 아무도 이주 쌍둥이를 연구하지 않았다고 말할지도 모른다. 내 경험에 따르면, 연구 부재에 의한 동기 부여라고 할 만한 이 전략으로는 보통 좋은 연구를 하기 어렵다. 연구 부재에 의한 동기 부여는 마치 저기에 구멍이 있고 나는 구멍을 채우기 위해 열심히 노력할 것이라고 말하는 것과 같다. 그러나 모든 구멍이 채워질 필요는 없다.

연구 부재에 의한 동기 부여보다 더 나은 전략은 **중요하거나 흥미로운**(이상적으로는 중요하면서도 흥미로운) 연구 질문을 찾는 것이라고 생각한다. 이 두 가지 용어를 둘 다 정의하기는 조금 어렵지만, 중요한 연구를 가려내는 한 가지 방법은 그것이 어느 정도 측정 가능한 수준의 영향력이 있거나 정책 입안자들의 중요한 결정에 이바지하는지 생각해보는 것이다. 예를 들어, 실업률은 정책 결정들을 이끄는 경제 지표이기 때문에 실업률을 측정하는 것은 중요하다. 나는 일반적으로 연구자들이 무엇이 중요한지에 대해 꽤 좋은 감각을 지니고 있다고 생각한다. 그러므로 이 절의 나머지 부분에서는 개수를 세는 것이 흥미롭다고 생각되는 두 가지 사례를 제시할 것이다. 각각의 경우에서 연구자들은 무모하게 세는 것이 아니라 매우 특정한 환경에서 수를 세며, 이는 사회 시스템의 작동 방식에 대한 일반적인 아이디어를 위해 중요한 통찰력을 드러낸다. 다시 말해서 이러한 특정 계산 과제들을 흥미롭게 만드는 많은 것은 대부분 데이터 그 자체가 아니라, 보다 일반적인 아이디어에서 비롯된다.

일례로, 수를 세는 것의 순수한 힘은 뉴욕 택시 운전자들의 행동에 대한 헨리 파버Henry Farber의 연구(2015)에서 볼 수 있다. 뉴욕 택시 운전자 집단이 그 자체로는 흥미롭게 느껴지지 않을지 몰라도, 이 집단은 노동경제학에서 경쟁하는 두 가지 이론을 검증하는 데에는 전략적으로 흥미로운 연구 현장이다. 택시 운전자들의 작업 환경에는 파버 연구의 목적에 부합하는 중요한 특징이 두 가지 있다. ① 시급은 날씨와 같은 요인에 따라 하루하루 변동한다, ② 본인의 결정에 따라 근무 시간은 매일 바뀔 수 있다. 이러한 특징들은 시간당 임금과 근로 시간의 관계에 대해 흥미로운 질문을 이끌어낸다. 경제학의 신고전주의 모델은 택시 운전자들이 시간당 임금이 더 높은 날에 더 많이 일할 것으로 예측한다. 반면 행동경제학의 모델은 정확히 그 반대로 예측한다. 택시 운전자가 특정 수입 목표(일당 100달러라고 하자)를 설정하고 그 목표를 달성할 때까지 일한다면, 그들이 더 많이 버는 날에는 결국 더 적은 시간 동안 일을 하게 될 것이다. 예를 들어 만약 여러분이 목표 수입을 정하고 일하는 사람이라면 운이 좋은 날에는 4시간(시간당 25달러), 운이 나쁜 날에는 5시간(시간당 20달러) 일할 것이다. 그렇다면 운전자들은 (신고전주의 모델이 예측한 대로) 시간당 임금이 높은 날에 더 많은 시간을 일하는가? 아니면 (행동경제학 모델이 예측한 대로) 시간당 임금이 낮은 날에 더 많은 시간을 일하는가?

이 질문에 답하기 위해 파버는 2009년부터 2013년까지 뉴욕시 택시로부터 기록한 모든 택시 운행 데이터를 수집했다(이 데이터는 현재 모든 사람이 이용할 수 있다). 뉴욕시가 택시에 설치할 것을 권고하는 전자 미터기에 의해 수집된 이 데이터에는 출발 시간, 출발 장소, 도착 시간, 도착 장소, 요금, 팁(만약 신용카드로 지불된 경우) 등 각 운행에 대한 정보가 포함된다. 파버는 택시미터 데이터를 사용하여 대부분의 운전자들이 신고전주의 이론에서 말하듯이 임금이 높은 날에 더 일을 많이 한다는 것을 발견했다.

이 주요 발견 외에도 파버는 데이터가 크다는 점을 이용해 이질성과 역동성을 더 잘 이해할 수 있었다. 그는 시간이 흐르면서 새로운 운전자일수록 점차 임금이 높은 날에 더 많은 시간 동안 일한다는 것을 발견했다(즉, 점점 신고전주의 모델에서 예측하는 대로 행동하는 것을 배운다). 그리고 목표 수입을 정하고 일하는 새로운 택시 운전자들은 일을 그만둘 가능성이 더 높았다. 현 택시 운전자들의 행동을 설명하는 데 도움이 되는 이러한 세밀한 발견들은 모두 데이터 셋의 크기 덕분에 가능했다. 단기간 소수의 택시 운전자들의 종이 운행 기록을 사용한 초기 연구에서는 이러한 결과들을 발견하기 어려웠다(Camerer et al., 1997).

뉴욕시에 의해 수집된 데이터가 파버가 원했던 데이터와 꽤 비슷했기 때문에(한 가지 차이점은 파버가 요금과 팁을 더한 총임금을 원했지만 뉴욕시 데이터는 신용카드로 결제된 팁만 포함했다는 점이다) 파버의 연구는 빅 데이터를 사용한 연구 중 최상의 시나리오에 가까웠다. 그러나 데이터만으로는 좋은 연구를 하기에 충분하지 않았다. 파버 연구의 핵심은 그 특정 상황을 넘어서 더 큰 함의를 지니는 흥미로운 질문을 데이터에 적용시켰다는 점이다.

개수를 세는 것의 두 번째 예시는 게리 킹Gary King, 제니퍼 팬Jennifer Pan, 몰리 로버츠Molly Roberts가 중국 정부의 온라인 검열에 대해 조사한 연구(2013)이다. 그러나 이 경우 연구자들은 그들의 빅 데이터를 직접 수집해야 했고, 그들의 데이터가 불완전하다는 사실과 씨름해야 했다.

킹과 동료들은 중국의 소셜 미디어 게시물이 수만 명은 될 것으로 추측되는 거대한 국가 기관에 의해 검열된다는 사실에 자극을 받았다. 그러나 연구자들과 시민들은 검열관이 어떤 내용을 삭제할 것인지는 거의 알지 못한다. 실제로 중국의 학자들은 어떤 종류의 게시물이 삭제될지에 대해 견해가 서로 상반된다. 어떤 이들은 검열관이 국가에 비판적인 게시물에 집중한다고 생각하고, 다른 이들은 시위와 같은 집단행동을 조장하는 게시물에 초점을 맞춘다고 생각한다. 이러한 예측 중 어느 것이 옳은지 알아내는 것은 연구자들이 검열에 관여하는 중국 및 여타 권위주의 정부를 이해하는 방식과 맞닿아 있다. 그래서 킹과 동료들은 작성된 후 삭제되는 게시물과 삭제되지 않은 게시물을 비교하고자 했다.

이러한 게시물들을 모으는 일은 놀라운 공학적 위업을 활용해야 했다. 이는 페이지 레이아웃이 서로 다른 중국 소셜 미디어 웹사이트 1,000개 이상을 크롤링한 뒤, 관련 게시물을 찾아내고 그 게시물이 이후 삭제되었는지 다시 확인하는 작업이었다. 이 프로젝트는 대규모 웹 크롤링과 관련된 일반적인 공학적 문제 외에도, 검열되는 게시물이 24시간 이내에 삭제되는 경우가 많기 때문에 작업이 극도로 빨라야 한다는 문제가 있었다. 다시 말해, 크롤링을 천천히 하는 경우 검열되어 삭제되는 많은 게시물을 놓칠 것이었다. 또한 크롤러는 이 모든 데이터를 수집하면서 소셜 미디어 웹사이트가 연구에 반응하여 접속을 차단하거나 그들의 정책을 변경하지 않도록 하기 위해 탐지당하는 것을 피해야 했다.

이 거대한 공학적 과제가 완성될 때까지 킹과 동료들은 민감성의 수준이 다른 미리 정해진 85개의 주제에 대해 게시물 약 1,100만 개를 얻었다. 예를 들어 민감성이 높은 주제 중 하나는 반체제 예술가 아이 웨이웨이Ai Weiwei, 艾未未이다. 민감성이 중간 정도인 주제는 중국 통화의 가치 절상 및 절하이며, 민감성이 낮은 주제는 월드컵이다. 이 1,100만 개의 게시물 중에서 약 200만 개가 검열되었다. 킹과 동료들의 발견은 다소 놀라웠는데, 민감성이 높은 주제의 게시물이라고 해도 민감성이 중간이거나 낮은 주제의 게시물보다 약간만 더 자주 검열되었기 때문이다. 다시 말해, 중국 검열관들은 월드컵에 관한 게시물만큼 아이 웨이웨이를 언급하는 게시물을 검열했다. 이러한 연구 결과는 중국 정부가 민감한 주제에 대한 모든 게시물을 검열한다는 주장을 뒷받침하지 않는다.

그러나 주제별 검열 비율의 간단한 계산 과정에는 오해의 소지가 있을 수 있다. 예를 들어 정부는 아이 웨이웨이를 지지하는 게시물을 검열할 수도 있지만, 그에 대해 비판적인 게시물은 남겨둘 수도 있다. 게시물을 좀 더 신중하게 구분하기 위해 연구자들은 각 게시물의 감정을 측정할 필요가 있었다. 안타깝게도, 기존의 사전을 이용한 완전 자동 감정 탐지 기법은 많은 노력이 있었음에도 여전히 별로 좋지 못한 경우가 많다(2.3.9항에 설명된 2001년 9월 11일의 감정 시간표를 만드는 문제를 다시 생각해보자). 그러므로 킹과 동료들은 1,100만 개의 소셜 미디어 게시물이 ① 국가에 비판적인지, ② 국가를 지지하는지, ③ 사건에 대해 무관심하거나 사실적인 보고인지에 대해 분류할 수 있는 방법이 필요했다. 이것은 대규모 작업처럼 생각되지만, 그들은 데이터과학에서는 일반적이지만 사회과학에서는 상대적으로 드문 강력한 기법, 즉 지도 학습supervised learning을 사용하여 그 문제를 해결했다(그림 2.5).

첫째, 보통 **전처리**라고 부르는 단계에서 연구자들은 소셜 미디어 게시물을 **문서-단어 행렬**document-term matrix로 변환했다. 문서-단어 행렬은 각 문서에 대해 하나의 행이 있고, 게시물에 각 특정 단어(시위 또는 교통 등)가 포함되어 있는지 여부를 기록하는 하나의 열이 있다. 다음으로 연구보조원 집단이 게시물 중 선택된 표본의 감정을 일일이 확인해 수동으로 분류했다. 그런 다음 그들은 수동으로 분류된 데이터를 사용하여 게시물 특성에 기반해 게시물의 감정을 추론할 수 있는 기계 학습 모델을 만들었다. 마침내 그들은 모든 1,100만 개 게시물의 감정을 추정하는 데 이 모델을 사용했다.

이와 같이 킹과 동료들은 게시물 1,100만 개를 수동으로 읽고 분류하는 식의 현실적으로 거의 불가능해 보이는 일을 하기보다는, 소수의 게시물에 수동으로 라벨을 붙이고 지도 학습을 이용해 모든 게시물의 감정을 추정했다. 이 분석을 마친 뒤 그들은 다소 놀랍게도, 게시물이 삭제될 확률은 그것이 국가에 대한 비판이나 지지와 무관하다는 결론을 내릴 수 있었다.

결국에는 킹과 동료들은 포르노, 검열에 대한 비판, (대규모 시위로 이어질 가능성이 있는) 잠재적 집단행동 등 세 가지 유형의 게시물만 정기적으로 검열된다는 사실을 발견했다. 삭제되거나 삭제되지 않는 수많은 게시물을 관찰함으

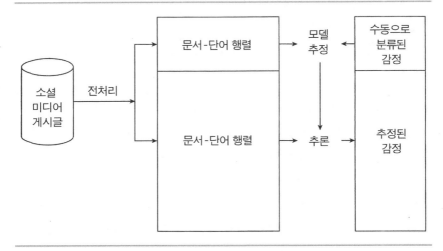

그림 2.5_ 중국 소셜 미디어 게시물 1,100만 개의 감정을 추정하기 위해 킹, 팬, 로버츠(King, Pan, and Roberts, 2013)가 사용한 절차를 단순화한 도식.
첫째, 전처리 단계에서 연구자들은 소셜 미디어 게시물을 문서-단어 행렬로 변환했다[자세한 내용은 그리머와 스튜어트(Grimmer and Stewart, 2013) 참조]. 둘째, 그들은 적은 수의 게시물 표본의 감정을 수동으로 코드화했다. 셋째, 그들은 게시물의 감정을 분류하기 위해 지도 학습 모델을 훈련시켰다. 넷째, 그들은 그 지도 학습 모델을 사용하여 모든 게시물의 감정을 추정했다.
자세한 설명은 킹, 팬과 로버츠(King, Pan, and Roberts, 2013: 부록 B)를 참조하라.

로써, 킹과 동료들은 단지 보고 세는 것만으로도 검열관의 작동 방식을 알아낼 수 있었다. 또한 이 책 전반에 걸쳐 논의할 주제에 대해 미리 말하자면, 그들이 사용한 지도 학습 접근 방식(일부 결과를 수동으로 범주화한 뒤 나머지를 분류하기 위해 기계 학습 모델을 구축하는 방식)은 디지털 시대의 사회연구에서 매우 흔한 것으로 드러난다. 3장(질문하기)과 5장(대규모 협업 창조)에서 그림 2.5와 매우 비슷한 그림들을 볼 수 있을 것이다. 이는 여러 장에서 나타나는 몇 가지 아이디어 중 하나이다.

　뉴욕 택시 운전자들의 근로 행위와 중국 정부의 소셜 미디어 검열 행태와 같은 사례들은, 어떤 상황에서는 상대적으로 단순한 개수 세기가 빅 데이터에서 흥미롭고 중요한 연구로 이어질 수 있다는 것을 보여준다. 그러나 두 경우 모두 그 데이터 자체만으로는 충분하지 않으며, 연구자들은 빅 데이터에 흥미로운 질문을 결합시켜야 했다.

2.4.2. 미래 예측과 현재 예측

> 미래를 예측하는 것은 어렵지만, 현재를 예측하는 것은 더 쉽다.

연구자들이 관찰 데이터에 사용할 수 있는 두 번째 주요 전략은 예측forecasting 이다. 미래에 대해 추측하는 것은 악명 높을 정도로 어려운데, 아마도 그러한 이유로 인해 예측은 (비록 인구학, 경제학, 역학疫學, epidemiology, 정치학에서 일부 중요한 문제일지라도) 현재 사회연구의 큰 부분을 차지하지 않는다. 하지만 여기서 나는 '현재now'와 '예측forecasting'을 합쳐 '현재 예측nowcasting'이라고 부르는 특별한 종류의 예측에 초점을 맞추고 싶다. 현재 예측이란 미래를 예측하기보다는 예측에서 나온 아이디어를 바탕으로 세계의 현 상태를 측정하려 시도한다. 즉, '현재 상황을 예측'하려는 것이다(Choi and Varian, 2012). 현재 예측은 세상을 시기적절하고 정확하게 측정할 필요가 있는 정부와 기업들에게 특히 유용하게 쓰일 잠재력이 있다.

시기적절하고 정확한 측정의 필요성이 매우 분명한 한 가지 설정은 역학이다. 독감의 경우를 생각해보자. 매년 계절 독감의 유행은 전 세계적으로 수백만 개의 질병과 수십만 명의 사망자를 발생시킨다. 게다가 매년 수백만 명을 죽이는 새로운 형태의 독감이 생겨날 가능성이 존재한다. 예를 들어 1918년의 독감 발병으로 5,000만 명에서 1억 명 사이의 목숨을 앗아 간 것으로 추정된다 (Morens and Fauci, 2007). 독감 발생을 추적하고 잠재적으로 대응해야 할 필요성을 인지한 전 세계 정부들은 인플루엔자 감시 시스템을 개발해왔다. 예를 들어 미국 질병관리본부CDC는 미국 전역에서 엄선된 의사들에게서 정기적이고 체계적으로 정보를 수집한다. 이 시스템에서 생산되는 데이터는 고품질이지만 보고되기까지 시간이 걸린다. 의사들로부터 온 데이터가 정리, 처리, 발표되기까지 시간이 걸리기 때문에, CDC 시스템은 2주 전에 얼마나 독감이 심했는지에 대한 추정치를 공개한다. 그러나 새로 등장한 전염병에 대처할 때, 공중 보건 관계자들은 2주 전에 인플루엔자가 얼마나 있었는지를 알고 싶어 하지 않는다. 지금 당장 인플루엔자가 얼마나 있는지 알고 싶어 할 뿐이다.

질병관리본부가 인플루엔자를 추적하기 위해 데이터를 수집하는 그때에, 구글 또한 꽤 다른 형태이긴 하지만 독감 유행에 대해 데이터를 수집하고 있다. 전 세계 사람들은 계속해서 구글에 검색하고 있고, '독감 치료법'과 '독감 증상'과 같은 검색 중 일부는 검색한 사람이 독감에 걸렸다는 것을 나타낸다. 그러나 독감에 걸린 모든 사람이 독감 관련 검색을 하는 것은 아니며, 모든 독감 관련 검색이 독감에 걸린 당사자로부터 이루어지는 것도 아니라는 점에서 검색 기록으로부터 독감 유행을 측정하는 일은 까다롭다.

일부는 구글에서, 일부는 질병관리본부에서 일하고 있던 제러미 진스버그 Jeremy Ginsberg와 동료들(2009)은 이 두 데이터를 결합하는 방법에 대한 중요하고도 영리한 아이디어를 가지고 있었다. 대략적으로 표현하자면, 연구자들은 독감 유행의 빠르고 정확한 측정을 위해 일종의 통계적 연금술을 거쳐, 빠르고 부정확한 검색 데이터와 느리고 정확한 CDC 데이터를 결합했다. 다르게 말해, 그들은 CDC 데이터의 속도를 높이기 위해 검색 데이터를 사용했다.

좀 더 구체적으로 살펴보자면, 진스버그와 동료들(Ginsberg et al., 2009)은 2003년에서 2007년까지의 데이터를 사용하여 CDC 데이터상에서의 독감 유행과 5,000만 개 용어의 검색량 사이의 관계를 추정했다. 완전히 데이터 주도적이며 전문 의학 지식을 요구하지 않는 이 과정을 통해, 연구자들은 CDC의 독감 유행 데이터를 가장 잘 예측할 수 있는 서로 다른 검색어(쿼리query) 45개를 발견했다. 그런 다음 그들은 2003~2007년 데이터에서 알아낸 관계를 이용하여 2007~2008년 인플루엔자 유행 기간 동안 그 모델을 검증했다. 그들은 그 모델이 실제로 유용하고 정확한 예측을 할 수 있다는 것을 발견했다(그림 2.6). 이 결과는 《네이처》에 발표되었고 언론의 호평을 받았다. 구글 독감 트렌드

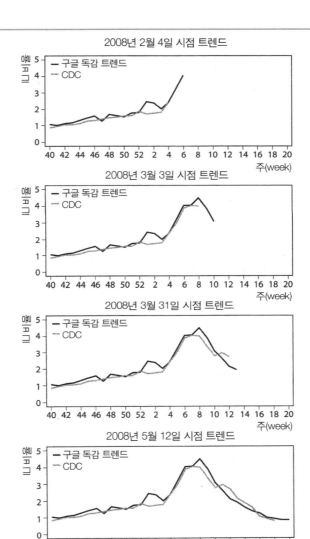

그림 2.6_ 진스버그와 동료들(Ginsberg et al., 2009)은 구글 검색 데이터를 CDC 데이터와 결합하여 인플루엔자로 의심되는 질병influenza-like illness: ILI을 예측해내는 구글 독감 트렌드를 만들어냈다. 그림은 2007~2008년 인플루엔자 유행 기간 동안 미국 중부 대서양 지역에 대한 예측 결과이다. 구글 독감 트렌드는 처음에는 상당히 미래가 밝아 보였으나, 시간이 지나면서 성능이 저하되었다(Cook et al., 2011; Olson et al., 2013; Lazer et al., 2014).
자료: 진스버그 등(Ginsberg et al., 2009: 그림 3)에서 발췌.

Google Flu Trends라고 부르는 이 프로젝트는 세상을 변화시키는 빅 데이터의 힘을 이야기할 때 종종 회자되는 비유로 자리 잡았다.

하지만 이 명백한 성공 스토리는 결국 당혹스러운 결과로 바뀌었다. 시간이 흐르면서 연구자들은 두 가지 중요한 한계를 발견하였고, 이로 인해 구글 독감 트렌드는 처음에 그럴듯했던 것보다 인상적이지 못하게 되었다. 첫째, 구글 독감 트렌드의 성과는 가장 최근의 두 가지 독감 유행 측정치를 활용한 선형 외삽법linear extrapolation에 기반해 독감을 추정하는 단순 모델보다 성과 면에서 별로 뛰어나지 않았다(Goel et al., 2010). 그리고 일정 기간 동안 구글 독감 트렌드는 이러한 단순한 접근법보다 실제로 성능이 더 나빴다(Lazer et al., 2014). 다시 말해, 데이터, 기계 학습, 강력한 컴퓨팅 능력을 모두 갖춘 구글 독감 트렌드가 단순하고 이해하기 쉬운 기초적 방식을 압도하지 못했다. 이러한 사실은 어떤 미래 예측이나 현재 예측 방법을 평가할 때 기준이 되는 방법과 비교하는 것이 중요하다는 것을 뜻한다.

구글 독감 트렌드의 두 번째 중요한 한계는, 변동성과 알고리즘에 기반한 교란 때문에 CDC 독감 데이터를 예측하는 능력이 단기적 실패와 장기적 쇠퇴를 경험하기 쉽다는 것이다. 예를 들어 2009년 돼지독감 발병 당시 구글 독감 트렌드는 인플루엔자의 유행을 극단적으로 과대평가했는데, 이는 아마도 전 세계적인 유행병에 대한 광범위한 두려움으로 인해 사람들이 검색 행동을 바꾸는 경향이 있기 때문일 것이다(Cook et al., 2011; Olson et al., 2013). 이러한 단기적인 문제 외에도 구글 독감 트렌드의 성능은 시간이 지나면서 점차 쇠퇴하였다. 구글 검색 알고리즘은 사적으로 소유되기 때문에 장기적 쇠퇴의 원인을 진단하는 것은 어렵지만, 이 문제는 2011년에 구글이 '열'과 '기침' 같은 독감 증상을 검색할 때 연관 검색어를 제안하기 시작하면서 생긴 것으로 보인다(이 기능은 이제 활성화되지 않는 것 같다). 검색 엔진을 운영 중인 경우 이 기능을 추가하는 것은 전적으로 합리적인 일이지만, 이와 같은 알고리즘의 변화는 더 많은 건강 관련 검색을 생성하는 효과를 가져왔고 그 결과 구글 독감 트렌드가 독감 유행을 과대평가하게 되었다(Lazer et al., 2014).

이 두 가지 한계로 인해 현재를 예측하려는 노력이 어려워지지만, 그렇다고 그 노력이 허사로 돌아가는 것은 아니다. 실제로 레이저 등(Lazer et al. 2014), 양, 산티야나와 코우(Yang, Santillana, and Kou, 2015)는 더 조심스러운 방법을 사용함으로써 이 두 가지 문제를 피할 수 있었다. 더 나아가, 기업과 정부가 현재 예측 연구, 즉 빅 데이터를 연구자가 수집한 데이터와 결합하는 방식의 연구를 통해 이전에는 다소 지연되며 반복적으로 측정되던 것을 가속함으로써 더 시기적절하고 정확한 추정치를 도출할 것으로 예상한다. 또한 구글 독감 트렌드와 같은 현재 예측 프로젝트들은 연구 목적으로 만들어진 전통적인 데이터와 빅 데이터가 결합될 때 어떤 일이 일어날 수 있는지를 보여준다. 1장의 예술 비유로 돌아가 생각해보면, 현재 예측은 의사결정자들에게 현재에 대한 측정과 가까운 미래에 대한 예측을 더 시의적절하고 정확하게 제공하기 위해 뒤샹 방식의 레디메이드와 미켈란젤로 방식의 커스텀메이드를 결합할 잠재력을 가지고 있다.

2.4.3. 실험에 근사시키기

> 우리는 우리가 하지 않았거나 할 수 없었던 실험을 근사시킬approximate 수 있다. 특히 빅 데이터로부터 혜택을 본 두 가지 접근법은 자연 실험과 매칭이다.

과학적으로, 그리고 정책적으로 중요한 몇몇 질문들은 인과적이다. 예를 들어 직업 훈련 프로그램이 임금에 미치는 영향은 얼마나 될까? 이 질문에 답하려는 연구자는 훈련에 참여한 사람들의 수입과 그렇지 않은 사람들의 수입을 비교할지도 모른다. 하지만 이 집단 간 임금 차이 중 얼마나 많은 부분이 훈련 여부 때문이며, 또 얼마나 많은 부분이 훈련에 등록한 사람들과 그렇지 않은 사람들 사이에 원래 존재하는 차이 때문일까? 이것은 어려운 질문으로, 더 많은 데이터가 있다고 해도 자동적으로 풀리지 않는다. 다시 말해 데이터에 얼마나 많은 노동자가 포함되어 있는지에 관계없이, 기존에 존재할 수 있는 차이에 대한 우려가 제기된다.

여러 상황에서 직업 훈련과 같은 몇몇 실험 조치의 인과적 효과를 추정하는 가장 강력한 방법은 연구자가 무작위로 어떤 사람들에게만 조치를 하고 다른 사람들에게는 하지 않는 방식으로 무작위 통제 실험randomized controlled experiment을 실행하는 것이다. 4장 전체를 실험에 할애할 것이므로, 여기에서는 비실험 데이터를 활용할 수 있는 두 가지 전략에 초점을 맞추고자 한다. 첫번째 전략은 누군가에게는 조치가 무작위로(또는 거의 무작위로) 취해지고 여타 사람에게는 취해지지 않는 상황에서 일어나는 무언가를 찾는 데 의존한다. 두번째 전략은 실험 조치를 받은 사람과 받지 않은 사람 사이에 원래 존재하는 차이를 고려하기 위한 시도로서 비실험 데이터를 통계적으로 조정하는 방법에 의존한다.

이 두 가지 전략은 모두 강력한 가정을 필요로 하는데, 그 가정들은 평가가 어렵고 실행 과정에서 종종 위반되기 때문에 회의론자라면 두 전략 모두 피해야 한다고 주장할 수 있다. 나는 이 주장에 일부 동의하지만, 좀 지나치다고도 생각한다. 비실험 데이터를 바탕으로 신뢰성 있게 인과적으로 추정하는 일이 어려운 것은 사실이지만, 그렇다고 해서 시도조차 하지 말아야 한다는 것은 아니다. 특히 관리전략상 제약으로 인해 실험을 수행할 수 없거나 윤리적 제약으로 인해 실험하기를 원하지 않는 경우 비실험적 접근이 유용할 수 있으며, 무작위 통제 실험을 설계하기 위해 이미 존재하는 데이터를 이용하려는 경우에도 유용할 수 있다.

다음 논의로 나아가기 앞서 주목할 가치가 있는 점을 언급하자면, 인과 관계를 추정하는 것이 사회연구에서 가장 복잡한 주제 중 하나이며 격렬하고 감정적인 논쟁을 초래할 수 있다는 것이다. 다음 논의에서 나는 인과 관계 추정에 대한 직관을 형성하기 위해 각각의 접근법을 낙관적으로 소개한 뒤, 그 접근법을 사용할 때 발생하는 몇 가지 도전에 대해 설명할 것이다. 각 접근법에 대한 더 자세한 내용은 이 장 마지막의 자료에서 확인할 수 있다. 만약 이러한 접근법들 중 하나를 본인의 연구에 사용할 계획이라면, 인과 추론에 대한 여러 훌륭한 책 중

그림 2.7_ 1969년 12월 1일 징병Selective Service을 위해 첫 캡슐을 뽑는 알렉산더 피니 Alexander Pirnie 뉴욕주 하원의원. 조슈아 앵그리스트(Angrist, 1990)는 징집 추첨을 사회보장국의 소득 데이터와 결합하여 소득에 대한 군복무의 영향을 측정했다. 이것은 자연 실험을 이용한 연구의 한 예이다.

자료: U.S. Selective Service System(1969)/Wikimedia Commons.

하나를 읽기를 강력히 추천한다(Imbens and Rubin, 2015; Pearl, 2009; Morgan and Winship, 2014).

비실험 데이터로부터 인과 관계를 추정하는 한 가지 접근 방식은 어떤 사람에게는 임의로 조치를 하고 다른 사람에게는 하지 않은 사건을 찾는 것이다. 이러한 상황을 자연 실험natural experiment이라고 부른다. 자연 실험의 가장 명확한 예 중 하나는 소득에 대한 군복무의 영향력을 측정한 조슈아 앵그리스트의 연구(Angrist, 1990)이다. 베트남 전쟁 중 미국은 징집을 통해 군대의 크기를 늘렸다. 미국 정부는 어떤 시민이 군복무를 할 것인지 결정하기 위해 추첨을 시행했다. 모든 생년월일을 각 종잇조각에 써서, 그림 2.7에서 볼 수 있듯이 젊은 남성들이 군복무를 할 순서를 결정하기 위해 이 종잇조각을 한 번에 하나씩 선택했다(젊은 여성은 징집 대상이 아니었다). 그 결과에 따르면 9월 14일에 태어난 남자는 첫 번째로, 4월 24일에 태어난 남자는 두 번째로 부르는 식이었다. 최종적으로 이 추첨에서 195개의 날짜에 태어난 남성들이 징집되었고 나머지 171일 동안 태어난 남자들은 징집되지 않았다.

비록 아주 명백하게 보이지 않을지라도, 징집 추첨은 무작위 통제 실험과 매우 유사하다. 두 경우 모두 참여자는 무작위로 실험 조치를 받게 된다. 이 무작위 조치의 효과를 연구하기 위해 앵그리스트는 상시 접근 빅 데이터 시스템인 미국 사회보장국을 이용했는데, 이곳은 거의 모든 미국인이 고용에서 얻는 수입 정보를 수집하고 있었다. 징집 추첨에서 무작위로 선정된 사람의 정보와 정부 행정 기록에서 수집된 소득 데이터를 결합함으로써, 앵그리스트는 재향 군인들의 수입이 비교군의 수입보다 약 15% 낮다고 결론을 내렸다.

이 예에서 알 수 있듯이 때때로 사회적·정치적 또는 자연적 영향력은 연구자들이 활용할 수 있는 방식으로 실험 조치를 할당하고, 가끔씩 이 효과는 상시 접근 빅 데이터에 의해 포착된다. 이 연구 전략은 다음과 같이 요약할 수 있다.

무작위(또는 무작위인 것처럼 보이는) 변이variation＋상시 접근 데이터
＝자연 실험

디지털 시대에 이 전략이 어떻게 활용되는지 보기 위해, 생산적인 동료들과 일하는 것이 노동자의 생산성에 미치는 영향력을 추정하고자 했던 알렉상드르 마스Alexandre Mas와 엔리코 모레티Enrico Moretti의 연구(2009)를 생각해보자. 결과를 알아보기 전에, 여러분이 가지고 있을 만한 상반된 예측부터 살펴보는 것이 도움이 될 것이다. 한편으로 여러분은 생산적인 동료들과 함께 일하면 또래 압력 때문에 노동자의 생산성이 향상될 것이라고 기대할 수 있다. 반면 동료들이 열심히 일하면 자신의 일을 어떻게든 동료들이 메꿔줄 것이므로 노동자가 게을러질 것이라고 생각할지도 모른다. 생산성에 대한 동료의 영향을 연구하는 가장 명확한 방법은, 무작위 통제 실험을 통해 노동자들을 서로 다른 수준의 생산성을 보이는 동료들과의 교대근무에 무작위 배치하고 그들의 최종

생산성을 측정하는 것이다. 그러나 연구자들은 실제 업무에서 노동자의 일정을 통제하지 못하므로, 마스와 모레티는 한 슈퍼마켓의 계산원들과 관련된 자연 실험에 의존해야만 했다.

이 슈퍼마켓에서는 일정이 짜인 방식과 교대가 겹치는 방식 때문에 각 계산원은 하루 중 다른 시간에 서로 다른 동료들과 함께 일했다. 게다가 이 슈퍼마켓에서 계산원 배정은 동료들의 생산성이나 가게가 얼마나 바쁜지와 관련이 없었다. 다시 말해서 계산원들의 일정이 추첨에 의해 결정되지 않았을지라도 생산성이 높은(또는 낮은) 동료들과 함께 일하도록 무작위로 배정된 것과 같았다. 다행스럽게도 이 슈퍼마켓은 또한 각 계산원이 스캔하는 품목들을 상시 추적할 수 있는 디지털 시대의 계산 시스템을 가지고 있었다. 이 계산 기록 데이터를 통해 마스와 모레티는 초당 스캔한 항목 수라는, 정확하고 개인적이며 상시 작동하는 생산성의 측정치를 만들어낼 수 있었다. 마스와 모레티는 동료 생산성의 자연 발생적 변이와 상시 작동하는 생산성 측정치를 결합하여, 평균보다 10% 더 생산성이 높은 동료들 사이에 배정될 때 노동자의 생산성은 1.5% 향상된다고 추정했다. 더하여 그들은 데이터의 크기와 풍부함을 이용하여 이 효과의 이질성(어떤 종류의 노동자에서 이 효과가 더 큰지)과 그 효과 배후의 기제(왜 높은 생산성의 동료들을 사이에 있을 때 더 높은 생산성을 얻을 수 있는지)를 탐구했다. 우리는 4장에서 실험에 대해 좀 더 상세히 논의할 때 다시 이 중요한 문제 두 가지, 실험 조치 효과의 이질성과 기제로 돌아올 것이다.

표 2.3은 이러한 두 연구와 동일한 구조를 가진 다른 연구들, 즉 상시 접근으로 기록된 데이터를 이용해 무작위로 생긴 변이 일부의 효과를 측정하는 연구를 요약하고 있다. 실제로 연구자들은 자연 실험을 찾기 위해 서로 다른 두 가지 전략을 사용하는데, 이 두 가지 모두 유용할 수 있다. 어떤 연구자들은 상시 접근 데이터에서 시작해서 그 세계에서 무작위로 일어나는 사건을 찾고, 다른 연구자들은 무작위 사건에서 시작해 그것이 영향을 미치는 데이터를 찾는다.

지금까지 자연 실험에 대한 논의에서 나는 중요한 점을 하나 빠뜨렸다. 자연이 제공하는 것으로부터 여러분이 원하는 것을 얻어내기까지는 때때로 꽤나

표 2.3_ 빅 데이터를 사용한 자연 실험의 예시

실질적인 관심사	자연 실험의 원천	상시 접근 데이터	참고문헌
생산성에 미치는 또래 효과	일정 프로세스	계산대 데이터	Mas and Moretti(2009)
우정 형성	허리케인	페이스북	Phan and Airoldi(2015)
감정의 전파	비	페이스북	Coviello et al. (2014)
또래 간 경제적 이전	지진	모바일 머니 데이터	Blumenstock, Fafchamps, and Eagle(2011)
개인적 소비 행동	2013년 미국 정부 파행	개인 재정 데이터	Baker and Yannelis(2015)
추천인 시스템의 경제적 효과	다양함	아마존 검색 데이터	Sharma, Hofman, and Watts (2015)
스트레스가 태어날 아기에게 미치는 영향	2006년 이스라엘-헤즈볼라 전쟁	출생 기록	Torche and Shwed(2015)
위키피디아 열람 행동	스노든 폭로	위키피디아 로그	Penney(2016)
운동의 또래 효과	날씨	피트니스 추적장치	Aral and Nicolaides(2017)

까다로울 수 있다는 점이다. 베트남 징집 예시로 돌아가보자. 이 경우 앵그리스트는 소득에 대한 군복무의 영향력을 측정하는 데에 관심이 있었다. 불행하게도 병역은 임의로 배정된 것이 아니라, 오히려 임의로 배정된 이들이 징집된 것이었다. 징집된 모든 사람이 복무한 것은 아니며(면제가 다양하게 있었다), 복무한 모든 사람이 징집된 것도 아니었다(자원해서 군복무를 할 수 있었다). 징집된 사람들이 임의로 할당되었기 때문에, 연구자는 모든 징병 대상자 중에서 징집의 효과를 추정할 수 있다. 그러나 앵그리스트는 징집의 효과가 아닌 군복무의 효과를 알고 싶어 했다. 그리고 이러한 추정을 하기 위해서는 추가적인 가정과 복잡한 문제들이 수반된다. 첫째, 연구자들은 징집되는 것이 소득에 영향을 미치는 유일한 방법은 군복무를 통해서라는, 배제 제한exclusion restriction이라고 부르는 가정을 해야 할 필요가 있다. 예를 들어 징집된 남성이 복무를 피하기 위해 학교에 더 오래 머물렀거나, 고용주가 징집된 남성을 고용할 가능성이 낮았다면 이러한 가정은 잘못될 수 있다. 일반적으로 배제 제한은 결정적 역할을

하는 가정이며 대개 입증하기 어렵다. 배제 제한 가정이 충족된다고 해도 모든 남자들에 대한 군복무의 영향력을 추정하는 것은 여전히 불가능하다. 그 대신에 연구자들은 오직 순응 집단compliers에 해당하는 특정 남성 부분 집합(징집될 때에는 복무하겠지만 징병되지 않을 경우 복무하지 않을 남성)에 대한 영향력만 추정할 수 있는 것으로 밝혀졌다(Angrist, Imbens, and Rubin, 1996). 하지만 순응 집단은 본래 관심 대상인 모집단이 아니었다. 이러한 문제들은 비교적 명확한 징집 추첨 사례에서조차 발생한다는 것을 알아야 한다. 물리적인 추첨에 의해 실험 조치가 할당되지 않는다면 더 많은 복잡한 문제들이 생겨난다. 예를 들어, 마스와 모레티의 계산원 연구에서는 동료의 배정이 본질적으로 무작위라는 가정에 대해 추가적인 질문들을 제기할 수 있다. 만일 이 가정이 크게 위반되었다면 추정치를 편향시킬 수 있다. 결론적으로 자연 실험은 비실험 데이터에서 인과적 관계를 추정하는 강력한 전략이 될 수 있으며, 빅 데이터는 자연 실험이 발생할 때 그것을 이용하는 능력을 증가시킨다. 그러나 자연이 제공하는 것으로부터 여러분이 원하는 추정치까지 이르기 위해서는 아마도 대단히 세심한 주의와, 때로는 강한 가정이 필요할 것이다.

비실험 데이터에서 인과 관계를 추정하기 위한 두 번째 전략은 실험 조치를 받은 사람과 받지 않은 사람 사이에 원래 존재하는 차이를 반영하기 위한 시도로, 비실험 데이터를 통계적으로 조정하는 방식에 의존한다. 그러한 조정 방법들은 많이 있지만, 나는 매칭matching이라고 부르는 방법에 초점을 맞출 것이다. 매칭시킬 때 연구자는 비실험 데이터를 주의 깊게 파악하여 서로 비슷하지만 어떤 집단은 조치를 받고 다른 집단은 받지 않은 한 쌍의 집단을 구성해낸다. 매칭 과정에서 연구자들은 실제로 가지치기pruning를 한다. 즉, 명백하게 매칭되는 상대가 없는 경우를 버리는 것이다. 그러므로 이 방법은 더 정확하게는 매칭과 가지치기라고 불러야 하겠지만 나는 전통적인 용어인 매칭을 사용할 것이다.

대규모 비실험 데이터를 이용한 매칭 전략의 힘을 보여주는 예시 중 하나는 에이나브Liran Einav와 동료들의 소비자 행동에 대한 연구(2015)이다. 그들은 이베이eBay에서 일어나는 경매에 관심이 있었는데, 나는 경매 시작가가 판매 가격, 판매 가능성과 같은 경매 결과에 미치는 영향력에 집중해 그들의 연구를 기술하고자 한다.

판매 가격에 대한 시작가의 영향력을 추정하는 가장 단순한 방법은 그저 서로 다른 시작가로 경매의 최종 가격을 계산하는 것이다. 만약 여러분이 주어진 시작가로부터 판매 가격을 예측하고 싶다면 이 접근 방식도 괜찮을 것이다. 그러나 만약 여러분의 질문이 시작가의 영향에 대한 것이라면, 이 접근 방식은 공정한 비교에 근거하지 않으므로 효과가 없을 것이다. 시작가가 낮은 경매는 시작가가 높은 경매와 매우 다를 수 있다(그 경매들이 다른 유형의 상품에 대한 것일 수도 있고, 다른 유형의 판매자를 포함할 수도 있기 때문이다).

비실험 데이터에서 인과 관계를 추정할 때 생길 수 있는 문제를 이미 알고 있다면, 단순한 접근 방식은 건너뛰고 특정 판매 항목을 골라(예를 들면 골프채 등) 고정적인 경매 조건(2주 동안 무료 배송 및 공개 경매 등) 아래에서 임의로 서로 다른 시작가를 할당하는 현장 실험 실행을 고려할 수 있다. 이 현장 실험은 시장 결과를 비교함으로써 시작가가 판매 가격에 미치는 영향력에 대해 매우 명확한 측정치를 제공할 것이다. 그러나 이 측정치는 특정 제품과 일련의 경매 조건에만 적용된다. 예를 들어 다른 유형의 제품에 대해서는 결과가 다를 수 있다. 강력한 어떤 이론적 근거가 없다면, 이 단일 실험을 실행 가능한 모든 범위의 실험으로 일반화하는 것은 어렵다. 게다가 현장 실험은 꽤 비용이 많이 들어서 시도하고 싶은 모든 경우의 수를 실행하는 것이 불가능하다.

단순한 접근법이나 실험적인 접근과는 대조적으로, 에이나브와 동료들은 매칭이라는 세 번째 접근 방식을 택했다. 그들 전략의 주요 비결은 이베이에서 이미 진행했던 현장 실험과 유사한 것들을 발견하는 것이었다. 예를 들어, 정확히 동일한 판매자('budgetgolfer')가 파는 정확히 동일한 골프채(타일러메이드 버너 09 드라이버) 31개 목록은 마치 'budgetgolfer'가 연구자들을 위해 실험을 하는 것처럼 시작가, 종료일, 배송비 등과 같은 특성이 미묘하게 다르다.

'budgetgolfer'가 판매하는 타일러메이드 버너 09 드라이버의 목록은 정확히

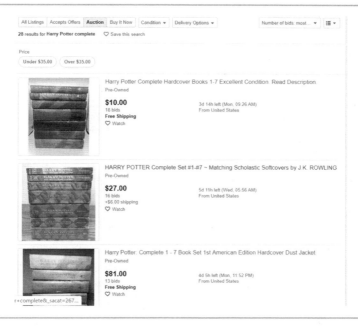

그림 2.8_ 매칭된 집합의 예. 똑같은 『해리포터』 전집이지만 서로 다른 조건에서 판매된다(시작가, 판매자 등이 다름).
그림에 나타난 각 품목을 클릭해 들어가면 경매 이력 및 시작가 등이 기록되어 있다.

동일한 제품이 동일한 판매자에 의해 판매되지만 매번 약간 다른 특성을 보이는 매칭 집합의 일례이다. 이베이의 거대한 로그 안에는 문자 그대로 수백만 개의 목록을 포함하는 수십만 개의 매칭 집합이 있다. 따라서 에이나브와 동료들은 모든 경매의 최종 가격과 주어진 시작가를 비교하기보다는 매칭 집합 내에서 비교했다. 이 수십만 개의 매칭 집합 내에서 비교한 결과를 결합하기 위해, 에이나브와 동료들은 각 항목의 기준 값(평균 판매 가격 등)에 대해서 시작가와 최종 가격을 다시 나타냈다. 예를 들어 테일러메이드 버너 09 드라이버의 기준 값이 100달러(판매 기준)라면 10달러의 시작가는 0.1, 120달러의 최종 가격은 1.2로 표시된다. 그림 2.8은 이베이에서 경매되고 있는 『해리포터』 전집의 경우를 보여주는데, 동일한 제품을 기준으로 매칭된 예라 할 수 있다.

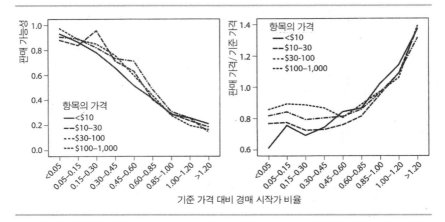

그림 2.9_ 경매 시작가와 판매 가능성 및 판매 가격 사이의 관계.
시작가와 판매 가능성 사이에는 대략적인 선형 관계가 성립하지만 시작가와 판매 가격
사이에는 비선형 관계가 존재한다. 시작가가 0.05와 0.85 사이일 때 시작가는 판매 가격
에 거의 영향을 미치지 않는다. 두 관계 모두 기본적으로 판매 항목의 가치와 상관없이 패
턴이 같다.
자료: 에이나브 등(Einav et al., 2015: 그림 4a 및 4b)에서 발췌.

    에이나브와 동료들이 경매 결과에 대한 시작가의 영향력에 관심을 두었다
는 것을 상기해보자. 첫째, 그들은 선형 회귀 분석을 사용해 시작가가 높을수
록 판매 가능성을 감소시키고, 최종 판매 가격을 높인다고 추정했다(판매가 일
어날 때에 한해). 선형 관계를 기술하고 모든 제품의 평균을 낸 이 추정치 자체
가 그리 흥미로운 것은 아니다. 그다음 에이나브와 동료들은 방대한 양의 데이
터를 사용하여 더 미묘하고 다양한 추정치를 만들어냈다. 예를 들어, 그들은
서로 다른 다양한 시작가의 효과를 각각 측정함으로써 시작가와 판매 가격 사
이의 관계가 비선형적이라는 것을 알아냈다(그림 2.9). 특히 0.05와 0.85 사이
의 시작가는 판매 가격에 거의 영향을 미치지 않았는데, 이는 그들의 첫 번째
선형 회귀 분석에서는 완전히 놓쳤던 것이었다. 또한 에이나브와 동료들은 모
든 항목에 대해 평균을 내기보다는 23개 범주의 항목(반려동물용품, 전자제품, 스
포츠 기념품 등)의 시작가가 미치는 영향을 측정했다(그림 2.10). 이러한 추정치

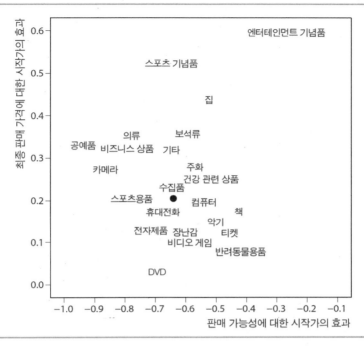

그림 2.10_ 각 판매 항목 범주의 추정치. 가운데의 큰 점은 모든 범주를 합쳐 추정한 값이다(Einav et al., 2015). 이러한 추정치는 기념품처럼 보다 독특한 항목의 경우 시작가가 판매 가능성(x축)에 더 적은 영향을 주며 최종 판매 가격(y축)에 더 큰 영향을 미친다는 것을 보여준다.

자료: 에이나브 등(Einav et al., 2015: 그림 8)에서 발췌.

는 기념품처럼 보다 독특한 항목의 경우 시작가가 판매 가능성에 미치는 영향력이 더 적은 반면 최종 판매 가격에 미치는 영향력은 더 크다는 것을 보여준다. 또한 DVD처럼 보다 상품화된 항목의 경우 시작가는 최종 가격에 거의 영향을 미치지 않는다. 즉, 23개 범주의 항목으로부터 결과를 합산한 평균값으로는 이들 항목 간 중요한 차이들을 알 수 없다.

설령 여러분이 이베이 경매에 특별히 관심이 없더라도, 선형 관계를 기술하고 서로 다른 항목 범주를 결합한 단순한 추정값들보다 그림 2.9와 그림 2.10이 이베이에 대해 더 풍부한 이해를 제공한다는 점에 감탄하게 될 것이다. 더 나아가 현장 실험을 통해 이러한 미묘한 추정치를 생성하는 일이 과학적으로 가능할지라도, 그것에 드는 비용은 이 같은 실험을 본질적으로 불가능하게 만들 것이다.

자연 실험과 마찬가지로 매칭이 나쁜 추정치로 이어질 수 있는 방법은 다양하다. 매칭 추정치에 대한 나의 가장 큰 염려는, 매칭에서 고려하지 않은 기준에 의해 추정치가 편향될 수 있다는 점이다. 예를 들어 에이나브와 동료들은 주요 결과에서 판매자 ID 번호, 항목의 범주, 항목의 제목, 부제목이라는 네 가지 기준을 정확히 매칭시켰다. 만약 매칭에 사용되지 않는 기준에서 차이가 나타난다면 불공정한 비교를 초래할 수 있다. 예를 들어 'budgetgolfer'가 겨울(골프채가 덜 인기 있을 때)에 타일러메이드 버너 09 드라이버의 가격을 낮춘다면, 낮은 시작가는 최종 가격을 낮추는 것으로 보일 수 있으나 실제로는 계절적인 수요 변동으로 인한 산물일 것이다. 이 문제를 해결하기 위한 한 가지 접근법은 많은 종류의 매칭을 시도하는 것이다. 예를 들어 에이나브와 동료들은 매칭에 사용된 시간 범위를 바꿔가면서 분석을 반복했다(매칭 집합은 1년 내, 1개월 내, 혹은 동시 판매 항목들을 포함했다). 다행히도 모든 시간 범위에서 결과가 비슷하게 나타났다. 매칭에 대한 또 다른 우려는 해석에서 비롯된다. 매칭을 활용한 추정치는 매칭된 데이터에만 적용되며, 매칭할 수 없는 경우에는 적용되지 않는다. 예를 들어 에이나브와 동료들은 여러 개의 거래가 등록된 항목에만 연구를 제한하여 전문 판매자와 준전문 판매자에게 초점을 맞추고 있다. 그러므로 이러한 비교를 해석할 때 우리는 이 비교가 단지 이베이의 해당 부분 집합에만 적용된다는 것을 기억해야 한다.

매칭은 비실험 데이터에서 공정한 비교를 가능케 하는 강력한 전략이다. 많은 사회과학자들은 매칭을 실험 다음에 오는 차선책으로 느끼지만, 그 믿음은 일부 바뀔 수 있다. 대규모 데이터의 매칭은 ① 효과의 이질성이 중요하고 ② 매칭에 필요한 중요한 변수들이 측정되었을 때, 소규모 현장 연구보다 나을 수 있다. 표 2.4는 빅 데이터에 매칭이 어떻게 같이 사용될 수 있는지에 대해 몇 가지 다른 예시들을 제공한다.

표 2.4_ 빅 데이터에 매칭을 사용하는 연구 사례

실질적인 관심사	빅 데이터	참고문헌
경찰 폭력에 총격이 미치는 영향	불심검문 기록	Legewie(2016)
2001년 9·11 테러가 가족과 이웃에 미치는 영향	투표와 기부 기록	Hersh(2013)
사회적 전염	의사소통과 상품 채택 데이터	Aral, Muchnik, and Sundararajan (2009)

결론적으로 비실험 데이터로부터 인과적 효과를 추정하는 것은 어렵지만, 자연 실험과 통계적 조정(매칭 등)과 같은 접근 방식이 사용될 수 있다. 어떤 상황에서는 이러한 접근 방식이 크게 잘못될 수 있지만, 신중하게 사용된다면 이와 같은 접근 방식은 4장에서 설명할 실험 접근법을 보완하는 데 유용할 것이다. 더 나아가 이 두 가지 접근 방식은 상시 접근이 가능한 빅 데이터 시스템이 늘어나면서 특히 수혜를 입을 것으로 보인다.

2.5. 나오는 말

빅 데이터는 어디에나 있지만, 사회연구를 위해 빅 데이터를 사용하는 일은 까다로울 수 있다. 내 경험에 따르면 데이터에 대해서는 "세상에는 공짜가 없다 no free lunch"와 같은 규정이 있다. 만약 여러분이 데이터를 수집하는 데 많은 노력을 하지 않았다면, 아마 데이터에 대해 생각하고 분석하기 위해 상당한 노력을 기울여야 할 것이다.

오늘날의(그리고 아마도 미래의) 빅 데이터는 열 가지 특징을 지닐 것이다. 이들 중 큰 규모, 상시 접근, 비반응성 세 가지는 (항상은 아니더라도) 일반적으로 연구에 도움이 된다. 반면 불완전성, 접근 불가능성, 비대표성, 변동성, 알고리즘에 기반한 교란, 지저분함, 민감함 등 일곱 가지는 (항상 그런 것은 아니지만)

일반적으로 연구에 문제가 된다. 이들 중 다수는 빅 데이터가 사회연구의 목적으로 만들어지지 않았기 때문에 발생한다.

이 장의 아이디어를 바탕으로, 나는 빅 데이터가 사회연구에 가장 가치 있게 사용될 수 있는 방법이 세 가지 있다고 생각한다. 첫째, 빅 데이터는 연구자들에게 경쟁하는 이론적 예측들 사이에서 결정을 내릴 수 있게 한다. 이와 같은 종류의 작업으로는 파버(Faber, 2015: 뉴욕 택시 운전자) 그리고 킹, 팬과 로버츠(King, Pan, and Roberts, 2013: 중국의 검열)를 예시로 들 수 있다. 둘째, 빅 데이터는 현재 예측을 통해 정책을 위한 측정을 개선할 수 있다. 이러한 작업의 예로는 진스버그 등(Ginsberg et al., 2009: 구글 독감 트렌드)이 있다. 마지막으로 빅 데이터는 연구자들이 실험을 하지 않고도 인과적 관계를 추정하는 데 도움을 줄 수 있다. 이러한 작업의 예로는 마스와 모레티(Mas and Moretti, 2009: 생산성의 또래 효과)와 에이나브 등(Einav et al., 2015: 이베이에서 경매 시작가가 미치는 영향)이 있다. 그러나 이러한 접근 방식 각각은 추정에 중요한 수량의 정의나 서로 경쟁하는 예측을 내놓는 두 가지 이론처럼, 연구자가 많은 것을 데이터와 함께 고려하기를 요구한다. 그러므로 빅 데이터가 무엇을 할 수 있을지 생각하는 가장 좋은 방식은, 빅 데이터가 흥미롭고 중요한 질문을 던지는 연구자들을 도울 수 있다는 것이라고 생각한다.

결론으로 나아가기 전에, 나는 빅 데이터가 데이터와 이론 사이의 관계에 중요한 영향을 미칠 수 있다는 점을 고려해보아야 한다고 생각한다. 지금까지 이 장은 이론 중심의 경험적 연구라는 접근 방식을 취해왔다. 그러나 빅 데이터는 또한 연구자들이 경험 중심의 이론화를 할 수 있게 한다. 즉, 경험적 사실, 패턴, 수수께끼들을 신중하게 쌓아올림으로써 연구자들은 새로운 이론을 세울 수 있다. 이처럼 대안적인 데이터 우선 접근법은 새로운 것이 아니며, 글레이저Barney Glaser와 스트라우스Anselm Strauss(1967)가 근거 이론grounded theory에 대한 요구와 함께 가장 강력하게 주장한 바 있다. 그러나 이러한 데이터 우선 접근법은 디지털 시대의 연구에 대한 일부 언론의 주장처럼 '이론의 종말'을 의미하는 것은 아니다(Anderson, 2008). 오히려 데이터 환경의 변화에 따라 우리는 데이터와 이론 사이의 관계가 재조정되기를 기대해야 한다. 데이터 수집이 비쌌던 세상에서는 기존 이론이 가장 유용할 것이라고 제시하는 데이터만 수집하는 것이 합리적이었다. 그러나 이미 방대한 양의 데이터를 무료로 이용할 수 있는 세상에서는 데이터 우선 접근 방식을 시도하는 것도 합리적일 수 있다 (Goldberg, 2015).

이 장에서 본 것처럼 연구자들은 사람들을 관찰함으로써 많은 것을 배울 수 있다. 다음 세 장에서는 우리가 데이터를 맞추어 수집하고, 사람들과 보다 직접적으로 상호작용한다면 얼마나 더 다양하고 많은 것들을 배울 수 있을지 설명할 것이다. 그러한 방법으로는 사람들에게 질문을 던지고(3장), 실험을 하고 (4장), 심지어 연구 과정에 직접 참여시키는(5장) 것이 있다.

부록_ 수학 노트

이 부록에서 나는 비실험 데이터로 인과적 추론을 하는 것에 대한 몇 가지 아이디어를 조금 더 수학적인 형태로 요약하겠다. 여기에는 두 가지 주요 접근법이 있는데, 유대 펄Judea Pearl과 동료들과 관련이 깊은 인과 그래프 체계causal graph framework와 도널드 루빈Donald Rubin과 동료들과 관련이 깊은 잠재적 결과 체계potential outcomes framework이다. 나는 그중 3장과 4장 말미에 있는 수학 노트의 아이디어와 더 밀접하게 연결되어 있는 잠재적 결과 체계를 소개하겠다. 인과 그래프 체계에 대해 더 알기 위해서, 개론서로는 펄, 글리모어와 주얼 (Pearl, Glymour, and Jewell, 2016)을, 심화 단계로는 펄(Pearl, 2009)을 추천한다. 잠재적 결과 체계와 인과 그래프 체계를 결합한 장편의 인과적 추론 조치에 대해서는 모건과 윈십(Morgan and Winship, 2014)을 보기 바란다.

이 부록의 목표는 여러분이 잠재적 결과 전통의 표기법과 방식에 익숙해지도록 함으로써 이 주제에 대해 쓰인 좀 더 기술적인 자료에 진입할 수 있도록 돕는 것이다. 나는 먼저 잠재적 결과 체계를 설명하고 나서, 잠재적 결과를 응용해 군복무가 수입에 미치는 효과에 대해 앵그리스트(Angrist, 1990)가 했던 것과 같은 자연 실험을 자세하게 논의할 것이다. 이 부록은 임벤스와 루빈(Imbens and Rubin, 2015)에서 많이 끌어왔다.

잠재적 결과 체계|Potential outcomes framework

잠재적 결과 체계에는 세 가지 주요 요소가 있는데, 이는 단위unit, 실험 조치treatment, 잠재적 결과potential outcome이다. 이러한 요소들을 설명하기 위해 앵그리스트(Angrist, 1990)에서 다루는 질문의 형식화된 버전을 살펴보자. 군복무가 소득에 미치는 효과는 얼마나 될까? 이 경우 단위는 1970년 미국에서 징집 자격이 되는 사람들로 정의할 수 있고, 이들을 $i = 1, \cdots, N$처럼 숫자로 표현할 수 있다. 그리고 실험 조치는 "군복무를 한다"와 "군복무를 하지 않는다"이다. 나는 이들을 각각 실험조건과 통제조건이라고 부르고, 실험조건에 있다면 $W_i = 1$로, 통제조건에 있으면 $W_i = 0$으로 쓸 것이다. 마지막으로, 잠재적 결과는 일어날 수 있었던 일, 즉 '잠재적' 결과를 수반하기 때문에 개념적으로 좀 더 어렵다. 1970년 징집 대상자 한 명당, 만약 군복무를 했다면 1978년에 벌어들였을 액수($Y_i(1)$라고 하자)와 군복무를 하지 않았다면 1978년에 벌어들였을 액수($Y_i(0)$라고 하자)를 상상할 수 있다. 잠재적 결과 체계에서 $Y_i(1)$와 $Y_i(0)$는 고정된 양으로 간주되는 반면, W_i는 확률 변수이다.

단위, 실험 조치, 결과를 선택하는 일은 연구에서 알 수 있는 것과 알 수 없는 것을 결정하기 때문에 매우 중요하다. 이 단위 선택(1970년 징집 자격이 있는 사람들)은 여성을 포함하지 않으며, 따라서 이 연구는 추가적인 가정 없이는 여성의 군복무 효과에 대해 아무것도 말하지 못할 것이다. 실험 조치 및 결과를 어떻게 정의할지 결정하는 일 또한 중요하다. 예를 들어, 실험 조치는 군복무 자체에 관심을 두어야 할까 아니면 복무 중 전투 경험에 초점을 맞추어야 할까? 관심 대상인 결과는 소득이어야 할까 아니면 직업 만족도여야 할까? 궁극적으로 단위, 실험 조치 및 결과를 선택하는 일은 연구의 과학적, 정책적 목표에 의해 추동되어야 한다.

단위, 실험 조치 및 잠재적 결과의 선택을 고려할 때, 사람 i에 대한 실험 조치의 인과적 효과 τ_i는 다음과 같이 주어진다.

$$\tau_i = Y_i(1) - Y_i(0) \qquad\qquad (2.1)$$

다시 말해, 인과적 효과는 사람 i가 군복무 후에 얼마나 많은 돈을 벌었을지와 군복무를 하지 않았을 때 얼마나 많은 돈을 벌었을지를 비교한다. 나에게 식 2.1은 인과적 효과를 정의하는 가장 명확한 방법이며, 지극히 단순할지라도 중요하고 흥미로운 다양한 방식으로 일반화할 수 있는 것으로 드러났다(Imbens and Rubin, 2015).

잠재적 결과 체계를 사용할 때는 모든 단위에 대해 잠재적 결과와 조치 효과를 보여주는 표를 작성하는 것이 종종 도움이 된다(표 2.5). 만약 여러분이 연구를 위해 이와 같은 표를 상상할 수 없다면, 여러분은 단위, 실험 조치, 잠재적 결과에 대해 더욱 정확한 정의를 내릴 필요가 있다.

그러나 이런 식으로 인과적 효과를 규정할 때 우리는 한 가지 문제에 봉착한다. 우리는 거의 모든 경우에 잠재적 결과 두 가지를 모두 관찰할 수는 없다. 즉, 각각의 사람은 군복무를 하거나 아니면 하지 않았다. 따라서 우리는 잠재적 결과 $Y_i(1)$와 $Y_i(0)$ 중 하나만을 실제로 관찰할 수 있으며, 둘 다 관찰할 수는 없다. 두 개의 잠재적 결과를 모두 관찰할 수 없다는 것은 홀랜드(Holland, 1986)가 인과적 추론의 근본 문제Fundamental Problem of Causal Inference라고 부를 정도로 중대한 문제이다.

다행스럽게도 연구를 할 때 우리에겐 단지 한 사람만 있는 것이 아니다. 우리에겐 많은 사람들이 있고, 이것은 인과적 추론의 근본 문제를 에둘러 해결할 수 있는 방법을 제공한다. 우리는 개별 수준에서 조치 효과를 추정하는 대신 모든 단위에 걸쳐 평균 조치 효과average treatment effect: ATE를 추정할 수 있다.

$$A\,TE = \bar{\tau} = \frac{1}{N}\sum_{i=1}^{N}\tau_i \qquad\qquad (2.2)$$

표 2.5_ 잠재적 결과의 표

사람	실험조건에서의 소득	통제조건에서의 소득	조치 효과
1	$Y_1(1)$	$Y_1(0)$	τ_1
2	$Y_2(1)$	$Y_2(0)$	τ_2
⋮	⋮	⋮	⋮
N	$Y_N(1)$	$Y_N(0)$	τ_N
평균	$\bar{Y}(1)$	$\bar{Y}(0)$	$\bar{\tau}$

이 식은 관측할 수 없는 τ_i의 관점에서 표현되지만, 몇몇 산수를 거치면[거버와 그린(Gerber and Green, 2012: 식 2.8)] 다음과 같이 표현할 수 있다.

$$A\,TE = \frac{1}{N}\sum_{i=1}^{N} Y_i(1) - \frac{1}{N}\sum_{i=1}^{N} Y_i(0) \tag{2.3}$$

이는 실험조건에서 모집단 평균 결과($N^{-1}\sum_{i=1}^{N} Y_i(1)$)와 통제조건에서 모집단 평균 결과($N^{-1}\sum_{i=1}^{N} Y_i(0)$)를 추정할 수 있다면, 특정 개인에 대해 조치 효과를 추정하지 않고도 평균 조치 효과를 추정할 수 있다는 것을 보여준다.

우리가 추정하려고 하는 관심 모수estimand를 정의했으므로, 이제 데이터를 가지고 그것을 어떻게 실제로 추정할 수 있는지를 알아보자. 그리고 여기서 우리는 각 사람에 대해 잠재적 결과 중 하나($Y_i(1)$ 또는 $Y_i(0)$)만을 관찰할 수 있어 생기는 문제에 직접 부딪치게 된다(표 2.6). 그러나 우리는 군복무를 한 사람들의 소득과 군복무를 하지 않은 사람들의 소득을 비교함으로써 평균 조치 효과를 추정할 수 있다.

$$\widehat{A\,TE} = \underbrace{\frac{1}{N_t}\sum_{i:\,W_i=1} Y_i(1)}_{\text{실험조건에서 평균 소득}} - \underbrace{\frac{1}{N_c}\sum_{i:\,W_i=0} Y_i(0)}_{\text{통제조건에서 평균 소득}} \tag{2.4}$$

여기서 N_t와 N_c는 실험조건과 통제조건에 있는 사람의 수이다. 이 접근 방식은 실험 조치의 배정이 잠재적 결과와 독립적일 때 잘 작동하는데, 이 독립성 조

표 2.6_ 관찰된 결과의 표

사람	실험조건에서의 소득	통제조건에서의 소득	조치 효과
1	?	$Y_1(0)$	?
2	$Y_2(1)$	?	?
$\vdots$	$\vdots$	$\vdots$	$\vdots$
N	$Y_N(1)$	?	?
평균	?	?	?

건은 때때로 무시 가능성ignorability이라고 부른다. 안타깝게도 실험이 아닐 경우 무시 가능성은 대체로 만족되지 않으며, 이는 식 2.4의 추정이 좋은 추정치를 산출할 가능성이 낮다는 것을 의미한다. 이에 대해 다시 생각해보면, 조치가 무작위 배정되지 않을 때 식 2.4는 각 사람에 대한 잠재적 결과들을 비교하는 것이 아니라 서로 다른 종류의 사람들의 수입을 비교하게 된다. 약간 다르게 표현하자면, 조치가 무작위로 배정되지 않은 경우 조치의 배분은 아마도 잠재적 결과와 연관되어 있을 것이다.

어떻게 무작위 통제 실험이 인과적 추정치를 얻는 데 도움을 줄 수 있는지는 4장에서 설명하기로 하고, 여기서는 어떻게 연구자들이 징집과 같은 자연 실험을 이용할 수 있는지 설명하려 한다.

자연 실험

실험을 하지 않고 인과적 추정치를 만드는 접근 방식 한 가지는, 세상에서 일어나는 일들 중 여러분을 위해 무작위로 조치를 할당해놓은 경우를 찾는 것이다. 이 접근법을 자연 실험natural experiment이라고 한다. 안타깝게도 많은 상황에서 자연은 여러분이 원하는 관심 모집단에게 무작위로 조치를 취해주지 않는다. 그러나 때때로 자연은 관련된 조치를 무작위로 취하기도 한다. 특히 핵심 조치primary treatment를 받도록 사람들을 장려하는 보조 조치secondary treatment가 있는 경우를 생각해보겠다. 예를 들어 징집은 무작위로 배정된 보조 조치로 볼 수 있는데, 이는 일부 사람들에게 군복무라고 하는 핵심 조치를 받도록 격려한 것이라 볼 수 있다. 이 설계는 때때로 **격려 설계**encouragement design라고 부른다. 그리고 이 상황을 다루기 위해 나중에 설명할 분석 방법은 **도구 변수**instrumental variable라고 부른다. 이러한 설정에서 몇몇 가정을 더함으로써, 연구자들은 격려encouragement를 사용하여 특정 단위의 부분 집합에 대해 핵심 조치의 효과에 대해 알 수 있다.

격려와 핵심 조치라는 두 가지 서로 다른 조치를 다루기 위해서는 새로운 표기법이 필요하다. 어떤 사람들은 무작위로 징집되거나($Z_i = 1$) 또는 징집되지 않는다고($Z_i = 0$) 가정하자. 이런 상황에서는 Z_i를 **도구**instrument라고 부르기도 한다.

징집된 사람들 중 일부는 군복무를 했고($Z_i = 1$, $W_i = 1$), 다른 일부는 그렇지 않았다($Z_i = 1$, $W_i = 0$). 마찬가지로 징집되지 않은 사람 중에서도 일부는 군복무를 했고($Z_i = 0$, $W_i = 1$), 다른 일부는 그렇지 않았다($Z_i = 0$, $W_i = 0$). 이제 각 개인의 잠재적 결과를 확대하여 격려와 핵심 조치 모두에 대해 그들의 상태를 보여줄 수 있다. 예를 들어, 만일 사람 i가 징집되었고 징집되었을 때의 군복무 상태가 $W_i(1)$라면, 그 사람의 소득을 $Y(1, W_i(1))$라고 하자. 더 나아가면 우리는 모집단을 순응 집단compliers, 항시 불응 집단never-takers, 반항 집단defiers, 항시 수용 집단always-takers이라는 네 개의 집단으로 나눌 수 있다.

조치 효과(여기서는 군복무)의 추정을 논의하기 전에, 먼저 격려(여기서는 징집)의 두 가지 효과를 정의할 수 있다. 첫째, 핵심 조치에 대한 격려의 효과를 규정할 수 있다. 둘째, 격려가 결과에 미치는 효과를 정의할 수 있다. 이 두 가지 효과를 결합함으로써 특정 집단에 대한 조치 효과의 추정치를 얻을 수 있다는 것을 알게 될 것이다.

우선, 사람 i에 대하여 격려가 조치에 미치는 효과는 다음과 같다.

$$ITT_{W,\ i} = W_i(1) - W_i(0) \tag{2.5}$$

표 2.7_ 네 가지 유형의 집단

유형	징집되었을 때 군복무	징집되지 않았을 때 군복무
순응 집단	한다, $W_i(Z_i = 1) = 1$	하지 않는다, $W_i(Z_i = 0) = 0$
항시 불응 집단	하지 않는다, $W_i(Z_i = 1) = 0$	하지 않는다, $W_i(Z_i = 0) = 0$
반항 집단	하지 않는다, $W_i(Z_i = 1) = 0$	한다, $W_i(Z_i = 0) = 1$
항시 수용 집단	한다, $W_i(Z_i = 1) = 1$	한다, $W_i(Z_i = 0) = 1$

더 나아가, 모집단에 대해서 효과는 다음과 같이 정의된다.

$$ITT_W = \frac{1}{N} \sum_{i=1}^{N} [\, W_i(1) - W_i(0)\,] \tag{2.6}$$

마지막으로 데이터를 사용하여 ITT_w를 추정할 수 있다.

$$\widehat{ITT}_W = \overline{W_1}^{\,obs} - \overline{W_0}^{\,obs} \tag{2.7}$$

여기서 $\overline{W_1}^{obs}$는 격려를 받은 사람들 중 조치를 받은 비율을 관찰한 것이고, $\overline{W_0}^{obs}$는 격려를 받지 않은 사람들 중 조치를 받은 비율을 관찰한 것이다. ITT_w는 때때로 **수용률**uptake rate이라고 부르기도 한다.

다음으로, 사람 i에 대한 격려가 결과에 미치는 효과는 다음과 같다.

$$ITT_{Y,i} = Y_i(1, W_i(1)) - Y_i(0, W_i(0)) \tag{2.8}$$

나아가, 모집단에 대해서 효과는 다음과 같이 정의된다.

$$ITT_Y = \frac{1}{N} \sum_{i=1}^{N} [\, Y_i(1, W_i(1)) - Y_i(0, W_i(0))\,] \tag{2.9}$$

마지막으로 데이터를 사용하면, ITT_Y를 추정하면 다음과 같다.

$$\widehat{ITT}_Y = \overline{Y_1}^{\,obs} - \overline{Y_0}^{\,obs} \tag{2.10}$$

여기서 $\overline{Y_1}^{obs}$는 격려(징집)를 받은 사람들에 대해 관찰된 결과(소득)이고, $\overline{Y_0}^{obs}$는 격려를 받지 않은 사람들에 대해 관찰된 결과이다.

드디어 우리는 관심 대상인 핵심 조치(군복무)가 결과(소득)에 미치는 효과에 주의를 집중할 수 있다. 하지만 안타깝게도, 일반적으로 모든 단위에 대해 이러한 효과를 추정할 수 없다는 것이 밝혀졌다. 그러나 몇몇 가정을 통해 연구자들은 순응 집단(징집되었을 때에는 군복무를 하고 징집되지 않았을 때에는 군복무를 하지 않는 집단, 표 2.7 참조)에 대해 조치의 효과를 추정할 수 있다. 이러한 추정을 순응 집단 내 평균 조치 효과complier average causal effect: CACE라고 부른다 (때때로 국지적 평균 조치 효과local average treatment effect: LATE라고도 부른다).

$$CACE = \frac{1}{N_{co}} \sum_{i\,:\,G_i\,=\,co} [Y(1, W_i(1)) - Y(0, W_i(0))] \qquad (2.11)$$

여기서 G_i는 사람 i의 집단(표 2.7 참조)을 의미하고 N_{co}는 순응 집단에 속한 사람들의 수를 말한다. 즉, 식 2.11은 징집된 순응 집단의 소득 $Y_i(1, W_i(1))$과 징집되지 않은 순응 집단의 소득 $Y_i(0, W_i(0))$을 비교한다. 오직 관찰된 데이터만 가지고 순응 집단을 식별하기는 불가능하기 때문에(누군가가 순응 집단인지 알려면 징집되었을 때 군복무를 할 것인지, 또한 징집되지 않았을 때 군복무를 할 것인지 알필요가 있다) 식 2.11의 관심 모수를 관찰된 데이터로부터 추정하는 일은 어려워 보인다.

다소 놀랍지만, 순응 집단이 존재하고 세 개의 추가적인 가정을 할 수 있다면 관찰된 데이터에서도 CACE를 추정할 수 있다는 것이 알려져 있다. 첫째, 조치에 대한 배정은 무작위라고 가정해야 한다. 징집 추첨의 경우 이는 그럴듯하다. 그러나 자연 실험이 물리적인 무작위화에 의존하지 않는 여러 환경에서 이러한 가정은 문제가 될 수 있다. 둘째, 사람들은 그들이 반항 집단defiers이 아니라고 가정해야 한다(이를 단조성monotonicity 가정이라고도 한다). 징집의 경우, 징집되면 복무하지 않을 사람과 징집되지 않으면 복무할 사람이 매우 적다고 가정하는 것은 타당해 보인다. 마지막 세 번째로, 배제 제한exclusion restriction 이라고 부르는 가장 중요한 가정이 등장한다. 배제 제한하에서는 조치 할당에 따른 모든 효과가 조치 그 자체를 통해 전달된다고 가정해야 한다. 다시 말해, 격려가 결과에 미치는 직접적인 영향이 없다고 가정해야 한다. 예를 들어 징집

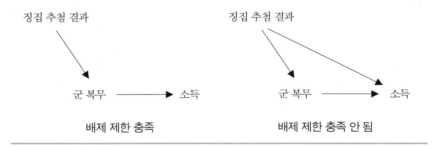

그림 2.11_ 배제 제한은 격려(징집 추첨)가 조치(군복무)를 통해서만 결과(소득)에 영향을 미칠 것을 요구한다. 예를 들어 징집된 사람들이 군복무를 피하기 위해 학교에 더 많은 시간을 보내고, 그로 인해 늘어난 학교에서의 시간이 더 많은 소득으로 이어진다면 배제 제한 가정은 위반될 수 있다.

추첨의 경우, 징집 상태는 군복무 이외의 경로를 통해서는 소득에 어떠한 효과를 주지 않는다고 가정할 필요가 있다(그림 2.11). 만약 징집된 사람들이 군복무를 피하기 위해 학교에서 더 많은 시간을 보내거나, 고용주가 징집되었던 사람들을 덜 고용한다면 배제 제한 가정은 위반될 수 있다.

만약 조치의 무작위 배정, 반항 집단의 부재, 배제 제한이라는 세 가지 조건이 만족된다면, CACE는 다음과 같다.

$$CACE = \frac{ITT_Y}{ITT_W} \qquad (2.12)$$

따라서 이를 계산하면 CACE를 추정할 수 있다.

$$\widehat{CACE} = \frac{\widehat{ITT_y}}{\widehat{ITT_W}} \qquad (2.13)$$

CACE를 이해하는 한 가지 방법은 CACE가 격려를 받은 사람과 그렇지 않은 사람 간 결과의 차이, 즉 수용률에 의해 부풀려졌다는 것이다.

명심해야 할 중요한 두 가지 주의사항이 있다. 첫째, 배제 제한은 강력한 가정이므로, 각 사례는 관련 주제의 전문 지식을 바탕으로 정당화될 필요가 있다. 배제 제한은 격려의 무작위화로는 정당화될 수 없다. 둘째, 도구 변수 분석에 대한 일반적이고 실질적인 도전은 격려가 조치의 수용에 거의 영향을 미치지 않을 때(즉, ITT_W가 작을 때) 발생한다. 이와 같은 **약한 도구 변수**weak instrument 는 다양한 문제를 일으킨다(Imbens and Rosenbaum, 2005; Murray, 2006). 약한 도구 변수 문제에 대해 이해하는 한 가지 방법은 (잠재적으로는 배제 제한의 위반으로 인해) 작은 $\widehat{ITT_W}$에 의해 $\widehat{ITT_Y}$에 존재하는 작은 편차들이 확대되어, $\widehat{CACE}$가 이 작은 편차들에 민감할 수 있다는 것이다(식 2.13 참조). 대략적으로 말해, 자연이 할당하는 조치가 여러분이 관심 두는 조치에 별 영향을 미치지 않는다면 여러분의 관심 조치에 대해 배우는 데에는 많은 어려움이 따를 것이다.

이 논의의 보다 공식적인 버전으로는 임벤스와 루빈(Imbens and Rubin, 2015)의 23장과 24장을 보라. 도구 변수에 대한 전통적인 계량경제학적 접근 방식은 일반적으로 잠재적 결과가 아니라 방정식을 추정하는 방식으로 표현된다. 이처럼 다른 관점에서 본 소개로는 앵그리스트와 피슈케(Angrist and Pischke, 2009)를 보도록 하고, 두 접근 방식의 비교에 대해서는 임벤스와 루빈(Imbens and Rubin, 2015)의 24.6절을 참조하라. 도구 변수 접근 방식을 다루는 약간 덜 공식적인 대안은 거버와 그린(Gerber and Green, 2012) 6장에 제시되어 있다. 배제 제한에 대한 자세한 내용은 존스(Jones, 2015)를 보길 바란다. 아로노와 카네기(Aronow and Carnegie, 2013)는 CACE가 아닌 ATE를 추정하는 데 사용할 수 있는 추가적인 가정 몇 가지를 설명한다. 자연 실험이 어떻게 해석하기가 매우 까다로울 수 있는지에 대한 자세한 내용은 세콘과 티튜닉(Sekhon and Titiunik, 2012)을 참조하라. 자연 실험에 대한 좀 더 일반적인 소개로 더닝(Dunning, 2012)을 보면 도구 변수 접근법만을 다루지 않고, 이를 넘어 회귀 불연속성 regression discontinuity과 같은 설계 또한 포함하고 있다.

● 들어가는 말(2.1절)

이 장에 포함되지 않은 관찰 중 하나는 문화기술지학ethnography이다. 디지털 공간의 문화기술지학에 대해 더 알아보고 싶다면 보엘스토프 등(Boellstorff et al., 2012)을 참조하고, 디지털 공간과 실제 공간의 혼합을 다루는 문화기술지학에 대해서는 레인(Lane, 2016)을 참조하라.

● 빅 데이터(2.2절)

'빅 데이터' 용어에 대해 하나로 합의된 정의는 없지만, 많은 정의가 "3V: 양volume, 다양성variety, 속도velocity"(Japec et al., 2015)에 초점을 맞추는 것 같다. 빅 데이터의 정의를 검토하려면 데 마우로 등(De Mauro et al., 2015)을 보라.

　내가 빅 데이터의 범주에 정부의 행정 데이터를 포함시킨 것은 다소 예외적이다. 그러나 레게비(Legewie, 2015), 코널리 등(Connelly et al., 2016), 에이나브와 레빈(Einav and Levin, 2014)을 비롯하여 다른 사람들도 나와 비슷한 주장을 했다. 연구를 위한 정부 행정 데이터의 가치에 대해 자세히 알아보려면 카드 등(Card et al., 2010), 행정 데이터 대책위원회(Adminstrative Data Taskforce, 2012), 그루스키, 스미딩과 스닙(Grusky, Smeeding, and Snipp, 2015)을 보라.

　정부 통계 시스템, 특히 미국 인구조사국US Census Bureau 내부의 행정 연구에 대한 내용을 보려면 자민과 오하라(Jarmin and O'Hara, 2016)를 참조하길 바란다. 스웨덴 통계청의 행정 기록 연구에 대한 단행본 수준의 논의를 보려면 발그렌과 발그렌(Wallgren and Wallgren, 2007)을 참조하라.

　이 장에서는 미국 종합사회조사General Social Survey 등의 전통적 설문조사와 트위터 같은 소셜 미디어 데이터를 간략하게 비교했다. 전통적 설문조사와 소셜 미디어 데이터 사이의 심도 있는 비교에 대해서는 쇼버 등(Schober et al., 2016)을 보길 바란다.

● 빅 데이터의 일반적인 열 가지 특징(2.3절) ────────

빅 데이터의 열 가지 특징은 다양한 저자들이 서로 다른 다양한 방법으로 기술해왔다. 관련 주제에 대한 내 생각에 영향을 준 연구로는 레이저 등(Lazer et al., 2009), 그로브스(Groves, 2011), 호위슨, 위긴스와 크라우스턴(Howison, Wiggins, and Crowston, 2011), 보이드와 크로퍼드(boyd and Crawford, 2012), 테일러(Taylor, 2013), 마이어 쇤베르거와 쿠키어(Mayer-Schönberger and Cukier, 2013), 골더와 메이시(Golder and Macy, 2014), 루스와 페퍼(Ruths and Pfeffer, 2014), 투펙시(Tufekci, 2014), 샘슨과 스몰(Sampson and Small, 2015), 루이스(Lewis, 2015b), 레이저(Lazer, 2015), 호턴과 탬비(Horton and Tambe, 2015), 제이펙 등(Japec et al., 2015), 골드스톤과 루피얀(Goldstone and Lupyan, 2016)이 있다.

이 장 내내 디지털 흔적digital traces이라는 용어를 사용했는데, 나는 이 용어들이 비교적 중립적이라고 생각한다. 이 외에 널리 쓰이는 다른 용어로는 디지털 발자국digital footprints(Golder and Macy, 2014)이 있으나, 할 애벌슨 Hal Abelson, 켄 레딘Ken Ledeen과 해리 루이스Harry Lewis(2008)가 지적했듯이 디지털 지문digital fingerprints이 더 적합한 용어일 것이다. 여러분은 발자국을 남길 때 무슨 일이 일어나고 있는지 인지하고 있으며, 남겨진 발자국으로는 일반적으로 여러분 개개인을 추적할 수 없다. 그러나 디지털 흔적은 이와 다르다. 사실 여러분은 대부분 모르는 상태에서 시간마다, 분마다 흔적을 남긴다. 그리고 그러한 흔적은 여러분의 이름이 붙어 있지 않더라도 종종 여러분에게까지 거슬러 올라간다. 달리 말하면, 이들은 눈에 띄지 않는 동시에 개인을 식별할 수 있다는 점에서 지문과 더 유사하다.

● 큰 규모(2.3.1항)

대규모의 데이터셋이 통계 검정을 어렵게 하는 이유에 대해 더 알고 싶다면 린, 루카스와 슈무엘리(Lin, Lucas, and Shmueli, 2013)와 맥팔랜드와 맥팔랜드(McFarland and McFarland, 2015)를 보라. 이러한 문제들을 통해 연구자들은 통계적 유의성보다 실질적 유의성에 대해 집중하게 될 것이다. 라지 체티

Raj Chetty와 동료들이 세금 기록을 획득한 경로가 궁금하다면 머비스(Mervis, 2014)를 참고하라.

대규모 데이터셋은 일반적으로 컴퓨터 한 대의 역량으로는 계산이 불가능한 컴퓨팅 문제를 유발한다. 그러므로 대규모 데이터셋으로 계산을 수행하는 연구자들은 여러 대의 컴퓨터로 나누어 작업해야 하는 경우도 종종 있는데, 이를 분산 프로그래밍parallel programming이라고 한다. 분산 프로그래밍, 특히 하둡Hadoop이라고 부르는 언어의 기초에 대해 알고 싶다면 보와 실비아(Vo and Silvia, 2016)를 참고하라.

● 상시 접근(2.3.2항)

상시 접근 데이터를 고려할 때는 정확히 같은 사람들을 시간에 따라 비교할 것인지, 아니면 집단에 따라 비교할 것인지 정하는 것이 중요하다. 그 예로는 디아즈 등(Diaz et al., 2016)을 참고하라.

● 비반응성(2.3.3항)

비반응적 측정에 대해 다루는 고전적인 저서로는 웹 등(Webb et al., 1966)이 있다. 여기서 등장하는 예시들은 디지털 시대보다 앞선 시기의 것이지만 여전히 통용될 수 있다. 대중 감시의 존재로 인해 사람들의 행동이 어떻게 변하는지는 페니(Penney, 2016)와 브레인(Brayne, 2014)의 예를 참고하라.

반응성은 연구자들이 말하는 요구 효과demand effect(Orne, 1962; Zizzo, 2010) 혹은 호손 효과Hawthorne effect(Adair, 1984; Levitt and List, 2011)라고 부르는 것과 밀접하게 연관되어 있다.

● 불완전성(2.3.4항)

레코드 연계에 대해 더 알고 싶다면 (과거의 것으로는) 던(Dunn, 1946)과 펠레기와 순터(Fellegi and Sunter, 1969)를, (현대의 것으로는) 라르센과 빙클러(Larsen and Winkler, 2014)를 참조하라. 컴퓨터 과학 분야에서도 데이터 중복

data duplication, 인스턴스 식별instance identification, 이름 매칭name matching, 중복 탐지duplicate detection, 중복 레코드 탐지duplicate record detection라는 이름으로 비슷한 접근법이 개발되었다(Elmagarmid, Ipeirotis, and Verykios, 2007). 레코드 연계 중에는 개인식별정보의 전송을 필요로 하지 않는 레코드 연계에 대한 프라이버시 보호 접근법이 있다(Schnell, 2013). 또한 페이스북은 각 레코드를 투표 행태와 연계하는 프로세스를 개발했는데, 이 프로세스는 4장에서 살펴볼 실험의 한 예를 평가하기 위해 수행되었다(Bond et al., 2012; Jones et al., 2013).

구성 타당도에 대한 자세한 내용은 샤디시, 쿡과 캠벨(Shadish, Cook and Campbell, 2001)의 3장을 참조하라.

● 접근 불가능성(2.3.5항)

AOL 검색 로그의 대실패에 대한 자세한 내용은 옴(Ohm, 2010)을 참조하도록 하라. 실험을 설명하는 4장에서는 기업 및 정부 제휴에 대한 조언을 제공할 것이다. 많은 저자들이 접근 불가능한 데이터에 의존하는 연구에 대해 우려를 표하는데, 이에 대해서는 휴버먼(Huberman, 2012)과, 보이드와 크로퍼드(boyd and Crawford, 2012)를 보길 권한다.

대학교 연구자들이 데이터에 접근하는 좋은 방법 중 하나는 회사에서 인턴이나 방문 연구자로 일하는 것이다. 이 과정은 데이터에 접근할 수 있게 할 뿐만 아니라, 분석에서 중요한 요소인 데이터의 생성 방법에 대해 배울 수 있게 해준다.

정부 데이터에 대한 접근 권한을 얻는 것과 관련하여, 머비스(Mervis, 2014)는 라지 체티와 동료들이 사회 이동성 연구에서 사용한 조세 기록에 어떻게 접근할 수 있었는지 논의한다.

● 비대표성(2.3.6항)

개념으로서의 대표성의 역사에 대해 더 알고 싶다면 크루스칼과 모스텔러(Kruskal and Mosteller, 1979a; b; c; 1980)를 참고하라.

나는 스노의 연구와 돌과 힐의 연구에 대해 간단하게만 요약했다. 콜레라에 대한 스노의 연구에 대해 더 알고 싶다면 프리드먼(Freedman, 1991)을 보고, 영국 의사 연구에 관심이 있다면 돌 등(Doll et al., 2004)과 키팅(Keating, 2014)을 읽어볼 것을 추천한다.

돌과 힐이 여성 의사와 35세 이하 의사로부터 모은 데이터를 첫 분석에서 사용하지 않았다는 것을 안다면 많은 연구자들이 놀랄 것이다. 그들의 주장은 다음과 같다. "폐암이 상대적으로 여성과 35세 이하 남성에게 드물게 나타나기 때문에, 이 그룹에서는 향후 몇 년간 유의미한 수치들을 확보하기 어렵다. 그러므로 우리는 이 예비 보고서에서 우리의 관심을 35세 이상 남성으로 제한했다." "왜 대표성을 피해야 하는가"라는 도발적인 제목을 지닌 로스먼, 갤러처와 해치(Rothman, Gallacher and Hatch, 2013)는 의도적으로 만들어진 비대표적 데이터의 가치에 대해 좀 더 일반적인 주장을 전개한다.

전체 모집단에 대해 어떤 진술을 하고자 하는 연구자와 정부에게 비대표성은 해결해야 할 중요한 문제이다. 일반적으로 자신들의 사용자에만 집중하는 기업에게 이는 큰 문제가 아니다. 네덜란드 통계청Statistics Netherlands이 금융 빅 데이터의 비대표성 문제를 어떻게 다루는지 알고 싶다면 부엘렌스 등(Buelens et al., 2014)을 참고하라.

빅 데이터 자료의 비대표적 속성을 우려하는 연구자들의 예시로는 보이드와 크로퍼드(boyd and Crawford, 2012), 루이스(Lewis, 2015b), 허르기타이(Hargittai, 2015)가 있다.

사회조사와 역학 연구의 서로 다른 목표에 대해 더 자세히 알고 싶다면 케이딩과 루이스(Keiding and Louis, 2016)를 참고하도록 하자.

유권자에 대해, 특히 2009년 독일 선거의 사례에서 표본 외 일반화를 위해 트위터를 사용한 시도들에 대해서는 융헤르(Jungherr, 2013; 2015)를 참조하라. 투마스얀 등(Tumasjan et al., 2010)의 연구에 뒤이어 전 세계의 연구자들은 트위터 데이터로부터 다양한 종류의 선거를 예측하는 능력을 향상시키기 위해 감정 분석sentiment analysis을 이용하여 당사자들의 긍정적인 언급과 부정적인 언급을 구별하는 등 더 화려한 방법을 사용해왔다(Gayo-Avello, 2013; Jungherr, 2015: 7장). 다음은 휴버티(Huberty, 2015)가 이러한 선거 예측 시도의 결과를 요약한 것이다.

진정으로 미래지향적인 선거 예측을 목적으로 할 때, 소셜 미디어를 기반으로 하는 알려진 모든 예측 방법은 실패했다고 볼 수 있다. 이러한 실패는 방법론적 문제나 알고리즘상의 어려움 때문이 아니라 소셜 미디어의 근본적인 속성 때문인 것으로 보인다. 간단히 말해서 소셜 미디어는 유권자들에 대해 안정적이고 비편향적이며 대표성 있는 그림을 제공하지 않으며, 앞으로도 절대 그렇지 않을 것이다. 소셜 미디어상의 편의 표본은 이러한 문제를 사후에 해결할 만한 데이터가 부족하다.

3장에서 나는 표본 추출과 추정에 대해 훨씬 더 자세히 설명할 것이다. 데이터가 비대표적인 경우에도 특정 조건에서는 데이터에 가중치를 주어 좋은 추정치를 산출할 수 있다.

● 변동성(2.3.7항)

시스템 변동은 외부에서는 관찰하기 힘들다. 그러나 (4장에서 더 논의될) 무비렌즈MovieLens 프로젝트는 15년이 넘게 학술적 연구 집단이 운영해왔다. 그래서 그 연구진은 시간이 지남에 따라 시스템이 진화한 방법과 이러한 변화가 분석에 미칠 수 있는 영향을 문서화하고 공유할 수 있었다(Harper and Konstan, 2015).

류, 클리만-실버와 미슬러브(Liu, Kliman-Silver, and Mislove, 2014) 그리고 투펙시(Tufekci, 2014)를 포함하여 많은 학자들이 트위터에서의 변동성에 집중해왔다.

인구 변동에 대처하는 한 가지 방법은 사용자 패널을 만드는 것으로, 연구자들은 동일한 사람들을 시간이 지남에 따라 연구할 수 있다. 이에 대해서는 디아즈 등(Diaz et al., 2016)을 보라.

● 알고리즘에 기반한 교란(2.3.8항)

내가 처음으로 '알고리즘에 기반한 교란'이라는 용어를 들은 것은 존 클라인베르크Jon Kleinberg의 강연에서인데, 안타깝게도 언제 어디서 강연을 들었는지는 기억이 나지 않는다. 한편 내가 그 용어를 인쇄된 상태로 처음 본 것은 앤더슨 등(Anderson et al., 2015)에서였다. 이 연구는 그 사이트의 알고리즘이 사회적 선호를 연구하기 위해 데이팅 웹사이트의 데이터를 사용하는 연구자를 어떻게 혼란스럽게 할 수 있는지에 대해 흥미롭게 논의한다. 이와 같은 우려는 앤더슨 등(Anderson et al., 2014)에 대한 반응으로 루이스(Lewis, 2015a)가 제기한 바 있다.

페이스북 외에도 트위터는 닫힌 삼자 관계triadic closure라는 아이디어를 기반으로 팔로우할 사용자를 추천하고 있다(Su, Sharma, and Goel, 2016). 따라서 트위터상의 닫힌 삼자 관계 수준은 닫힌 삼자 관계를 맺는 인간적 경향과 닫힌 삼자 관계를 장려하는 알고리즘적 경향의 조합이라고 할 수 있다.

수행성, 특히 일부 사회과학 이론이 '카메라가 아닌 엔진'이라는 아이디어(예를 들어 사회과학 이론들이 세계를 있는 그대로 묘사한다기보다는 조형하고 있다는 생각)에 대해서는 매켄지(Mackenzie, 2008)를 참조하자.

● 지저분함(2.3.9항)

정부 통계 기관은 데이터 클리닝을 통계적인 데이터 편집statistical data editing이라고 부른다. 드 발, 푸츠와 다스(De Waal, Puts, Daas, 2014)는 설문조사 자료를 위해 개발된 통계적인 데이터 편집 기법을 기술하고, 이 기법들이 빅 데이터 자료에 적용될 수 있는 정도를 검토한다. 푸츠, 다스, 발(Puts, Daas, Waal, 2015)은 보다 일반적인 청중을 위해 동일한 아이디어의 일부를 제시한다.

사회적 봇에 대한 개요로는 페라라 등(Ferrara et al., 2016)을 보라. 트위터에서 스팸을 찾는 데 초점을 맞추는 연구의 몇몇 예시를 알고자 한다면 클라크 등(Clark et al., 2016)과 추 등(Chu et al., 2012)이 도움이 될 것이다. 마지막으로 서브라마니언 등(Subrahmanian et al., 2016)은 트위터에서 봇을 검출하는 방식들을 비교하기 위해 고안된 대규모 협업인 DARPA 트위터 봇 챌린지의 결과를 기술하고 있다.

● 민감성(2.3.10항)

옴(Ohm, 2015)은 민감한 정보의 개념에 대한 선행 연구를 검토하고 다양한 요인들을 검증할 것을 제안한다. 그가 제안하는 네 가지 요인은 위해의 크기, 위해의 확률, 보안을 요하는 관계의 존재 여부, 위험이 다수결주의적 우려를 반영하는지 여부이다.

● 개수 세기(2.4.1항)

파버Farber의 뉴욕 택시 연구는 캐머러 등(Camerer et al., 1997)의 이전 연구에 기초했다. 이 연구는 종이에 쓴 운행 기록에 대한 편의 표본 세 가지를 사용했는데, 이에 따르면 운전자들은 임금이 더 높은 날에 일을 덜 하는 등 그 나름의 수입 목표를 정하고 일하는 유형인 것처럼 보였다.
  킹과 동료들은 후속 연구를 통해 중국의 온라인 검열에 대해 계속해서 탐구했다(King, Pan, and Roberts, 2014; 2016). 중국의 온라인 검열을 측정하는 관련 접근법에 대해서는 바먼, 오코너와 스미스(Bamman, O'Connor, and Smith, 2012)를 참조하자. 1,100만 개 게시글의 감정을 추정하기 위해 킹, 팬과 로버츠(King, Pan, and Roberts, 2013)에서 사용한 통계적 방법론에 대해서는 홉킨스와 킹(Hopkins and King, 2010)을 보도록 하자. 지도 학습에 대해 더 알고 싶다면 덜 기술적인technical 차원에서는 제임스 등(James et al., 2013)을, 좀 더 기술적인 차원에서는 해스티, 티브시라니와 프리드먼(Hastie, Tibshirani, and Friedman, 2009)을 보라.

● 미래 예측과 현재 예측(2.4.2항)

미래 예측은 산업적인 데이터과학의 큰 부분을 차지한다(Mayer-Schenberger and Cukier, 2013; Provost and Fawcett, 2013). 사회연구자들이 흔히 하는 미래 예측의 한 가지 유형은 인구학적 예측인데, 랩터리 등(Raftery et al., 2012)을 통해 예시를 확인할 수 있다 .
  구글 독감 트렌드Google Flu Trends가 인플루엔자 유행 현황을 알기 위해 검색 데이터를 사용한 첫 번째 프로젝트는 아니었다. 사실 미국의 연구자들 (Polgreen et al., 2008; Ginsberg et al., 2009)과 스웨덴의 연구자들(Hulth, Rydevik, and Linde, 2009)은 특정 검색어(예를 들어 '독감flu')가 국가 공중보건 감시 데이터 공개 이전에 이를 예측해낸 사실을 발견했다. 그 후로 많은 다른 프로젝트들이 질병 감시 탐지를 위해 디지털 흔적 데이터를 사용하려고 시도 해왔다. 이에 대한 검토는 알트하우스 등(Althouse et al., 2015)을 참조하라.

건강 결과를 예측하기 위해 디지털 흔적 데이터를 사용하는 것에 더해, 선 거 결과를 예측하기 위해 트위터 데이터를 사용한 작업도 매우 많았다. 이러 한 작업을 검토한 연구로는 가요-아벨료(Gayo-Avello, 2011; 2013), 융헤르 (Jungherr, 2015: 7장), 휴버티(Huberty, 2015)가 있다. 국내총생산GDP과 같은 경제 지표를 예측하는 일은 현재 중앙은행에서도 흔히 볼 수 있는 일인데, 반 부라 등(Bańbura et al., 2013)을 보면 알 수 있다. 표 2.8은 세계의 몇몇 사건 을 예측하기 위해 디지털 흔적을 사용하는 연구의 예를 몇 가지 보여준다.

표 2.8_ 사건을 예측하기 위해 빅 데이터를 사용하는 연구들

디지털 흔적	결과	인용
트위터	미국 영화의 박스 오피스 수입	Asur and Huberman(2010)
검색 로그	미국의 영화, 음악, 책, 비디오 게임의 판매량	Goel et al.(2010)
트위터	다우 존스 산업평균지수(미국 주식 시장)	Bollen, Mao, and Zeng(2011)
소셜 미디어 와 검색 로그	미국, 영국, 캐나다, 중국의 투자자 감정과 주식 시장에 대한 설문조사	Mao et al.(2015)
검색 로그	싱가포르와 방콕의 뎅기열 발병률	Althouse, Ng, and Cummings (2011)

마지막으로 존 클라인베르크와 동료들(Kleinberg et al., 2015)은 예측 문제 가 미묘하게 다른 두 가지 범주로 나뉘며, 사회과학자들이 한 가지에만 집중 하고 다른 한 가지는 무시하는 경향이 있다고 지적했다. 애나Anna라는 정책 입안자가 있다고 상상해보자. 애나는 가뭄에 직면한 상황에서 비가 올 가능 성을 높이기 위해 무당을 고용해 기우제를 드릴지 여부를 결정해야 한다. 한 편 또 다른 정책 입안자인 베티Betty는 집으로 가는 길에 젖지 않기 위해, 출 근할 때 우산을 가지고 갈지를 결정해야 한다. 애나와 베티 둘 다 날씨를 이

해할 때 더 나은 결정을 할 수 있겠지만, 그들이 필요로 하는 정보는 서로 다르다. 애나는 기우제가 비를 내리게 하는지 이해할 필요가 있다. 반면에 베티는 인과 관계에 대해 아무것도 이해할 필요가 없으며, 단지 정확한 예보를 필요로 한다. 사회연구자들은 애나가 직면한 문제와 비슷한 것(클라인베르크와 동료들은 '기우제 같은' 정책 문제라고 부른다)에 집중하는데, 그 문제들이 인과 관계에 대한 질문을 포함하기 때문이다. 베티가 직면한 문제의 경우(클라인베르크와 동료들은 '우산 같은' 정책 문제라 부른다) 또한 매우 중요할 수 있지만, 사회연구자들로부터는 훨씬 적은 관심을 받아왔다.

- 실험에 근사시키기(2.4.3항)

《P. S. 폴리티컬 사이언스P.S. Political Science》 학술지는 빅 데이터, 인과 추론, 정식 이론formal theory에 대한 심포지엄을 열었으며, 클라크와 골더(Clark and Golder, 2015)는 각 기고문을 요약했다. 《미국국립과학원회보 Proceedings of the National Academy of Sciences of the United States of America: PNAS》 또한 인과 추론과 빅 데이터에 대한 심포지엄을 개최했는데, 시프린(Shiffrin, 2016)에서 각 기고문의 요약을 볼 수 있다. 빅 데이터 안에서 자연 실험을 자동으로 발견하려는 기계 학습 접근법에 대해서는 옌센 등(Jensen et al., 2008), 샤르마, 호프먼과 와츠(Sharma, Hofman, and Watts, 2015; 2016) 등을 참조하라.

자연 실험에 대하여, 더닝(Dunning, 2012)은 단행본 수준의 많은 예시와 함께 개론적인 내용을 소개하고 있다. 자연 실험에 대한 회의적인 견해에 대해서 경제학 분야에서는 로젠즈바이크와 볼핀(Rosenzweig and Wolpin, 2000)을, 정치학 분야에서는 세콘과 티튜닉(Sekhon and Titiunik, 2012)을 보길 바란다. 디턴(Deaton, 2010)과 헥먼과 우르수아(Heckman and Urzúa, 2010)는 연구자들이 자연 실험에 초점을 맞출 때 중요하지 않은 인과 관계를 추정하는 데 집중하게 될 수 있다고 주장한다. 반면 임벤스(Imbens, 2010)는 이러한 주장에 반박하여 자연 실험의 가치에 대해 보다 낙관적인 시각을 제시한다.

연구자들이 징집 효과 추정으로부터 군복무 효과 추정까지 어떻게 연결할 수 있는지를 설명할 때, 나는 도구 변수instrumental variable라고 부르는 기법에 대해 설명하고 있었다. 임벤스와 루빈(Imbens and Rubin, 2015)은 23장과

24장에서 도구 변수를 소개한 뒤 징집 추첨을 예시로 사용한다. 순응하는 사람들에 대한 군복무의 효과는 때로는 순응 집단 내 평균 조치 효과complier average causal effect: CACE로, 때로는 국지적 평균 조치 효과local average treatment effect: LATE로 부른다. 소비와 그린(Sovey and Green, 2011), 앵그리스트와 크루거(Angrist and Krueger, 2001), 볼렌(Bollen, 2012)은 정치학·경제학·사회학에서 도구 변수의 사용에 대한 검토를 제공하며, 소비와 그린(Sovey and Green, 2011)은 도구 변수를 이용한 연구를 평가하기 위한 '독자의 체크리스트'를 제공한다.

사실 1970년의 징집 추첨은 무작위 추출이 적절하게 이루어지지 않은 것으로 밝혀졌다. 완전히 무작위로 추출한 결과와는 편차가 약간 있었다(Fienberg, 1971). 베린스키와 챗필드(Berinsky and Chatfield, 2015)는 이 작은 편차가 실질적으로 중요하지 않다고 주장하며 적절하게 수행된 무작위 추출의 중요성을 논의한다.

매칭과 관련하여 낙관적인 평론으로는 스튜어트(Stuart, 2010)를, 비관적인 평론으로는 세콘(Sekhon, 2009)을 참고할 수 있다. 가지치기의 일종으로서의 매칭에 대해서는 호 등(Ho et al., 2007)을 보도록 하자. 각 사람마다 완벽한 짝을 찾는 것은 종종 어려운 일이며, 수많은 복잡한 문제들을 동반한다. 첫째, 정확한 짝을 구할 수 없을 때 연구자들은 둘 사이의 거리를 어떻게 측정할 것인지, 그리고 주어진 거리가 충분히 가까운지를 결정할 필요가 있다. 둘째, 연구자들이 실험집단의 각 사례에 대해 여러 개의 짝을 사용하여 더 정확한 추정치를 얻으려 할 때 복잡한 문제가 발생한다. 이 두 가지 문제는 다른 문제들과 함께 임벤스와 루빈(Imbens and Rubin, 2015)의 18장에 자세히 설명되어 있다. 로젠바움(Rosenbaum, 2010)의 2부 또한 참고할 만하다.

매칭 방법론이 무작위 통제 실험에서 나온 것과 유사한 추정치를 산출할 수 있었던 예시에 대해서는 데헤자와 와바(Dehejia and Wahba, 1999)를 보도록 하자. 반면 매칭 방법론이 기준이 되는 실험 결과를 재현하는 데 실패한 예시로는 아르세노, 거버와 그린(Arceneaux, Gerber, and Green, 2006; 2010)을 참조하라.

로젠바움(Rosenbaum, 2015) 그리고 헤르만과 로빈스(Hernán and Robins, 2016)는 빅 데이터 자료 안에서 유용한 비교를 하기 위한 조언을 제공한다.

난이도: 🎚️ 쉬움   🎚️ 중간   🎚️ 어려움   🎚️ 매우 어려움

💰 데이터 수집   ➕ 수학 지식 필요   💻 코딩 능력 필요   ❤️ 선호 대상

1. [🎚️, ❤️] 알고리즘에 기반한 교란은 구글 독감 트렌드에서 일어난 문제였다. 레이저 등(Lazer et al., 2014)을 읽어보고, 구글의 공학자에게 짧고 명확한 이메일을 작성해 문제를 설명하고 어떻게 고칠 수 있을지 아이디어를 제시해 보자.

2. [🎚️] 볼렌, 마오와 정(Bollen, Mao, and Zeng, 2011)은 트위터에서 나온 데이터가 주식 시장을 예측하는 데 사용될 수 있다고 주장한다. 이러한 발견은 트위터에서 수집된 데이터에 기반하여 주식 시장에 투자하는 더웬트 자본 시장 Derwent Capital Markets이라는 헤지 펀드의 탄생으로 이어졌다(Jordan, 2010). 여러분은 이 펀드에 투자하기 전에 어떤 증거를 보기 원하는가?

3. [🎚️] 일부 공중보건 옹호자들은 전자담배가 금연에 효과적인 보조 수단으로 여기는 반면, 다른 이들은 높은 수준의 니코틴과 같은 잠재적 위험에 대해 경고한다. 한 연구자가 전자담배와 관련된 트위터 게시글을 수집하고 감정 분석을 수행함으로써 전자담배에 대한 대중적 여론을 연구하기로 했다고 상상해보자.

① 이러한 연구에서 여러분이 가장 걱정하는 세 개의 편향은 무엇인가?

② 클라크 등(Clark et al., 2016)은 딱 그런 연구를 수행했다. 먼저 2012년 1월부터 2014년 12월까지 전자담배 관련 키워드를 사용한 트윗 85만 건을 수집했다. 자세히 살펴본 결과 연구진은 이러한 트윗 중 많은 수가 자동 생성되었으며(즉, 사람이 생산하지 않았으며), 이러한 자동 트윗 중 다수가 본질적으로 광고라는 것을 깨달았다. 그들은 자동화된 트윗과 사람이 생산한 트윗을 분리하는 인간 탐지 알고리즘을 개발했다. 이 인간 탐지 알고리

즘을 사용하여 그들은 트윗의 80%가 자동화되었음을 발견했다. 이 발견이 파트 ①에 대한 여러분의 답변을 바꾸는가?

③ 연구진이 사람이 생산한 트윗과 자동화된 트윗의 감정을 비교했을 때, 그들은 자동화된 트윗이 사람이 생산한 트윗에 비해 더 긍정적이라는 것을 발견했다(6.17 대 5.84). 이 발견이 ②에 대한 여러분의 답변을 바꾸는가?

4. [🎛️] 2009년 11월, 트위터는 트윗 박스의 질문(트윗 작성란에 기본적으로 표시되는 질문—옮긴이 주)을 "무엇을 하고 있나요?"에서 "무엇이 일어나고 있나요?"로 바꾸었다(https://blog.twitter.com/2009/whats-happening).

① 이러한 프롬프트의 변화가 트윗을 작성하는 사람이나 그들이 작성하는 트윗 내용에 영향을 주었을 거라고 생각하는가?

② "무엇을 하고 있나요?" 프롬프트를 선호할 연구 프로젝트를 하나를 말해보라. 그리고 그 이유를 설명하라.

③ "무엇이 일어나고 있나요?" 프롬프트를 선호할 연구 프로젝트를 하나를 말해보라. 그리고 그 이유를 설명하라.

5. [🎛️] 트위터에서의 영향력과 영향력의 확산을 측정하는 데 '리트윗'이 자주 이용된다. 당초 사용자는 마음에 드는 트윗을 복사해 붙여 넣고, 핸들handle ('@저자 이름' 형식으로 하이퍼링크를 연결하는 방식—옮긴이 주)로 원저자에 태그하고, 트윗을 남기기 전에 수동으로 'RT'를 입력하여 리트윗임을 표시해야 했다. 그러더니 2009년 트위터는 '리트윗' 버튼을 추가했다. 2016년 6월 트위터는 사용자가 본인의 트윗을 리트윗할 수 있게 만들었다(https://twitter.com/twitter/status/742749353689780224). 여러분은 이러한 변화가 여러분의 연구에서 '리트윗'을 사용하는 방식에 영향을 미칠 것이라고 생각하는가? 왜 그런가? 혹은 왜 그렇지 않은가?

6. [🎛️, 🔗, 📖, ♥] 미셸과 동료들(Michel et al., 2011)은 장기적인 문화적 추세를 파악하기 위한 시도로 500만 권 이상의 디지털화된 도서 내용을 분석했고, 이 논문은 널리 논의되었다. 그들이 사용한 데이터는 이제 구글 엔그램 Google NGrams(N개의 연속된 문자로 이루어진 조합—옮긴이 주) 데이터셋으로

공개되었고, 그래서 우리는 그들의 작업 중 일부를 복제하고 확장하는 데 그 데이터를 사용할 수 있다.

미셸과 동료들이 논문에서 제시한 많은 결과 중 하나는 우리가 점점 더 빨리 잊어버리고 있다는 것이다. 예를 들어, 그들은 1875년에서 1975년 사이의 각 연도에 출판된 전체 문자에서 '1883'이라는 1-gram의 비율을 계산했다. 그들은 이 비율이 1883년에 일어난 사건에 대한 관심의 연도별 측정치라고 생각했다. 논문의 그림 3a에서 그들은 1883년 외에도, 1910년, 1950년 등 세 연도에 대해 사용 빈도의 종적 궤적을 도표로 작성했다. 이 세 연도는 해당 연도 이전까지는 거의 사용되지 않다가 그다음에는 급증하고 그리고 나서 쇠퇴하는 공통적인 패턴을 보인다. 다음으로 미셸과 동료들은 이 세 연도에 대해 각각 쇠퇴하는 비율을 구해 1875년에서 1975년 사이의 '반감기'를 수치화했다. 이들은 그림 3a 삽화에서 각 연도의 반감기가 줄어들고 있음을 보여주었고, 이는 우리가 과거를 점점 더 빨리 잊고 있다는 것을 의미한다고 주장했다. 그들은 영어 말뭉치의 버전 1을 사용했지만, 이후 구글이 두 번째 버전의 말뭉치를 출시했다. 코딩을 시작하기 전에 그 문제의 모든 부분을 읽어보기를 권한다.

이 활동은 여러분들에게 재사용할 수 있는 코드 작성, 결과 해석, 데이터를 붙잡고 씨름하는 일(예를 들어 이상한 파일로 하는 작업이나 누락된 데이터 처리) 등을 실습할 수 있게 할 것이다. 이 활동은 또한 여러분이 풍부하고 흥미로운 데이터셋으로 데이터 분석을 시작하고 실행할 수 있도록 도와줄 것이다.

① 구글 북스 엔그램 뷰어Google Books NGram Viewer 웹사이트에서 미가공 데이터를 얻도록 하라. 특히 2012년 7월 1일 출시된 영어 말뭉치 버전 2를 사용해야 한다. 압축되지 않은 상태인 이 파일은 크기가 1.4GB이다.

② 미셸 등(Michel et al., 2011)의 그림 3a의 주요 부분을 재현해보자. 이 그림을 재현하려면 파일이 두 개 필요한데, 하나는 ① 부분에서 다운로드한 것이고(구글 북스 엔그램 뷰어의 미가공 데이터―옮긴이 주) 다른 하나는 가공하지 않은 수를 비율로 변환하기 위해 사용할 '총계total counts' 파일이다. 총계 파일은 읽기가 다소 어려울 수 있는 구조로 이루어져 있다는 것을 알아두자. 엔그램 데이터의 버전 2는 버전 1 데이터에 근거한 미셸 등(Michel et al., 2011)이 제시한 것과 유사한 결과를 보여주는가?

③ 이제 엔그램 뷰어로 만든 그래프와 여러분의 그래프를 점검해보자.

④ 그림 3a(주요 그림)을 재현하되, y축을 언급된 비율이 아닌 언급된 횟수로 바꾸라.

⑤ ②와 ④ 사이의 차이로 인해 여러분이 미셸 등(Michel et al., 2011)의 결과를 재평가하게 되는가? 만약 그렇다면, 또는 그렇지 않다면 왜 그러한가?

⑥ 이제, 언급된 비율을 사용해서 그림 3a의 삽화를 다시 그려보자. 즉, 1875년부터 1975년까지 매년 그해의 반감기를 계산해보라. 반감기는 "언급된 비율이 최고점의 절반에 도달하기까지 경과한 햇수"로 정의된다. 미셸 등(2011)은 반감기를 추정하기 위해 좀 더 복잡한 작업을 수행했지만(미셸 등(2011)의 온라인 보조 자료 중 3.6절 참조) 그들은 두 접근 방식 모두 유사한 결과를 낳는다고 주장한다. 엔그램 데이터의 버전 2는 버전 1 데이터에 근거한 미셸 등(2011)이 제시한 것과 유사한 결과를 보이는가?

힌트: 그렇지 않더라도 놀라지 말자.

⑦ 특히 빠르게 혹은 느리게 잊히는 연도와 같은 이상치가 존재하는가? 이러한 패턴이 가능한 이유를 간단히 추측해보고, 여러분이 이상치들을 어떻게 식별할 수 있었는지 설명하라.

⑧ 이제 엔그램 데이터 버전 2에 대한 결과를 중국어, 프랑스어, 독일어, 히브리어, 이탈리아어, 러시아어, 스페인어로 반복해보자.

⑨ 모든 언어에 걸쳐서 비교했을 때, 특히 빠르게 혹은 느리게 잊히는 연도와 같은 이상치가 존재하는가? 이러한 패턴이 가능한 이유를 간단히 추측해보자.

7. [🎛️, 🔗, 🔢, ❤️] 페니(Penney, 2016)는 2013년 6월에 미국 국가안보국National Security Agency: NSA의 프리즘PRISM 감시 체계가 광범위하게 공개된 것(즉, 스노든Snowden의 폭로)이 프라이버시 문제를 제기하는 주제의 위키피디아 문서에 대한 급격한 트래픽 감소와 관련이 있는지를 탐구했다. 만약 그렇다면, 이러한 행동의 변화는 대량 감시로 인해 나타나는 오싹한 효과와 관련이 있을 것이다. 페니(Penney, 2016)의 접근 방식은 중단된 시계열 설계라고 부르곤 하며, 2.4.3항에 설명한 접근 방식과 관련된다.

페니는 주제 키워드를 선택하기 위해 미국 국토안보부US Department of

Homeland Security: DHS가 소셜 미디어를 추적하고 감시하기 위해 사용하는 키워드 목록을 참조했다. 국토안보부의 키워드 목록은 특정 검색어들을 '건강에 대한 염려', '인프라 보안', '테러리즘' 등 다양한 이슈로 분류한다. 페니는 연구 대상 집단으로 '테러리즘'과 관련된 키워드 48개를 사용했다(Penney, 2016: 부록 표 8 참조). 그리고 이에 상응하는 위키피디아 문서 48개에 대해 2012년 1월 초부터 2014년 8월 말까지 32개월에 걸쳐서 1개월 단위로 문서의 조회 수를 집계했다. 그는 자신의 주장을 강화하기 위해, 다른 주제에 대한 문서 조회 수를 추적하여 여러 개의 대조군을 만들었다.

이제부터 여러분은 페니의 연구(Penney, 2016)를 재현하고 확장시킬 것이다. 이 활동에 필요한 모든 미가공 데이터는 위키피디아에서 구할 수 있다(https://dumps.wikipedia.org/other/pagecounts-raw/). 아니면 R 패키지인 '위키피디아트렌드wikipediatrend'에서 구할 수도 있다(Meissner and Team, 2016). 답변을 작성할 때에는 여러분이 사용한 데이터 출처를 명시하도록 하자(이와 같은 활동은 6장에도 나타난다). 이 활동은 여러분에게 빅 데이터를 전처리하면서 씨름하거나 자연 실험에 대해 생각하게 하는 실습 기회를 제공할 것이다. 또한 향후 프로젝트를 위해 잠재적으로 흥미로운 데이터를 사용하여 분석을 시작하고 실행할 수 있게 해줄 것이다.

① 페니(Penney, 2016) 연구를 읽고 스노든의 폭로 전후로 '테러리즘' 관련 페이지의 조회 수를 보여주는 그림 2를 재현해보라. 그리고 발견한 것을 해석해보자.

② 다음으로 연구 집단('테러리즘' 관련 문서)을 하나의 대조군과 비교하는 그림 4A를 다시 그려보자. 대조군은 국토안보부 키워드 목록에서 '국토안보부 및 여타 단체DHS & Other Agencies'로 분류된 키워드를 사용하도록 하자(Penney, 2016: 부록 표 10과 각주 139 참조). 그리고 발견한 것을 해석해보라.

③ ② 부분에서는 연구 집단을 하나의 대조군과 비교했다. 페니는 또한 다른 두 개의 비교 집단, 즉 '기반 시설 보안' 관련 문서(Penney, 2016: 부록 표 11)와 인기 있는 위키피디아 페이지(Penney, 2016: 부록 표 12)와도 비교했다. 대안적인 대조군을 고안하고, ② 부분에서 나온 결과가 여러분의 대조군 선택에 따라 민감하게 반응하는지 시험해보자. 어떤 대조군을 선택하는 것이 가장 적절한가? 왜 그러한가?

④ 페니는 미국 정부가 온라인 감시 수행을 위한 정당성의 핵심 근거로 '테러리즘'을 언급했으므로 위키피디아 문서를 선택하는 데 테러리즘과 관련된 키워드를 사용했다고 말했다. 페니(Penney, 2016)는 또한 이 48개의 '테러리즘' 관련 키워드를 점검하기 위해 엠터크MTurk에서도 설문조사를 실시하여, 응답자에게 정부 문제, 프라이버시 민감성, 회피(부록 표 7, 8)의 차원에서 각각의 키워드에 등급을 매기도록 했다. 엠터크의 설문조사를 재현해보고 결과를 비교하라.

⑤ ④ 부분의 결과와 여러분이 읽은 문서에 근거했을 때, 페니가 연구 집단에서 선택한 주제 키워드에 대해 동의하는가? 만약 그렇다면, 또는 그렇지 않다면 왜 그러한가? 만약 동의하지 않는다면 대신에 어떤 다른 방안을 제시하겠는가?

8. [🎚] 에프라티(Efrati, 2016)는 기밀 정보에 근거하여, 페이스북의 '전체 공유 total sharing'가 해마다 약 5.5% 감소하는 반면, 사용자의 '고유 게시물 공유 original broadcast sharing'는 해마다 21% 감소했다고 보고했다. 이러한 감소는 30세 이하의 페이스북 사용자들에게 특히 두드러지게 나타났다. 보고서는 그 감소의 원인을 두 가지로 보았다. 하나는 사람들이 페이스북에 가지고 있는 '친구' 수의 증가이다. 다른 하나는 일부 공유 활동이 메시지 교환이나 스냅챗과 같은 경쟁업체로 옮겨갔다는 점이다. 이 보고서는 또한 페이스북이 공유를 증가시키고자 썼던 몇 가지 전략을 보여주었다. 이 중에는 뉴스피드 알고리즘을 수정해서 고유 게시물을 더욱 눈에 잘 띄게 하고, '과거의 오늘On This Day' 기능으로 고유 게시물을 주기적으로 상기시키는 것 등이 포함된다. 이러한 결과는 페이스북을 데이터 소스로 사용하기 원하는 연구자들에게 어떤 영향을 미치는가?

9. [🎚] 사회학자와 역사학자의 차이점은 무엇인가? 골드소프(Goldthorpe, 1991)에 따르면, 주된 차이는 데이터 수집에 대한 통제이다. 역사학자들은 유물을 사용하도록 강요받는 반면에 사회학자들은 특정한 목적에 맞게 자료 수집을 조정할 수 있다. 이에 대해서는 골드소프(Goldthorpe, 1991)를 읽어보라. 사회학과 역사학의 차이는 커스텀메이드와 레디메이드 개념과 어떻게 연

관되는가?

10. [🕐] 이 질문은 이전 9번 질문에 기초한다. 골드소프(Goldthorpe, 1991)는 많은 비판적인 반응을 이끌어냈는데, 그중에는 니키 하트Nicky Hart(1994)가 맞춤형 데이터에 대한 골드소프의 헌신에 도전한 것이 포함된다. 하트는 맞춤형 데이터의 잠재적 한계를 분명히 지적하기 위해, 1960년대 중반 골드소프와 동료들이 사회 계층과 투표의 관계를 측정하기 위해 실시한 '풍요로운 노동자 프로젝트Affluent Worker Project'라는 대규모 조사를 예로 들었다. 발견된 데이터보다 설계된 데이터를 선호하는 학자에게 기대할 수 있듯이, 풍요로운 노동자 프로젝트는 생활수준이 향상되는 시대에 사회 계층의 미래에 대해 최근 제시된 이론을 다루기 위해 맞춤형 데이터를 수집하였다. 그러나 골드소프와 동료들은 무슨 이유에서인지 '깜빡하고' 여성의 투표 행태에 대한 정보를 수집하지 않았다. 니키 하트(Hart, 1994)가 전체 일화를 요약한 것은 다음과 같다.

… 이 '맞춤형' 데이터셋이 여성 경험을 배제하는 패러다임 논리에 의해 얽매여 있기 때문에 여성이 누락되었다는 결론을 피하기 어렵다. 골드소프와 동료들은 계급의식이라는 이론적 비전과 남성 선입견에 근거한 실천으로, 적절한 타당성 검정을 실시하는 대신 그들 자신의 이론적인 가정을 키우고 육성하는 일련의 경험적 증거를 만들었다.

하트가 계속해서 말했다.

풍요로운 노동자 프로젝트의 경험적 발견은 우리에게 계층화, 정치, 물질적 삶의 과정을 알려주는 것보다 20세기 중반 사회학의 남성주의적 가치에 대해 더 많은 것을 말해준다.

맞춤형 데이터 수집이 데이터를 수집하는 사람의 편향을 내포하는 다른 예시들을 생각해볼 수 있는가? 이것은 알고리즘에 기반한 교란과 어떻게 비교되는가? 이것은 언제 레디메이드 자료를 사용해야 하고, 언제 커스텀메이드 자료를 사용해야 하는지에 대해 어떤 함의를 가지는가?

그림 2.12_ 이 그림은 오리이면서 토끼이다.

여러분이 보는 것은 여러분의 관점에 달려 있다는 것이다. 빅 데이터 자료는 발견된 것인 동시에 설계된 것이다. 다시 말해, 여러분이 보는 것은 여러분의 관점에 달려 있다. 예를 들어 이동 전화 회사가 수집한 통화 데이터 기록은 연구자의 입장에서는 발견된 데이터이다. 그러나 이러한 기록은 전화 회사의 요금 청구 부서에서 일하는 누군가의 관점에서는 설계된 데이터이다.

자료: Popular Science Monthly(1899)/Wikimedia Commons.

11. [🌀] 이 장에서 나는 연구자가 연구자를 위해 수집한 데이터와 기업이나 정부가 작성한 행정 기록을 비교했다. 몇몇 사람들은 이와 같은 행정 기록을 '발견된 데이터found data'라고 보고 '설계된 데이터designed data'와 구별한다. 행정 기록이 연구자에 의해 발견되는 것은 사실이지만, 또한 고도로 설계된 것이다. 예를 들어, 현대의 테크 회사들은 그들의 데이터를 수집하고 정리하기 위해 아주 열심히 노력한다. 그러므로 이러한 행정 기록은 발견된 것인 동시에 설계된 것이며, 이러한 구별은 그저 여러분의 관점에 달려 있을 뿐이다 (그림 2.12).

데이터를 연구에 사용할 때, 그 데이터를 발견된 동시에 설계된 것으로 보는 시각이 도움이 되는 데이터의 예를 들어보자.

12. [🎯] 크리스티안 산비와 에스터 허르기타이(Christian Sandvig and Eszter Hargittai, 2015)는 어느 잘 정리된 에세이에서 디지털 시스템이 '도구'인지 '연구 대상'인지에 따라 디지털 연구를 두 개의 넓은 범주로 나누었다. 디지털 시스템이 '도구'인 첫 번째 종류의 예시로는, 뱅트손Bengtsson과 동료들이 2010년 아이티 지진 이후 이주 경로를 추적하기 위해 휴대전화 데이터를 사용한 연구(2011)를 들 수 있다. 디지털 시스템이 '연구 대상'인 두 번째 종류의 예시는, 인도 케랄라 전역의 휴대전화 도입이 수산시장의 기능에 미친 영향력에 대한 옌센의 연구(Jensen, 2007)이다. 나는 같은 디지털 데이터를 사용할지라도 디지털 데이터를 사용하는 연구들이 상당히 다른 목표를 지닐 수 있음을 명확히 한다는 점에서 이러한 구분이 상당히 유용하다고 생각한다. 이 구분을 더욱 명확히 하기 위해, 여러분이 본 것 중 연구 네 가지를 들어, 둘은 디지털 시스템을 하나의 도구로 사용하는 연구로, 나머지 둘은 디지털 시스템을 연구 대상으로 사용하는 연구로 구분하여 기술해보라. 원한다면 이 장의 예시들을 사용해도 된다.

3장
질문하기

3.1. 들어가는 말

돌고래 연구자들은 대상에게 직접 질문을 하는 것이 불가능하기 때문에 돌고 래의 행동을 관찰하는 것으로 돌고래를 연구할 수밖에 없다. 반면, 사람을 대 상으로 하는 연구자들은 응답자와 소통할 수 있으므로 연구가 훨씬 수월하다. 연구 대상자와 대화하는 것은 과거에도 사회연구에 중요했지만, 예상컨대 미 래에도 분명 중요한 역할을 하게 될 것이다.

사회연구에서 사람들과 소통하는 것은 일반적으로 설문조사와 심층 면접이 라는 두 가지 형태를 취한다. 간단히 말해서, 설문조사를 활용하는 연구는 다 수의 응답자를 체계적으로 모집하고, 고도의 구조화된 질문들을 통하여 다수 로부터 얻은 응답 결과를 일반화하기 위하여 통계적인 분석 방법을 이용한다. 반면에 심층 면접을 활용하는 연구는 일반적으로 소수의 응답자, 반구조화된 대화방식, 그리고 응답자의 풍부하고 질적인 묘사를 결과로 얻는 것을 포함한 다. 설문조사와 심층 면접 모두 연구에 중요한 접근 방식이지만, 아날로그 시 대에서 디지털 시대로 전환하면서 설문조사 방식이 더 큰 영향력을 지니게 되었다. 따라서 이 장에서 나는 설문조사 연구에 초점을 두고자 한다.

내가 3장에서 다루게 될 것처럼 디지털 시대는 설문조사를 이용하는 연구자들에게 데이터를 더 빠르고 값싸게 수집하고, 다양한 질문을 던지며, 빅 데이터를 활용하여 설문조사의 가치를 극대화할 수 있는 흥미로운 기회를 많이 제공한다. 그러나 기술적인 변화가 설문조사 연구에 변화를 가져온 것은 처음 있는 일이 아니다. 1970년대 즈음에도 전화기라는 새로운 커뮤니케이션 기술이 등장하면서 비슷한 변화가 생겼다. 다행스럽게도, 전화기가 설문조사 연구를 어떻게 바꾸어놓았는지에 대한 이해를 토대로 우리는 디지털 시대가 설문조사에 미치는 영향력에 대하여 상상해볼 수 있게 되었다.

오늘날에 우리가 알고 있는 설문조사 연구 방식은 1930년대에 시작되었다. 설문조사 연구의 1기에는, 연구자들이 지리적 지역(예를 들면 시 블록을 기준으로)을 무작위로 선정한 뒤 그 지역 내 무작위로 선정된 가구를 대상으로 대면 면접을 하기 위해 직접 그 지역을 방문했다.

그리고 부유한 국가들에서 유선 전화의 보급이 확산되는 기술적 발전은 결과적으로 설문조사 연구를 2기로 이끌었다. 이 시기에는 연구 대상을 표집하는 방법이나 대화가 이루어지는 방식이 달라졌다. 설문조사 연구 2기에, 연구자들은 지리적 지역을 기준으로 가구를 표집하기보다는 임의 번호 추출법 random-digit dialing이라는 과정을 통하여 무작위로 전화번호를 표집하였다. 그리고 대면 면접을 위하여 직접 방문하는 대신에 전화상으로 대화를 나누었다. 이러한 변화들은 관리전략 차원의 작은 변화처럼 보이지만, 이는 설문조사 연구를 더 빠르고 저렴하며, 보다 유연하게 만들었다. 이러한 변화들은 연구에 힘을 실어주기도 했지만, 또한 많은 논쟁을 초래하기도 했다. 왜냐하면 많은 연구자들이 새로운 표집 방식과 면접 과정에서 다양한 편향이 발생할 수 있다는 우려를 표했기 때문이다.

그러나 많은 연구가 진행되고 난 후에, 마침내 연구자들은 임의 번호 추출법과 전화 면접 방식을 활용하여 보다 신뢰할 만한 데이터를 수집하는 방식을 찾아냈다. 이와 같이, 사회의 기술적 기반 시설을 성공적으로 활용할 수 있는 방

표 3.1_ 그로브스(Groves, 2011)에 기반한 설문조사 연구의 세 가지 시기

	표집	면접	데이터 환경
1기	지리적 확률 표본	면 대 면	독립 설문조사
2기	임의 번호 확률 추출법	(유선)전화	독립 설문조사
3기	비확률 표집	컴퓨터-운영	빅 데이터 연계 설문조사

법을 찾아냄으로써 연구자들은 설문조사 연구 방식을 근대화하는 데 성공할 수 있었다.

이제 디지털 시대의 또 다른 기술적 진보가 우리를 설문조사 연구의 3기로 데려다줄 것이다. 이러한 전환은 부분적으로 2기 설문조사 방식의 점진적 쇠퇴에 의해 추동되었다(Meyer, Mok, and Sullivan, 2015). 예를 들면 다양한 기술적·사회적 이유로 인하여 무응답 비율, 즉 표집 대상으로 선정된 사람 중 설문조사에 참여하지 않는 사람의 비율이 수년간 계속 증가해왔다(National Research Council, 2013). 이러한 장기적 추세에 따라 현재는 표준적인 전화 설문조사의 무응답 비율이 90%를 넘어섰다(Kohut et al., 2012).

그러나 내가 이번 장에서 설명하려고 하는 새롭고 흥미로운 기회들 또한 3기로 전환하는 데 한몫을 했다. 아직 정착된 것은 아니지만, 설문조사 연구 3기의 특징은 비확률 표집 방식, 컴퓨터-운영 면접computer-administered interview, 그리고 빅 데이터 자료와 설문조사의 연계로 특징지어질 것이라 예상한다(표 3.1).

설문조사 연구의 2기와 3기 사이의 전환이 완전히 순조롭게 이루어지지는 않았으며, 연구자들 사이에는 설문조사를 어떻게 진행해나가야 하는지에 대한 날카로운 논쟁이 계속되어왔다. 1기에서 2기로의 전환을 되돌아볼 때, 지금 우리에게 중요한 하나의 통찰이 있다면 그것은 시작이 끝은 아니라는 것이다. 초창기 2기의 전화 기반 방식은 임시방편이었고 아주 제대로 작동하지도 않았다. 그러나 연구자들은 많은 노력을 통해 이러한 문제점을 해결해냈다. 예를 들면 워런 미토프스키Warren Mitofsky와 조지프 왁스버그Joseph Waksberg가 이론적이고 실용적인 특성을 두루 갖춘 임의 번호 추출 표집 방식을 개발하기 전

까지 연구자들은 임의 번호 추출법을 수년간 계속 시도해왔다(Waksberg, 1978; Brick and Tucker, 2007). 그러므로 우리는 3기의 현 상태를 궁극적인 결과물로 혼동해서는 안 된다.

설문조사 연구의 역사는 기술과 사회 영역의 변화와 함께 연구 분야가 진화한다는 것을 보여준다. 이 진화를 멈출 수 있는 방법은 없다. 그 대신, 우리는 더 앞선 시대로부터 얻은 지혜를 바탕으로 진화를 포용해야 한다. 내가 이 장에서 설명하려는 것이 바로 이를 위한 접근 방식이다. 먼저 나는 빅 데이터가 설문조사를 대체할 수 없으며, 빅 데이터의 풍부함이 설문조사의 가치를 감소시키는 것이 아니라 오히려 증가시킨다고 주장할 것이다(3.2절). 이와 같은 동기 부여를 토대로, 설문조사 연구의 1, 2기 동안 발전된 종합 설문조사 오류 체계total survey error framework를 요약할 것이다(3.3절). 이 오류 체계는 재현을 위한 새로운 접근 방식, 특히 비확률 표집 방식(3.4절)과 측정을 위한 새로운 접근 방식, 특히 응답자에게 질문하는 새로운 방법(3.5절)을 이해할 수 있게 해준다. 마지막으로 설문조사 자료를 빅 데이터를 연계하기 위한 두 가지 연구 방식에 대하여 설명할 것이다(3.6절).

3.2. 질문하기 대 관찰하기

우리는 항상 사람들에게 질문을 던질 필요가 있다.

정부와 기업의 행정 데이터와 같은 빅 데이터를 통해 우리의 행동이 계속해서 수집되고 있다는 점을 고려할 때, 일부 사람들은 질문을 하는 것 자체가 과거의 일이라 여길 수도 있다. 그러나 이것은 그렇게 간단한 문제가 아니다. 이렇게 데이터를 축적했음에도, 연구자들이 사람들에게 질문을 해야 한다고 생각하는 데는 중요한 이유가 두 가지 있다. 먼저 내가 2장에서 논의했듯이 많은 빅 데이터 자료는 정확도, 완성도, 접근성 면에서 실질적인 문제가 있다. 두 번째로, 실질적인 문제 이외에도 더 근본적인 이유가 있다. 완벽한 행동 데이터를 가지고 있더라도, 행동 데이터만을 통해서는 얻기 어려운 부분이 있다는 것이다. 예를 들면 사회적 결과와 예측에서 매우 중요한 부분은 감정, 지식, 기대, 의견과 같은 내면 狀態이다. 내면 상태는 사람들의 머릿속에 존재하며, 질문을 하는 것이야말로 내면을 파악하는 데 때로는 가장 효과적인 방법이 된다.

빅 데이터의 실질적이고 근본적인 한계점과 어떻게 이를 설문조사로 극복할 수 있는지는 모이라 버크Moira Burke와 로버트 크라우트Robert Kraut의 연구 (2014)에서 알 수 있다. 이 연구는 친구 관계의 친밀도가 페이스북상에서의 상호작용을 통해 어떻게 영향을 받는지에 대한 것이다. 그 당시 버크는 페이스북에서 근무하고 있었기 때문에, 지금까지 만들어진 인간 행동에 관한 기록 중 가장 방대하고 세밀한 자료 중 하나에 접근할 수 있었다. 그렇다고 해도 버크와 크라우트는 연구 질문에 답하기 위하여 설문조사를 사용해야 했다. 그들의 관심사인 응답자와 친구 간 친밀도라는 주관적인 느낌은 오직 응답자의 머릿속에만 존재하는 내면 상태이기 때문이다. 게다가 그들의 관심사와 관련된 결과 자료를 수집하기 위해 설문조사를 사용할 때도, 버크와 크라우트는 잠재적인 교란요인에 대해 알아내기 위해 설문조사를 사용해야 했다. 특히 그들은 페이스북상에서의 소통과 다른 경로(이메일, 전화, 대면 접촉 등)를 통한 소통이 미치는 영향력을 구분하고자 했다. 이메일과 전화를 통한 상호작용은 자동적으로 기록되지만, 버크와 크라우트가 그 기록들을 이용할 수는 없었기 때문에 그들은 설문조사를 통해서 자료를 수집해야만 했다. 친구 관계의 친밀도 및 페이스북 이외의 상호작용에 대한 설문조사 자료와 페이스북 로그 데이터를 조합하여, 버크와 크라우트는 페이스북상에서의 상호작용이 실제로 친밀감을 증가시킨다는 결론을 도출하게 되었다.

버크와 크라우트의 연구가 보여주듯 빅 데이터는 대상에게 질문할 필요성을 없애지 못할 것이다. 사실 나는 이 연구에서 정반대의 교훈을 이끌어내고자 한다. 내가 이번 장을 통하여 보여줄 내용처럼, 사실상 빅 데이터는 질문의 가치를 높일 수 있다. 그러므로 질문과 관찰 간의 관계를 생각하는 데 가장 좋은 방법은 양자를 땅콩버터와 젤리의 관계처럼 대체재가 아닌 보완재로 보는 것이다. 땅콩버터가 더 많을수록 사람들은 젤리를 더 원한다. 이처럼 빅 데이터가 더 많을수록, 사람들은 더 많은 설문조사 내용을 필요로 할 것이다.

3.3. 종합 설문조사 오류 체계

종합 설문조사 오류 = 대표성 오차 + 측정 오차

표본조사를 통하여 얻은 추정치들은 종종 불완전하다. 즉, 표본조사를 통하여 얻은 추정치(예를 들면 교내 학생들의 평균 키 추정치)는 대체로 모집단에서 얻을 수 있는 실제 값(예를 들면 실제 교내 학생들의 평균 키)과 차이를 보인다. 가끔은 이런 오류가 미미하여 중요하지 않을 때가 있지만, 가끔은 불행하게도 그 오류가 커서 결과에 영향을 미칠 때가 있다. 연구자들은 오류를 이해하고, 측정하고, 줄이기 위한 하나의 시도로, 표본조사에서 발생할 수 있는 오류에 대한 단일하면서도 포괄적인 개념적 체계를 점차적으로 만들어갔다. 그것이 **종합 설문조사 오류 체계**total survey error framework이다(Groves and Lyberg, 2010). 이 체계의 발전은 1940년대에 시작되었지만, 나는 이 체계가 디지털 시대 설문조사 연구에서 두 가지 유용한 아이디어 정보를 제공한다고 생각한다.

먼저 종합 설문조사 오류 체계는 **편향**bias과 **분산**variance이라는 두 가지 오류를 명확하게 보여준다. 대략적으로 말하면, 편향은 체계적 오류이고, 분산은 무작위로 발생하는 오류이다. 다시 말해 동일한 표본조사를 1,000번 실행한 뒤에 이 1,000개의 조사 결과에서 추정치의 분포를 살펴본다고 가정해보자. 편향은 반복실험을 거친 응답 결과 추정치의 평균과 실제 값 사이의 차이를 말한다. 분산은 이러한 추정치의 변동성을 가리킨다. 다른 모든 것이 같다면, 우리는 편향이 없고 분산이 작은 방법을 원할 것이다. 불행하게도 무無-편향, 소小-분산 방법 같은 것은 많은 실제 문제에서 존재하지 않으며, 연구자들은 편향과 분산의

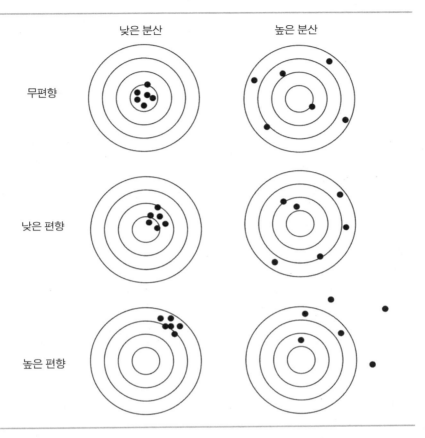

그림 3.1_ 편향과 분산.

연구자들은 이상적으로 무-편향, 그리고 소-분산을 가진 추정 방법을 사용하고자 한다. 그러나 현실에서는 그들은 종종 편향과 분산 사이에서 균형을 찾기 위해 결정을 내려야 한다. 비록 직관적으로 편향되지 않은 과정을 선호하는 연구자들이 몇몇 있지만, 가끔은 편향되지 않고 높은 분산을 갖는 것보다 작은 편향과 작은 분산을 가질 때 더 정확한 추정 치를 만들어내기도 한다.

문제에서 어떻게 균형을 찾아나갈지 결정해야 하는 어려운 상황에 놓인다. 직 관적으로 편향되지 않은 방법을 더 선호하기 때문에 편향에만 치우치는 실수 를 범하는 연구자도 몇몇 있을 수 있다. 만약 연구 목적이 가능한 한 사실에 가 까운 추정치를 얻는(즉, 최소한의 오류를 갖는) 것이라면 편향되지 않고 분산이 큰 방법보다는 편향이 작고 분산이 작은 방법이 더 나을 것이다(그림 3.1). 다시 말해 종합 설문조사 오류 체계는 설문조사 연구 과정을 평가할 때 연구자가 편향과 분산 두 가지를 모두 고려해야 한다는 것을 보여준다.

이번 장의 대부분을 구성하게 될 내용인 종합 설문조사 오류 체계에서 얻을 수 있는 두 번째 주요 통찰은 오류에 두 가지 근원이 존재한다는 것이다. 두 가지 근원이란 누구와 대화할 것인지와 관련된 문제(대표성)와 그 대화에서 무엇을 얻을 것인지와 관련된 문제(측정)이다. 예를 들어 여러분이 프랑스에 거주하는 성인들의 온라인 프라이버시에 대한 태도를 추정하는 데 관심이 있다고 가정해보자. 여기서 추정치를 얻기 위해서는 두 가지 다른 유형의 추론 과정이 필요하다. 먼저 여러분은 응답자의 응답 내용으로부터 그들이 가지고 있는 온라인 프라이버시에 대한 태도를 추론해야 한다(측정의 문제). 두 번째로, 여러분은 응답자로부터 추론된 태도에서 전체 모집단이 가질 태도를 추론해야 한다(대표성의 문제). 나쁜 설문조사 질문들로 완벽한 표본조사를 하는 것과 완벽한 설문조사 질문들로 나쁜 표본조사를 하는 것은 모두 형편없는 추정치를 산출한다. 다시 말해, 좋은 추정값을 얻기 위해서는 측정과 대표성 양자에 대해 적절한 접근 방식이 필요하다. 이런 배경을 토대로 과거 설문조사 연구자들이 대표성과 측정에 대해 어떻게 생각해왔는지 검토해보고자 한다. 그런 다음, 대표성과 측정에 대한 아이디어들이 어떻게 디지털 시대의 설문조사 연구를 이끌 수 있을지에 대해 설명할 것이다.

3.3.1. 대표성

대표성은 여러분의 응답자로부터 목표 모집단을 추론하는 것을 의미한다.

응답자들로부터 더 큰 모집단을 추론할 때 발생할 수 있는 오류들을 이해하기 위해서, 1936년 미국 대선 결과를 예측하고자 시도했던 《리터러리 다이제스트 Literary Digest》 여론조사를 살펴보자. 비록 75년 전에 있었던 일이지만 이 실패는 오늘날에도 여전히 연구자들에게 중요한 교훈을 주고 있다.

《리터러리 다이제스트》는 인기 있던 대중 잡지였고, 1920년부터 대선 결과를 예측하기 위한 여론조사를 실시하기 시작했다. 그들은 많은 사람들에게 투표용지를 보낸 뒤에 회수된 투표용지를 집계해 선거 결과를 예측하고자 했다. 《리터러리 다이제스트》는 그들이 받은 투표용지가 "편향되거나, 조작되거나, 또는 자의적으로 해석된" 것이 아니라는 점을 자랑스럽게 표명했다. 이 방식은 1920년, 1924년, 1928년, 그리고 1932년도 대선 당선자를 정확하게 예측해냈다. 1936년 대공황 당시, 《리터러리 다이제스트》는 전화번호부와 자동차 등록 기록에 우선적으로 등장하는 1,000만 명의 사람들에게 투표용지를 보냈다. 그들은 자신의 방법론을 다음과 같이 묘사했다.

《다이제스트》에서 원활하게 작동되고 있는 기계는 30년 경험을 바탕으로 확실한 사실에 관한 어림짐작을 줄이기 위해 신속하고, 정확하게 움직입니다. … 이번 주 500개의 펜이 하루에 25만 개 이상의 주소를 적어냈습니다. 자동차로 가득 찬 뉴욕의 4번가 위의 거대한 방에서는, 매일 400명의 직원이 40개 도시 블록을 아우르기에 충분한 100만 장의 인쇄물을 능숙하게 훑어 주소가 적힌 봉투에 넣습니다. 《다이제스트》 내 우체국 지점에서는 매시간 깩깩거리는 우편 요금 계산기 세 대가 하얀 직사각형 봉투를 봉인하고 우표를 붙입니다. 숙련된 우체국 직원들은 불룩한 우편물 자루 안으로 뒤집어 넣습니다. 날쌘 《다이제스트》 수송 트럭은 급행 우편 열차로 빠르게 옮깁니다. … 다음 주, 1,000만 명의 응답 내용을 표시한 투표용지들은 파도처럼 밀려들기 시작하여 세 번에 걸쳐 확인 및 검증되고, 다섯 번 교차 분류되어 합산될 것입니다. 과거 경험을 기준으로 한다면, 마지막 숫자가 확인되고 합산되었을 때 이 나라는 4,000만 [투표자들의 실제 투표를 1%의 오차 내에서 알게 될 것입니다(1936년 8월 22일).

오늘날의 빅 데이터 연구자라면 누구든지 《리터러리 다이제스트》의 규모에 대한 집착에 대해 잘 알 것이다. 나누어준 1,000만 개의 투표용지 가운데, 놀랍게도 240만 개가 회수되었다. 이는 현대의 정치 여론조사보다 거의 1,000배 많은 숫자이다. 240만 명의 응답자들에 의한 판결은 명확했다. 알프 랜던Alf Landon이 재임 중인 프랭클린 루스벨트Franklin Roosevelt를 이긴다는 것이다. 그러나 실제로는 루스벨트가 랜던을 압도적인 득표차로 이겼다. 어떻게 《리터러리 다이제스트》는 이렇게 많은 데이터를 가지고도 틀린 결과를 내놓을 수 있었던 것일까? 오늘날의 표집을 이해하는 방식으로 당시의 표집에 대해 분석하면, 《리터러리 다이제스트》의 실수는 명확하며, 우리가 미래에 비슷한 실수를 피할 수 있도록 도와준다.

표집에 대하여 명확하게 생각하는 것은 네 가지 서로 다른 집단의 사람들을 고려할 것을 요구한다. 첫 번째 집단은 **목표 모집단**target population으로, 연구자가 관심 대상으로 정의한 집단이다. 《리터러리 다이제스트》의 경우에 목표 모집단은 1936년 대선의 투표자들이었다.

목표 모집단을 결정한 뒤 연구자는 표집에 사용될 수 있는 사람들의 목록을 만들어내야 한다. 이 목록은 **표본 추출틀**sampling frame이라고 부르고, 이 목록에 있는 사람들은 **추출틀 모집단**frame population이라고 부른다. 이상적으로 목표 모집단과 추출틀 모집단은 정확하게 일치해야 하지만, 실제 연구에서는 대체로 그렇지 않다. 예를 들면 《리터러리 다이제스트》의 경우, 추출틀 모집단은 전화번호부와 자동차 등록 기록에 가장 우선적으로 보였던 1,000만 명의 사람들이었다. 목표 모집단과 추출틀 모집단의 차이는 **범위 오차**coverage error라고 부른다. 그렇다고 범위 오차가 그 자체로 문제인 것은 아니다. 그러나 만약 추출틀 모집단에 해당하는 사람들이 추출틀 모집단에는 해당되지 않는 목표 모집단과 체계적으로 다르다면, 이는 **범위 편향**coverage bias으로 이어질 수 있다. 이는 정확하게 《리터러리 다이제스트》 여론조사에서 일어난 일이다. 연구자의 추출틀 모집단에 해당하는 사람들은 알프 랜던을 더 지지하는 성향을 지니고 있었는데, 그 이유는 그들이 더 부유했기 때문이다(1936년에 전화와 자동차는 상대적으로 최신이고 고가의 물건이었다). 그래서 《리터러리 다이제스트》 여론조사에서 범위 오차는 범위 편향으로 이어졌다.

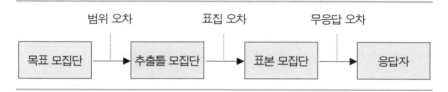

그림 3.2_ 대표성 오차.

연구자가 추출틀 모집단을 규정하고 난 뒤 그다음 단계는 **표본 모집단**sample population을 선정하는 것으로, 표본 모집단에 해당하는 이들은 연구자가 면접을 시도하게 될 사람들을 가리킨다. 만약 그 표본이 추출틀 모집단과 다른 성격을 지녔다면, 표집은 **표집 오차**sampling error를 발생시킬 수 있다. 그러나 《리터러리 다이제스트》의 처참한 실패의 경우, 사실상 표집(추출틀 모집단 전체에게 연락하기 위한 잡지)은 없었다. 따라서 이 경우에는 표집 오차가 없었다. 표집 오차는 설문조사에서 보고되는 오차 범위에 의해 포착되는 유일한 종류의 오류이기 때문에 많은 연구자는 표집 오차에 더 중점을 두는 경향이 있다. 그러나 《리터러리 다이제스트》의 실패는 무작위로, 그리고 체계적으로 발생하는 모든 오류의 근원을 고려해야 할 필요성을 상기시킨다.

마지막으로 표본 모집단을 선정한 뒤 연구자는 그 구성원 모두에게 면접을 시도한다. 그리고 성공적으로 면접을 마친 사람들을 응답자respondent라고 부른다. 이상적으로 표집 인구와 응답자가 정확하게 일치해야 하지만, 실제로는 무응답이 발생한다. 즉, 표본으로 선정된 사람들은 때때로 면접에 참여하지 않는다. 만약 응답한 사람들이 응답하지 않은 사람들과 다르다면, 무응답 편향nonresponse bias이 발생할 수 있다. 무응답 편향은 《리터러리 다이제스트》 여론조사의 두 번째 주요 문제점이었다. 투표용지를 받은 사람 중 응답자는 단지 24%뿐이었고, 랜던을 지지하던 사람들이 더 응답하려는 경향이 있던 것으로 드러났다.

《리터러리 다이제스트》 여론조사는 대표성에 대한 문제를 보여주기 위한 하나의 예시를 넘어서 연구자들에게 우발적 표본 추출의 위험성에 대하여 경고하는데, 이는 자주 반복해서 제시되는 이야기이다. 하지만 안타깝게도 나는 이 이야기로부터 많은 사람들이 얻게 될 교훈이 틀린 것이라 생각한다. 이 이야기에 관한 일반적인 교훈은 연구자들이 비확률 표집non-probability sampling, 즉 참여자를 선정하기 위한 엄격한 확률 기반 규칙이 없는 표집으로부터 배울 것이 아무것도 없다는 점이다. 그러나 나는 이 장의 후반부에서 그것이 완전히 옳지는 않다는 것을 보여줄 것이다. 그 대신 나는 이 이야기에 또 다른 진정한 교훈이 있다고 생각한다. 이 교훈들은 1936년에 그랬던 것처럼 오늘날에도 의미를 갖는다. 기본적으로 마구잡이로 수집된 많은 양의 데이터가 좋은 추정값을 보장하지 않을 것이다. 일반적으로 많은 응답자를 대상으로 하는 것은 추정치의 분산을 감소시키지만, 그렇다고 편향을 꼭 감소시키지는 않는다. 많은 데이터를 가지고 연구자들은 때때로 잘못된 대상의 정밀한 추정치를 얻을 수 있다. 바꾸어 말하면, 그들은 **정밀하게 부정확**할 수 있다(McFarland and McFarland, 2015). 《리터러리 다이제스트》의 실패로부터 얻는 두 번째 교훈은 연구자들이 추정치를 만들 때 어떻게 그들의 표본이 수집되었는지를 고려해야 할 필요가 있다는 것이다. 다시 말해 《리터러리 다이제스트》 여론조사의 표집 과정이 체계적으로 일부 응답자에게 치우쳐 있었기 때문에, 연구자들은 다른 응답자보다 몇몇 응답자에게 가중치를 부여하는 더 복잡한 추정 방식을 사용해야 했다. 이 장의 후반부에서는 여러분에게 가중 방식을 한 가지 보여줄 것이다. 사후층화라 부르는 이 방식은, 무계획적으로 수집된 표본으로부터 더 나은 추정치를 만들어낸다.

3.3.2. 측정

측정은 응답자의 말로부터 응답자가 무슨 생각과 행동을 하는지를 추론하는 것이다.

대표성의 문제와 더불어, 종합 설문조사 오류 체계는 오류의 두 번째 주요 근원이 측정에 있다는 것을 보여준다. 측정이란 응답자가 질문에 답한 결과를 어떻게 추론할 것인지에 대한 것이다. 우리가 받은 답변과 그에 따른 추론 내용은 우리가 정확하게 어떻게 질문하는지에 따라 중요하게, 가끔은 놀라운 방식으로 달라진다는 것이 드러난다. 노먼 브래드번Norman Bradburn, 시모어 서드먼Seymour Sudman, 그리고 브라이언 완싱크Brian Wansink가 쓴『질문하기Asking Questions』(2004)라는 놀라운 책에 나오는 한 우화보다 이 중요한 지점을 더 잘 설명하는 것도 아마 없을 것이다.

도미니쿠스회 수도사와 예수회 수도사가, 담배를 피우면서 동시에 기도를 드리는 것이 죄에 해당하는지 토론하고 있었다. 둘은 결론을 내리는 데 실패하고는, 각자의 수도원장에게 상의하러 다녀온 후 도미니쿠스회 수도사가 물었다. "수도원장님께서는 뭐라고 말씀하십니까?"

예수회 수도사가 대답했다. "괜찮다고 말씀하셨습니다."

"그거 우스운데요." 도미니쿠스회 수도사가 이어 대답했다, "저희 수도원장님께서는 죄라고 말씀하셨습니다."

예수회 수도사가 말했다. "수도원장님께 뭐라고 물어보셨습니까?" 도미니쿠스회 수도사가 대답했다. "기도드리면서 담배를 피우는 것이 괜찮냐고 여쭤봤습니다." "오," 예수회 수도사가 말했다. "저는 담배를 피우는 동안 기도를 하는 것은 괜찮은 것이냐고 여쭀습니다."

이와 같은 특정 이야기를 넘어서, 설문조사 연구자들은 어떻게 묻는가에 따라 어떤 답변을 얻을 수 있는지에 대하여 체계적인 수많은 방법을 문서로 정리해왔다. 사실, 이 우화 기저에 있는 문제는 설문조사 연구 공동체 내부에서 질문 방식의 효과question form effects라고 부른다(Kalton and Schuman, 1982). 어떻게 질문 방식 효과가 실제 설문조사에 영향을 미치는지를 보기 위해 매우 비슷해 보이는 설문조사 질문 두 가지를 생각해보자.

• 당신은 다음 진술에 얼마나 동의하십니까: 개인은 이 나라의 범죄와 무법

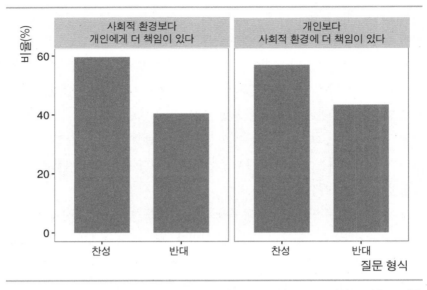

그림 3.3_ 연구자들이 어떻게 질문하는지에 따라 다른 답을 얻을 수 있다는 것을 보여주는 설문조사 실험 결과.
왼쪽 그래프에서는 응답자의 다수가 개개인이 범죄와 무법행위에서 사회적 환경보다 더 비난받아야 한다는 데 동의했고, 오른쪽 그래프에서는 응답자의 다수가 그 반대, 개인보다 사회적 환경이 더 많은 책임을 갖는다는 데 동의했다.
자료: 슈만과 프레서(Schuman and Presser, 1996: 표 8.1)에서 발췌.

행위에 대하여 **사회적 환경**보다 더 비난받아야 한다.

• 당신은 다음 진술에 얼마나 동의하십니까: **사회적 환경**은 이 나라의 범죄와 무법행위에 대해 개인보다 더 비난받아야 한다.

질문 두 개가 같은 것을 측정하는 것처럼 보이지만, 실제 설문조사 실험에서 이 두 질문에 따라 나온 결과는 각기 달랐다(Schuman and Presser, 1996). 첫 번째 방식으로 질문했을 때에는 개인이 더 비난받아야 한다고 답한 응답자가 대략 60%였고, 두 번째 방식으로 질문했을 때에는 **사회적 환경**이 더 비난받아야 한다고 답한 응답자가 60%였다. 다시 말해, 유사한 두 질문의 작은 차이가 응

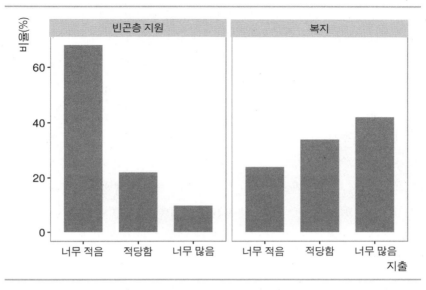

그림 3.4_ 응답자가 '복지'보다 '빈민층 지원'을 더 지지한다는 것을 보여주는 설문조사 실험 결과.
이것은 연구자들이 질문에서 정확히 어떤 단어를 사용했는지에 따라서 연구자들이 받는 답이 달라지는 질문의 단어 선택 효과question wording effect의 예시이다.
자료: 후버와 파리스(Huber and Paris, 2013: 표 A1)에서 발췌.

답자들의 응답을 다르게 만들고, 이에 따라 연구자들은 서로 다른 결론을 도출할 수 있다는 것이다.

질문의 구조뿐만 아니라, 응답자들은 또한 특정 단어 사용에 따라 다른 대답을 할 수 있다. 예를 들면 정부의 우선순위에 대한 의견을 측정하기 위해 응답자들에게 다음과 같은 구절을 읽어주었다.

우리는 이 국가에서 쉽게 혹은 적은 비용으로 해결할 수 없는 수많은 문제에 직면합니다. 내가 이러한 몇 가지 문제에 대해 언급하면, 각각의 문제에서 너무 많은 돈이, 혹은 너무 적은 돈이, 혹은 적당한 금액이 투자되고 있는지에 대해 여러분의 생각을 답변해주시기 바랍니다.

그 뒤 응답자의 절반은 '복지'에 대하여 질문을 받았고, 절반은 '빈민층 지원'에 대하여 질문을 받았다. 다르게 보이지만 같은 것을 묻는 질문임에도, 두 질문의 결과는 달랐다. 미국인들은 '복지'보다는 '빈민층 지원'을 더 지지하는 것으로 나타났다(Smith, 1987; Rasinski, 1989; Huber and Paris, 2013).

질문의 방식과 단어 선택 효과를 보여주는 예시들처럼, 연구자가 받는 답변은 그들이 어떻게 질문했는지로부터 영향을 받을 수 있다. 이러한 예시를 보면 가끔 연구자들은 어떻게 '정확한' 방법으로 질문할 것인지에 대하여 궁금증을 갖곤 한다. 내가 생각하기에는 질문을 하는 데에서 명백하게 잘못된 방식이 몇 가지 있지만, 그렇다고 항상 옳은 방법이 한 가지만 있다고는 생각하지는 않는다. 즉, '복지' 또는 '빈민층 지원'에 대해 묻는 것이 명백하게 더 나은 방식이 아니라는 것이다. 이는 응답자들의 태도에 대해 서로 다른 두 가지 측면을 측정하는 두 가지 다른 질문이다. 이런 사례를 보면서 연구자들은 종종 해당 설문조사가 사용되어서는 안 된다는 결론에 도달하기도 한다. 하지만 불행하게도, 설문조사 이외의 선택지가 주어지지 않는 경우도 가끔 있다. 그 대신 이러한 예시들에서 얻어야 하는 올바른 교훈은 우리가 질문을 보다 신중하게 만들어야 하며 응답 내용을 무비판적으로 받아들여서는 안 된다는 점이라 생각한다.

구체적으로는, 여러분이 만약 다른 누군가로부터 수집된 설문조사 데이터를 분석하는 경우 실제 설문조사에 사용된 질문을 읽어봐야 한다는 의미이다. 그리고 만약 여러분이 스스로 질문을 만든다면 나는 네 가지 제안을 하고 싶다. 먼저, 여러분이 질문 설계에 관련된 저서를 더 많이 읽어보길 권한다[예를 들어 브래드번, 서드먼과 완싱크(Bradburn, Sudman, and Wansink, 2004)]. 질문 설계에 관해서는 내가 여기에서 소개할 수 있는 것보다 더 많은 것이 있다. 두 번째, 나는 고품질의 설문조사 질문을 있는 그대로 옮겨 사용하는 것을 권한다. 예를 들어 여러분이 응답자에게 그들의 인종race/민족성ethnicity에 대하여 질문하고자 한다면, 여러분은 인구총조사 같은 대규모 정부 설문조사에서 사용되었던 질문들을 그대로 옮겨 쓸 수 있다. 마치 표절처럼 들릴 수도 있겠지만, 본래의 설문조사를 인용하기만 한다면 선례의 질문을 그대로 옮겨 쓰는 것은 설문조사 연구에서 바람직한 방식이다. 만약 여러분이 고품질의 설문조사에서 질문을 그대로 가져다가 사용한다면 여러분은 질문이 검증되었다는 점을 확신할 수 있고, 다른 설문조사 응답 내용과 여러분의 설문조사 응답 내용을 비교할 수 있다. 세 번째, 만약 여러분의 질문에 중요한 단어 선택 효과나 질문 방식 효과가 있을지도 모른다고 생각된다면, 절반의 응답자에게는 어떤 한 버전의 질문을, 그리고 다른 절반의 응답자에게는 다른 버전의 질문을 하는 것으로 **설문조사 실험**survey experiment을 시도할 수 있다(Krosnick, 2011). 마지막으로, 나는 여러분이 여러분의 추출틀 모집단 내 일부 사람들을 대상으로 파일럿 테스트를 해볼 것을 권한다. 설문조사 연구자들은 이러한 과정을 **사전검사**pre-testing 라고 부른다(Presser et al., 2004). 내 경험상 사전검사는 매우 유용하다.

3.3.3. 비용

설문조사는 무료가 아니라는 점이 큰 제약이다.

지금까지 책 한 권 분량인 종합 설문조사 오류 체계에 대하여 어느 정도 간략하게 검토해보았다(Weisberg, 2005; Groves et al., 2009). 비록 이 오류 체계가 포괄적이기는 하지만, 이 체계에 따라 일반적으로 연구자들에게 비용이라는 중요한 요인들을 간과하게 된다. 시간 혹은 돈으로 계산 가능한 비용은 학문적 연구자들에 의해서 명쾌하게 다뤄지는 경우가 드물다. 그러나 비용은 실질적으로 무시되어서는 안 되는 제약이다. 사실, 비용은 전체 설문조사 과정에 가장 근본적인 부분이다(Groves, 2004). 이는 연구자가 전체 인구보다 표집된 인구를 대상으로 인터뷰를 진행하는 이유이다. 비용을 고려하지 않으면서 오류를 줄이는 것에만 집중하는 것은 우리의 관심사가 아니다.

오류를 줄이는 데 집착하는 것의 한계는 스콧 키터Scott Keeter와 동료들이 진행한 랜드마크 프로젝트(2000)를 통해 확인할 수 있다. 이 프로젝트는 비싼 현장 조사를 감행하는 것이 전화 설문조사의 무응답을 줄이는 데에 미치는 영향을 보여준다. 키터와 동료들은 두 가지 연구를 동시에 진행했는데, 하나는 '표준' 모집 절차를 사용하고, 다른 하나는 '엄격한' 모집 절차를 사용했다. 두 연구 방식의 차이점은 응답자에게 연락하고 참여를 유도하는 데 들인 노력의 양이었다. 예를 들면 '엄격한' 모집을 통한 연구는 연구자들이 더 자주, 더 장기간 표집 대상인 가구에 연락했고, 처음 참여를 거절한 참여자의 경우 추가적으로 연락했다. 이러한 추가적인 노력을 통해 실제로 무응답률이 낮아졌지만, 상당한 비용이 필요했다. '엄격한' 절차를 사용한 연구는 두 배로 비싸고, 여덟 배로 느렸다. 그리고 마지막에 두 연구가 산출한 추정치는 근본적으로 동일했다. 비슷한 결과를 보이는 후속 복제 연구(Keeter et al., 2006)와 마찬가지로, 이 프로젝트는 여러분을 궁금하게 만들 것이다. 무결점인 설문조사 한 개보다 합리적인 설문조사 두 개를 할 때 더 좋아질까? 무결점인 설문조사 하나와 합리적인 설문조사 열 개라면 어떠한가? 더 나아가 합리적인 설문조사 100개와 무결점인 설문조사 단 한 개라면 어떨까? 어떤 지점에서는 비용의 이점이 품질에 대한 모호하고 구체적이지 않은 문제보다 더 중요해야 한다.

이 장의 남은 부분에서 제시될 것처럼, 디지털 시대에 의해 생성되는 많은 기회에 따라 오차의 추정치가 명백히 더 작지는 않다. 그보다 이런 기회는 서로 다른 양을 추정하기 위한 것이며, 비록 오류의 가능성이 더 높을지라도 더 빠르고 적은 비용으로 추정치를 산출할 수 있도록 한다. 다른 차원의 품질을 하락시키면서까지 오류를 최소화하려는 편협한 집착에 사로잡힌 연구자들은 흥미로운 기회를 놓치게 될 것이다. 종합 설문조사 오류 체계를 배경으로 두고, 우리는 이제 설문조사 연구 3기의 세 가지 주요 영역으로 넘어갈 것이다. 그 영역이란 대표성에 대한 새로운 접근 방식(3.4절), 측정에 관한 새로운 접근 방식(3.5절), 빅 데이터와 설문조사 방식을 합치는 새로운 전략(3.6절)이다.

3.4. 누구에게 물을 것인가

디지털 시대는 실제 연구에서 확률 표집을 더 어렵게 하고, 비확률 표집을 위한 새로운 기회를 만든다.

표집의 역사를 보면, 경쟁하는 접근 방식이 두 가지 있었다. 바로 확률 표집 probability sampling 방식과 비확률 표집 방식이다. 표집 초창기에는 두 가지 접근 방식이 모두 사용되었지만, 확률 표집이 점차 우세해지면서 사회연구자들은 비확률 표집을 매우 회의적인 시각에서 보도록 교육받았다. 그러나 디지털 시대가 변화를 만듦에 따라, 연구자들이 비확률 표집에 대해 다시 생각해보아야 하는 시기를 맞았다. 특히 확률 표집은 현실에서 점차 어려워지는 반면, 비확률 표집은 점점 빨라지고, 더 저렴해지고, 더 나아지고 있다. 설문조사가 더 빠르고 저렴해진다는 것은 그 자체로 끝나는 것이 아니다. 그에 따라 설문조사를 더 빈번히 할 수 있고 표본 크기가 더 커지는 새로운 기회가 생길 수도 있다. 예를 들어, 의회 공동 선거 연구Cooperative Congressional Election Study: CCES는 비확률 표집 방식을 사용함으로써 확률 표집을 사용했던 이전 연구보다 대략 열 배가 넘는 참여자를 모을 수 있다. 표본 크기가 커지면 정치 연구자들은 사회적 맥락과 하위 집단에 따른 행동과 태도의 변화를 연구할 수 있게 된다. 나아가, 이러한 표본의 규모 확장은 추정치 품질을 감소시키지도 않는다 (Ansolabehere and Rivers, 2013).

현재 사회조사에서 우세한 표집 방식은 확률 표집이다. 확률 표집에서는 목표 모집단의 구성원들이 표본으로 추출될 확률이 0이 아니며, 표본으로 추출된 사람들은 설문조사에 응답하는 것으로 알려져 있다. 이런 조건들이 충족될 때, 우아한 수학적 결과는 목표 모집단에 대해 추론하기 위하여 표본을 사용하는 연구자의 능력을 증명할 수 있음을 보증한다.

그러나 실제 세계에서는 이런 수학적 결과의 기초가 되는 조건이 충족되기 어렵다. 예를 들면, 종종 범위 오차와 무응답이 발생한다. 이러한 문제 때문에

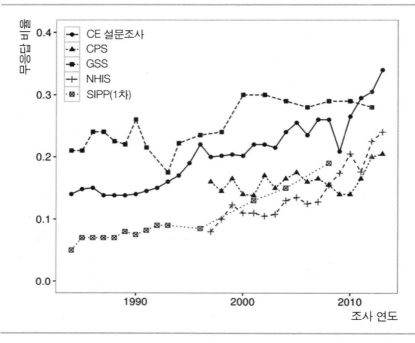

그림 3.5_ 고품질의 값비싼 설문조사에서조차 무응답이 꾸준하게 증가해왔다(National Research Council, 2013; Meyer, Mok, and Sullivan, 2015).
무응답률은 상업 전화 설문조사에서 훨씬 높게 나타나는데, 심지어 가끔은 90%에 달할 정도이다(Kohut et al., 2012). 이러한 무응답률의 장기적인 증가 추세는 데이터 수집이 더 비싸지고 추정치는 더 신뢰하기 어렵다는 것을 의미한다.
자료: 마이어, 목과 설리번(Meyer, Mok, and Sullivan, 2015: 그림 1)에서 발췌.

연구자들은 표본에서부터 목표 모집단을 추론하기 위해서 다양한 통계적 조정을 사용해야 한다. 그러므로 이론적으로 강력히 보장되는 **이론상의 확률 표집**과 그러한 보장 없이 다양한 통계적 조정에 의존하는 **실제에서의 확률 표집**을 구분하는 것이 중요하다.

시간이 흐르면서 이론에서의 확률 표집과 실제에서의 확률 표집 간의 차이가 점차 커졌다. 예를 들어 무응답률은 고품질의, 값비싼 설문조사에서조차 지속적으로 증가해왔다(그림 3.5)(National Research Council, 2013; Meyer, Mok, and

Sullivan, 2015). 무응답률은 상업적인 전화 설문조사에서 훨씬 높았으며, 가끔은 90%에 달했다(Kohut et al., 2012). 추정치는 연구자가 무응답을 조정하기 위하여 사용하는 통계적 모델에 따라 크게 달라지기 때문에, 무응답의 증가는 추정치의 품질을 위협한다. 게다가, 이와 같은 품질의 감소는 높은 응답률을 유지하기 위해 설문조사 연구자들이 더 많은 노력을 기울여왔음에도 발생해왔다. 몇몇 사람들은 품질의 감소와 비용의 증가라는 두 가지 흐름이 설문조사 연구의 근본을 위협할까 봐 불안감을 느꼈다(National Research Council, 2013).

확률 표집 방식이 점차 여러 난점에 부딪치게 된 것과 동시에, **비확률 표집 방식에도 흥미로운 발전이 있었다.** 다양한 방식의 비확률 표집 방법이 있지만, 한 가지 공통점은 확률 표집의 수학적 체계에 쉽게 들어맞지 않는다는 점이다(Baker et al., 2013). 다시 말해, 비확률 표집 방식에서는 각 표집 대상이 표본에 포함될 확률이 항상 존재하거나 알려진 것이 아니다. 비확률 표집 방식은 사회연구자들 사이에서 최악의 평판을 가지고 있고, 《리터러리 다이제스트》의 실패(앞서 논의된)와 "듀이가 트루먼을 이긴다"라는 1948년 미국 대선 결과에 대한 틀린 예측처럼 극단적인 실패 사례들과 연결 지어 회자된다(그림 3.6).

특히나 디지털 시대에 적합한 비확률 표집 방식 중 하나는 온라인 패널의 사용이다. 온라인 패널을 사용하는 연구자들은 설문조사에 참여하는 데 동의하는 응답자들의 집단을 크고 다양하게 구성하기 위하여 패널 제공자, 즉 대체로 기업, 정부 혹은 대학교 등에 의존한다. 이러한 패널 참가자들은 온라인 배너 광고와 같이 즉각적으로 다양한 방식을 사용하여 모집된다. 그러고 나면, 연구자들은 원하는 성향을 가진(예를 들어 전국 성인을 대표할 수 있는) 응답자의 표본에 접근하기 위하여 패널 제공자에게 돈을 지불할 수 있다. 이와 같은 온라인 패널들은 모집단 내의 모든 이들이 알려진 표집 확률을 갖지 않으므로 비확률 표집 방식에 해당한다. 비확률 온라인 패널이 이미 사회연구자들(예를 들어 CCES)에게 사용되고 있을지라도, 그 방식으로부터 나온 추정치의 품질에는 여전히 논란이 있다(Callegaro et al., 2014).

이러한 논란이 있음에도, 나는 두 가지 이유에서 지금이 바로 사회연구자들

그림 3.6_ 대선에서 패배할 것이라고 틀리게 보도한 신문의 헤드라인을 들고 있는 해리 트루먼 대통령.

이 헤드라인은 비확률 표본을 통하여 산출된 추정치에 기반을 두고 있다(Mosteller, 1949; Bean, 1950; Freedman, Pisani, and Purves, 2007). "듀이가 트루먼을 이긴" 사건은 1948년에 일어난 일임에도, 이 사례는 지금까지도 몇몇 연구자들이 비확률 표본을 통한 추정치를 불신하는 이유 중 하나로 꼽힌다.

자료: Harry S. Truman Library & Museum.

이 비확률 표집 방식에 대해 다시 생각해보아야 할 때라고 생각한다. 그 첫 번째 이유는, 디지털 시대에는 비확률 표본의 수집과 분석에 많은 발전이 있었기 때문이다. 이러한 발전으로 인해, 현재의 연구 방식은 '비확률 표집 2.0'라고 부를 수 있을 만큼 과거에 여러 문제를 일으키던 방식과 거리를 둔다. 연구자들이 비확률 표집을 다시 고려해야 하는 두 번째 이유는 확률 표집이 실제로 점차 어려워지고 있기 때문이다. 무응답 비율이 높을 때(이제는 실제 설문조사에서 그렇듯) 응답자를 포함할 수 있는 실제 확률을 알 수 없기 때문에, 확률 표본과 비확률 표본은 연구자들이 생각하는 것만큼 크게 다르지 않다.

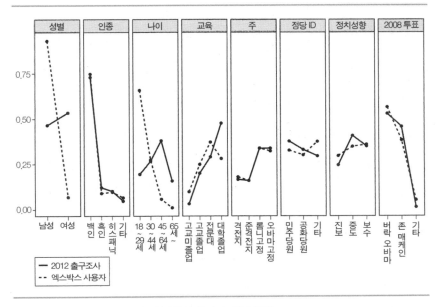

그림 3.7_ 왕 등(Wang et al., 2015)의 응답자 인구 통계.
응답자들은 '엑스박스' 사용자로 모집되었기 때문에 2012년 대선 투표자에 비하여 상대적으로 나이가 어리고, 남자일 가능성이 높았다.
자료: 왕 등(Wang et al., 2015: 그림 1)에서 발췌.

앞서 말했듯이, 비확률 표본은 부분적으로는 설문조사 연구 초기에 발생한 가장 곤란했던 실수들로 인하여 사회연구자들에게 매우 회의적으로 비추어졌다. 비확률 표본이 얼마나 발전했는지를 명백히 보여주는 예시 중 하나가 웨이 왕Wei Wang, 데이비드 로스차일드David Rothschild, 샤라드 고엘Sharad Goel, 앤드루 겔먼Andrew Gelman의 연구(2015)이다. 이 연구에서는 분명하게 미국인의 비무작위nonrandom 표본인 미국 엑스박스Xbox 사용자들의 비확률 표본을 사용하여 2012년 미국 대통령 선거 결과를 정확하게 재현한다. 연구자들은 엑스박스 게임 시스템에서 응답자를 모집했고, 여러분이 예상했을 수 있듯이 엑스박스 표본은 남자와 나이가 어린 대상으로 편향되어 있었다. 18세부터 29세까지의 인구가 유권자의 19%인 데 반해 엑스박스 표본에서는 65%를 차지했고, 남성은 유권자의 47%인 반면, 엑스박스의 표본에서는 93%를 차지했다(그림 3.7).
강한 인구학적 편향 때문에 엑스박스의 원 자료는 선거 결과 지표로 사용하기
에 형편없었다. 이는 밋 롬니Mitt Romney가 버락 오바마Barack Obama를 상대로
압도적인 승리를 거둘 것이라고 예측했다. 다시, 이러한 결과는 가공이나 조정
되지 않은 비확률 표본의 위험을 보여주는 또 다른 예시로서 《리터러리 다이제
스트》의 실패를 연상시킨다.

그러나 왕Wang과 동료들은 이러한 문제를 인지하고, 추정치를 만들 때 그들
의 비무작위 표집 과정을 조정하고자 시도했다. 특히 그들은 범위 오차와 무응
답의 문제를 가진 확률 표본을 조정할 때 널리 쓰이는 **사후층화**post-stratification
기법을 사용했다. 사후층화의 주된 기능은 목표 모집단에 대한 보조 정보
auxiliary information를 사용하여 표본으로부터 도출된 추정치를 개선하는 데 있
다. 비확률 표본으로부터 추정치를 산출하기 위하여 사후층화를 사용할 때, 왕
과 동료들은 모집단을 서로 다른 집단으로 나눈 뒤 각 집단에서 오바마의 지지
도를 추정하였고, 전체 추정치를 얻기 위하여 집단 추정치에 가중치 평균을 적
용했다. 예를 들어 그들은 인구를 두 가지 집단(남자와 여자)으로 나누고, 남자
와 여자 중에 오바마를 지지하는 사람들을 추정한 후, 유권자의 53%가 여자,
47%가 남자라는 사실을 반영하기 위해 가중치 평균을 적용하여 전체 오바마
지지도를 추정했다. 간략하게 말해, 사후층화는 집단의 크기에 대한 보조 정보
를 도입하여 불균형적인 표본을 조정하는 데 도움을 준다.

사후층화의 핵심은 올바른 집단들을 구성하는 것이다. 만약 여러분이 반응
성향이 동일한 사람들끼리 각 집단을 구성하도록 모집단을 나눌 수 있다면,
사후층화는 편향되지 않은 추정치를 산출해낼 것이다. 다시 말해 성별이라는
변수에 의해 모든 남성이 동일한 반응을 보이고, 모든 여성이 동일한 반응을
보인다면 사후층화는 편향되지 않는 추정치를 산출할 것이다. 이러한 가정은
집단 내 동일한 반응 성향homogeneous-response- propensities-within-groups 가정이
라 부르며, 나는 이 가정을 이 장 끝부분에 있는 '수학 노트'에서 조금 더 자세
히 설명할 것이다.

물론 반응 성향이 모든 여성과 남성에게 동일하게 나타나는 것처럼 보이지는 않는다. 그러나 집단 내 동일한 반응 성향 가정은 집단의 수가 증가함에 따라 더 그럴듯해진다. 간단하게 말해, 더 많은 집단을 만들수록 인구를 내부적으로 동일한 집단으로 분할하는 것이 더 쉬워진다. 예를 들어 모든 여성이 보이는 반응 성향이 같다는 것은 허무맹랑한 것 같지만, 캘리포니아에 거주하는 18세에서 29세까지의 대졸 여성이 보이는 반응 성향이 같다는 것은 더 그럴듯할지도 모른다. 따라서 사후층화에 사용되는 집단의 수가 많아질수록, 사후층화를 지지하기 위해 필요한 가정들은 더 합리적으로 바뀐다. 이러한 사실을 고려하여 연구자들은 종종 사후층화를 위해 엄청나게 많은 수의 집단을 만들고자 한다. 그러나 집단의 수가 증가할수록 연구자들은 데이터의 희소성sparsity이라는 또 다른 문제에 직면하게 된다. 집단의 수를 늘려 각 집단의 인원수가 적어질수록 추정치는 더 불확실해지고, 집단 내 응답자가 없는 극단적인 경우에는 사후층화가 완벽하게 무너진다.

집단 내 동일한 반응 성향 가정의 타당성과 각 집단 내 합리적인 표본의 크기에 대한 수요 사이의 내재적 긴장에서 벗어나기 위해서는 두 가지 방법이 있다. 첫째, 연구자들은 시작할 때부터 충분히 방대하고 다양한 표본을 수집하여 각 세부 집단 내 합리적인 표본의 크기를 보장할 수 있다. 둘째, 연구자들은 집단 내 추정치를 산출하기 위하여 더 정교한 통계 모델을 사용할 수 있다. 때로는 왕과 동료들이 엑스박스를 통해 모집된 응답자를 활용하여 선거 연구를 했던 것과 같이 연구자는 두 가지 방법을 모두 사용한다.

그들은 컴퓨터-운영 면접(3.5절에서 컴퓨터-운영 면접에 대해 더 설명할 것이다)을 활용하여 비확률 표집 방식을 사용했기 때문에 왕과 동료들은 매우 저렴하게 데이터를 수집했고, 그에 따라 선거 여론조사 표준에 비해 큰 숫자인 34만 5,858명의 고유한 참가자로부터 정보를 수집할 수 있었다. 이 거대한 표본 크기는 큰 숫자의 사후층화 집단을 형성할 수 있도록 했다. 사후층화는 전형적으로 인구를 수백 개의 집단으로 나누는 반면에, 왕과 동료들은 인구를 성별(두 가지 범주), 인종(네 가지 범주), 나이(네 가지 범주), 교육(네 가지 범주), 주(51가지 범주), 정당 ID(세 가지 범주), 정치성향(세 가지 범주), 그리고 2008년도 투표(세 가지 범주)를 기준으로 17만 6,256개의 집단으로 나누었다. 즉, 적은 비용의 데이터 수집으로 인해 가능했던 거대한 표본 크기는 그들의 추정 과정에서 더 타당성 있는 가정을 가능하게 했다.

개별 참가자들이 34만 5,858명이나 있었음에도, 왕과 동료들에게는 여전히 응답자를 한 명도 포함하지 않는 많고 많은 집단이 있었다. 그래서 그들은 다수준 회귀분석multilevel regression이라고 부르는 기법을 사용하여 각 집단의 지지도를 추정했다. 본질적으로, 다수준 회귀분석은 특정 집단 내에서 오바마에 대한 지지도를 추정하기 위해 밀접하게 연관된 많은 집단에서 정보를 끌어모았다. 예를 들어 대학을 졸업했고, 민주당원으로 등록되어 있으며, 스스로를 중도 성향으로 구분하고, 2008년도에 오바마에게 투표했던 18세에서 29세 사이의 히스패닉 여성 중 오바마 지지도를 추정하려 한다고 상상해보자. 이는 매우 구체적인 집단이고, 이러한 성향을 가진 표본에는 아무도 없을 가능성이 있다. 그러므로 이 집단에 대한 추정치를 산출하기 위해서 다수준 회귀분석에서는 아주 비슷한 집단 내에 있는 사람들로부터 추정치를 취합하는 통계적 모델을 사용한다.

이와 같이 왕과 동료들은 다수준 회귀분석과 사후층화를 결합하는 방식을 사용했는데, 그들은 그 전략을 **사후층화를 결합한 다수준 계층화**multilevel stratification with post-stratification, 혹은 애칭으로 'Mr. P'라고 불렀다. 왕과 동료들은 엑스박스의 비확률 표본에서 추정치를 산출하기 위하여 Mr. P를 활용했고, 2012년도 대선에서 오바마가 받은 전체 지지율과 매우 근사한 추정치를 도출해냈다(그림 3.8). 사실 그들의 추정치는 전통적인 여론조사 결과를 합친 것보다 더 정확했다. 따라서 이 경우 통계적 조정, 특히 Mr. P는 비확률 표집의 편향, 말하자면 조정되지 않은 엑스박스 데이터의 추정치를 보았을 때 명확하게 드러나는 편향을 수정하는 데 효과적인 것으로 나타난다.

왕과 동료들의 연구에서 중요한 교훈을 두 가지 얻을 수 있다. 첫째, 조정되지 않은 비확률 표본은 정확하지 않은 추정치로 이어질 수 있다. 이는 많은 연

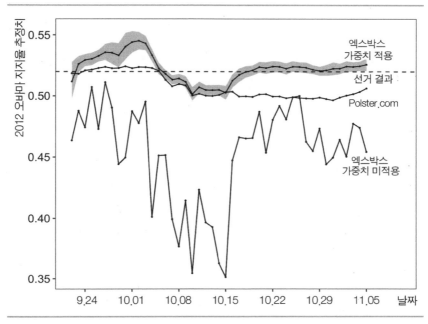

그림 3.8_ 왕 등(Wang et al., 2015)이 도출한 추정치.
조정되지 않은 엑스박스 표본은 부정확한 추정값을 도출했다. 그러나 가중치가 적용된
엑스박스 표본은 확률 기반의 전화 설문조사 평균보다 더 정확한 추정치를 도출해냈다.
자료: 왕 등(Wang et al., 2015: 그림 2와 3)에서 발췌.

구자들이 예전부터 알고 있었다. 두 번째 교훈은, 비확률 표본일지라도 적절하
게 분석되었을 때 실제로 정확한 추정치를 산출해낼 수 있다는 것이다. 비확률
표본이 항상 《리터러리 다이제스트》와 같은 실패로 이어지는 것은 아니다.

앞으로 여러분이 확률 표집 방식과 비확률 표집 방식 중 하나를 사용하고자
결정해야 한다면 어려운 선택에 직면하게 될 것이다. 가끔씩 연구자들은 빠르
고 엄격한 규칙(예를 들어 '항상 확률 표집 방식을 사용하기' 등)을 원하지만, 그러한
규칙을 만들어내는 것은 점점 어려워지고 있다. 연구자들은 실제로 확률 표집
방법(확률 표집의 사용을 정당화하는 이론적인 가정과 멀어지고 비용이 높은)과 비확
률 표집 방법(비용이 더 저렴하고 빠르지만 덜 친숙하고 더 다양한) 사이에서 어려운

고민을 하고 있다. 그러나 한 가지 확실한 것은, 여러분이 비확률 표본 혹은 비대표적인 빅 데이터(2장을 생각해보라)를 가지고 작업해야만 하는 경우, 사후층화와 관련 기술을 사용해 조정되지 않은 날것의 추정치보다 더 나은 추정치를 도출해낼 수 있다고 믿을 만한 강력한 이유가 있다는 점이다.

3.5. 질문을 던지는 새로운 방법들

전통적인 설문조사는 폐쇄적이고, 지루하며, 삶으로부터 분리되어 있다. 이제 우리는 더 개방적이고, 재미있으며, 삶과 밀접한 방식으로 질문을 던질 수 있다.

종합 설문조사 오류 체계는 연구자들이 설문조사 연구를 응답자 모집, 그리고 응답자에게 질문하기라는 두 가지 과정으로 생각하도록 만든다. 3.4절에서는 디지털 시대가 어떻게 응답자를 모집하는 방식을 어떻게 바꾸었는지 논의했고, 이제 디지털 시대에서 연구자들이 어떻게 응답자에게 새로운 방식으로 질문할 수 있을지 논의할 것이다. 이 새로운 접근 방식들은 확률 표본 혹은 비확률 표본과 함께 사용될 수 있다.

설문조사 **모드**mode는 질문을 던지는 환경을 가리키며, 측정에도 중요한 영향을 미칠 수 있다(Couper, 2011). 설문조사 연구 1기에 가장 흔한 모드는 면 대면 방식이었고, 2기에는 전화였다. 일부 연구자들은 설문조사 연구 3기가 단순히 컴퓨터와 휴대전화를 포함하는 설문조사 모드의 확장이라고 본다. 그러나 디지털 시대는 질문과 대답이 오고가는 수단의 변화 그 이상이다. 대신 아날로그에서 디지털로의 전환은 연구자들이 질문하는 방식의 변화를 가능하게 했으며, 더 나아가 그 변화를 필요로 하게 될 것이다.

마이클 쇼버Michael Schober와 동료들의 연구(2015)는 디지털 시대의 통신 시스템과 더 잘 맞도록 전통적인 접근 방식을 조정하는 것의 이점을 보여준다. 이 연구에서 쇼버와 동료들은 휴대전화를 통하여 사람들에게 질문하는 서로 다른 접근 방식을 비교했다. 그들은 2기 접근 방식의 자연스러운 변화인 음성 대화를 통한 데이터 수집과, 지금까지 선례가 없던 접근 방식인 문자 메시지를 활용한 소규모 설문조사를 통한 데이터 수집을 비교했다. 그들은 문자 메시지로 보낸 소규모 설문조사가 음성 면접보다 데이터 수집의 품질이 더 높게 나타난다는 것을 발견했다. 즉, 단순하게 기존의 접근 방식을 새로운 매체로 옮기는 것만으로는 최고 품질의 데이터를 얻을 수 없었다. 그 대신, 휴대전화와 관련된 사회적 규범과 능력에 대하여 명확하게 이해함으로써 쇼버와 동료들은 더 높은 품질의 응답을 유도하는 더 좋은 질문 방법을 개발할 수 있었다.

연구자들이 설문조사 모드를 범주화할 수 있는 차원은 다양하지만, 내가 생각하는 디지털 시대 설문조사 모드의 가장 중요한 특징은 (전화와 면 대 면 설문조사처럼) **면접관-운영**interviewer-administered이 아니라 **컴퓨터-운영**computer-administered이라는 점이다. 컴퓨터-운영 설문조사 방식에서 인간 면접관을 배제하는 것에는 이점이 막대한 반면 단점도 몇 가지 있다. 이익 측면에서, 인간 면접관을 없애는 것은 '사회적 바람직성 편향Social desirability bias'을 줄일 수 있는데, 이러한 편향은 응답자가 가능한 최선의 방법으로 자신을 표현하려는 경향, 예를 들면 불법 마약 복용과 같은 일탈 행동을 축소해 보고한다든가 투표와 같이 권장되는 행동을 과대 보고하는 것을 의미한다(Kreuter, Presser, and Tourangeau, 2008). 인간 면접관을 없애는 것은 또한, 인간 면접관의 성향에 의해 미묘한 방식으로 응답자가 영향을 받아 반응하는 경향을 가리키는 **면접관 효과**interviewer effect를 제거할 수 있다(West and Blom, 2016). 인간 면접관을 지우는 것은 몇몇 유형의 질문에서 정확도를 잠재적으로 향상시킬 뿐만 아니라, 비용을 극적으로 감소시킨다. 실제로 인터뷰 시간은 설문조사 연구에서 가장 큰 비용 중 하나이다. 게다가 면접관이 가능할 때뿐만 아니라 응답자가 원하는 시간에 참여할 수 있기 때문에 유연성이 제고된다. 그러나 인간 면접관을 제거하는 것은 몇 가지 어려움을 야기하기도 한다. 특히, 면접관은 응답자와의 친밀한 관계 형성을 통해 참여율을 높일 수 있고, 헷갈릴 수 있는 질문을 명확히 하며, (꽤나 지루할 수 있는) 긴 질문을 묻는 동안에도 응답자와의 교류를 유지할 수 있다(Garbarski, Schaeffer, and Dykema, 2016). 따라서 면접관-운영 설문조사 모드에서 컴퓨터-운영 모드로의 전환은 기회이면서 동시에 도전이다.

다음으로 나는 연구자들이 다르게 질문하기 위하여 어떻게 디지털 시대 도구의 이점을 활용하는지 보여주면서, 동시에 두 가지 접근 방식을 설명할 것이다. 먼저 생태순간평가를 통해 더 적합한 시간과 공간에서의 내면 상태를 측정할 수 있으며(3.5.1항), 위키 설문조사를 활용하여 개방형과 폐쇄형 설문조사 질문의 장점을 결합할 수 있다(3.5.2항). 그러나 무엇보다도 컴퓨터-운영 방식의 유비쿼터스 질문으로 이행하는 것은 우리가 게임화gamification라는 과정을 통해서 참가자가 좀 더 흥미를 느낄 수 있는 질문을 설계할 필요가 있다는 뜻이다(3.5.3항).

3.5.1. 생태순간평가

연구자들은 큰 설문조사를 쪼개서 사람들의 삶 속에 녹여낼 수 있다.

생태순간평가ecological momentary assessment: EMA는 전통적인 설문조사를 조각들로 쪼개어 참여자들의 삶 속에 녹여내는 방식을 포함한다. 따라서 사건이 발생하고 나서 몇 주나 지난 뒤보다는 적절한 시간과 공간에서 설문조사 질문을 물어볼 수 있다.

EMA는 다음 네 가지로 특징지어진다. ① 현실 환경에서의 데이터 수집, ② 개인의 현 상태 혹은 가장 최근의 상태나 행동에 초점을 두는 평가, ③ (연구자의 질문에 따라서) 사건 기반이나 시점 기반 혹은 무작위로 즉각적으로 나타나는 평가, ④ 시간이 지남에 따른 다중 평가의 완성(Stone and Shiffman, 1994). EMA는 사람들이 하루에도 자주 상호작용하는 스마트폰을 통하여 크게 촉진되는 질문 접근 방식이다. 나아가, 스마트폰이 GPS나 가속도계와 같은 센서를 탑재하고 있기 때문에 점차 활동을 기반으로 하는 측정이 가능해졌다. 예를 들어 응답자가 특정 지역 인근에 가면 설문조사를 시작할 수 있도록 스마트폰을 프로그램화할 수 있다.

EMA의 가능성은 나오미 슈기Naomi Sugie의 논문 연구에 잘 설명되어 있다. 1970년대 이후로 미국은 투옥되는 사람 수가 극적으로 증가해왔다. 2005년의 경우 10만 명당 약 500명이 수감되었고, 이는 전 세계 어느 곳보다도 높은 수감률이다(Wakefield and Uggen, 2010). 교도소 수감자 수의 급증은 교도소를 떠나는 사람들의 수를 급증시키기도 했다. 약 70만 명의 사람들이 매년 출소를 한다(Wakefield and Uggen, 2010). 이러한 사람들은 출소할 때 심각한 어려움을 맞이하며, 불행하게도 많은 이들이 다시 교도소로 돌아가게 된다. 이러한 재범 경향을 이해하고 감소시키기 위하여 사회과학자와 정책 입안자는 출소자가 다시 사회에 진입할 때의 경험에 대해 이해할 필요가 있다. 그러나 대체로 전과자를 연구하는 것이 어렵고, 그들의 삶이 극도로 불안정하기 때문에 표준적인 설문조사 방식을 통하여 이러한 데이터를 수집하기도 어렵다. 몇 개월마다 설문조사를 실시하는 측정 방식으로는 그들의 삶에 발생하는 엄청난 역동성을 놓치게 된다(Sugie, 2016).

재사회화 과정을 보다 정밀히 연구하기 위해서, 슈기는 뉴저지의 뉴왁Newack 교도소에서 출소한 사람들의 완전한 명단을 확보하여 표준적인 확률 표집으로 131명을 뽑았다. 그리고 참가자에게 각각 스마트폰을 제공하여 추후 행동 기록과 질문을 위한 데이터 수집의 플랫폼으로 사용하였다. 슈기는 두 종류의 설문조사를 위하여 스마트폰을 사용하였다. 먼저 오전 9시부터 오후 6시 사이에 임의로 선정된 시간에 참가자들에게 현재 활동과 기분을 묻는 '경험 표본조사'를 보냈다. 두 번째로, 오후 7시에 그날의 모든 활동에 관하여 묻는 '일별 조사'를 보냈다. 또한 이러한 설문조사 질문 이외에도, 스마트폰은 정기적으로 지리적 위치를 기록하고 통화 및 문자의 메타 정보를 암호화된 방식으로 보관했다. 이러한 방식을 사용하여 질문과 관찰을 결합한 슈기는 그 사람들이 다시 사회에 진입할 때의 생활을 자세하고 빈번하게 측정을 할 수 있었다.

연구자들은 안정적이고 양질의 일자리를 찾는 것이 그들이 사회로 성공적으로 돌아갈 수 있도록 돕는다고 믿었다. 그러나 슈기는 평균적으로 참가자들의 업무 경험이 비공식적이고, 일시적이며, 산발적이라는 점을 발견했다. 하지만 이러한 평균 패턴에 대한 설명은 중요한 이질성을 가려버린다. 특히 슈기는 참가자 풀에서 네 개의 구분되는 패턴을 찾아냈다. 그 패턴들이란 '조기 퇴출'(일자리를 찾기 시작했으나 찾지 못하고 구직을 멈춘 사람들), '지속적인 탐색'(일자리 찾기에 많은 시간을 소비하는 사람들), '반복 업무'(일하는 데 많은 시간을 보내는 사람들), 그리고 '낮은 응답'(설문조사에 주기적으로 응답하지 않은 사람들)이다. '조기 퇴출' 집단은 사회 재진입에 성공할 가능성이 가장 낮은 집단이기 때문에 특히 중요하다.

어떤 사람은 수감 생활 후의 구직 활동은 너무 어려운 과정이라서, 대개 우울증과 노동시장에서의 퇴출로 이어진다고 생각할지 모른다. 따라서 슈기는 행동 데이터로는 쉽게 추정되지 않는 참가자들의 감정적 상태인 내면 상태 데이터를 수집하기 위하여 설문조사를 사용했다. 놀랍게도, 그녀는 '조기 퇴출' 집단에서 더 높은 수준의 스트레스나 불행이 나타나지 않는다는 것을 발견했다. 오히려 그 반대였다. 일자리를 계속해서 찾는 사람들이 더 많은 정신적 고통을 겪는 것으로 기록되었다. 전과자들의 행동과 감정 상태에 대한 이러한 세분화되고 종적인 사항들은 그들이 마주하는 장벽을 이해하고 그들의 재사회화를 도모하는 데 중요한 역할을 한다. 나아가, 이 모든 세부 사항은 표준적인 설문조사에서는 놓쳤을 만한 것들이다.

취약한 인구를 대상으로, 특히 수동적 데이터passive data를 수집한 슈기의 연구는 윤리적인 문제를 일으킬 수도 있다. 그러나 슈기는 이러한 우려를 예상하여 자신의 연구 설계 내에서 다루었다(Sugie, 2014; 2016). 슈기가 다룬 절차는 대학교 기관 연구윤리위원회IRB라는 제3자가 검토했고, 슈기는 기존의 모든 규정을 준수하였다. 또한 슈기의 접근 방식은 내가 6장에서 옹호하는 원칙 기반 접근 방식에도 부합하면서, 기존 규정이 요구했던 것들을 뛰어넘었다. 예를 들어 슈기는 각 참가자들에게 고지에 입각한 동의를 받아 일시적으로 참가자들의 지리적 위치를 추적하는 것이 가능했고, 자신이 수집한 데이터를 보호하기 위하여 큰 노력을 기울였다. 또한 적절한 암호화와 데이터 저장 장치를 사용했으며, 연방정부로부터 그 데이터를 경찰에게 넘기도록 강요할 수 없음을 표명하는 확인 증서를 받기도 했다(Beskow, Dame, and Costello, 2008). 나는 슈기의 사려 깊은 방법 덕분에 슈기의 프로젝트가 다른 연구자들에게 귀감이 되었다고 생각한다. 특히 슈기는 윤리적 난관에 무턱대고 발을 들여놓지도 않았고, 그것이 윤리적으로 복잡하다는 이유로 중요한 연구를 피하지도 않았다. 오히려 신중하게 생각했고, 적절한 조언을 구했고, 참가자들을 존중했으며, 자신의 연구 위험성과 이익을 개선하기 위한 단계를 밟았다.

나는 슈기의 연구에서 일반적인 교훈을 세 가지 얻을 수 있다고 생각한다. 첫째, 질문에 대한 새로운 접근 방식은 기존 표집 방식과 완벽하게 양립 가능하다. 슈기가 잘 정의된 추출틀 모집단에서 표준 확률 표본을 표집했다는 점을 기억하라. 둘째, 여러 시점에 걸쳐 반복적으로 시행된 종단 연구방식의 측정은 불규칙하고 역동적인 사회적 경험을 연구하는 데 특히나 유용할 수 있다. 셋째, 설문조사 데이터 수집과 빅 데이터의 결합은 추가적인 윤리적 문제를 야기할 수 있다. 이 둘의 결합이 왜 앞으로 더 흔해질 것인지는 이 장 뒷부분에서 다루겠다. 6장에서 연구윤리에 대해 더 자세하게 다룰 것이지만, 슈기의 연구는 이러한 문제들을 양심적이고 사려 깊은 연구자들이 해결할 수 있다는 것을 보여준다.

3.5.2. 위키 설문조사

위키 설문조사는 폐쇄형 질문과 개방형 질문의 새로운 혼합 형태를 가능하게 한다.

보다 자연스러운 시간과 맥락에서 질문하는 것을 넘어서, 새로운 기술은 질문의 형태 또한 바꿀 수 있게 해준다. 설문조사 질문들은 대부분 연구자가 작성한 고정된 선택지들 가운데 응답자가 선택하는 방식의 폐쇄형 질문이다. 이 과정을 한 저명한 설문조사 연구자는 '다른 사람들 입에 말 붙이기putting words in people's mouths'라고 부른다. 예를 들어 폐쇄형 질문은 다음과 같다.

다음 질문은 직업을 주제로 하는 질문입니다. 이 설문지를 읽고 다음 항목 중 당신이 직업에서 가장 선호하는 가치는 무엇인지 대답해주십시오.
① 높은 임금
② 해고 위험 없음
③ 짧은 노동 시간, 많은 여가 시간
④ 승진 기회
⑤ 노동에 의미를 두며, 그로부터 성취감을 얻는다.

그러나 선택지가 이것밖에 없을까? 연구자가 항목을 다섯 가지로 한정시킴으로써 중요한 것을 놓치지는 않았을까? 폐쇄형 질문의 대안은 개방형 질문이며, 다음은 같은 질문을 개방형 형태로 바꾼 것은 이러하다.

다음 질문은 직업을 주제로 하는 질문입니다. 사람들은 직업에서 서로 다른 가치를 추구합니다. 당신이 직업에서 가장 선호하는 가치는 무엇입니까?

두 질문은 꽤 비슷해 보이지만, 하워드 슈만Howard Schuman과 스탠리 프레서Stanley Presser가 수행한 설문조사 실험(1979)을 보면 두 질문에서 도출하는 결과가 매우 다를 수 있다는 것이 드러난다. 개방형 질문에 대한 응답 중 거의 60%는 연구자가 설정한 다섯 가지의 응답에 포함되어 있지 않았다(그림 3.9).

개방형 질문과 폐쇄형 질문은 상당히 다른 정보를 산출할 수 있기 때문에 설문조사 초기에는 두 가지 형태 모두 인기가 있었지만, 추후에는 폐쇄형 질문이 분야를 지배하게 되었다. 그 이유는 폐쇄형 질문의 측정 결과가 더 나은 것으로 밝혀졌기 때문이 아니라, 훨씬 더 사용하기 쉽기 때문이다. 개방형 질문을 분석하는 과정은 오류가 발생하기 쉽고, 비용이 많이 든다. 그렇지만 개방형

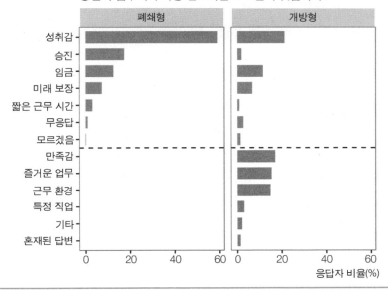

당신이 업무에서 가장 선호하는 요소는 무엇입니까?

폐쇄형 | 개방형

성취감
승진
임금
미래 보장
짧은 근무 시간
무응답
모르겠음
만족감
즐거운 업무
근무 환경
특정 직업
기타
혼재된 답변

응답자 비율(%)

그림 3.9_ 질문이 폐쇄형인지 개방형인지에 따라 응답 내용이 달라질 수 있음을 보여주는 설문조사 실험 결과.

자료: 슈만과 프레서(Schuman and Presser, 1979: 표 1)에서 발췌.

질문은 연구자가 사전에 알지 못하는 가장 중요한 정보들을 제공하기 때문에, 이를 지양하는 것은 적절하지 않다.

그러나 면접관-운영 설문조사에서 컴퓨터-운영 설문조사로의 전환은 이 오래된 문제를 해결할 새로운 탈출구를 제시한다. 만약 우리가 폐쇄형과 개방형 질문 두 가지 모두에서 가장 좋은 특징들을 결합한 설문조사 질문을 만들 수 있다면 어떨까? 즉, 새로운 정보에 개방적이고, 분석이 용이한 응답을 만들어 내는 설문조사가 가능하다면 어떨까? 이것이 바로 나와 카렌 레비(Salganik and Levy, 2015)가 만들고자 했던 것이다.

특히 카렌과 나는 사용자가 만든 콘텐츠를 수집하고 전시하는 웹사이트를 통해 새로운 유형의 설문조사를 설계할 수 있을 것이라 생각했다. 우리는 특히 사용자가 만든 콘텐츠로 구동되는 개방적이고 역동적인 시스템의 훌륭한 예시인 위키피디아에서 영감을 받았고, 그래서 우리는 우리의 새로운 설문조사를 '위키 설문조사wiki survey'라고 불렀다. 위키피디아가 참가자들의 생각을 바탕으로 시간이 지남에 따라 진화하는 것처럼, 우리는 응답자들의 생각을 바탕으로 시간이 지남에 따라 진화하는 설문조사를 상상해보았다. 카렌과 나는 위키 설문조사가 충족해야 하는 세 가지 속성을 만들었다. 설문조사는 그 순간 최적인 답을 도출하고greedy(컴퓨터 과학에서 탐욕 알고리즘greedy algorithm은 그 당시 주어진 선택지 중 가장 좋은 것을 즉각적으로 고르는 알고리즘을 뜻한다—옮긴이 주), 협력적이며, 적응력이 뛰어나야 한다는 것이다. 그러고 나서, 우리는 웹 개발자들로 이루어진 팀과 함께 위키 설문조사를 실행할 수 있는 웹사이트를 만들었다 (www.allourideas.org).

위키 설문조사의 데이터 수집 과정은 뉴욕 도시 전역의 지속 가능성 계획인 PlaNYC 2030에 주민들의 아이디어를 통합하기 위하여 뉴욕시장실과 함께 진행한 프로젝트에서 잘 드러난다. 이 과정을 시작하기 위해서, 시장실은 이전 활동을 기반으로 아이디어 항목 25가지를 만들었다(그중에는 예를 들어 "큰 규모의 건물은 확실하게 에너지 효율 등급을 상향해야 한다", "학교 수업 정규 과정으로 환경 문제를 아이들에게 가르치자" 등이 있었다). 이 25가지 아이디어를 기반으로 삼아, 시장실은 "당신은 뉴욕시를 더 푸르고 좋은 도시로 만드는 데 어떤 것이 더 나은 아이디어라고 생각하십니까?"라는 질문을 던졌다. 그리고 응답자에게는 한 쌍의 아이디어가 제시되었고(예를 들어 "공공 놀이시설로서 시내 전역에 걸친 개방형 학교 운동장"과 "천식 발병률이 높은 동네에 계획된 수목 재배 증가"), 응답자가 둘 중 한 가지를 선택하도록 했다(그림 3.10). 선택 후, 응답자들은 곧바로 무작위로 선정된 또 다른 한 쌍의 아이디어를 받았다. 그들은 둘 중 한 가지에 투표하거나 "결정할 수 없다"를 선택하는 방식으로 그들이 원하는 만큼 계속해서 그들의 선호에 대한 정보를 제공할 수 있었다. 결정적으로 응답자는 어느 시점에서라도 자신의 아이디어를 제공할 수 있었고, 시장실의 승인을 받고 나면 그것은 다시 다른 사람들에게 제시되는 아이디어의 일부가 되었다. 따라서 응답자

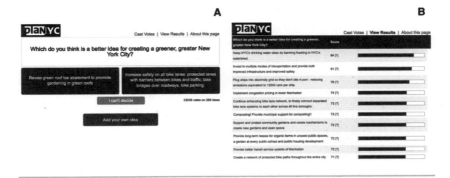

그림 3.10_ 위키 설문조사 인터페이스.
A는 응답자 화면을 보여주고, B는 응답결과 창을 보여준다.
자료: 살가닉과 레비(Salganik and Levy, 2015: 그림 2)에서 허락을 받아 재구성.

들이 받는 질문은 개방형인 동시에 폐쇄형이기도 했다.

2010년 10월, 시장실은 주민의 의견을 얻기 위한 몇 차례의 주민 회의와 연계하여 위키 설문조사를 시행하기 시작했다. 약 4개월 동안 1,436명의 응답자가 3만 1,893개의 응답과 464개의 새로운 아이디어를 제공했다. 결정적으로, 상위 열 개의 아이디어 중 여덟 개는 시장실에서 제시한 아이디어가 아니라 참가자들이 올린 아이디어였다. 그리고 내가 이 글에서 설명하고 있듯이, 초기 아이디어보다 새로 추가된 아이디어가 더 나은 결과를 만드는 동일한 패턴이 많은 위키 설문조사에서 발생했다. 다시 말해, 연구자들은 새로운 정보에 개방함으로써 폐쇄형 접근 방식에서 놓쳐왔던 것들을 배울 수 있다.

이런 구체적인 설문조사 결과를 넘어, 우리의 위키 설문조사 프로젝트는 어떻게 디지털 연구의 비용 구조가 연구자들이 다소 다른 방식으로 새로운 세계와 교류할 수 있다는 것을 의미하는지 보여주기도 한다. 학계 연구자들은 이제 많은 사람들이 사용하는 실제 시스템을 구축할 수 있게 되었다. 우리는 1만 개 이상의 위키 설문조사를 주최했고, 1,500만 개 이상의 응답을 수집했다. 이처럼 대규모의 무언가를 만드는 능력은, 일단 웹사이트가 개설되면 기본적으로 전 세계 모두가 무료로 이용할 수 있기 때문에 비용이 들지 않는다는 사실에서 비롯된다(물론 면접관-운영 면접이라면 이는 사실이 아닐 것이다). 또한 이러한 규모로써 다양한 유형의 연구가 가능하다. 예를 들어, 우리의 참가자 무리뿐만 아니라 이 1,500만 개의 응답은 향후 방법론적 연구를 위한 값진 시험대를 제공한다. 디지털 시대의 비용 구조, 특히 가변 비용 제로의 데이터가 만들어내는 연구 기회에 대해서는 4장에서 실험에 대해 논할 때 더 자세하게 설명할 것이다.

3.5.3. 게임화

> 표준 설문조사는 응답자에게 지루하다. 그것은 바뀔 수 있고, 바뀌어야만 한다.

나는 지금까지 컴퓨터-운영 면접으로 용이해진 질문 방식에 대한 새로운 접근법에 대하여 이야기했다. 그러나 컴퓨터-운영 면접의 단점 하나는, 참여를 유도하고 유지할 면접관이 없다는 것이다. 이는 많은 설문조사가 시간이 많이 소요되고 지루하기 때문에 발생하는 문제이다. 그러므로 앞으로 설문조사 설계자들은 참가자들을 중심으로 연구를 설계하고, 질문에 답하는 과정을 더 즐겁게, 마치 게임과 같이 만들어야 할 것이다. 이런 과정을 때때로 게임화 gamification라고 부른다.

재미있는 설문조사가 어떤 모습일지 보여주기 위해, 페이스북의 게임으로 포장된 설문조사인 프렌드센스Friendsense를 생각해보자. 샤라드 고엘Sharad Goel, 윈터 메이슨Winter Mason, 던컨 와츠Duncan Watts(2010)는 사람들이 얼마나 자신이 친구와 닮았다고 **생각하는지**, 그리고 실제로 얼마나 그들이 친구와 비슷한지를 추정하고 싶어 했다. 실제 태도와 인지된 태도의 유사성에 대한 이 질문은 사람들이 그들이 처한 사회적 환경을 정확하게 인지하는 능력과 직접적으로 연결되며, 정치적 양극화와 사회 변화의 역동성 측면에서 의의를 지닌다. 개념적으로, 실제 태도와 인지된 태도의 유사성은 측정하기 쉬운 것이다.

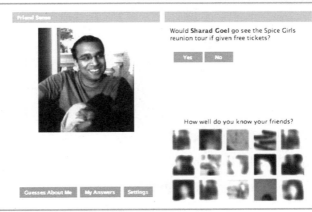

그림 3.11_ 프렌드센스 연구의 인터페이스(Goel, Mason, and Watts, 2010). 연구자들은 표준적인 태도 설문조사를 재미있고 게임과 같은 경험으로 바꾸었다. 이 앱은 '샤라드 고엘은 무료 입장권이 있다면 과연 스파이스 걸스Spice Girls의 재결합 순회공연을 보러 갈까요?'와 같은, 심오한 질문보다는 가벼운 질문으로 구성되어 있었다.
자료: 샤라드 고엘의 승인하에 재구성(친구의 얼굴은 의도적으로 흐리게 했다).

연구자들은 많은 사람들에게 그들의 의견을 묻고 그다음에 그들의 친구에게 의견을 물어볼 수 있으며(이는 실제 태도에 대한 일치 정도를 측정할 수 있도록 한다), 많은 사람들에게 그들의 친구의 태도를 추측해보라고 물어볼 수 있다(이는 인지된 태도에 대한 일치 정도를 측정할 수 있도록 한다). 안타깝지만, 응답자와 그의 친구를 대상으로 동시에 면접을 진행한다는 것은 관리전략 차원에서 매우 어렵다. 따라서 고엘과 동료들(Goel et al., 2010)은 설문조사에서 재미를 느끼도록 이를 페이스북 앱으로 바꿨다.

한 참가자가 연구 조사에 응하면, 앱은 응답자의 페이스북 계정에서 친구를 한 명 선택하여 그 친구의 태도에 대하여 질문했다(그림 3.11). 무작위로 선정된 친구들과 질문이 교차 결합되어, 응답자는 자신에 대한 질문에도 대답했다. 친구에 관한 질문에 답한 뒤에 응답자는 그의 대답이 맞는지 확인했고, 만약 친구가 대답하지 않았다면 그의 친구에게 참여를 유도할 수 있었다. 따라서 설문조사는 다단계 형태의 모집을 통하여 확산되었다.

이 태도 질문은 미국 종합사회조사에서 가져왔다. 예를 들면, "당신의 친구 ○○는 중동 상황에 대하여 팔레스타인 사람들보다 이스라엘 사람들에게 더 공감합니까?", "당신의 친구 ○○는 보편적 의료 서비스를 제공하기 위하여 정부에게 더 많은 세금을 낼 것 같습니까?"와 같이 심오한 질문들 위에, 연구자들은 더 가벼운 질문들을 섞었다: "당신의 친구 ○○는 맥주보다 와인을 더 많이 마십니까?", "당신의 친구 ○○는 하늘을 나는 능력 대신에 마음을 읽는 능력을 택할 것 같습니까?" 이러한 가벼운 질문들은 응답자에게 설문조사 과정을 더 즐겁게 하고, 연구자들에게는 흥미로운 비교를 가능하게 한다. 그렇다면 태도 일치는 심오한 정치적 문제와 술과 초능력에 관한 가벼운 질문에서 모두 비슷하게 나타날까?

이 연구로부터 주요 결과가 세 가지 나왔다. 첫째, 낯선 사람보다는 친구들이 동일한 대답을 더 주었지만, 아주 가까운 친구들이라도 일치하지 않는 대답이 약 30%였다. 두 번째, 응답자들은 친구들과의 태도 일치를 과대평가했다. 다시 말해서 친구 간에 존재하는 의견의 다양성은 대부분 포착되지 못했다. 마지막으로, 응답자는 술과 초능력과 같은 가벼운 주제와 진지한 정치적 주제에 대해 비슷한 정도로 친구들과의 의견 불일치를 인지하는 것으로 보였다.

이 앱은 아쉽게도 이제는 실행할 수 없지만, 연구자가 표준적인 태도 설문조사를 재미있는 방식으로 바꿀 수 있다는 것을 보여주는 좋은 예시였다. 더 일반적으로 말하자면, 약간의 창의성과 설계 작업으로도 설문조사 참여자를 위하여 사용자 경험을 향상시킬 수 있다. 따라서 다음에 여러분이 설문조사를 설계할 때, 여러분의 참여자에게 더 나은 경험을 주기 위하여 무엇을 할 수 있을지 생각해보라. 몇몇은 게임화가 데이터의 품질을 낮출 수도 있다고 생각하여 경계할지도 모르지만, 나는 지루함을 느끼는 참여자야말로 데이터 품질에 더 큰 위험 요소가 될 수 있다고 생각한다.

고엘과 동료들의 연구는 또한 설문조사를 빅 데이터에 연계하기라는 다음 절의 주제를 보여준다. 이 경우에 연구자들은 설문조사를 페이스북과 연계함으로써 자동적으로 참여자의 친구 목록에 접근할 수 있었다. 다음 절에서 우리는 설문조사와 빅 데이터의 연계에 대하여 더 자세하게 살펴볼 것이다.

3.6. 빅 데이터에 설문조사를 연계하기

빅 데이터에 설문조사를 연계하는 것은 데이터가 독립적으로 만들어낼 수 없는 추정값의 산출을 가능하게 한다.

대부분의 설문조사는 분리되어 있고 자족적 노력에 의해 이루어진다. 그들은 서로 연계되지 않고, 세상에 존재하는 다른 데이터를 이용하지도 않는다. 그러나 디지털 시대에 이 부분은 변화를 맞이하게 될 것이다. 2장에서 논의된 빅 데이터와 설문조사 데이터의 연계를 통해 얻을 수 있는 것이 너무 많다. 두 가지 유형의 데이터를 조합함으로써, 어느 한 가지 데이터로는 불가능했던 것이 종종 가능해진다.

설문조사 자료와 빅 데이터를 결합할 수 있는 몇몇 방법이 있다. 이번 절에서 나는 유용하고 뚜렷한 두 가지 접근 방식을 다룰 것이고, 그것들을 **자료 풍요화**enriched asking와 **자료 증폭**amplified asking이라 부를 것이다(그림 3.12). 각각의 접근 방식을 구체적인 예시와 함께 설명하겠지만, 여러분은 이들이 다른 유형의 설문조사 자료와 다른 유형의 빅 데이터 자료를 함께 사용할 수 있는 일반적인 방법이라는 것을 유념하길 바란다. 나아가, 여러분은 각 예시가 두 가지 다른 방식으로 해석 가능하다는 것을 염두에 두어야 한다. 1장의 내용을 다시 생각해보면, 몇몇 사람들은 이러한 연구들을 '레디메이드' 빅 데이터의 가치를 향상시키는 '커스텀메이드' 설문조사의 예시로 볼 것이고, 다른 사람들은 '커스텀메이드' 설문조사의 가치를 높이는 '레디메이드' 빅 데이터의 예시로 볼 것이다. 여러분은 두 가지 관점에서 모두 볼 수 있어야 한다. 마지막으로, 여러분은 어떻게 이 예시들이 설문조사와 빅 데이터가 대체재가 아닌 보완재라는 사실을 명확하게 보여주는지 주목해야 한다.

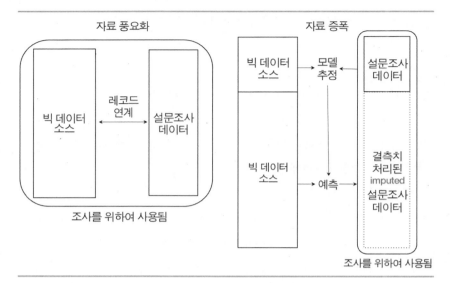

그림 3.12_ 설문조사 데이터와 빅 데이터를 결합하는 두 가지 방법.
자료 풍요화(3.6.1항)에서 빅 데이터는 핵심적인 관심사를 측정하고 설문조사 데이터는
그 주변에 필요한 맥락을 구축한다. 자료 증폭(3.6.2항)에서 빅 데이터는 핵심적인 관심사
를 측정하지 않지만 설문조사 데이터를 증폭시키는 데 사용된다.

3.6.1. 자료 풍요화

> 자료 풍요화에서, 설문조사 데이터는 몇몇 중요한 측정 정보는 가지고 있으나
> 그 외의 것들이 부족한 빅 데이터에 맥락을 형성한다.

설문조사 데이터와 빅 데이터를 결합하는 한 가지 방법은 내가 **자료 풍요화**
enriched asking라고 부르는 과정이다. 자료 풍요화에서 빅 데이터는 몇 가지 중
요한 정보를 포함하고 있지만 다른 정보들은 결핍되어 있기 때문에 연구자는
설문조사에서 누락된 측정값을 수집한 뒤에 두 가지 데이터를 연계한다. 자료
풍요화의 예시 한 가지는 3.2절에서 설명한 버크와 크라우트(Burke and Kraut,
2014)의 연구로, 페이스북에서의 상호작용이 친구 사이 친밀도를 높일 수 있는

지에 대한 것이었다. 이 경우, 버크와 크라우트는 설문조사 데이터를 페이스북 로그 데이터와 결합했다.

하지만 버크와 크라우트가 작업한 환경에서는, 자료 풍요화를 사용하는 연구자들이 일반적으로 직면하는 큰 문제 두 가지를 다룰 필요가 없었다. 먼저, **레코드 연계**record linkage라 부르는 과정인 개별 수준의 데이터셋들을 실제로 연결하는 일은 어려울 수 있다. 한 데이터셋의 정확한 기록이 다른 데이터셋의 정확한 기록과 일치하도록 보장하기 위해 사용되는 고유한 식별자가 두 데이터 소스에 존재하지 않는다면 말이다. 자료 풍요화와 관련한 두 번째 주요 문제는 데이터가 생성되는 과정이 독점적일 수 있고, 2장에서 설명한 많은 문제에 취약할 수 있기 때문에, 연구자들이 빅 데이터의 품질을 평가하는 것이 때때로 어려울 것이라는 점이다. 다시 말해, 자료 풍요화는 알 수 없는 품질의 블랙박스 데이터를 설문조사와 연계시키는 데에서 종종 오류를 수반한다. 그러나 이러한 문제가 있음에도, 스티븐 앤솔라베에르Stephen Ansolabehere와 에이탄 허시Eitan Hersh(2012)의 미국 투표 패턴에 대한 연구에서 증명됐듯이 자료 풍요화는 중요한 연구를 수행하는 데 사용될 수 있다.

투표율은 정치학에서 광범위한 연구의 주제가 되어왔고, 과거에는 누가 왜 투표를 했는지에 대한 연구자들의 이해가 일반적으로 설문조사 자료의 분석에 기반했다. 그러나 미국에서 투표 행위는 정부가 각각의 시민이 투표를 했는지 여부를 기록한다는 점에서 이례적이다(물론, 정부가 각 시민이 누구에게 투표했는지는 기록하지 않는다). 여러 해 동안 정부의 투표 기록은 전국 지방 관청에 흩어져 있는 종이 형태로만 이용 가능했다. 이 때문에 정치학자들이 유권자에 대한 완벽한 정보를 활용해 사람들이 설문조사에서 투표에 대하여 대답하는 내용과 실제 투표 행동을 비교하는 것이 어려웠지만, 그렇다고 불가능하지는 않았다(Ansolabehere and Hersh, 2012).

그러나 이러한 투표 기록은 이제 디지털화되었고, 많은 민간 기업들이 그것들을 체계적으로 수집하고 병합하여 모든 미국인들의 투표 행동을 담고 있는 종합 마스터 투표 파일을 만들어냈다. 앤솔라베에르와 허시는 유권자에 대한

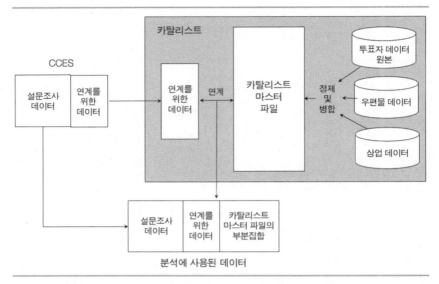

그림 3.13_ 앤솔라베에르와 허시의 연구 도식(Ansolabehere and Hersh, 2012).
마스터 데이터 파일을 만들기 위해 카탈리스트는 다양한 출처에서 나온 정보를 결합하고
조화시켰다. 이 병합 과정은 아무리 주의한다 하더라도 본래의 데이터에 있는 오류를 전
파시키고 새로운 오류를 발생시킬 것이다. 두 번째 오류 발생의 근원은 설문조사 데이터
와 마스터 데이터 파일 간의 레코드 연계에 있었다. 만약 모든 사람이 두 데이터에서 모두
안정적이고 고유한 식별자를 가지고 있었다면, 연계는 아주 쉽게 이루어졌을 것이다.

더 나은 예측을 개발하려는 목적으로 마스터 투표 파일을 사용하기 위하여 그
기업 중 하나인 카탈리스트 LCCCatalist LCC와 제휴를 맺었다. 또한 이들의 연
구는 데이터 수집과 결합에 상당한 자원을 투자한 민간 기업이 수집하고 관리
한 디지털 기록에 의존했기 때문에, 기업의 도움 없이 기존에 아날로그 기록을
사용하여 이루어졌던 이전 노력보다 더 많은 이점을 가졌다.

2장에 나온 많은 빅 데이터 자료들과 같이, 카탈리스트 마스터 파일에는 앤
솔라베에르와 허시가 필요로 하는 인구통계학적 정보, 태도, 그리고 행동 정보
가 많이 포함되어 있지 않았다. 실제로, 그들은 검증된 투표 행동(카탈리스트 데
이터베이스 정보)과 설문조사에서 보고된 투표 행동을 비교하는 데 특히 관심이

있었다. 그래서 앤솔라베에르와 허시는 대규모 설문조사로 그들이 원했던 데이터, 이 장의 앞부분에서 언급한 CCES(의회 공동 선거 연구)를 수집했다. 그러고 나서 그들은 그 데이터를 카탈리스트에게 주었고, 카탈리스트는 검증된 투표 행동(카탈리스트로부터), 스스로 보고한 투표 행동(CCES로부터), 그리고 응답자들의 인구 통계와 태도(CCES로부터)를 병합한 데이터 파일을 연구자들에게 주었다(그림 3.13). 즉, 앤솔라베에르와 허시는 어느 데이터에서도 독립적으로는 가능하지 않았던 연구를 위하여 투표 기록 데이터와 설문조사 데이터를 결합하였다.

그러나 이 경우, 카탈리스트는 성별, 생년월일, 집 주소와 같은 불완전한 식별자를 사용하여 연계를 해야 했다. 불행하게도, 많은 경우 불완전하거나 부정확한 정보가 있을 수 있다. 호머 심슨Homer Simpson이라는 투표자는 호머 제이 심슨Homer Jay Simpson, 호미 J. 심슨Homie J. Simpson, 혹은 심지어 호머 샘신Homer Sampsin으로 나타날 수 있다. 카탈리스트 마스터 데이터 파일의 잠재적 오류와 레코드 연계의 오류에 대한 가능성이 있음에도, 앤솔라베에르와 허시는 몇 가지 다른 유형의 검사를 통해 추정치에 대한 신뢰를 쌓을 수 있었다.

그들의 결합 데이터 파일을 가지고, 앤솔라베에르와 허시는 중요한 세 가지 결론을 도출했다. 첫째, 투표에 대한 과대 보고가 난무하고 있다. 실제로 투표하지 않은 사람들의 거의 절반이 투표했다고 보고했으며, 누군가 투표했다고 보고했다면 그가 실제로 투표했을 확률은 80%에 지나지 않았다. 둘째, 과대 보고는 무작위적이지 않다. 과대 보고는 고소득층, 고학력자, 공직에 종사하는 사람들 사이에서 더 흔했다. 다시 말해서, 투표 가능성이 높을 것 같은 사람들은 투표에 대하여 거짓말을 할 가능성이 높았다. 그리고 가장 중요한 셋째는, 과대 보고의 체계적 특성 때문에 투표한 사람과 투표하지 않은 사람 사이의 실제 차이는 설문조사에서 드러난 것보다 적다는 것이다. 예를 들어, 학사학위 소지자는 비소지자에 비해 투표 보고 확률이 약 22%포인트 높지만, 실제 투표할 확률은 10%포인트만큼만 높았다. 기존의 자원 기반 투표 이론이 누가 실제로 투표할지를 예측하는 것보다 누가 투표를 보고할 것인지를 예측하는 데 훨씬 더 뛰어나다고 밝혀진 것은 놀라운 일이 아니었다. 그러므로 앤솔라베에르와 허시(Ansolabehere and Hersh, 2012)의 연구 내용을 통해 우리는 투표를 이해하고 예측하기 위한 새로운 이론을 요청하게 된다.

하지만 우리는 이러한 결과를 얼마나 신뢰할 수 있을까? 이러한 결과는 알 수 없는 양의 오류가 있는 블랙박스 데이터에 연계하는 오류 발생률에 따라 달라진다. 보다 구체적으로, 결과는 두 가지 핵심 단계에 달려 있다. ① 서로 다른 많은 데이터 소스를 결합하여 정확한 마스터 데이터 파일을 만드는 카탈리스트의 능력과 ② 설문조사 데이터를 마스터 데이터 파일에 연계하는 카탈리스트의 능력이다. 각각의 단계들은 어렵고, 어느 단계에서든 오류가 발생하면 연구자들이 잘못된 결론을 내릴 수 있다. 그러나 데이터 처리와 연계는 모두 기업으로서 카탈리스트가 지속적으로 생존하는 데 매우 중요하므로, 이러한 문제를 해결하는 데 자원을 투자할 수 있으며, 가끔은 어떤 학술 연구자도 따라올 수 없는 규모로도 투자할 수 있다. 앤솔라베에르와 허시는 그들의 논문에서 비록 독점적 데이터 일부에 대해서는 아닐지라도 이 두 단계의 결과를 확인하기 위해 많은 검사 단계를 거쳤고, 이러한 검사는 설문조사 데이터를 블랙박스 빅 데이터와 연계하고자 하는 다른 연구자들에게 도움이 될 수 있을 것이다.

연구자들이 이 연구에서 얻을 수 있는 교훈은 무엇일까? 첫째, 설문조사 데이터로 빅 데이터를 풍부하게 하는 것과 빅 데이터로 설문조사 데이터를 풍부하게 하는 것은 모두 엄청난 가치가 있다는 점이다(여러분은 이 연구를 어느 쪽으로든 볼 수 있다). 이 두 가지 데이터를 결합함으로써 연구자들은 둘 중 하나의 데이터만으로는 불가능했던 것을 해냈다. 두 번째 교훈은 카탈리스트의 데이터와 같이 통합적이고, 상업적인 데이터를 '지상의 사실'로 생각해서는 안 되지만, 경우에 따라서는 그것이 유용할 수 있다는 것이다. 회의론자들은 이러한 통합적이고 상업적인 데이터는 절대적인 진실과 비교했을 때 부족하다고 지적한다. 그러나 이 경우 회의론자들은 잘못된 비교를 하는 것이다. 원래 연구자들이 사용하는 모든 데이터는 절대적인 진실에 미치지 못한다. 오히려 통합적이고 상업적인 데이터를 항상 오류를 지닌 다른 이용 가능한 데이터(자가 보고 투표 행동 등)와 마찬가지로 생각하는 것이 좋다. 마지막으로 앤솔라베에르와 허시의 연구가 주는 세 번째 교훈은, 많은 민간 기업들이 복잡한 사회적 데이터셋을 수집하고 조화시키기 위해 막대한 투자를 하는 것에서 연구자들이 이익을 얻을 수 있다는 것이다.

3.6.2. 자료 증폭

> 자료 증폭은 소수의 사람들로부터 얻은 설문조사 데이터와 다수의 사람들에게서 얻은 빅 데이터를 결합하기 위하여 예측 모델을 사용한다.

설문조사와 빅 데이터를 결합하는 다른 방법은 내가 **자료 증폭**amplified asking 이라고 부르게 될 과정이다. 자료 증폭에서 연구자는 소량의 조사 데이터를 빅 데이터와 결합하는 예측 모델을 사용하여, 어느 하나의 데이터 소스가 개별적으로는 산출 불가능한 규모나 세밀함을 가진 경우에도 추정치를 산출한다. 자료 증폭의 중요한 예는 빈민국의 개발을 도울 수 있는 데이터를 수집하고자 했던 조슈아 블루먼스톡Joshua Blumenstock의 연구에서 볼 수 있다. 과거에는 이런 종류의 데이터를 수집하는 연구자들은 일반적으로 표본조사와 인구조사 접근법 중 하나를 택해야 했다. 연구자가 소수의 사람들을 인터뷰하는 표본조사는 유연하고 시기적절하며 상대적으로 저렴할 수 있으나, 이러한 조사는 표본에 기반을 두기 때문에 해상도 면에서 한계를 갖는다. 표본조사로는 특정 지역이나 특정 인구 집단에 대한 추정치를 산출하기 어려운 경우가 종종 있다. 반면에 인구조사는 모든 사람들을 인터뷰하려고 시도하기 때문에 작은 지리적 지역이나 인구통계학적 집단에 대한 추정치를 산출하는 데 사용될 수 있다. 그러나 인구조사는 일반적으로 비용이 많이 들고 초점이 좁으며(소수의 몇 가지 질문만을 포함한다), 시기적절하지 않다(10년마다와 같이 고정된 일정에 의하여 이루어진다)(Kish, 1979). 연구자들이 표본조사나 인구조사 한 가지에 얽매이기보다는 두 가지 모두로부터 가장 좋은 특성을 결합할 수 있다고 상상해보자. 이를테면 연구자들이 매일 모든 사람에게 모든 질문을 할 수 있다고 상상해보는 것이다. 분명히, 이러한 상시 접근 방식을 사용한 유비쿼터스 설문조사는 사회과학이 가진 일종의 환상이다. 그러나 이제 우리는 소수를 대상으로 한 설문조사와 다수를 대상으로 한 디지털 흔적을 결합함으로써 이러한 환상에 다가가기 시작할 수 있을 것으로 보인다.

블루먼스톡의 연구는 르완다의 가장 큰 휴대전화 사업자와 제휴를 맺으면서 시작되었고, 회사는 2005년에서 2009년 사이에 고객 약 150만 명에 대한 익명 처리된 통화 기록을 제공하였다. 이 기록들은 발신자와 수신자 간 시작 시간, 지속 시간, 발신자와 수신자의 대략적인 지리적 위치와 같은 통화와 문자 메시지에 대한 정보를 포함하였다. 내가 통계적 문제에 대해 논하기에 앞서, 이 첫 번째 단계가 많은 연구자들에게 어려운 것 중 하나일 수 있다는 점을 인지해야 한다. 내가 2장에서 설명한 바와 같이, 대부분의 빅 데이터는 연구자에게 **접근 불가능**하다. 전화 메타 정보는 기본적으로 익명화가 거의 불가능하고, 참여자가 민감하게 생각할 만한 정보들을 포함하기 때문에 특히나 접근이 불가능하다(Mayer, Mutchler, and Mitchell, 2016; Landau, 2016). 이 특수한 경우에서 연구자들은 (IRB를 통해) 데이터를 보호하고 연구가 제3자에게 노출되지 않도록 주의했다. 윤리적인 문제에 대한 것은 6장에서 더 자세하게 설명하겠다.

블루먼스톡은 부와 복지를 측정하는 데 관심이 있었다. 그러나 이러한 특징들은 통화 기록에 직접 나타나지 않는다. 다시 말해 이러한 통화 기록이 연구를 위해서는 **불완전한**데, 이러한 불완전성은 2장에서 자세히 논의된 것처럼 빅 데이터의 공통적인 특징이다. 그러나 통화 기록에는 부와 복지에 대해 간접적으로 제공할 수 있는 정보가 있을 것으로 보인다. 이러한 가능성을 감안하여, 블루먼스톡은 사람들의 통화 기록을 바탕으로 설문조사에 어떻게 반응할지를 예측하는 기계 학습 모델을 훈련시킬 수 있는지 물었다. 만약 이것이 가능하다면, 블루먼스톡은 150만 고객의 조사 응답을 예측하기 위해 이 모델을 사용할

메이커스

손으로 즐기는 과학 매거진 《메이커스: 어른의 과학》
직접 키트를 조립하며 과학의 즐거움을 느껴보세요

회원전용 쇼핑몰에서
할인 쿠폰 증정

www.makersmagazine.net

이메일 주소 하나만 입력하시면
《메이커스: 어른의 과학》의 회원이 될 수 있습니다
네이버 카페: cafe.naver.com/makersmagazine

동아시아

vol.1

70쪽 | 값 48,000원

천체투영기로 별하늘을 즐기세요!
이정모 서울시립과학관장의
'손으로 배우는 과학'

make it! **신형 핀홀식 플라네타리움**

vol.2

86쪽 | 값 38,000원

나만의 카메라로 촬영해보세요!
사진작가 권혁재의
포토에세이 사진인류

make it! **35mm 이안리플렉스 카메라**

vol.3

Vol.03-A 라즈베리파이 포함 | 66쪽 | 값 118,000원
Vol.03-B 라즈베리파이 미포함 | 66쪽 | 값 48,000원
(라즈베리파이를 이미 가지고 계신 분만 구매)

라즈베리파이로 만드는
음성인식 스피커

make it! **내맘대로 AI스피커**

vol.4

74쪽 | 값 65,000원

바람의 힘으로 걷는 인공 생명체
키네틱 아티스트
테오 얀센의 작품세계

make it! **테오 얀센의 미니비스트**

vol.5

74쪽 | 값 188,000원

사람의 운전을 따라 배운다!
AI의 학습을 눈으로 확인하는
딥러닝 자율주행자동차

make it! **AI자율주행자동차**

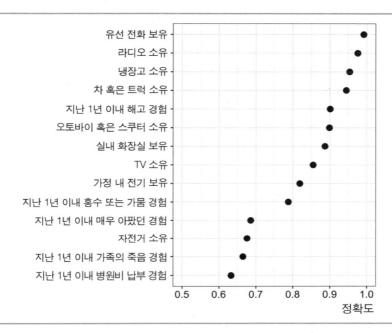

그림 3.14_ 통화 기록을 바탕으로 훈련된 통계적 모델의 예측 정확도.
자료: 블루먼스톡(Blumenstock, 2014), 표 2에서 발췌.

수 있었을 것이다.

이러한 모델을 만들고 훈련시키기 위해, 블루먼스톡과 키갈리 과학기술연구원Kigali Institute of Science and Technology의 연구보조원들은 무작위로 고객 약 1,000명을 추출하여 전화를 걸었다. 연구진은 참가자들에게 프로젝트의 목표를 설명하고 설문조사 응답을 통화 기록과 연계하는 것에 대한 동의를 구한 뒤, "라디오를 소유하고 있습니까?", "자전거를 소유하고 있습니까?"와 같은, 자신의 부와 복지 상태를 측정하기 위한 일련의 질문을 했고(그림 3.14에서 목록의 일부 참조), 설문조사에 참가한 모든 이들은 경제적 보상을 받았다.

다음으로, 블루먼스톡은 기계 학습에서 자주 쓰이는 2단계 절차를 활용했다. 먼저 초기 데이터에 특징을 부여한 뒤feature engineering, 이를 바탕으로 지도 학습을 진행하는 방식이다. 첫 번째로, 특징 부여 단계에서 블루먼스톡은 인터뷰한 모든 사람들에 대한 통화 기록을 각 개인의 여러 특성으로 변환시켰다. 데이터과학자들은 이러한 특성들을 '특징feature'이라고 부르고, 사회과학자들은 이들을 '변수variable'라고 부른다. 예를 들어, 블루먼스톡은 각 개인에 대하여 활동 일수, 연락한 개별 사람들의 수, 휴대전화 사용 시간에 지출한 돈의 양 등을 계산했다. 중요한 것은 적절한 특징 부여는 연구 설정에 대한 지식을 필요로 한다는 점이다. 예를 들어 국내 통화와 국제 통화를 구별하는 것이 중요한 경우(국제 통화를 하는 사람들이 더 부유할 것으로 예상할 수 있다), 이는 항상 특징 부여 단계에서부터 다루어져야 한다. 르완다에 대한 이해가 부족한 연구자라면 이 특징을 포함하지 않을 수 있으며, 그렇게 되면 모델의 예측 성능이 낮아지게 될 것이다.

다음으로 **지도 학습**supervised learning 단계에서, 블루먼스톡은 개인의 특징을 바탕으로 설문조사 응답을 예측하기 위한 모델을 만들었다. 여기서 블루먼스톡은 로지스틱 회귀분석을 사용했지만, 그는 다양한 통계적 혹은 기계 학습 방법을 사용할 수 있었다.

그래서 이 방식이 얼마나 잘 작용했을까? 블루먼스톡은 통화 기록에서 드러난 특징들을 이용하여 "라디오를 소유하고 있습니까?" 혹은 "자전거를 소유하고 있습니까?"와 같은 설문조사 질문에 대한 답변을 예측할 수 있었을까? 그의 예측 모델 효과를 평가하기 위해 블루먼스톡은 데이터과학에는 일반적으로 사용되지만 사회과학에는 거의 사용되지 않는 기법인 교차 검증cross-validation을 사용했다. 교차 검증의 목적은 데이터의 한 부분 집합을 활용해 모델을 훈련시키고 다른 부분 집합에서 검정함으로써 모델의 예측 성능에 대한 공정한 평가를 내리는 것이다. 특히 블루먼스톡은 그의 데이터를 각각 100명씩 총 열 개의 집단으로 나누었다. 그다음 아홉 개의 집단을 이용해 자신의 모델을 훈련시켰고, 남은 한 집단을 가지고 훈련된 모델의 예측 성능을 평가하였다. 그는 각 집단이 한 번씩 검증 데이터로 사용되도록 이 과정을 열 번 반복했고, 그 결과들의 평균을 냈다.

몇 가지 특징에서 예측의 정확도가 높게 나타났다(그림 3.14). 예를 들면, 블

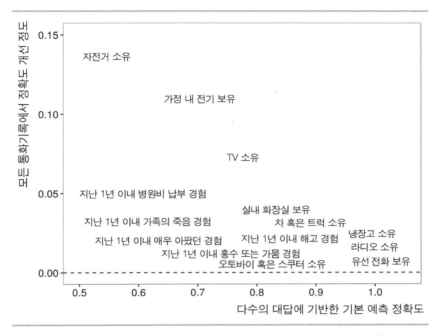

그림 3.15_ 통화 기록을 바탕으로 훈련된 통계 모델과 단순 기본 예측의 예측 정확도 비교. 수치가 겹치는 것을 방지하기 위하여 약간씩 조정되었다.

자료: 블루먼스톡(Blumenstock, 2014: 표 2)에서 발췌.

루먼스톡은 라디오를 소유한 사람을 97.6%의 정확도로 예측할 수 있었다. 결과가 놀라울 수 있겠지만, 항상 간단한 대안책과 복잡한 예측 방식을 비교하는 것은 중요하다. 이 경우 간단한 대안책은 모든 사람이 동일하게 가장 높은 응답률을 보인 답변을 할 것이라 예측하는 것이다. 만약 응답자의 97.3%가 라디오를 소유하고 있고, 블루먼스톡이 모든 사람이 라디오를 소유하고 있다고 응답할 것이라 예측한다면 그는 더 복잡한 절차를 통해 얻은 결과(정확도 97.6%)와 놀라울 만큼 유사한 97.3%의 정확도를 갖게 된다. 다시 말해, 이 모든 복잡한 데이터와 모델링은 예측 정확도를 97.3%에서 97.6%로 증가시켰다는 것이다. 그러나 "자전거를 소유하고 있습니까?"와 같은 질문에서, 예측 정확도는 54.4%에서 67.6%로 향상되었다. 종합적으로 볼 때 그림 3.15는, 몇몇 특징에

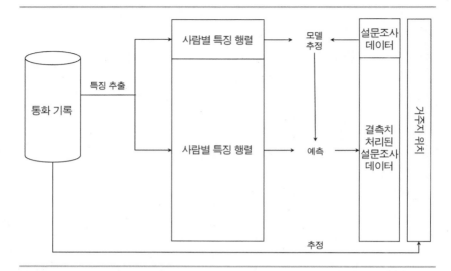

그림 3.16_ 블루먼스톡, 카다무로와 온(Blumenstock, Cadamuro, and On, 2015)의 연구 도식.

전화 회사에서 받은 통화 기록을 각 사람은 하나의 행, 각 특징(변수)은 하나의 열인 행렬로 변환했다. 다음으로, 연구자들은 사람별 특징 행렬로부터 설문조사 응답을 예측하기 위한 지도 학습 모델을 구축했다. 그리고 지도 학습 모델을 사용해 모든 150만 고객의 설문조사 응답 내용에 예측치를 채워 넣는 방식으로 결측치를 처리impute했다. 또한, 연구자들은 그들의 통화 위치를 기반으로 고객 150만 명의 대략적인 거주지를 추정했다. 추정되는 부와 추정되는 거주지라는 두 개의 추정치를 결합했을 때, 그 결과는 전통적인 설문조사의 시금석으로 여겨졌던 인구통계 건강조사를 통한 추정치와 유사했다(그림 3.17).

서는 블루먼스톡이 단순 기본 예측보다 성능을 향상시키지 못했으나, 다른 몇몇에서는 약간 향상이 있었던 것을 보여준다. 그러나 이 결과만을 가지고 본다면, 여러분은 이 접근 방식이 썩 긍정적으로 보이지 않을 수도 있다.

그러나 정확히 1년 뒤에 블루먼스톡과 두 명의 동료, 가브리엘 카다무로 Gabriel Cadamuro와 로버트 온Robert On은 《사이언스》에 훨씬 더 나은 결과를 보여주는 논문을 발표하였다(Blumenstock, Cadamuro, and On, 2015). 이러한 발전에는 두 가지 주요 기술적 이유가 뒷받침되었다. ① 그들은 더 정교한 방법(특징 부여 단계에서의 새로운 접근과 특징에서 반응을 예측하는 더 정교한 모델)을 사용했다. ② 개인적 설문조사 질문(예를 들면 "라디오를 소유하고 있습니까?" 등)으로부터 추론을 시도하는 대신에, 그들은 종합 재산 지수를 추론하고자 시도했다. 이러한 기술적 개선으로 인해 그들은 표본에 있는 사람들의 부를 예측하기 위하여 통화 기록을 합리적으로 사용할 수 있게 되었다.

그러나 표본 내 사람들의 부를 측정하는 것이 연구의 궁극적인 목표는 아니었다. 최종적인 목표는 개발도상국의 빈곤에 대한 정확하고 고해상도인 추정치를 구하기 위해 표본조사와 전수조사의 가장 좋은 특징들을 결합하는 것이었다. 이러한 목표를 달성하기 위한 그들의 능력을 평가하기 위해, 블루먼스톡과 동료들은 그들의 모델과 데이터를 통해, 통화 기록으로 150만 명의 빈부를 예측했다. 그리고 각 개인의 대략적인 주거 지역을 추정하기 위해서 통화 기록에 포함된 지리공간 정보(각 통화에 대해 가장 가까운 기지국 위치에 근거하여)를 사용했다(그림 3.16). 이 두 가지 추정치를 종합하여, 블루먼스톡과 동료들은 극도로 미세한 공간적 세분화를 통해 전화 가입자의 부의 지리적 분포도를 추정해냈다. 예를 들면 그들은 르완다의 가장 작은 행적 단위인 2,148개의 각 구역에서 부의 평균을 추정할 수 있었다.

이 추정치들이 지역의 빈곤 수준과 실제로 얼마나 일치했을까? 이 질문에 대답하기 전에 나는 회의적으로 답할 이유는 충분히 많다는 사실을 강조하고자 한다. 예를 들면 개인적 수준에서 예측을 하는 것은 꽤나 논란이 많다(그림 3.17). 그리고 더 중요한 것은, 휴대전화를 사용하는 사람들은 휴대전화가 없는 사람들과 체계적으로 다를 수 있다는 점이다. 그러므로 블루먼스톡과 동료들은 내가 앞서 설명했던 1936년 《리터러리 다이제스트》 설문조사를 편향시켰던 범위 오차 유형의 문제를 겪었을 수도 있다.

그들 추정치의 품질에 대해 평가하기 위해, 블루먼스톡과 동료들은 그들의 추정치를 다른 것과 비교해볼 필요가 있었다. 다행히도 그들의 연구와 거의 동시에, 다른 연구자 집단이 르완다에서 더 전통적인 사회조사를 진행하고 있었다. 널리 인정받는 인구통계 건강조사 프로그램의 일부였던 이 설문조사는 많은 예산을 바탕으로 고품질의 전통적인 방법을 사용했다. 그러므로 인구통계

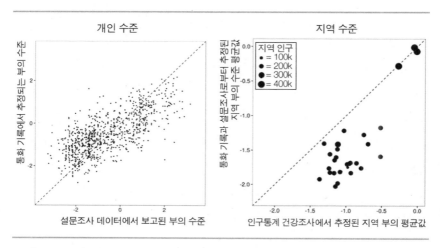

그림 3.17_ 블루먼스톡, 카다무로와 온(2015)의 결과.
개인 차원에서 연구자들은 누군가의 통화 기록에서 부를 예측하는 합리적인 작업을 할
수 있었다. 개인 수준의 부와 거주지에 대한 추정치에 근거한 르완다 30개 지역의 부에
대한 추정치는 시금석으로 여겨졌던 인구통계 건강조사로부터의 추정치와 비슷했다.
자료: 블루먼스톡, 카다무로와 온(Blumenstock, Cadamuro, and On, 2015: 그림 1a와 3c)에서
발췌.

건강조사로부터 얻은 추정치는 합리적으로 생각했을 때 일종의 시금석이 될
수 있다. 두 연구의 추정치를 비교했을 때, 둘은 꽤나 유사했다(그림 3.17). 즉,
통화 기록 데이터에 적은 양의 설문조사 데이터를 결합함으로써 블루먼스톡과
동료들은 최상의 전통적인 접근 방식을 통하여 얻은 추정치와 비교할 만한 추
정치를 산출할 수 있었다.

　회의론자들은 이 결과에 실망을 표할지도 모른다. 결론적으로 블루먼스톡
과 동료들은 빅 데이터와 기계 학습을 사용함으로써 이미 존재하는 방법들로
부터 더 신뢰할 수 있는 추정치를 생산할 수 있었다고 보는 시각도 가능하다.
그러나 나는 다음 두 가지 이유에서 그것만이 이 연구에 대해 생각하는 올바른
방식은 아니라고 생각한다. 첫째, 블루먼스톡과 동료들이 산출한 추정치는 (가
변 비용의 관점에서 비용을 측정했을 때) 약 10배 빠르고 50배가량 저렴했다. 이 장
의 앞부분에서 주장했듯, 연구자들은 위험을 무릅쓰고도 비용을 무시한다. 이

경우를 예로 들면, 극적인 비용 감소는 몇 년마다 시행되는 인구통계 건강조사와 달리 같은 연구를 매달 진행할 수 있다는 것을 의미하며, 이는 연구자들과 정책 입안자들에게 수많은 이점을 제공할 것이다. 회의론자의 입장을 받아들이지 않는 두 번째 이유는 이 연구가 다른 많은 연구 상황에 적용될 수 있는 기본적인 레시피를 제공하기 때문이다. 이 레시피는 오직 두 가지의 재료와 두 가지 단계밖에 없다. 그 재료란 ① 넓지만 얕은 수준의 빅 데이터(즉, 사람 수는 많지만 각각의 사람에 대한 필요한 정보를 가지고 있지 않은 데이터), 그리고 ② 좁지만 두터운 수준의 설문조사 데이터(즉, 소수의 사람만이 있으나 그 사람들에 대한 필요한 정보를 가지고 있는 데이터)이다. 이 재료들은 두 가지 단계로 결합된다. 먼저, 두 데이터에 있는 사람들을 위해 빅 데이터를 사용하여 설문조사 응답 내용을 예측할 수 있는 기계 학습 모델을 만든다. 다음으로, 빅 데이터에 있는 모든 사람들의 설문 응답에서 결측치를 예측치로 대체impute하기 위해 그 모델을 사용한다. 만약 여러분이 다수에게 묻고자 하는 질문이 있다면, 여러분이 그 빅 데이터에 관심이 없더라도 설문 응답 내용을 예측하는 데 도움이 될 만한 빅 데이터 자료를 찾아보도록 하라. 즉, 블루먼스톡과 동료들은 본질적으로는 통화 기록에 관심을 두지 않았다. 그들은 단지 그들이 관심 있는 설문조사 응답 내용을 예측하는 데 사용 가능했기 때문에 통화 기록을 신경 썼을 뿐이다. 빅 데이터에 대한 간접적인 관심이라는 특성은 내가 앞서 설명한 자료 풍요화와는 다른, 자료의 증폭을 만든다.

결론적으로, 블루먼스톡의 자료 증폭 접근법은 훌륭한 전통적 설문조사 결과와 견줄 만한 추정치를 산출하기 위하여 설문조사 데이터와 빅 데이터를 결합한 것이었다. 이 특별한 예시는 또한 자료 증폭과 전통적인 조사 방법 간의 몇몇 장단점을 명확하게 보여준다. 자료 증폭 방식을 통한 추정치는 더 시기적절하고, 상당히 저렴하며, 더 세분화되어 있다. 그러나 이런 종류의 자료 증폭 방식을 위해서는 아직 강력한 이론적 근거가 존재하지 않는다. 앞서 보여준 하나의 예시는 이 접근법이 작용할지 작용하지 않을지 여부를 정확하게 보여주지 않으며, 이 접근법을 사용하는 연구자들은 그들의 빅 데이터에 누가 포함되어 있고 누가 포함되어 있지 않은지로부터 발생할 수 있는 편향에 대하여 특히나 신경 써야 할 필요가 있다. 나아가, 자료 증폭 접근은 추정치에 대한 불확실성을 수량화할 수 있는 좋은 방법을 아직 가지고 있지 않다. 다행히도 자료 증폭은 통계학의 세 가지 큰 영역과 밀접한 연관성을 가지고 있다. 그 셋이란 소지역 추정small-area estimation(Rao and Molina, 2015), 결측치 대체imputation (Rubin, 2004), 모델 기반 사후층화(이 장의 앞부분에서 설명한 Mr. P의 방법과 밀접하게 관련되어 있다)(Little, 1993)이다. 이러한 밀접한 연관성으로 인해, 나는 자료 증폭의 많은 방법론적 토대가 곧 개선될 것이라 기대한다.

마지막으로, 블루먼스톡의 첫 번째와 두 번째 시도를 비교함으로써 디지털 시대의 사회연구에 대한 중요한 교훈을 얻을 수 있다. 시작은 끝이 아니라는 것이다. 많은 경우에 첫 번째 시도가 최선은 아닐 것이며, 연구자가 계속해서 노력한다면 결과는 더 나아질 수 있다. 일반적으로 사회연구에 대한 디지털 시대의 새로운 접근 방식을 평가할 때, 두 가지 분명한 평가 기준을 만드는 것이 중요하다. ① 그 방식이 현재 얼마나 잘 작동하는가? ② 데이터 지형이 변화하고 연구자가 문제에 대하여 더 많은 노력을 기울인다면 추후에 얼마나 더 잘 작동할 수 있을 것인가? 비록 연구자들은 첫 번째 종류와 같은 평가를 하도록 훈련받지만, 때로는 두 번째 평가가 더 중요하기도 하다.

3.7. 나오는 말

아날로그 시대에서 디지털 시대로의 전환은 설문조사 연구자에게 새로운 기회를 만들어준다. 이 장에서 나는 빅 데이터가 설문조사를 대체하지 않을 것이며, 빅 데이터의 풍부함은 설문조사의 가치를 감소시키는 것이 아니라 증가시킨다고 주장했다(3.2절). 다음으로는 설문조사 연구의 초기 두 시기 동안 개발되었으며, 연구자들이 설문조사 연구 3기를 개발하고 평가하는 데 도움이 될 종합 설문조사 오류 체계를 정리했다(3.3절). 흥미로운 발전이 있을 것으로 기대되는 영역으로는 ① 비확률 표집(3.4절), ② 컴퓨터-운영 면접(3.5절), ③ 설문조사와 빅 데이터 연계(3.6절)가 있다. 설문조사 연구는 기술과 사회의 변화에 의해 항상 주도되고 진화해왔다. 우리는 그 진화를 받아들이면서 동시에 이전 시대의 지혜를 계속해서 이끌어내야 한다.

부록_ 수학 노트

이 부록에서는 이 장에서 나온 개념들 일부를 좀 더 수학적 형태로 풀어내어 설명할 것이다. 여기서의 목표는 여러분이 설문조사 연구자들이 사용하는 표기법과 수학적 사고 체계에 좀 더 익숙해져서 이 주제와 관련된 더 기술적인 수학 자료로 넘어갈 수 있도록 돕는 것이다. 따라서 확률 표집을 소개하는 것을 시작으로 무응답을 동반한 확률 표집probability sampling with nonresponse, 그다음으로 비확률 표집까지 설명할 것이다.

확률 표집

하나의 예시로서, 미국의 실업률을 추정하는 것이 목표라고 생각해보자. $U = \{1, \cdots, k, \cdots, N\}$을 목표 모집단으로 하고, k라는 사람에 대한 결과 변수의 값을 y_k라고 하자. 이 예시에서 y_k는 k의 실업 상태 여부를 나타낸다. 마지막으로, $F = \{1, \cdots, k, \cdots, N\}$을 추출틀 모집단으로 설정하고, 문제를 단순하게 하기 위해 이를 목표 모집단과 동일하다고 가정해보자.

기본 표집 설계는 단순 무작위 비복원 추출simple random sampling without replacement이다. 이 경우에, 각 개인은 표본 $s = \{1, \cdots, i, \cdots, n\}$에 포함될 가능성이 같다. 이 표본 설계를 기반으로 데이터를 수집할 때, 연구자는 표본 평균으로 모집단의 실업률을 추정할 수 있다.

$$\hat{y} = \frac{\sum\limits_{i \in s} y_i}{n} \qquad (3.1)$$

여기서 y는 모집단의 실업률이고, $\hat{y}$는 실업률에 대한 추정치이다(^는 일반적으로 추정량을 가리킬 때 사용한다).

실제 연구에서 연구자들은 단순 무작위 비복원 추출을 거의 사용하지 않는다. 다양한 이유에서(내가 곧 설명하게 될 내용 중 하나) 연구자들은 종종 균등하지 않은 포함 확률probabillity of inclusion을 가진 표본을 만들기도 한다. 예를 들어, 연구자들은 캘리포니아 사람들보다 플로리다의 사람들을 더 높은 확률로 선택해 표본에 포함시킬 수 있다. 이 경우 표본의 평균값(식 3.1)은 좋은 추정량이 아닐 수 있다. 불균등한 포함 확률이 있는 경우에, 연구자는 대신 아래와 같은 식을 사용한다.

$$\hat{y} = \frac{1}{N} \sum_{i \in s} \frac{y_i}{\pi_i} \qquad (3.2)$$

여기서 $\hat{y}$는 실업률의 추정치이고, π_i는 i라는 사람이 표본에 포함될 확률이다. 표준적인 방식을 따라 나는 식 3.2의 추정량을 호비츠-톰슨 추정량Horvitz-Thompson estimator이라고 칭할 것이다. 호비츠-톰슨 추정량은 어떠한 확률 표집 설계에도 비편향적인 추정치를 도출하기 때문에 매우 유용하다(Horvitz and Thompson, 1952). 호비츠-톰슨 추정량은 매우 자주 등장하기 때문에, 이 추정량을 다음과 같이 바꾸어 쓸 수 있다는 점을 알아두는 것이 좋다.

$$\hat{y} = \frac{1}{N} \sum_{i \in s} w_i y_i \qquad (3.3)$$

여기서 $w_i = 1/\pi_i$이다. 식 3.3에서 볼 수 있듯이 호비츠-톰슨 추정량은 가중치가 선택 확률과 반비례의 관계를 갖는 가중 표본 평균이다. 다시 말해, 표본에 포함될 확률이 낮을수록, 추청치를 도출할 때 더 많은 가중치를 부여해야 한다는 것을 의미한다.

앞서 설명한 것과 같이, 연구자들은 가끔 불균등한 포함 확률을 가진 사람들을 표본으로 추출한다. 불균등한 포함 확률을 가져올 수 있는 설계의 한 예는

층화 표집stratified sampling으로, **사후층화**라 부르는 추정 절차와 밀접하게 관련되어 있기에 이를 이해하는 것은 중요하다. 층화 표집에서 연구자는 목표 모집단을 상호 배타적이면서 전체를 포괄하는 H개의 서로 다른 집단으로 분할한다. 이 집단들을 **계층**strata이라고 말하며, $U_1, \cdots, U_h, \cdots, U_H$라고 표시한다. 이 사례에서, 계층은 미국의 주states이다. 집단의 크기는 $N_1, \cdots, N_h, \cdots, N_H$라고 표시한다. 연구자는 주 수준의 실업률에 대한 추정치를 산출해내기 위한 충분한 대상의 수를 주마다 확보하기 위해 층화 표집을 사용하고자 할 수 있다.

일단 인구가 **계층**으로 분할되면, 연구자는 크기 n_h의 표본을 계층 간 독립적으로, 단순 무작위 비복원 추출을 한다고 가정하자. 나아가, 표본에서 선정된 모든 대상이 응답자가 된다고 가정하자(무응답과 관련해서는 다음 절에서 다루도록 하겠다). 이 경우, 포함 확률은 다음과 같다.

$$\text{모든 } i \in h \text{에 대하여} \quad \pi_i = \frac{n_h}{N_h} \tag{3.4}$$

이 확률들은 사람마다 다를 수 있으므로, 연구자들은 표집 설계에서 추정치를 산출할 때 연구자들은 호비츠-톰슨 추정량(식 3.2)을 사용하여 포함 확률의 반비례 값을 기준으로 각 대상자에게 가중치를 부여할 필요가 있다.

호비츠-톰슨 추정량이 비편향적이라고 하더라도, 연구자들은 **보조 정보**auxiliary information를 지닌 표본을 결합함으로써 더 정확한(즉, 더 낮은 분산을 가진) 추정치를 산출할 수 있다. 일부 사람들은 완벽하게 실행된 확률 표집이더라도 위 내용은 여전히 사실이라는 점에 놀라워한다. 나중에 나오겠지만, 보조 정보를 사용한 이러한 기법은 특히 비확률 표본과 무응답을 포함한 확률 표본에서 추정치를 산출할 때 중요하다.

보조 정보를 활용한 한 가지 공통적인 기법이 바로 **사후층화**이다. 예를 들어, 연구자가 50개 각 주의 남녀 수를 알고 있다고 가정하고, 이 그룹의 크기를 $N_1, N_2, \cdots, N_{100}$으로 표기하자. 이 보조 정보와 표본을 결합하기 위해 연구자는 표본을 H개의 집단으로(이 경우 100개 집단) 분할하고 각 집단의 추정치를 산출하여, 집단 평균의 가중 평균을 구할 수 있다.

$$\hat{y}_{post} = \sum_{h \in H} \frac{N_h}{N} \hat{y}_h \qquad (3.5)$$

대략적으로 말해, 식 3.5의 추정량은 알려진 모집단 정보(N_h)를 사용하여 표본이 불균형적으로 선별될 경우 추정치를 수정하기 때문에 더 정확할 가능성이 높다. 사후층화가 데이터가 이미 수집되고 난 뒤에 층화를 추정한다는 것은 이에 대해 생각해보는 한 가지 방법이 될 수 있다.

결론적으로, 이번 절은 몇 가지 표본 설계로 단순 무작위 비복원 추출, 불균형적 확률 표본, 그리고 층화 표집을 설명했다. 또한, 우리는 추정에 대해 호비츠-톰슨 추정량과 사후층화라는 두 가지 주요 아이디어에 대해 다루었다. 더 공식적으로 명시된 확률 표집 설계에 대한 정의를 살펴보려면, 샌덜, 스웬슨과 렛먼(Särndal, Swensson, and Wretman, 2003)의 2장을 참고하라. 층화 표집의 실험 조치에 대한 더 공식적이고 완성도 높은 설명에 대해서는 샌덜, 스웬슨과 렛먼(2003)의 3.7절을 보길 바란다. 호비츠-톰슨 추정량의 특성에 대한 기술적인 설명으로는 호비츠와 톰슨(Horvitz and Thompson, 1952), 오버턴과 스테먼(Overton and Stehman, 1985) 또는 샌덜, 스웬슨, 렛먼(2003)의 2.8절을 참고하라. 사후층화의 공식적인 실험 조치에 대해서는 홀트와 스미스(Holt and Smith, 1979), 스미스(Smith, 1991), 리틀(Little, 1993) 또는 샌덜, 스웬슨, 렛먼(2003)의 7.6절을 살펴보라.

무응답 확률 표집

표본 모집단의 모든 응답자가 모든 질문에 대답하는 것은 아니므로 대부분의 실제 설문조사에는 무응답이 있다. 그리고 무응답은 크게 두 가지로, **항목 무응답**item nonresponse 그리고 **단위 무응답**unit nonresponse이 있다. 항목 무응답은 일부 응답자가 일부 항목에 대하여 답을 하지 않는 것이다(예를 들어, 가끔 응답자가 질문이 민감하다고 여기는 경우 응답을 원치 않는 경우가 생긴다). 단위 무응답은 표본 모집단으로 선정된 일부 응답자가 설문조사에 일체 응하지 않는 것이다. 단위 무응답이 발생하는 가장 일반적인 두 가지 이유는 표본이 된 응답자와 연락이 되지 않거나, 연락이 되었다고 해도 참여를 거부하기 때문이다. 이번 절에서 나는 단위 무응답에 초점을 맞출 것이며, 독자들이 항목 무응답에 관심이 있다면 리틀과 루빈(Little and Rubin, 2002)을 참고하길 바란다.

연구자들은 단위 무응답을 가진 설문조사를 두 단계의 표집 과정으로 생각한다. 첫 번째 단계에서 연구자는 π_i에 포함될 확률($0 < \pi_i \leq 1$)을 가진 사람을 대상으로 표본 s를 선정한다. 그리고 두 번째 단계에서 표본으로 선정된 사람들은 ϕ_i의 확률($0 < \phi_i \leq 1$)로 응답한다. 이 두 단계의 과정을 거쳐 최종 응답자 집합 r이 만들어진다. 이 두 단계 사이의 중요한 차이점은, 연구자들이 표본 선정 과정은 통제하지만 표본으로 선정된 사람들이 실제 응답자가 되는지는 통제하지 않는다는 것이다. 두 과정을 종합할 때 누군가가 응답자가 될 확률은 아래와 같은 공식으로 설명할 수 있다.

$$Pr(i \in r) = \pi_i \phi_i \tag{3.6}$$

단순하게 생각해보기 위해 본래 표본 설계가 무작위 비복원 추출인 경우를 생각해보겠다. 만약 연구자가 n_r만큼의 응답자를 산출해낼 수 있는 n_s 크기의 표본을 선정하고, 무응답을 배제한 상태로 응답자의 평균을 사용한다면, 추정치의 편향은 다음과 같을 것이다.

$$\text{표본 평균 편향} = \frac{cor(\phi,\ y)S(y)S(\phi)}{\bar{\phi}} \tag{3.7}$$

여기서 $cor(\phi,\ y)$는 응답 성향response propensity과 결과(예를 들면 실업 상태) 간의 모집단 상관관계이고, $S(y)$는 결과(실업 상태)의 모집단 표준편차이며, $S(\phi)$는 응답 성향의 모집단 표준편차 $\bar{\phi}$는 모집단 평균 응답 성향이다(Bethlehem, Cobben, and Schouten, 2011: 2.2.4항).

식 3.7은 무응답이 다음과 같은 조건을 가지지 않는 한 편향되지 않을 것이라는 점을 보여준다.

- 실업 상태에 변동이 없음($S(y) = 0$).
- 응답 성향에 변동이 없음($S(\phi) = 0$).
- 응답 성향과 실업 상태 간 상관관계가 없음($cor(\phi, y) = 0$).

안타깝게도, 이 조건들 중 어떤 것도 그럴듯해 보이지 않는다. 실업 상태에 변동이 없거나 응답 성향에 변동이 없다는 것은 타당하지 않아 보인다. 그러므로 식 3.7의 핵심 요소는 상관관계 $cor(\phi, y)$이다. 예를 들어 실업자의 응답률이 더 높다면, 추정 실업률은 높게 편향될 것이다.

무응답이 있을 때 추정치를 구하는 요령은 보조 정보를 활용하는 것이다. 예를 들어 여러분이 보조 정보를 사용할 수 있는 한 가지 방법은 사후층화(위에서 다룬 식 3.5를 떠올려보라)이다. 사후층화 추정량의 편향은 다음과 같은 식으로 나타난다.

$$bias(\hat{y}_{\text{post}}) = \frac{1}{N} \sum_{h=1}^{H} \frac{N_h \, cor(\phi, y)^{(h)} S(y)^{(h)} S(\phi)^{(h)}}{\overline{\phi}^{(h)}} \tag{3.8}$$

여기서 $cor(\phi, y)^{(h)}$, $S(y)^{(h)}$, $S(\phi)^{(h)}$, $\overline{\phi}(h)$는 위와 같이 정의되지만, 이는 h 집단 내 사람들로 제한된다(Bethlehem, Cobben and Schouten, 2011: 8.2.1항). 따라서 각 사후층화 집단의 편향이 작을 경우, 전반적인 편향은 작을 것이다. 각 사후층화 집단의 편향을 감소시키는 것에 관하여 생각해볼 만한 방법이 두 가지 있다. 첫 번째는 응답 성향에 변동성이 적은 동질적 그룹($S(\phi)^{(h)} \approx 0$)을 만들어 결과($S(y)^{(h)} \approx 0$)를 구하는 것이다. 두 번째는 여러분이 관찰하는 집단과 관찰하지 않는 집단이 비슷할 것 같은($cor(\phi, y)^{(h)} \approx 0$) 사람들을 대상으로 집단을 만드는 것이다. 식 3.7과 식 3.8의 비교는 사후층화가 무응답으로 발생하는 편향을 감소시킬 수 있다는 것을 명백하게 보여준다.

결론적으로 이번 절은 무응답을 가진 확률 표본을 위한 모델을 제시하고, 무응답이 사후층화 적용 여부와 무관하게 편향을 발생시킬 수 있다는 점을 보여주었다. 베들레헴(Bethlehem, 1988)은 더 일반적인 표집 설계에서 무응답으로 인해 발생하는 편향을 도출해낸다. 사후층화를 사용하여 무응답을 조정하는 방법에 관한 자세한 내용은 스미스(Smith, 1991), 겔먼과 카를린(Gelman and Carlin, 2002)을 참고하라. 사후층화는 보정 추정량calibration estimators이라고 부르는 더 일반적인 기법군의 일부이므로, 관련 방법에 대해 간략하게는 장(Zhang, 2000)을, 자세하게는 샌덜과 룬드스트룀(Särndal and Lundström, 2005)을 참고하라. 무응답을 조정하는 가중치 부여 방법에 대한 더 많은 내용으로는 칼턴과 플로레스-세르반테스(Kalton and Flores-Cervantes, 2003), 브릭(Brick, 2013), 샌덜과 룬드스트룀(Särndal and Lundström, 2005)을 살펴보라.

비확률 표집

비확률 표집은 매우 다양한 설계를 포함한다(Baker et al., 2013). 특히 왕과 동료들의 연구에서 사용된 엑스박스 사용자 표본을 떠올려본다면(Wang et al., 2015), 여러분은 표집 설계의 핵심 요소가 π_i(연구자에 의해 유발 포함 확률)이 아니라 ϕ_i(응답자에 의해 유발된 응답 성향)이라고 생각할 수 있다. 본질적으로 ϕ_i는 알 수 없으므로 이는 이상적인 상황이 아니다. 그러나 왕과 동료들이 보여준 것처럼 연구자가 좋은 보조 정보와 훌륭한 통계적 모델을 가지고 있다면, 엄청난 범위 오차를 지닌 표본 추출틀의 사용자 참여 표본opt-in sample일지라도 최악의 상황으로 이끌지 않는다. 베들레헴(Bethlehem, 2010)은 사후층화에 관한 많은 논쟁을 무응답과 범위 오차 문제를 다룰 수 있도록 확장시켰다. 사후층화뿐만 아니라, 비확률 표본 혹은 무응답과 범위 오차를 가진 확률 표본으로 작업하기 위한 기법들은 표본 매칭sample matching(Ansolabehere and Rivers, 2013; Bethlehem, 2016), 성향 점수 가중치 부여propensity score weighting (Lee, 2006; Schonlau et al., 2009), 그리고 보정calibration(Lee and Valliant, 2009)을 포함한다. 이 세 가지 기법이 다루는 하나의 공통 주제가 바로 보조 정보의 활용이다.

● 들어가는 말(3.1절) ────────────────────

이 장에 나왔던 많은 주제는 딜먼(Dillman, 2002), 뉴포트(Newport, 2011), 산토스(Santos, 2014), 그리고 링크(Link, 2015)와 같은 미국 공공여론조사협회 the American Association of Public Opinion Research: AAPOR의 최근 대통령 연설에서 거듭 언급되었다.

설문조사 연구와 심층 면접 간의 차이에 대해 더 알고 싶다면 스몰(Small, 2009)을 보라. 심층 면접과 관련해서는 문화기술지학ethnography이라 부르는 접근 방식이 있다. 문화기술지학 연구에서, 일반적으로 연구자들은 자연스러운 환경 속에서 참여자들과 함께 많은 시간을 보낸다. 문화기술지학과 심층 면접 간의 차이점에 대해서는 제롤맥과 칸(Jerolmack and Khan, 2014)을 보라. 디지털 문화기술지학에 대한 더 많은 정보는 핑크 등(Pink et al., 2015)을 참고하라.

설문조사 연구의 역사에 대한 나의 설명은 그동안 이루어져온 많은 흥미로운 발전 내용들을 포함시키기에는 너무 간략하다. 역사적인 배경에 대한 더 많은 내용은 스미스(Smith, 1976), 컨버스(Converse, 1987), 이고(lgo, 2008)를 참고하라. 설문조사 연구의 1, 2, 3기에 대한 더 많은 정보를 얻기 위해서는 그로브스(Groves, 2011)와 딜먼, 스미스와 크리스천(Dillman, Smyth, Christian, 2008)을 보길 권한다(시대를 구분하는 기준이 약간 다를 수 있다).

그로브스와 칸(Groves and Kahn, 1979)은 대면 조사와 전화 설문조사를 비교함으로써 설문조사 연구 1기로부터 2기로의 세밀한 전환 과정을 보여준다. 브릭과 터커(Brick and Tucker, 2007)는 임의 번호 추출 방식을 이용한 표집 방법의 역사적 발전 과정을 돌아본다.

설문조사 연구가 사회의 변화에 대응하여 과거에서부터 어떻게 변화해왔는지에 대한 더 많은 내용은 투랑조(Tourangeau, 2004), 미토프스키(Mitofsky, 1989), 쿠퍼(Couper, 2011)를 참고하라.

● 질문하기 대 관찰하기(3.2절)

질문하기와 관찰하기의 장단점에 대해 심리학자들(Baumeister, Vohs, and Funder, 2007 등)과 사회학자들(Jerolmack and Khan, 2014; Maynard, 2014; Cerulo, 2014; Vaisey, 2014 등)이 논의해왔다. 질문하기와 관찰하기의 차이는 경제학에서도 나타나는데, 이에 대해 경제학 연구자들은 잠재 선호stated preference와 현시 선호revealed preference로 표현한다. 예를 들면, 연구자는 응답자에게 아이스크림을 먹는 것과 체육관에 가는 것 중에 무엇을 더 선호하는지를 물을 수 있고(잠재 선호), 혹은 얼마나 자주 사람들이 아이스크림을 먹는지와 얼마나 자주 사람들이 체육관에 가는지를 관찰할 수 있다(현시 선호). 하우스만(Hausman, 2012)이 서술한 것처럼 경제학 내에서는 특정 유형의 잠재 선호 데이터에 대해 깊은 회의적 입장이 있다.

이 논쟁들의 요점은 보고된 행동이 항상 정확하지 않다는 점이다. 그러나 우리가 2장에서 다룬 바와 같이, 빅 데이터는 정확하지 않을 수도 있고, 관심사에 대한 표본에서 수집되지 않을 수도 있으며, 연구자들이 접근하지 못할 수도 있다. 그러므로 나는 몇몇 상황에서는 보고된 행동이 유용할 수 있다고 생각한다. 더 나아가, 이 논쟁들의 두 번째 요점은 감정, 지식, 기대, 의견에 대한 보고가 항상 정확하지만은 않다는 것이다. 그러나 만약 어떤 행동을 설명하거나 그 자체로 설명되기 위해 이러한 내면 상태에 대한 정보가 연구자에게 필요하다면, 질문하기가 연구 방식으로 적합할지도 모른다. 물론 때때로 응답자 자신들조차 그들의 내면 상태에 대해 인지하지 못하기 때문에 질문하기를 통해 내면 상태에 대한 정보를 얻는 것이 문제가 될 수 있다(Nisbett and Wilson, 1977).

● 종합 설문조사 오류 체계(3.3절)

그로브스(Groves, 2004)의 1장은 종합 설문조사 오류 체계를 설명하기 위해 설문조사 연구자들이 사용하는 용어가 때때로 일관성 없게 사용되는 것을 훌륭히 조율해낸다. 종합 설문조사 오류 체계에 대한 장편의 수정 사항으로는 그로브스 등(Groves et al., 2009)을 확인하길 바라며, 역사적 개요에 대한 정보는 그로브스와 뤼베르그(Groves and Lyberg, 2010)를 참고하라.

오류를 편향과 분산으로 분해하는 방법은 기계 학습에서도 등장한다. 예를 들어 해스티, 티브시라니와 프리드먼(Hastie, Tibshirani, and Friedman, 2009)의 7.3절을 보라. 이는 종종 연구자들이 '편향-분산' 균형에 관하여 이야기하도록 이끈다.

대표성 측면에서 무응답 및 무응답 편향에 대한 훌륭한 소개를 담은 것으로는 전미연구평의회National Research Council의 보고서인 「사회과학 설문조사 내 무응답: 연구 의제Nonresponse in Social Science Surveys: A Research Agenda」(2013)가 있다. 또 다른 유용한 개요는 그로브스(Groves, 2006)가 발표한 것이다. 또한, 《저널 오브 오피셜 스터티스틱스Journal of Official Statistics》, 《퍼블릭 오피니언 쿼털리Public Opinion Quarterly》, 그리고 《애널스 오브 더 아메리칸 아카데미 오브 폴리티컬 앤드 소셜 사이언스Annals of the American Academy of Political and Social Science》의 특별호 전체가 무응답을 주제로 발표되었다. 마지막으로, 실제 응답률을 계산하는 많은 방법이 있다. 이러한 접근 방식들은 「미국 공공여론조사협회The American Association of Public Opinion Researchers: AAPOR 보고서」(2016)에 상세히 제시되어 있다.

1936년도 《리터러리 다이제스트》 여론조사에 대한 내용은 브라이슨(Bryson, 1976), 스콰이어(Squire, 1988), 카할런(Cahalan, 1989), 루신치(Lusinchi, 2012)를 보라. 이 여론조사에 대한 또 다른 논의점인 무분별한 데이터 수집에 대한 비유적 경고에 대한 내용은 가요-아벨료(Gayo-Avello, 2011)를 참고하라. 1936년에 조지 갤럽George Gallup은 더 정교한 형태의 표본을 사용하여 더 적은 수의 표본으로도 더 정확한 추정치를 산출할 수 있었다. 《리터러리 다이제스트》를 뛰어넘은 갤럽의 성공은 설문조사 연구 발전의 이정표가 되었다. 이는 컨버스(Converse, 1987: 3장), 오머(Ohmer, 2006: 4장), 이고(Igo, 2008: 3장)에 설명되어 있다.

측정과 관련하여, 질문지를 설계하기 위한 가장 훌륭한 첫 번째 자료는 브래드번, 서드먼과 완싱크(Bradburn, Sudman and Wansink, 2004)이다. 더 심화된 실험 조치에 대해서는, 태도 질문에 특별히 초점을 두고 있는 슈만과 프레서(Schuman and Presser, 1996)나 더 일반적인 내용을 다루고 있는 사리스와 갤호퍼(Saris and Gallhofer, 2014)를 참고하라. 러스트와 골롬복(Rust and Golombok, 2009)에 설명된 것처럼 측정에 대한 약간 다른 접근 방식은 정신분석학에서 이루어진다. 사전검사에 대한 추가 정보는 프레서와 블레어(Presser and Blair, 1994), 프레서 등(Presser et al., 2004), 그로브스 등(Groves et al., 2009: 8장)에서 볼 수 있다. 설문조사 실험에 대한 더 많은 정보로는 뮤츠(Mutz, 2011)를 확인하라.

비용 측면에서, 설문조사 비용과 설문조사 오류 사이의 균형에 대한 고전적인 장편의 참고 자료는 그로브스(Groves, 2004)이다.

● 누구에게 물을 것인가(3.4절)

표준 확률 표집과 추정의 조치에 대한 장편의 두 가지 고전 저서로는 로어(Lohr, 2009)(기초적 내용)와 샌딜, 스웬슨과 렛먼(Särndal, Swensson, and Wretman, 2003)(심화 내용)이 있다. 사후층화와 관련 방법에 대한 조치를 다룬 장편의 고전 저서는 샌딜과 룬드스트룀(Särndal and Lundström, 2005)이다. 과거에는 무응답자에 대해 아는 것이 불가능했으나, 일부 디지털 시대 연구자들은 무응답자들에 대하여 어느 정도 알고 있다. 칼턴과 플로레스-세르반테스(Kalton and Flores-Cervantes, 2003)와 스미스(Smith, 2011)가 서술한 대로, 연구자가 무응답자들에 대한 정보를 가지고 있을 경우에 다른 형태로 무응답을 조정할 수 있다.

왕Wang과 연구진이 수행한 엑스박스 연구(2015)는 수많은 집단이 있더라도 연구자가 집단의 평균값을 추정해낼 수 있도록 하는 다수준 회귀분석과 사후층화('Mr. P')라고 부르는 기법을 사용한다. 이 기법에서 산출되는 추정치의 품질에 대한 몇 가지 논란이 있지만, 이는 탐구할 만한 유망한 영역처럼 보인다. 이 기법은 파크, 겔먼과 버푸미(Park, Gelman and Bafumi, 2004)에서 처음 사용되었고, 그 이후에도 계속되는 활용과 그에 따른 논란이 있어왔다(Gelman, 2007; Lax and Phillips, 2009; Pacheco, 2011; Buttice and Highton, 2013; Toshkov, 2015). 개인 수준 가중치와 집단 수준 가중치 사이의 연결에 대한 더 많은 내용은 겔먼(Gelman, 2007)을 참고하라.

웹상의 설문조사 가중치에 대한 다른 접근 방식은 숀라우 등(Schonlau et al., 2009), 베들레헴(Bethlehem, 2010), 밸리언트와 데버(Valliant and Dever, 2011)를 참조하라. 온라인 패널은 확률 표집 또는 비확률 표집 중 하나를 사용할 수 있다. 온라인 패널에 대한 더 많은 정보는 칼레가로 등(Callegaro et al., 2014)을 참조하라.

가끔씩 연구자들은 확률 표집과 비확률 표집 방식이 비슷한 품질의 추정치를 산출해낸다는 것을 발견해왔다(Ansolabehere and Schaffner, 2014). 그러나 다른 비교들에서는 비확률 표집이 더 안 좋은 결과를 발생시킨다는 점이 드러났다(Malhotra and Krosnick, 2007; Yeager et al., 2011). 이런 차이들을 설명하는 하나의 가설은 비확률 표집 방식이 오랜 시간을 거쳐 향상되어왔다는 것이다. 비확률 표집 방식에 대한 비판적 관점을 더 알고자 한다면 AAPOR 태스크포스Task Force의 「비확률 표집 방식 보고서」(Baker et al., 2013)를 보라. 또한 보고서의 요약본에 달린 해설 부분을 읽어보는 것을 권장한다.

● 질문을 던지는 새로운 방법들(3.5절)

콘래드와 쇼버(Conrad and Schober, 2008)는 『미래의 설문조사 면접 구현 Envisioning the Survey Interview of the Future』이라는 제목의 책 편집본을 통하여 미래의 질문 방법에 대한 다양한 관점들을 서술한다. 쿠퍼(Couper, 2011)는 유사한 주제를 제시하고, 쇼버 등(Schober et al., 2015)은 새로운 설정에 맞추어진 데이터 수집 방식이 어떻게 더 높은 품질의 데이터를 창출해낼 수 있는지 보여주는 좋은 예시를 제공한다. 쇼버와 콘래드(Schober and Conrad, 2015)는 설문조사 연구 과정을 사회 변화에 맞추어 계속해서 조정하는 것에 대하여 보다 일반적인 주장을 보여준다.

투랑조와 얀(Tourangeau and Yan, 2007)은 민감한 질문에서 사회적 바람직성 편향의 문제를 검토하고, 린드 등(Lind et al., 2013)은 사람들은 왜 컴퓨터-운영 면접에서 민감한 정보를 더 드러내려고 하는지에 대한 몇 가지 가능성 있는 이유를 설명한다. 설문조사 참여율 증가를 위한 인간 면접관의 역할에 대한 더 많은 내용은 메이나드와 섀퍼(Maynard and Schaeffer, 1997), 메이나드, 프리스와 섀퍼(Maynard, Freese, and Schaeffer, 2010), 콘래드 등(Conrad et al., 2013), 섀퍼 등(Schaeffer et al., 2013)을 보라. 혼합된 방식의 설문조사에 대한 더 많은 정보는 딜먼, 스미스와 크리스천(Dillman, Smyth, and Christian, 2014)을 참조하라.

스톤 등(Stone et al., 2007)은 생태순간평가와 관련 방법에 대한 장편의 논의를 담고 있다.

참여자들에게 설문조사가 즐겁고 가치 있는 경험이 될 수 있도록 할 수 있는 더 많은 조언은 테일러드 설계 기법Tailored Design Method(Dillman, Smyth, and Christian, 2014)의 내용을 보라. 사회과학 설문조사를 위해 페이스북 앱을 활용한 또 다른 흥미로운 예시는 베일(Bail, 2015)을 참고하라.

● 빅 데이터에 설문조사를 연계하기(3.6절)

주드슨(Judson, 2007)은 '정보 통합'으로서 설문조사와 행정 데이터를 조합하는 과정을 설명하고, 이 접근 방식의 몇 가지 이점뿐만 아니라 몇몇 예시도 함께 다루며 논의한다.

자료 풍요화와 관련하여, 투표 행위를 입증하기 위해 이전부터 수많은 노력이 있었다. 그 문헌들의 개요를 보려면 벨리 등(Belli et al., 1999), 앤솔라베에르와 허시(Ansolabehere and Hersh, 2012), 한머, 뱅크스와 화이트(Hanmer, Banks, and White, 2014), 베런트, 크로스닉과 루피아(Berent, Krosnick, and Lupia, 2016)를 참고하라. 앤솔라베에르와 허시(Ansolabehere and Hersh, 2012)에 제시된 결과에 대해 더 회의적인 관점을 보려면 베런트, 크로스닉과 루피아(Berent, Krosnick, and Lupia, 2016)를 참고하라.

앤솔라베에르와 허시가 카탈리스트의 데이터 품질에 의해 고무된 데 반해 다른 상업적 판매자들의 평가는 덜 열광적이었다는 점에 유의해야 한다. 파섹 등(Pasek et al., 2014)은 설문조사로부터 나온 데이터가 마케팅 시스템 그룹Marketing Systems Group(액시엄Acxiom, 익스페리언Experian, 그리고 인포USAInfoUSA라는 데이터 제공자 세 곳에서 받은 데이터를 그 자체로 병합한 그룹)

에서 제공하는 소비자 파일과 비교할 때, 낮은 품질을 보인다는 것을 발견했다. 즉, 데이터 파일은 연구자가 정확할 것이라고 예상한 설문조사 응답 내용과 일치하지 않았고, 소비자 파일은 다수의 질문에 대한 데이터가 누락되어 있었으며, 누락된 데이터의 패턴은 보고된 설문조사 값과 상관관계에 있었다(다시 말해, 데이터 누락은 무작위가 아니라 체계적으로 패턴화되어 발생한 것이다).

설문조사와 행정 데이터 간의 레코드 연계에 대한 더 많은 정보는 삭셰우와 크로이터(Sakshaug and Kreuter, 2012) 그리고 슈넬(Schnell, 2013)을 확인하라. 일반적인 레코드 연계의 경우, 던(Dunn, 1946)과 펠레기와 순터(Fellegi and Sunter, 1969)(역사적), 그리고 라르센과 빙클러(Larsen and Winkler, 2014)(현대적)를 살펴보라. 이와 유사한 접근 방식은 데이터 중복 제거deduplication, 인스턴스 식별, 이름 매칭, 중복 탐지 및 중복 레코드 탐지와 같은 이름으로 컴퓨터 과학 영역에서 또한 계속해서 개발되어왔다(Elmagarmid, Ipeirotis, and Verykios, 2007). 개인식별정보의 전송을 요구하지 않는 레코드 연계에 대한 프라이버시 보존 접근 방식도 있다(Schnell, 2013). 페이스북 연구자들은 확률적으로 그들의 레코드를 투표 행태에 연계할 수 있는 절차를 개발했다(Jones et al., 2013). 이 연계는 4장에서 다루게 될 실험을 평가하는 데 사용되었다(Bond et al., 2012). 레코드 연계에 필요한 동의를 구하는 과정에 대한 더 많은 정보는 삭셰우 등(Sakshaug et al., 2012)을 참고하라.

대규모 사회 설문조사와 정부 행정 기록을 연계한 또 다른 예시는 건강 퇴직 설문조사Health and Retirement Survey, 그리고 사회보장국Social Security Administration이다. 고지에 입각한 동의 절차를 포함하여, 해당 연구에 대한 더 많은 내용은 올슨(Olson, 1996; 1999)을 확인하라.

많은 행정 기록 데이터를 하나의 마스터 데이터 파일로 결합하는 과정(카탈리스트가 도입한 과정)은 일부 국가 정부의 통계청에서는 흔하게 볼 수 있다. 스웨덴 통계청의 두 연구원은 이 주제에 대하여 상세하게 책을 썼다(Wallgren and Wallgren, 2007). 미국 내 단일 행정 구역(미네소타주의 옴스테드 카운티; 메이요 클리닉의 본거지)에서 사용한 이 접근법의 예시에 대해서는 소베 등(Sauver et al., 2011)을 참고하라. 행정 기록에서 나타날 수 있는 오류들에 대한 더 많은 정보는 그뢴(Groen, 2012)을 참고하라.

설문조사 연구에서 연구자가 빅 데이터를 활용할 수 있는 또 다른 방법은 특정한 성격을 가진 사람들을 위한 표본 추출틀로 활용하는 것이다. 불행하게도, 이 접근 방식은 프라이버시에 관련된 문제를 수반한다(Beskow, Sandler, and Weinberger, 2006).

자료 증폭 접근 방식은 내가 설명한 부분에서 드러나듯이 새로운 것이 아니다. 이는 모델 기반 사후층화(Little, 1993), 결측치 처리(Rubin, 2004), 그리고 소지역 추정(Rao and Molina, 2015)이라는 통계학 안의 커다란 영역 세 가지와 연관성이 깊다. 또한 의학 연구에서 대리 변수를 사용하는 것과도 관련이 있다(Pepe, 1992).

블루먼스톡, 카다무로와 온(Blumenstock, Cadamuro, and On, 2015)의 비용과 시간 추정치는 가변 비용(추가 설문조사 1회의 비용)을 시사하고, 통화 데이터 클리닝 및 처리 비용과 같은 고정 비용을 포함하지 않는다. 일반적으로 자료 증폭은 아마도 디지털 실험과 유사하게 높은 고정 비용과 낮은 가변 비용을 가지고 있을 것이다(4장 참조). 개발도상국 내 휴대전화 기반 설문조사에 대한 더 많은 내용은 다발런 등(Dabalen et al., 2016)을 참고하라.

어떻게 하면 더 나은 자료 증폭을 할 수 있을지 이해하기 위해서 나는 중복 결측치 처리multiple imputation에 대하여 더 많이 공부할 것을 권장한다 (Rubin, 2004). 또한, 만약 자료 증폭을 사용하는 연구자가 개인 수준의 특성보다 총합에 더 중점을 둔다면, 킹과 루(King and Lu, 2008) 그리고 홉킨스와 킹(Hopkins and King, 2010)의 접근 방식이 유용할 수 있다.

마지막으로 블루먼스톡, 카다무로와 온(Blumenstock, Cadamuro, and On, 2015)에서 사용된 기계 학습 접근 방식에 대한 더 많은 정보는 제임스 등 (James et al., 2013)(기초적인 내용), 또는 해스티, 티브시라니와 프리드먼 (Hastie, Tibshirani, and Friedman, 2009)(심화된 내용)을 참고하라.

자료 증폭과 관련된 윤리적 문제 하나는, 코신스키, 스틸웰과 그레펠 (Kosinski, Stillwell, and Graepel, 2013)에서 설명한 바와 같이 설문조사에서는 밝히지 않을 수도 있는 민감한 특성을 추론하는 데 사용될 수 있다는 점이다.

난이도: 🔾 쉬움 🔾 중간 🔾 어려움 🔾 매우 어려움
🎲 데이터 수집 🔢 수학 지식 필요 💻 코딩 능력 필요 ♥ 선호 대상

1. [🔾, 🔢] 이 장에서, 나는 사후층화에 대하여 매우 긍정적인 입장을 취했다. 그러나 사후층화가 항상 추정치의 품질을 향상시키지 않는다. 사후층화가 추정치의 품질을 떨어뜨릴 수 있는 상황을 설계하라[힌트로는 톰센(Thomsen, 1973)을 확인하라].

2. [🔾, 🎲, 💻] 총기 소유권과 총기 규제에 대한 태도에 대하여 질문하기 위해서 아마존 메커니컬 터크에 사용된 비확률 표집 방식 설문조사를 설계하고 수행하라. 여러분의 추정치와 확률 표집으로부터 도출된 추정치를 비교할 수 있도록, 퓨 리서치 센터Pew Research Center에서 운영하는 것과 같은 고품질 설문조사에서 질문 내용과 응답 선택지를 그대로 복사하라.
   ① 여러분의 설문조사는 얼마나 걸렸는가? 비용은 얼마나 들었는가? 여러분 표본의 인구 통계와 미국 인구의 인구 통계를 비교하면 어떠한가?
   ② 여러분의 표본을 사용했을 때 총기 소유에 대한 추정치의 가공되지 않은 본래 값은 얼마인가?
   ③ 사후층화 또는 몇 가지 다른 기법을 사용하여 여러분 표본의 비대표성을 수정하라. 이제 총기 소유에 대한 추정치는 얼마인가?
   ④ 가장 최근의 확률 기반 표본으로부터 얻은 추정치와 여러분의 추정치를 비교하면 어떤가? 차이가 있다면 이를 어떻게 설명할 수 있다고 생각하는가?
   ⑤ 총기 규제에 대한 태도를 묻는 질문에 대해서도 문제 ②~④를 반복해보라. 여러분의 결과는 어떻게 다른가?

3. [🔾, 🎲, 💻] 고엘, 오벵과 로스차일드(Goel, Obeng, and Rothschild, 2016)

는 종합사회조사GSS에서 가져온 태도에 대한 49개의 객관식 질문을 검사했고, 아마존 메커니컬 터크에서 추출한 응답자의 비확률 표본에 대한 퓨 리서치 센터의 설문조사를 선정했다. 그다음 그들은 모델 기반 사후층화를 사용하는 데이터의 비대표성을 조정했고, 조정한 추정치를 확률 기반 종합사회조사와 퓨 설문조사에서 도출된 것과 비교했다. 아마존 메커니컬 터크와 동일한 조사를 실시하고, 여러분의 조정된 추정치와 가장 최근에 이루어진 종합사회조사와 퓨 설문조사로부터 도출된 추정치를 비교하여 그림 2a와 그림 2b를 재현해보라(49개의 질문 목록은 부록의 표 A2를 참고하라).

① 퓨 설문조사와 종합사회조사로부터 얻은 결과를 여러분의 결과와 비교 및 대조하라.

② 고엘, 오뱅과 로스차일드(Goel, Obeng, and Rothschild, 2016)의 메커니컬 터크 설문조사로부터 얻은 결과와 여러분의 결과를 비교 및 대조하라.

4. [🔭, 💻, 📄] 많은 연구들이 휴대전화 사용의 자기보고식 수치를 사용한다. 이는 연구자가 자가 보고된 행동과 기록된 행동을 비교할 수 있는 흥미로운 설정이다[예를 들어 보어스와 링(Boase and Ling, 2013)을 확인하라]. 질문해야 할 두 가지 일반적인 행동은 전화와 문자이고, 두 가지 일반적인 시간대는 '어제'와 '지난주'이다.

① 어떤 데이터를 수집하기 전에, 어떤 자기보고식 수치가 더 정확하다고 생각하는가? 그 이유는 무엇인가?

② 여러분의 설문조사에 참여할 친구들을 다섯 명 모집하고, 이 친구들이 어떻게 표집되었는지 간략하게 요약하라. 이 표집 절차가 여러분의 추정치에 특정 편향을 개입시킬 수도 있는가?

③ 다음과 같은 소규모 설문조사 질문을 물어보라.

"어제 휴대전화로 다른 사람에게 몇 번이나 전화를 걸었는가?"

"어제 몇 개의 문자 메시지를 보냈는가?"

"지난 7일 동안 휴대전화로 다른 사람에게 몇 번이나 전화를 걸었는가?"

"지난 7일 동안 휴대전화로 문자/SMS를 몇 번이나 주고받았는가?"

④ 소규모 설문조사가 완료되면, 그들의 휴대전화 혹은 서비스 공급자에 의한 기록을 바탕으로 그들의 데이터 사용을 확인하라. 자가 보고 사용량과

실제 기록 데이터를 비교하면 어떠한가? 어떤 것이 가장 정확하고, 어떤 것이 가장 부정확한가?

⑤ 이제 수집한 데이터를 여러분의 학급에 있는 다른 사람들의 데이터와 결합하라(만약 여러분이 한 학급을 범주로 이 활동을 하고 있다면). 더 큰 데이터셋을 가지고 ④를 되풀이해보라.

5. [🎧, 🐝] 슈만과 프레서(Schuman and Presser, 1996)는 다음과 같은 두 가지 유형의 질문에서 질문 순서가 중요할 것이라고 주장한다. 두 가지 유형이란 두 가지 질문이 같은 특정 수준에 있는 부분-부분part-part 질문(예를 들어, 두 명의 대선 후보를 평가하는 질문)과, 일반적인 질문이 더 구체적인 질문에 뒤따르는 부분-전체part-whole 질문(예를 들어, "당신은 직업에 얼마나 만족하십니까?"라는 질문 뒤에 "당신은 삶에 얼마나 만족하십니까?"라는 질문이 뒤따르는 경우)이다.

그들은 두 가지 유형의 질문 순서 효과를 추가로 특징짓는다. 먼저, 일관성consistency 효과는 이후에 질문한 내용에 대한 답변이 이전 질문에 대한 답변과 (그렇지 않을 경우와 비교하여) 더 유사할 때 발생한다. 대조contrast 효과는 두 질문에 대한 답변 사이에 더 큰 차이가 있을 때 발생한다.

① 질문 순서 효과가 클 것이라 생각하는 한 쌍의 부분-부분part-part 질문과 한 쌍의 부분-전체part-whole 질문을 만들라. 그리고 순서가 문제되지 않을 것이라 생각하는 한 쌍의 질문을 만들라. 여러분의 질문을 시험하기 위해 아마존 메커니컬 터크의 설문조사 실험을 실행해보라.

② 얼마나 큰 부분-부분 효과를 낼 수 있었는가? 일관성 효과였는가, 대조 효과였는가?

③ 얼마나 큰 부분-전체 효과를 낼 수 있었는가? 일관성 효과였는가, 대조 효과였는가?

④ 순서가 문제될 거라고 생각하지 않았던 한 쌍의 질문에 질문 순서 효과가 있었는가?

6. [🎧, 🐝] 슈만과 프레서의 작업을 바탕으로, 무어(Moore, 2002)는 질문 순서 효과의 별개의 차원으로 첨가additive 효과와 감산subtractive 효과 두 가지

를 설명한다. 대조 효과와 일관성 효과는 서로 연관이 있는 두 항목에 대한 응답자의 평가 결과로 생성되는 반면, 첨가 효과와 감산 효과는 응답자가 제시된 질문 내에서 큰 틀에 더 민감하게 반응할 때 생성된다. 무어(2002)를 읽고, 첨가 효과와 감산 효과를 보여주기 위한 메커니컬 터크의 설문조사 실험을 설계하고 실행하라.

7. [🏎️, 🎲] 크리스토퍼 안톤Christopher Antoun과 동료들(2015)은 엠터크 MTurk, 크레이그리스트Craigslist, 구글 애드워즈AdWords, 페이스북이라는 각각 다른 네 가지 온라인 모집 출처에서 얻은 편의 표본을 비교하는 연구를 실시했다. 서로 다른 두 개 이상의 온라인 모집 출처를 통해 간단한 설문조사를 설계하고 참가자를 모집했다(이 출처들은 안톤 등(Antoun et al., 2015)에서 사용된 출처 네 군데와는 다를 수 있다].

① 비용과 시간 측면에서 서로 다른 출처들 간의 모집당 비용을 비교하라.

② 서로 다른 출처에서 얻은 표본의 구성을 비교하라.

③ 표본 간의 데이터 품질을 비교하라. 응답자로부터 데이터 품질을 측정하는 방법에 대한 더 많은 정보는 쇼버 등(Schober et al., 2015)을 참고하라.

④ 여러분이 가장 선호하는 출처는 무엇인가? 그 이유는?

8. [🏎️, 📊] 2016년 EU 총선거(즉, 브렉시트)의 결과를 예측하기 위한 노력의 일환으로, 인터넷 기반 시장 조사 기업인 유고브YouGov는 영국 내 응답자 약 80만 명을 대상으로 온라인 투표를 실시했다.

유고브의 통계 모델에 대한 자세한 설명은 https://yougov.co.uk/news/2016/06/21/yougov-referendum-model/에서 확인할 수 있다. 대략적으로 말하면, 유고브는 2015년 총선 투표 선택, 연령, 자격, 성별, 면접 날짜, 그들이 살고 있는 선거구 등에 기반하여 유권자를 몇 가지 유형으로 분류하였다. 첫째, 그들은 유고브 응답자로부터 수집된 데이터를 사용하여, 투표한 사람들 중에서 각각의 투표자 유형마다 EU 탈퇴에 투표할 의사가 있는 사람들의 비율을 추정했다. 그들은 선거 후 면 대 면 조사를 통하여 선거인 명부로부터 투표율을 검증하는 2015 영국 선거조사British Election Study를 이용하여 각각의 투표자 유형의 투표 결과를 추정했다. 마지막으로, 그들은 (다른 데이터에서 얻은 추가 정보를 포함하여) 최근 인구조사와 연간 인구조사를 기반으로 각 유형별 유권자의 수를 추정했다.

투표 3일 전, 유고브는 EU 탈퇴가 2점 차로 앞선다는 것을 보여주었다. 투표 전날, 이 여론조사는 결과 차이가 너무 근소해 명확하게 판단할 수 없다고 시사했다(49/51 잔류 우세). 최종 선거 날, 이 연구는 48/52로 잔류가 우세할 것이라고 예측했다(https://yougov.co.uk/news/2016/06/23/yougov-day-poll/). 실제로, 이 추정치는 최종 결과(52/48 탈퇴 우세)를 4%나 빗나갔다.

① 무엇이 잘못되었을지 평가하기 위해서, 이 장에서 논의했던 종합 설문조사 오류 체계를 사용하여 설명하라.

② 선거 후 유고브의 답변(https://yougov.co.uk/news/2016/06/24/brexit-follows-close-run-campaign/)은 이러했다. "우리가 발표한 내용이 균형 잡힌 투표 결과에 큰 영향을 미칠 수 있었다는 점에서 보면, 실제로도 투표율에 상당 부분 영향을 준 것으로 보인다. 우리의 투표율 모델은 일부 응답자가 지난 총선에 투표했는지 여부와 총선보다 높은 투표율로 인해 특히 북쪽 지역에서 이 모델을 뒤엎는지에 기초를 두고 있다." 이것이 ①에 대한 여러분의 답을 바꾸는가?

9. [🕐, 💻] 그림 3.2에서 각각의 대표성 오차를 설명하기 위한 시뮬레이션을 작성하라.

① 이 오차들이 실제로 없어지는 상황을 만들라.

② 이 오차들이 서로 합쳐지는 상황을 만들라.

10. [🕐, 💻] 블루먼스톡과 동료들의 연구(2015)는 디지털 흔적 데이터를 사용하여 설문조사 응답 내용을 예측하는 기계 학습 모델을 구축했다. 이제, 여러분은 다른 데이터셋을 사용하여 동일한 것을 시도할 것이다. 코신스키, 스틸웰과 그레펠(Kosinski, Stillwell, and Graepel, 2013)은 페이스북이 개개인의 특성과 속성을 예측할 수 있다는 것을 발견했다. 놀랍게도 페이스북은 친구나 동료보다 훨씬 더 정확하게 예측할 수 있었다(Youyou, Kosinski, and Stillwell, 2015).

① 코신스키, 스틸웰과 그레펠(Kosinski, Stillwell, and Graepel, 2013)을 읽고

그림 2를 재현하라. 데이터는 http://mypersonality.org/에서 이용 가능하다.

② 이제 그림 3.3을 재현하라.

③ 마지막으로, 여러분의 페이스북 데이터인 http://applymagicsauce.com/에서 그들의 모델을 사용해보라. 얼마나 잘 작동하는가?

11. [🎧] 툴 등(Toole et al., 2015)은 종합적인 실업 추세를 예측하기 위하여 휴대전화에서 통화 상세 기록call detail records: CDRs을 사용했다.

① 툴 등(Toole et al., 2015)의 연구 설계를 블루먼스톡, 카다무로와 온(Blumenstock, Cadamuro, and On, 2015)의 연구 설계와 비교 및 대조하라.

② 여러분은 CDRs가 전통적인 설문조사 방식을 대체해야 한다고 생각하는가, 아니면 보완해준다고 생각하는가, 혹은 모든 정부 정책 입안자들이 실업에 대해 추적하는 데 전혀 사용되어서는 안 된다고 생각하는가?

③ CDRs가 실업률의 전통적인 척도를 완전히 대체할 수 있다고 여러분을 설득할 수 있을 만한 증거는 무엇이 있겠는가?

4.1. 들어가는 말

이 책에서 지금까지 2장(행동 관찰하기)과 3장(질문하기)을 통해 다룬 접근법들은 의도적으로 혹은 체계적으로 세계를 변화시키지 않고 데이터를 모은다. 하지만 이 장에서 다룰 접근법, 즉 실험하기는 근본적으로 다르다. 연구자는 실험을 할 때 데이터를 생성하기 위해 체계적으로 세계에 개입한다. 그렇게 생성한 데이터는 원인-결과 관계에 대한 질문에 답하기에 이상적이기 때문이다.

인과 관계에 대한 질문은 사회연구에서 매우 흔하며 다음과 같은 질문을 포함한다. 교사의 봉급 향상은 학생의 학습 수준을 향상시키는가? 최저임금이 취업률에 미치는 영향은 무엇인가? 구직자의 인종이 일자리를 구하는 데 어떤 영향을 미치는가? 이처럼 명백하게 인과적인 질문 외에도, 원인-결과에 대한 질문들은 종종 일종의 성과 지표를 극대화하려는 질문에 내포되어 있다. 예를 들어 "NGO 웹사이트에 기부 버튼은 무슨 색깔이어야 할까?"라는 질문은 사실 다양한 버튼 색깔이 기부에 미치는 영향에 대한 수많은 질문을 함축한다.

인과적 질문에 답하는 방법 하나는 기존 데이터에서 패턴을 찾는 것이다. 예를 들어 교사 봉급이 학생의 학습 수준에 미치는 영향에 대한 질문으로 돌아가 보자면, 교사에게 봉급을 더 주는 학교에서 학생들이 배우는 것이 더 많다는 것을 알아낼 수도 있을 것이다. 그렇지만 이러한 상관관계가 과연 선생님에게 높은 봉급을 주는 학교에 있는 학생이 실제로 배우는 것이 더 많다는 것을 보여주는 것일까? 물론 아니다. 교사가 봉급을 더 받는 학교는 그렇지 않은 학교와 비교하여 여러 면에서 다를 수 있다. 예를 들어 그런 학교에 다니는 학생들의 가정이 더 부유할 수도 있다. 결국 교사의 영향으로 보였던 것이 사실 서로 다른 종류의 학생들을 비교했기 때문일 수 있다. 이처럼 측정되지 않은 학생들 간의 차이를 교란요인confounders이라고 하며, 일반적으로 교란요인의 존재는 연구자가 기존 데이터에서 패턴을 찾아 원인-결과 질문에 답할 수 있는 가능성을 심각하게 훼손시킨다.

교란요인 문제를 푸는 한 가지 해법은 집단 간 관찰 가능한 차이들을 교정해서 집단 간 비교를 공정하게 하는 것이다. 예를 들면 여러분이 다양한 정부 웹사이트에서 재산세 데이터를 다운로드할 수 있다고 해보자. 그렇다면 지역 주택 가격은 비슷한데 교사 봉급은 다른 학교 간의 학생 성적을 비교해서 교사 봉급이 더 높은 학교의 학생들이 배우는 것이 더 많다는 것을 발견할 수도 있을 것이다. 그러나 여전히 다양한 교란요인이 있을 수 있다. 어쩌면 차이를 보이는 학생들 부모의 교육 수준이 다를 수도 있다. 혹은 학교와 공공도서관 사이의 거리가 차이가 날 수도 있다. 학생들의 학습 수준을 올리는 데 중요한 것이 실은 교사 봉급이 아닌 교장 봉급인데, 교장 봉급이 높은 학교는 교사 봉급 역시 높기 때문일 수도 있다. 여러분은 이런 요인들도 측정하고 교정하려고 노력해볼 수 있지만, 가능한 교란요인의 목록은 사실 끝없이 길다. 많은 연구 상황에서 가능한 교란요인을 모두 측정하고 교정하는 것은 불가능하다. 2장에서 일부 논의했듯이, 연구자들은 이러한 문제에 대응하기 위해 실험이 아닌 데이터에서 인과적 효과를 추정하는 방법들을 발전시켜왔다. 그렇지만 어떤 종류의 연구 질문에는 이러한 방법들을 적용하는 것이 제한적이며 실험이 유력한 대안이 된다.

실험은 연구자가 자연적으로 쌓인 데이터 안의 상관관계를 넘어서서 인과관계에 대한 질문에 신뢰성 있게 답하게 해준다. 아날로그 시대에 실험은 종종 관리전략적 차원에서logistically 어렵거나 비쌌다. 그러나 디지털 시대인 현재에는 실험 관리상의 제약이 점차 사라지고 있다. 이제는 과거에 했던 종류의 실험을 더 쉽게 수행할 수 있을 뿐 아니라, 완전히 새로운 종류의 실험도 할 수 있다.

이 책에서 지금까지는 용어 사용을 다소 느슨하게 해왔지만, 두 가지 용어를 구분하는 것은 중요하다. 이는 실험과 무작위 통제 실험 간 구분이다. 실험에서는 연구자가 세계에 개입해서 결과를 측정한다. 이런 방법을 '개입perturb 후 관찰'이라고 부르기도 한다. 무작위 통제 실험randomized controlled experiment에서는 연구자가 사람들을 두 집단으로 나눠 한쪽 사람들에게만 개입하며, 개입 집단과 비개입 집단(즉, 통제집단—옮긴이 주) 간 배정을 (동전 던지기와 같은 과정을 통해) 무작위로 수행한다. 무작위 통제 실험은 개입한 집단과 개입하지 않은 집단 간 비교를 공정하게 할 수 있게 해준다. 바꿔 표현하자면, 무작위 통제 실험은 교란요인에 대한 해결책이다. 반면 개입 후 관찰 실험은 개입된 집단 하나만 다루기 때문에 (곧 보게 될 것처럼) 실험 결과가 연구자를 잘못된 결론으로 유도할 수 있다. 이처럼 실험과 무작위 통제 실험 간에는 중요한 차이가 있지만 사회연구자들은 두 용어를 동의어처럼 쓰곤 한다. 나 역시 이러한 관례를 따르겠지만, 필요한 경우에는 이 관례를 깨고 무작위 통제 실험이 무작위화 과정과 통제집단이 없는 실험에 비해 어떻게 우수한지 강조하려 한다.

무작위 통제 실험은 사회를 알아가는 강력한 방법임이 증명되었다. 이 장을 통해서 그러한 실험을 여러분의 연구에서 어떻게 활용할지 보여주고자 한다. 4.2절에서는 위키피디아상에서 수행한 실험의 예를 통해 실험의 기본적 논리를 설명하려 한다. 그리고 4.3절에서는 실험실 실험과 현장 실험의 차이, 아날로그 실험과 디지털 실험의 차이를 소개할 것이다. 또한 더 나아가서 디지털 현장 실험이 아날로그 실험실 실험의 최대 장점인 긴밀한 통제와, 아날로그 현장 실험의 최대 장점인 실제성 모두를 과거에는 불가능했던 규모로 제공해준다고 주장할 것이다. 그리고 다음으로 4.4절에서는 풍부한 실험을 설계하는 데 결정적인 세 가지 개념, 즉 타당도, 실험 효과의 이질성, 기제mechanism를 설명하려 한다. 이러한 배경 설명을 바탕으로 디지털 실험을 수행하는 두 가지 전략, 즉 직접 하기와 힘 있는 조직과 제휴하기 각각의 장단점을 서술할 것이다. 마지막으로 디지털 실험의 강점을 잘 살리기 위한 설계상의 조언을 하고(4.6.1항), 그러한 강점에 병행하는 책임성을 논하면서(4.6.2항) 이 장을 마무리하려한다.

4.2. 실험이란 무엇인가?

> 무작위 통제 실험은 네 가지 주요 요소로 이루어져 있다. 참가자 충원, 조치의 무작위화, 조치 구현, 결과 측정이 그 네 가지이다.

무작위 통제 실험은 네 가지 주요 요소로 이루어져 있다. 참가자 충원, 조치의 무작위화, 조치 구현, 결과 측정이 그 네 가지이다. 디지털 시대는 실험의 근본적인 성질을 바꾼 것은 아니지만 실험을 관리전략적 차원에서 더 쉽게 만들었다. 예를 들어 과거에는 수백만 명의 행동을 측정하기 어려웠겠지만 지금은 많은 디지털 시스템에서 일상적으로 일어나고 있다. 이러한 새로운 기회들을 어떻게 이용할지 알아내는 연구자가 과거에는 불가능했던 실험을 수행할 수 있을 것이다.

실험에 대해 무엇이 그대로이고 무엇이 변했는지 좀 더 구체화하기 위해 레스티보Michael Restivo와 반 더 라이트Arnout van de Rijt(2012)가 수행한 실험의 예를 고려해보자. 그들은 위키피디아 편집 기여에 비공식적인 동료 간 보상이 미치는 영향을 알고 싶었다. 특히 문서를 열심히 작성하고 검사한 것에 대해 위키피디아 회원 간에 감사를 표하기 위해 수여되는 별 훈장barnstar의 효과에 대해 연구했다. 레스티보와 반 더 라이트는 별 훈장을 받을 만한 위키피디아 회원 100명에게 별 훈장을 수여했다. 그리고 그 100명의 위키피디아 편집에 대한 기여를 이후 90일간 관찰했다. 놀랍게도 별 훈장을 받은 사람들은 이후 편집을 더 적게 하는 경향이 있었다. 다시 말해 별 훈장은 편집 기여를 독려하기보다는 침체시키는 것으로 보였다.

다행히도 레스티보와 반 더 라이트는 '개입 후 관찰' 실험이 아닌 무작위 통제 실험을 하고 있었다. 즉, 별 훈장을 수여할 최상위 기여자 100명뿐 아니라, 수여하지 않을 최상위 기여자 100명 또한 선정하여 통제집단으로 삼았다. 무엇보다도, 누가 실험집단에 속하고 누가 통제집단에 속하는지는 무작위적으로 결정했다.

레스티보와 반 더 라이트가 통제집단에 속한 기여자들의 행동을 관찰했을 때도 역시 편집 기여가 줄어드는 것을 발견했다. 더불어 그들을 실험집단에 속한 기여자들, 즉 별 훈장을 받았던 기여자들과 비교해보니, 실험집단에 속한 기여자들이 기여를 약 60%나 더 했음을 발견했다. 다시 말해 두 집단 모두에서 편집 기여는 줄었으나 통제집단에서 더 빨리 줄어든 것이다.

이 연구가 보여주듯이 통제집단은 다소 역설적인 방식으로 실험에서 결정적인 역할을 한다. 별 훈장의 효과를 정확하게 측정하기 위해 레스티보와 반 더 라이트는 별 훈장을 받지 않은 사람들도 관찰해야 했다. 많은 경우에 실험에 익숙하지 않은 연구자는 이러한 통제집단의 막대한 가치를 알아보지 못한다. 만일 레스티보와 반 더 라이트가 통제집단 없이 연구했다면 꼼짝없이 잘못된 결론을 이끌어냈을 것이다. 통제집단이 얼마나 중요하면, 유명 카지노 회사의 CEO가 직원을 해고할 수 있는 이유로 절도, 성추행, 통제집단 없이 실험하기라는 세 가지만을 들었을 정도이다(Schrage, 2011).

레스티보와 반 더 라이트의 연구는 충원, 무작위화, 조치, 결과라는 실험의 네 가지 주성분을 잘 보여준다. 이 네 가지가 함께 어우러져 과학자가 상관관계를 넘어 실험 조작의 인과적 효과를 측정할 수 있게 해준다. 무작위화란 구체적으로 통제집단과 실험집단에 속한 사람들이 비슷함을 뜻한다. 이 점이 중요한 이유는 두 집단 간 결과의 어떤 차이도 교란요인이 아닌 실험 조작에서 비롯되었다는 것을 의미하기 때문이다.

레스티보와 반 더 라이트의 연구는 실험의 작동 원리를 잘 보여줄 뿐 아니라, 디지털 실험의 관리전략이 어떻게 아날로그 실험과 다른지도 보여준다. 그들의 실험에서는 누구에게든 위키피디아의 별 훈장을 주기가 쉬웠고, (위키피디아에는 편집 이력이 자동적으로 기록되기 때문에) 별 훈장을 준 결과, 즉 별 훈장 수여 후 편집 횟수를 긴 기간 추적하기도 쉬웠다. 이처럼 큰 비용 없이 실험 조치를 부과하고 결과를 측정할 수 있는 능력은 과거 실험과는 **질적으로** 다른 부분이다. 그들의 실험에서는 200명을 대상으로 했으나, 2,000명 혹은 심지어 2만 명을 대상으로 실행할 수도 있었다. 그들의 실험을 100배 규모로 확장하지 못하게 한 요인은 비용이 아니라 윤리적 문제였다. 레스티보와 반 더 라이트는 자격이 불충분한 편집자에게 별 훈장을 주거나, 그들의 실험이 위키피디아 공동체를 교란시키지 않기를 바랐다(Restivo and Rijt, 2012; 2014). 이러한 윤리적 고려 사항들에 대해서는 이 장 후반부와 6장에서 다룰 것이다.

결론적으로 레스티보와 반 더 라이트의 실험이 분명히 보여주는 점은, 실험의 기본 논리는 변하지 않았으나 디지털 시대 실험의 관리전략은 극적으로 다를 수 있다는 사실이다. 이제 이러한 변화들이 만들어낸 기회를 좀 더 분명히 분리해서 보여주기 위해, 나는 현재 할 수 있는 실험들을 과거에는 하지 못했던 실험들과 비교해보려 한다.

4.3. 실험의 두 가지 차원: 실험실-현장, 아날로그-디지털

실험실 실험이 통제력을, 현장 실험이 실제성을 제공한다면 디지털 현장 실험은 통제력과 실제성을 결합해, 심지어 충분한 규모로 제공해준다.

실험은 다양한 형태와 크기로 구현된다. 과거에 연구자들은 실험을 실험실 실험과 현장 실험 사이의 연속성에 따라 조직하는 것이 유용하다는 것을 알았다.

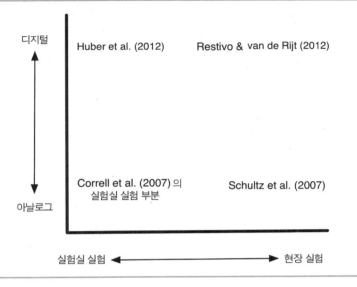

그림 4.1_ 실험 설계 공간의 개략도.
과거 실험이 실험실-현장 차원에서만 구별되었다면 현재는 아날로그-디지털 차원에서도 구별된다. 이 2차원 설계 공간에 이 장에서 기술한 네 가지 실험의 예시를 배치할 수 있다. 내 의견으로는 가장 많은 기회가 있는 영역은 디지털 현장 실험이다.

하지만 지금의 연구자들은 **아날로그 실험**과 **디지털 실험** 간의 두 번째 연속성을 따라서도 실험을 조직해야 한다. 이러한 2차원 설계 공간은 여러분이 서로 다른 접근 방식 간의 장단점을 이해하도록 돕고, 가장 큰 기회가 있는 곳을 강조해줄 것이다(그림 4.1).

실험이 조직될 수 있는 한 축은 실험실-현장 차원이다. 사회과학의 많은 실험들은 대학의 학부생들이 학점을 따기 위해 실험실에서 기묘한 과제를 수행하는 **실험실 실험**이다. 이 유형의 실험은 심리학에서 지배적인데, 연구자가 고도의 통제된 상황을 만들어 사회적 행동에 대한 특정 이론을 정확하게 분리해서 검증할 수 있게 해주기 때문이다. 하지만 어떤 연구 질문들에 대해서는, 그런 특이한 상황에서 그런 특이한 일을 하는 그런 특이한 집단의 사람들로부터 인간 행동에 대해 확고한 결론을 이끌어낸다는 것이 다소 어색하게 느껴진다. 이러한 우려가 있었기에 현장 실험을 지향하는 움직임이 생겼다. 현장 실험은 무작위 통제 실험이라는 엄격한 설계를, 더욱 대표성 있는 참가자 집단이 더욱 자연스러운 상황에서 더욱 일상적인 과제를 수행하는 것과 결합시킨다.

일부 사람들은 실험실 실험과 현장 실험을 서로 경쟁하는 방법으로 생각하기도 하지만, 그 둘은 서로 다른 강점과 약점을 갖는 보완적인 방법으로 보는 것이 가장 적합할 것이다. 예를 들어 코렐, 버나드와 백(Correll, Benard, and Paik, 2007)은 '모성 불이익motherhood penalty'의 근원을 찾으려는 시도에서 실험실 실험과 현장 실험을 모두 사용하였다. 미국에서 아이 어머니인 여성은 아이가 없는 여성에 비해 버는 돈이 적은데, 심지어 비슷한 숙련도로 비슷한 일을 하는 여성 간 비교를 해봐도 그렇다. 이러한 경향에 대한 설명이 여러 가지 있을 수 있는데, 그중 한 가지가 고용주가 아이 어머니에게 불리한 편향성을 갖고 있다는 것이다(흥미롭게도 아버지에게는 반대가 참인 것 같다. 아이 아버지는 아이가 없는 남성보다 많이 버는 편이다). 어머니에 대한 고용주의 이러한 편향성을 평가하기 위해 코렐, 버나드와 백은 실험실과 현장 모두에서 실험을 했다.

우선 실험실 실험에서는 대학 학부생인 참가자들에게 한 기업이 미 동부 해안에 새로 들어서는 마케팅 부서를 이끌 사람을 찾는다고 안내했다. 참가자들은 그 기업이 채용 과정에서 그들의 도움을 필요로 한다는 것을 들었고, 몇몇 잠재적 후보들의 이력서를 검토하고 평가 기준에 따라 등급을 매기도록 요구받았다. 주어진 평가 기준은 지성, 따뜻함, 일에 대한 헌신 등이었다. 그뿐 아니라 참여 학생들에게 각 지원자를 채용하도록 추천할 의사가 있는지, 초봉은 얼마가 적당하다고 생각하는지 등을 물어봤다. 하지만 참여 학생들이 미리 알리 없는 이 이력서들은 한 가지 점만 빼면 서로 비슷하게 만들어졌다. 일부는 (학부모-교사회에 참여 상황을 기재하여) 어머니라는 것을 알 수 있도록 했고, 나머지는 아니었던 것이다. 코렐과 동료들이 발견한 것은, 참여 학생들이 어머니 지원자를 덜 추천하고 그들에게 초봉을 더 낮게 제시하는 경향이었다. 더 나아가서 참여 학생들의 평가 점수와 채용 관련 결정에 대해 통계 분석을 한 결과,

이처럼 어머니이기 때문에 받는 불이익은 전반적으로 능력과 헌신도에서 낮은 점수를 받았기 때문이라는 것을 발견했다. 따라서 이 실험실 실험은 코렐과 동료들이 인과적 효과를 측정하고 그 효과에 대한 가능한 설명을 제공할 수 있게 해주었다.

물론 누군가를 고용한 경험은 고사하고 전일제 근무를 해본 적도 없는 몇백 명 학부생들의 의사결정을 바탕으로 미국 전체 노동시장에 대한 결론을 내리는 것에 대해 회의적인 사람도 있을 것이다. 그래서 코렐과 동료들은 보완적인 현장 실험도 실시했는데, 그들은 실제 구직 광고 수백 건에 가짜 자기소개용 표지cover letter와 이력서를 보냈다. 학부생들에게 보여줬던 지원서들과 마찬가지로 일부는 아이 어머니임을 알 수 있도록 하고 나머지는 아니었다. 그리고 코렐과 동료들은 어머니인 여성이 같은 조건의 아이 없는 여성보다 면접 요청을 받을 가능성이 낮다는 것을 발견했다. 다시 말하면, 실제 고용주들은 인위적이지 않은 상황에서 실제 효력을 갖는 결정을 내릴 때 학부생들과 같은 방식으로 행동했다. 그렇다면 그 고용주들도 같은 이유에서 그러한 결정을 내렸을까? 아쉽게도 알 수 없다. 현장 실험 당시 고용주들에게 지원서를 점수 매기도록 하거나 면접 결정에 대해 설명해달라고 할 수는 없기 때문이다.

이 한 쌍의 실험은 실험실 실험과 현장 실험에 대해 많은 일반적 특성을 드러낸다. 실험실 실험은 참가자의 의사결정에 영향을 줄 만한 환경에 대해 연구자가 거의 전적인 통제를 할 수 있게 해준다. 예를 들어 코렐과 동료들의 실험실 실험에서는 조용한 분위기에서 모든 이력서가 검토될 수 있도록 할 수 있었는데, 현장 실험이었다면 일부 이력서는 심지어 검토되지도 못했을 수 있다. 또한 실험실 상황에서 참가자들은 자신들이 연구 대상이라는 것을 알기 때문에 연구자들은 종종 참가자들의 의사결정을 설명하는 데 도움이 되는 추가적인 자료를 얻기도 한다. 예를 들어 코렐과 동료들은 참가자들이 다차원에서 지원자 점수를 매기도록 할 수 있었다. 이런 종류의 과정 데이터process data는 참가자들이 이력서를 처리하는 방식의 배후에 있는 기제를 이해하는 데 도움을 준다.

그런가 하면, 이점으로 기술한 바로 이러한 특성들이 경우에 따라 불리하게 작용하기도 한다. 실험실 실험 참가자들은 자신들이 연구 대상이라는 것을 알기 때문에 평소와는 굉장히 다르게 행동할 수 있다고 현장 실험을 선호하는 연구자들은 지적한다. 예를 들어 실험실 상황에서 참가자들은 연구의 목적을 추측하고는 편향되어 보이지 않기 위해 행동을 바꿨을 수도 있다. 더 나아가 현장 실험 옹호자들은 이력서 간 작은 차이는 소위 멸균 상태의 아주 깨끗한 실험실에서만 두드러지기 때문에 모성 불이익의 정도를 실제 채용 결정에서보다 과대추정할 것이라고 주장할지도 모른다. 마지막으로, 많은 현장 실험 지지자들은 실험실 연구가 이상한WEIRD 참가자에 의존한다고 비판한다. 즉, 서구 사회의Western, 교육받은Educated, 산업화된Industrialized, 부유한Rich, 민주주의Democratic 사회의 참가자에 의존한다는 뜻이다(Henrich, Heine, and Norenzayan, 2010a). 코렐과 동료들의 실험은 실험실-현장 연속선의 양 극단을 보여주는데, 두 극단 사이에는 혼합적인 설계가 다양하게 존재한다. 이에 해당하는 것으로는 학생이 아닌 참가자를 실험실에 데려와 실험을 한다거나, 현장에 나가지만 여전히 참가자는 일상적이지 않은 과제를 수행하는 경우 등이 있다.

이전부터 존재해왔던 실험실-현장 차원과 더불어, 디지털 시대라는 말이 의미하는 바는 실험이 다양화될 수 있는 두 번째 주요 차원인 아날로그-디지털 차원을 맞이하고 있다는 것이다. 마치 순수한 실험실 실험, 순수한 현장 실험, 그리고 둘 사이 다양한 혼합이 존재하듯이, 순수한 아날로그 실험, 순수한 디지털 실험, 그리고 둘 사이 다양한 혼합적 형태의 실험이 존재한다. 이 두 번째 차원의 공식적 정의를 내리기는 다소 까다롭지만 유용한 작업용 정의working definition를 내려보자면, 전체적 디지털 실험이란 참가자 충원, 무작위화, 조작 수행, 결과 측정까지 모두 디지털 기반 시설infrastructure을 활용한 실험이라 할 수 있다. 예를 들어 레스티보와 반 더 라이트(2012)의 위키피디아 별 훈장 연구는 이러한 네 가지 과정 모두에서 디지털 시스템을 활용했기에 전체적 디지털 실험이라 할 수 있다. 마찬가지로, 전체적 아날로그 실험이란 이 네 가지 어느 과정에서도 디지털 기반 시설을 활용하지 않은 실험으로 정의할 수 있다. 그리고 이 두 가지 극단 사이에 아날로그와 디지털 시스템을 조합한 부분적 디지털 실험이 있다.

혼히 디지털 실험이라고 하면 사람들은 곧바로 온라인 실험을 떠올리곤 한다. 이러한 연상이 안타까운 이유는 디지털 실험을 할 기회들은 온라인에만 제한되지 않기 때문이다. 연구자들은 (온라인이 아닌) 물리적 세계에서도 실험 조치를 취하거나 실험 결과를 측정하기 위해서 디지털 기기들을 활용해 부분적 디지털 실험을 수행할 수 있다. 예를 들어 연구자는 실험 조치를 위해 스마트폰을 사용하거나 결과 측정을 위해 설계된 환경 내에서 센서를 이용할 수 있다. 사실 나중에 이 장에서 살펴볼 것처럼, 연구자들은 이미 가정용 전력계를 사용해서 850만 가구의 에너지 소비에 관한 실험 결과를 측정했다(Allcott, 2015). 디지털 기기가 갈수록 사람들의 생활 속에 스며들고 센서가 설계된 환경 속에 통합되어감에 따라, 이처럼 물리적 세계에서 부분적 디지털 실험을 할 기회들은 극적으로 증가할 것이다. 바꿔 말하면 디지털 실험은 단지 온라인 실험만을 뜻하지 않는다.

디지털 시스템은 실험실-현장 연속선의 모든 곳에서 실험의 새로운 가능성을 창출한다. 순수한 실험실 실험의 경우를 예로 들자면, 연구자는 참가자의 행동을 더욱 정교하게 측정하기 위해 디지털 시스템을 활용할 수 있다. 이러한 류의 향상된 측정의 예로는 응시하는 곳을 더욱 정확하고 연속적으로 측정할 수 있는 시선 추적 장치를 들 수 있다. 디지털 시대는 또한 온라인상에서 실험실류 실험의 기회를 창출한다. 예를 들어 연구자들은 온라인 실험 참가자를 모집하기 위해 재빨리 아마존의 메커니컬 터크(엠터크)를 채택하였다(그림 4.2). 엠터크는 수행해야 하는 과제를 갖고 있는 '고용주'와 돈을 받고 그 과제를 완수하고자 하는 '일꾼'을 짝지어준다. 그러나 전통적인 노동시장과는 달리, 과제들은 몇 분 정도면 완료가 가능하고 고용주와 일꾼 간 모든 상호작용은 온라인에서 이루어진다. 엠터크는 전통적인 실험실 실험의 측면, 즉 무료로는 하지 않을 과제를 수행하도록 돈을 지불하는 방식을 흉내 내고 있기 때문에 특정 유형의 실험과 자연스럽게 부합한다. 본질적으로 엠터크는 참가자를 충원하고 보상하여 풀pool을 관리하는 기반 시설을 갖추고 있고, 연구자는 그러한 기반

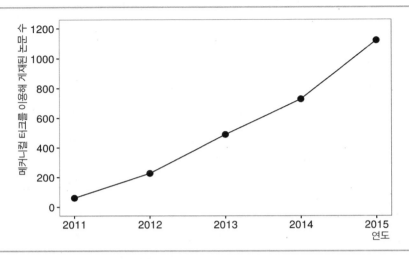

그림 4.2_ 아마존 메커니컬 터크(엠터크)를 이용해 게재된 논문 수.
엠터크를 비롯한 온라인 노동시장은 연구자들에게 실험 참가자를 충원하는 편리한 방법
을 제공한다.
자료: 보하논(Bohanon, 2016)에서 발췌.

시설의 이점을 활용하여 상시적으로 이용 가능한 참가자 풀에 접근할 수 있다.

심지어 디지털 시스템은 현장류 실험을 위해 더 큰 가능성을 창출한다. 특히
실험실 실험에서 가능했던 엄격한 통제와 과정 데이터를 현장 실험에서 가능
한 더 다양한 참가자, 더 자연스러운 환경settings과 결합할 수 있게 해준다. 그
뿐 아니라 디지털 현장 실험은 아날로그 실험에서는 어려웠던 세 가지 기회를
제공해준다.

첫째, 대부분의 아날로그 실험실 실험과 현장 실험은 수백 명의 참가자를 대
상으로 하는 반면, 디지털 현장 실험은 수백만 명의 참가자를 대상으로 할 수
있다. 디지털 실험은 경우에 따라 가변 비용 없이 데이터를 생산할 수 있기 때
문에 이러한 규모상의 변화가 가능하다. 즉, 일단 연구자가 실험 기반 시설을
구축하고 나면, 일반적으로 참가자를 늘려도 비용이 증가하지 않는다. 100배
혹은 그 이상 참가자를 늘리는 것은 단순한 양적인 변화가 아니라 질적인 변화

이다. 왜냐하면 이는 연구자가 실험으로부터 다양한 것들(예를 들자면 실험 효과
의 이질성)을 알 수 있게 해주고, 완전히 새로운 실험 설계(예를 들면 대규모 실험)
를 수행할 수 있게 해주기 때문이다. 이 이점은 매우 중요하므로 디지털 실험
구축에 관한 조언을 하는 이 장의 말미를 향할 때 다시 논할 것이다.

둘째, 아날로그 실험실 실험이나 현장 실험은 대부분 참가자들을 서로 구분되
지 않는 무명의 도구처럼 취급하지만, 디지털 현장 실험은 설계나 분석 단계에
서 참가자의 배경 정보를 종종 사용한다. **조치 전 정보**pre-treatment information라
고 부르는 이 배경 정보는 디지털 실험이 보통 상시 접근 측정 시스템(2장 참조)
에서 실행되기 때문에 활용할 수 있다. 예를 들어 대학교에 있는 연구자가 본
인의 아날로그 현장 실험 참가자에 대해 가진 조치 전 정보보다, 페이스북에
있는 연구자가 디지털 현장 실험 참가자에 대해 훨씬 더 조치 전 정보를 많이
갖고 있다. 이러한 조치 전 정보를 통해 참가자의 차단(Higgins, Sävje, and
Sekhon, 2016)이나 표적 충원(Eckles, Kizilcec, and Bakshy, 2016)과 같은 효율적
실험 설계가 가능해지고, 실험 효과의 이질성 추정(Athey and Imbens, 2016a)이
나 정밀도precision 향상을 위한 공변량 조정(Bloniarz et al., 2016)과 같이 통찰력
있는 분석도 할 수 있게 된다.

셋째, 많은 아날로그 실험실 실험과 현장 실험이 상대적으로 압축적인 시간
동안 조치를 시행하고 결과를 측정하는 반면, 디지털 현장 실험은 종종 훨씬
긴 시간 동안 진행된다. 예를 들어 레스티보와 반 더 라이트의 실험은 90일 동
안 결과를 매일 측정했으며, 이 장의 나중에 소개할 실험의 한 예(Ferraro,
Miranda, and Price, 2011)에서는 사실상 비용을 전혀 들이지 않고 3년에 걸쳐 결
과를 추적했다. 크기, 조치 전 정보, 그리고 종단적인 조치와 결과 데이터라는
세 가지 이점은 실험이 상시 접근 측정 시스템상에서 진행될 때 가장 잘 드러
난다(상시 접근 측정 시스템에 대해서는 2장을 볼 것).

디지털 실험이 많은 가능성을 제공해주기는 하지만 아날로그 실험과 몇 가
지 약점을 공유하기도 한다. 예를 들자면 실험은 과거를 연구하는 데 사용될
수 없고, 조작할 수 있는 조치의 효과만 추정할 수 있다. 또한 실험이 정책을 안

내하는 데 유용하다는 점은 의심의 여지가 없으나, 환경에 의존하는 문제, 조치에 순응해야 하는 문제, 균형 상태 효과equilibrium effect 등과 같은 우여곡절 때문에 실험이 제공할 수 있는 정확한 지침은 다소 제한적이다(Banerjee and Duflo, 2009; Deaton, 2010). 디지털 현장 실험은 또한 현장 실험에 의해 생겨난 윤리적 우려를 확대시키는데, 이 장 후반부와 6장에서 다룰 것이다.

4.4. 단순 실험을 넘어서기

> 단순한 실험을 넘어서 풍부한 실험으로 나아가보자. 풍부한 실험을 위해서는 세 가지 개념, 즉 타당도, 실험 효과의 이질성, 기제가 유용하다.

실험을 새롭게 접한 연구자는 종종 매우 구체적이고 좁은 질문에 집중하곤 한다. 이 조치가 과연 '작동'할까? 예를 들자면, 자원봉사자의 전화로 투표를 독려할 수 있을까? 웹사이트 버튼을 파란색에서 녹색으로 바꾸면 클릭하는 비율을 높일 수 있을까? 사실 초점을 좁혀 수행한 실험은 일반적 의미에서 조치가 '작동'할지에 대해 답해주지 않는데, 유감스럽게도 무엇이 '작동'할지에 대해 느슨하게 말로 표현하는 것은 이러한 한계점을 흐린다. 초점을 좁혀 수행한 실험은 사실 훨씬 더 구체적인 질문에 답한다. 이 시점, 이 모집단 참가자에게 이런 구체적 방식으로 이행한 이 구체적인 조치의 평균 효과는 무엇인가? 나는 이처럼 좁은 질문에 집중하는 실험을 **단순 실험**simple experiment이라 부르고자 한다.

단순 실험은 값진 정보를 제공해줄 수 있지만, 중요하면서 흥미로운 많은 질문들에 답할 수 없다. 그런 질문들로는, 어떤 사람들에 대해서는 조치가 더 크거나 작은 효과를 발휘하는지, 더욱 효과적인 다른 조치가 있는지, 이 실험이 더 광범위한 사회 이론들과 관련이 있는지 등이 있다.

단순 실험을 넘어서는 것이 왜 가치 있는지 알아보기 위해 사회 규범과 에너지 소비 간의 관계에 대한 슐츠P. Wesley Schultz와 동료들의 아날로그 현장 실험

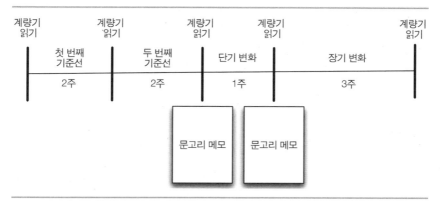

계량기 읽기		계량기 읽기		계량기 읽기		계량기 읽기		계량기 읽기

첫 번째
기준선　　두 번째
기준선　　단기 변화　　　장기 변화

2주　　　2주　　　1주　　　　3주

문고리 메모　　문고리 메모

그림 4.3_ 슐츠 등(Schultz et al., 2007) 실험 설계의 개념도.
현장 실험을 하기 위해 캘리포니아주 산마르코스에 있는 300개 가구를 8주에 걸쳐 다섯 번 방문했다. 방문할 때마다 연구자는 집의 전력 계량기를 눈으로 확인했다. 방문 중 두 번은 그 집의 에너지 사용에 대한 정보를 담은 문고리 메모를 걸어두었다. 연구 질문은 이 메시지의 내용이 에너지 사용에 어떻게 영향을 미치는지였다.

을 살펴보자(Schultz et al., 2007). 슐츠와 동료들은 캘리포니아주 산마르코스 San Marcos에 있는 300개 가정에서 문고리에 메모를 걸어놨는데, 이 문고리 메모들은 에너지 절약을 장려하기 위한 서로 다른 메시지를 담도록 설계되었다. 그런 후에 이처럼 다른 메시지들이 전기 소비에 어떤 영향을 미치는지 1주 후, 그리고 그다음 3주 후에 측정하였다. 그림 4.3은 실험 설계에 대해 좀 더 자세히 보여준다.

　이 실험은 두 가지 실험조건을 설정했다. 그중 한 조건은 가구들에 (예를 들자면 에어컨 대신 선풍기를 사용하라는 식의) 일반적인 에너지 절약 요령과 더불어 이웃의 평균 에너지 사용량과 비교한 그 가구의 에너지 사용량 정보를 주었다. 슐츠와 동료들은 이 경우를 서술적 표준descriptive normative 조건이라고 명명했는데, 이웃의 에너지 사용에 대한 정보는 전형적 행동(즉, 서술적 표준)에 대한 정보를 제공하기 때문이다. 그런데 슐츠와 동료들이 이 집단의 에너지 사용량을 본 결과, 실험 조치는 단기간이든 장기간이든 에너지 사용량 면에서 별다른

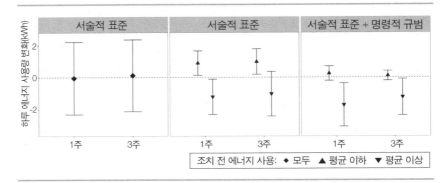

그림 4.4_ 슐츠 등(Schultz et al., 2007)의 실험 결과.
그림은 ① 서술적 표준 조치가 평균적으로는 무효과 추정치를 보이나, ② 이 평균 효과가 사실 서로 상쇄하는 두 효과로 이루어졌다는 것을 보여준다. 이 조치는 전기를 많이 쓰는 사용자들에게 전기 사용을 줄였으나 적게 쓰는 사용자에게는 전기 사용을 늘렸다. 마지막으로 ③ 서술적이고 명령적인 규범을 사용한 두 번째 조치는 전기를 많이 쓰는 사용자에게는 거의 비슷한 효과를 보인 반면 적게 쓰는 사용자에게 나타났던 부메랑 효과를 완화시켰다.
자료: 슐츠 등(Schultz et al., 2007)에서 발췌.

효과가 없어 보였다. 바꿔 말하면 조치는 '작동'하지 않는 것처럼 보였다(그림 4.4).

다행히도 슐츠와 동료들은 이러한 단순한 분석에 안주하지 않았다. 실험을 시작하기 전에 그들은 전기를 평균 이상으로 많이 쓰는 사용자는 소비량을 줄일 수도 있고, 평균 이하로 적게 쓰는 사용자는 전기 소비를 늘릴 수도 있다고 추론했다. 그들이 데이터를 조사했을 때 발견한 것도 바로 이런 경우였다(그림 4.4). 효과가 없는 것으로 보였던 실험 조치가 사실 서로 상쇄하는 두 가지 효과를 낳았던 것이다. 이처럼 전기를 적게 쓰는 사용자들 가운데 나타난 비생산적인 증가는 실험 조치가 의도와는 반대의 효과를 초래하는 소위 **부메랑 효과** boomerang effect의 한 예이다.

슐츠와 동료들은 첫 번째 실험조건과 동시에 두 번째 조건도 실행했다. 두 번째 조건을 적용한 가구는 첫 번째 조건과 완전히 동일한 조치, 말하자면 일반적인 에너지 절약 요령과 이웃의 에너지 사용량 평균과 비교한 그 가구의 사용량을 받았지만 한 가지 작은 변화가 있었다. 평균 이하 소비자에게는 웃는 이모티콘 ':)'을, 평균 이상 소비자에게는 슬픈 이모티콘 ':('을 덧붙였다. 이모티콘들은 연구자들이 **명령적 규범**injunctive norms이라고 부르는 것을 일으키기 위해 설계되었다. 서술적 표준이 무엇이 공통적으로 행해지는지에 대한 지각을 가리킨다면, 명령적 규범이란 무엇이 공통적으로 받아들여지는지(그리고 거부되는지)에 대한 지각을 가리킨다(Reno, Cialdini, and Kallgren, 1993).

이 작은 이모티콘을 추가하여 연구자들은 부메랑 효과를 극적으로 줄였다(그림 4.4). 추상적인 사회심리학 이론(Cialdini, Kallgren, and Reno, 1991)에서 영감을 받아 이렇듯 간단한 변화를 줌으로써 연구자들은 작동하지 않을 것 같은 기획을 작동하도록 전환시켰으며, 동시에 어떻게 사회적 규범이 사람의 행동에 영향을 주는지에 대한 일반적 이해에도 기여할 수 있었다.

하지만 지금쯤 여러분은 이 실험에 뭔가 다른 점이 있다는 것을 눈치 챘을지도 모르겠다. 특히 슐츠와 동료들의 실험에는 무작위 통제 실험에서 볼 수 있는 통제집단이 없다. 이 실험 설계와 레스티보와 반 더 라이트의 실험 설계를 비교해보면 두 가지 주요 실험 방법 간 설계의 차이를 잘 알 수 있다. 레스티보와 반 더 라이트의 실험과 같은 **피험자 간 설계**between-subjects design에서는 실험집단과 통제집단이 있다. 이와 대조적으로, **피험자 내 설계**within-subjects design에서는 조치 전과 후 참가자의 행동을 비교한다(Greenwald, 1976; Charness, Gneezy, and Kuhn, 2012). 피험자 내 설계에서는 마치 각 참가자가 자신 스스로의 통제집단으로 역할하는 것과 같다. 피험자 간 설계의 장점은 (앞서 기술했듯이) 교란요인으로부터 실험을 보호할 수 있다는 점인 반면, 피험자 내 설계의 장점은 추청치의 정밀도가 향상된다는 점이다. 마지막으로 나중에 나올 디지털 실험 설계에 대한 조언을 미리 맛보기하자면, **혼합 설계**mixed design는 피험자 내 설계의 향상된 정밀도와 피험자 간 설계의 교란요인으로부터의 보호를 결합한 것이다(그림 4.5).

전체적으로 봤을 때 슐츠와 동료들(Schultz et al., 2007)의 연구 결과는 단순

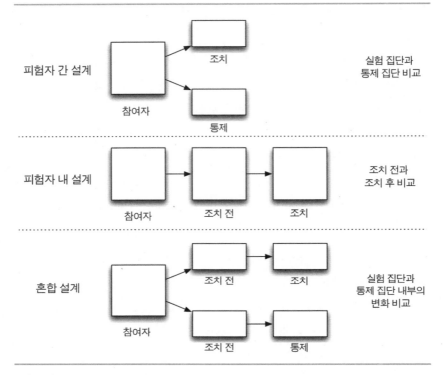

피험자 간 설계 ... 참여자 → 조치 / 통제 ... 실험 집단과 통제 집단 비교

피험자 내 설계 ... 참여자 → 조치 전 → 조치 ... 조치 전과 조치 후 비교

혼합 설계 ... 참여자 → 조치 전 → 조치 / 조치 전 → 통제 ... 실험 집단과 통제 집단 내부의 변화 비교

그림 4.5_ 세 가지 유형의 실험 설계.

첫 번째로, 표준적인 무작위화 통제 실험은 피험자 간 설계를 쓴다. 이 설계의 예는 레스티보와 반 더 라이트의 위키피디아 안에서 별 훈장과 기여도 연구(2012)이다. 이 연구에서 연구자들은 참가자를 무작위로 실험집단과 통제집단으로 나누고 실험집단에만 별 훈장을 준 후 두 집단 간 결과를 비교하였다. 두 번째 유형은 피험자 내 설계이다. 슐츠와 동료들(2007)의 규범과 에너지 소비에 대한 연구에서 수행한 두 가지 실험이 이 유형을 잘 보여준다. 여기서 연구자들은 실험 조치를 받기 전과 후의 전기 사용을 비교하였다. 피험자 내 설계는 통계적 정밀도를 향상시키지만 교란요인의 위험(예를 들자면 조치 전후 날씨 변화)에 노출되어 있다(Greenwald, 1976; Charness, Gneezy, and Kuhn, 2012). 피험자 내 설계는 반복 측정 설계라고 부르기도 한다. 세 번째인 혼합 설계는 피험자 내 설계의 향상된 정밀성과 피험자 간 설계의 교란요인으로부터의 보호를 결합한 것이다. 이 설계에서 연구자가 실험집단과 통제집단 사이에 비교하는 것은 결과 변수의 변화량이다. 연구자가 조치 전 정보를 미리 갖고 있는 경우 일반적으로 혼합 설계가 피험자 간 설계보다 선호되는데, 이는 추정치의 정밀도가 더 높기 때문이다. 디지털 실험은 이처럼 조치 전 정보를 미리 갖고 있는 경우가 많다.

실험을 넘어설 때의 가치를 보여준다. 다행히도 여러분이 이런 실험을 설계하기 위해서 기발한 천재일 필요는 없다. 사회과학자들이 여러분을 더 풍부한 실험으로 안내하기 위해서 세 가지 개념을 발전시켰으며, 그 셋은 ① 타당도, ② 실험 효과의 이질성, ③ 기제이다. 이 말인즉, 실험을 설계할 때 이 개념 세 가지를 명심하고 있다면 더욱 흥미롭고 통찰력 있는 실험을 만들 수 있다는 뜻이다. 이 세 가지 개념이 실제로 어떻게 활용되는지 보여주기 위해서, 나는 부분적 디지털 현장 실험이며, 슐츠와 동료들(2007)의 우아한 설계와 흥미진진한 결과에 기반한 후속 연구들을 여럿 소개하려 한다. 앞으로 볼 것처럼, 주의 깊은 설계, 실행, 분석, 해석 등을 통해 여러분도 단순 실험을 넘어 전진할 수 있을 것이다.

4.4.1. 타당도

타당도란 실험 결과가 더욱 일반적인 결론을 얼마나 지지하는지를 가리킨다.

어떤 실험도 완벽하지 않으며, 연구자들은 관련된 문제들을 묘사하기 위해 광범위한 어휘를 발전시켜왔다. 타당도validity란 특정한 실험의 결과가 더 일반적인 결론을 지지하는 정도를 가리킨다. 사회과학자들은 타당도를 네 개의 주요 유형으로 나누는 것이 유용함을 알게 되었는데, 그 넷은 통계적 결론 타당도, 내적 타당도, 구성 타당도, 외적 타당도이다(Shadish, Cook, and Campbell, 2001: 2장). 이 네 가지 개념을 숙달한다면 여러분은 실험의 설계와 분석을 비판하고 향상시키기 위한 점검 목록을 머릿속에 갖추는 것이며, 다른 연구자들과 소통하는 데 도움이 될 것이다.

통계적 결론 타당도statistical conclusion validity란 실험의 통계적 분석이 올바르게 수행되었는지에 초점을 맞춘다. 슐츠 등(Schultz et al., 2007)의 연구 맥락에서는 연구자들이 p-값을 정확히 계산했는지에 중점을 둘 것이다. 실험을 설계하고 분석하는 데 필요한 통계적 원리들은 이 책의 범위를 벗어나지만 디지털 시대에도 근본적으로 달라지지는 않았다. 하지만 달라진 것도 있는데, 디지털 실험의 데이터 환경은 기계 학습 방법을 이용해 실험 효과의 이질성을 추정하는 것과 같은 새로운 기회를 창출했다는 점이다(Imai and Ratkovic, 2013).

내적 타당도internal validity는 실험의 절차들이 제대로 수행되었는지에 중점을 둔다. 슐츠 등(2007)의 실험으로 되돌아가보면, 내적 타당도에 대한 문제 제기는 무작위화, 조치의 실행, 결과의 측정 등을 중심으로 이루어질 수 있다. 예를 들어 연구 조교들이 전력 계량기를 실수로 잘못 읽었을지 모른다고 우려할 수 있다. 사실 슐츠와 동료들은 이러한 우려를 했었고, 표본을 수집할 때 계량기를 두 번씩 읽었다. 다행히도 두 결과는 본질적으로 동일했다. 종합적으로 봤을 때 슐츠와 동료들의 실험은 내적 타당도가 높은 것으로 보인다. 하지만 항상 이런 것은 아니다. 복잡한 현장 실험과 온라인 실험들은 종종 의도한 대상자에게 제대로 조치를 가하는 문제, 모든 참가자의 결과를 측정하는 문제 등에 봉착한다. 다행히도 디지털 시대는 내적 타당도에 대한 우려를 줄이는 데 도움을 줄 수 있는데, 왜냐하면 조치를 받아야 하는 대상에게 제대로 조치를 가하고 모든 참가자의 결과를 확실하게 측정하는 것이 더 쉬워졌기 때문이다.

구성 타당도construct validity는 데이터와 이론적 구성물 사이의 일치 여부를 중심으로 검토된다. 2장에서 논의했듯이 구성물이란 사회과학자가 논리적으로 추론해낸 추상적 개념이다. 불행히도 이러한 추상적 개념의 정의와 측정법이 항상 분명한 것은 아니다. 슐츠 등(2007)의 연구로 돌아가보자면, 명령적 사회 규범이 전기 사용량을 낮춘다는 주장은 연구자에게 '명령적 사회 규범'을 조작할 조치(이모티콘 등)를 설계하고 '전기 사용량'을 측정하라고 요구한다. 아날로그 실험에서는 많은 연구자들이 고유의 조치를 설계하고 고유의 결과를 측정하는데, 이러한 방식은 실험이 연구하고자 하는 추상적인 구성물과 가능한 한 일치하도록 해준다. 그러나 디지털 실험에서는 연구자가 회사나 정부와 제휴해서 조치를 가하고 상시 접근 데이터 시스템을 이용해 결과를 측정하기 때문에 실험과 이론적 구성물 사이의 일치가 느슨할 수 있다. 따라서 아날로그 실험보다 디지털 실험에서 구성 타당도는 더 큰 걱정거리가 될 것이라 전망한다.

마지막으로 외적 타당도external validity는 해당 실험의 결과가 다른 상황으로도 일반화될 수 있는지 여부에 초점을 맞춘다. 슐츠 등(2007)의 연구로 돌아가 보면, 사람들에게 이웃과 비교한 에너지 소비량 정보와 명령적 규범의 신호(이모티콘 등)를 주는 아이디어가 다른 상황에서 다른 방식으로 실행되어도 에너지 사용량을 줄일 수 있을지 질문해볼 수 있을 것이다. 잘 설계되고 잘 수행된 실험에서조차 외적 타당도는 가장 손대기 어려운 문제이다. 과거에 외적 타당도에 대한 논쟁이라고는, 한 무리의 사람들이 방에 모여 앉아서 실험 절차가 다른 방식으로, 다른 장소에서, 다른 참가자들을 상대로 수행되었다면 어떤 결과가 나왔을까 상상하려고 노력하는 것에 지나지 않았다. 다행히도 디지털 시대는 이처럼 데이터 없이 추측하는 것을 넘어서 연구자들이 경험적으로 외적 타당도를 평가하는 것을 가능하게 한다.

슐츠 등(2007)의 연구 결과가 워낙 흥미진진했기에 오파워Opower라는 회사는 미국의 전력 회사들과 제휴하여 이 조치를 더욱 넓게 전개했다. 슐츠와 동료들의 설계에 기반해서 오파워는 두 개의 주요 모듈을 갖는 맞춤형 '가정 에너지 보고서'를 만들었다. 하나는 이웃과 비교한 전기 사용량에 이모티콘을 덧붙여 보여주는 모듈이었고, 예컨대 '지난 달 귀하는 귀하의 효율적인 이웃보다도 전기를 15% 적게 사용했습니다'라고 써놓고 이웃과 비교한 사용량을 막대 그래프로도 제시하였다. 더불어 '매우 우수☺☺'라고 웃는 이모티콘과 함께 칭찬하는 문구를 넣었다. 다른 하나는 에너지 사용량을 낮출 수 있는 요령을 3단계로 제공하는 모듈이었다. 예를 들어 '당장 할 수 있는 것'으로는 'TV 디스플레이를 조정하세요. TV당 연간 40달러까지 절약'이라고 쓰고, '현명한 구매'로는 '점유 센서를 설치하세요, 연간 30달러까지 절약', 그리고 '큰 절약을 위한 장기 아이디어'로는 '새로운 세탁기로 전기를 아끼세요. 연간 30달러까지 절약'이라고 썼다(Allcott, 2011: 그림 1과 2). 그런 다음 오파워는 이러한 가정 에너지 보고서의 영향력을 평가하기 위해 연구자들과 협업하여 무작위 통제 실험을 실행했다. 이 실험의 조치는 대부분 구식의 우편을 통해 물리적으로 전달되었지만,

결과는 (계량기와 같은) 디지털 기기를 이용해 측정되었다. 더욱이 오파워의 실험은 모두 전력 회사들과 제휴로 진행되었기에, 연구 조교가 각 집을 방문해 정보를 수작업으로 모을 필요 없이 연구자는 계량 기록에 접근할 수 있었다. 따라서 이러한 부분적 디지털 현장 실험이 낮은 가변 비용을 들여 거대한 규모로 실행되었다.

10개 지역 60만 가구를 대상으로 한 실험의 첫 번째 단계에서, 올콧(Allcott, 2011)은 가정 에너지 보고서가 에너지 소비를 낮춘다는 것을 발견했다. 즉, 더 큰 규모로 더욱 다양한 지역에서 수행한 연구의 결과가 슐츠 등(2007)의 결과와 질적으로 유사했다. 그뿐 아니라 101개 지역에서 800만 가구를 추가한 후속 연구에서도 올콧(Allcott, 2015)은 가정 에너지 보고서가 일관되게 전기 소비를 낮춘다는 것을 발견했다. 이처럼 훨씬 큰 규모로 진행된 일련의 실험에서는 한 번의 실험으로는 파악할 수 없는 흥미롭고 새로운 경향도 드러났는데, 바로 최근의 실험으로 올수록 실험 효과가 줄어든다는 것이다(그림 4.6). 올콧(2015)은 이처럼 효과가 감소한 이유가 시간이 지남에 따라 실험 조치가 적용된 참가자의 유형이 달라졌기 때문이라고 추측했다. 좀 더 구체적으로는, 환경 문제에 더욱 민감한 고객을 둔 전력 회사일수록 실험 프로그램을 더 일찍 채택했고 그 고객들은 조치에 더 잘 반응했다고 추측했다. 환경 문제에 덜 민감한 고객을 둔 전력 회사들이 실험에 참여함에 따라 실험 조치의 효과도 줄어든 것으로 보인다. 따라서 실험에서 무작위화가 실험집단과 통제집단이 유사하다는 것을 보장하듯이, 연구 장소research sites를 무작위화해야 일군의 참가자들로부터 얻은 추정치를 좀 더 일반적인 모집단으로 일반화할 수 있도록 보장한다(표집에 대한 3장 논의를 상기해보라). 만일 연구 장소가 무작위 표집이 되지 않았다면, 아무리 완벽히 설계되고 수행된 실험이라도 일반화하기 어려울 수 있다.

올콧(Allcott, 2011)에서 10개, 올콧(2015)에서 101개로, 총 111개의 이러한 실험들은 미국 각지에서 850만 가구를 포괄했다. 이 실험들은 슐츠와 동료들이 캘리포니아 300개 가구에서 발견한 원래 결과, 즉 가정 에너지 보고서가 평균 전기 사용량을 낮춘다는 결과를 일관되게 보여준다. 그리고 이러한 후속 실험

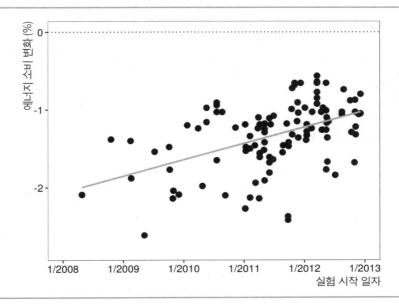

그림 4.6_ 전기 사용량에 미친 가정 에너지 보고서의 효과를 검정한 111개의 실험 결과. 실험 프로그램을 늦게 채택한 연구 장소에서 효과가 적은 경향을 보인다. 올콧은 이러한 경향이 발생한 주요 원인이 환경 문제에 민감한 고객이 있는 지역일수록 더 일찍 이 프로그램을 채택했기 때문이라고 주장한다.

자료: 올콧(Allcott, 2015: 그림 3)에서 발췌.

들은 원래 결과를 단순 재현하는 것을 넘어서, 효과의 크기가 장소에 따라 달라지는 것도 보여준다. 이 일련의 실험들은 또한 부분적 디지털 실험의 일반적 특성 두 가지를 더 드러낸다. 첫째, 실험 수행의 비용이 낮을 때 연구자는 외적 타당도에 대한 우려를 해소하고자 경험적 시도를 해볼 수 있으며, 만일 결과가 상시 접근 데이터 시스템에 의해 이미 측정되고 있다면 실현 가능하다. 이러한 특성이 시사하는 바는, 연구자는 이미 기록되고 있는 흥미롭고 중요한 행동들을 찾아 주시해야 하고, 이처럼 이미 존재하는 측정 기반 시설 위에서 실험을 설계해야 한다는 점이다. 둘째, 에너지 소비와 관련된 일련의 실험들은 디지털 현장 실험이 온라인에서만 수행되지 않는다는 점을 상기시켜준다. 앞으로는 도처에서 다양한 결과 변수를 이용한 디지털 현장 실험이 벌어질 것이며, 이러한 변수들은 이미 설치된 환경에서 각종 센서로 측정될 것이다.

지금까지 살펴본 네 가지 타당도, 말하자면 통계적 결론 타당도, 내적 타당도, 구성 타당도, 외적 타당도는 특정 실험 결과가 좀 더 일반적 결론을 지지할 수 있는지 평가하게 돕는 점검 목록을 연구자에게 제시한다. 아날로그 시대의 실험과 비교했을 때, 디지털 시대의 실험은 외적 타당도 문제를 경험적으로 다루기가 더 용이하고 내적 타당도를 확보하기가 더 쉬울 것이다. 반면에 디지털 시대의 실험, 특히나 회사들과 제휴를 통해 하는 디지털 현장 실험에서, 구성 타당도 이슈를 해결하는 것은 더욱 도전적인 과제일 것이다.

4.4.2. 실험 효과의 이질성

실험은 보통 평균 효과를 측정하지만, 그러한 효과는 아마도 모두에게 동등하지는 않을 것이다.

단순 실험을 넘어서는 두 번째 핵심 아이디어는 실험 효과의 이질성heterogeneity of treatment effects이다. 슐츠 등(2007)의 실험은 어떻게 동일한 조치가 다른 종류의 사람들에게 다른 효과를 가질 수 있는지 매우 잘 보여준다(그림 4.4). 아날로그 실험에서는 대부분 참가자가 적고 참가자에 대해 아는 바가 거의 없기 때문에 연구자는 평균 효과에 집중한다. 그러나 디지털 실험에서는 종종 훨씬 많은 사람들이 참여하고 그 참가자에 대해 더 많은 것을 알 수 있다. 이처럼 달라진 데이터 환경에서 연구자가 여전히 평균 조치 효과만을 추정한다면, 실험 효과의 이질성에 대한 추정이 가져다줄 수 있는 단서들을 놓치게 될 것이다. 그런 단서들은 어떻게 조치가 작동하는지, 어떻게 그 조치가 향상될 수 있는지, 어떻게 그 조치로부터 가장 혜택을 볼 수 있는 대상을 조준할 수 있는지 등에 대한 것들이다.

가정 에너지 보고서에 대한 추가 연구는 실험 효과의 이질성에 대한 두 가지

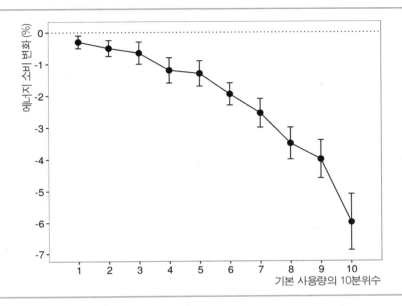

그림 4.7_ 올콧(Allcott, 2011)에 나타난 실험 효과의 이질성.
에너지 소비의 감소는 참가자의 기본 사용량의 10분위수에 따라 달랐다.
자료: 올콧(Allcott, 2011: 그림 8) 발췌.

예시를 제공한다. 우선 올콧(Allcott, 2011)은 대규모 표집(60만 가구)을 활용해서 표본을 실험 전 에너지 사용량에 따라 10등분하고, 가정 에너지 보고서의 효과를 각각 추정했다. 슐츠 등(2007)이 전기를 평균보다 많이 쓰는 사용자와 적게 쓰는 사용자 간 차이를 발견했다면, 올콧은 심지어 전기를 많이 쓰는 사용자와 적게 쓰는 사용자 안에서도 차이가 있다는 것을 발견했다. 예를 들자면, 최다 사용자(10분위 참가자)는 많이 쓰는 사용자 중 중간 수준(8분위)보다 두 배가량 에너지 소비를 줄였다(그림 4.7). 더불어 이처럼 실험 전 행동에 따라 나눠본 추정을 통해 최소 사용자에게도 부메랑 효과가 나타나지 않는다는 것을 보여주었다(그림 4.7).

코스타와 칸(Costa and Kahn, 2013)은 관련 연구에서 추측하기를, 가정 에너지 보고서의 효과성은 참가자의 정치적 이념에 따라 다양할 수 있으며 실험 조

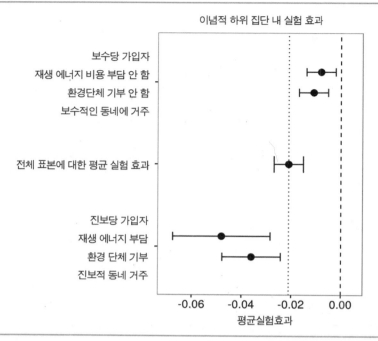

이념적 하위 집단 내 실험 효과

보수당 가입자
재생 에너지 비용 부담 안 함
환경단체 기부 안 함
보수적인 동네에 거주

전체 표본에 대한 평균 실험 효과

진보당 가입자
재생 에너지 부담
환경 단체 기부
진보적 동네 거주

-0.06   -0.04   -0.02   0.00

평균실험효과

그림 4.8_ 코스타와 칸(Costa and Kahn, 2013)에 나타난 실험 효과의 이질성.
전체 사례에서 추정한 평균 조치 효과는 -2.1%[-1.5%, -2.7%]이다. 가구들에 대한 정보
를 실험 결과와 결합한 후, 코스타와 칸은 일련의 통계적 모형을 활용해 매우 특정한 집단
들에 대한 실험 효과를 추정했다. 추정치는 통계 모형에 포함한 통제 변수에 따라 달라지
기 때문에, 각 집단에 대해 두 추정치를 제시했다[코스타와 칸(Costa and Kahn, 2013:
표 3, 4)에 나오는 모형 4, 6을 보라]. 이 추정치의 예가 잘 보여주듯이, 실험 효과는 사람
에 따라 다를 수 있고, 통계 모형에서 추정한 실험 효과는 통계 모형의 세부 사항에 따라
다를 수 있다(Grimmer, Messing, and Westwood, 2014).
자료: 코스타와 칸(Costa and Kahn, 2013: 표 3, 4)에서 발췌.

치는 특정 이념 성향의 사람들의 전기 사용량을 늘릴 수도 있다고 보았다. 다
르게 표현하자면, 연구자들은 가정 에너지 보고서가 어떤 성향의 사람들에게
는 부메랑 효과를 야기할 수도 있다고 추측했다. 이러한 가능성을 평가하기 위
해서 코스타와 칸은 오파워의 데이터와 제3의 업체로부터 구매한 데이터를 결
합했다. 그 구매한 데이터에는 정당 등록, 환경 단체 기부, 재생 에너지 프로그

램 참여 등에 대한 정보가 포함되어 있었다. 코스타와 칸은 이 결합 데이터를 이용해서 가정 에너지 보고서가 서로 다른 정치 이념을 가진 참가자들 간에 전반적으로 유사한 효과를 낸다는 것을 발견했다. 즉, 특정 집단이 부메랑 효과를 보인다는 증거는 없었다(그림 4.8).

이 두 예에 잘 나타나 있듯이, 우리는 디지털 시대에 더 많은 참가자를 대상으로 실험을 할 수 있고 그들에 대한 더 많은 정보를 알 수 있기 때문에, 평균 조치 효과를 넘어서 실험 효과의 이질성까지 추정할 수 있다. 실험 효과의 이질성에 대해 알게 되면 가장 효과적인 곳에 조치를 집중할 수 있고, 새로운 이론의 발전을 자극하는 사실들을 제공할 수 있으며, 지금부터 살펴볼 것처럼 가능한 기제들에 대한 힌트를 얻을 수 있다.

4.4.3. 기제

실험은 무엇이 일어났는지 측정한다. 기제는 왜 그리고 어떻게 그것이 일어났는지 설명한다.

단순 실험을 넘어서는 세 번째 핵심 아이디어는 기제mechanisms이다. 기제는 우리에게 왜 혹은 어떻게 조치가 인과적으로 결과를 야기했는지 알려준다. 기제를 찾는 과정은 개입 변수intervening variables 혹은 매개 변수mediating variables를 찾는 과정으로 부르기도 한다. 실험이 인과적 효과를 추정하는 데 좋기는 하지만, 실험은 많은 경우 기제를 드러내기 위해 설계되지 않는다. 디지털 실험은 두 가지 방식으로 기제를 식별하는 데 도움을 준다. 디지털 실험은 ① 우리가 더 많은 과정 데이터를 수집할 수 있도록 해주며, ② 관련된 여러 조치를 검정할 수 있게 해준다.

기제는 공식적으로 정의하기에 매우 까다롭기 때문에(Hedström and Ylikoski, 2010), 라임과 괴혈병이라는 간단한 예로 시작해보고자 한다(Gerber and Green, 2012). 18세기 의사들은 항해사들이 라임을 먹을 때 괴혈병이 생기지 않는다는

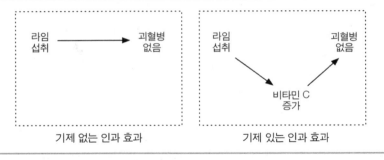

그림 4.9_ 라임은 괴혈병을 막아주며 그 기제는 비타민 C이다.

것을 꽤 잘 알고 있었다. 괴혈병은 지독한 질병이기 때문에 이는 매우 중요한 정보였다. 하지만 의사들은 왜 라임이 괴혈병을 예방하는지 알지 못했다. 거의 200년이 지난 1932년이 되어서야 과학자들은 라임이 괴혈병을 예방하는 이유가 비타민 C라는 것을 확실하게 보여줄 수 있었다(Carpenter, 1988: 191). 이 경우 비타민 C가 바로 기제인데, 라임은 그 기제를 통해서 괴혈병을 예방한다(그림 4.9). 물론 기제를 식별하는 것은 과학적으로 매우 중요하다. 수많은 과학 활동은 어떤 현상이 왜 일어나는가에 대해 이해하는 것이기 때문이다. 기제를 식별하는 것은 또한 실용적으로 매우 중요하다. 어떤 조치가 왜 작동하는지 일단 이해하게 되면, 우리는 심지어 더 잘 작동하는 새로운 조치를 잠재적으로 개발할 수 있기 때문이다.

안타깝게도 기제를 분리해내는 것은 매우 어렵다. 라임과 괴혈병의 예와는 달리 많은 사회적 상황에서 조치는 아마도 상호 연결된 여러 경로를 통해 작동할 것이다. 그렇지만 사회적 규범과 에너지 사용 연구의 경우, 연구자들은 과정 데이터를 모으고 관련된 조치를 검정해서 기제를 분리하려고 노력해왔다.

가능성 있는 기제를 검정하는 방법 하나는, 조치가 그러한 기제들에 어떻게 영향을 미치는지에 대해 중간 과정 데이터를 모으는 것이다. 예를 들어 올콧(2011)은 가정 에너지 보고서가 사람들의 에너지 소비를 낮추는 원인임을 보였다. 하지만 어떻게 이 보고서가 전기 사용량을 낮추었는가? 무엇이 기제였는가? 올콧과 로저스(Allcott and Rogers, 2014)는 한 전력 회사와 제휴하여, 어떤 소비자들이 리베이트 프로그램을 통해 가전제품을 더욱 에너지 효율적인 모델로 업그레이드하는지에 대한 정보를 얻었다. 올콧과 로저스(2014)는 가정 에너지 보고서를 받는 사람들 중에 가전제품을 업그레이드하는 경우가 약간 더 많다는 것을 발견했다. 하지만 이러한 차이는 매우 작아서 조치를 받은 가구의 에너지 소비 감소분 중 2%만 설명할 수 있었다. 다시 말하자면, 가전제품 업그레이드는 가정 에너지 보고서가 전기 소비를 줄이는 데 개입한 지배적인 기제가 아니다.

기제를 연구하는 두 번째 방법은 약간 다른 방식으로 조치를 해서 실험을 수행하는 것이다. 예를 들어 슐츠 등(2007)의 연구 및 가정 에너지 보고서와 관련된 모든 후속 실험에서 참가자들은 두 가지 주요 부분으로 구성된 조치를 받았다. ① 에너지 절약을 위한 요령과 ② 이웃과 비교한 에너지 사용량 정보가 그 둘이다. 따라서 전기 사용량 변화를 야기한 것이 이웃에 비교한 정보가 아니라 에너지 절약 요령일 수도 있다. 이처럼 절약 요령만으로도 충분한지 평가하기 위해 페라로와 동료들(Ferraro, Miranda, and Price, 2011)은 조지아주 애틀랜타 근처 수도 회사와 제휴해서 10만 가구를 대상으로 하는 관련 연구를 진행했다. 이 실험은 집단을 다음 네 가지 조건으로 나누었다.

- 물 절약 요령만 받은 집단
- 물 절약 요령에 더해 도덕적으로 호소받은 집단
- 물 절약 요령 및 도덕적 호소에 더해 이웃과 비교한 수도 사용량 정보를 받은 집단
- 통제집단

연구자들은 절약 요령만 제공받은 집단은 단기간(1년), 중기간(2년), 장기간(3년) 모두 영향이 없었음을 발견했다. 요령과 호소를 제공받은 집단은 단기간에서만 물 절약 효과가 나타났다. 마지막으로 요령, 호소, 이웃과 비교한 사용

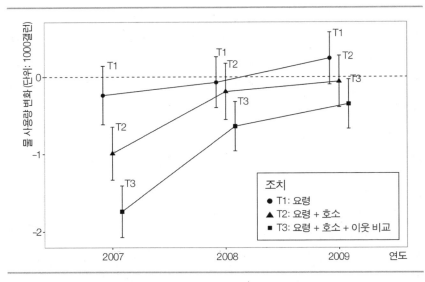

그림 4.10_ 페라로, 미란다와 프라이스(Ferraro, Miranda, and Price, 2011)의 실험 결과. 조치들은 2007년 5월 21일에 보냈고 효과는 2007년, 2008년, 2009년 여름에 측정했다. 실험 조치를 세분화함으로써, 연구자들은 기제에 대해 더 잘 이해하고자 했다. 절약 요령만 보낸 경우 근본적으로 단기간(1년), 중기간(2년), 장기간(3년) 모두에서 효과가 없었다. 요령과 호소는 참가자가 물을 절약하도록 야기했지만 단기적으로만 그랬다. 요령, 호소, 이웃과의 비교 정보 모두를 보낸 경우는 단기간, 중기간, 장기간 모두에서 수도 사용을 줄였다. 수직 막대는 신뢰 구간을 추정한 것이다. 실제 연구 관련 자료는 베르네도, 페라로와 프라이스(Bernedo, Ferraro, and Price, 2014)를 보라.
자료: 페라로, 미란다와 프라이스(Ferraro, Miranda, and Price, 2011: 표 1)에서 발췌.

량 정보 모두를 받은 집단은 단기간, 중기간, 장기간 모두에서 물을 절약했다 (그림 4.10). 이처럼 조치를 분해해서 취한 실험은 조치의 어떤 부분, 혹은 어떤 부분들이 함께 결과를 야기하는지 알아내는 좋은 방법이다(Gerber and Green, 2012: 10.6절). 예를 들어 페라로와 동료들(2011)은 물 절약 요령만으로는 수도 사용량을 줄이기 충분하지 않다는 것을 보여준다.

이상적으로 연구자는 요인 간 층 쌓기(요령; 요령 및 호소; 요령, 호소 및 비교 정보)를 넘어 완전 요인 배치법(2^k 요인 배치법factorial design이라고도 부른다)으로

표 4.1_ 세 요소(절약 요령, 호소, 이웃 비교 정보)로 이루어진 완전 요인 배치법의 예

조치	특성
1	통제
2	절약 요령
3	호소
4	이웃 비교 정보
5	절약 요령 + 호소
6	절약 요령 + 이웃 비교 정보
7	호소 + 이웃 비교 정보
8	절약 요령 + 호소 + 이웃 비교 정보

발전시켜서 세 가지 요소 간에 가능한 모든 조합을 검정해볼 수 있다. 모든 가능한 조합을 검정함으로써 연구자는 각 요소가 갖는 효과를 독립적으로 혹은 조합으로 모두 평가할 수 있다. 예를 들어 페라로와 동료들의 실험은 이웃과 비교한 사용량 정보만으로 장기간 행동 변화를 충분히 이끌어낼 수 있는지 파악할 수 없다. 이처럼 완전 요인 배치법은 많은 수의 참가자를 필요로 하고 많은 수의 조치들을 정밀하게 통제, 전달해야 하기에 과거에는 실행하기 어려웠다. 하지만 디지털 시대에는 적절한 조건하에서 이러한 관리전략적 제약을 제거해준다.

요약하자면 기제는 조치가 효과를 발휘하게 하는 경로라고 할 수 있는데, 이러한 기제의 중요성은 아무리 강조해도 지나치지 않다. 디지털 시대의 실험은 ① 과정 데이터를 수집하고, ② 완전 요인 배치 설계를 가능하게 함으로써 연구자가 기제에 대해 알 수 있게 돕는다. 그리고 이러한 접근으로 제시된 기제는 검정을 위해 구체적으로 고안된 실험으로 직접 검정될 수 있다(Ludwig, Kling, and Mullainathan, 2011; Imai, Tingley, and Yamamoto, 2013; Pirlott and MacKinnon, 2016).

이 세 가지 개념인 타당도, 실험 효과의 이질성, 기제를 합치면 실험의 설계

		비용	통제	실제성	윤리성
직접 하기	기존 환경 활용하기	낮음	낮음	높음	잠재적으로 복잡
	실험 구축하기	보통	높음	보통	상대적으로 용이
	제품 생산하기	높음	높음	높음	상대적으로 용이
힘 있는 조직과 제휴하기	힘 있는 조직과 제휴하기	낮음	보통	높음	잠재적으로 복잡

그림 4.11_ 실험을 실현하는 서로 다른 방식들의 절충점 정리.
비용cost은 시간과 돈의 측면에서 연구자에게 드는 비용을 뜻한다. 통제control는 참가자 충원, 무작위화, 조치 전달, 결과 측정의 차원에서 구현하고 싶은 바를 할 수 있는 능력을 뜻한다. 실제성realism은 의사 결정 환경이 일상에서 겪는 환경과 일치하는 정도를 뜻한다. 높은 실제성이 이론의 검정에서 항상 중요한 것은 아님을 주지하길 바란다(Falk and Heckman, 2009). 윤리성ethics은 좋은 의도를 가진 연구자가 발생할 수 있는 윤리적 문제들을 다루는 능력을 뜻한다.

와 해석을 위한 강력한 아이디어 꾸러미를 제공해준다. 이러한 개념들은 연구자가 무엇이 '작동'하는지에 대한 단순 실험을 넘어서서 더욱 풍부한 실험에 이르게 해준다. 풍부한 실험은 이론과 더 긴밀하게 연결되고, 조치가 어디서, 왜 작동하는지 드러내주며, 심지어 연구자가 더욱 효과적인 조치를 설계하도록 도울 수도 있다. 실험에 대한 이러한 개념적 배경지식을 토대로, 이제 여러분의 실험을 어떻게 실제로 실현할지에 대해 다루려 한다.

4.5. 실현하기

여러분은 큰 테크 회사에서 일하지 않더라도 디지털 실험을 할 수 있다. 직접 할 수도 있고, 여러분을 도와줄 수 있는 (그리고 여러분이 도움을 줄 수 있는) 상대와 제휴할 수도 있다.

이쯤에서 나는 여러분이 여러분 자신의 디지털 실험을 할 가능성으로 설레기를 바란다. 만일 여러분이 큰 테크 회사에서 일한다면, 여러분은 아마 이미 이러한 실험들을 항상 수행하고 있을지도 모른다. 하지만 큰 테크 회사에서 일하지 않는다면, 여러분은 디지털 실험을 실행할 수 없다고 생각할지도 모르겠다. 다행히도 그러한 생각은 틀렸다. 약간의 창의성을 더해 열심히 노력한다면 누구나 디지털 실험을 수행할 수 있다.

첫 번째 단계로, 주요 접근법 두 가지를 구분하는 것이 유용할 것이다. 직접하기와 힘 있는 상대와 제휴하기가 그 둘이다. 그리고 직접 하기에도 서로 다른 방식이 몇 가지 있는데, 기존 환경에서 실험할 수도 있고, 자신의 실험을 구축할 수도 있으며, 혹은 반복적인 실험을 수행하기 위해 직접 제품을 만들어낼수도 있다. 앞으로 나올 예시들을 통해 알아보겠지만 셋 중 모든 상황에서 가장 훌륭한 접근 방식이란 없으며, 각 접근 방식은 네 가지 차원(비용, 통제, 실제성, 윤리성)에서 서로 절충하는 것으로 이해하는 것이 가장 바람직할 것이다.

4.5.1. 기존 환경 활용하기

여러분은 코딩이나 제휴 없이도 종종 기존 환경 내에서 실험을 실행할 수 있다.

관리전략 차원에서 보자면, 디지털 실험을 하는 가장 쉬운 방법은 여러분의 실험을 기존의 환경과 접목시키는 것이다. 그런 식의 실험은 합리적으로 큰 규모에서 실행될 수 있으며, 회사와의 제휴나 광범위한 소프트웨어 개발을 필요로 하지 않는다.

예를 들어 제니퍼 돌릭Jennifer Doleac과 루크 스타인Luke Stein(2013)은 크레이그리스트Craiglist와 비슷한 온라인 장터를 잘 활용해서 인종 차별을 측정하는 실험을 구현했다. 그들은 판매자의 특성에 체계적으로 변화를 주어서 수천 개의 아이팟iPods 판매 광고를 내보냈고, 경제적 거래에서 인종이 갖는 효과를 연구할 수 있었다. 그뿐 아니라 그들은 실험의 규모를 이용해서 언제 효과가 더

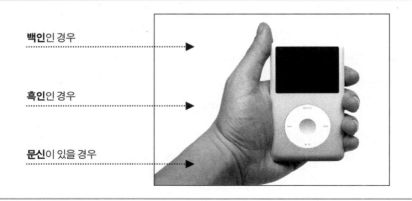

백인인 경우

흑인인 경우

문신이 있을 경우

그림 4.12_ 온라인 장터의 차별을 측정하기 위해 서로 다른 특성을 가진 판매자의 손이 아이팟을 팔았다.

큰지 추정하고(실험 효과의 이질성), 왜 그런 효과가 일어났는지에 대한 몇몇 의견을 제시할 수 있었다(기제).

돌릭과 스타인의 아이팟 광고는 주요 차원을 따라 세 가지 변화를 주었다. 첫째, 연구자들은 아이팟을 잡고 있는 손[백인, 흑인, 문신한 백인]을 찍은 사진으로 판매자 특성에 대한 다양한 신호를 보냈다(그림 4.12는 실험에서 제시한 사진을 일러스트로 재구성). 둘째, 판매 희망 가격[90달러, 110달러, 130달러]를 다양하게 했다. 셋째, 광고 문구의 질[양질과 저질(대소문자 구분 오류와 맞춤법 오류)]에 변화를 주었다. 즉, 저자는 3×3×2 설계를 작은 마을(인디애나주의 코코모와 네브라스카주의 노스 플랫 등)부터 대도시(뉴욕과 로스앤젤레스 등)에 걸쳐 300개가 넘는 지역 시장에 적용했다.

모든 실험조건에 걸쳐 평균을 내보면, 판매 결과는 백인 판매자가 흑인 판매자보다 좋았고, 문신한 판매자가 중간이었다. 예를 들어 백인 판매자에게 구매 의사를 밝히는 경우가 더 많았고 제시한 최종 판매 가격도 더 높았다. 돌릭과 스타인은 이러한 평균 효과를 넘어서 효과의 이질성도 추정했다. 가령 기존 이론에 따르면 구매자 간 경쟁이 심한 시장에서는 차별이 덜할 것이라고 예측해볼 수 있다. 연구자들은 구매 의사 횟수를 그 시장의 구매 경쟁의 척도로 활용해서, 흑인 판매자들이 경쟁 정도가 낮은 시장에서 실제로 받는 제안이 더 나쁜 것을 발견했다. 더불어 양질과 저질의 판매 문구 간의 비교를 통해, 돌릭과 스타인은 광고의 질은 흑인이나 문신한 판매자가 당하는 불이익에 영향을 주지 않는다는 것을 발견했다. 마지막으로 연구자들은 광고가 300개 이상의 시장에 등록되었다는 것을 활용하여, 흑인 판매자는 범죄율이 높고 주거 분리가 높은 도시에서 더 불이익을 당하는 것을 발견했다. 이러한 연구 결과 중 어떤 것도 왜 흑인 판매자에 대해 더 나쁜 판매 결과를 야기하는지 정확히 이해하도록 해주지는 못한다. 하지만 다른 연구 결과들과 결합했을 때, 다양한 유형의 경제적 거래에서 발생하는 인종 차별의 원인에 대한 이론들을 채워줄 수 있다.

기존의 시스템을 활용해 디지털 현장 실험을 할 수 있는 연구자들의 능력을 보여주는 또 다른 예는 반 더 라이트와 동료들(Arnout van de Rijt et al., 2014)의 성공의 열쇠에 대한 연구이다. 삶의 다양한 측면에서, 겉보기에는 비슷해 보이는 사람들이 매우 다른 삶의 결과에 이르곤 한다. 이러한 경향에 대한 한 가지 가능한 설명은 작고 본질적으로 무작위적인 이익이 자리 잡고 시간이 지남에 따라 커진다는 것인데, 이는 연구자들이 누적적 이익cumulative advantage이라고 부르는 과정이다. 작은 초기 성공이 정착하는지 사그라지는지 확인하기 위해 반 더 라이트와 동료들(2014)은 네 개의 서로 다른 시스템에 들어가서 무작위로 추출한 참가자들에게 성공을 부여했다. 그리고 이 임의적인 성공의 향후 영향력을 측정했다.

좀 더 구체적으로는 반 더 라이트와 동료들은 ① 크라우드펀딩 사이트인 킥스타터Kickstarter에서 무작위로 뽑은 프로젝트들에 투자 의사를 표하고, ② 상품평 사이트인 에피니언Epinions에 올라온 평들을 무작위로 뽑아서 긍정적으로 평가를 하고, ③ 위키피디아 편집 기여자를 무작위로 뽑아 상점을 주고, ④ change.org(미국의 청원 사이트—옮긴이 주)에 올라온 청원 중 무작위로 골라서 지지 서명을 했다. 그들은 네 시스템에 나타난 결과가 매우 비슷한 것을 발견

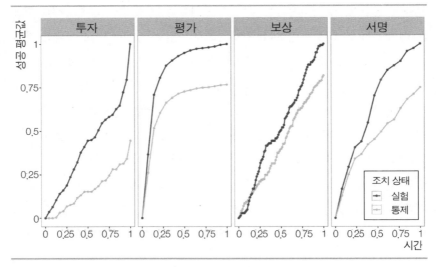

그림 4.13_ 서로 다른 네 가지 사회 시스템에서 무작위로 부여된 성공의 장기적 효과.
반 더 라이트와 동료들은 ① 크라우드펀딩 사이트인 킥스타터에서 무작위로 뽑은 프로젝트에 투자를 약속하고, ② 상품평 사이트인 에피니언에 올라온 평을 무작위로 뽑아서 긍정적으로 평가를 하고, ③ 위키피디아 편집 기여자를 무작위로 뽑아 상점을 주고, ④ change.org에 올라온 청원 중 무작위로 골라서 지지 서명을 했다.
자료: 반 더 라이트 등(van de Rijt et al., 2014)의 그림 2에서 발췌.

했는데, 각 시스템에서 초기에 일종의 성공을 부여받은 참가자는 그 외에는 전혀 구분이 안 되는 동료들에 비해 후속적 성공까지 이뤄낼 수 있었다(그림 4.13). 동일한 패턴이 여러 시스템에서 나타났다는 사실은 이러한 경향이 특정 시스템의 인위적 결과일 가능성을 줄여주기 때문에, 연구 결과의 외적 타당도를 증가시킨다.

이 두 가지 사례 연구는 연구자들이 회사와 제휴하거나 복잡한 디지털 시스템을 구축할 필요 없이 디지털 현장 실험을 수행할 수 있음을 보여준다. 그와 더불어 표 4.2에 있는 더 많은 사례는, 연구자들이 기존 시스템을 사용하여 조치를 취하고 결과를 측정했을 때 가능한 연구의 범위가 얼마나 넓은지를 보여준다. 이러한 실험들은 연구자에게 상대적으로 저렴하면서도 높은 수준의 실

표 4.2_ 기존 시스템을 활용한 실험 예시

주제	참고문헌
위키피디아 별 훈장이 기여도에 미치는 효과	Restivo and van de Rijt(2012; 2014); van de Rijt et al.(2014)
학대 반대 메시지가 인종차별적 트윗에 미치는 효과	Munger(2016)
경매 방식이 판매 가격에 미치는 효과	Lucking-Reiley(1999)
평판도가 온라인 경매 가격에 미치는 효과	Resnick et al.(2006)
이베이eBay에서 판매자의 인종이 야구 카드 판매에 미치는 효과	Ayres, Banaji, and Jolls(2015)
판매자의 인종이 아이팟iPods 판매에 미치는 효과	Doleac and Stein(2013)
투숙객의 인종이 에어비엔비Airbnb 대여에 미치는 효과	Edelman, Luca, and Svirsky(2016)
킥스타터Kickstarter에서 기부가 프로젝트의 성공에 미치는 효과	van de Rijt et al.(2014)
인종 및 민족성이 집 대여에 미치는 효과	Hogan and Berry(2011)
에피니언Epinions에서 긍정적 평가가 향후 평가에 미치는 효과	van de Rijt et al.(2014)
지지 서명이 청원의 성공에 미치는 영향	Vaillant et al.(2015); van de Rijt et al.(2014); van de Rijt et al.(2016)

제성을 제공한다. 그러나 참가자, 조치, 측정할 결과 등에 대해서는 연구자의 통제권이 제한적으로만 허용된다. 더구나 오직 한 시스템에서만 이루어지는 실험의 경우, 연구자는 시스템의 특수한 동학에 의해 효과가 나타나는 것은 아닌지 주의해야 한다(예를 들어 킥스타터가 프로젝트들의 순위를 매기는 방식이라든지, change.org가 청원 간 순서를 매기는 방식 등이 있다. 더 자세한 정보는 2장에서 알고리즘적 교란요인을 보라). 마지막으로, 연구자가 작동 중인 시스템에 개입할 때 참가자, 비참가자, 시스템에까지 피해를 줄 수 있는 까다로운 윤리적 문제가 발생한다. 우리는 이러한 윤리적 질문에 대해 6장에서 더 자세히 다룰 것이지만, 반 더 라이트 등(2014)의 부록에도 이에 대한 훌륭한 논의가 있다. 곧 예시와 함께 살펴보겠지만, 기존 시스템에서 작업할 때 발생하는 장단점 등 조건이 모든 연구 과제에 이상적인 것은 아니기에, 일부 연구자들은 스스로의 실험 시

스템을 구축한다.

4.5.2. 본인의 실험 구축하기

> 여러분 스스로의 실험을 구축하면 비용은 많이 들지만, 여러분이 원하는 실험을 창출할 수 있다.

기존 시스템에 여러분의 실험을 접목시키는 방법 외에 여러분은 여러분의 실험을 직접 구축할 수도 있다. 이 접근법의 주요 이점은 강력한 통제이다. 여러분이 실험을 만들어간다면 원하는 환경과 조치를 창출할 수 있다. 이렇게 실험용 환경을 주문 제작하면 자연적으로 일어나는 환경에서는 검정이 불가능한 이론들을 검정할 기회가 생긴다. 직접 실험을 구축하는 것의 주요 단점은 비용이 많이 들 수 있는 점과, 또 여러분이 만들어낸 환경에는 자연적으로 일어나는 시스템이 갖는 실제성이 없을 수 있다는 점이다. 또한 본인의 실험을 구축하는 연구자는 참가자를 모집할 전략을 갖추어야 한다. 기존 시스템에서 작업할 때는 근본적으로 연구자가 실험을 참여자들에게로 가져간다. 하지만 연구자가 자신의 실험을 구축할 때는 참여자를 실험으로 끌어들여야 한다. 다행히도 아마존 메커니컬 터크Amazon Mechanical Turk: MTurk와 같은 서비스를 통해 연구자들은 자신의 실험으로 끌어올 참가자를 편리하게 구할 수 있다.

추상적 이론을 검정하기 위해 주문 제작한 실험의 장점을 잘 보여주는 예 중 하나는 그레고리 후버Gregory Huber, 세스 힐Seth Hill과 가브리엘 렌즈Gabriel Lenz가 한 디지털 실험실 실험(2012)이다. 이 실험은 민주적 거버넌스의 기능을 제한하는 실제적인 한계를 탐색한다. 실제 선거를 이용한 이전의 연구들은 투표자들이 현직 정치가들의 성과를 정확히 평가하지 못한다는 것을 암시했다. 투표자들은 특히나 세 가지 편향에 취약한 것으로 보였는데, 그들은 ① 누적적 성과보다는 최근 성과에 집중하고, ② 미사여구, 프레이밍(상대의 해석을 의도한 대로 이끌어가려는 언변의 틀—옮긴이 주), 마케팅에 의해 조정당할 수 있으며, ③

현직자의 성과와 상관없는 지역 스포츠 팀의 성공 정도나 날씨와 같은 사건들에 영향받을 수 있다. 하지만 기존 연구들에서는, 이런 온갖 요인이 섞여 있는 실제 선거에서 일어나는 특정 요인을 다른 요인들과 분리해내는 것이 어려웠다. 따라서 후버, 힐과 렌즈(Huber, Hill, and Lenz, 2012)는 요인들을 분리하기 위해 고도로 단순화된 투표 환경을 만들고, 실험 방법을 통해 이 세 가지 편향의 가능성을 연구했다.

아래 실험 설정을 읽고 나면 느끼겠지만, 이 설정은 굉장히 인위적으로 보일 것이다. 하지만 실험실 방식의 실험에서 실제성은 연구 목표가 아니라는 점을 염두에 두었으면 한다. 그보다는 연구하려는 과정을 분명하게 분리하는 것이 목적이며, 이러한 강력한 분리는 보다 현실적인 연구에서는 종종 불가능하다(Falk and Heckman, 2009). 더불어 이 연구의 연구자들은 유권자가 이렇게 고도로 단순화된 설정 안에서도 효과적으로 성과를 평가하지 못한다면, 더 현실적이고 복잡한 투표 상황에서도 역시 못 할 것이라고 주장하고 있다.

후버, 힐과 렌즈는 엠터크MTurk를 활용해 참가자를 모았다. 일단 참가자가 고지에 입각한 동의를 하고 간단한 시험을 통과하면, 참가자는 32회전에 걸친 게임을 통해 실제 현금으로 바꿀 수 있는 토큰을 얻을 것이라고 안내받았다. 게임을 시작할 때 각 참가자는 회차마다 무료 토큰을 나눠주는 '분배인' 한 명을 배정받았으며, 분배인 간에 인심이 좋거나 나쁜 정도가 차이가 난다고 공지를 받았다. 그리고 각 참가자는 16회전이 끝나고 나면 분배인을 유지하거나 바꿀 수 있는 기회가 주어진다고 안내받았다. 여러분은 이미 후버, 힐과 렌즈의 연구 목표를 알기 때문에, 분배인은 정부를 대표하고 16회전 후 기회는 선거를 대표한다는 것을 알 수 있을 것이다. 하지만 참가자들은 이러한 연구의 일반적 목적을 알고 있지 않다. 후버, 힐과 렌즈는 통틀어 4,000명의 참가자가 약 8분 동안 수행하는 과제에 각 1.25달러씩 지불했다.

기존 연구들의 발견 중, 유권자는 지역 스포츠 팀의 성공이나 날씨처럼 현직자들의 통제 밖 결과물에 의해 그들을 지지하거나 심판한다는 것을 상기해보자. 참가자들의 투표 결정이 순전히 무작위적인 사건에 의해 영향받는지 평가

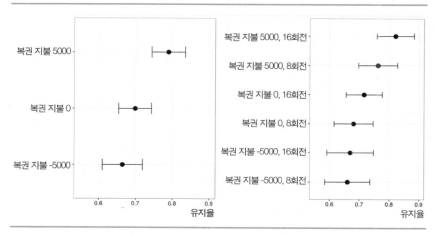

그림 4.14_ 후버, 힐과 렌즈(Huber, Hill, and Lenz, 2012)의 실험 결과.
복권에서 이득을 본 참가자일수록 분배인을 더 유지하는 경향이 있었고, 이 효과는 복권
추첨이 8회전보다 교체 결정 직전인 16회전에서 일어났을 때 더 강했다.
자료: 후버, 힐과 렌즈(Huber, Hill, and Lenz, 2012: 그림 5)에서 발췌.

하기 위해, 후버, 힐과 렌즈는 일종의 복권을 실험 시스템에 더했다. 참가자는
8회전이나 16회전(즉, 분배인을 바꿀 수 있는 기회 직전) 중 하나에 5,000점을 얻
거나, 잃거나, 그대로인 복권에 배정되었다. 이 복권은 정치가의 성과와 무관
한 좋은 소식이나 나쁜 소식을 흉내 내려는 의도였다. 참가자들은 이 복권의
결과가 분배인이 보여준 능력과 무관하다고 안내받았음에도, 복권의 결과는
참가자의 결정에 영향을 주었다. 복권에서 이득을 본 참가자일수록 분배인을
유지했으며, 이 효과는 8회전보다 16회전, 즉 분배인 교체 결정 직전에서 복권
당첨이 일어난 경우 더 강했다(그림 4.14). 후버와 동료들은 이 결과와 연구의
다른 몇 가지 실험 결과에 근거해, 유권자들은 더 단순한 상황에서조차 현명한
결정을 잘 내리지 못한다고 결론을 내렸으며, 이러한 결론은 유권자의 의사 결
정에 관한 후속 연구에 영향을 미쳤다(Healy and Malhotra, 2013). 후버와 동료
들의 실험은 매우 구체적인 이론을 정밀하게 검정하기 위해 설정된 실험실 방
식 실험에서 참가자를 충원하는 데 엠터크가 활용될 수 있음을 보여준다. 이

실험은 또한 고유의 실험 환경을 구축하는 것의 가치를 보여준다. 이 실험에서 다룬 과정들이 다른 어떤 설정에서 이렇게 깔끔하게 분리될 수 있을지 떠올리기란 쉽지 않다.

실험실류 실험을 구축하는 외에도, 연구자는 좀 더 현장성 있는 실험을 구축할 수도 있다. 예를 들어 센톨라(Centola, 2010)는 행동의 확산에 사회 연결망이 미치는 영향을 연구하기 위해 디지털 현장 실험을 구축했다. 그의 연구 질문은 동일한 행동이 서로 다른 모집단에서 확산되는 것을 관찰해야 했는데, 그 모집단들은 서로 다른 사회 연결망 구조를 갖지만 다른 측면에서는 구별이 안 되어야 했다. 이렇게 할 수 있는 유일한 방법은 주문 제작된 실험이었다. 이 경우 센톨라는 웹 기반 건강 커뮤니티를 구축했다.

센톨라는 건강 관련 웹사이트 광고를 통해 1,500명가량의 참가자를 모았다. 참가자들은 건강한 라이프스타일 네트워크Healthy Lifestyle Network라고 부르는 온라인 커뮤니티에 접속하면, 고지에 입각한 동의를 거쳐 '건강 돕기 친구 health buddies'를 배정받는다. 센톨라는 이러한 건강 돕기 친구를 배정하는 방법을 통해 서로 다른 집단에서 서로 다른 사회 연결망 구조를 짤 수 있었다. 어떤 집단들은 (서로가 동일한 확률로 연결되는) 무작위 연결망을 갖고 다른 집단들은 (가까운 곳의 연결이 더 조밀한) 군집화된 연결망을 갖도록 배정되었다. 그리고 센톨라는 추가적인 건강 정보를 가진 새로운 웹사이트에 등록할 수 있도록 하는 새로운 기회를 각 네트워크에 소개했다. 누구든 새 웹사이트에 등록할 때마다, 그의 모든 건강 돕기 친구들은 이를 알려주는 이메일을 받았다. 센톨라는 새 웹사이트에 등록하는 행동이 무작위 연결망보다는 군집화된 연결망에서 더 빠르고 멀리 확산되는 것을 관찰했는데, 이는 몇몇 기존 이론과는 반대되는 것이었다.

연구자가 고유의 실험을 구축하면 전반적으로 통제력이 훨씬 커진다. 이에 따라 연구자가 탐구하고 싶은 것을 분리해내기 위한 최적의 환경을 구성할 수 있게 된다. 위에서 기술한 두 실험이 이미 존재하는 환경에서 어떻게 수행될 수 있었을지 상상하기란 어렵다. 더구나 본인의 시스템을 구축하는 것은 기존 시스템에서 실험하는 경우 발생할 수 있는 윤리적 우려를 줄여준다. 하지만 본인의 실험을 구축하는 것은, 참가자 모집 및 실제성에 대한 우려와 같이 실험실 실험에서 부딪치는 여러 문제에 뛰어드는 것이다. 또한 앞선 예들이 보여주듯이, 본인의 실험을 구축하면 [후버, 힐과 렌즈(Huber, Hill, and Lenz, 2012)의 투표 연구처럼] 상대적으로 단순한 환경에서부터 [센톨라(Centola, 2010)의 연결망과 확산 연구처럼] 상대적으로 복잡한 환경까지 다양하게 실험을 구현할 수 있지만, 비용이 많이 들고 시간이 오래 걸릴 수 있다는 약점이 있다.

4.5.3. 직접 제품을 생산하기

여러분이 직접 제품을 생산하는 것은 위험이 높은 대신 보상도 높은 접근법이다. 만일 이것이 성공한다면, 여러분은 선순환 피드백의 혜택을 입어 돋보이는 연구를 할 수 있다.

일부 연구자들은 본인의 실험을 구축하는 접근법에서 한발 더 나아가, 실제로 본인의 제품을 만든다. 이러한 제품은 사용자를 끌어들이고 실험 및 다른 종류의 연구를 위한 플랫폼 역할을 해준다. 예를 들어 미네소타대학교의 연구자 집단은 무비렌즈MovieLens라는 제품을 만들었는데, 이 제품은 무료로 개인 맞춤형 영화 추천을 해주는 비영리 서비스를 제공한다. 무비렌즈는 1997년부터 계속 운영되어왔고, 이 기간 동안 25만 명의 등록된 사용자가 3만 개 이상의 영화에 2,000만 개 이상의 평가를 축적했다(Harper and Konstan, 2015). 무비렌즈는 이처럼 활동 중인 커뮤니티의 사용자들을 이용하여 뛰어난 연구를 수행했는데, 공공재 기여에 대한 사회과학 이론들을 검정하는 연구(Beenen et al., 2004; Cosley et al., 2005; Chen et al., 2010; Ren et al., 2012)부터 추천 시스템에서 알고리즘적 문제를 해결하려는 시도(Rashid et al., 2002; Drenner et al., 2006; Harper, Sen, and Frankowski, 2007; Ekstrand et al., 2015)까지 다양하다. 이러한 실험들 중 많은 경우는 실제 작동 중인 제품에 대한 연구자의 완전한 통제 없이는 불

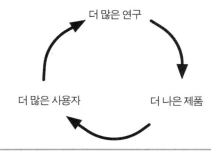

더 많은 연구

더 나은 제품

더 많은 사용자

그림 4.15_ 만일 본인의 제품을 성공적으로 구축한다면 여러분은 선순환 피드백의 혜택을 누릴 수 있다.

즉, 연구는 더 나은 제품으로 이어지고, 이는 더 많은 사용자로, 이는 다시 더 많은 연구로 이어진다. 이러한 종류의 선순환 고리는 극도로 창출하기 어렵지만, 창출된다면 다른 방식으로는 불가능한 연구를 가능하게 해준다. 무비렌즈MovieLens는 선순환 고리를 만드는 데 성공한 연구 기획의 예이다(Harper and Konstan, 2015).

가능했을 것이다.

불행하게도 여러분 스스로 제품을 만드는 것은 극도로 어려우며, 여러분은 마치 스타트업start-up 회사를 만드는 것처럼 각오해야 한다. 위험이 높고 보상도 크다. 만일 성공한다면 이 접근법은 본인의 실험을 구축할 때 오는 통제권을 제공할 뿐 아니라 기존의 시스템을 활용할 때 오는 실제성과 참가자도 확보하게 된다. 더구나 이 접근법은 선순환적 고리를 형성할 잠재력이 있는데, 연구를 할수록 더 나은 제품으로 이어지고, 더 나은 제품은 더 많은 사용자를 모으고, 이는 다시 더 많은 연구로 이어지는 식이다(그림 4.15). 다른 말로 하자면, 일단 선순환 피드백이 작동하면 연구는 점점 더 확실히 쉬워진다. 비록 현재로서는 이 접근법이 매우 어렵지만, 바라건대 기술이 향상되면서 더욱 실용화될 것이다. 그러나 그때까지는, 만일 연구자가 제품을 통제하기를 원한다면 더 직접적인 전략은 회사와 제휴하는 것이다. 이러한 제휴가 다음으로 제기할 주제이다.

4.5.4. 힘 있는 조직과 제휴하기

> 제휴는 비용을 줄이고 규모를 늘릴 수 있지만, 여러분이 활용할 수 있는 참가자, 조치, 결과 등의 유형을 바꿔놓을 수 있다.

직접 하기의 대안은 회사, 정부, NGO(non-governmental organizations의 줄임말로서, 정부와 상관없이 활동하는 비영리 기구를 뜻한다—옮긴이 주) 등 힘 있는 조직과 제휴하는 것이다. 파트너와 함께 작업하는 이점은 여러분 혼자서는 할 수 없는 실험을 할 수 있게 해주는 것이다. 예를 들어 아래에서 여러분에게 소개할 실험 중 하나는 6,100만 명의 참가자를 대상으로 한다. 어떤 개인 연구자도 이러한 규모를 성취할 수 없다. 그러나 그러한 제휴는 여러분이 할 수 있는 것을 증대시키는 동시에 여러분을 제약하기도 한다. 예를 들어 대부분의 회사는 여러분이 그들의 사업이나 명성에 해를 끼치는 실험을 허락하지 않을 것이다. 파트너와 작업한다는 것은 연구를 출판해야 하는 시점에 왔을 때 연구 결과에 대한 이론틀을 다시 짜야 하는 압박에 처하게 하거나, 심지어 연구 결과가 일부 제휴 파트너들을 나쁘게 보이도록 한다면 그들은 출판을 막으려 할 수도 있다는 것을 뜻한다. 마지막으로 제휴에는 이러한 협업을 유지, 발전하는 것과 관련된 비용이 따른다.

　이러한 제휴를 성공적으로 만들기 위해 해결해야 할 핵심적인 도전은 양측의 이해 간 균형을 맞출 방법을 찾는 것이며, 그러한 균형에 대해 생각하는 데 도움이 될 만한 방법이 파스퇴르의 사분면Pasteur's Quadrant(Stokes, 1997)이다. 많은 연구자들은 뭔가 실용적인 것, 말하자면 파트너가 흥미 있을 만한 것들에 대해 작업을 하면 진정한 과학을 하고 있는 것이 아니라고 생각한다. 이러한 자세는 성공적인 제휴 관계를 만들기 어렵게 하며, 완전히 틀린 생각이기도 하다. 생물학자인 루이 파스퇴르Louis Pasteur의 선구적인 연구가 이러한 생각의 문제점을 잘 보여주고 있다. 파스퇴르는 사탕무beet 즙을 술로 만드는 상업적인 발효 프로젝트를 위해 일하고 있던 중에 새로운 군의 미생물을 발견하여,

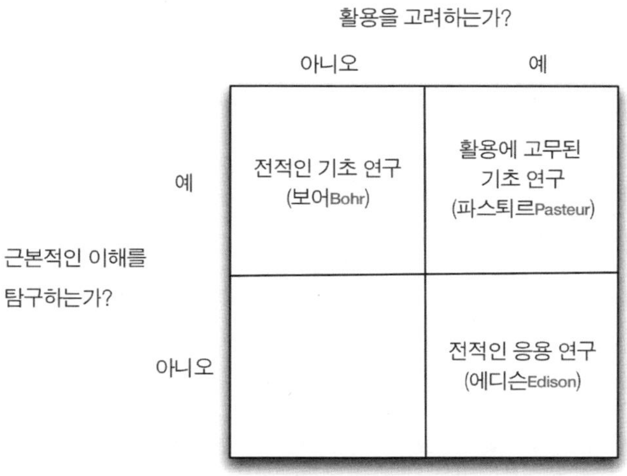

그림 4.16_ 파스퇴르의 사분면.
연구를 '기초' 혹은 '응용' 중 하나로 나눠 생각하기보다는, 활용을 추구하는지 혹은 근본적인 이해를 추구하는지 여부로 생각하는 것이 좋다. 활용과 근본적인 이해를 동시에 추구한 연구의 예로는 파스퇴르가 사탕무 즙을 술로 만드는 작업이 결국 질병 세균론으로 이어진 연구가 있다. 이 연구는 힘 있는 조직과의 제휴에 가장 적합한 부류의 작업이다. 활용을 추구하지만 근본적인 이해를 추구하지 않는 작업의 예로는 토머스 에디슨Thomas Edison의 작업이 있으며, 활용을 위해 동기 부여가 되지 않았지만 근본적인 이해를 추구한 예는 닐스 보어Niels Bohr의 작업이 있다. 이러한 체계와 각 사례에 대한 더욱 충실한 토의를 위해서는 스톡스(Stokes, 1997)를 보라.
자료: 스톡스(Stokes, 1997: 그림 3.5)에서 발췌.

최종적으로는 질병 세균설the germ theory of disease로 발전시켰다. 이 발견은 발효 과정을 향상시키는 매우 실용적인 문제를 해결했을 뿐 아니라 중요한 과학적 진전으로 이어졌다. 따라서 실용적 활용을 위한 연구를 진정한 과학적 연구와 대립하는 것으로 여기기보다는 별개의 차원으로 생각하는 것이 낫다. 연구는 활용에 의해 동기 부여가 될 수 있고(안 될 수도 있고), 근본적인 이해를 추구할 수 있다(안 할 수도 있다). 결정적으로 어떤 연구들은 파스퇴르의 연구처럼 활용과 근본적인 이해를 동시에 추구할 수도 있다(그림 4.16). 파스퇴르의 사분면에 있는 연구, 즉 본질적으로 두 가지 목표를 달성하는 연구가 연구자와 파트너 간 협업을 위해 이상적이다. 이러한 배경을 염두에 두고, 제휴를 통한 실험 연구 두 가지를 살펴보자. 하나는 회사와, 다른 하나는 NGO와 제휴를 했다.

큰 회사들, 특히 테크 회사들은 복잡한 실험을 수행하기 위해 믿기 힘들 만큼 정교한 기반 시설을 갖추고 있다. 테크 산업에서는 이러한 실험을 종종 A/B 테스트라고 부르는데, 이런 실험은 A와 B, 두 개의 조치 간 효과성을 비교하기 때문이다. A/B 테스트는 광고 클릭 수를 늘리기 위해 자주 수행되지만, 과학적 이해를 증진시키기 위해서도 동일한 실험용 기반 시설을 사용할 수 있다. 이런 종류의 연구의 잠재력을 잘 보여주는 예는 페이스북과 샌디에이고 소재 캘리포니아 주립대 간 제휴로, 서로 다른 메시지가 투표율에 미친 영향을 연구한 것이다(Bond et al., 2012).

미합중국 의회 선거일인 2010년 11월 2일, 미국에 살고 있는 18세 이상의 6,100만 모든 페이스북 사용자들이 투표에 대한 실험에 참여했다. 페이스북을 방문한 사용자는 무작위로 세 가지 집단 중 하나에 배정되었는데, 이 배정은 사용자의 뉴스 피드News Feed(알고리즘을 이용해 사용자별로 페이스북 친구들의 상태 및 게시글 업데이트를 정리해 보여주는 곳―옮긴이 주) 상단에 위치할 배너의 내용을 결정했다(그림 4.17).

- 통제집단(배너 없음)
- 선거에 대한 정보를 제공하는 메시지와, 클릭할 수 있는 '투표했습니다' 버튼, 그리고 페이스북 사용자 중 투표자 수 실시간 계수기(정보 조치)
- 선거에 대한 정보를 제공하는 메시지와, 클릭할 수 있는 '투표했습니다' 버튼, 페이스북 사용자 중 투표자 수 실시간 계수기, 그리고 사용자의 친구 중 이미 '투표했습니다'를 클릭한 사용자들의 사진(정보＋사회적 조치)

본드와 동료들은 주요 결과 변수 두 가지를 연구했다. 하나는 보고한 투표

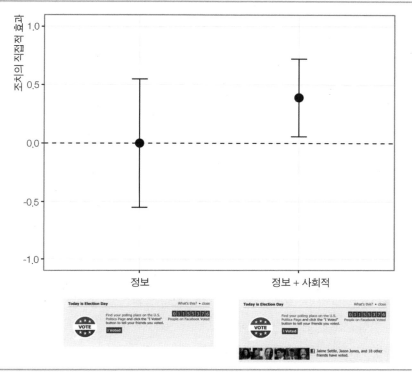

그림 4.17_ 페이스북상에서 이루어진 투표 독려 실험의 결과(Bond et al., 2012). 정보 조치 집단은 통제집단과 같은 비율로 투표를 했지만, 정보＋사회적 조치 집단은 약간 더 높은 비율로 투표했다. 막대는 95% 신뢰 구간을 나타낸다. 그래프는 실제 투표 결과와 매칭이 이루어진 약 600만 사용자에 대한 결과이다.

자료: 본드 등(Bond et al., 2012: 그림 1)에서 발췌.

행동이고 다른 하나는 실제 투표 행동이다. 우선, 정보＋사회적 조치 집단에 속한 사람들이 정보 조치에 속한 사람들에 비해 '투표했습니다' 버튼을 클릭한 비율이 2% 포인트가 높았다(약 20% 대 18%). 더 나아가 연구자들은 이 데이터를 공개된 600만 유권자의 투표 결과와 합친 후 분석한 결과, 정보＋사회적 조치 집단은 실제로 통제집단보다 0.39%포인트만큼 더 투표를 했고, 정보 조치 집단은 통제집단과 같은 수준으로 투표를 했다(그림 4.17).

이 실험 결과들은 어떤 온라인 투표 독려 메시지가 다른 메시지보다 더 효과적일 수 있음을 보여주며, 그 효과성의 추정이 결과 변수가 보고된 투표인지 실제 투표인지에 따라 다를 수 있음도 보여준다. 이 실험은 아쉽게도 사회적 정보(일부 연구자들이 익살스럽게 '얼굴 더미face pile'라고 부르는 페이스북의 친구 사진들)가 투표를 증가시키는 데 관여하는 기제에 대한 단서를 제공하지 못한다. 이런 식의 사회적 정보는 사용자가 배너의 존재를 알아챌 확률을 높였을 수도 있고, 아니면 배너를 이미 알아챈 사용자가 실제로 투표할 확률을 높였을 수도 있고, 어쩌면 둘 다일 수도 있다. 따라서 이 실험은 다른 연구자들이 탐색할 만한 흥미로운 발견을 제공한다[예를 들어 박시, 에클스 등(Bakshy, Eckles, et al., 2012)을 참조하라].

이 실험은 연구자의 목표를 향해 연구를 진척시킬 뿐 아니라, 파트너 조직(페이스북)의 목표도 일부 달성했다. 만일 연구 대상 행동을 투표가 아니라 비누 구매로 바꾼다면, 그 연구도 온라인 광고의 효과를 측정하기 위해 정확히 같은 실험 구조를 보일 것이다[예를 들어 루이스와 라오(Lewis and Rao, 2015)를 참조하라]. 이러한 광고 효과성에 대한 연구들은 온라인 광고에 노출되는 것이 오프라인 행동에 미치는 영향을 자주 측정한다. 본드 등(2012)의 연구에서 취한 조치들은 기본적으로 투표 독려를 위한 '광고'였으며, 결국 이 연구는 페이스북이 온라인 광고의 효과성을 연구할 능력을 증진시키고 잠재적 광고주들에게 페이스북 광고가 행동 변화에 효과적이라는 것을 확신시키는 데 도움을 줄 수 있다.

이 연구에서 연구자와 파트너의 이해가 대부분 잘 일치했음에도, 부분적으로 양자 간 긴장도 있었다. 특히 세 집단(통제, 정보 조치, 정보＋사회적 조치)에 참가자를 배분하는 방식은 심하게 불균형해서, 98%가 정보＋사회적 조치에 배정되었다. 이처럼 불균형한 배정은 통계학적으로 비효율적이며, 훨씬 나은 방법은 각 집단에 1/3씩 배정하는 것이었다. 그렇지만 페이스북이 모든 사용자가 정보＋사회적 조치를 받기 원했기 때문에 이처럼 불균형한 배정을 하게 되었다. 다행히도 연구자들은 페이스북 측을 설득해서 1%는 다른 조치를 위

표 4.3_ 연구자와 조직 간 제휴를 통한 연구의 예

주제	참고문헌
페이스북 뉴스 피드가 정보 공유에 미치는 영향	Bakshy, Rosenn, et al.(2012)
온라인 데이팅 사이트에서 부분적 익명성이 행동에 미치는 영향	Bapna et al.(2016)
가정 에너지 보고서가 전기 사용량에 미치는 영향	Allcott(2011); Allcott and Rogers(2014); Allcott(2015); Costa and Kahn(2013); Ayres, Raseman, and Shih(2013)
앱 설계가 전염성 전파에 미치는 영향	Aral and Walker(2011)
전파 기제가 확산에 미치는 영향	Taylor, Bakshy, and Aral(2013)
광고에서 사회적 정보의 영향	Bakshy, Eckles, et al.(2012)
고객 유형에 따라 제품 카탈로그 광고 빈도가 카탈로그를 통한 판매와 온라인 판매에 미치는 영향	Simester et al.(2009)
구인 광고의 인기도 정보가 구직 지원에 미치는 영향	Gee(2015)
최초 평가가 인기도에 미치는 영향	Muchnik, Aral, and Taylor(2013)
메시지의 내용이 정치적 동원에 미치는 영향	Coppock, Guess, and Ternovski(2016)

해, 1%는 통제집단을 위해 마련해둘 수 있었다. 통제집단이 없었다면 이 실험은 무작위 통제 실험이라기보다는 '교란 후 관찰' 실험에 해당되었을 것이기 때문에, 정보+사회적 조치의 효과를 측정하기는 기본적으로 불가능했을 것이다. 이 실험은 파트너와 협업하는 데 귀중한 실용적 교훈을 준다. 즉, 여러분은 때때로 상대에게 일종의 조치를 가하도록 설득해서 실험을 만들어내기도 하고, 때로는 상대에게 조치를 가하지 않도록(예를 들면 통제집단을 만들도록) 설득해서 실험을 만들어내기도 한다.

제휴가 항상 테크 회사와 연계하고 수백만 참가자에게 A/B 테스트를 실시해야 하는 것은 아니다. 예를 들어 알렉산더 코폭Alexander Coppock, 앤드루 게스Andrew Guess, 존 테르놉스키John Ternovski(2016)는 환경 NGO인 자연보호 유권자 연맹League of Conservation Voters과 제휴하여 사회적 동원을 촉진할 수 있는 서로 다른 전략들을 검정하는 실험을 수행했다. 연구자들은 이 연맹의 트위터 계정을 이용해 공개적 트윗 및 직접적인 개인 메시지를 보내서 여러 종류의 정체성을 조성하려 시도했다. 그러고는 이런 메시지들 중 사람들이 청원에 서명하고 청원 관련 정보를 리트윗하는 데 가장 효과적인 요인이 무엇인지를 측정했다.

전체적으로 봤을 때, 힘 있는 상대와의 제휴는 다른 방식으로는 힘든 규모에서 연구하는 것을 가능하게 해주며, 표 4.3은 연구자와 조직 간 제휴의 다양한 예를 보여준다. 제휴는 여러분 본인의 실험을 구축하는 것보다 훨씬 쉬울 수 있다. 하지만 이러한 이익에는 불이익도 수반되는데, 여러분이 연구할 수 있는 참가자, 조치, 결과의 유형이 제한될 수 있다. 더구나 이러한 제휴는 윤리적 도전을 야기할 수도 있다. 제휴의 기회를 포착하는 최선의 방법은 여러분이 흥미로운 과학을 하면서 풀 수 있는 실제적인 문제를 알아차리는 것이다. 만일 이런 식으로 세상을 바라보는 데 익숙하지 않다면 파스퇴르의 사분면에 있는 문제를 탐지하기 힘들 수 있다. 하지만 연습한다면, 여러분은 점점 더 많은 문제들을 알아차리기 시작할 것이다.

4.6. 조언

여러분이 스스로 하건 파트너와 협업을 하건, 나 자신이 연구를 하면서 특히 도움이 되었음을 깨달은 조언 네 가지를 전해주고자 한다. 처음 두 가지는 모든 실험에 적용될 수 있다면, 나머지 두 가지는 디지털 시대의 실험에 특정한 조언이다.

실험 수행을 위한 나의 첫 번째 조언은 데이터가 수집되기 전에 되도록 많이 생각해야 한다는 것이다. 이 조언은 아마도 실험 수행에 익숙한 연구자에게는 당연하게 들리겠지만, 빅 데이터로 작업하는 데 익숙한 연구자들에게는 매우 중요하다(2장을 보라). 빅 데이터로 작업할 때는 대부분의 작업이 여러분이 데이터를 얻은 이후에 이루어지지만 실험은 반대이다. 대부분의 작업은 데이터를 수집하기 이전에 이루어져야 한다. 여러분이 데이터를 수집하기 전에 주의 깊게 생각하도록 스스로를 강제하는 가장 좋은 방법은 사전 분석 계획, 즉 여러 분이 실험 후 수행할 분석을 미리 기술해서 등록하는 것이다(Schulz et al., 2010; Gerber et al., 2014; Simmons, Nelson, and Simonsohn, 2011; Lin and Green, 2016).

두 번째 일반적 조언은 하나의 실험만으로는 완벽할 수 없으며, 그렇기 때문에 서로를 강화해줄 일련의 실험들을 설계하기를 고려해야 한다는 것이다. 이런 방식을 **함대 전략**armada strategy이라고 묘사하기도 하는데, 거대한 함선 하나를 만들려 하기보다는 서로 보완적인 장점을 갖는 작은 배 여러 척을 구축해야 한다는 것이다. 이러한 종류의 다multi-실험 연구는 심리학에서는 일상적이지만 다른 분야에서는 드물다. 다행히도 일부 디지털 실험이 비용은 적게 들어 다실험 연구가 더욱 쉬워졌다.

이러한 일반적인 배경을 염두에 두고, 디지털 시대의 실험에 좀 더 특정한 조언을 두 가지 제시하고자 한다. 그 둘은 가변 비용 제로인 데이터 창출하기 (4.6.1항)와 설계 안에 윤리성 구축하기(4.6.2항)이다.

4.6.1. 가변 비용 제로인 데이터 창출하기

대규모 실험을 수행하는 핵심은 여러분의 가변 비용을 제로로 만드는 것이다. 이를 위한 최선의 방법은 자동화 및 재미있는 실험을 설계하는 것이다.

디지털 실험은 극적으로 비용 구조가 다를 수 있고, 이로 인해 과거에 불가능했던 실험을 수행할 수 있게 되었다. 이런 차이에 대해 생각해보는 방법 하나는 실험이 일반적으로 두 가지 비용을 수반함에 주목하는 것이다. 바로 고정 비용과 가변 비용이다. **고정 비용**fixed costs은 참가자의 수에 상관없이 변하지 않는 비용이다. 예를 들어 실험실 실험에서 고정 비용은 공간을 임대하고 가구를 사는 것 등일 수 있다. 반면에 **가변 비용**variable costs은 참가자의 수에 따라 변한다. 예를 들어 실험실 실험에서 가변 비용은 실험 진행 요원과 실험 참가

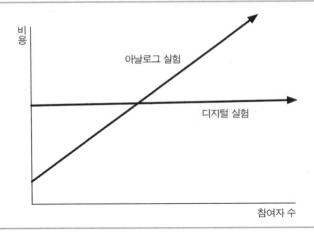

비용

아날로그 실험

디지털 실험

참여자 수

그림 4.18_ 아날로그 및 디지털 실험의 비용 구조 개략도.
일반적으로 아날로그 실험은 고정 비용이 낮고 가변 비용이 높게 나타나는 반면, 디지털 실험은 고정 비용이 높고 가변 비용이 낮게 나타난다. 이처럼 다른 비용 구조는 아날로그 실험으로는 불가능한 규모에서 디지털 실험을 수행할 수 있음을 뜻한다.

자들에게 보수를 지급함으로써 발생할 것이다. 일반적으로 아날로그 실험은 고정 비용이 낮고 가변 비용이 높게 나타나는 반면, 디지털 실험은 고정 비용이 높고 가변 비용이 낮게 나타난다(그림 4.18). 디지털 실험은 이미 가변 비용이 낮지만, 여러분이 가변 비용을 제로까지 끌어내릴 수 있다면 여러분은 수많은 흥미진진한 기회를 창출할 수 있다.

가변 비용에는 진행 요원에게 지불되는 비용과 실험 참가자들에게 지불되는 비용 두 가지 요소가 있는데, 각 비용 요소는 다른 전략들에 의해서 제로(0)까지 낮출 수 있다. 진행 요원에게 지불할 비용은 연구 조교가 하는 일, 즉 참가자를 충원하고, 조치를 가하고, 결과를 측정하는 일에서 발생한다. 예를 들어 슐츠와 동료들(2007)의 전기 사용량에 대한 아날로그 현장 실험에서 연구 조교는 각 집에 방문해서 조치를 가하고 계량기를 읽어야 했다(그림 4.3). 이러한 연구 조교의 모든 노력은 새로운 가구가 연구에 추가되면 비용도 더해진다는 것을 의미한다. 반면에 보상이 위키피디아 편집자에 미치는 영향에 대한 레스티

표 4.4_ 값진 서비스나 즐길 만한 경험으로 참가자에게 보상하여 제로 가변 비용을 이룬 실험의 예

참가자 보상	참고문헌
건강 정보를 제공하는 웹사이트	Centola(2010)
운동 프로그램	Centola(2011)
무료 음악	Salganik, Dodds, and Watts(2006); Salganik and Watts(2008); Salganik and Watts(2009b)
재미있는 게임	Kohli et al.(2012)
영화 추천	Harper and Konstan(2015)

보와 반 더 라이트(2012)의 디지털 현장 실험에서 연구자들은 사실상 비용 없이 참가자를 늘릴 수 있었다. 가변 행정 비용을 줄이는 일반적 전략은 (비싼) 인간의 일을 (싼) 컴퓨터의 일로 대체하는 것이다. 대략적으로 여러분은 스스로에게 다음과 같이 질문해볼 수 있다. 내 연구팀의 모두가 자는 동안 이 실험이 진행될 수 있을까? 만일 대답이 '그렇다'라면 여러분은 자동화를 잘 실현한 것이다.

두 번째 유형의 가변 비용은 참가자에게 지불하는 것이다. 일부 연구자들은 아마존 메커니컬 터크나 다른 온라인 노동 시장을 이용해 사용자에게 지불할 비용을 낮춰왔다. 하지만 가변 비용을 제로까지 낮추려면 다른 접근이 필요하다. 연구자들은 너무 지루해서 사람들이 참여하도록 만들기 위해서는 돈을 줘야만 하는 실험을 오랫동안 설계해왔다. 하지만 만일 여러분이 사람들이 참여하길 원하는 실험을 고안할 수 있다면 어떻게 될까? 이는 너무 많이 나간 상상처럼 들리겠지만, 아래에서 내 자신의 연구를 예로 들 것이며 표 4.4에는 다른 예들도 있다. 즐길 만한 실험을 설계하자는 이러한 아이디어는, 3장에서 좀 더 즐길 만한 설문조사에 대해, 그리고 5장에서 대규모 협업의 설계에 대해 다루는 몇 가지 주제와 조응한다는 것을 주목하길 바란다. 따라서 디지털 시대에는 연구 설계에서 참가자의 즐거움, 다르게는 사용자 경험이라고도 부를 수 있는

것이 점점 더 중요해질 것이라고 생각한다.

만일 여러분이 가변 비용 제로인 실험을 만들고 싶다면, 모든 것이 완전히 자동화되고 참가자에게는 어떤 지불도 할 필요가 없도록 확실히 해야 한다. 이것이 어떻게 가능한지 보여주기 위해 나는 문화 상품의 성패에 관한 내 학위논문 연구를 상술하려 한다.

내 학위논문을 추진하게 된 동기는 수수께끼 같은 문화 상품의 성공의 본질을 알고 싶다는 생각이었다. 히트곡, 베스트셀러 도서, 블록버스터 영화 등은 평균보다 훨씬 더 많이 성공한다. 이런 이유로 이러한 문화 상품 시장은 종종 '승자독식winner-take-all' 시장이라고 부르기도 한다. 그와 동시에, 어떤 특정한 노래, 책, 영화가 성공할 것인지는 여전히 너무나 예측 불가능하다. 성공을 예측하는 문제에 대해서라면, 시나리오 작가인 윌리엄 골드먼Willian Goldman (1989)은 수많은 학문적 연구를 다음과 같이 우아하게 요약했다. "누구도 아무 것도 모른다." 승자독식 시장의 예측 불가능성은 성공의 얼마만큼이 품질의 결과이고 얼마만큼이 그저 운 때문인지 궁금하게 만들었다. 혹은 약간 다르게 표현해서, 우리가 평행한 세계를 창조해서 각자 독립적으로 진화하도록 한다고 하자. 그렇다면 각 세계에서 동일한 노래가 인기를 끌까? 만일 아니라면, 차이를 만드는 기제는 무엇이 있을까?

이러한 질문에 답하기 위해서 피터 도즈Peter Dodds, 던컨 와츠Duncan Watts (내 학위논문 지도 교수), 그리고 나는 일련의 온라인 현장 실험을 수행했다. 우리는 특히 새로운 음악을 발견할 수 있는 뮤직랩MusicLab이라고 부르는 웹사이트를 만들었는데, 일련의 실험들을 위해 이 사이트를 이용했다. 우리는 청소년 취향 웹사이트에 배너 광고를 올리고(그림 4.19) 미디어 홍보를 통해 참가자들을 모았다. 우리 웹사이트에 온 참가자들은 사전고지에 의한 동의를 하고, 간단한 배경 설문에 답했으며, 두 실험조건 중 하나에 배치되었다. 그 두 조건은 '독립' 혹은 '사회적 영향'이라 명명했다. 독립 조건에서는 참가자들이 단지 밴드와 노래 이름만 주어진 상태에서 어떤 노래를 들을 건지를 결정했다. 참가자들은 노래를 듣는 동안 노래를 평가해달라는 요청을 받게 되며, 평가 후 (의무

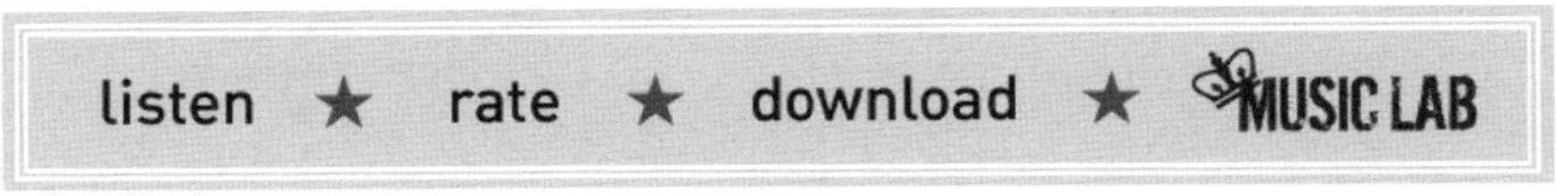

그림 4.19_ 뮤직랩MusicLab 실험 참가자를 충원하기 위해 사용한 배너 광고의 예
(Salganik, Dodds, and Watts, 2006). '듣고 평가하고 다운로드하자.'
자료: 동의하에 살가닉(Salganik, 2007: 그림 2.12) 재사용.

는 아니지만) 노래를 다운로드할 기회를 갖게 된다. 사회적 영향 조건에서 참가
자들은 노래별로 이전 참가자들의 다운로드 수를 볼 수 있다는 것을 제외하고
는 같은 경험을 한다. 더불어 사회적 영향 조건에 배정받은 참가자들은 독립적
으로 진화하는 여덟 개의 평행한 세계 중 하나에 무작위로 배정받는다(그림
4.20). 우리는 이러한 설계를 활용해서 연관된 실험 두 가지를 수행했다. 첫 번
째에서는 노래들을 정렬하지 않고 격자 형태로 제시해서 노래의 인기에 대해
약한 신호를 제공했다. 두 번째 실험에서는 순위에 따른 목록으로 노래를 제시
해서 훨씬 강하게 인기도에 대한 신호를 제공했다(그림 4.21).

우리는 노래의 인기도가 평행 세계 간에 차이가 난다는 것을 발견했는데, 이
는 운이 성공에 중요한 역할을 했다는 것을 암시한다. 예를 들어 한 세계에서
48개의 곡 중 다운로드 1위를 한 52메트로52Metro의 「락다운Lockdown」이 다른
세계에서는 40위를 했다. 서로 같은 노래들끼리 똑같이 경쟁한 상황인데, 한
세계에서는 운이 좋았고 다른 곳에서는 그렇지 못했다. 그리고 두 조건 간 실
험의 결과를 비교해보면, 사회적 영향은 이 시장의 승자독식 속성을 강화시켜
서 기술skill의 중요성을 암시하는 것 같다. 하지만 (이러한 평행 세계 실험 밖에서
는 불가능했을) 세계 간 비교를 해보면, 사회적 영향은 사실상 운의 중요성을 강
화시킨 것을 알 수 있다. 더구나 운이 가장 중요한 경우는 놀랍게도 가장 호소
력이 큰 노래들이었다(그림 4.22).

뮤직랩은 사이트가 설계된 방식 덕분에 근본적으로 제로 가변 비용에서 작
동할 수 있었다. 첫째, 모든 것이 자동화되어 있어서 내가 자고 있을 때도 돌아

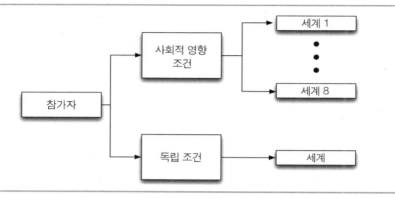

그림 4.20_ 뮤직랩 실험의 설계(Salganik, Dodds, and Watts, 2006).
참가자는 두 조건, 즉 독립 혹은 사회적 영향 중 하나에 무작위로 배정되었다. 독립 조건에
배정받은 참가자는 다른 참가자들이 무엇을 하는지에 대한 정보가 전혀 없이 선택을 한다.
사회적 영향 조건에 배정받은 참가자는 여덟 개의 평행 세계 중 하나에 무작위로 배정되었
는데, 각 세계에서는 기존 참가자들의 다운로드 수로 측정되는 인기도를 곡별로 볼 수 있
으나, 다른 평행 세계에 대한 정보는 알 수 없으며 심지어 다른 평행 세계의 존재에 대해
알지도 못한다.
자료: 살가닉, 도즈와 와츠(Salganik, Dodds, and Watts, 2006: 그림 s1)에서 발췌.

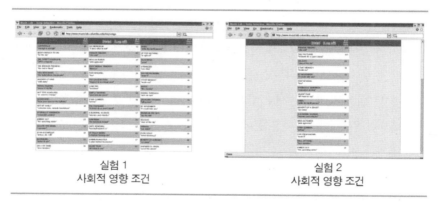

실험 1
사회적 영향 조건

실험 2
사회적 영향 조건

그림 4.21_ 뮤직랩 실험에서 사회적 영향 조건들의 화면 캡처(Salganik, Dodds, and
Watts, 2006).
실험 1의 사회적 영향 조건에서는 각 노래가 기존 다운로드 수와 함께 16× 3 격자 형태
로 화면에 제시되었으며, 화면상 각 노래의 위치는 참가자별로 무작위화되었다. 실험 2의
사회적 영향 조건에서는 각 노래가 다운로드 수와 함께 제시되는 것은 같았으나, 현재 인
기도, 즉 실시간 다운로드 수에 따른 내림차순으로 정렬되어 하나의 열로 제시되었다.

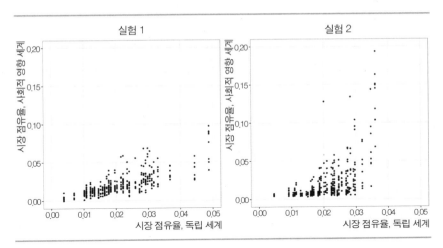

그림 4.22_ 호소력과 성공 간의 관계를 보여주는 뮤직랩 실험 결과(Salganik, Dodds, and Watts, 2006).

가로축은 곡의 호소력을 측정하는 도구로서 독립 세계에서 각 곡의 시장 점유율이며, 세로축은 곡의 성공을 측정하는 도구로서 여덟 개의 사회적 영향 세계에서 같은 곡의 시장 점유율이다. 참가자가 경험하는 사회적 영향력을 증가시키면(구체적으로는 실험 1에서 실험 2로 가면서 곡 나열 방식을 바꾸면) 성공은 더욱 예측 불가능해지는데, 특히나 호소력이 가장 큰 노래들에서 더욱 그렇다.

자료: 살가닉, 도즈와 와츠(Salganik, Dodds, and Watts, 2006: 그림 3)에서 발췌.

갈 수 있었다. 둘째, 보상이 무료 음악이어서 가변적인 참가자 보상 비용이 없었다. 한편 음악을 보상으로 사용하는 것은 이따금 고정 비용과 가변 비용 사이에 어떻게 절충이 이루어지는지 잘 보여준다. 음악을 사용하는 것은 고정 비용을 증가시키는데, 그 이유는 밴드로부터 음악에 대한 사용 허가를 받는 데 시간이 걸리고, 또한 실험 참가자들이 그들의 음악에 어떻게 반응했는지 보고서를 작성해서 밴드로 보내야 하기 때문이다. 하지만 이 경우는 가변 비용을 줄이기 위해 고정 비용을 증가시키는 것이 올바른 선택이었다. 그 덕분에 표준적인 실험실 실험보다 100배 더 큰 실험을 할 수 있었기 때문이다.

더구나 뮤직랩 실험은 제로 가변 비용이 그 자체 목적일 필요가 없으며, 새로운 종류의 실험을 하기 위한 수단일 수 있음을 보여준다. 우리가 모든 참가자를 활용해서 표준적인 실험실 실험으로 사회적 영향 실험을 100번 수행한 것이 아님을 주목하길 바란다. 대신 우리는 무언가 다른 것을 했는데, 심리학적 실험에서 사회학적 실험으로 전환한 것으로 볼 수 있다(Hedström, 2006). 개인의 의사 결정에 초점을 두는 대신, 우리는 실험의 초점을 인기도라는 집합적 결과에 두었다. 이처럼 집합적 결과로 초점을 옮긴 것은 데이터상 하나의 점을 얻기 위해 참가자 700명이 필요했다는 것을 뜻한다(각 평행 세계에는 사람 700명이 있었다). 이 규모가 가능했던 것은 오로지 실험의 비용 구조 때문이었다. 일반적으로 봤을 때, 개인의 결정들이 모여 어떻게 집합적 결과가 형성되는지 연구하고 싶다면 뮤직랩과 같은 집단 실험은 매우 흥미진진하다. 과거에는 이런 실험이 관리전략적으로 어려웠으나, 이제는 가변 비용 제로인 데이터가 가능해지면서 이러한 어려움이 점차 사라지고 있다.

뮤직랩 실험은 가변 비용 제로인 데이터의 혜택을 보여주는 것 외에도, 이러한 접근법이 맞이하는 도전도 보여준다. 바로 높은 고정 비용이다. 내가 한 연구의 경우 매우 운이 좋았는데, 재능 있는 웹 개발자인 피터 하우젤Peter Hausel 과 실험 구축을 위해 6개월 동안 일할 수 있었다. 그리고 이것이 가능했던 이유는 전적으로 내 지도 교수였던 던컨 와츠가 이런 류의 연구를 지원하기 위한 여러 과제비를 받았기 때문이다. 우리가 2004년에 뮤직랩을 구축한 이래 기술은 발전했고 지금 이런 실험을 구축한다면 훨씬 쉬울 것이다. 하지만 높은 고정 비용 전략은 그 비용을 감당할 수 있는 연구자에만 가능한 것은 사실이다.

결론적으로 말하자면, 디지털 실험은 아날로그 실험과 비용 구조가 극적으로 다를 수 있다. 여러분이 만일 정말로 큰 실험을 하길 원한다면, 가변 비용을 가능한 한 최대로 줄이고 이상적으로는 제로까지 끌어내리도록 노력해야 한다. 여러분은 실험의 기술적 역학을 자동화하고(즉, 인간의 시간을 컴퓨터의 시간으로 대체하고) 사람들이 참여하고 싶은 실험을 설계함으로써 가변 비용을 없앨 수 있다. 이러한 특성을 갖춘 실험을 설계할 수 있는 연구자는 과거에는 불가능했던 새로운 종류의 실험을 실행할 수 있다. 하지만 가변 비용이 제로인 실험을 창출하는 능력은 새로운 윤리적 문제들을 불러일으킬 수 있으며, 이것이

다음으로 다룰 주제이다.

4.6.2. 설계 안에 윤리성 구축하기: 대체, 정제, 축소

실험을 더욱 인간적으로 만드는 방법은 실험을 비실험 연구로 대체하고, 조치를 정제하고, 참가자 수를 축소하는 것이다.

디지털 실험의 설계를 위해 하고 싶은 두 번째 조언은 윤리적 우려를 반영하고 있다. 레스티보와 반 더 라이트의 위키피디아 별 훈장 실험이 보여주듯이, 비용이 줄어든다는 것은 윤리성이 점점 더 연구 설계의 중요한 부분이 된다는 것을 의미한다. 인간 대상 연구를 인도하기 위한 윤리 체계를 6장에서 기술하겠지만, 디지털 실험을 설계하는 연구자는 다른 유래를 갖는 윤리적 아이디어를 끌어다 쓸 수 있다. 바로 동물 실험을 인도하기 위해 개발된 윤리적 원칙들이다. 특히 러셀과 버치(Russell and Burch, 1959)는 그들의 획기적인 저서『인도적 실험 기법의 원칙Principles of Humane Experimental Technique』에서 동물 실험을 인도할 원리 세 가지를 제안한다. 대체replace, 정제refine, 축소reduce가 그 세 가지다. 나는 이 세 가지 R가 약간 수정된 형태로 인간 대상 실험의 설계를 인도하기 위해서도 사용될 수 있다고 제안하고 싶다. 특히,

- 대체: 가능한 한 덜 침습적인 방법으로 실험을 대체할 것
- 정제: 가능한 한 무해하도록 조치를 정제할 것
- 축소: 가능한 한 실험 참가자의 수를 줄일 것

이 세 가지 원칙을 구체화하고 이 원칙들이 어떻게 더 나은 그리고 더 많은 인도적 실험 설계로 이어질 수 있는지 보여주기 위해, 윤리적 논란을 낳은 온라인 현장 실험 하나를 기술하려 한다. 그런 다음에 어떻게 세 가지 원칙이 그 실험의 설계에 구체적이고 실용적인 변화를 암시하는지 상술하려 한다.

윤리적으로 가장 논쟁이 된 디지털 현장 실험 중 하나는 애덤 크레이머Adam Kramer, 제이미 길로리Jamie Guillory와 제프리 행콕Jeffrey Hancock이 수행하여 '감정 전염Emotional Contagion'이라고 부르게 된 연구(2014)이다. 이 실험은 페이스북에서 진행되었으며 과학적 질문과 실용적 질문이 결합해 추진되었다. 그 당시 사용자가 페이스북과 상호작용하는 주요 방법은 뉴스 피드였는데, 이는 알고리즘을 이용해 사용자의 페이스북 친구들의 상태 업데이트를 정리해 보여주는 것이다. 페이스북에 대한 일부 비판은 뉴스 피드가 대부분 긍정적인 게시글을, 예를 들어 친구가 최근 파티를 과시하는 것을 보여주기 때문에, 사용자는 이와 비교해 자신의 일상이 덜 흥미진진해 보이고 더 우울해질 수 있다고 문제를 제기한다. 그런가 하면, 효과는 사실 정반대일 수도 있다. 여러분의 친구가 좋은 시간을 보내는 것을 보면서 여러분도 행복하다고 느낄 수 있다. 이러한 경쟁 가설들을 다루기 위해, 그리고 사람의 감정이 어떻게 친구들의 감정에 영향을 받는지에 대한 우리의 이해를 증진시키기 위해 크레이머, 길로리와 행콕은 실험을 수행했다. 그들은 70만 사용자들을 일주일 동안 네 집단으로 나눠 배치했다. '부정성 감소' 집단에게는 부정적 단어(예: '슬픈sad')가 포함된 게시글을 무작위로 뉴스 피드에서 차단했고, '긍정성 감소' 집단에게는 긍정적 단어(예: '행복한happy')가 포함된 게시글을 무작위로 차단했으며, 나머지 두 집단은 통제집단으로 두었다. '부정성 감소' 집단에 대한 통제집단은 '부정성 감소' 집단과 같은 비율로 게시글을 차단시켰지만 게시글 내용과 무관하게 무작위로 차단시켰다. '긍정성 감소' 집단에 대한 통제집단도 '긍정성 감소' 집단에 비추어 마찬가지 방식으로 차단시켰다. 이 실험의 설계는 적절한 통제집단이 항상 아무 변화도 주지 않은 집단은 아니라는 것을 잘 보여준다. 어떤 경우건, 뉴스 피드에서 차단된 게시글들은 페이스북의 다른 곳을 통해서 사용자가 접근할 수 있었다.

크레이머, 길로리와 행콕은 긍정성 감소 조건에 있는 참가자들의 상태 업데이트에서 긍정적 단어들의 비율은 감소하고 부정적 단어들의 비율은 증가한 것을 발견했다. 반면, 부정성 감소 조건에 있는 참가자들의 상태 업데이트에서는 긍정적 단어들의 비율은 증가하고 부정적 단어들의 비율은 감소했다(그림 4.23). 하지만 이러한 효과의 크기는 상당히 작아서, 실험집단과 통제집단 간에 긍정적, 부정적 단어 수의 차이는 약 1,000단어 중 하나 정도였다.

이 실험에 의해 제기된 윤리적 이슈를 논의하기 전에, 나는 우선 이 장의 앞쪽에서 제시된 몇몇 아이디어를 활용해 세 가지 과학적 이슈를 상술하고자 한다. 첫째, 실험의 실제 세부 구현이 어떻게 이론적 주장과 연결되는지가 분명하지 않다. 다시 말해 구성 타당도에 대한 문제가 있다. 두 가지 이유에서 긍정적 혹은 부정적 단어 수가 참가자의 감정적 상태를 실제로 잘 나타내주는 지표인지 분명하지 않다. ① 사람들이 게시하는 단어들이 그들 감정의 좋은 지표인지가 분명하지 않고, ② 연구자들이 사용한 특정 감정 분석 기법이 신뢰도 높은 감정 추론을 할 수 있는지가 분명하지 않다(Beasley and Mason, 2015; Panger, 2016). 즉, 편향된 신호를 잘못 측정했을 수 있다. 둘째, 이 실험의 설계와 분석은 누가 가장 영향을 받는지(말하자면 실험 효과의 이질성에 대해), 무엇이 기제일 수 있는지에 대해 말하지 않는다. 이 연구의 경우, 연구자들은 참가자에 대해 많은 정보를 갖고 있었지만 참가자들은 분석에서 이름 없는 도구로 취급되었다. 셋째, 이 실험의 효과의 크기는 매우 작아서 실험조건과 통제조건 간 차이가 1,000단어 중 한 단어 정도였다. 크레이머, 길로리와 행콕은 논문에서 이 크기의 효과도 중요한 것으로 주장했는데, 매일같이 수억 명의 사람이 그들의 뉴스 피드에 접근하기 때문이다. 바꿔 말하면, 개인에게는 효과가 적지만 합치면 크다는 주장이다. 비록 이 주장을 받아들일 수 있다 하더라도, 이 정도 크기의 효과가 감정 확산에 대한 더 일반적인 과학적 질문과 관련해서도 중요한지는 분명하지 않다(Prentice and Miller, 1992).

이러한 과학적 질문들뿐 아니라, 이 논문이 《미국국립과학원회보Proceedings of the National Academy of Sciences》에 게재되고 며칠 후 연구자들과 언론 둘 다로부터 엄청난 항의가 쏟아졌다(6장에서 이 논쟁의 주장들을 더 자세히 기술할 것이다). 이 논쟁에서 떠오른 이슈들은 학술지로서는 드물게 '편집 위원회의 우려 표명'을 하도록 이끌었는데, 이 연구의 윤리성과 연구윤리 검토 과정에 대한 우

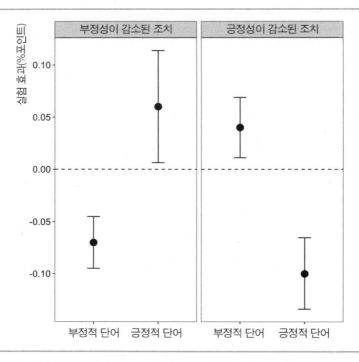

그림 4.23_ 감정 전염의 증거(Kramer, Guillory, and Hancock, 2014).
부정성 감소 조건에 놓인 참가자들은 부정적 단어는 더 적게, 긍정적 단어는 더 많이 사용했고, 긍정성 감소 조건에 놓인 참가자들은 부정적 단어를 더 많이, 긍정적 단어를 더 적게 사용했다. 막대는 표준오차의 추정치를 나타낸다.
자료: 크레이머, 길로리와 행콕(Kramer, Guillory, and Hancock, 2014: 그림 1)에서 발췌.

려었다(Verma, 2014).

이 '감정 전염' 연구에 대한 배경 설명을 염두에 두고, 이제 세 가지 R의 원칙이 실제 연구를 실용적 차원에서 향상시킬 수 있는지 살펴보자(여러분이 이 특정 연구의 윤리성에 대해 어떻게 생각하든 상관없이 말이다). 첫 번째 R은 대체replace이다. 연구자는 가능하다면 실험을 덜 침습적이고 덜 위험한 기법으로 대체할 방법을 모색해야 한다. 예들 들어서 무작위 통제 실험을 실행하는 대신 **자연 실험**natural experiment을 잘 활용할 수도 있었다. 2장에서 기술했듯이 자연 실험이란 실험 조치의 무작위 배정에 가까운 어떤 것(예를 들어 군대에 징집되는 대상을 결정하는 추첨 등)이 실제 세상에 일어나는 상황이다. 자연 실험의 윤리적 이점은 연구자가 조치를 가할 필요 없이 그 환경이 대신 해준다는 것이다. 예를 들어 '감정 전염' 실험과 거의 동시에 로렌조 코비엘로Lorenzo Coviello와 연구진(Coviello et al., 2014)은 감정 전염 자연 실험이라 부를 만한 상황을 잘 활용하고 있었다. 코비엘로와 동료들은 사람들이 비 오는 날에는 더 많은 부정적 단어와 더 적은 긍정적 단어를 게시한다는 것을 발견했다. 따라서 뉴스 피드에 전혀 개입할 필요 없이 무작위적인 날씨 변화를 이용해서 뉴스 피드상의 변화가 야기하는 효과를 연구할 수 있었다. 이는 마치 날씨가 연구자들을 위해 실험을 수행해주는 것과 같다. 자세한 연구 절차는 다소 복잡하지만 현재 논의를 위해 가장 중요한 요점은, 코비엘로와 동료들은 자연 실험을 이용함으로써 자신들만의 실험을 할 필요 없이 감정의 확산에 대해 알아볼 수 있었다는 것이다.

두 번째 R는 정제refine이다. 연구자는 조치를 가능한 한 무해하게 만드는 정제를 추구해야 한다. 예를 들어 연구자들은 긍정적 혹은 부정적 내용을 차단하기보다는, 그런 내용을 뉴스 피드의 위쪽으로 올려 배치할 수도 있었을 것이다. 이처럼 올려 배치하는 설계는 참가자의 뉴스 피드 내 감정적 내용을 바꾸면서도 비판자들이 표출한 우려 중 하나를 잘 다룰 수 있었을 것이다. 그 우려는 실험 때문에 참가자들이 뉴스 피드에서 중요한 정보를 놓칠 수 있다는 것이다. 크레이머, 길로리와 행콕의 설계에서는 중요한 메시지가 그렇지 않은 메시지와 똑같이 차단될 위험이 있다. 하지만 올려 배치하는 설계에서 밀려나는 메시지는 덜 중요한 메시지일 것이다.

마지막으로, 세 번째 R는 축소reduce이다. 연구자는 실험 참가자의 수를 본인의 과학적인 목표를 달성하기 위해 필요한 최소한의 수준으로 축소시킬 수 있도록 모색해야 한다. 아날로그 실험에서는 높은 가변 비용 때문에 자연스럽게 이러한 축소가 일어난다. 하지만 특히나 가변 비용 제로인 디지털 실험에서는 연구자에게 실험 규모에 대한 비용 제한이 없기 때문에 불필요하게 큰 실험으로 이어질 잠재적 가능성이 있다.

예를 들어 크레이머, 길로리와 행콕은 분석을 좀 더 효율적으로 하기 위해, 참가자의 평소 게시 행동과 같은 조치 전 정보를 이용할 수 있었을 것이다. 좀 더 구체적으로, 실험집단과 통제집단 사이에 긍정적 단어의 비율 그 자체를 비교하기보다는 두 긍정적 단어 비율의 **변화**를 집단 사이에 비교할 수 있었다. 이런 접근법은 혼합 설계(그림 4.5)라고도 부르고 차이의 차이difference-in-difference 추정량이라고도 부른다. 즉, 참가자별로 변화 점수(조치 후 행동 - 조치 전 행동)를 만들고, 그 변화 점수를 실험집단과 통제집단 간에 비교할 수 있었을 것이다. 이러한 차이의 차이 방법은 통계학적으로 더 효율적이며, 이는 곧 더 작은 표본으로도 같은 수준의 통계적 신뢰confidence를 달성할 수 있음을 뜻한다.

이 연구 사례에서 차이의 차이 추정법이 정확히 얼마나 더 효율적이었을지 원 자료 없이 알기는 힘들다. 하지만 어림잡기 위해 관련 실험들을 들여다볼 수 있다. 당 등(Deng et al., 2013)은 세 가지 다른 온라인 실험에서 차이의 차이 추정량을 이용함으로써 추정치의 분산을 약 50%가량 줄일 수 있었다고 보고했다. 세와 오리셋(Xie and Aurisset, 2016) 또한 비슷한 결과를 보고했다. 이러한 분산의 50% 감소는 '감정 전염' 연구자들이 약간 다른 분석 방법을 사용했다면 표본 수를 절반으로 줄일 수도 있었음을 뜻한다. 바꿔 말하면, 분석에서 매우 작은 변화로 인해 35만 명이 실험에 참여하지 않아도 되었을지 모른다.

이쯤에서 여러분은 왜 '감정 전염' 실험에 35만 명이 불필요하게 포함된 것을 연구자가 우려해야 하는지 의아해할 수도 있다. 지나친 규모에 대한 우려는 '감정 전염' 연구의 두 가지 특징 때문에 적절하며, 이러한 특징은 많은 디지털 현장 실험이 공유하고 있다. ① 실험이 최소한 일부 참가자에게라도 해를 끼칠지 아닐지가 불확실하고, ② 참여가 비자발적이다. 이러한 특징을 지닌 실험은 가능한 한 작은 규모로 하는 것이 합리적으로 보인다.

분명히 하자면, 실험 규모를 축소하자는 것이 대규모의 제로 가변 비용 실험을 수행해서는 안 된다는 뜻은 아니다. 이는 단지 여러분의 실험이 여러분의 과학적 목표를 달성하는 데 필요한 규모 이상이어서는 안 된다는 뜻이다. 실험이 적절한 규모인지 확인하는 중요한 방법 하나는 **검정력 분석**power analysis

(Cohen, 1988)이다. 아날로그 시대에 연구자들은 일반적으로 연구 규모가 너무 작지 않은지(즉, 낮은 검정력) 확인하기 위해 검정력 분석을 했다. 하지만 지금의 연구자들은 연구 규모가 너무 크지 않은지(즉, 과한 검정력) 확인하기 위해 검정력 분석을 해야 한다.

결론적으로 대체replace, 정제refine, 축소reduce라는 세 가지 R는 연구자가 윤리성을 그들의 실험 안에 구축하도록 도울 수 있는 원칙을 제공한다. 물론 이러한 세 가지 원칙 각각이 '감정 전염' 연구에 불러올 수 있는 변화에는 장점과 상충하는 단점도 있다. 자연 실험을 통한 증거가 항상 무작위 실험에서 얻은 것처럼 깔끔하지는 않고, 특정 내용을 뉴스 피드에서 밀어 올리는 것은 차단하는 것보다 실행하기가 관리전략적으로 더 어려웠을 수도 있다. 따라서 이 책에서 이러한 수정을 제안하는 것은 다른 연구자들의 결정에 대해 함부로 비판하려는 것이 아니라, 세 가지 R가 실제 연구 상황에서 어떻게 적용될 수 있는지 예를 들어 설명하려는 것이다. 사실 상충 관계 문제는 연구 설계 시에 항상 발생하며, 디지털 시대에 이러한 상충 관계는 점점 윤리적 고려와 얽히는 일이 많아질 것이다. 나중에 6장에서는 연구자들이 이렇듯 상충하는 지점들을 이해하고 논의하도록 도울 수 있는 몇 가지 원칙과 윤리 체계를 제시하려 한다.

4.7. 결론

디지털 시대는 연구자에게 이전에는 불가능했던 실험을 수행할 능력을 가져다주었다. 연구자들은 대규모 실험을 할 수 있을 뿐 아니라, 실험의 타당도를 향상시키고, 실험 효과의 이질성을 추정하고, 기제를 분리해내기 위해 디지털 실험 고유의 특성을 잘 이용할 수 있다. 우리는 이러한 실험을 완전히 디지털 환경에서 수행할 수도 있고, 디지털 기기를 이용하여 물리적 세계에서 수행할 수도 있다.

이 장에서 살펴봤듯이, 이러한 실험들은 힘 있는 회사와 제휴하여 수행할 수도 있고, 연구자 본인의 힘만으로 수행할 수도 있다. 요지는, 디지털 실험을 수행하기 위해 큰 테크 회사에서 일할 필요는 없다는 것이다. 여러분이 여러분 본인의 실험을 설계할 경우에도 가변 비용을 제로로 끌어내릴 수도 있으며, 세 가지 R의 원칙, 즉 대체, 정제, 축소를 이용해 윤리성을 설계 안에 심어놓을 수도 있다. 연구자가 수백만 사람들의 삶에 개입할 능력이 커졌다는 것은 그에 상응해서 윤리적인 연구 설계에 더 큰 주의를 기울여야 한다는 것을 의미한다. 큰 힘에는 큰 책임이 따르기 마련이다.

부록_ 수학 노트

실험은 (2장의 수학 노트에서 논의한) 잠재적 결과potential outcomes라는 사고 체계로 이해하는 것이 가장 좋다. 잠재적 결과 체계는 3장에서 논의한 설계 기반 표집(Aronow and Middleton, 2013; Imbens and Rubin, 2015: 6장)의 아이디어와도 관련이 깊으며, 여기에서는 그러한 관련성을 강조하는 방식으로 수학 노트를 작성하려 한다. 이러한 방식은 전통적인 방식에서는 벗어나지만, 표집과 실험 간 연관성을 파악하는 것은 여러분에게 도움이 되리라 생각한다. 즉, 여러분이 표집에 대해 무엇인가 알고 있다면 실험에 대해서도 무엇인가 알고 있는 것이며, 그 반대도 성립한다. 여기 노트에서도 밝히겠지만, 잠재적 결과 체계는 인과적 효과를 추정하는 데 무작위 통제 실험이 갖는 강점을 드러내는 한편 실험이 완벽히 수행되더라도 갖는 한계점도 보여준다.

여기 4장의 수학 노트를 좀 더 독립적으로 만들기 위해서 2장의 수학 노트를 일부 반복하면서 잠재적 결과 체계를 기술하려 한다. 그다음에는 최적 할당 optimal allocation과 차이의 차이difference-in-differences 추정량에 대한 논의를 포함해 평균 조치 효과 추정의 정밀도에 대한 유용한 결과들을 기술하려 한다. 이 노트는 거버와 그린(Gerber and Green, 2012)에서 많이 차용했다.

잠재적 결과 체계

잠재적 결과 체계를 예를 들어 설명하기 위해, 위키피디아 내에서 별 훈장 수여가 향후 문서 작성 기여도에 미치는 영향을 추정한 레스티보와 반 더 라이트의 실험으로 돌아가보자. 잠재적 결과 체계에는 세 가지 주요 요소가 있는데, 이는 단위unit, 실험 조치treatment, 잠재적 결과potential outcome이다. 이 실험의 경우에 단위는 상위 1%의 기여자에 속하면서 아직 별 훈장을 받지 못한 위키피디아 문서 작성자들이다. 우리는 이러한 문서 작성자들을 $i = 1, \cdots, N$처럼 숫자로 표현할 수 있다. 그리고 이 실험에서 실험 조치는 '별 훈장 수여'와 '별 훈장 미수여'라는 두 가지이며, 피험자 i가 실험조건에 있다면 $W_i = 1$로, 그렇지 않다면 $W_i = 0$로 표기하려 한다. 세 번째 요소는 가장 중요한 잠재적 결과인데, 이는 일어날 수 있던 일, 즉 '잠재적' 결과를 수반하기 때문에 개념적으로 좀 더 어렵다. 각각의 위키피디아 문서 작성자에 대해 그가 실험조건하에서 했을 편집의 양 $Y_i(1)$과 통제조건하에서 했을 편집의 양 $Y_i(0)$을 상상해볼 수 있을 것이다.

이러한 단위, 실험 조치, 결과의 선택이 실험을 통해 얻을 수 있는 것을 정의한다는 점을 주목해야 한다. 예를 들어 레스티보와 반 더 라이트는 추가적 가정을 전혀 더하지 않고는 별 훈장이 모든 위키피디아 문서 작성자에게, 혹은 편집의 질과 같은 결과에 미치는 영향에 대해 아무것도 말할 수 없다. 일반적으로 단위, 실험 조치, 결과의 선택은 연구의 목적에 기반해야 한다.

잠재적 결과들을 표 4.5와 같이 요약한다면, 연구자는 피험자 i에 대한 실험 조치의 인과적 효과를 다음과 정의할 수 있다.

$$\tau_i = Y_i(1) - Y_i(0) \tag{4.1}$$

나에게 이 수식은 인과적 효과를 정의하는 가장 명확한 방법이며, 지극히 단순할지라도 이 체계는 여러 중요하고 흥미로운 방법으로 일반화할 수 있다 (Imbens and Rubin, 2015).

표 4.5_ 잠재적 결과들 정리표

사람	실험조건하에서 편집 수	통제조건하에서 편집 수	실험 효과
1	$Y_1(1)$	$Y_1(0)$	τ_1
2	$Y_2(1)$	$Y_2(0)$	τ_2
$\vdots$	$\vdots$	$\vdots$	$\vdots$
N	$Y_N(1)$	$Y_N(0)$	τ_N
평균	$\bar{Y}(1)$	$\bar{Y}(0)$	$\bar{\tau}$

그러나 이런 식으로 인과적 효과를 규정할 때 우리는 한 가지 문제에 봉착한다. 우리는 거의 모든 경우에 두 개의 잠재적 결과를 모두 관찰할 수 없다. 즉, 특정한 위키피디아 문서 작성자는 별 훈장을 받거나 받지 않거나 둘 중 하나에 속한다. 따라서 우리는 $Y_i(1)$ 또는 $Y_i(0)$ 중 하나의 잠재적 결과만을 관찰할 수 있으며, 둘 다 관찰할 수는 없다. 두 개의 잠재적 결과를 모두 관찰할 수 없다는 것은 홀랜드(Holland, 1986)가 인과적 추론의 근본 문제Fundamental Problem of Causal Inference라고 부를 정도로 중대한 문제이다.

다행스럽게도 연구를 할 때 우리에겐 단지 한 사람만 있는 것이 아니다. 우리에겐 많은 사람들이 있고, 이것은 인과적 추론의 근본 문제를 에둘러 해결할 수 있는 방법을 제공한다. 개별 수준에서 조치 효과를 추정하는 대신, 우리는 모든 단위에 걸쳐 평균 조치 효과average treatment effect: ATE를 추정할 수 있다.

$$A\,TE = \frac{1}{N} \sum_{i=1}^{N} \tau_i \tag{4.2}$$

이 식은 관측할 수 없는 τ_i의 관점에서 표현되지만, 몇몇 산수를 거치면[거버와 그린(Gerber and Green, 2012)의 식 2.8] 다음과 같이 표현할 수 있다.

$$A\,TE = \frac{1}{N} \sum_{i=1}^{N} Y_i(1) - \frac{1}{N} \sum_{i=1}^{N} Y_i(0) \tag{4.3}$$

식 4.3은 실험조건에서 모집단 평균 결과($N^{-1} \sum_{i=1}^{N} Y_i(1)$)와 통제조건에서 모집단 평균 결과($N^{-1}\sum_{i=1}^{N} Y_i(0)$)를 추정할 수 있다면, 특정 개인에 대해 조치 효과를 추정하지 않고도 평균 조치 효과를 추정할 수 있다는 것을 보여준다.

우리가 추정하려고 하는 관심 모수를 정의했으므로 이제 데이터를 가지고 그것을 어떻게 실제로 추정할 수 있는지를 알아보자. 나는 이러한 추정 과제를 표집의 문제로 생각해보고자 한다(3장의 수학 노트로 돌아가 생각해보자). 우리가 실험조건하에서 관찰할 사람들을 무작위로 뽑고 통제조건하에서 관찰할 사람들도 무작위로 뽑는다고 상상해보자. 그렇다면 각 조건하에서 평균 결과를 다음과 같이 추정할 수 있다.

$$\widehat{ATE} = \underbrace{\frac{1}{N_t} \sum_{i\,:\,W_i=1} Y_i(1)}_{\text{평균 편집 수, 실험집단}} - \underbrace{\frac{1}{N_c} \sum_{i\,:\,W_i=0} Y_i(0)}_{\text{평균 편집 수, 통제집단}} \qquad (4.4)$$

여기서 N_t와 N_c 각각은 실험조건과 통제조건에 있는 사람의 수이다. 식 4.4는 평균의 차이difference-of-means 추정량이다. 표집 설계의 특성상 첫 번째 항은 실험조건하에서 평균 결과의 비편향unbiased 추정량, 두 번째 항은 통제조건하에서 평균 결과의 비편향 추정량이다.

무작위화가 가능하게 해주는 것을 다른 방식으로 표현해보자. 무작위화는 실험집단과 통제집단을 서로 닮게 해주기 때문에, 두 집단 간 비교를 정당하게 해준다. 이러한 닮은꼴은 우리가 측정한 것(예를 들면 실험 전 30일 동안 편집 수)과 측정하지 못한 것(예를 들면 성별) 모두에 대해 성립한다.

무작위화는 이처럼 관찰된 요인과 관찰 안 된 요인 모두에 대해 균형을 확보할 수 있다는 점에서 결정적으로 중요하다. 관찰 안 된 요인들까지 자동으로 균형을 맞춰주는 것이 얼마나 설득력 있는지 살펴보기 위해서, 미래의 연구에서 남성이 여성보다 상에 더 민감하게 반응하는 것이 밝혀졌다고 상상해보자. 이러한 사실이 레스티보와 반 더 라이트의 실험 결과를 무효로 만들까? 그렇지 않다. 이처럼 알려지지 않은 사실로부터 실험 결과를 보호하는 것은 매우 강력한 논증 방식이며, 2장에서 살펴본 비실험 기법들로부터 실험을 구분시켜주는 중요한 방식이다.

전체 모집단에 대해 실험 조치 효과를 정의하는 것 외에, 일부에 대해 실험 조치 효과를 정의할 수도 있다. 이러한 효과를 보통 조건부 평균 조치 효과 conditional average treatment effect: CATE라고 한다. 예를 들어 레스티보와 반 더 라이트의 연구에서 X_i는 문서 작성자가 실험 전 90일 동안 편집 건수가 중앙값 median보다 큰지 작은지를 나타낸다고 해보자. 연구자는 이처럼 편집 건수가 작은 작성자와 많은 작성자를 분리해서 실험 조치 효과를 구할 수 있을 것이다.

잠재적 결과 체계는 인과적 추론과 실험에 대해 매우 설득력 있게 사고하는 방식이다. 하지만 두 가지 복잡한 문제를 염두에 두어야 하는데, 이 두 가지 문제는 종종 안정적 단위 조치 값 가정Stable Unit Treatment Value Assumption(이하 SUTVA로 명명)이라는 용어로 묶인다. 문제가 되는 SUTVA의 첫 번째 가정은, 한 피험자의 결과 변수에 관여하는 것은 오로지 그 사람의 소속이 실험집단인지 통제집단인지 여부뿐이라는 가정이다. 다르게 표현하자면 피험자 i는 다른 피험자들에게 취해진 조치에 의해 영향받지 않는다는 것이다. 이는 종종 '간섭 없음no interference' 혹은 '흘러들지 않음no spillovers'이라고도 부르는데, 다음과 같이 표현될 수 있다.

$$Y_i(W_i, W_{-i}) = Y_i(W_i) \quad \forall W_{-i} \qquad (4.5)$$

여기서 W_{-i}는 피험자 i만 제외하고 모든 피험자들의 실험 조치 상태를 모아놓은 벡터이다. 만일 한 사람에게 취한 조치가 다른 사람에게 흘러 들어가 긍정적 혹은 부정적으로 영향을 주게 되면 이 가정이 위반된다. 레스티보와 반 더 라이트의 경우로 돌아가서, 두 명의 친구 i와 j 중에 i는 별 훈장을 받고 j는 못 받는 경우를 생각해보자. 만일 i가 별 훈장을 받아서 j가 (경쟁 심리가 생겨) 편집을 더 많이 하게 되거나, (실망감으로 인해) 편집을 더 적게 하게 된다면 SUTVA가 위반된다. SUTVA는 또한 실험 조치의 영향력이 조치를 받는 다른 사람들의 수에 따라 달라져도 위반된다. 예를 들어 만일 레스티보와 반 더 라이트가 100명이 아니라 1,000명이나 1만 명에게 별 훈장을 주었다면, 이는 별 훈장의 효과에 영향을 주었을지도 모른다.

SUTVA로 묶여 있는 두 번째 문제는 연구자가 취한 실험 조치만이 유일하게 실험 결과와 관련 있는 조치라는 가정이다. 이 가정은 종종 **숨은 조치 부재**no hidden treatments 또는 **배제 가능성**excludibility이라고 한다. 예를 들어 레스티보와 반 더 라이트의 연구에서 연구자가 수여한 별 훈장이 문서 작성자를 인기 작성자 페이지에 소개되도록 유도했고, 별 훈장 자체보다는 여기에 소개된 것이 편집 행동에 변화를 일으켰을 수도 있다. 만일 이것이 사실이라면, 별 훈장의 효과는 인기 작성자 페이지에 오른 효과와 구분이 불가능하다. 물론 과학적 관점에서 이러한 경우를 매력적인 경우로 봐야 할지 아닌지는 불분명하다. 별 훈장의 효과라는 것이 별 훈장 수여가 유발한 모든 향후 조치들을 포함하는 것이라고 여기는 연구자도 있을 수 있으며, 연구 특성상 다른 모든 효과들로부터 별 훈장 효과를 분리하는 것이 필요한 경우도 생각해볼 수 있다. 이 문제를 사고하는 한 가지 방법은 거버와 그린(Gerber and Green, 2012: 41)이 '대칭의 붕괴breakdown in symmetry'라고 부르는 상황을 야기하는 어떤 것도 없는지 자문해보는 것이다. 즉, 실험 조치 이외에 실험집단과 통제집단을 다르게 다루게 되도록 야기하는 것은 전혀 없는지 물어보는 것이다. 의학 실험에서는 이러한 대칭 붕괴에 대한 우려 때문에 통제집단에 가짜 약placebo을 투여한다. 이렇게 함으로써 두 집단 간 유일한 차이는 투약의 경험 자체가 아니라 진짜 약의 처방 유무임을 확신할 수 있다.

SUTVA에 대해 더 잘 알고 싶으면 거버와 그린(2012: 2.7절), 모건과 윈십(Morgan and Winship, 2014: 2.5절), 임벤스와 루빈(Imbens and Rubin, 2015: 1.6절)을 보라.

정밀도

앞 절에서 어떻게 평균 조치 효과를 추정하는지 상술했다면, 이 절에서는 그러한 추정치들의 분산성variability에 대한 생각을 풀어놓으려 한다.

평균 조치 효과가 두 표본 평균의 차이를 추정하는 것이라면 다음과 같이 평균 조치 효과의 표준 오차를 구할 수 있다[거버와 그린(Gerber and Green, 2012: 식 3.4) 참조].

$$SE(\widehat{ATE}) = \sqrt{\frac{1}{N-1}\left[\frac{m\,Var(Y_i(0))}{N-m} + \frac{(N-m)\,Var(Y_i(1))}{m} \right.}$$
$$\overline{\left. + 2\,Cov(Y_i(0),\ Y_i(1))\right]} \tag{4.6}$$

여기서 실험집단에는 m명이, 통제집단에는 $N-m$명이 배정되어 있다. 따라서 각 집단에 몇 명씩 배정하는 것이 좋을지 생각해볼 경우, 실험 조치와 통제의 비용이 같고 Var($Y_i(0)$)≈Var($Y_i(1)$)라면 $m \approx N/2$로 하는 것이 좋다. 식 4.6은 사회적 정보가 투표에 미치는 영향을 보기 위해 본드Bond와 동료들(2012)이 한 실험 설계가 왜 통계적으로 비효율적인지 밝혀준다(그림 4.17). 이 실험에서 참가자의 98%가 실험집단에 있었음을 상기해보자. 이는 통제집단의 평균 행동이 가능했던 것보다 부정확하게 추정되었음을 뜻하며, 결국 실험집단과 통제집단 간 차이도 가능한 만큼 정확히 추정되지 않았음을 뜻한다. 리스트, 사도프와 바그너(List, Sadoff, and Wagner, 2011)를 보면 조건들 간에 비용이 다른 경우를 포함해서 어떻게 조건들 간에 최적으로 피험자들을 배분할지 나와 있다.

마지막으로, 나는 본문에서 혼합 설계에서 전형적으로 쓰이는 차이의 차이 추정량이 어떻게 피험자 간 설계에서 전형적으로 쓰이는 평균의 차이 추정량보다 작은 분산을 갖는지 설명했다. X_i가 조치 전 결과 값일 때 차이의 차이 접근법으로 추정하고자 하는 양은

$$ATE' = \frac{1}{N}\sum_{i=1}^{N}((Y_i(1) - X_i) - (Y_i(0) - X_i)) \tag{4.7}$$

이며, 이 양의 표준 오차는[거버와 그린(Gerber and Green, 2012: 식 4.4) 참조]

$$SE(\widehat{ATE'}) = \sqrt{\frac{1}{N-1}\left[\ Var(Y_i(0) - X_i) + Var(Y_i(1) - X_i) \right.}$$
$$\overline{\left. + 2\,Cov(Y_i(0) - X_i,\ Y_i(1) - X_i)\right]} \tag{4.8}$$

가 된다. 식 4.6과 식 4.8을 비교해보면 다음 조건이 만족될 때 차이의 차이 추정량이 더 작은 표준 오차를 보인다[거버와 그린(Gerber and Green, 2012: 식 4.6) 참조].

$$\frac{Cov(Y_i(0),\, X_i)}{Var(X_i)} + \frac{Cov(Y_i(1),\, X_i)}{Var(X_i)} > 1 \qquad (4.9)$$

대략적으로 말해 X_i가 $Y_i(1)$과 $Y_i(0)$를 잘 예측할 때는 평균의 차이보다 차이의 차이 추정치가 더 정밀하다고 할 수 있다. 레스티보와 반 더 라이트의 경우에 대입해보자면, 사람들 간에 편집량의 자연적인 변이가 상당히 커서 실험집단과 통제집단 간 비교를 어렵게 만든다고 할 수 있다. 즉, 잡음이 많은 결과 자료로부터 상대적으로 작은 효과를 포착하기는 어렵다. 하지만 이처럼 자연적으로 발생하는 변이를 차이를 통해 제거한다면 남은 변이는 훨씬 작아지고, 따라서 작은 효과도 포착하기 쉬워진다.

평균의 차이, 차이의 차이, 그리고 공분산 분석ANCOVA에 기반한 접근들 간의 정밀한 비교를 알고 싶다면 프리슨과 포콕(Frison and Pocock, 1992)을 보라. 이 논문은 조치 전과 조치 후 모두 복수의 측정치를 갖는 좀 더 일반적인 설계를 다룬다. 이 논문은 특히 여기서 다루지 않은 공분산 분석을 강력히 추천한다. 더 나아가 조치 후 결과를 여러 번 측정하는 것의 중요성을 알고 싶다면 매켄지(McKenzie, 2012)의 논의를 보라.

다음 읽을거리

● 들어가는 말(4.1절)

사회연구에서 인과 관계에 대한 질문들은 종종 복잡하게 얽혀 있다. 인과적 그래프에 기반한 인과 관계의 토대가 되는 접근법은 펄(Pearl, 2009)을, 잠재적 결과에 기반한 인과 관계의 토대가 되는 접근법은 임벤스와 루빈(Imbens and Rubin, 2015)을 보길 바란다. 이 두 접근법 간 비교를 위해서는 모건과 윈십(Morgan and Winship, 2014)을 참조하고, 교란요인을 형식적으로 정의하려는 접근은 밴더윌레와 슈핏서(VanderWeele and Shpitser, 2013)를 보라.

이 장에서 나는 인과적 추정치를 만들 수 있는 우리의 능력 면에서 실험 데이터와 비실험 데이터 간에 분명한 구분선 같은 것을 설정했다. 하지만 현실에서 그런 구분은 이보다 흐릿하다고 생각한다. 예를 들어, 사람들을 억지로 흡연하게 강요하는 무작위 통제 실험은 그간 없었지만 흡연이 암을 인과적으로 야기한다는 사실을 다들 받아들인다. 비실험 데이터로부터 인과적 추정치를 만드는 것에 대해 훌륭히 다룬 책들로 로젠바움(Rosenbaum, 2002; 2010), 샤디시, 쿡과 캠벨(Shadish, Cook, and Campbell, 2001), 더닝(Dunning, 2012) 등이 있다.

프리드먼, 피사니와 퍼브스(Freedman, Pisani, and Purves, 2007) 1장과 2장은 실험, 통제 실험, 무작위 통제 실험 간 차이에 대해 명료하게 소개하고 있다.

만지(Manzi, 2012)는 무작위 통제 실험의 철학적, 통계학적 토대에 대해 흥미진진하면서도 비교적 쉽게 소개하고 있다. 이 책은 또한 비지니스에서 실험이 갖는 힘을 보여주는 실제 예시들도 제공해준다. 아이젠버그(Issenberg, 2012)는 정치 캠페인에서 실험의 사용에 대해 훌륭히 소개하고 있다.

● 실험이란 무엇인가?(4.2절)

박스, 헌터와 헌터(Box, Hunter, and Hunter, 2005), 카셀라(Casella, 2008), 애시와 임벤스(Athey and Imbens, 2016b)는 실험 설계와 분석의 통계학적 측면에 대해 잘 소개하고 있다. 그리고 다양한 영역에서 실험의 활용에 대해 잘 다루는 예로는, 경제학(Bardsley et al., 2009), 사회학(Willer and Walker, 2007; Jackson and Cox, 2013), 심리학(Aronson et al., 1989), 정치학(Morton and Williams, 2010), 사회 정책(Glennerster and Takavarasha, 2013) 등이 있다.

참가자 충원의 중요성(표집 등)은 실험 연구에서 종종 과소평가되곤 한다. 하지만 만일 실험 효과가 모집단 내에서 이질적이라면 표집은 매우 중요하다. 롱퍼드(Longford, 1999)는 실험을 우연적haphazard 표집에 의한 모집단 설문조사로 보는 연구자들을 옹호하면서 이러한 점을 분명히 하였다.

● 실험의 두 가지 차원: 실험실-현장과 아날로그-디지털(4.3절) ─────

나는 실험실 실험과 현장 실험 간에 일종의 연속성을 제안했는데, 다른 연구자들이 제안한 더 자세한 유형도 있으며, 특히 현장 연구의 다양한 형태를 구분하는 유형이 있다(Harrison and List, 2004; Charness, Gneezy, and Kuhn, 2013).

여러 논문에서 실험실 실험과 현장 실험을 비교했는데, 추상적 차원에서 비교하거나(Falk and Heckman, 2009; Cialdini, 2009), 구체적 실험들의 결과변수 측면에서 비교하기를 정치학(Coppock and Green, 2015), 경제학(Levitt and List, 2007a; 2007b; Camerer, 2011; Al-Ubaydli and List, 2013), 심리학(Mitchell, 2012) 등에서 했다. 제릿, 바라바스와 클리퍼드(Jerit, Barabas, and Clifford, 2013)는 실험실 실험 결과와 현장 실험 결과를 비교하는 훌륭한 연구 디자인을 제공한다. 파리지, 산타나와 쿡(Parigi, Santana, and Cook, 2017)은 온라인 현장 실험이 어떻게 실험실 실험과 현장 실험의 특징들 중 일부를 결합할 수 있는지 소개해준다.

요구 효과demand effects란 참가자들이 밀착해서 관찰되고 있다는 것을 알기 때문에 그들의 행동을 바꾼다는 것으로, 이에 대한 우려는 심리학(Orne, 1962)과 경제학(Zizzo, 2010) 등에서 연구되었다. 주로 실험실 연구와 연관되어 있기는 하지만, 동일한 이슈는 현장 실험에서도 문제를 야기할 수 있다. 사실 요구 효과는 때때로 호손 효과Hawthorne effects라고 부르기도 하는데, 이 용어는 서부 전기 회사Western Electric Company의 호손 작업장Hawthorne Works에서 1924년에 수행된 유명한 조명 실험에서 파생된 것이다(Adair, 1984; Levitt and List, 2011). 요구 효과와 호손 효과 모두 2장에서 논의한 반응적 측정이라는 아이디어와 밀접히 연관되어 있다[웹 등(Webb et al., 1966)도 참조].

현장 실험은 경제학(Levitt and List, 2009), 정치학(Green and Gerber, 2003; Druckman et al., 2006; Druckman and Lupia, 2012), 심리학(Shadish, 2002),

사회 정책(Shadish and Cook, 2009) 등에서 역사가 길다. 현장 실험이 급속히 두드러지게 된 사회과학의 한 분야는 국제 발전 쪽이다. 경제학 내에서 이런 작업에 대한 긍정적 검토는 배너지와 두플로(Banerjee and Duflo, 2009)를, 비판적 평가는 디턴(Deaton, 2010)을 보길 권한다. 정치학에서 이러한 작업에 대한 검토는 험프리스와 바인스타인(Humphreys and Weinstein, 2009)을 보라. 마지막으로, 현장 실험에서 발생하는 윤리적 난관은 정치학(Humphreys, 2015; Desposato, 2016b)과 발전경제학(Baele, 2013)의 맥락에서 탐색되어왔다.

이 절에서 나는 추정된 실험 효과의 정밀도를 향상시키는 데 조치 전 정보를 활용할 수 있다고 제안했다. 하지만 이러한 접근에 대해서는 논쟁의 여지가 있으며 더 자세한 정보는 프리드먼(Freedman, 2008), 린(Lin, 2013), 버크 등(Berk et al., 2013), 블로니어즈 등(Bloniarz et al., 2016)을 참조하길 바란다.

마지막으로, 사회과학자가 수행하는 실험 중 실험실-현장 차원에 깔끔하게 들어맞지 않는 두 가지 유형의 실험이 있다. 설문조사 실험과 사회 실험이다. 설문조사 실험survey experiments은 기존 설문조사의 기반 시설을 활용해서 동일한 질문에 대한 대안적 버전 간 응답을 비교하는 실험이다(설문조사 실험 중 몇 가지는 3장에서 제시했다). 설문조사 실험에 대해 더 알고 싶으면 뮤츠(Mutz, 2011)를 보라. 사회 실험social experiments은 정부에 의해서만 실행 가능한 사회 정책이 조치로 취해지는 실험이다. 사회 실험은 프로그램 평가와 밀접히 연관되어 있다. 정책 실험에 대한 자세한 논의는 헥먼과 스미스(Heckman and Smith, 1995), 오르(Orr, 1998), 글레너스터와 타카바라샤(Glennerster and Takavarasha, 2013) 등을 보길 바란다.

● 단순 실험을 넘어서기(4.4절)

여기서 나는 세 가지 개념에 집중하기로 했다. 타당도, 실험 효과의 이질성, 기제가 그 셋이다. 이 개념들은 분야에 따라 다른 이름들을 갖고 있다. 예를 들어 심리학자들은 단순 실험을 넘어설 때 매개 변수mediators와 조절 변수moderators에 초점을 맞추는 경향이 있다(Baron and Kenny, 1986). 매개 변수라는 개념은 내가 기제라고 부른 것으로 파악할 수 있고, 조절 변수라는 개념은 타당도(예를 들어 한 실험의 결과가 다른 상황에서 수행되면 달라졌을지)와 실험 효과의 이질성(예를 들어 실험 효과 크기가 사람들 간에 다른지)으로 파악할 수 있다.

슐츠 등(Schultz et al., 2007)의 실험은 사회 이론이 효과적 개입을 설계하는 데 어떻게 쓰일 수 있는지 보여준다. 월턴(Walton, 2014)은 효과적 개입을 설계하기 위한 이론의 역할에 대해 좀 더 일반적으로 논한다.

● 타당도(4.4.1항)

내적, 외적 타당도 개념은 캠벨(Campbell, 1957)이 처음 소개했다. 통계적 결론 타당도, 내적 타당도, 구성 타당도, 그리고 외적 타당도에 대한 더 자세한 역사와 주의 깊은 정교화에 대해서는 샤디시, 쿡과 캠벨(Shadish, Cook, and Campbell, 2001)을 보길 바란다.

실험에서 통계적 결론 타당도와 연관된 이슈들에 대해 알고 싶으면, 사회과학적 관점의 개괄로는 거버와 그린(Gerber and Green, 2012)을, 통계적 관점의 개괄로는 임벤스와 루빈(Imbens and Rubin, 2015)을 보길 바란다. 통계적 결론 타당도와 관련해서 특히 온라인 현장 실험에서 발생하는 이슈들이 있는데, 관찰값 간 비독립적인 데이터에서 신뢰 구간을 산출할 때 효율적으로 계산하는 방법(Bakshy and Eckles, 2013) 등이 있다.

복합적인 현장 실험에서 내적 타당도를 확보하는 것은 어려울 수 있다. 예를 들어 투표에 관한 복합적 현장 실험을 구현하는 데에 대한 논쟁은 거버와 그린(Gerber and Green, 2000), 이마이(Imai, 2005), 거버와 그린(Gerber and Green, 2005) 등을 보길 바란다. 코하비 등(Kohavi et al., 2012; 2013)은 온라인 현장 실험에서 부딪치는 내적 타당도 문제를 소개해준다.

내적 타당도에 대한 중요한 위협 중 하나는 무작위화가 실패할 가능성이다. 이러한 문제를 파악하는 한 방법은 관찰 가능한 특성에 대해 실험집단과 통제집단을 비교하는 것이다. 이러한 비교법을 균형 점검balance check이라 한다. 균형 점검에 대한 통계학적 접근은 한센과 바우어스(Hansen and Bowers, 2008)를, 균형 점검에 대한 우려점은 뮤츠와 페먼틀(Mutz and Pemantle, 2015)

을 보길 바란다. 예를 들어, 올콧(Allcott, 2011)은 균형 점검을 활용해 오파워 Opower 실험 중 세 가지(표 2, 사이트 2, 6, 8번을 보라)에서 무작위화가 이루어지지 않은 증거를 발견했다. 다른 접근법들에 대해서는 임벤스와 루빈(Imbens and Rubin, 2015: 21장)을 보길 바란다.

내적 타당도와 관련한 또 다른 우려는 다음과 같다. ① 일방향 비순응 noncompliance: 실험집단의 모든 사람들이 실제로 조치를 받은 것은 아니다. ② 양방향 비순응: 실험집단의 모든 사람들이 조치를 받은 것은 아니고 통제집단의 일부 사람들은 조치를 받았다. ③ 탈락attrition: 일부 참가자들에게 결과 변수가 축적되지 않았다. ④ 간섭interference: 조치가 실험집단의 사람들을 넘어 통제집단까지 흘러갔다. 각 이슈들에 대해 더 알고 싶으면 거버와 그린(Gerber and Green, 2012: 5, 6, 7, 8장)을 보길 바란다.

구성 타당도에 대해 더 알고 싶다면 웨스턴과 로젠털(Westen and Rosenthal, 2003)을, 빅 데이터를 다룰 경우의 구성 타당도에 대해 더 알고 싶다면 레이저(Lazer, 2015)와 이 책의 2장을 보길 바란다.

외적 타당도의 한 측면은 개입intervention이 검정되는 배경이다. 올콧(Allcott, 2015)는 사이트 선택 편향을 이론적 그리고 경험적으로 해결하는 법에 대해 주의 깊게 다룬다. 이 이슈는 디턴(Deaton, 2010)도 논하고 있다. 외적 타당도의 또 다른 측면은 동일한 개입을 대안적으로 조작화했을 때도 비슷한 효과를 낳느냐는 것이다. 이러한 경우로서 슐츠 등(Schultz et al., 2007)과 올콧(Allcott, 2011)을 비교해보면, 오파워 실험은 슐츠와 동료들의 원래 실험보다 적은 개입 효과의 추정치를 보인다(1.7% 대 5%). 올콧(Allcott, 2011)은 후속 연구가 더 작은 효과를 보인 것은 두 연구 간 조치가 달랐기 때문으로 추측했다. 즉, 대학교가 후원한 원래 연구에서는 손으로 그린 이모티콘을 조치로 사용했으나, 후속 연구는 전기 회사가 대량 생산한 보고서의 일부에 출력된 이모티콘을 사용했다.

• 실험 효과의 이질성(4.4.2항)

현장 실험에서 실험 효과의 이질성에 대한 뛰어난 개괄은 거버와 그린(Gerber and Green, 2012: 12장)에 있다. 의학 실험에서 효과의 이질성에 대한 소개로

는 켄트와 헤이워드(Kent and Hayward, 2007), 롱퍼드(Longford, 1999), 크라
비츠, 두언과 브라슬로(Kravitz, Duan, and Braslow, 2004) 등을 보길 바란다.
실험 효과의 이질성에 대한 고려는 주로 조치 전 특성에 기반한 차이들에 초
점을 맞춘다. 만일 여러분이 조치 후 결과에 기반한 이질성에 관심이 있다면
주요 층화principal stratification와 같이 더욱 복잡한 접근법이 필요하다
(Frangakis and Rubin, 2002). 이에 대한 검토는 페이지 등(Page et al., 2015)을
보라.

실험 효과 이질성을 선형 회귀 분석을 이용해 추정하는 연구가 많지만, 더
새로운 방법으로는 기계 학습을 활용하는 것이 있다. 이러한 사례로는 그린
과 컨(Green and Kern, 2012), 이마이와 랫코빅(Imai and Ratkovic, 2013),
태디 등(Taddy et al., 2016), 애시와 임벤스(Athey and Imbens, 2016a) 등을
들 수 있다.

다중 비교 문제multiple comparison problems와 '낚기fishing' 때문에 효과의
이질성 관찰에 대한 회의론적 시각도 있다. 다중 비교에 대한 우려를 제기하
고 해결하는 데 도움을 줄 만한 통계학적 접근은 다양하다(Fink, McConnell,
and Vollmer, 2014; List, Shaikh, and Xu, 2016). '낚기'의 우려에 대한 한 접근은
사전 등록pre-registration인데, 이는 심리학(Nosek and Lakens, 2014), 정치학
(Humphreys, Sierra, and Windt, 2013; Monogan, 2013; Anderson, 2013; Gelman,
2013; Laitin, 2013), 경제학(Olken, 2015) 등에서 갈수록 보편화되고 있다.

코스타와 칸(Costa and Kahn, 2013)의 연구에 따르면 실험에 참여한 가구
의 절반 정도만 인구학적 정보와 연결이 가능했다. 이러한 세부적 정보에 관
심 있는 독자는 원 논문을 참조하기 바란다.

● 기제(4.4.3항)

기제는 너무나도 중요하지만 연구하기 매우 어려운 것으로 판명 났다. 기제
에 대한 연구는 심리학에서는 매개 변수에 대한 탐구와 밀접히 연결되어 있
다[하지만 두 가지 개념에 대한 정교한 비교는 밴더윌레(VanderWeele, 2009)를
보라]. 기제를 밝히는 접근으로 바론과 케니(Baron and Kenny, 1986)가 개발
한 것과 같은 통계학적 방식은 상당히 흔하다. 그러나 아쉽게도 이러한 방식

들은 일군의 강한 가정에 의존한다는 것이 밝혀졌으며(Bullock, Green, and Ha, 2010), 여러 상황에서 그럴 것이라 짐작해볼 수 있듯이 다수의 기제가 있을 때는 결함이 있다(Imai and Yamamoto, 2013; VanderWeele and Vansteelandt, 2014). 이마이 등(Imai et al., 2011)과 이마이와 야마모토(Imai and Yamamoto, 2013)는 몇몇 발전된 통계 기법을 제시한다. 더불어 밴더윌레(VanderWeele, 2015)는 민감도 분석sensitivity analysis에 대한 포괄적인 접근을 포함해서 중요한 결과들을 책 전체를 통해 다루고 있다.

기제를 밝히기 위한 또 다른 접근은 실험에서 기제를 직접 조작하려고 시도하는 데 집중한다(예를 들면 선원들에게 비타민 C 제공하기). 그러나 많은 사회과학적 실험 상황에서는 불행히도 여러 기제가 있으며, 다른 기제에 영향을 주지 않고 한 기제만 바꾸는 조치를 설계하기는 힘들다. 실험 방법 측면에서 기제를 바꾸려는 접근에 대한 기술로는 이마이, 팅글리와 야마모토(Imai, Tingley, and Yamamoto, 2013), 루드비히, 클링과 멀레이너선(Ludwig, Kling, and Mullainathan, 2011), 필롯과 매키넌(Pirlott and MacKinnon, 2016) 등이 있다.

완전 요인 배치 실험을 하는 연구자는 다중 가설 검정multiple hypothesis testing에 대해 신경 써야 한다. 자세한 정보는 핑크, 매커널과 볼머(Fink, McConnell, and Vollmer, 2014)와 리스트, 샤이크와 수(List, Shaikh, and Xu, 2016)를 보길 바란다.

마지막으로, 헤드스트룀과 일리코스키(Hedström and Ylikoski, 2010)가 기술했듯이 기제는 과학철학에서 긴 역사를 갖고 있다.

● 실현하기(4.5절)

● 기존 환경 활용하기(4.5.1항)

차별을 측정하기 위한 우편correspondence 실험과 감사audit 실험에 대해 더 알고 싶으면 페이저(Pager, 2007)를 보기 바란다.

• 본인의 실험 구축하기(4.5.2항)

여러분이 구축한 실험에 참가자를 충원하는 가장 흔한 방법은 아마존 메커니컬 터크(줄여서 엠터크^{MTurk})이다. 엠터크는 전통적인 실험실 실험의 특성을 모방하여 무료로는 하지 않을 과제를 완수하도록 보상을 지불하기 때문에, 이미 많은 연구자들이 터커들^{Turkers}(엠터크상의 노동자들)을 실험 참가자로 활용하고 있고, 전통적인 대학 내 실험실 실험보다 빠르고 싸게 데이터를 수집하고 있다(Paolacci, Chandler, and Ipeirotis, 2010; Horton, Rand, and Zeckhauser, 2011; Mason and Suri, 2012; Rand, 2012; Berinsky, Huber, and Lenz, 2012).

엠터크에서 충원한 참가자를 활용했을 때 가장 큰 장점은 일반적으로 관리 전략적 측면이다. 실험실 실험에서는 몇 주가, 현장 실험에서는 몇 달이 걸릴 실험 구현이 엠터크에서 충원한 실험에서는 며칠이면 된다. 예를 들어 베린스키, 후버와 렌즈(Berinsky, Huber, and Lenz, 2012)는 8분짜리 실험에 참여할 피험자 400명을 하루 만에 충원했다. 게다가 이러한 참가자들은 (3장과 5장에서 논의한 설문조사와 대규모 협업을 포함해서) 사실상 어떤 목적으로든 충원 가능하다. 이처럼 충원이 쉽다는 것은 연구자가 서로 관련된 일련의 실험들을 빠르게 이어서 수행할 수 있음을 뜻한다.

여러분 본인의 실험을 위해 엠터크에서 참가자를 충원하기 전에 알아야 할 네 가지 주요 사항은 다음과 같다. 첫째, 많은 연구자들이 터커를 동원한 실험에 대해 막연한 회의론을 품고 있다. 이러한 회의론은 구체적이지 않기 때문에 근거로 맞서기 힘들다. 하지만 터커를 이용해 여러 해 연구를 한 결과, 이제는 이러한 회의론이 특별히 정당화되지는 않는다고 결론 내릴 수 있게 되었다. 여러 연구들이 터커들과 다른 모집단들의 인구학적 특성을 비교했고, 많은 연구들이 터커를 활용한 결과와 다른 모집단들로부터의 결과를 비교했다. 이러한 모든 활동에 비춰 볼 때, 내가 생각하기에 여러분이 가질 수 있는 최선의 입장은 다음과 같다. 터커들은 마치 학생처럼 합리적인 편의 표본^{convenience sample}이지만, 그들보다는 약간 더 다양한 집단이다(Berinsky, Huber, and Lenz, 2012). 따라서 학생들이 전부는 아닐지라도 일부 연구들을 위해 합리적인 모집단인 것처럼, 터커들도 전부는 아니지만 일부 연구를 위해 합리적인 모집단이다. 만일 여러분이 터커들을 이용해 작업을 하고 싶다면, 이러한 많은 비교 연구를 읽고 그들의 미묘한 차이를 이해하는 것은 괜찮은 선택이다.

둘째, 연구자들은 엠터크 실험에서 내적 타당도를 높이는 최선의 실천 방안들을 발전시켰고, 여러분은 어떻게 이러한 최선의 방안을 따르는지 배워야 한다(Horton, Rand, and Zeckhauser, 2011; Mason and Suri, 2012). 예를 들어 터커를 이용한 연구자들은 부주의한 참가자들을 걸러낼 수 있는 방법을 사용하길 권한다(Berinsky, Margolis, and Sances, 2014; 2016). [하지만 또한 Hauser and Schwarz(2015a; 2015b)도 보라]. 만일 부주의한 참가자들을 제거하지 않는다면 조치의 어떤 효과도 이런 참가자들이 야기하는 교란에 씻겨 나갈 수 있으며, 부주의한 참가자의 숫자는 실제 실험에서 상당수일 수 있다. 후버와 동료들(Huber, Hill, and Lenz, 2012)의 실험에서는 참가자의 약 30%가 기본적인 주의 검사를 통과하지 못했다. 터커들을 활용할 때 흔한 다른 문제들로는 순진하지 않은non-naive 참가자(Chandler et al., 2015)나 중간 이탈(Zhou and Fishbach, 2016) 등이 있다.

셋째, 다른 형태의 디지털 실험에 비해 엠터크 실험은 규모화가 안 된다. 스튜어트 등(Stewart et al., 2015)이 추정하기로는 어떤 특정 시점이건 약 7,000명만 엠터크상에 존재한다.

마지막으로, 엠터크는 자체의 규칙과 규범이 있는 커뮤니티라는 점을 명심해야 한다(Mason and Suri, 2012). 여러분이 자신의 실험을 수행하려는 나라의 문화를 알아내려고 노력하듯이, 터커들의 문화와 규범에 대해 더욱 알려고 노력해야 한다(Salehi et al., 2015). 그리고 여러분이 부적절하거나 비윤리적인 무언가를 한다면 터커들은 여러분의 실험에 대해 서로 이야기할 것이다 (Gray et al., 2016).

엠터크는 실험실류 실험이건 현장류 실험이건 상관없이 믿을 수 없을 만큼 편리하게 참가자를 충원할 수 있다. 전자의 예는 후버, 힐과 렌즈(Huber, Hill, and Lenz, 2012)가 있고, 후자의 예는 메이슨과 와츠(Mason and Watts, 2009), 골드슈타인, 맥아피와 수리(Goldstein, McAfee, and Suri, 2013), 골드슈타인 등(Goldstein et al., 2014), 호턴과 젝하우저(Horton and Zeckhauser, 2016), 마오 등(Mao et al., 2016) 등이 있다.

• 직접 제품을 생산하기(4.5.3항)

만일 여러분이 자신의 제품을 만들고자 한다면 하퍼와 콘스탄(Harper and Konstan, 2015)에 나온 무비렌즈MovieLens 팀이 주는 조언을 읽기를 추천한다. 그들의 경험으로부터 배울 수 있는 핵심 통찰은, 각각의 성공적인 프로젝트에는 수많은 실패가 있다는 것이다. 예를 들어 무비렌즈 팀은 고퍼앤서 GopherAnswers와 같은 다른 제품도 선보였으나 완전히 실패로 돌아갔다 (Harper and Konstan, 2015). 자체 제품을 만들려다 실패한 다른 연구자의 예로는, 카스트로노바Edward Castronova가 아르덴Arden이라 부르는 온라인 게임을 구축하려던 것이 있다. 25만 달러를 지원받았음에도 그 프로젝트는 실패했다(Baker, 2008). 안타깝지만 고퍼앤서나 아르덴 같은 프로젝트가 무비렌즈와 같은 프로젝트보다 훨씬 더 흔하다.

• 힘 있는 조직과 제휴하기(4.5.4항)

테크 회사에서 파스퇴르의 사분면에 대해서 자주 논한다는 얘기를 들었고, 이는 구글의 연구 노력을 조직하는 데 도움을 준다고 한다(Spector, Norvig, and Petrov, 2012).

본드와 동료들의 연구(2012) 역시 이런 류의 조치가 조치를 받은 친구들에게 미치는 효과를 포착하고자 했다. 실험의 설계 때문에 이러한 파급spillover 효과를 깔끔하게 포착하기는 힘든데, 관심 있는 독자는 더욱 철저한 논의를 위해 본드 등(Bond et al., 2012)을 읽기를 바란다. 존스Jones와 동료들(2017)도 2012년 선거 중에 비슷한 실험을 수행했다. 이러한 실험들은 투표를 독려하기 위한 노력으로서 정치학에서 오래된 실험 전통의 일부이다(Green and Gerber, 2015). 이러한 투표 독려 실험들은 부분적으로 파스퇴르의 사분면에 속하기 때문에 흔하기도 하다. 즉, 많은 사람들이 투표율을 높이는 데 의욕적이고, 투표는 행동 변화와 사회적 영향력에 대한 일반적 이론들을 검정할 수 있는 흥미로운 행동이기 때문이다.

정당, NGO, 회사 등의 조직과 제휴하여 현장 실험을 하는 데 필요한 조언으로는 뢰벤, 루벤슨과 완치콘(Loewen, Rubenson, and Wantchekon, 2010),

리스트(List, 2011), 게론(Gueron, 2002)을 참조하라. 조직들과의 제휴 관계가 어떻게 연구 설계에 영향을 줄 수 있는지에 대한 고찰은 킹 등(King et al., 2007)과 그린, 칼파노, 아로노(Green, Calfano, and Aronow, 2014)를 보라. 제휴 관계는 또한 윤리적 문제로 이어질 수 있는데, 험프리스(Humphreys, 2015)와 니커슨과 하이드(Nickerson and Hyde, 2016) 등에서 논의되고 있다.

● 조언(4.6절)

만일 여러분이 실험을 수행하기 전에 분석 계획을 만들 거라면, 보고용 가이드라인을 읽는 것부터 시작하길 제안한다. CONSORT^{Consolidated Standard Reporting of Trials} 가이드라인은 의학에서 개발되었으며(Schultz et al., 2010) 사회연구를 위해 수정되었다(Mayo-Wilson et al., 2013). 연관된 가이드라인은 《저널 오브 익스페리멘털 폴리티컬 사이언스^{Journal of Experimental Political Science}》의 편집위원들이 발전시켰다(Gerber et al., 2014)[뮤츠와 페먼틀(Mutz and Pemantle, 2015)과 거버 등(Gerber et al., 2015)도 보라]. 마지막으로 보고용 가이드라인은 심리학에서도 발전되었으며(APA Working Group, 2008), 시몬스, 넬슨과 시몬손(Simmons, Nelson, and Simonsohn, 2011)도 보길 바란다.

여러분이 분석 계획을 만든다면, 그것을 사전 등록하길 고려해보아야 한다. 왜냐하면 분석 계획의 사전 등록은 다른 사람들이 여러분의 분석 결과에 대해 더욱 확신을 갖게 할 것이기 때문이다. 더구나 여러분이 파트너와 함께 작업한다면, 사전 등록은 파트너가 결과를 본 후 분석을 바꿀 수 있는 여지를 제한할 것이다. 사전 등록은 심리학(Nosek and Lakens, 2014), 정치학(Humphreys, Sierra, and Windt, 2013; Monogan, 2013; Anderson, 2013; Gelman, 2013; Laitin, 2013), 경제학(Olken, 2015) 등에서 갈수록 보편화되고 있다.

온라인 현장 실험에 특히 유용한 설계 조언들은 콘스탄과 첸(Konstan and Chen, 2007)과 첸과 콘스탄(Chen and Konstan, 2015)에 제시되어 있다.

내가 함대 전략^{armada strategy}이라 부른 것은 때때로 기획 연구^{programmatic research}라고도 부른다. 월슨, 아론슨과 칼스미스(Wilson, Aronson, and Carlsmith, 2010)를 보라.

● 가변 비용 제로인 데이터 창출하기(4.6.1항)

뮤직랩 실험에 대해 더 알고 싶다면 살가닉, 도즈와 와츠(Salganik, Dodds, and Watts, 2006), 살가닉과 와츠(Salganik and Watts, 2008; 2009a; 2009b), 살가닉(Salganik, 2007) 등을 보길 바란다. 승자독식 시장에 대해 더 알고 싶으면 프랭크와 쿡(Frank and Cook, 1996)을 보라. 운과 실력을 잘 분리하는 것에 대해 좀 더 일반적으로 알고 싶으면 모브생(Mauboussin, 2012), 와츠(Watts, 2012), 프랭크(Frank, 2016) 등을 보길 바란다.

참가자 보상을 없애기 위한 접근법 중 연구자가 주의 깊게 사용해야 하는 것이 있는데, 바로 징집conscription이다. 많은 온라인 현장 실험에서 참가자들은 기본적으로 실험에 차출되어 전혀 보상받지 못한다. 이러한 접근법의 예는 레스티보와 반 더 라이트(Restivo and van de Rijt, 2012)의 위키피디아 보상 실험, 본드와 동료들(Bond et al., 2012)의 투표 독려 실험 등이 있다. 이러한 실험들은 진정한 의미의 제로 가변 비용을 갖고 있지 않으며, 모두에게 그렇다기보다는 연구자에게 제로 가변 비용을 갖는다. 그러한 실험에서는 각 참가자에게 발생하는 비용이 극도로 작다 하더라도, 다 합친 비용은 꽤 클 수 있다. 대규모 온라인 실험을 하는 연구자들은 작은 크기의 실험 효과 추정치가 중요하다고 정당화하기 위해, 이러한 작은 효과가 많은 사람에게 적용될 때 중요해질 수 있다고 종종 말한다. 정확히 같은 사고방식이 연구자가 참가자에게 부과하는 비용에 대해서도 적용된다. 만일 여러분의 실험이 100만 명의 참가자에게 1분씩을 낭비하게 한다면, 여러분의 실험은 어느 특정 개인에게도 크게 해롭지 않지만 다 합치면 거의 2년이라는 시간을 낭비하게 한 것이다.

참가자에게 지불되는 가변 비용을 제로로 만드는 다른 접근법은 복권을 사용하는 것인데, 이 방법은 설문조사 연구에서도 사용되어왔다(Halpern et al., 2011). 재미있는 사용자 경험 설계에 대해 더 알고 싶다면 토밈 등(Toomim et al., 2011)을 보라. 제로 가변 비용 실험을 만들기 위해 자동 봇bot을 사용하는 것은 크래프트, 메이시와 펜트랜드(Krafft, Macy, and Pentland, 2016)에 자세히 나와 있다.

● 대체, 정제, 축소(4.6.2항)

러셀과 버치(Russell and Burch, 1959)가 제안한 원래의 세 가지 R는 다음과 같다.

대체replacement란 감각 능력이 없는 물질로 의식 있는 고등 동물을 대체하는 것이다. 축소reduction는 정해진 양과 정밀도의 정보를 얻기 위해 사용되는 동물의 수를 줄이는 것을 뜻한다. 그럼에도 여전히 사용해야 하는 동물들에게 적용되는 비인간적 과정의 횟수나 강도를 감소시키는 것을 정제refinement라고 한다.

내가 제안한 세 가지 R는 6장에서 기술한 윤리적 원칙들을 무시해버리지 않는다. 세 가지 R는 특히나 인간 대상 실험에서 오히려 윤리적 원칙들 중 하나인 선행의 원칙을 좀 더 정교화한 버전이다.

첫 번째 R('대체')의 관점에서 감정 전염 실험(Kramer, Guillory, and Hancock, 2014)과 감정 전염 자연 실험(Coviello et al., 2014)을 비교하는 것은, 실험에서 자연 실험으로 (그리고 2장에서 소개했듯이, 비실험 데이터에서 실험을 근사적으로 구현하려는 시도인 매칭 같은 접근법들로) 옮길 때 발생하는 상충 관계에 대해 교훈을 준다. 실험에서 비실험 연구로 전환하는 것은 윤리적 이익을 안겨줄 뿐 아니라, 관리전략상 배치할 수 없는 조치를 연구할 수 있게 해준다. 그러나 이러한 윤리·관리전략적 이익에는 비용이 따른다. 자연 실험에서 연구자는 참가자 충원, 무작위화, 그리고 조치의 성질 등을 통제하기 더 어렵다. 예를 들어 강우를 조치로 사용하는 한계 중 하나는, 이러한 조치가 긍정성을 높이는 동시에 부정성은 줄인다는 점이다. 그러나 크레이머Kramer와 동료들은 실험 연구에서 긍정성과 부정성을 독립적으로 조정할 수 있었다. 코비엘로 등(Coviello et al., 2014)이 사용한 특정 방법은 코비엘로, 포울러와 프란체스케티(Coviello, Fowler, and Franceschetti, 2014)가 더욱 정교화시켰다. 코비엘로 등(Coviello et al., 2014)이 사용한 방법인 도구 변수 instrumental variables에 대해 덜 형식적인 소개는 앵그리스트와 피슈케 (Angrist and Pischke, 2009)를, 더 형식적인 소개는 앵그리스트, 임벤스와 루빈(Angrist, Imbens, and Rubin, 1996)을 보길 바란다. 도구 변수에 대한 회의적 평가는 디턴(Deaton, 2010)을 참조하고, 약한 도구weak instruments를 동반한 도구 변수에 대한 소개는 머레이(Murray, 2006)를 참조하기 바란다(비rain

는 약한 도구 변수이다). 더 일반적인 수준에서 자연 실험에 대한 좋은 소개는 더닝(Dunning, 2012)을 보길 바라며, 한편 실험 없이 인과적 효과를 추정하는 데에 대한 좋은 아이디어는 로젠바움(Rosenbaum, 2002; 2010), 샤디시, 쿡, 캠벨(Shadish, Cook, and Campbell, 2001) 등을 보라.

두 번째 R('정제')의 관점에서는, 게시글을 차단하는 대신 올려 배치하도록 감정 전염 실험 설계를 바꾼다면 고려해야 할 과학적, 관리전략적 상충 요인들이 있다. 예를 들어, 뉴스 피드의 기술적 수행 측면에서는 게시글을 올려 배치하는 경우보다는 차단하는 경우가 실험을 수행하기 훨씬 쉬울 수 있다 (게시글을 차단하는 실험은 기반 시스템을 바꿀 필요 없이 뉴스 피드 시스템 위에 한 층만 얹어 수행할 수 있음을 주목하라). 하지만 과학적 측면에서는, 실험이 답하고자 하는 이론적 질문 차원에서 한 설계가 다른 설계에 비해 선호될 이유가 불분명하다. 안타깝지만 나는 뉴스 피드에서 내용을 차단하는 것과 올려 배치하는 것 간의 상대적 장점에 대해 충분한 기존 연구를 알고 있지 못하다. 또한 나는 조치를 덜 해롭게 하기 위해 정제하는 것에 관한 연구를 별로 보지 못했다. 하나의 예외가 존스와 핌스터(Jones and Feamster, 2015)의 연구인데, 인터넷 검열을 측정하는 경우를 고려하는 연구이다(인터넷 검열은 6장에서 앙코르Encore 연구(Burnett and Feamster, 2015; Narayanan and Zevenbergen, 2015)와 관련해 논의한 주제이다).

세 번째 R('축소')의 관점에서 볼 때, 전통적인 검정력 분석에 대해 코헨의 책(Cohen, 1988)과 논문(Cohen, 1992)이 잘 소개하며, 겔먼과 카를린(Gelman and Carlin, 2014)은 약간 다른 관점을 제시한다. 조치 전 공변인들을 실험의 설계와 분석 단계에 반영할 수 있는데, 거버와 그린(Gerber and Green, 2012)의 4장은 두 방식 모두를 잘 소개하고 있으며, 카셀라(Casella, 2008)는 좀 더 심층적으로 다루고 있다. 무작위화 과정에서 조치 전 정보를 활용하는 기술들을 보통 블록화blocked 실험 설계, 아니면 층화stratified 실험 설계라고 부른다(이 용어는 학문 공동체 간 일관되게 사용되지 않는다). 이러한 기술들은 3장에서 논의한 층화 표집 기술과 밀접히 연관되어 있다. 히긴스, 사비에와 세콘(Higgins, Sävje, and Sekhon, 2016)을 보면 대규모 실험에서 이러한 설계를 사용하는 방법에 대해 잘 나와 있다. 조치 전 공변인들은 또한 분석 단계에서 포함될 수도 있다. 매켄지(McKenzie, 2012)는 현장 실험을 분석하기 위한 차이의 차이 방법을 훨씬 자세하게 탐험한다. 카르네이루, 리와 빌헬름 (Carneiro, Lee, and Wilhelm, 2016)은 실험 효과의 추정에서 정밀도를 향상시키기 위한 다양한 접근법들 간 장단점을 다룬다. 마지막으로, 조치 전 공변인들을 설계나 분석 단계(혹은 모두)에 포함시킬지 결정할 때 고려해야 할 몇 가지 요인들이 있다. 연구자가 참가자들을 '낚지' 않는다는 것을 보여주기를 원하는 실험 상황(Humphreys, Sierra, and Windt, 2013)이라면 설계 단계에서 조치 전 공변인들을 이용하는 것이 도움이 될 것이다(Higgins, Sävje, and Sekhon, 2016). 참가자들이 순차적으로 도착하는 상황이라면, 특히나 온라인 현장 실험에서는 조치 전 정보를 설계 단계에서 이용하는 것이 관리전략적으로 어려울 수 있다. 예를 들자면 셰와 오리셋(Xie and Aurisset, 2016)을 보라.

차이의 차이 접근법이 왜 평균의 차이 접근법보다 훨씬 효과적일 수 있는지 직관적 설명을 조금 보탤 가치가 있다. 많은 온라인 결과 변수들은 매우 높은 분산을 보이며[예를 들어 루이스와 라오(Lewis and Rao, 2015)와 람 등(Lamb et al., 2015) 등] 시간에 따라서는 상대적으로 안정적이다. 이런 경우 변화량은 훨씬 작은 분산을 가지기 때문에 통계적 검정력을 향상시킬 것이다. 이런 방법이 더 자주 사용되지 않는 한 가지 이유는, 디지털 시대 이전에는 조치 전 결과 변수의 값을 얻는 일이 흔하지 않았기 때문이다. 이에 대해 좀 더 구체적으로 생각해보는 방법은 특정 운동 루틴이 체중 감소를 불러오는지 측정하는 실험을 상상해보는 것이다. 여러분이 만일 평균의 차이 접근법을 채택한다면, 여러분의 추정은 모집단 내 체중의 분산성variability에서 기인하는 분산성을 보일 것이다. 하지만 여러분이 차이의 차이 접근법을 채택한다면, 자연스럽게 발생하는 체중의 분산도variation가 제거되므로 여러분은 더 쉽게 조치에 의해 야기되는 차이를 포착할 수 있다.

마지막으로, 네 번째 R, 즉 '용도 변경repurpose'을 고려해볼 수 있다. 즉, 만일 연구자가 원래 연구 질문에 답하기 위해 필요한 이상으로 실험 데이터를 갖고 있다면, 연구자는 새로운 연구 질문을 위해 데이터를 용도 변경해서 활용해야 한다. 예를 들어 크레이머, 길로리와 행콕이 차이의 차이 추정치를 사용했고 그들의 연구 질문에 답하기 위해 필요한 정도 이상의 데이터를 갖고 있다는 것을 깨달았다고 상상해보자. 그렇다면 데이터를 최대치로 활용하지 않고 놔두기보다는, 효과의 크기를 조치 전 감정 표현의 함수로 연구할 수 있었을 것이다. 슐츠 등(Schultz et al., 2007)이 실험 효과가 전기를 적게 쓰는 사용자와 많이 쓰는 사용자 간의 차이를 발견한 것처럼, 아마도 뉴스 피드의 효과가 이미 즐거운(혹은 슬픈) 메시지를 올리는 경향이 있는 사용자들에게는 달랐을 수 있다. 용도 변경은 '낚기fishing'(Humphreys, Sierra, and Windt, 2013)나 'p-해킹p-hacking'(Simmons, Nelson, and Simonsohn, 2011)으로 이어질 위험이 있지만, 이러한 문제는 대부분 정직한 보고(Simmons, Nelson, and Simonsohn, 2011), 사전 등록(Humphreys, Sierra, and Windt, 2013), 그리고 과적합over-fitting을 피하기 위한 기계 학습 방법 간의 조합으로 다룰 수 있다.

활동

난이도: 🕐 쉬움   🕐 중간   🕐 어려움   🕐 매우 어려움
🍡 데이터 수집   ➕ 수학 지식 필요   📱 코딩 능력 필요   ♥ 선호 대상

1. [🕐, 🍡] 베린스키, 후버, 렌즈(Berinsky, Huber, and Lenz, 2012)는 세 개의 고전적인 실험을 재현해서 엠터크MTurk를 부분적으로 평가했다. 트버스키와 카너먼(Tversky and Kahneman, 1981)의 고전적인 아시아 질병 프레이밍 실험을 재현해보라. 여러분의 결과는 트버스키와 카너먼(1981)의 결과와 일치하는가? 베린스키, 후버, 렌즈(2012)의 결과와는 일치하는가? 이러한 재현이 엠터크를 서베이 실험에 활용하는 것에 대해 시사하는 바가 있다면 무엇인가?

2. [🕐, ♥] 사회심리학자이자 슐츠 등(Schultz et al., 2007)의 공저자인 로버트 치알디니Robert Cialdini는 "우리는 헤어져야 해We Have to Break Up"라는 제목을 가진 다소 비꼬는 논문에서 쓰기를, 교수직에서 일찍 은퇴하는 이유가 부분적으로는 주로 실험실 실험을 하는 분야(심리학)에서 현장 실험을 하면서 부딪치는 문제들 때문이라고 했다(Cialdini, 2009). 치알디니의 논문을

읽고, 그에게 이메일을 보내 디지털 실험의 가능성에 비추어 그의 결별을 재고할 것을 역설해보라. 그의 우려를 해소하려는 구체적 연구의 예들을 이용하라.

3. [🎯] 최초의 작은 성공이 자리를 잡는지 사라지는지 알아보기 위해 반 더 라이트와 동료들(van de Rijt et al., 2014)은 네 개의 다른 시스템에 개입해서 무작위로 선택한 참가자들에게 성공을 부여하고, 이 임의적인 성공의 장기적 영향력을 측정했다. 비슷한 실험을 할 수 있는 다른 시스템들을 생각해볼 수 있는가? 이러한 시스템들을 과학적 가치, 알고리즘에 기반한 교란(2장 참조), 윤리의 측면에서 평가해보라.

4. [🎯, 🔗] 실험 결과는 참가자에 따라 달라질 수 있다. 실험을 하나 만들고 엠터크상에서 실행하되 두 가지 다른 충원 전략을 이용해보라. 실험 결과가 가능한 한 다양할 수 있는 실험과 충원 전략들을 택하려고 노력하라. 예를 들어 충원 전략들은 아침과 저녁으로 나눠 참가자를 충원할 수도 있고, 참여 보상을 많이 혹은 적게 주면서 충원할 수도 있다. 이처럼 다른 종류의 충원 전략은 다른 참가자의 풀pool과 다른 실험 결과로 이어질 수 있다. 여러분의 실험은 얼마나 다르게 나타났는가? 그것은 엠터크에서 실험을 수행하는 것에 대해 무엇을 드러내주는가?

5. [🎯, ➕, 📱] 여러분이 크레이머, 길로리와 행콕의 '감정 전염' 실험을 한다고 상상해보자(Kramer, Guillory, and Hancock, 2014). 이보다 이른 크레이머의 관찰 연구(Kramer, 2012)에서의 결과를 이용하여 각 조건별 참가자의 수를 결정해보라. 이 두 연구는 완전히 들어맞지 않기 때문에 여러분이 문제풀이를 위해 하는 모든 가정을 명시적으로 나열하라.

   ① 크레이머(2012)에서 $\alpha = 0.05$이고 $1 - \beta = 0.8$일 때만큼 큰 효과를 포착하기 위해서는 얼마나 많은 참가자가 필요했을지 결정할 수 있는 시뮬레이션을 수행해보라.

   ② 같은 계산을 직접 풀어서 해보라.

   ③ 크레이머(2012)의 결과를 고려해볼 때, 감정 전염 연구(Kramer et al.,

2014)는 과도한 검정력을 보이는가(즉, 필요 이상의 참가자를 포함했는가)? ④ 여러분이 한 가정들 중 무엇이 여러분의 계산에 가장 큰 영향을 미쳤는가?

6. [🎛, ➕, 🖥] 크레이머의 이전 관찰 연구(2012)를 활용하는 대신 코비엘로 (Coviello et al., 2014)의 자연 실험 결과를 이용하여 이전 질문에 다시 대답해 보라.

7. [🎛] 마게츠 등(Margetss et al., 2011)과 반 더 라이트 등(van de Rijt et al., 2014) 모두 청원에 서명하는 과정을 연구하는 실험을 했다. 이 두 연구의 설 계와 결과를 비교하여 대조하라.

8. [🎛] 드와이어 등(Dwyer, Maki, and Rothman, 2015)은 사회적 규범과 친환 경 행동 사이의 관계에 대한 두 가지 현장 실험을 수행했다. 그 논문의 초록 은 다음과 같다.

심리학이 어떻게 친환경 행동을 장려하기 위해 활용될 수 있을까? 공중 화장실 에서 에너지 보존 행동을 촉진하기 위해 조치를 취한 두 가지 연구를 통해 서술 적 표준과 개인적 책임의 영향력을 조사했다. '연구 1'에서는 빈 화장실에 누군가 들어오기 전에 전등 상태(즉, 꺼짐 혹은 켜짐)를 조작했는데, 이 상태는 그 세팅 에서의 서술적 표준을 신호로 알리는 셈이다. 화장실에 들어올 때 전등이 꺼져 있으면 참가자들은 유의하게 전등을 더 끄고 떠났다. '연구 2'에서는 조치가 추가 되었는데, 이 경우 실험 협조자가 전등을 끄는 것이 표준이라는 것을 보여주었지 만 참가자 본인들이 전등을 켜는 데 책임이 있지는 않았다. 개인적 책임은 사회 적 표준의 영향력을 완화시켜서, 참가자가 전등을 켜는 데 책임이 없었을 때 규 범의 영향력은 감소했다. 이러한 결과들은 서술적 표준과 개인적 책임이 친환경 행동의 효과성을 조절할 수 있는지 보여준다.

이 논문을 읽고 '연구 1'의 재현 실험을 설계해보라.

9. [🎛, 🧩] 앞 문제에 기초해서 이제 여러분의 설계를 수행하라. ① 결과는 어떻게 비교되는가?

②그 차이는 무엇으로 설명할 수 있는가?

10. [🎧] 엠터크MTurk에서 충원한 참가자를 이용한 실험들에 대해 상당한 논쟁이 있어왔다. 이와 나란히 학부 학생 모집단에서 참가자를 충원한 실험들에 대해서도 상당한 논쟁이 있어왔다. 연구 참가자로서 터커Turkers와 학부생을 비교, 대조하는 두 페이지짜리 메모를 작성하라. 그 비교는 과학적 이슈와 관리전략적 이슈 모두를 포함해야 한다.

11. [🎧] 짐 만지Jim Manzi의 책 『통제되지 않은Uncontrolled』(2012)은 사업에서 실험의 힘에 대한 훌륭한 소개이다. 이 책에서 그는 다음과 같은 이야기를 들려줬다.

> 한번은 스스로 억만장자가 된 진정한 사업의 천재와 회의를 했는데, 그는 실험의 힘에 대해 깊고 직관적인 이해를 갖고 있었습니다. 당시 그의 회사는 관습적으로 해오던 대로, 고객을 끌어들이고 판매를 늘려줄 훌륭한 매장 진열대를 만들기 위해 상당한 자원을 썼었죠. 전문가들이 디자인을 차례로 주의 깊게 테스트했고, 몇 년간에 걸친 개별적인 테스트 검토 세션들이 보여준 것은 각각의 새로운 전시 디자인이 판매에 유의한 인과적 영향이 없다는 것이었습니다. 마케팅 부서와 상품기획 부서 고위 간부들은 테스트 결과의 역사를 전체적으로 검토하기 위해 이 최고경영자를 만났습니다. 모든 실험 데이터를 발표한 후 그들은 진열창 전시가 판매를 촉진시킨다는 통념이 틀렸다고 결론 내렸습니다. 그들이 추천한 다음 실행은, 이 영역의 비용과 노력을 축소시키는 것이었습니다. 이는 통념을 뒤집는 실험화의 능력을 극적으로 보여주었죠. 그런데 최고경영자의 반응은 간단했어요. '내 결론은 당신들의 디자이너들이 썩 훌륭하지 않다는 겁니다.' 그의 해결책은 매장 진열 디자인에 더 노력을 들이고, 그러기 위해 새로운 인력을 투입하는 것이었죠(Manzi, 2012: 158~159).

그 최고경영자가 우려한 타당도는 어떤 유형인가?

12. [🎧] 앞 질문을 염두에 두고, 여러분이 그 실험 결과들이 토의되는 회의에 있다고 상상해보자. 각 타당도 유형마다 하나씩(통계적, 구성, 내적, 외적 타당

도) 해서 여러분이 할 수 있는 질문 네 가지는 무엇인가?

13. [🎧] 베르네도, 페라로와 프라이스(Bernedo, Ferraro, and Price, 2014)는 페라로 등(Ferraro, Miranda, and Price, 2011)에 있는 물 절약 조치의 7년간 효과 (그림 4.10 참조)에 대해 연구했다. 이 연구에서 베르나도와 동료들은 또한 실험 조치 후에 남아 있는 가구와 이사간 가구를 비교하여 효과 이면의 기제를 이해하려고 하였다. 개략적으로 말하자면, 그들은 조치의 효과가 가정에 영향을 미친 것인지 그 집의 소유자에게 영향을 미친 것인지 알고자 했다.

① 이 논문을 읽고, 그들의 설계를 기술하고, 그들이 발견한 것을 요약하라.

② 이 연구의 발견은 비슷한 조치들의 비용 효과성을 어떻게 평가해야 하는지에 영향을 주었는가? 그렇다면 이유는 무엇인가? 아니라면 왜 그런가?

14. [🎧] 슐츠 등(2007)의 후속 연구에서, 슐츠와 동료들은 기술적 표준과 명령적 규범이 다른 친환경 행동(수건 재사용)에 미치는 영향을 두 가지 맥락(호텔과 공유형 콘도)에서 알아보기 위해 세 개의 일련의 실험을 수행했다(Schultz, Khazian, and Zaleski, 2008).

① 세 가지 실험의 설계와 결과를 요약하라.

② 만일 실험 결과가 슐츠 등(2007)에 대한 여러분의 해석을 바꿨다면 어떻게 바꿨는가?

15. [🎧] 슐츠 등(2007)에 영향을 받아 캔필드 등(Canfield, Bruine de Bruin, and Wong-Parodi, 2016)은 일련의 실험실류 실험을 수행해서 전기료 청구서의 디자인 효과를 알아보았다. 초록에서 기술한 연구는 다음과 같다.

설문조사 기반 실험에서 각 참가자는 에너지 사용량이 다소 많은 한 가족의 가상의 전기료 청구서를 보게 된다. 청구서가 포함하고 있는 정보는 ① 과거 사용량, ② 이웃과의 비교, ③ 가전기구별 과거 사용량 등이다. 참가자들은 이런 정보를 ① 표, ② 막대그래프, ③ 아이콘 그래프 등 세 가지 중 하나의 형식으로 본다. 세 가지 주요 발견은 다음과 같다. 첫째, 소비자들은 각 유형의 전기 사용량 정보를 표로 제시했을 때 가장 잘 이해했으며, 표가 간단한 요점 파악을 촉진시키기 때문일 수 있다. 둘째, 전기를 절약하고자 하는 선호와 의도는 제시되는 형식에 상관없이 과거 사용량 정보에서 가장 강했다. 셋째, 에너지 문해력literacy이 낮은 참가자일수록 모든 유형의 정보를 덜 이해했다.

다른 후속 연구와 달리 캔필드 등(2016)의 주요 관심 결과는 실제 행동이 아닌 보고된 행동이다. 에너지 절약을 촉진하기 위한 큰 연구 프로그램 내에서 이런 유형의 연구가 갖는 강점과 약점은 어떤 것들이 있는가?

16. [📡, ♥] 스미스와 펠(Smith and Pell, 2003)은 낙하산의 효과성에 대한 메타 분석을 풍자적으로 제시했다. 그들은 결론 내리기를:

건강 악화를 방지하고자 하는 많은 조치들과 마찬가지로, 낙하산의 효과성도 무작위 통제 실험을 활용한 엄밀한 평가를 거친 적이 없다. 근거 기반 의학의 옹호자들은 치료법의 채택을 비판할 때 단지 관찰 데이터만으로 평가한다. 만일 가장 급진적인 근거 기반 의학 옹호자들을 조직해서 상호 익명적이고 무작위화된, 위약placebo도 통제한 낙하산 타기 교차 실험에 참여시킨다면, 모두에게 득이될 거라고 생각한다.

실험의 증거에 대한 물신화에 반대하는 글을, 《뉴욕 타임스New York Times》와 같은 일반 구독자층을 가진 신문에 적합한 옵 에드op-ed(신문사의 공식 사설 뒤편에 실리는, 공식 사설과는 다른 의견이 실리는 란─옮긴이 주)처럼 써보라. 구체적인 예를 제시하며 쓰라.

힌트: 디턴(Deaton, 2010)과 보스웰 등(Bothwell et al., 2016)도 볼 것.

17. [📡, 🔬, ♥] 실험 효과를 차이의 차이로 추정하는 것은 평균의 차이로 추정하는 것보다 더 정밀할 수 있다. 스타트업 소셜 미디어 회사에서 A/B 테스트를 담당하는 엔지니어에게 차이의 차이 방법의 가치를 설명하는 메모를 써보라. 메모에서는 문제를 명확히 규정하고, 차이의 차이 추정법이 평균의 차이 추정법을 뛰어넘을 조건을 직관적으로 제시하며, 간단한 시뮬레이션 연구를 포함해야 한다.

18. [🎯, ♥] 게리 러브먼Gary Loveman은 하라스Harrah's라는, 세계에서 가장 큰 카지노 회사 중 한 곳의 CEO가 되기 전에 하버드 경영대학원 교수였다. 러브먼은 하라스로 옮겼을 때, 항공사의 단골 고객 프로그램과 비슷한 정책을 도입해서 고객의 행동에 대한 막대한 양의 데이터를 모으며 회사를 변모시켰다. 그리고 이러한 상시 접근 측정에 기반해서 회사는 실험을 수행하기 시작했다. 예를 들어 호텔 무료 숙박 쿠폰의 효과 정도를 고객의 구체적인 도박 유형에 따라 평가하는 실험을 할 수 있었다. 러브먼은 하라스의 일상적 사업 관행에서 실험의 중요성을 다음과 같이 기술했다.

> 여성을 성추행해서는 안 되고, 무언가를 훔쳐서도 안 되고, 통제집단은 꼭 두어야 한다. 하라스에서 직장을 잃게 할 수도 있는 짓들 중 바로 하나는 통제집단을 두지 않는 것이다(Manzi, 2012: 146).

왜 러브먼이 통제집단을 두는 것을 그렇게 중요시하는지, 하라스의 새 직원에게 설명하는 이메일을 써보라. 여러분의 요점을 잘 설명하기 위해 실제건 가상이건 예를 포함하도록 하라.

19. [🎯, ▦] 한 실험은 알림 문자 메시지가 백신 접종에 미치는 영향을 추정하고자 한다. 접종 가능 환자를 600명씩 둔 150개 진료소가 기꺼이 참여할 의향이 있다. 각 진료소마다 참여하는 데 고정 비용이 100달러가 들며, 여러분이 문자 메시지를 보낼 때마다 1달러가 든다. 그리고 참여하는 모든 진료소는 (환자가 백신을 받았는지 아닌지) 결과를 측정할 것이다. 여러분은 1,000달러의 예산을 갖고 있다고 하자.
① 어떤 조건하에서 소수의 진료소에 자원을 집중하는 것이 나으며, 어떤 조건하에서는 더 폭넓게 자원을 분산시키는 것이 낫겠는가?
② 어떤 요인들이 여러분의 예산 내에서 신뢰성 있게 파악할 수 있는 최소 효과 크기를 결정하겠는가?
③ 잠재적 예산 지원자에게 이러한 상충점들을 설명하는 메모를 작성하라.

20. [🎯, ▦] 온라인 수업의 주요 문제점은 중도 탈락attrition이다. 과목 수업을 시작했던 많은 학생들이 중도 취소로 끝난다. 여러분이 온라인 학습 플랫폼

에서 일한다고 가정해보고, 플랫폼 설계자가 학생들이 중도 포기하는 것을 막아주는 데 도움이 된다고 생각하면서 시각적인 진행 표시줄을 만들었다고 가정해보자. 여러분은 대규모 전산사회과학 수업에서 이 진행 표시줄이 학생들에게 미치는 영향을 검정하려고 한다. 실험에서 발생할 수 있는 윤리적 문제들을 성공적으로 검토한 후, 여러분과 동료들은 진행 표시줄이 미치는 효과를 신뢰성 있게 파악할 만큼 충분한 학생이 없을 수 있다는 우려를 하기 시작했다. 다음의 계산에서 학생의 절반은 진행 표시줄을 받고 나머지 반은 안 받는다고 가정하자. 더불어 다른 교란이 없다고 가정하자. 즉, 참가자들은 오로지 조치를 받느냐 통제집단에 속하느냐 여부만으로 영향을 받으며, 다른 참가자가 조치를 받는지 여부에 영향을 받지 않는다고 가정하자[좀 더 형식적 정의에 대해서는 거버와 그린(Gerber and Green, 2012: 8장) 참조]. 여러분이 추가로 한 가정들을 잘 기록하길 바란다.

① 진행 표시줄이 수업을 끝내는 학생의 비율을 1%포인트 향상시킨다고 할 때, 이 효과를 신뢰성 있게 포착하기 위한 사례 수는 얼마인가?

② 진행 표시줄이 수업을 끝내는 학생의 비율을 10%포인트 향상시킨다고 할 때, 이 효과를 신뢰성 있게 포착하기 위한 사례 수는 얼마인가?

③ 이제 여러분이 실험을 수행한 후 수업을 마친 학생들이 기말고사를 치렀다고 상상해보자. 진행 표시줄을 받은 학생들의 최종 시험 점수를 그렇지 않은 학생들의 점수와 비교해보니, 놀랍게도 진행 표시줄을 받지 못한 학생들이 실제로는 높은 점수를 받았다는 것을 발견했다. 이는 진행 표시줄이 인과적으로 학습을 줄이도록 야기했다는 뜻인가? 이러한 결과 데이터로부터 알 수 있는 것은 무엇인가?

힌트: 거버와 그린(Gerber and Green, 2012: 7장)을 볼 것.

21. [🎛️, ❤️, 🖥️] 여러분이 테크 기업에서 데이터과학자로 일한다고 상상해보자. 새로운 온라인 광고 캠페인에 따른 투자 수익return on investment을 측정하기 위해 계획하고 있는 실험을 평가해달라고 마케팅 부서에서 여러분에게 도움을 청하였다. 투자 수익은 캠페인에 따른 순이익을 캠페인 비용으로 나눈 것으로 정의된다. 예를 들어 판매에 전혀 효과가 없는 캠페인은 −100% 투자 수익을 보인다. 생성된 이익이 비용과 같은 캠페인은 제로 투자 수익을 보

이고, 이익이 비용의 두 배인 캠페인은 100% 투자 수익을 보인다.

실험에 착수하기 전에 마케팅 부서는 기존 연구에 근거하여 여러분에게 다음과 같은 정보를 제공했다(사실 이 숫자들은 루이스와 라오(Lewis and Rao, 2015)에 보고된 실제 온라인 광고 캠페인들의 전형적인 값들이다].

- 고객당 평균 판매량은 평균 7달러, 표준편차 75달러인 로그-정규분포를 따른다.
- 캠페인은 고객당 0.35달러만큼 판매를 늘릴 것으로 기대되며, 이는 고객당 0.175달러만큼 이익이 증가한 것에 해당한다.
- 계획된 실험 규모는 20만 명이며, 실험집단과 통제집단을 절반씩 한다.
- 참가자당 캠페인 비용은 0.14달러이다.
- 캠페인으로부터 기대되는 투자 수익은 25%[(0.175 − 0.14)/0.14]이다. 즉, 마케팅 부서는 마케팅에 지출한 100달러마다 25달러의 추가 이익을 얻기를 기대하고 있다.

이 실험 제안을 평가하는 메모를 작성하라. 여러분의 메모는 여러분이 생성한 시뮬레이션으로부터 얻은 증거를 사용해야 하며 다음 두 가지 주요 이슈를 다루어야 한다. ① 이 실험을 계획대로 실행하는 것이 좋을까? 그렇다면 왜 그런가? 아니라면 왜 그런가? 이러한 결정을 내리는 데 사용한 기준을 분명히 하라. ② 이 실험을 위해 얼마만큼의 표본 크기를 추천하겠는가? 역시 이러한 결정을 내리는 데 사용한 기준을 분명히 하라.

좋은 메모라면 이 구체적 사례를 다룰 것이다. 더 나은 메모라면 이 사례로부터 한 가지 방향으로 일반화할 것이다(예를 들어, 어떻게 결정이 바뀌는지를 캠페인 효과 크기의 함수로 보여준다). 그리고 훌륭한 메모라면 완전히 일반화된 결과를 제시할 것이다. 여러분의 메모는 여러분 결과를 상술하기 위해 그래프를 사용해야 한다.

두 가지 힌트를 제공하자면 다음과 같다. 첫째, 마케팅 부서는 여러분에게 불필요한 정보를 제공했을 수도, 그리고 필요한 정보 일부를 누락했을 수도 있다. 둘째, 만일 여러분이 R를 사용한다면 rlnorm() 함수는 흔히 기대하는 방식대로 작동하지 않음을 주의하라.

이러한 연습 활동은 여러분에게 검정력 분석, 시뮬레이션 생성, 그리고 활동 결과를 말과 그래프로 소통하는 연습을 하게 해줄 것이다. 이는 투자 수익을 추정하기 위한 실험뿐 아니라 어떤 종류의 실험에 대해서도 검정력 분석을 하는 데 도움을 줄 것이다. 한편 이는 통계적 검정과 검정력 분석에 대한 여러분의 경험을 필요로 한다. 검정력 분석에 익숙하지 않다면, 「검정력 기초A Power Primer」(Cohen, 1992)를 읽기를 추천한다.

이 연습 활동은 루이스와 라오의 매력적인 논문(Lewis and Rao, 2015)에 영감을 주었는데, 그 논문은 대규모 실험 역시 갖는 근본적인 통계적 제약을 생생하게 예시해준다. 원래 '광고 수익 측정의 사실상 불가능성에 대하여'라는 도발적인 제목을 갖고 있던 그들의 논문은 온라인 광고 투자에 대한 수익을 측정하는 것이 얼마나 어려운지, 심지어 수백만 고객을 활용한 디지털 실험을 하더라도 얼마나 어려운지 보여준다. 좀 더 일반적으로는, 루이스와 라오는 디지털 시대의 실험에 중요한 근본적인 통계적 사실을 잘 보여준다. 그 사실은 바로 잡음이 많이 낀 결과 데이터 속에서 작은 실험 효과를 추정하는 것은 어렵다는 것이다.

22. [🎛, ⊞] 앞 문제와 같은 방식으로, 그러나 시뮬레이션보다는 분석적 결과를 이용해 풀어보라.

23. [🎛, ⊞, 〈/〉] 시뮬레이션과 분석적 결과를 모두 이용해 앞 문제에 답해보라.

24. [🎛, ⊞, 〈/〉] 여러분이 위에 기술된 메모를 썼는데 마케팅 부서에서 다음과 같은 새로운 정보 한 가지를 추가적으로 제공했다고 해보자.

실험 전과 후의 판매 간 상관관계는 0.4로 기대한다. 이러한 추가 정보가 여러분의 메모에 쓸 추천들을 어떻게 바꾸는가?

힌트: 4.6.2항에 나오는 평균의 차이와 차이의 차이 추청법에 대해 볼 것.

25. [🎛, ⊞] 한 대학교에서 웹 기반 취업 보조 서비스의 효과를 평가하기 위해 무작위 통제 실험을 했다. 대학교에서 마지막 학기에 들어서는 1만 명 학생 중 절반인 5,000명을 무작위로 추출해서, 독점적인 이메일 초대장을 통해 무료 서비스 가입을 제안했다. 나머지 5,000명은 통제집단에 속해서 서비스

에 가입할 수 없었다. 12개월 후 (무응답이 없는) 후속 설문조사는 실험집단과 통제집단 모두에서 70%의 학생들이 그들이 선택한 분야에서 전일제 취업에 성공했음을 보여주었다(표 4.6). 따라서 웹 기반 서비스는 효과가 없는 것으로 보였다.

표 4.6_ 경력 서비스 실험 데이터에 대한 간단한 정리

집단	크기	취업률
웹사이트 무료 접근이 주어진 집단	5,000	70%
웹사이트 무료 접근이 주어지지 않은 집단	5,000	70%

그런데 그 대학교의 영민한 데이터과학자 한 명이 그 데이터를 좀 더 면밀히 들여다본 후, 실험집단에 속한 학생의 20%만이 초대 이메일을 받은 후 고유 계정에 로그인한 것을 발견했다. 게다가 다소 놀랍게도, 로그인한 학생 중 선택한 분야에서 전일제 취업을 한 경우는 60%밖에 되지 않음을 발견했다. 이 취업률은 실험집단 중 취업 서비스에 로그인하지 않은 학생들이나 통제집단에 속한 학생들의 취업률보다 낮다(표 4.7).

표 4.7_ 경력 서비스 실험 데이터에 대한 좀 더 자세한 정리

집단	크기	취업률
웹사이트 무료 접근이 주어지고 실제 로그인한 집단	1,000	60.0%
웹사이트 무료 접근이 주어졌으나 로그인한 적이 없는 집단	4,000	72.5%
웹사이트 무료 접근이 주어지지 않은 집단	5,000	70.0%

① 어떤 일들이 일어났기 때문일지 설명해보라.

② 이 실험에서 실험 효과를 계산하는 두 가지 다른 방법은 무엇인가?

③ 이러한 결과를 봤을 때, 대학교의 경력 서비스 부서는 이 서비스를 모든 학생들에게 제공해야 하겠는가? 분명히 하자면, 단순명료한 대답이 있는 류의 질문은 아니다.

④ 담당 부서가 해야 할 다음 단계는 무엇인가?

힌트: 이 질문은 비록 이 장에서 다룬 내용을 벗어나지만, 실험에서 흔한 이슈

를 제기하고 있다. 이런 유형의 실험 설계를 종종 격려 설계encouragement design라고 부르는데, 참가자들이 조치에 동참하도록 독려하기 때문이다. 이 문제는 일방향 비순응one-sided noncompliance이라 부르는 문제의 예이다. 거버와 그린(Gerber and Green, 2012: 5장)을 보라.

26. [🕝] 이전 질문에서 서술한 실험은 추가 검사 후에 더욱 복잡한 것으로 밝혀졌는데, 통제집단 중 10%의 참가자는 취업 보조 서비스에 유료로 접근했으며 그들의 취업률은 65%였다(표 4.8).

① 무슨 일들이 일어난 것인지 요약하는 이메일을 작성하고 일련의 조치를 추천해보라.

힌트: 이 질문은 비록 이 장에서 다룬 내용을 벗어나지만, 실험에서 흔한 이슈를 제기하고 있다. 이 문제는 양방향 비순응two-sided noncompliance이라 부르는 문제의 예이다. 거버와 그린(Gerber and Green, 2012: 6장)을 보라.

표 4.8_ 경력 서비스 실험 데이터의 전체 모습

집단	크기	취업률
웹사이트 무료 접근이 주어지고 실제 로그인한 집단	1,000	60.0 %
웹사이트 무료 접근이 주어졌으나 로그인한 적이 없는 집단	4,000	72.5 %
웹사이트 무료 접근이 주어지지 않았고 유료로 사용한 집단	500	65.0 %
웹사이트 무료 접근이 주어지지 않았고 유료 사용도 없었던 집단	4,500	70.56%

5장

대규모 협업 창조

5.1. 들어가는 말

위키피디아는 놀랍다. 수많은 지원자들이 협업하여 모두에게 열려 있는 환상적인 백과사전을 만들어냈다. 위키피디아의 성공의 열쇠는 새로운 지식이 아니라 새로운 형태의 협업 방식이었다. 운 좋게도, 디지털 시대에는 다양한 형태의 협력이 가능해졌다. 따라서 우리는 이제 질문을 던져야 한다. 오늘날 우리는 혼자서는 해결할 수 없는 어떤 거대한 과학적 문제를 함께 해결해나갈 수 있을까?

물론 연구에서 협업은 새로운 일이 아니다. 그러나 디지털 시대에는 인터넷에 접속되어 있는, 수십억에 달하는 전 세계의 훨씬 많은 더 다양한 사람들과 협업할 수 있다는 것이 새로운 점이다. 나는 이런 새로운 대규모 협업이 단순히 참가자의 숫자뿐만이 아니라, 그들의 다양한 기술과 관점을 토대로 놀라운 결과를 산출할 수 있을 것이라 기대한다. 어떻게 우리는 인터넷에 연결된 모든 사람들을 우리의 연구 과정에 참여시킬 수 있을까? 여러분에게 연구보조원 100명이 있다면 무엇을 할 수 있겠는가? 혹은 10만 명의 숙련된 공동 연구자와

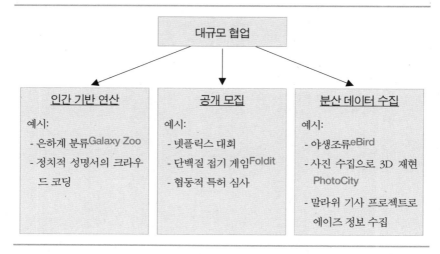

그림 5.1_ 대규모 협업의 도식.
이 장은 대규모 협업의 세 가지 주요 유형인 인간 기반 연산, 공개 모집, 분산 데이터 수집
에 따라 구성되어 있다. 더 일반적으로, 대규모 협업은 시민 과학, 크라우드소싱, 집단 지
성과 같은 분야로부터 얻은 아이디어를 조합한 것이다.

함께라면 어떻겠는가?

대규모 협업에는 다양한 형태가 있으며, 전형적으로 컴퓨터 과학자들은 기
술적 특성을 기준으로 이 형태들을 많은 범주로 분류한다(Quinn and Bederson,
2011). 그러나 이번 장에서 나는 대규모 협업 프로젝트가 사회연구에 활용될
수 있는 방식을 기준으로 이를 분류하고자 한다. 특히, 프로젝트의 유형을 대
략적으로 인간 기반 연산, 공개 모집, 분산 데이터 수집의 세 가지 유형(그림 5.1)
으로 분류하는 것이 도움이 될 것이라 생각한다.

이 장 후반부에서 세 가지 유형 각각에 대해 더 상세하게 설명하겠지만, 여
기서도 간략하게 각 유형을 소개하고자 한다. 인간 기반 연산 프로젝트는 100
만 개의 이미지에 라벨링 작업을 하는 것과 같이 단순하지만 규모가 큰 문제를
다룰 때 가장 이상적이다. 이 방식은 과거에는 아마 학부생 연구보조원들이 수
행해왔던 일일지도 모른다. 협업에는 업무 관련 기술이 필요하지 않고, 최종

산출물은 일반적으로 모든 기여의 평균이다. 인간 기반 연산 프로젝트의 고전적인 사례는 갤럭시 주Galaxy Zoo인데, 10만 명의 지원자들이 천문학자들을 도와 100만 개의 은하를 분류했다. 반면 **공개 모집 프로젝트**는 명확하게 규정되어 있는 질문에 대한 참신하고 예상치 못한 답변을 찾아야 하는 문제에 가장 적합하다. 이 방식은 과거에는 동료들에게 질문하는 일도 포함했었다. 특별한 업무 관련 기술을 가진 사람들이 업무에 기여하고, 최종 산출물은 대개 모든 기여 내용 중 최고치이다. 공개 모집 프로젝트의 전형적인 예시는 넷플릭스 대회Netflix Prize로, 수천 명의 과학자와 해커가 고객의 영화 평점을 예측하는 새로운 알고리즘을 개발하는 데에 뛰어들었다. 마지막으로, **분산 데이터 수집 프로젝트**는 대규모 데이터 수집에 이상적이다. 이 방식은 과거에는 학부생 연구보조원이나 설문조사 분석 회사들이 수행해왔던 프로젝트였을 것이다. 전형적으로 연구자들은 접근할 수 없는 위치에 접근할 수 있는 사람들이 협업에 기여하며, 최종 산출물은 기여의 단순한 총합이다. 분산 데이터 수집 프로젝트의 사례는 이버드eBird로, 수십만의 지원자가 자신이 본 새에 대하여 보고하는 프로젝트였다.

대규모 협업은 천문학(Marshall, Lintott, and Fletcher, 2015)과 생태학(Dickinson, Zuckerberg, and Bonter, 2010)과 같은 분야에서는 길고 풍부한 역사를 지니고 있지만, 아직까지 사회연구에서 일반적이지는 않다. 하지만 다른 분야에서 성공적인 대규모 협업 프로젝트의 사례를 설명하고, 몇 가지 핵심적인 협업 조직 원칙들을 소개함으로써 여러분에게 두 가지를 설득시키고자 한다. 첫째, 대규모 협업은 사회연구에 활용될 수 있다. 둘째, 대규모 협업을 활용하는 연구자들은 이전에는 해결 불가능해 보였던 문제를 해결할 수 있게 된다. 비록 대규모 협업이 대부분 돈을 절약하는 방법으로 홍보되지만, 실제로는 그 이상의 가치를 가지고 있다. 앞으로 보여주겠지만, 대규모 협업은 단순히 연구를 더 저렴하게 할 수 있도록 할 뿐만 아니라, 연구를 더 낫게 할 수 있도록 해준다.

이전 장들에서는, 사람들과 세 가지 다른 방법으로 상호작용함으로써 무엇을 얻을 수 있는지 보아왔다. 행동 관찰하기(2장), 질문하기(3장), 실험하기(4

장)가 그것이다. 이 장에서 나는 사람들을 연구의 협업자로서 연결시키는 것을 통하여 무엇을 얻을 수 있는지 보여주고자 한다. 각기 다른 세 가지 주요 유형의 대규모 협업에 대해 모범 사례를 설명하고, 다른 예시들을 가지고 추가적으로 중요한 쟁점들에 대하여 이야기할 것이다. 마지막으로 어떻게 이러한 유형의 대규모 협업이 사회연구에 쓰일 수 있는지에 대해 논할 것이다. 여러분이 여러분만의 대규모 협업 프로젝트를 설계할 수 있도록 돕는 다섯 가지 원칙을 제시하는 것으로 이 장을 마무리할 것이다.

5.2. 인간 기반 연산

인간 기반 연산 프로젝트는 큰 문제를 단순한 조각들로 나누어 각 조각을 많은 사람들에게 보낸 후, 각각의 결과를 합한다.

인간 기반 연산 프로젝트는 너무 커서 한 사람이 처리하기에는 불가능한 문제를 해결하기 위해, 많은 사람들이 수행한 쪼개진 단순 미세 업무microtask(여기서 미세 업무란 인간이 특별한 지식 없이, 큰 힘을 들이지 않고 짧은 시간에 할 수 있는 일을 뜻한다 – 옮긴이 주)를 합한다. 여러분이 이전에 "만약 연구보조원이 1,000명 있다면 해결할 수 있을 거야"라고 생각해본 적이 있다면, 여러분은 인간 기반 연산 프로젝트에 적합한 연구 문제를 가지고 있었던 것일지도 모른다.

인간 기반 연산 프로젝트의 모범 사례는 갤럭시 주Galaxy Zoo이다. 이 프로젝트에서는 10만 명 이상의 지원자가 100만 개에 달하는 은하 이미지를 (훨씬 적은 수의) 전문 천문학자가 이전에 분류했던 것과 정확도가 유사한 수준으로 분류하였다. 대규모 협업으로 인해 확장된 규모는 은하의 형성 방식에 대한 새로운 발견으로 이어졌고, '완두콩 은하Green Peas'라고 부르는 완전히 새로운 유형의 은하를 밝혀내기도 했다.

갤럭시 주가 사회연구와 거리가 멀어 보일 수 있으나, 실제로 사회연구자들이 이미지나 텍스트 자료를 가지고 코딩, 분류, 라벨링 작업을 수행하고자 하는 상황이 많이 있다. 컴퓨터로도 이러한 분석이 가능한 경우가 몇몇 있지만, 여전히 어떤 특정 형식의 분석은 컴퓨터에게는 어렵지만 사람에게는 쉽다. 우리가 인간 기반 연산 프로젝트에서 인간에게 넘겨줄 수 있는 일은 바로 인간에게는 쉽지만 컴퓨터에게는 어려운 미세 업무들이다.

갤럭시 주 프로젝트의 미세 업무는 상당히 일반적이며, 프로젝트의 구조 역시 그만큼 일반적이다. 갤럭시 주를 비롯한 인간 기반 연산 프로젝트는 전형적으로 **분할-적용-결합**split-apply-combine 전략(Wickham, 2011)을 사용하며, 여러분이 일단 이 전략을 이해하면 많은 문제들을 해결하는 데에 이 전략을 활용할 수 있을 것이다. 첫 번째 단계는 큰 문제를 여러 작은 문제 덩어리로 **분할**하는 것이다. 그리고 인간의 업무는 다른 덩어리들과는 상관없이 각자에게 할당된 개별 문제 덩어리에 **적용**된다. 마지막으로, 업무 결과는 합의된 해결책을 산출하기 위하여 **결합**된다. 이런 배경지식을 토대로 갤럭시 주에서는 어떻게 분할-적용-결합 전략이 사용되었는지 살펴보자.

5.2.1. 갤럭시 주

갤럭시 주는 100만 개의 은하를 분류하기 위해 비전문가인 많은 지원자들의 노력을 합하였다.

갤럭시 주는 2007년 옥스퍼드대학교의 천문학 전공 대학원생인 케빈 샤빈스키Kevin Schawinski가 직면한 문제에서 비롯되었다. 조금 간략하게 말하자면 샤빈스키는 은하에 관심이 있었고, 은하들은 형태(타원형 또는 나선형)와 색(파란색 또는 빨간색)을 기준으로 분류할 수 있다. 그때 당시 천문학자들은 우리 은하와 같은 나선형 은하는 젊은 은하의 지표인 파란색이고, 타원형 은하는 늙은 은하의 지표인 빨간색이라고 대부분 믿었다. 샤빈스키는 이 기존 지식에 의심을 품었다. 그는 이러한 경향이 전반적으로는 정확하겠지만, 아마 예외 사례가 꽤 많을 것이라고 추정했다. 그리고 이와 같이 일반적이지 않고 기존의 유형에 부합하지 않는 여러 은하를 연구함으로써 은하가 형성되는 과정에 대하여 무언가 배울 수 있을 것이라고 생각했다.

그러므로 샤빈스키가 기존의 지식을 뒤집기 위해서 필요했던 것은 타원형 혹은 나선형으로 분류되어왔던 은하들, 즉 형태를 기준으로 분류된 은하들의 큰 집합이었다. 그러나 문제는, 기존의 분류 알고리즘 방식들이 과학적 연구에 활용할 만큼 성능이 좋지는 않았다는 점이다. 다시 말해, 그때 당시 은하를 분류하는 것은 컴퓨터에게는 어려운 문제였다. 그러므로 수많은 은하를 인간이 분류할 필요가 있었다. 샤빈스키는 대학원생의 열정을 가지고 분류 문제 해결에 착수했다. 하루에 12시간씩 일주일간의 마라톤 끝에 그는 5만 개의 은하를 분류할 수 있었다. 5만 개라면 많아 보이겠지만, 이는 슬론 디지털 전천탐사 Sloan Digital Sky Survey에서 촬영한 약 100만 개의 은하 중 5%밖에 되지 않는다. 샤빈스키는 더 규모가 큰 접근이 필요하다는 것을 깨달았다.

다행히 은하를 분류하는 작업은 천문학 분야의 고등 훈련이 필요하지 않았다. 즉, 여러분도 누군가에게 이 일을 빠르게 가르칠 수 있다. 다시 말해서 은하를 분류하는 것은 컴퓨터가 하기에는 어려운 일일 수 있지만, 인간에게는 꽤나 쉬운 일이었다. 그래서 샤빈스키와 그 동료 천문학자 크리스 린토트Chris Lintott은 옥스퍼드 구내 펍에 앉아 지원자들이 은하의 이미지를 분류할 수 있는 웹사이트 개발에 대해 고민했다. 그렇게 몇 달 뒤에, 갤럭시 주가 탄생했다.

갤럭시 주 웹사이트에서 지원자들은 몇 분간의 훈련을 받았다. 예를 들면, 그들은 타원형과 나선형의 은하를 분류하는 방법을 배웠다(그림 5.2). 훈련이 끝나면 지원자들은 15개의 이미 분류된 은하 중 11개를 정확하게 분류하는 상대적으로 쉬운 퀴즈를 통과해야 했고, 그리고 난 뒤에 웹 기반 인터페이스를 통하여 밝혀지지 않은 은하의 실제 분류 작업을 시작할 수 있었다(그림 5.3). 10분 안에 지원자들은 천문학자로 탈바꿈했고, 이는 낮은 허들을 넘는 것과 같은 수준의 간단한 퀴즈 통과 정도면 충분했다.

갤럭시 주 프로젝트가 뉴스 기사에 보도되면서 갤럭시 주는 초기 지원자들

그림 5.2_ 주요한 두 가지 유형의 은하 예시: 타원형 은하(왼쪽)와 나선형 은하(오른쪽).
갤럭시 주 프로젝트는 90만 개가 넘는 이미지를 분류하는 작업에 10만 명이 넘는 지원자
를 동원했다.
자료: 갤럭시 주 홈페이지(http://www.GalaxyZoo.org)와 슬론 디지털 전천탐사의 허가를 받
　　아 재구성.

그림 5.3_ 지원자들이 하나의 이미지를 분류할 때의 화면.
자료: 슬론 디지털 전천탐사로부터 받은 이미지를 기반으로 크리스 린토트의 허가를 받아 재구성.

을 끌어모았고, 약 6개월 만에 10만 명 이상의 시민 과학자들이 참여할 만큼 프
로젝트가 커졌다. 은하 분류 업무를 즐겼기 때문에 참여한 사람도 있었고, 천
문학의 진보를 위해 참여한 사람도 있었다. 이 10만 명의 지원자는 함께 총

4,000만 개가 넘는 분류 작업에 기여했는데, 대부분의 분류 작업은 상대적으로 적은 수의 핵심 참가자 집단이 수행했다(Lintott et al., 2008).

학부생 연구보조원을 고용한 적이 있는 연구자들은 즉각 데이터 품질에 대해 회의적인 태도를 보일지도 모른다. 이러한 회의론이 합리적이기는 하지만, 갤럭시 주는 지원자의 기여가 정확하게 정제되어 비편향적인 상태로 통합되면, 고품질의 결과를 만들어낼 수 있다는 것을 보여준다(Lintott et al., 2008). 크라우드crowd를 통해 전문적 수준의 품질인 데이터를 구축하기 위해서는 중복 redundancy 작업, 즉 서로 다른 다수의 사람들이 동일한 작업을 수행하게 하는 것이 중요하다. 갤럭시 주에는 개별 은하당 40번에 달하는 분류 작업을 수행했다. 학부생 연구보조원을 고용한 연구자들은 절대로 이 정도 수준의 반복을 감당할 수 없으며, 그렇기 때문에 각 개인의 분류 작업 품질에 훨씬 더 신경 써야 할 필요가 있다. 반면 갤럭시 주에서 지원자들이 훈련 과정에서 부족했던 점은 중복 작업을 통하여 보완되었다.

그러나 한 개의 은하에 대해 여러 번의 분류 작업을 수행했음에도, 합의된 분류 결과를 만들어내기 위해서 지원자들의 분류 작업을 하나로 합치는 일은 어려웠다. 대부분의 인간 기반 연산 프로젝트에서 매우 유사한 문제가 발생하기 때문에, 갤럭시 주 연구원들이 합의된 분류 결과를 만들기 위해 사용했던 세 단계의 과정을 간단하게 검토하는 것이 유용하다. 첫째, 연구자들은 가짜 분류를 제거함으로써 데이터를 '클리닝'했다. 예를 들어, 같은 은하만을 반복적으로 분류하는 것은 결과를 조작하려고 할 때 발생할 수도 있을 법한데, 이러한 분류 작업은 모두 폐기했다. 이를 포함한 다른 유사한 클리닝을 통해 모든 분류 결과의 약 4%를 제거했다.

둘째, 클리닝 후에 연구원들은 분류 결과에서 체계적인 편향을 제거할 필요가 있었다. 원래 프로젝트에 내재된 일련의 편향 탐지 연구들(예를 들어 일부 지원자들에게는 은하 사진을 단색으로만 보여준다)을 통해, 연구원들은 멀리 있는 나선형 은하를 타원형 은하로 분류하는 것과 같은 몇 가지 체계적인 편향을 발견했다. 중복은 자동적으로 체계적 편향을 제거하지 않고, 무작위로 발생하는 오류를 제거하는 데만 도움이 되기 때문에 이러한 체계적 편향에 대한 조정은 매우 중요하다.

마지막으로, 편향을 제거한 뒤에 합의된 분류 결과를 만들기 위해 개개인의 분류 결과들을 결합하는 방법이 필요했다. 각 은하에 대한 분류 결과들을 결합하는 가장 간단한 방법은 가장 다수를 차지하는 분류 결과를 선택하는 것이었다. 그러나 이런 접근은 각 지원자들에게 동일한 가중치를 부여했기 때문에, 연구자들은 일부 지원자들이 다른 지원자들보다 분류에 더 능숙할 수 있다는 점을 문제 삼았다. 따라서 연구원들은 가장 능숙한 지원자를 찾아내 그들에게 더 많은 가중치를 부여하기 위해 복잡한 반복 가중치 부여 절차를 개발했다.

그러므로 세 가지 단계 — 클리닝, 편향 제거 그리고 가중치 부여 — 를 거치고 나서, 갤럭시 주 연구팀은 지원자에 의한 4,000만 개의 분류 작업을 형태학적으로 합의된 하나의 분류 결과로 변환했다. 갤럭시 주에 영감을 주었던 샤빈스키의 작업을 포함하여 이전에 소규모로 이루어진 전문 천문학자들의 분류 결과 세 개를 갤럭시 주의 분류 결과와 비교했을 때 일치도가 높게 나타났다. 따라서 종합적으로, 지원자들은 연구자들이 필적할 수 없는 규모에서 고품질의 분류 작업을 해낼 수 있었다(Lintott et al., 2008). 인간을 통해 이렇게 많은 은하를 분류함으로써 샤빈스키, 린토트 그리고 다른 이들은 실제로 기존 패턴(나선형 은하는 파란색이고, 타원형 은하는 붉은색)에 부합하는 은하가 단지 80%뿐이라는 것을 보여줄 수 있었고, 이 발견에 관하여 수많은 논문이 쓰이게 되었다(Fortson et al., 2011).

이런 배경지식을 고려하면, 여러분은 이제 어떻게 갤럭시 주가 대부분의 인간 기반 연산 프로젝트에 사용되는 분할-적용-결합의 공식을 따랐는지 이해할 수 있을 것이다. 우선, 하나의 큰 문제를 작은 덩어리들로 **분할**한다. 갤럭시 주의 경우 100만 개의 은하를 분류하는 문제를 하나의 은하를 분류하는 100만 개의 문제로 분할하였다. 다음으로, 각각의 덩어리에 작업을 독립적으로 **적용**한다. 이 경우 지원자들은 각각의 은하를 형태에 따라 나선형인지 타원형인지 분류하였다. 마지막으로 분류 결과들은 하나의 합의된 결과물을 만들어내기 위해서 결합된다. 갤럭시 주에서는 결합 단계가 클리닝, 편향 제거, 모든 은하에 대해 합의된 분류 결과를 산출하기 위한 가중치 부여를 포괄했다. 대부분의 프로젝트가 이런 일반적인 방법을 사용하지만, 각 단계는 주어진 특정 문제에 맞게 바뀔 필요가 있다. 예를 들면 아래에 설명된 인간 기반 연산 프로젝트에서는 동일한 절차를 따랐으나, 적용과 결합의 단계는 약간 달랐다.

갤럭시 주 팀에게 이 첫 번째 프로젝트는 시작에 지나지 않았다. 그들은 100만 개에 가까운 은하를 분류할 수 있었음에도, 이 정도로는 약 100억 개 은하의 이미지를 생산할 수 있는 더 새로운 디지털 전천탐사에 적용하기는 역부족이라는 것을 재빠르게 깨달았다(Kuminski et al., 2014). 100만 개에서 100억 개로 증가된 양(즉, 1만 배)을 다루기 위해 갤럭시 주는 참가자를 1만 배 더 많이 모집해야 할 필요가 있었다. 인터넷상 지원자의 숫자가 크기는 하지만 그렇다고 해서 무한하지는 않다. 그러므로 연구자들은 계속해서 증가하는 데이터의 양을 처리하기 위해 더 큰 규모에도 영향을 받지 않는 새로운 접근 방식이 필요하다는 것을 깨달았다.

그래서 샤빈스키, 린토트 그리고 다른 갤럭시 주의 구성원들(2010)과 일하는 만다 바네르지Manda Banerji는 컴퓨터에게 은하를 분류하는 법을 가르치기 시작했다. 더 구체적으로는, 갤럭시 주를 통해 만들어낸 인간의 분류 방식을 사용하여 바네르지는 이미지의 특성에 따라서 은하에 대한 인간의 분류 결과를 예측할 수 있는 기계 학습 모델을 구축했다. 만약 이 모델이 높은 정확도를 가지고 인간의 분류 작업을 재현할 수 있다면, 갤럭시 주의 연구원들이 무한하게 많은 숫자의 은하를 분류하는 데 활용할 수 있을 것이다.

바네르지와 동료들의 주요 접근 방식은 비록 유사성이 한눈에 명확하게 드러나지는 않으나 사회연구에서 일반적으로 사용되는 기술과 꽤나 유사하다. 먼저 바네르지와 동료들은 각각의 이미지를 그 속성이 요약된 수치형 자료로 전환시켰다. 예를 들면 은하의 이미지에는 이러한 세 가지 특성이 있을 수 있다. 이미지 안에서 파란색의 양, 픽셀 밝기의 분산, 그리고 흰색이 아닌 픽셀의 비율이 바로 그것이다. 정확한 특성을 선택하는 것은 문제 해결에서 중요한 부

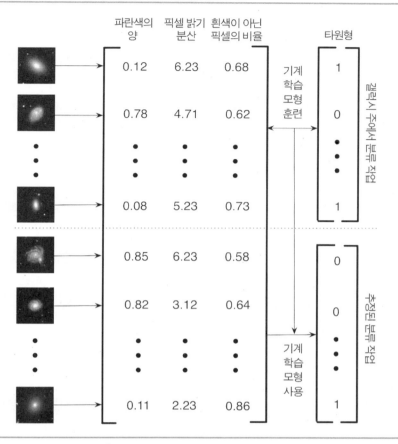

파란색의 양 | 픽셀 밝기 분산 | 흰색이 아닌 픽셀의 비율 | 타원형

			기계 학습 모형 훈련	
0.12	6.23	0.68		1
0.78	4.71	0.62		0
0.08	5.23	0.73		1
0.85	6.23	0.58		0
0.82	3.12	0.64		0
			기계 학습 모형 사용	
0.11	2.23	0.86		1

갤럭시 주에서 분류 작업
추정된 분류 작업

그림 5.4_ 바네르지 등(Banerji et al., 2010)이 은하 분류 작업을 위한 기계 학습 모델을 훈련하기 위해 어떻게 갤럭시 주의 분류 결과를 사용했는지 보여주는 간략한 설명. 은하의 이미지들은 행렬 형태로 변환되었다. 이 간략한 예시에는 세 가지 특징(이미지 안에서 파란색의 양, 픽셀 밝기의 분산, 흰색이 아닌 픽셀의 비율)이 있다. 그리고 이러한 이미지들 중 부분 집합, 즉 갤럭시 주의 라벨은 기계 학습 모델을 훈련시키는 데 사용된다. 마지막으로 남아 있는 은하에 대한 분류 결과를 추정하기 위하여 기계 학습을 사용한다. 사람이 문제를 해결한다기보다는, 컴퓨터가 문제를 해결할 수 있도록 훈련용 데이터셋을 사람들이 구축하는 것이기 때문에, 나는 이것을 컴퓨터 보조computer-assisted 인간 기반 연산 프로젝트라고 부른다. 컴퓨터 보조 인간 기반 연산 시스템의 이점은 인간의 유한한 양의 노력만으로도 무한한 양의 데이터를 다룰 수 있게 해준다는 점이다.

자료: 은하 이미지들을 슬론 디지털 전천탐사에서 허가받아 재구성.

분인데, 이는 일반적으로 해당 분야에 대한 전문지식을 필요로 한다. 일반적으로 피처 엔지니어링feature engineering이라고 부르는 이 첫 번째 단계는 이미지 하나당 한 개의 행과 그 이미지를 설명하는 세 개의 열로 구성된 행렬을 만들어낸다. 주어진 데이터 행렬과 기대되는 결과(예를 들면 이미지가 사람에 의해서 타원형으로 분류되었을 것인지 여부)를 기반으로, 연구자는 이미지의 특성에 따라서 인간의 분류 결과를 예측하는 통계적 혹은 기계 학습 모형(예를 들어 로지스틱 회귀 분석)을 만든다. 마지막으로, 연구자는 새로운 은하에 대한 분류 결과를 추정해내기 위해 이 통계적 모형의 모수parameters를 사용한다(그림 5.4). 기계 학습에서 새로운 데이터에 라벨을 붙일 수 있는 모형을 만들기 위해 이미 라벨이 붙은 예시들을 사용하는 방식을 기계 학습에서는 지도 학습supervised learning 이라고 한다.

바네르지와 동료들의 기계 학습 모형에서 사용한 특성은 나의 작은 예시에 있는 것보다 더 복잡했다(예를 들어, 바네르지는 '드 보클레르 축 일치율de Vaucouleurs fit axial ratio'과 같은 특징을 사용했다). 그리고 그 모형은 로지스틱 회귀가 아니라 인공 신경망이었다. 바네르지는 은하계의 여러 특성, 신경망 모형, 갤럭시 주상에서 합의된 분류 결과를 함께 사용하여 각각의 특성에 가중치를 형성할 수 있었고, 이 가중치를 활용하여 은하에 대한 분류 결과를 예측하는 데 사용했다. 예를 들면, 바네르지는 분석 과정에서 '드 보클레르 축 일치율'이 낮은 이미지가 나선형 은하인 경우가 많다는 것을 알아냈다. 이러한 가중치를 부여한 상태에서, 바네르지는 합당한 수준의 정확도를 가지고 인간의 은하 분류 결과를 예측할 수 있었다.

바네르지와 동료들의 성과는, 갤럭시 주를 내가 컴퓨터 보조 인간 기반 연산 시스템이라고 부르는 것으로 전환시킨 점이다. 이런 혼합 시스템에 대해 이해하는 가장 좋은 방법은 인간이 문제를 직접 해결하도록 한다기보다는, 컴퓨터가 문제를 해결하도록 훈련시킬 수 있는 데이터셋을 인간이 구축하도록 한다는 것이다. 때로는 컴퓨터가 문제를 해결하도록 훈련시키는 데에는 수많은 사례가 필요한데, 이때 충분한 양의 사례를 만들어내는 유일한 방법은 대규모 협업이다. 컴퓨터 보조 접근 방식의 장점은 유한한 양의 인간의 노력만으로도 본질적으로 무한한 양의 데이터를 다룰 수 있도록 한다는 점이다. 예를 들어 인간이 분류한 100만 개의 은하 데이터를 가진 연구자는 1억 개, 나아가 1조 개의 은하를 분류하는 데 사용 가능한 예측 모델을 구축할 수 있다. 무수한 은하가 있다면, 이러한 유형의 인간과 컴퓨터의 하이브리드야말로 정말로 유일하게 실현 가능한 해결책이다. 그러나 이와 같은 무한한 확장 가능성이 무료로 이루어지는 것은 아니다. 인간의 분류를 정확하게 재현할 수 있는 기계 학습 모델을 구축하는 것은 그 자체로도 어려운 문제지만, 다행히도 이미 이 주제에 도움이 되는 훌륭한 저서들이 있다(Hastie, Tibshirani, and Friedman, 2009; Murphy, 2012; James et al., 2013).

갤럭시 주는 어떻게 많은 인간 기반 연산 프로젝트가 발전하는지 보여주는 좋은 예시이다. 먼저 연구자는 자신 혼자 또는 연구보조원들로 구성된 작은 팀에서부터 프로젝트를 시도해볼 수 있다(예를 들어 샤빈스키가 처음의 분류에 들인 노력). 만약 이 방법이 규모에 잘 맞지 않는다면, 연구자는 많은 참가자를 동원하는 인간 기반 연산 프로젝트로 옮겨 갈 수 있다. 그러나 특정 양의 데이터에 대해서는 순수한 인간의 노력만으로 역부족일 수 있다. 그때, 연구자들은 인간의 분류 작업을 기계 학습 모델을 훈련시키는 데 사용해서, 실질적으로 규모가 무한대로 확장되는 데이터에 적용할 수 있는 컴퓨터 보조 인간 기반 연산 시스템을 구축할 필요가 있다.

5.2.2. 정치적 성명서에 대한 크라우드 코딩Crowd-coding

일반적으로 전문가들이 수행하는 정치적 성명서 코딩은 인간 기반 연산 프로젝트에 의해 수행될 수 있으며, 이는 재현성과 유연성이 향상되는 결과를 가져온다.

갤럭시 주와 마찬가지로, 사회연구자들이 이미지나 텍스트의 일부를 코딩하고, 분류하고, 라벨링하고자 하는 상황이 많이 있다. 이런 종류의 연구 중 하나가 정치적 성명서의 코딩(대상을 연구 주제에 맞게 코드화하는 것을 의미한다—옮긴이 주)이다. 선거 기간 동안 정당들은 그들의 정책적 입장을 설명하고 철학을 보여주는 성명서를 만든다. 예를 들면 다음은 2010년 영국 노동당의 성명서 일부이다.

> 우리나라 공공서비스에서 일하는 수백만 명의 사람들은 영국 최고 가치를 구현하는데, 국민들을 스스로 감당해서는 안 되는 위험으로부터 보호하면서 국민들이 자신의 삶을 최대한 실현할 수 있도록 돕기 때문이다. 시장이 공정하게 운영되기 위해 과감한 정부의 역할이 필요한 것처럼, 우리는 과감히 정부를 개혁하는 역할을 해야 한다.

이러한 성명서들에는 정치학자, 특히 선거와 정책적 논쟁의 역학을 연구하는 사람들을 위한 귀중한 자료가 포함되어 있다. 이러한 성명서로부터 정보를 체계적으로 추출하기 위해서, 연구자들은 성명서 프로젝트The Manifesto Project를 만들어 50개국에서 거의 1,000개의 정당으로부터 4,000개의 성명서를 수집하고, 체계적으로 코딩하기 위하여 정치학자들을 조직했다. 각각의 성명서에 나온 개별 문장들은 56개 항목 체계에 따라 전문가에 의해 코딩되었다. 이러한 집합적 노력의 결과로 성명서에 내포된 정보를 요약하는 거대한 데이터셋이 만들어졌고, 이 데이터셋은 200개 이상의 학술 논문에 사용되었다.

케네스 브노이Kenneth Benoit와 동료들(2016)은 이렇게 전문가들이 수행한 성명서 코딩 과제를 인간 기반 연산 프로젝트로 전환하기로 결정했다. 그 결과 코딩 절차는 훨씬 더 저렴하고 빨라졌을 뿐만 아니라, 재현 가능하고 유연한 코딩 절차를 수립할 수 있었다.

영국에서 있었던 최근 여섯 번의 선거 동안 만들어진 열여덟 개의 성명서로 작업하면서, 브노이와 동료들은 미세 업무 노동 시장microtask labor market(단기간에 온라인에서 작업하는 사람들을 위한 소프트웨어 플랫폼. 자동화되어왔으며, 일정 품질의 서비스 작업을 제공한다—옮긴이 주)의 노동자들을 활용하여 분할-적용-

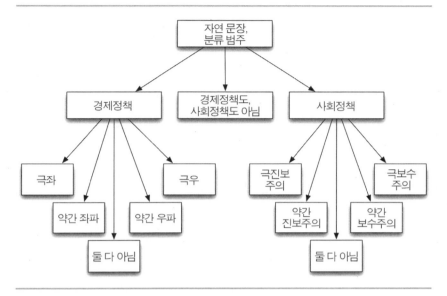

그림 5.5_ 브노이 등(Benoit et al., 2016)의 코딩 체계.
독자들이 각각의 문장을 경제정책(좌 또는 우), 사회정책(진보주의 또는 보수주의), 또는
어느 쪽도 아님으로 분류하도록 했다.
자료: 브노이 등(Benoit et al., 2016: 그림 1)에서 발췌.

결합 전략을 사용했다(아마존 메커니컬 터크와 크라우드플라워CrowdFlower는 미세
업무 노동 시장의 사례들이다. 이런 시장에 대한 더 자세한 내용은 4장을 참고하라). 연
구원들은 각각의 성명서를 문장 단위로 **분할**했다. 다음으로, 한 사람이 각 문
장에 코딩 체계를 **적용시키도록** 했다. 특히, 각각의 문장을 경제정책(좌 또는
우), 사회정책(자유주의 또는 보수주의), 또는 어느 쪽도 아님으로 분류하도록 했
다(그림 5.5). 한 문장마다 다섯 명가량의 서로 다른 사람이 코딩을 했다. 마지
막으로, 이 평가들은 개별 평가자 효과와 문장 난이도 효과를 모두 고려한 통
계적 모델을 사용하여 **결합**되었다. 종합하면 브노이와 동료들은 모두 1,500여
명으로부터 20만 개의 평가를 수집했다.
크라우드 코딩의 품질을 평가하기 위해, 브노이와 동료들은 또한 정치학과

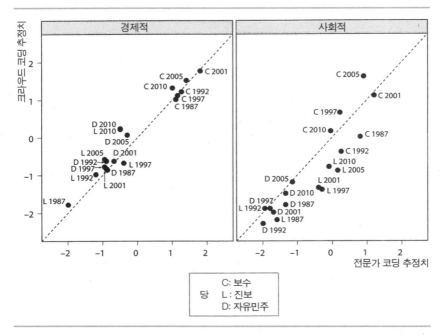

그림 5.6_ 전문가의 추정치(x축)와 크라우드 추정치(y축)는 영국의 18개의 정당 성명서를 코딩했을 때 놀라울 만큼 일치했다(Benoit et al., 2016). 코딩된 성명서는 세 개의 정당(보수당, 노동당, 자유민주당)과 여섯 번의 선거(1987, 1992, 1997, 2001, 2005, 2010)에서 나왔다.
자료: 브노이 등(Benoit et al., 2016: 그림 3)에서 발췌.

교수들과 대학원생으로 구성된 약 열 명의 전문가들에게 유사한 절차를 사용하여 같은 성명서를 평가하도록 했다. 크라우드(크라우드 코딩에 참가하는 일반 사람들을 의미한다—옮긴이 주) 구성원들의 평가가 전문가들의 평가보다는 분산이 컸지만, 결합된 크라우드 코딩의 평가는 합의된 전문가들의 평가와 비교했을 때 놀라울 만큼 일치했다(그림 5.6). 이 비교는 갤럭시 주와 마찬가지로, 인간 기반 연산 프로젝트가 고품질의 결과를 만들어낼 수 있음을 보여준다.

이 결과를 바탕으로, 브노이와 동료들은 크라우드 코딩 체계를 사용하여 성명서 프로젝트의 전문가 운영 코딩 체계로는 불가능한 연구를 했다. 예를 들어 전문가 운영 코딩 체계가 개발되었던 1980년대 중반에는 이민이 중요한 주제가 아니었기 때문에 성명서 프로젝트는 이민에 대한 성명서를 코딩하지 않았다. 그리고 이 시점에서, 성명서 프로젝트가 이 정보를 포착하기 위해 거슬러서 성명서들을 재코딩하는 것은 관리전략적 차원에서 현실성이 없다. 따라서 이민 정치 연구에 관심이 있는 연구자들은 운이 없는 것처럼 보일 것이다. 그러나 브노이와 동료들은 인간 기반 연산 시스템을 사용하여 연구 질문에 맞춤화된 코딩을 빠르고 쉽게 할 수 있었다.

이민 정책을 연구하기 위해서 그들은 2010년 영국 총선 당시 여덟 개의 정당에서 발표한 성명서들을 코딩했다. 개별 성명서 내 각 문장들은 이민 문제와의 연관성 여부에 따라, 그리고 연관이 있다면 해당 문장이 이민에 찬성, 중립, 반대 중 어떤 입장을 취하는지에 따라 코딩되었다. 그들은 프로젝트를 시행한 지 5시간 만에 결과를 얻었다. 그들은 2만 2,000개가 넘는 응답을 총 360달러에 수집했다. 더 나아가 크라우드 코딩으로 얻은 추정치는 전문가를 대상으로 한 이전의 설문조사와도 놀라울 만큼 일치하는 결과를 보여줬다. 그리고 마지막 점검으로, 2개월 뒤에 연구자들은 그들의 크라우드 코딩 결과를 재현했다. 몇 시간 이내에 그들은 원래 크라우드 코딩 데이터셋과 거의 일치하는 새로운 크라우드 코딩 데이터셋을 만들어냈다. 다시 말해, 인간 기반 연산 덕분에 정치적 문서에 대해 전문가의 평가와 일치하면서도 재현 가능한 코딩이 가능해졌다. 또한 인간 기반 연산은 빠르고 저렴했기 때문에, 이민에 관련한 특정 연구 질문에 맞게 데이터 수집을 맞춤화하기가 용이했다.

5.2.3. 소결

인간 기반 연산은 여러분이 1,000명의 연구보조원을 가질 수 있게 해준다.

인간 기반 연산 프로젝트는 컴퓨터로는 쉽게 풀리지 않는 대규모 단순 업무 문제를 해결하기 위하여 많은 비전문가의 작업들을 취합한다. 그들은 분할-적

표 5.1_ 사회연구에서 인간 기반 연산의 활용 사례

요약	데이터	참가자	참고문헌
정당 성명서 코딩	문서	미세업무 노동 시장	Benoit et al.(2016)
200개 미국 도시에서의 월스트리트 점령 시위에 관한 뉴스로부터 사건 정보 추출	문서	미세업무 노동 시장	Adams(2016)
뉴스 기사 분류	문서	미세업무 노동 시장	Budak, Goel, and Rao(2016)
제1차 세계대전 병사들의 일기에서 사건 정보 추출	문서	지원자들	Grayson(2016)
지도 내 변화 탐지	이미지	미세업무 노동 시장	Soeller et al.(2016)
알고리즘 방식 코딩 확인	문서	미세업무 노동 시장	Porter, Verdery, and Gaddis(2016)

용-결합 전략을 사용하여 큰 문제를 전문적인 기술이 없는 사람들도 해결할 수 있는 소규모 과제들로 나눈다. 컴퓨터 보조 인간 기반 연산 시스템은 또한 인간의 노력을 증폭시키기 위해 기계 학습을 사용하기도 한다.

사회연구에서 인간 기반 연산 프로젝트는 대부분 연구자가 이미지, 동영상, 문서를 분류, 코딩 또는 라벨링하고자 하는 상황에서 사용되는 경향이 높다. 이러한 분류 작업이 연구의 최종 결과는 아니며, 대신에 분석을 위한 원료가 된다. 예를 들면 정치 성명서에 대한 크라우드 코딩 결과는 정치적 논쟁의 역학에 대한 분석의 일부로 사용될 수 있다. 이러한 미세 업무를 활용한 분류 작업은 전문적인 훈련을 필요로 하지 않고, 정확한 답에 대한 광범위한 합의가 있을 때 가장 훌륭하게 작동한다. 만약 분류 작업의 과제가 "이 뉴스의 기사가 편향되어 있습니까?"와 같이 더 주관적이라면, 누가 참여하고 이로 인해 어떤 편향이 발생할지를 이해하는 것이 더 중요해진다. 끝으로 인간 기반 연산 프로젝트 결과의 품질은 참가자들이 제공하는 노력의 질에 달려 있다. 쓰레기를 투입하면 쓰레기가 나올 수밖에 없다.

여러분의 직관을 더 키워주기 위해 표 5.1은 인간 기반 연산이 사회연구에 어떻게 사용되어왔는지 추가적인 사례들을 제공한다. 이 표는 갤럭시 주와 다르게 많은 인간 기반 연산 프로젝트가 미세 업무 노동 시장을 이용하고(예를 들면 아마존 메커니컬 터크), 지원자보다는 보수를 받는 참가자에 의지했다는 점을 보여준다. 향후 여러분만의 대규모 협업 프로젝트를 구상하는 것과 관련하여 조언을 줄 때 다시 참가자에 대한 동기 부여 문제로 돌아오도록 할 것이다.

마지막으로, 이 절에서의 예시들은 인간 기반 연산이 과학을 민주화하는 효과를 낼 수 있음을 보여준다. 샤빈스키와 린토트가 갤럭시 주를 시작했을 당시에 대학원생이었다는 사실을 떠올려보라. 디지털 시대 이전에는, 100만 개의 은하 분류 작업을 위한 프로젝트는 지원금이 풍부하고 인내심이 강한 교수만이 실행할 수 있을 만큼 시간과 돈이 많이 필요했을 것이다. 그러나 이제 상황이 달라졌다. 인간 기반 연산 프로젝트는 대규모의 단순 업무를 해결하기 위해 많은 비전문가의 작업 결과를 취합한다. 다음으로, 나는 대규모 협력이 연구자들 자신조차 갖추지 못한 전문성을 요하는 문제들을 해결하는 데에도 적용될 수 있음을 보여줄 것이다.

5.3. 공개 모집

공개 모집은 명확하게 구체화된 목표에 대한 새로운 발상을 얻고자 한다. 이 방식은 해결책을 만드는 것보다 점검하는 것이 더 쉬운 문제에 적용된다.

이전 절에서 설명된 인간 기반 연산 문제들에서, 연구자들은 충분한 시간이 주어졌을 때 어떻게 문제를 해결해야 할지를 알고 있었다. 케빈 샤빈스키는 시간이 제한되어 있지만 않았다면 100만 개의 은하 전체를 혼자 힘으로 분류할 수 있었을 것이다. 그러나 연구자들은 때때로 과제의 규모가 큰 것이 아니라 근본적으로 과제 자체의 난이도가 높은 문제에 직면하기도 한다. 과거에 이렇게 어려운 지적 과제에 직면한 연구자는 동료에게 조언을 구했을 것이다. 오늘날 이러한 문제들은 공개 모집Open calls 프로젝트를 만드는 방식으로도 해결될 수 있다. 여러분이 만약 "나는 이 문제를 어떻게 해결해야 할지 모르겠지만 누군가는 해결할 수 있다고 확신해"라는 생각을 해본 적이 있다면, 공개 모집에 적합한 연구 문제를 가지고 있을 수 있다.

공개 모집 프로젝트에서는 연구자가 문제를 제시하고, 많은 사람들에게 해결 방법을 구한 뒤에 최선의 방식을 선택한다. 여러분에게도 도전적인 문제에 대해 크라우드에게 해결을 전가하는 것이 이상하게 보일 수도 있지만, 나는 이런 접근 방식이 잘 작동할 수 있는 다음 사례 세 가지(컴퓨터 과학에서 하나, 생물학에서 하나, 법학에서 하나)를 통해 여러분을 납득시키고자 한다. 이 세 가지 사례는, 해결책을 만들기는 어렵지만 확인은 쉽게 할 수 있도록 연구 질문을 정식화하는 것이 성공적인 공개 모집 프로젝트 기획의 핵심임을 보여준다. 그리고 이 절의 끝부분에서 어떻게 이러한 발상을 사회연구에 적용할 수 있을지 더 상세하게 설명할 것이다.

5.3.1. 넷플릭스 대회

넷플릭스 대회Netflix Prize는 어떤 영화를 사람들이 좋아할지 예측하기 위해 공개 모집 방식을 사용한다.

가장 잘 알려진 공개 모집 프로젝트는 넷플릭스 대회이다. 넷플릭스는 온라인 영화 대여 회사로, 2000년에 고객에게 영화를 추천해주는 서비스인 시네매치 Cinematch를 시행했다. 예를 들어 시네매치가 여러분이 〈스타 워즈: 새로운 희망〉과 〈스타 워즈: 제국의 역습〉을 좋아한다는 것을 알았다면 여러분에게 〈스타 워즈: 제다이의 귀환〉을 시청할 것을 추천해줄 것이다. 초기에 시네매치는 제대로 작동하지 않았다. 그러나 많은 세월이 흐르면서 고객이 어떤 영화를 좋아할지 예측하는 능력이 계속해서 향상되었다. 그런데 2006년이 되었을 때 시네매치의 발전은 정체기에 접어들었다. 넷플릭스 연구자들은 생각할 수 있는 모든 것을 시도했지만, 그러면서도 그들의 시스템을 향상시킬 수 있는 다른 발상이 있을 것이라고 의심했다. 그래서 그들은 당시에는 급진적 해결책이었던 공개 모집을 제시했다.

넷플릭스 대회의 최종적인 성공은 어떻게 공개 모집을 설계하는지에 달려 있었고, 이 설계는 사회연구에 공개 모집을 활용하는 방식에 대해 중요한 교훈을 담고 있다. 넷플릭스는 많은 사람들이 처음 공개 모집을 고려할 때 떠올리는 것처럼 구조화되지 않은 방식으로 요청하지 않았다. 그보다 넷플릭스는 간단한 평가 절차에 따른 명확한 문제를 제시했다. 그들은 참가자들이 1억 개의 영화 평점 자료를 활용하여 300만 개의 기존 평점을 예측하도록 했다. 300만 개의 평점은 사용자들이 매긴 것이지만, 넷플릭스는 이를 공개하지 않았다. 300만 개의 기존 평점에 대해 시네매치보다 10% 더 나은 예측이 가능한 알고리즘을 만든 최초의 참가자는 100만 달러를 받기로 되어 있었다. 기존 평점과 예측 평점을 비교하는 명확하고 쉬운 평가 절차는 해결책을 만드는 것보다 확인하는 것이 더 쉬운 방법으로 넷플릭스 대회를 구조화시켰음을 의미한다. 이는 시네매치의 성능을 향상시키는 과제를 공개 모집에 적합한 문제로 전환한 것이다.

2006년 10월, 넷플릭스는 고객 약 50만 명이 매긴 영화 평점 1억 개를 포함하는 데이터셋을 공개했다(우리는 6장에서 이 데이터 공개가 프라이버시에 대해 가지는 함의에 대해 고려해볼 것이다). 넷플릭스 데이터는 2만 편의 영화에 대해 50만 명의 고객이 참여한 거대한 행렬로 개념화할 수 있다. 이 행렬에는 별 한 개부터 다섯 개까지의 척도로 이루어진 약 1억 개의 평점 정보가 있었다(표 5.2). 과제는 이 행렬에서 관측되는 데이터를 사용하여 300만 개의 숨은 평점을 예측하는 것이었다.

전 세계의 연구자들과 해커들이 이 문제에 뛰어들었고, 2008년까지 3만 명 이상의 사람들이 이 문제를 해결하고자 했다(Thompson, 2008). 대회가 계속되는 동안, 넷플릭스는 5,000개 이상의 팀이 제시한 4만 개 이상의 해결책을 받았다(Netflix, 2009). 그러나 넷플릭스 측이 이 모든 해결책을 읽고 이해할 수 없다는 점은 명백했다. 그러나 해결책을 확인하는 것은 쉬웠기 때문에 모든 것은

표 5.2_ 넷플릭스 대회에서 사용된 데이터 도식

	영화 1	영화 2	영화 3	...	영화 20,000
고객 1	2	5		...	?
고객 2		2	?	...	3
고객 3		?	2	...	
⋮	⋮	⋮	⋮	⋮	⋮
고객 500,000	?		2	...	1

원활하게 진행되었다. 넷플릭스는 이미 지정된 공식을 사용하여 기존 평점와 예상된 평점을 비교하는 컴퓨터만 가지고 있으면 됐다(그들이 사용한 특정 공식은 평균 제곱 오차의 제곱근이었다). 넷플릭스는 해결책에 대해 신속하게 평가를 해주었기에 방방곡곡에서 해결책을 받을 수 있었는데, 그 결과 실제로 몇몇 놀라운 곳에서 좋은 아이디어가 나오면서 이 신속한 평가 능력이 중요한 것으로 판명되었다. 실제로 대회에서 우승한 해결책은 영화 추천 시스템을 만들어 본 사전 경험이 없는 연구자 세 명의 팀이 제출한 것이었다(Bell, Koren, and Volinsky, 2010).

넷플릭스 대회의 장점 하나는 제안된 모든 해결책에 대해 공정하게 평가할 수 있었다는 것이다. 다시 말해 사람들이 자신의 예측 평점을 올렸을 때, 그들은 학업 증빙자료, 나이, 인종, 성별, 성적 지향 등 자신에 관한 어떠한 것도 제출할 필요가 없었다. 스탠퍼드대학교의 유명 교수가 제출한 예측 평점은 그녀 방에 있는 10대 아이들이 제출한 것과 정확하게 똑같이 다루어졌다. 안타깝게도 이러한 공정성은 대부분의 사회연구에서는 지켜지지 않는다. 즉, 대부분의 사회연구에서 평가는 시간을 많이 소모하며 부분적으로는 주관적이다. 따라서 대부분의 연구에 대한 발상은 절대 진지하게 평가되지 않으며, 발상을 평가할 때 그 발상을 제시한 사람에 대한 평가를 배제하기 어렵다. 반면에 공개 모집 프로젝트는 쉽고 공정한 평가 방식을 가졌기 때문에 그렇지 않았을 경우에 놓칠 수도 있는 발상들을 발굴해낼 수 있다.

예를 들면 넷플릭스 대회 중의 한 시점에, 사용자명이 사이먼 펑크Simon Fuck인 누군가가 자신의 블로그에 특이값 분해 방식을 기반으로 한 해결책 제 안을 게시했는데, 이 접근 방식은 이전에 다른 참가자들이 사용하지 않았던 선형대수학에서 나온 것이었다. 펑크의 블로그 글은 기술적이면서도 동시에 이 상하게 비형식적이었다. 이 블로그 글이 좋은 해결책을 설명했을까 아니면 시간 낭비였을까? 공개 모집 프로젝트가 아니었다면, 이 해결책은 결코 진지한 평가를 받지 못했을 것이다. 무엇보다, 사이먼 펑크는 MIT 교수가 아니라 당시 뉴질랜드를 배낭여행 중이었던 소프트웨어 개발자였다(Piatetsky, 2007). 만약 그가 이 아이디어를 넷플릭스 엔지니어에게 이메일로 보냈다면, 읽지도 않았을 것이 거의 확실하다.

운 좋게도 평가 기준이 명확하고 적용하기 쉬웠기 때문에 그의 예측 평점에 대한 평가가 이루어졌고, 그의 접근 방식이 매우 효과적이라는 것이 즉시 명백해졌다. 이미 다른 팀들이 몇 달 동안 그 문제에 착수해 있었다는 점을 감안했을 때, 그는 대회에서 4위로 뛰어오르는 경이로운 결과를 보여준 것이다. 결국에 실질적으로 진지하게 참가한 모든 경쟁자가 그의 접근 방식을 일부 사용했다(Bell, Koren, and Volinsky, 2010).

사이먼 펑크가 자신의 접근 방식을 비밀로 간직하기보다는 이에 대해 설명하는 블로그 글을 쓴 사실은, 넷플릭스 대회의 많은 참가자들이 오로지 100만 달러의 상금이라는 동기로만 참여하는 것이 아니라는 점을 보여주기도 한다. 오히려 많은 참가자가 지적 도전과 문제를 중심으로 발전한 공동체를 즐기는 듯했고(Thompson, 2008), 나는 많은 연구자들이 이에 공감할 것이라고 생각한다.

넷플릭스 대회는 공개 모집의 전형적인 사례이다. 넷플릭스는 특정 목적(영화 평점 예측)과 함께 질문을 제시하고 많은 사람들로부터 해결책을 얻고자 했다. 넷플릭스는 그들이 해결책을 만드는 것보다는 확인하는 쪽이 더 쉬웠기 때문에 이 모든 해결책을 평가할 수 있었고, 궁극적으로 넷플릭스는 최고의 해결책을 선택했다. 다음으로, 나는 어떻게 동일한 접근 방식이 100만 달러의 상금 없이도 생물학과 법학에서 활용될 수 있는지 보여줄 것이다.

5.3.2. 폴딧

폴딧Foldit은 비전문가도 재미를 위해 참여할 수 있도록 한 단백질 접기 게임이다.

넷플릭스 대회가 강렬한 인상을 주는 동시에 명확하지만, 공개 모집 프로젝트의 전 범위를 보여주지는 않는다. 예를 들어 넷플릭스 대회에서 대부분의 진지한 참가자들은 수년간 통계학이나 기계 학습 교육을 받아왔던 사람들이었다. 그러나 공개 모집 프로젝트는 폴딧이라는 단백질 접기 게임에서 묘사되는 것처럼, 공식적인 교육을 받지 않은 참가자들 또한 포함할 수 있다.

단백질 접힘은 아미노산 사슬이 그 형태를 띠는 과정이다. 이 과정을 더 잘 이해하면 생물학자들은 약으로 사용할 수 있는 특정 형태의 단백질을 구현할 수 있다. 좀 더 단순하게 말하면, 단백질은 가장 낮은 에너지 배열로 이동하려는 성향이 있는데, 그 배열은 단백질 내에서 다양한 밀기와 당기기의 균형을 맞추어준다(그림 5.7). 그래서 만약 연구자가 단백질이 접히는 형태를 예측하고자 한다면 방법은 꽤나 간단해 보일 수 있다. 모든 가능한 배열을 시도하고, 각 배열들의 에너지를 계산하고, 단백질이 가장 낮은 에너지 배열로 접힐 것이라고 예측하는 것이다. 불행하게도 수십억 개의 가능한 배열이 존재하므로 모든 가능한 배열을 시도해보는 것은 계산상 불가능하다. 심지어 오늘날이나 가까운 미래에 가장 강력한 컴퓨터를 이용할 수 있다고 하더라도 무차별 대입은 통하지 않을 것이다. 그러므로 생물학자들은 효율적으로 가장 낮은 에너지 배열을 찾기 위한 기발한 알고리즘을 여럿 개발해왔다. 그러나 막대한 양의 과학적·전산적 노력이 있음에도 이러한 알고리즘은 여전히 완벽과는 거리가 멀다.

워싱턴대학교에 있는 데이비드 베이커David Baker와 그의 연구 집단은 단백질 접기에 대한 계산적 접근 방식을 하는 과학자 커뮤니티의 일부였다. 한 프로젝트에서 베이커와 동료들이 개발한 시스템은 지원자들이 기부한 컴퓨터의 미사용 시간을 활용해 단백질 접기 시뮬레이션을 했다. 그 대가로 지원자들은 그들의 컴퓨터상에서 일어나고 있는 단백질 접기를 보여주는 화면보호기를 볼

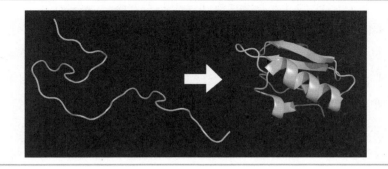

그림 5.7_ 단백질 접힘.
자료: "DrKjaergaard"/Wikimedia Commons.

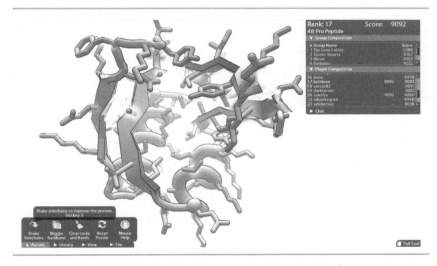

그림 5.8_ 폴딧의 게임 화면.
자료: http://www.fold.it.의 허가를 받아 재구성.

수 있었다. 이 지원자들 중 몇 명은 베이커와 동료들에게 연락해 자신이 계산 과정에 관여할 수 있다면 컴퓨터의 연산 성과를 향상시킬 수 있을 것이라고 했다. 그렇게 폴딧이 시작되었다(Hand, 2010).

폴딧은 단백질 접기 과정을 누구나 플레이할 수 있는 게임으로 바꾸었다. 게임 참여자의 관점에서 보면 폴딧은 퍼즐처럼 보인다(그림 5.8). 게임 참여자들은 3차원의 입체 단백질 구조를 볼 수 있고 '비틀기', '돌리기', '재구성'이라는 작업을 수행하여 형태를 바꿀 수 있다. 이런 조작을 통해 게임 참여자들은 단백질 형태를 변경하여 자신의 점수를 올리거나 내린다. 결정적으로, 점수는 현재 배열의 에너지 수준에 따라서 계산되었다. 더 낮은 에너지 배열을 만들수록 더 높은 점수를 획득할 수 있다. 다시 말해, 점수는 게임 참여자들이 낮은 에너지 배열을 찾도록 유도한다. 이 게임은 넷플릭스 대회에서 영화 평점을 예측하는 것과 마찬가지로, 단백질 접기 역시 해결책을 만들기보다는 확인하는 것이 더 쉬운 상황이기 때문에 가능한 것이다.

폴딧의 세련된 디자인은 생화학 지식이 거의 없는 게임 참여자도 전문가가 설계한 최고의 알고리즘과 경쟁할 수 있게 한다. 대부분의 게임 참여자들이 작업에 특별히 능숙하지는 않지만, 몇몇 개인 참여자들과 소규모 참여자 집단은 특출나다. 실제로, 폴딧 참여자들과 최첨단 알고리즘의 정면 대결에서 게임 참여자들은 단백질 열 개 중 다섯 개에 대하여 더 나은 해결책을 만들었다 (Cooper et al., 2010).

폴딧과 넷플릭스 대회는 여러 면에서 다르지만, 둘 다 해결책을 만들어내는 것보다 확인하는 것이 더 쉽다는 점을 이용하여 공개 모집 방법을 사용한다. 이제 구조는 동일하지만 조건은 매우 다른 특허법의 사례를 살펴볼 것이다. 이 마지막 사례는 공개 모집 방법이 명백하게 계량화가 가능하지 않은 조건에서도 활용될 수 있다는 것을 보여준다.

5.3.3. 협동적 특허 심사

협동적 특허 심사Peer-to-Patent는 특허 심사관들이 선행 기술을 찾도록 도와주는 공개 모집 방식이다. 이는 공개 모집이 수량화 처리가 가능하지 않은 문제에서도 사용될 수 있음을 보여준다.

특허 심사관은 힘든 직업이다. 그들은 새로운 발명에 대한 간략한 법률적 설명을 받고 나서, 제시된 발명이 '새로운' 것인지 결정해야 한다. 즉, 심사관들은 만약 제시된 발명 이전에 이미 서술된 '선행 기술'이 있다면 제안된 특허를 무효로 만들도록 결정해야만 한다. 이 과정이 어떻게 이루어지는지 이해하기 위해서, 알베르트 아인슈타인의 명성을 기리는 의미에서 알베르트라는 이름을 가진, 스위스 특허청에서 일하기 시작한 특허 심사관을 생각해보자. 알베르트는 휴렛 팩커드 사가 '사용자 선택의 관리 경보 형식'을 위해 제출한 미국 특허 번호 20070118658과 같은 신청서를 받을 수 있고, 이 내용은 베스 노벡Beth Noveck의 책 『위키 정부Wiki Government』(2009)에 광범위하게 나타나 있다. 신청서의 첫 번째 주장은 다음과 같다.

컴퓨터 시스템, 구성: 프로세서; 프로세서에 의해 실행될 때, 프로세서 환경을 설정하는 논리 명령을 포함한 기본 입출력 시스템BIOS; 컴퓨팅 장치의 기본 입출력 시스템에서 컴퓨터 시동 과정POST 처리를 시작하고, 사용자 인터페이스에 하나 이상의 관리 경고 형식을 제시하며, 사용자 인터페이스에 표시된 관리 경보 형식 중 하나를 식별하는 사용자 인터페이스로부터 선택된 신호를 수신받고, 식별된 관리 경보 형식으로 컴퓨터 시스템에 연결된 장치를 구성한다.

알베르트는 이 특허에 20년 독점권을 부여해야 할까? 혹은 선행 기술이 이미 존재하고 있었던 것은 아닐까? 많은 특허 결정 과정에 걸려 있는 지분은 높지만, 불행히도 알베르트는 그가 필요로 하는 대부분의 정보가 없는 채로 결정을 내려야 할 것이다. 엄청난 특허 보류 건 때문에, 알베르트는 극심한 시간 압박에 시달리며 오직 20시간 업무를 바탕으로 결정을 내려야 한다. 게다가, 제시된 발명은 비밀로 해야 할 필요가 있기 때문에 알베르트는 외부 전문가의 조력을 구할 수도 없다(Noveck, 2006).

법학 교수인 베스 노벡Beth Noveck이 보기에 이 상황은 완전히 고장 난 방식이었다. 2005년 7월, 위키피디아에서 부분적으로 영감을 받은 그녀는 특허에

①	②	③	④	⑤
특허 신청서 검토 및 논의	선행 기술 조사 및 찾기	요청 내용 관련 선행 기술 업로드	제출된 모든 선행 기술 평가 및 주석 작업	"상위 10개" 참조 선행 기술 USPTO에 포워드

그림 5.9_ 피어 투 페이턴트의 작업 흐름.

대한 공개 동료평가 시스템을 지칭하는 "피어 투 페이턴트: 겸손한 제안Peer-to-Patent: A Modest Proposal"이라는 제목의 블로그 게시물을 올렸다. 미국 특허상표국과 IBM과 같은 주요 선진 기술 회사들과의 협력을 거쳐, 2007년 6월에 피어 투 페이턴트가 출범했다. 거의 200년 된 정부의 관료제와 변호사 단체는 혁신을 만들어낼 가능성이 없는 것처럼 보이지만, 피어 투 페이턴트는 모두의 이익 균형을 맞추는 멋진 일을 해낸다.

작동 방법은 다음과 같다[베스토와 햄프(Bestor and Hamp, 2010) 참조]. 한 발명가가 자신의 신청서가 커뮤니티 검토 과정을 거치는 것에 동의하면(왜 동의하게 되는지에 대해서는 곧 설명하겠다) 그 신청서는 웹사이트에 게시된다. 다음으로 커뮤니티의 심사자들이 그 신청서에 대해 논의하며 (다시, 왜 그들이 참여하는지에 대해서는 추후에 설명하겠다), 가능한 선행 기술들의 사례를 찾아 주석을 달고 웹사이트에 게재한다. 이러한 논의, 조사, 게재 과정은 궁극적으로 커뮤니티의 심사자들이 특허 심사원에게 보낼 상위 10개의 유력한 선행 기술 후보들을 선택하기 위한 투표가 이루어질 때까지 계속된다. 그리고 나면, 특허 심사원은 자신의 조사를 진행하고, 피어 투 페이턴트가 보낸 내용과 종합하여 판단을 내린다.

'사용자 선택의 관리 경보 형식'을 위한 미국 특허번호 20070118658의 사례로 돌아가보자. 이 특허는 2007년 피어 투 페이턴트에 업로드되어서 IBM의 고

참 소프트웨어 엔지니어인 스티브 퍼슨Steve Pearson의 눈에 들어왔다. 퍼슨은 이 분야의 연구에 익숙했고 하나의 선행 기술을 찾아냈다. 그것은 2년 일찍 출간된 「능동형 관리 기술: 빠른 참조 가이드」라는 제목의 인텔 사의 매뉴얼이었다. 이 문서뿐만 아니라 다른 선행 기술과 피어 투 페이턴트 커뮤니티의 논의 결과로 무장한 특허 심사원은 사례 검토를 시작했다. 결국 퍼슨이 찾아낸 인텔 사의 매뉴얼로 인하여 신청서를 기각하게 되었다(Noveck, 2009). 피어 투 페이턴트에서 검토가 완료된 66개의 사례 중, 거의 30%는 주로 피어 투 페이턴트에서 찾은 선행 기술로 인하여 특허가 거절된다(Bestor and Hamp, 2010).

협동적 특허 심사의 설계를 특허나 더 세련되게 만드는 것은 서로 이해관계가 충돌하는 많은 사람들이 함께 작업하도록 하는 방식이다. 특허청의 전통적이고 비밀리에 이루어지는 심사 절차보다 피어 투 페이턴트를 통한 심사가 더 빠르게 처리될 수 있기 때문에 발명가들은 참여할 유인을 가진다. 심사자들은 나쁜 특허를 막기 위해서 혹은 심사 과정에서 즐거움을 찾기 때문에 참여할 유인을 가진다. 마지막으로, 특허청과 특허 심사관들은 이 방법이 그들의 성과를 향상시킬 뿐이기 때문에 참여할 유인을 가진다. 즉, 만약 커뮤니티를 통한 검토 과정이 쓸모없는 선행 연구 열 개를 찾는다면, 심사관들은 이 선행 연구들을 미리 배제할 수 있다. 다시 말해 피어 투 페이턴트와 특허 심사관이 함께 일하는 것은 특허 심사원이 단독으로 일하는 것만큼 좋거나 혹은 그 이상으로 좋을 것이다. 그러므로 공개 모집은 항상 전문가를 완전히 대체하지는 않으며, 전문가들이 더 좋은 성과를 내도록 돕기도 한다.

피어 투 페이턴트가 넷플릭스 대회 및 폴딧과 다르게 보일지도 모르지만, 이것 역시 해결책을 찾는 것보다는 확인하는 것이 더 쉽다는 유사한 구조를 공유한다. 「능동형 관리 기술: 빠른 참조 가이드」라는 매뉴얼을 누군가 일단 찾아내면, 이 문서가 선행 기술인지 확인하는 것은 최소 특허 심사원에게는 상대적으로 쉬운 일이다. 그러나 매뉴얼을 찾는 일은 꽤나 어렵다. 피어 투 페이턴트는 또한 공개 모집 프로젝트가 정확한 수량화 처리가 어려운 문제에도 적용 가능하다는 것을 보여준다.

5.3.4. 소결

공개 모집은 여러분이 명확하게 제시할 수는 있지만 스스로 해결할 수 없는 문제의 해결책을 찾을 수 있도록 해준다.

넷플릭스 대회, 폴딧, 피어 투 페이턴트의 세 가지 공개 모집 프로젝트에서 연구자들은 모두 구체적 형태로 질문을 제기했고, 해결책을 모집했으며, 최고의 해결책을 골랐다. 연구자들은 문의할 만한 최고의 전문가를 알 필요도 없었으며, 이따금 좋은 아이디어는 예상치 못한 곳에서 나왔다.

이제 공개 모집 프로젝트와 인간 기반 연산 프로젝트 간의 두 가지 중요한 차이점을 짚어볼 수 있다. 먼저, 공개 모집 프로젝트는 연구자가 작업의 목적을 구체화하는(예를 들어, 영화 평점 예측) 반면에, 인간 기반 연산은 연구자가 소규모로 분할된 작업을 구체적으로 제시한다(예를 들어 은하를 분류하는 작업). 둘째, 공개 모집에서 연구자들은 영화 평점 예측을 위한 최고의 알고리즘, 단백질의 최소 에너지 배열 또는 가장 연관성 높은 선행 기술과 같이 기여된 의견 중 최선의 것을 원하는 것이지, 모든 참여 결과의 단순한 취합을 원하는 것이 아니다.

공개 모집의 일반적인 형식과 이 세 가지 사례를 보았을 때, 사회연구에서 어떤 종류의 문제가 이 방식에 적합할 것 같은가? 이쯤에서 나는 아직까지 성공적인 사례를 많이 보지 못했다는 점을 인정해야 한다(조만간 설명할 이유로 인해). 직접적으로 유사한 경우를 들면, 피어 투 페이턴트 스타일의 공개 모집 방식은 특정 사람이나 사상에 대해 언급하는 최초의 문서를 찾고자 하는 역사 연구자가 사용할 수 있을 것이라 상상할 수도 있다. 이러한 종류의 문제에 대한 공개 모집 방식은 잠재적으로 관련 있는 문서가 단일한 곳에 저장되어 있는 것이 아니라 폭넓게 분포되어 있을 때 특히나 더 큰 가치를 발휘할 수 있다.

더 일반적으로 많은 정부와 기업은 공개 모집으로 해결하기 쉬울 만한 문제를 가지고 있는데, 공개 모집 방식은 예측을 위한 알고리즘을 생성하며 이 예측들은 매우 중요한 행동지침이 될 수 있기 때문이다(Provost and Fawcett, 2013; Kleinberg et al., 2015). 예를 들어 넷플릭스가 영화에 대한 평가를 예측하고자 했던 것과 똑같이, 정부는 위생 점검에 필요한 자원을 보다 효율적으로 할당하기 위해서 어떤 식당이 보건 법규를 위반할 가능성이 가장 높은지와 같은 결과를 예측하고자 할 것이다. 이런 문제에 영감을 받아, 에드워드 글레이저Edward Glaeser와 동료들(2016)은 옐프Yelp 후기와 과거 점검 기록으로부터 얻은 데이터를 기반으로 보스턴시의 위생과 청결 상태 위반 식당을 예측하기 위해 공개 모집 방법을 사용했다. 그들은 공개 모집 방법을 통한 예측 모델이 식당 조사원의 생산성을 약 50%까지 향상시킬 것이라고 추정했다.

공개 모집은 또한 잠재적으로 이론들을 비교하고 검증하는 데 사용될 수 있다. 예를 들어, '취약가정과 아동복지 연구Fragile Families and Child Wellbeing Study'는 20개의 미국 도시 내 아이들 5,000명을 태어난 후부터 추적해왔다(Reichman et al., 2001). 연구자들은 아이들, 아이의 가족, 그리고 아이의 생활환경에 대한 데이터를 출생 직후, 1세, 3세, 5세, 9세, 15세 시기별로 수집하였다. 이 아이들에 대한 정보를 바탕으로, 누가 대학을 졸업할 것인가와 같은 결과에 대해 연구자들은 얼마나 잘 예측할 수 있었을까? 혹은 일부 연구자들에게 더 흥미로운 방식으로 표현하자면, 어떤 데이터와 이론이 이러한 결과를 예측하는 데 가장 효과적일까? 대학에 갈 수 있는 나이가 된 아이들이 아직 아무도 없기 때문에 이는 진정한 미래 예측이 될 것이며, 여기에는 연구자들이 적용할 수 있는 전략이 다양하다. 생애 결과를 형성하는 데에 이웃이 중요하다고 믿는 연구자와 가족에 초점을 두는 연구자는 완전히 다른 접근 방법을 사용할 것이다. 이 접근 방법 중 어떤 것이 더 효과적일까? 우리는 모르지만, 밝혀내는 과정 속에서 우리는 가족, 이웃, 교육, 그리고 사회적 불평등에 관한 중요한 것을 배울지도 모른다. 나아가 이러한 예측은 미래의 데이터 수집 방향을 인도하는 데 사용될 수 있다. 어떤 모델에 의해서도 졸업을 할 것이라고 예측되지 않은 소수의 대졸자들이 있다고 상상해보자. 이 사람들은 후속 질적 면담과 문화기술지적 관찰을 위한 이상적인 후보가 될 것이다. 그러므로 이러한 종류의 공개 모집에서는 예측이 끝이 아니다. 그보다 그들은 이론들을 비교하고, 더 풍성하게 하며, 다른 이론적 전통과 결합할 수 있는 새로운 방법을 제공하는 것이다. 이러한 공개 모집은 취약가정과 아동복지 연구 데이터를 사용하여 누가 대학에 갈 것인지 예측하는 것에만 국한되지 않는다. 이는 종단적인 사회 데이터에서 수집될 어떤 결과건 예측하는 데에 사용될 수 있다.

내가 이 절 초반부에 썼듯이 사회연구자들이 공개 모집을 활용한 사례는 많지 않았다. 이는 공개 모집은 사회과학자들이 질문을 제시하는 전형적인 방식에 적합하지 않았기 때문이라고 생각한다. 넷플릭스 대회로 돌아가면, 사회과학자들은 대체로 취향을 예측하는 질문을 하지 않는다. 그 대신 그들은 어떻게 그리고 왜 사회적 계급에 따라서 문화적 취향이 달라지는지를 질문한다[예시로는 부르디외(Bourdieu, 1987)를 보라]. '어떻게'와 '왜'의 질문은 쉽게 검증 가능한 해결책으로 이어지지 않고, 그렇기 때문에 공개 모집에는 맞지 않는 것처럼 보인다. 그러므로 공개 모집은 설명이 필요한 질문보다는 예측이 필요한 질문에 더 적합해 보인다. 그러나 최근 이론가들은 사회과학자들이 설명과 예측 사이의 이분법적 사고에 대하여 다시 생각해보아야 한다는 요구를 제기하고 있다(Watts, 2014). 예측과 설명 사이의 경계가 희미해짐에 따라, 나는 사회연구에서 공개 모집 방식이 점차 흔해질 것이라고 예상한다.

5.4. 분산 데이터 수집

> 대규모 협업은 데이터 수집을 도울 수 있으나, 데이터의 품질과 체계적인 표집 방식을 보장하는 것은 까다롭다.

인간 기반 연산과 공개 모집 프로젝트를 만드는 것 외에, 연구자들은 분산 데이터 수집 프로젝트도 만들 수 있다. 실제로 이미 많은 계량적 사회과학이 유급 인력을 이용한 분산 데이터 수집에 의존하고 있다. 예를 들어, 종합사회조사-General Social Survey의 데이터를 수집하기 위해 회사는 응답자로부터 정보를 수집하는 조사원을 고용한다. 하지만 우리가 어떻게든 자원봉사자들을 데이터 수집가로 모을 수 있다면 어떨까?

조류학과 컴퓨터 과학에서 나오는 다음 예시에서 볼 수 있듯이, 분산 데이터 수집은 연구자들이 이전에 가능했던 것보다 더 자주, 더 많은 장소에서 데이터를 수집할 수 있게 해준다. 나아가 적절한 규약이 제공된다면, 이러한 데이터는 과학적 연구에 사용될 수 있을 만큼 충분히 신뢰할 수 있다. 실제로 특정 연구 질문의 경우, 분산 데이터 수집 결과가 유급 데이터 수집가를 고용하는 것으로 산출 가능한 현실적인 결과보다 더 낫다.

5.4.1. 이버드eBird

이버드는 야생조류를 관찰하는 사람들로부터 조류에 대한 데이터를 수집한다. 지원자들은 어떤 연구팀도 따라올 수 없는 규모로 데이터를 제공할 수 있다.

어디에나 새가 있고, 조류학자는 모든 새가 매순간 어디에 있는지 알고 싶어 한다. 이렇게 완벽한 데이터셋이 주어진다면, 조류학자는 자신의 분야에서 근본적인 많은 질문을 다룰 수 있을 것이다. 물론 이러한 자료를 수집하는 것은 개별 연구자의 영역을 뛰어넘는다. 조류학자가 더 풍부하고 더 완전한 데이터를 원하는 것과 동시에, 재미를 위해 새를 관찰하는 '탐조자birder'는 계속해서 새를 관찰하고 그들이 본 것을 기록한다. 이 두 공동체는 협업의 역사가 오래되었지만, 이제 디지털 시대로 인해 이러한 협업이 변화되었다. 이버드는 전 세계의 탐조자들로부터 정보를 구하는 분산 데이터 수집 프로젝트로, 이미 참가자 25만 명으로부터 조류 관찰 내용을 2억 6,000만 건 이상 보고받았다 (Kelling, Fink, et al., 2015).

이버드가 출시되기 전에는 탐조자들이 생산한 데이터를 대부분 연구자가 이용할 수 없었다.

오늘날 전 세계 수천 개의 옷장에는 수많은 공책, 색인 카드, 주석 달린 체크리스트, 일기장이 있다. 조류 관련 기관에 있는 우리는 '돌아가신 나의 삼촌네 새에 대한 기록'에 대해 반복해서 들을 때 느끼는 좌절감을 잘 알고 있다. 우리는 그것이 얼마나 가치가 있는지 알고 있다. 슬프게도, 그것을 사용할 수 없다는 것도 알고 있다(Fitzpatrick et al., 2002).

이버드는 이러한 귀중한 데이터를 사용하지 않고 내버려두는 대신에, 탐조자들이 중앙화된 디지털 데이터베이스에 자료를 업로드할 수 있도록 한다. 이버드에 업로드된 데이터에는 주요 내용 여섯 개가 포함되어 있다. 누가, 어디서, 언제, 어떤 종을, 몇 마리나, 얼마나 많은 노력을 들여 관측했는가. 탐조 경험이 없는 독자를 위해 설명하자면, 여기서의 '노력'은 관찰할 때 사용한 방법을 의미한다. 데이터 품질 검사는 데이터가 업로드되기 전부터 시작된다. 매우 희귀한 종, 매우 많은 수, 또는 계절과 어긋난 관측과 같이 평범하지 않은 보고를 제출하고자 하는 탐조자들은 별도로 표시되고, 웹사이트는 자동적으로 사진과 같은 추가 정보를 요청한다. 추가 정보를 수집한 뒤에 별도 표시된 보고는 추가 검토를 위해 수백 명의 지역 전문가 지원자 중 한 명에게 발송된다. 탐조자와의 추가적 서신 교환 등을 포함해서 지역 전문가의 검토가 끝나면 별도 표시된 보고들은 신뢰할 수 없을 경우에는 폐기되나, 그렇지 않으면 이버드 데이터베이스에 입력된다(Kelling et al., 2012). 이렇게 선별된 관찰 데이터베이스는 인터넷 연결이 가능한 전 세계의 모든 사람들이 이용할 수 있으며, 거의 100개에 달하는 동료 심사 연구에서 이 데이터를 사용했다(Bonney et al., 2014). 이버드는 자발적 탐조자들이 실제 조류학 연구에 유용한 데이터를 수집할 수 있다는 것을 분명하게 보여준다.

이버드의 장점 중 하나는 이미 이루어진 '작업'(이 경우에는 탐조 활동)을 포착한다는 것이다. 이 특징은 프로젝트가 막대한 규모의 작업을 이루어낼 수 있도록 해준다. 그러나 탐조자들에 의해 이미 완료된 '작업'은 조류학자들이 필요로 하는 데이터와 정확하게 일치하지는 않는다. 예를 들어, 이버드에서 데이터 수집은 탐조자들의 위치에 따라 결정되는 것이지 새들의 위치에 따라 결정되는 것이 아니다. 이 말은 예를 들어, 대부분의 관찰이 도로 근처에서 이루어지는 경향이 있다는 것을 의미한다(Kelling et al., 2012; Kelling, Fink, et al., 2015). 공간에 따른 노력의 불균등한 분포와 더불어, 탐조자들의 실제 관찰 내용은 항상 이상적이지도 않다. 일례로, 일부 탐조자들은 자신이 발견한 모든 종에 대한 정보를 업로드하기보다는 자신이 흥미 있어 하는 종에 대해서만 업로드한다.

이버드 연구자들은 이러한 데이터 품질 문제에 대한 주요 해결책을 두 가지 가지고 있는데, 이 해결책은 다른 분산 데이터 수집 프로젝트에도 유용할 수 있다. 첫 번째, 이버드 연구자들은 탐조자들이 제출하는 데이터의 품질을 향상시키기 위해 지속적으로 노력하고 있다. 예를 들면 이버드는 참가자들에게 교육을 제공하고, 참가자들이 올린 데이터를 잘 시각화하여 보여줌으로써 탐조자들 자신이 가장 관심 있는 종뿐만 아니라 관찰한 모든 종에 관한 정보를 업로드하도록 고무한다(Wood et al., 2011; Wiggins, 2011). 두 번째, 이버드 연구자들은 원 자료의 교란과 이질성을 고치기 위해 통계적 모델을 사용한다(Fink et al., 2010; Hurlbert and Liang, 2012). 이 통계적 모델이 데이터에서 발생하는 편향을 완전히 제거할 수 있는지는 명확하지 않지만, 조류학자들은 앞서 언급한 대로, 이러한 데이터가 100개의 동료 심사 학술 출판물에 사용되었다는 점에서 조정된 이버드 데이터의 품질에 대해 충분히 확신하고 있다.

조류학자가 아닌 많은 사람들은 이버드에 대하여 처음 들었을 때 극심하게 회의적이었다. 내 생각에 회의적 입장의 일부는 이버드에 대해 잘못된 방법으로 생각했기 때문이다. 많은 사람들은 처음에 '이버드 데이터가 완벽한가?'라고 생각하는데, 이에 대한 대답은 '전혀 그렇지 않다'이다. 그러나 이는 옳은 질문이 아니다. 옳은 질문은 '특정 연구 질문에 대해, 이버드 데이터가 기존의 조류학 데이터보다 더 유용한가?'이다. 대규모의 철새 이동과 같이 많은 흥미로운 질문에 대해 분산 데이터 수집 외에는 현실적인 대안이 없기 때문에, 이 질문에 대한 답은 "명백하게 그렇다"이다.

이버드 프로젝트는 중요한 과학 데이터 수집에 지원자들을 참여시킬 수 있다는 것을 보여준다. 그러나 이버드를 포함한 이와 연관 프로젝트들은 분산 데이터 수집 프로젝트에서 우려되는 사항이 표집 관련 문제와 데이터 품질이라는 점을 보여준다. 하지만 다음 절에서 보게 될 것처럼, 기발한 설계와 기술을 통해 어떤 환경에서는 이러한 문제들이 최소화될 수 있다.

5.4.2. 포토시티

포토시티PhotoCity는 분산 데이터 수집 방법에서 데이터 품질과 표집 문제를 해결한다.

플리커Flickr와 페이스북 같은 웹사이트는 사용자가 친구나 가족들과 사진을 공유할 수 있도록 해주고 다른 목적으로도 사용 가능한 거대한 사진 저장소를 구축하였다. 예를 들어, 사미어 아가왈Sameer Agarwal과 동료들(2011)은 도시를 3D 이미지로 재현하기 위해 로마 사진 15만 장을 재구성함으로써 '하루아침에 로마 건설하기'에 사진을 사용하려 했다. 콜로세움과 같이 사진이 많이 찍힌 일부 건축물의 경우 연구자들은 부분적으로 재구성에 성공했지만아가왈 등(Agarwal et al., 2011)의 html 버전에 있는 콜로세움 그림 참조! 사진이 동일하게 대표적인 구도에서만 찍혀 있는 것이 대부분이었고, 건축물의 나머지 부분은 사진이 찍히지 않아 재구성에 어려움을 겪었다. 따라서 사진 보관소에 있는 사진만으로는 재구성하기에 역부족이었다. 그렇다면 이미 존재하는 사진들을 보완하기 위해 필요한 사진들을 수집할 수 있는 지원자를 모집할 수 있다면 어떨까? 1장의 예술 비유로 돌아가서 생각해보면, 커스텀메이드 이미지로 레디메이드 이미지를 풍부하게 만들 수 있다면 어떨까?

목표 건축물에 대해 다수의 사진을 수집할 수 있도록 하기 위해, 캐슬린 튜잇Kathleen Tuite과 동료들은 사진 업로드 게임인 포토시티를 개발했다. 포토시티는 사진을 업로드하는 활동을 고된 데이터 수집 업무가 아닌 팀, 성, 깃발이 있는 게임과 같은 활동으로 전환시켰고[튜잇 등(Tuite et al., 2011: 그림 2) 참조], 이를 코넬대학교와 워싱턴대학교, 두 대학교에 대한 3D 재구성 작업에 처음으로 도입했다. 연구자들은 몇몇 건물의 기본 사진들을 업로드하는 것으로 시작했다. 그러고 나서 각 캠퍼스의 게임 참여자들은 현재의 재구성 상태를 확인하고, 재구성 수준을 향상시키는 이미지를 업로드하여 점수를 획득했다. 예를 들어 만약 현재 코넬대학교의 유리스도서관Uris Library의 현재 재구성 상태가 여기저기 비어 있다면, 게임 참여자는 도서관의 새로운 사진을 업로드하여 점수를 획득할 수 있었다. 이 업로드 과정의 두 가지 특징은 매우 중요하다. 먼저, 게임 참여자가 받는 점수는 재구성 과정에 추가한 사진의 양에 의해 결정된다. 두 번째, 업로드된 사진은 기존 재구성 부분과 겹쳐서 유효성 검증이 가능해야 했다. 마침내, 연구자들은 두 캠퍼스의 건물들의 고해상도 3D 모델을 만들어 낼 수 있었다[튜잇 등(Tuite et al., 2011), 그림 8 참조].

포토시티의 설계는 분산 데이터 수집 과정에서 자주 발생하던 두 가지 문제인 데이터 유효성과 표집 문제를 해결했다. 먼저, 새로운 사진들은 기존 업로드 사진들과 비교하여 유효성이 검증되었는데, 기존 사진들은 다시 그 이전 사진들과 비교되어 연구자들이 업로드한 최초 사진들까지 거슬러 올라간다. 다시 말해, 내장된 중복 검토 기능으로 인해 실수로든 의도적으로든 틀린 건물 사진을 올리는 것은 매우 어려웠다. 이 설계의 특징은 시스템이 자체적으로 나쁜 데이터로부터 보호한다는 것을 의미한다. 두 번째, 점수 시스템에서 참여자들은 가장 수집하기 편리한 데이터가 아니라 가장 가치 있는 데이터를 수집하도록 자연스럽게 훈련되었다. 다음은 실제로 참여자들이 더 많은 점수를 얻기 위하여 사용한 몇 가지 전략으로서, 이것은 더 가치 있는 데이터를 수집하는 방식과 동일하다(Tuite et al., 2011)

- 나는 일부 사진이 찍힌 시간대와 광량의 근사치를 얻고자 했다. 이는 게임에서 사진이 거절당하는 것을 막아주었다. 이에 덧붙여 모퉁이를 찍을 때는 흐린 날이 가장 좋았다. 왜냐하면 햇빛량 대비가 적은 것이 게임이 내가

찍은 사진의 기하학적 구조를 알아내도록 하는 데 도움이 되기 때문이다.

- 맑은 날에는, 나는 카메라의 흔들림 방지 기능을 사용하여 특정 지역을 걸어 다니면서 사진을 찍을 수 있었다. 이렇게 해서 나는 걸음을 멈추지 않고도 선명한 사진들을 찍을 수 있었다. 덤으로, 나를 쳐다보는 사람들이 더 적었다!

- 한 건물의 사진을 500만 화소 카메라로 찍고, 집으로 돌아와 주말에 찍은 사진까지 포함하여 5GB까지 올리는 것이 초기 사진 찍기 전략이었다. 외장 하드 드라이브 폴더에서 캠퍼스 지역, 건물, 건물면으로 사진을 정리하는 것은 업로드를 구조화하기 위한 좋은 질서를 제공했다.

이런 발언은 참여자들이 적절한 피드백을 받으면 그들이 연구자의 관심사에 맞는 데이터를 수집하는 데 상당한 전문가가 될 수 있다는 것을 보여준다.

전반적으로, 포토시티 프로젝트는 표집과 데이터 품질 문제가 분산 데이터 수집에서 극복할 수 없는 문제가 아니라는 것을 보여준다. 나아가 분산 데이터 수집 프로젝트는 조류 관찰과 같이 사람들이 이미 하고 있는 업무들에 국한되지 않는다. 설계만 정확하다면 지원자들은 다른 일 또한 해낼 수 있다.

5.4.3. 소결

분산 데이터 수집은 실현 가능하고, 미래에 기술과 수동적 참여를 관여시킬 가능성이 높다.

이버드가 보여준 바와 같이, 분산 데이터 수집은 학술 연구에 사용될 수 있다. 또한 포토시티는 표집과 데이터 품질 관련 문제들이 해결될 가능성이 있다는 것을 보여준다. 분산 데이터 수집이 사회연구에는 어떻게 사용될 수 있을까? 한 가지 사례는 수전 왓킨스Susan Watkins와 동료들의 '말라위 기사 프로젝트 Malawi Journals Project'에서 볼 수 있다(Watkins and Swidler, 2009; Kaler, Watkins, and Angotti, 2015). 이 프로젝트서 '기자'라고 지칭되는 22개 지역의 주민들은 일반인들의 일상생활에서 에이즈에 대하여 들은 대화를 상세하게 기록한 '대화형 기사'를 작성했다[프로젝트 시작 당시, 말라위의 성인 약 15%가 HIV에 감염되어 있었다(Bello, Chipeta, and Aberle-Grasse, 2006)]. 내부자라는 지위 덕분에, 지역민 '기자'들은 서구인인 왓킨스와 공동 연구자들은 접근 불가능했을 대화를 들을 수 있었다(이 장의 후반부에서 여러분에게 자신의 대규모 협업 프로젝트를 설계하기 위한 조언을 해줄 때, 윤리 문제에 대하여 함께 논의하겠다). 말라위 기사 프로젝트의 데이터는 수많은 중요한 발견으로 이어졌다. 예를 들면, 프로젝트가 시작하기 전에는 많은 외부자들은 사하라 사막 이남 아프리카 지역이 에이즈에 대해 침묵한다고 믿었지만, 대화형 기사는 이 믿음이 명백하게 틀렸다는 것을 증명했다. '기자'들은 장례식장, 바, 교회와 같이 다양한 장소에서 이 주제에 대한 수백 가지의 논의를 전해 들었다. 또한 이러한 대화의 특성은 연구자들이 콘돔 사용에 대한 저항 중 일부를 더 잘 이해하도록 도왔다. 콘돔 사용에 대해 공중보건 메시지에서 프레이밍하는 방식이 일상생활에서 논의되는 방식과 일치하지 않았던 것이다(Tavory and Swidler, 2009).

물론 이버드 데이터처럼, 말라위 기사 프로젝트의 데이터 역시 왓킨스와 동료들이 상세히 논의했다시피 완벽하지는 않다. 일례로 기록된 대화는 모든 가능한 대화에서 무작위로 추출된 표본이 아니다. 그보다 이 대화는 에이즈에 관련 대화에 대한 불완전한 인구조사이다. 데이터 품질의 경우, 연구진은 '기자'들이 양질의 조사원임을 기사 내부의 일관성과 기사 간의 일관성을 통해 입증하였다. 즉, 충분한 수의 '기자'를 충분히 작은 구역에 배치하고 특정 주제에 집중하도록 했기 때문에, 중복 검토를 통해 데이터 품질을 평가하고 보증하는 것이 가능했다. 예를 들면, '스텔라'라는 성sex 노동자는 서로 다른 '기자'들의 기사 네 가지에 여러 번 등장했다(Watkins and Swidler, 2009). 여러분의 직관에 도움이 되고자, 표 5.3은 분산 데이터 수집 방식이 사회연구에 활용된 다른 사례들을 보여준다.

이 절에서 설명된 모든 사례는 적극적인 참여를 포함한다. '기자'들은 자신

표 5.3_ 사회연구에서 분산 데이터 수집 프로젝트의 예

수집된 데이터	참고문헌
말라위의 HIV와 에이즈에 대한 논의	Watkins and Swidler(2009) Kaler, Watkins, and Angotti(2015)
런던의 길거리 구걸	Purdam(2014)
동콩고의 분쟁 사건	Windt and Humphreys(2016)
나이지리아와 라이베리아의 경제활동	Blumenstock, Keleher, and Reisinger(2016)
인플루엔자 감시	van Noort et al.(2015)

이 들은 대화를 글로 기록했으며, 탐조자들은 자신의 관찰 내역을 업로드했다. 또는 포토시티의 게임 참여자들은 자신의 사진을 업로드했다. 그러나 만약 참여가 자동으로 이루어지고, 특정한 기술이나 제출에 소요되는 시간이 필요없다면 어땠을까? 이는 '참가 감지participatory sensing' 또는 '사용자 중심 감지 people-centric sensing' 방식이 제시하는 가능성이다. 예를 들면, MIT 과학자들의 프로젝트인 도로 파손 순찰Pothole Patrol은 보스턴 지역의 택시 일곱 대에 GPS가 장착된 가속도계를 탑재시켰다(Eriksson et al., 2008). 파손된 도로 위를 달리면 가속도계에 분명한 신호가 남기 때문에, 이 장치들이 움직이는 택시 안에 있으면 자동적으로 보스턴의 도로 파손 지도를 만들 수 있다. 물론 택시는 달리는 도로를 무작위로 추출하지는 않지만, 택시의 수가 충분한 경우, 도시의 많은 부분에 대한 정보를 제공하기에 충분한 범위를 운행할 것이다. 기술에 의존하는 수동적 시스템의 두 번째 이점은 데이터 제공 과정을 탈숙련화한다는 것이다. 이버드에 기여하기 위해서는 기술이 필요한 반면(여러분이 새의 종을 신뢰성 있게 식별할 필요가 있기 때문에), 도로 파손 순찰은 특별한 기술을 필요로 하지 않는다.

나는 앞으로 많은 분산 데이터 수집 프로젝트가 이미 전 세계 수억 명이 사용하는 휴대전화의 가능성을 활용하기 시작하게 될 것이라 생각한다. 휴대전화는 이미 측정을 위해 중요한 마이크, 카메라, GPS 장치, 시계와 같은 수많은

센서를 가지고 있다. 게다가 휴대전화는 연구자들이 근본적인 데이터 수집 프로토콜을 일부 통제할 수 있는 서드파티 앱을 지원한다. 마지막으로, 휴대전화는 인터넷에 연결할 수 있어서 휴대전화를 통해 수집한 데이터를 전송하는 것이 가능하다. 부정확한 센서에서부터 제한된 배터리 수명에 이르는 수많은 기술적 문제가 있지만, 이러한 문제들은 시간이 지나고 기술이 발전함에 따라 줄어들 것이다. 반면에, 프라이버시 및 윤리와 관련된 문제들은 더 복잡해질 수 있다. 여러분이 자신의 대규모 협업을 설계하는 것에 관하여 조언할 때, 윤리 문제를 다시 다루겠다.

분산 데이터 수집 프로젝트에서 지원자들은 세계에 대한 데이터 수집에 기여한다. 이 접근 방식은 이미 성공적으로 사용되어왔고, 앞으로는 표집과 데이터 품질 문제를 다루어야 할 것이다. 다행히도 포토시티와 도로파손 순찰과 같이 현존하는 프로젝트들은 이러한 문제에 대한 해결책을 제시한다. 더 많은 프로젝트가 탈숙련화와 수동적 참여를 가능하게 하는 기술을 활용함에 따라, 분산 데이터 수집 프로젝트는 극적으로 규모가 증가하고, 연구자들은 과거의 한계에서 벗어나 데이터를 수집할 수 있을 것이다.

5.5. 자신만의 협업 설계를 해보자

> 대규모 협업 프로젝트를 설계하는 원칙 다섯 가지는 다음과 같다. 참가자에게 동기 부여하기, 이질성 활용하기, 관심 모으기, 뜻밖의 상황을 허용하기, 윤리 지키기.

이제 여러분은 자신의 학술적 문제를 풀어줄 수 있는 대규모 협업의 잠재력에 신이 나 있을 것이므로, 실제로 대규모 협업을 하는 방식에 대해 조언을 약간 하고자 한다. 대규모 협업이 이전 장에서 설명한 설문조사나 실험과 같은 기법들보다는 덜 친숙할 수는 있지만, 본질적으로 더 어려운 것은 아니다. 여러분이 활용할 수 있는 기술이 빠르게 발전하고 있기 때문에, 내가 여러분에게 줄수 있는 가장 유용한 조언은 모든 단계별로 일일이 설명하는 것이 아니라 일반적인 원칙을 기반으로 한다. 더 구체적으로 말하자면, 여러분이 대규모 협업을설계하는 데 도움이 될 만한 원칙 다섯 가지는 다음과 같은 것이다. 참가자에게 동기 부여하기, 이질성 활용하기, 관심 모으기, 뜻밖의 상황을 허용하기, 윤리 지키기.

5.5.1. 참가자에게 동기 부여하기

학술적 대규모 협업의 설계에서 가장 큰 어려움은, 의미 있는 학술적 문제를해결할 수 있고 해결하고자 하는 사람들의 집단과 연결하는 것이다. 때로는 갤럭시 주에서처럼 해결해야 할 문제가 먼저 주어진다. 갤럭시 주에서 연구자들은 은하를 분류하는 업무가 주어진 상태에서 분류를 도와줄 수 있는 사람들을찾았다. 그러나 다른 경우에는 사람들이 먼저 존재하고 문제는 그다음에 생길수도 있다. 예를 들어 이버드는 사람들이 이미 과학적 연구를 돕기 위해 하고있는 '일'을 활용하고자 했다.

참가자들에게 동기를 부여하는 가장 간단한 방법은 돈이다. 예를 들어, 미세업무 노동 시장(예컨대 아마존 메커니컬 터크)에서 인간 기반 연산 프로젝트를 구축하는 연구자는 돈으로 참가자들에게 동기 부여를 하려고 한다. 경제적 동기부여는 일부 인간 기반 연산 프로젝트에는 적합한 방법일지 모르지만, 이 장에서 소개한 대규모 협업의 많은 사례들은 참가자들에게 동기 부여를 위하여 돈을 사용하지는 않았다(갤럭시 주, 폴딧, 피어 투 페이턴트, 이버드, 포토시티). 그 대신 더 복잡한 여러 프로젝트는 개인적 가치와 집합적 가치의 결합에 의존한다. 단순하게 말하자면 개인적 가치는 재미와 경쟁과 같은 것에서 오고(폴딧과 포토시티), 그리고 공동의 가치는 참가자의 기여가 공공선에 도움이 된다는 점을 알고 있다는 점으로부터 온다(폴딧, 갤럭시 주, 이버드, 피어 투 페이턴트)(표 5.4). 여러분이 자신만의 프로젝트를 만든다면, 여러분은 무엇이 참여하는 사람들에게

표 5.4_ 5장에서 기술한 프로젝트들에서 참가자들에게 동기 부여한 방식

프로젝트	동기 부여
갤럭시 주	과학에 기여, 재미, 공동체
정치 성명서 집단 코딩	돈
넷플릭스 대회	돈, 지적 도전, 경쟁, 공동체
폴딧	과학에 기여, 재미, 경쟁, 공동체
피어 투 페이턴트	과학에 기여, 재미, 공동체
이버드	과학에 기여, 재미
포토시티	재미, 경쟁, 공동체
말라위 기사 프로젝트	돈, 과학에 기여

동기 부여가 될지, 그리고 그러한 동기 부여 방식으로 인하여 제기되는 윤리적 문제들에 대하여 생각해야 한다(윤리 관련 사항은 이 절의 후반부에서 다루겠다).

5.5.2. 이질성 활용하기

여러분이 실제 과학적 문제 해결에 참여할 많은 사람들에게 동기 부여를 하면, 참가자들이 두 가지 측면에서 이질적이라는 점을 발견할 것이다. 참가자들은 기술과 노력의 정도 두 측면에서 다양할 것이다. 많은 사회연구자들의 첫 반응은 수준이 낮은 참가자들을 배제하고 남은 사람들에게서만 균등한 양의 정보를 수집하여 이질성에 대응하는 것이다. 하지만 이는 대규모 협업 프로젝트를 설계하는 데 잘못된 방법이다. 여러분은 이질성과 싸우는 대신에 이질성을 활용해야 한다.

첫째, 저숙련 참가자들을 배제해야 할 이유가 없다. 공개 모집에서 저숙련 참가자들은 아무런 문제를 발생시키지 않았고, 그들의 기여는 그 누구에게도 피해를 끼치지 않았으며, 평가할 시간을 필요로 하지도 않았다. 게다가 인간 기반 연산과 분산 데이터 수집 프로젝트에서, 가장 우수한 품질 관리 방식은

참여 기준을 높이는 것이 아니라 중복 검토를 통하여 만들어졌다. 실제로, 저숙련 참가자들을 배제하는 것보다 더 나은 접근 방식은, 이버드에서 연구자들이 한 것처럼 참가자들이 더 나은 기여를 할 수 있도록 돕는 것이다.

둘째, 각각의 참가자로부터 동일한 양의 정보를 수집해야 할 이유가 없다. 많은 대규모 협업 프로젝트에서 참여는 적은 수의 사람들이 많이 기여하는 팻 헤드fat head 및 많은 수의 사람들이 적게 기여하는 롱 테일long tail 형태로서, 믿기 어려울 만큼 불균등하다(Sauermann and Franzoni, 2015). 여러분이 팻 헤드와 롱 테일로부터 정보를 얻지 않는다면, 여러분은 정보를 수집하지 않은 채로 버리는 것이다. 예를 들어, 위키피디아에서 편집자당 오직 열 번까지만 편집을 반영한다면, 편집 분량의 95%를 잃게 될 것이다(Salganik and Levy, 2015). 따라서 대규모 협업 프로젝트에서는 이질성을 제거하는 것보다는 활용하는 것이 최선이다.

5.5.3. 관심 모으기

여러분이 참가를 위한 동기 부여 방식을 찾았고 관심사와 기술 수준이 다양한 참가자들을 활용할 수 있다면, 여러분이 설계자로서 갖게 되는 다음 중대한 문제는 가장 가치 있는 곳에 참가자들의 관심을 집중시키는 문제이다. 이는 마이클 닐슨Michael Nielsen의 책 『발견을 재발견하기Reinventing Discovery』(2012)에서 폭넓게 심화시켜 다루는 문제이기도 하다. 갤럭시 주와 같이 연구자들이 과제에 대해 명료한 통제를 하고 있는 인간 기반 연산 프로젝트에서는 관심 모으기는 가장 쉽다. 예를 들어 갤럭시 주에서 연구자들은 은하의 모양에 대해 합의가 이루어질 때까지 각 은하들을 보여줄 수 있었다. 나아가 분산 데이터 수집에서, 포토시티와 같은 점수 시스템은 가장 유용한 투입을 제공하는 데에 개개인의 관심을 집중시키도록 활용할 수 있었다.

5.5.4. 뜻밖의 상황 허용하기

여러분이 의미 있는 과학 문제를 해결하기 위해 이질적인 참가자들을 모집하여 함께 일하도록 하고, 가장 가치 있는 곳에 그들의 관심을 집중시켰다고 하자. 이제 그들이 여러분을 놀라게 할 수 있는 여지를 확실히 남겨두라. 시민 과학자들이 갤럭시 주에서 은하에 이름을 붙이고 폴딧에서 단백질을 접었던 것은 매우 멋진 일이다. 물론 이것은 프로젝트가 이러한 일이 가능하도록 설계되어 있었기 때문이다. 내가 생각하기에 더 놀라운 점은, 이러한 공동체들이 프로젝트를 창조한 사람들조차도 예상치 못했던 과학적 결과들을 산출해냈다는 것이다. 예를 들어, 갤럭시 주 참가자 공동체는 그들이 '완두콩 은하Green Peas'라고 이름 붙인 새로운 종류의 천문학 범주를 발견했다.

갤럭시 주 프로젝트 초창기에, 소수의 사람들이 특이한 녹색 물체를 발견했지만, 네덜란드 학교 교사인 하니 판 아르켈Hannay van Arkel이 갤럭시 주 토론 포럼에서 "완두콩에게 기회를Give Peas a Chance"라는 매력적인 제목으로 스레드thread를 개설했을 때에서야 이 물체에 관심이 쏠렸다. 2007년 8월 12일에 개설된 이 스레드는 "당신은 콩으로 저녁을 준비하는 중입니까?", "완두콩은 그만" 등의 농담과 함께 시작했다. 그러나 곧, 다른 참가자가 자신의 완두콩 은하를 게시하기 시작했다. 시간이 지나면서 게시글들은 점점 더 기술적이고 구체화되어서 다음과 같은 게시글이 나타났다. "z가 증가하고 약 $z = 0.5$에서 적외선으로 사라짐에 따라, OIII 선line(5007 옹스트롬에서 '완두콩' 선)은 적색으로 바뀌며 보이지 않는다"(Nielsen, 2012).

시간이 흐르면서 갤럭시 주 이용자들은 완두콩 은하에 대한 관측 내용을 점차적으로 이해하고 체계화시켰다. 결국 거의 1년 뒤인 2008년 7월 8일, 예일대학교 천문학 전공 대학원생이자 갤럭시 주 팀의 멤버인 캐럴린 카다먼Carolin Cardamone이 '완두콩 사냥Pea Hunt' 조직을 돕기 위해 스레드에 합류했다. 그 이후 더욱 열정적인 작업이 이어졌고, 2009년 7월 9일에는 《왕립천문학회 월보Monthly Notices of the Royal Astronomical Society》 월간지에 "갤럭시 주

의 완두콩들: 별이 생성 중인 초소형 은하계 집합 발견"이라는 제목으로 논문이 발표되었다(Cardamone et al., 2009). 그러나 완두콩 은하에 대한 관심은 거기서 끝나지 않았다. 차후에도 완두콩 은하는 전 세계 천문학자들의 추가 연구 주제가 되어왔다(Izotov, Guseva, and Thuan, 2011; Chakraborti et al., 2012; Hawley, 2012; Amorín et al., 2012). 그리고 갤럭시 주 참가자의 첫 번째 글이 게재된 지 채 10년도 안 된 2016년에 《네이처》에 발표된 논문은, 우주의 이온화 과정에서 보이는 중요하고 수수께끼 같은 패턴에 대한 가능성 있는 설명으로 완두콩 은하를 제시하였다. 케빈 샤빈스키와 크리스 린토트가 옥스퍼드대학교 펍에서 갤럭시 주에 대하여 처음 논의했을 때에는 상상할 수 없던 것들이었다. 운 좋게도 갤럭시 주는 참가자들 간의 소통을 통하여 이와 같이 예상치 못했던 놀라운 일들을 가능하도록 했다.

5.5.5. 윤리 지키기

윤리적이어야 한다는 권고는 이 책에 설명된 모든 연구에 적용된다. 6장에서 논의할 더 일반적인 윤리 문제 이외에도, 대규모 협업 프로젝트의 경우에는 특정한 윤리적 문제가 몇몇 발생하는데, 대규모 협업이 사회연구에서는 매우 새로운 방법이므로 이러한 문제들은 처음에는 완전히 뚜렷하게 나타나지 않을 수도 있다.

모든 대규모 협업 프로젝트에서, 공로 인정의 문제는 복잡하다. 예를 들어, 어떤 사람들은 넷플릭스 대회에서 수천 명의 사람들이 수년간 일을 하고도 결국 아무런 보상도 받지 못한 것이 비윤리적이라고 생각한다. 마찬가지로 어떤 사람들은 미세 업무 노동 시장에서 노동자들에게 돈을 극도로 적은 양만 지불하는 것이 비윤리적이라고 생각하기도 한다. 보상의 문제와 더불어 이와 관련된 공로 인정의 문제도 있다. 대규모 협업에서 참여자가 모두 최종적으로 출간되는 학술 논문의 저자가 되어야 하는 것일까? 이 문제에서 여러 프로젝트는 각각 상이한 접근 방식을 취한다. 어떤 프로젝트는 대규모 협업에 참여한 모든 구성원에게 저작권을 부여한다. 예를 들어, 폴딧에 대한 첫 논문의 최종 저자는 '폴딧 게임 참여자들'이었다(Cooper et al., 2010). 갤럭시 주의 파생 프로젝트에서는 매우 활동적이고 중요한 기여자들이 때때로 논문의 공동저자로 초청되기도 한다. 예를 들어, 이반 테렌테브Ivan Terentev와 팀 마토니Tim Matorny라는 두 라디오 갤럭시 주 참가자들은 해당 프로젝트에서 파생된 논문 중 하나의 공동저자이다(Banfield et al., 2016; Galaxy Zoo, 2016). 어떤 프로젝트들은 공동 저자로의 초청 없이 단지 기여도만 인정한다. 공동 저자 인정 여부에 대한 결정은 확실히 경우에 따라 다르다.

공개 모집과 분산 데이터 수집은 동의 여부와 프라이버시 침해와 관련된 복잡한 질문을 야기할 수도 있다. 예를 들면, 넷플릭스는 고객이 매긴 영화 평점 내역을 모든 사람에게 공개했다. 비록 영화 평점이 예민한 정보가 아닌 것처럼 보여도, 영화 평점은 고객들의 정치적 선호나 성적 지향과 같이 고객들이 공개에 동의하지 않았던 정보를 드러낼 수도 있다. 넷플릭스는 평점이 특정 개인과 연결되지 않도록 데이터를 익명화하고자 시도했지만, 넷플릭스가 데이터를 공개하고 겨우 몇 주 뒤에, 데이터는 아빈드 나라야난Arvind Narayanan과 비탈리 스마티코프Vitaly Shmatikov(2008)에 의해 부분적으로 재식별되었다(6장 참고). 또한 분산 데이터 수집에서 연구자들은 사람들의 동의 없이 데이터를 수집할 수 있었다. 그 예로, 말라위 기사 프로젝트에서 민감한 주제(에이즈)에 대한 대화들은 참가자들의 동의 없이 기록되었다. 이러한 윤리적 문제 가운데 대처 불가능한 문제는 없지만 이는 프로젝트 설계 단계에서 고려해야 한다. 기억하라, 여러분의 '크라우드'는 사람들로 구성되어 있다.

5.5.6. 최종 설계 조언

이러한 다섯 가지 일반적인 설계 원칙에 추가적으로, 나는 다른 두 가지 조언을 하고자 한다. 첫 번째, 여러분이 대규모 협업 프로젝트를 제안했을 때 여러분이 마주칠 처음의 반응은 '아무도 참여하지 않을 것'이다. 물론 이는 사실일 수도 있다. 실제로 참여 부족은 대규모 협업 프로젝트가 직면하는 가장 큰 위험이다. 그러나 이런 반대 의견은 보통 상황을 잘못된 방식으로 생각하기 때문에 발생한다. 많은 사람들은 그들 자신의 입장부터 생각하고 결론을 내린다. "나는 바빠, 나는 안 할 거야. 그리고 나는 협업을 할 만한 사람을 아무도 몰라. 그러니 아무도 그것을 하지 않을 거야". 그러나 여러분은 자신의 입장만 고려하여 생각하고 단정 짓는 대신에, 인터넷상에 연결된 모든 인구집단들의 입장에서 시작해야만 한다. 만약 100만 명 중에 한 명이라도 참가한다면 여러분의 프로젝트는 성공할 수 있다. 그러나 10억 명 중 단 한 명만이 참여한다면, 여러분의 프로젝트는 아마 실패로 돌아갈 것이다. 우리의 직관은 100만 분의 1과 10억 분의 1 사이를 구별하기에 좋지 않으므로, 우리는 프로젝트가 충분한 참여를 창출할 수 있을지 판단하기 어렵다는 것을 인정해야만 한다.

이를 좀 더 구체적으로 하기 위해, 갤럭시 주의 사례로 돌아가보자. 케빈 샤빈스키와 크리스 린토트, 두 천문학자가 옥스퍼드의 펍에 앉아 갤럭시 주에 대해 생각하는 장면을 상상해보자. 그들은 푸에르토리코에 사는 두 아이의 엄마인 전업주부 아이다 버지스Aida Berges가 일주일 만에 수백 개의 은하를 분류하는 일을 끝낼 것이라고 상상조차 못 했을 것이다(Masters, 2009). 혹은 폴딧을 개발한 시애틀의 생화학자 데이비드 베이커의 경우를 생각해보라. 낮에는 텍사스주, 매키니의 밸브 공장에서 바이어로 일했던 스콧 '부츠' 자카넬리Scott 'Boots' Zaccanelli라는 이름의 어떤 사람이 저녁에는 단백질 접기를 하며 시간을 보내고, 그 결과 폴딧에서 상위 6위에 오를 것이라고 그는 기대하지 못했을 것이다. 또한 베이커와 그의 연구진이 발견했던 것보다 극적으로 잠재력이 큰 섬유결합소fibronectin의 더 안정적인 변형 디자인을 자카넬리가 게임을 통해 제출해서 그들 연구실에서 합성하기로 결정하게 될 것이라고 기대조차 하지 못했다(Hand, 2010). 물론 아이다 버지스와 스콧 자카넬리는 이례적인 경우지만, 수많은 사람들이 모이는 인터넷 세상에서 이례적인 경우를 찾는 것은 꽤 일반적이며, 이것이 바로 인터넷이 가진 힘이다.

두 번째, 참가의 규모를 예측하기 어려운 상황에서, 대규모 협업 프로젝트를 만드는 것은 위험할 수 있다는 점을 다시 한 번 알려주고자 한다. 여러분은 아무도 사용하길 원치 않는 시스템을 구축하기 위해 많은 노력을 투입할 수도 있다. 예를 들어, 가상 세계 경제학 분야에서 선두에 있는 연구자 에드워드 카스트로노바Edward Castronova는 맥아더 재단으로부터 25만 달러의 지원금과 개발자 팀의 지원을 받으면서 경제학 실험을 할 수 있는 가상의 세계를 구축하는 데 거의 2년을 소모했다. 하지만 아무도 카스트로노바의 가상 세계에서 활동하기를 원하지 않았고 결국 모든 노력은 실패로 돌아갔다. 이유는 단순하게도 별로 재미있지 않았기 때문이다(Baker, 2008).

참여에 대한 불확실성을 아예 배제할 수는 없다는 점을 고려한다면, 나는 여러분이 스타트업 기술을 사용하는 것을 제안한다(Blank, 2013). 여러분이 맞춤형 소프트웨어 개발에 많은 것을 투자하기 전에, 기존 소프트웨어를 사용하여 간단한 시제품을 제작하여 실행 가능성을 증명할 수 있는지 확인하길 바란다. 다시 말해, 여러분이 파일럿 검사를 시작할 때 여러분의 프로젝트는 갤럭시 주나 이버드처럼 세련되어 보이지는 않을 것이고 그래서도 안 된다. 현재 이 프로젝트들은 대규모 팀이 수년간 노력한 결과이다. 여러분의 프로젝트가 실패하거나, 실패할 가능성이 현실적이라면 여러분은 차라리 빨리 실패하길 원할 것이다.

5.6. 나오는 말

대규모 협업은 연구자들이 이전에는 해결 불가능했던 과학적 문제를 해결할 수 있도록 해줄 것이다.

디지털 시대는 과학 연구에서 대규모 협업을 가능하게 한다. 예전처럼 단지 소수의 동료들이나 연구보조원들과의 협업보다는, 우리는 이제 인터넷 연결이 가능한 전 세계의 모든 사람과 협업할 수 있다. 이 장에서 보여준 사례들처럼,

이러한 새로운 형식의 대규모 협업은 중요한 문제들에서 이미 실질적인 발전이 가능하도록 해주었다. 일부 회의론자들은 사회연구에 대규모 협업을 적용할 수 있는 가능성을 의심할지도 모르지만, 나는 그 가능성에 대해 긍정적인 입장이다. 정말 단순히 말해, 전 세계에는 수많은 사람들이 있고 우리의 재능과 에너지가 활용될 수 있다면, 우리는 함께 놀라운 일들을 해낼 수 있다. 즉, 행동 관찰하기(2장), 질문하기(3장), 또는 실험하기(4장)를 통하여 사람들로부터 배우는 것 외에도, 우리는 사람들을 연구 협업자로 만듦으로써 또 다른 것을 배울 수 있다.

사회연구의 목적에 맞게, 대규모 협업을 대략적으로 세 가지로 구분하는 것이 도움이 될 거라 생각한다.

- 인간 기반 연산 프로젝트에서, 연구자들은 한 사람으로는 역부족인 대규모 문제를 해결하기 위하여 단순한 미세 업무를 하는 많은 사람들의 노력을 결합한다.
- 공개 모집 프로젝트에서, 연구자들은 해결책을 확인하기 쉬운 문제를 제시하여 많은 사람들에게 해결책을 모집한 뒤, 그중 최선의 해결책을 고른다.
- 분산 데이터 수집 프로젝트에서, 연구자들은 참가자들이 세계에 대한 새로운 측정 과정에 기여하도록 한다.

대규모 협업 프로젝트는 사회연구를 발전시키는 효과뿐만 아니라, 사회연구를 민주화시킬 수 있는 잠재력을 가지고 있다. 이런 프로젝트는 대규모 프로젝트를 조직할 수 있는 사람들의 범위와 여기에 기여할 수 있는 사람들의 범위를 모두 넓힌다. 위키피디아가 우리가 가능하다고 생각했던 일의 범위를 바꿨듯이, 미래의 대규모 협업 프로젝트는 우리가 과학 연구에서 가능하다고 생각하는 일의 범위를 바꿀 것이다.

• 들어가는 말(5.1절)

대규모 협업mass collaboration은 시민 과학, 크라우드소싱, 집단 지성의 아이디어들을 조합한 개념이다. 시민 과학이란, 보통 과학적 과정에 '시민'(비과학자)을 포함시키는 것을 말한다. 추가적인 내용은 크레인, 쿠퍼, 디킨슨(Crain, Cooper, and Dickinson, 2014)과 보니 등(Bonney et al., 2014)을 참고하라. 크라우드소싱은 일반적으로 조직 내부에서 해결되던 문제를 대중에게 아웃소싱하는 것을 의미한다. 추가적인 내용은 하우(Howe, 2009)를 보라. 보통 집단 지성이라고 하면, 개개인으로 구성된 집단들이 지능을 가진 것처럼 집합적으로 활동하는 것을 의미한다. 추가적인 내용은 말론과 번스타인(Malone and Bernstein, 2015)을 참고하라. 닐슨(Nielsen, 2012)은 학술 연구에서 대규모 협업의 효과를 다룬 책 한 권 분량의 개론서이다.

내가 앞서 제시한 세 가지 범주에 꼭 들어맞지는 않는 대규모 협업이 수없이 많지만, 이 중 세 가지는 사회연구에 유용할 수 있기 때문에 특별히 주목받을 만하다고 생각한다. 그중 하나는 예측 시장prediction market으로, 참가자들은 실제로 발생하는 결과들에 기반하여 교환 가능한 계약들을 구매하고 거래한다. 예측 시장은 정부와 기업이 예측을 목적으로 사용하거나, 심리학에서 발표된 연구들의 재현 가능성을 예측하고자 하는 사회연구자들이 사용하기도 한다(Dreber et al., 2015). 예측 시장에 대한 개요는 울퍼스와 지체비츠(Wolfers and Zitzewitz, 2004)와 애로 등(Arrow et al., 2008)을 참고하라.

나의 분류 체계에 부합하지 않는 두 번째 사례는 폴리매스PolyMath 프로젝트로, 여기서 연구자들은 새로운 수학 정리들을 증명하기 위해서 블로그와 위키피디아를 사용하여 협업을 했다. 폴리매스 프로젝트는 어떤 측면에서는 넷플릭스 대회와 유사한 면도 있지만, 이 프로젝트의 참가자들은 보다 더 적극적으로 다른 참가자들의 부분적인 해결책을 수용하여 발전시키고자 했다. 폴리매스에 대한 더 많은 정보는 가워스와 닐슨(Gowers and Nielsen, 2009),

크랜쇼와 키투르(Cranshaw and Kittur, 2011), 닐슨(Nielsen, 2012), 클라우만 등(Kloumann et al., 2016)을 보라.

나의 분류 체계에 맞지 않는 세 번째 사례는 미국 방위고등연구계획국 DARPA의 네트워크 도전과제(레드 벌룬 챌린지)와 같은 시간-의존적 동원 time-dependent mobilization이다. 이와 같은 시간에 민감한 동원에 대한 추가 정보는 피카드 등(Pickard et al., 2011), 탕 등(Tang et al., 2011)과 루더퍼드 등(Rutherford et al., 2013)을 보라.

● 인간 기반 연산(5.2절)

'인간 기반 연산'은 컴퓨터 과학자들의 성과에서 유래한 용어인데, 여러분은 이 연구의 배후 맥락을 이해함으로써 이 방식으로 해결하기에 적합한 문제를 골라내는 능력을 향상시킬 수 있다. 특정 업무에서, 컴퓨터는 믿기 어려울 만큼 강력하여 그 능력이 심지어 전문가들의 능력을 월등히 초과할 정도이다. 예컨대, 체스에서 컴퓨터는 그랜드 마스터(세계 최고의 체스 선수)조차 이길 수 있다. 그러나—사회과학자들은 이 점을 다소 간과하는데—사실 다른 업무 들에서는, 컴퓨터가 사람들보다 훨씬 못하다. 다시 말해서, 지금도 여러분은 이미지, 동영상, 오디오, 문자 처리가 요구되는 특정 업무에서 가장 정교한 컴퓨터보다도 더 뛰어나다. 이처럼 컴퓨터가 하기는 어렵고 인간이 하기는 쉬운 업무들을 수행하는 컴퓨터 과학자들은 연산 과정에 인간을 개입시킬 수 있다는 것을 깨달았다. 다음은 루이스 폰 안Luis von Ahn(2005)이 자신의 학위 논문에서 인간 기반 연산이라는 용어를 처음으로 사용했을 때, 이를 묘사한 방식을 보여준다. "컴퓨터가 아직 해결할 수 없는 문제를 해결하기 위해 인간 의 처리 능력을 사용하는 패러다임"이라는 것이다. 가장 일반적인 관점에서 인간 기반 연산 처리법을 책 한 권 분량으로 다룬 논의는 로와 폰 안(Law and von Ahn, 2011)을 참고하라.

폰 안(von Ahn, 2005)의 정의에 따르면, 앞서 공개 모집 절에서 설명했던 폴딧은 인간 기반 연산 프로젝트로 분류될 수도 있었다. 그러나 나는 폴딧이 특화된 기술을 필요로 했고(비록 공식 훈련이 필수적이지는 않았지만), 분할-

적용-결합 전략을 사용하는 대신에 여러 기여된 해결책 가운데 최고의 것을 선택했기 때문에 공개 모집으로 분류했다.

본래 '분할-적용-결합'이라는 용어는 위컴(Wickham, 2011)이 통계적 컴퓨터 연산 전략을 설명하기 위해서 사용한 것이지만, 이는 많은 인간 기반 연산 프로젝트의 과정에 완벽하게 적용된다. 분할-적용-결합 전략은 구글에서 개발한 맵리듀스MapReduce 프레임워크와 유사하다. 맵리듀스에 대한 추가 설명은 딘과 게마왓(Dean and Ghemawat, 2004; 2008)을 참고하라. 다른 분산 컴퓨터 연산 아키텍처들에 대한 자세한 설명은 보와 실비아(Vo and Silvia, 2016)를 참고하라. 로와 폰 안(Law and von Ahn, 2011)의 3장은 이 장에서 설명된 절차보다 더 복잡하게 결합된 절차로 이루어진 프로젝트에 대해 다룬다.

내가 이 장에서 다루었던 인간 기반 연산 프로젝트들은, 참가자들이 무슨 일이 일어났는지 알고 있었다. 그러나 다른 어떤 프로젝트는 참가자들이 인지하지 못한 상태로 이미 일어난 '일'(이버드와 유사)을 포착하는 것을 목표로 한다. 예시로 ESP 게임(von Ahn and Dabbish, 2004) 그리고 리캡차 reCAPTCHA(von Ahn et al. 2008)를 살펴보자. 그러나 이 두 프로젝트는 참가자들이 자신의 데이터가 어떻게 사용되는지 몰랐다는 점에서 윤리적 문제가 제기되기도 한다.

ESP 게임에 영감을 받아, 많은 연구자들은 다양한 문제를 해결하는 데 사용할 수 있는 다른 '목적을 가진 게임with a purpose'(von Ahn and Dabbish, 2004), '인간 기반 연산 게임'(Pe-Than, Goh, and Lee, 2015)을 개발하기 위한 시도를 거듭해왔다. 이러한 '목적을 가진 게임'들이 가진 공통점은 인간 기반 연산에 포함된 업무 내용을 수행하는 동시에, 게임을 통하여 즐길 수 있도록 만들고자 했다는 점이다. 그러므로 ESP 게임이 갤럭시 주와 동일한 분할-적용-결합 구조를 공유한다고 해도, 참가자들이 동기, 즉 재미 대 과학에 이바지하고자 하는 바람을 부여받는 방식은 다르다. 목적을 가진 게임에 대한 더 상세한 내용은 폰 안과 다비시(von Ahn and Dabbish, 2008)를 보라.

갤럭시 주에 대한 나의 설명은 닐슨(Nielsen, 2012), 애덤스(Adams, 2012), 클러리(Clery, 2011), 핸드(Hand, 2010)를 활용한 것이고, 갤럭시 주의 연구 목표에 대한 내 설명은 간략히 서술된 것이다. 천문학 내에서 은하 분류의 역사와 갤럭시 주가 어떻게 이런 전통을 계속 이어나가고 있는지에 대한 추가

정보를 위해서는 마스터스(Masters, 2012), 마셜, 린토트와 플레처(Marshall, Lintott, and Fletcher, 2015)를 보라. 갤럭시 주를 기반으로, 연구진은 지원자들로부터 더 복잡한 형태학적 분류가 이루어진 이미지 6,000만 개 이상을 수집하여 갤럭시 주 2를 완성했다(Masters et al., 2011). 나아가, 그들은 은하 형태학을 벗어나 달 표면 탐사, 행성 탐색, 그리고 고문서 전사를 포함하는 문제로 범위를 넓혔다. 현재, 모든 프로젝트는 주니버스Zooniverse 웹사이트에서 수집되고 있다(Cox et al., 2015). 프로젝트 중 하나인 세렝게티 순간포착 Snapshot Serengeti은 갤럭시 주 유형의 이미지 분류 프로젝트가 환경 연구에서도 실행 가능하다는 것을 입증한다(Swanson et al., 2016).

인간 기반 연산 프로젝트에 미세 업무 노동 시장 활용(예를 들면, 아마존 메커니컬 터크)을 계획하고 있는 연구자들을 위해, 챈들러, 파오락시, 무엘러(Chandler, Paolacci, and Mueller, 2013), 왕, 이페이로티스, 프로보스트(Wang, Ipeirotis, and Provost, 2015)는 업무 설계 및 다른 관련 사안들에 관한 좋은 참고 사례를 제공한다. 포터, 버더리, 가디스(Porter, Verdery, and Gaddis, 2016)는 그들이 '데이터 증폭'이라 부르는 것을 위한 미세 업무 노동 시장 활용에 관하여 특별히 초점을 맞춘 조언과 사례들을 제공한다. 데이터 증폭과 수집 사이의 경계선은 다소 불투명하다. 텍스트에 대한 지도 학습용 라벨 자료 수집과 활용에 대한 자세한 내용은 그리머와 스튜어트(Grimmer and Stewart, 2013)를 보라.

컴퓨터 보조 인간 기반 연산 시스템(예를 들어, 기계 학습 모델 훈련을 위해 인간이 직접 분류한 라벨을 사용하는 시스템)이라고 명명한 것을 만들고자 하는 연구자들은 샤미르 등(Shamir et al., 2014)(오디오를 사용한 사례)과 쳉과 번스타인(Cheng and Bernstein, 2015)에 관심을 가질 것이다. 또한, 이 프로젝트의 기계 학습 모델들은 공개 모집을 통해 요청할 수도 있으며, 이에 따라 연구자들은 가장 예측 성능이 좋은 기계 학습 모델을 구현하고자 경쟁한다. 예를 들어, 갤럭시 주 팀은 공개 모집을 활용했고 바네르지(Banerji et al., 2010)에서 개발한 것을 능가하는 새로운 접근 방식을 찾아냈다. 구체적인 내용은 디얼먼, 윌럿, 담브레(Dieleman, Willett, and Dambre, 2015)를 참고하라.

공개 모집은 새로운 것이 아니다. 사실, 가장 잘 알려진 공개 모집 중 하나는, 영국 의회가 바다에서 배의 경도를 결정하는 방법을 개발하기 위해 누구나 참여할 수 있는 경도 대회Longitude Prize를 개최한 1714년까지 거슬러 올라간다. 이 문제로 아이작 뉴턴을 비롯한 수많은 당대 최고의 과학자들이 고민했고, 결국 우승을 차지한 해결책은 어떻게든 천문학을 포함한 해결책에만 초점을 맞추었던 과학자들과는 다른 방식으로 문제에 접근했던 시골 시계공 존 해리슨이 제출한 것이었다. 더 많은 정보는 소벨(Sobel, 1996)을 참고하라. 이 사례가 보여주듯이, 공개 모집이 잘 작동한다고 판단할 만한 이유 하나는 다양한 관점과 기술을 가진 사람들에게 접근성을 부여하기 때문이다(Boudreau and Lakhani, 2013). 문제 해결에서 다양성이 가지는 가치에 대한 자세한 내용은 홍과 페이지(Hong and Page, 2004)와 페이지(Page, 2008)를 참고하라.

이 장에서 설명한 각각의 공개 모집 사례들에는 왜 공개 모집 분류에 속해 있는지에 대하여 추가 설명이 약간 필요하다. 먼저, 내가 인간 기반 연산과 공개 모집 프로젝트를 구분하는 방법 하나는, 결과가 해결책의 평균값인지(인간 기반 연산) 혹은 최선책(공개 모집)인지를 기준으로 삼는 것이다. 이 점에서 넷플릭스 대회는 최선책이 앙상블 해결책이라고 부르는, 서로 다른 해결책들의 정교한 가중평균값으로 결정되었기 때문에 구분이 다소 까다롭다(Bell, Koren, and Volinsky, 2010; Feuerverger, He, and Khartri, 2012). 그러나 넷플릭스의 입장에서 보면, 그들이 해야 했던 일의 전부는 최고의 해결책을 고르는 것이었다. 넷플릭스 대회에 대한 더 많은 정보는 베넷과 래닝(Bennett and Lanning, 2007), 톰슨(Thompson, 2008), 벨, 코렌과 볼린스키(Bell, Koren, and Volinsky, 2010), 그리고 포이에르베르거, 허와 카트리(Feuerverger, He, and Khatri, 2012)를 참고하라.

두 번째, 인간 기반 연산의 일부 정의에 의하면[예를 들어 폰 안(von Ahn, 2005)], 폴딧은 인간 기반 연산 프로젝트로 간주되어야 한다. 그러나 나는 폴딧이 특화된 기술을 필요로 했고(비록 공식 훈련이 필수적이지는 않았지만), 분할-적용-결합 전략을 사용하는 대신에 여러 기여 중 최고의 해결책을 선택했기 때문에 공개 모집으로 분류했다. 폴딧에 대한 더 많은 정보를 보려 한다면 쿠퍼 등(Cooper et al., 2010), 카티브 등(Khatib et al., 2011), 그리고 앤더슨 등(Anderson et al., 2012)을 참고하라. 폴딧에 대한 나의 설명은 보하넌(Bohannon, 2009), 핸드(Hand, 2010), 닐슨(Nielsen, 2012)을 활용하였다.

마지막으로, 누군가는 피어 투 페이턴트가 분산 데이터 수집의 사례라고 주장할 수도 있다. 나는 피어 투 페이턴트가 경쟁의 성격을 가진 데다가, 분산 데이터 수집 방식은 기여의 좋고 나쁨이 덜 명백한 반면 피어 투 페이턴트는 오직 최고의 기여 내용만을 채택했다는 점 때문에 공개 모집에 포함시켰다. 피어 투 페이턴트에 대한 더 많은 정보는 노벡(Noveck, 2006), 레드퍼드(Ledfod, 2007), 노벡(Noveck, 2009), 베스토와 햄프(Bestor and Hamp, 2010)를 참조하라.

사회연구에서 공개 모집의 활용과 관련하여, 글레이저 등(Glaeser et al., 2016)과 유사한 결과로, 뉴욕시가 주택 조사원의 생산성을 크게 높여주는 예측 모델을 사용할 수 있었다는 내용은 마이어 쇤베르거와 쿠키어(Mayer-Schönberger and Cukier, 2013) 10장에 보고되어 있다. 뉴욕시에서 이러한 예측 모델은 시청 직원들이 구축했지만, 다른 경우에서는 공개 모집을 통해 모델을 만들거나 향상시킬 수 있을 것이라고 상상해볼 수 있다[예를 들어 글레이저 등(Glaeser et al., 2016)]. 그러나 자원을 할당하기 위하여 사용되는 예측 모델의 중요한 문제 하나는 이러한 모델들이 기존의 편향을 강화할 가능성을 지녔다는 것이다. 많은 연구자들은 이미 "쓰레기를 넣으면, 쓰레기가 나온다"는 점과 예측 모델에 "편향된 투입물을 넣으면, 편향된 예측이 나올" 수 있다는 점을 알고 있다. 편향된 훈련 데이터를 기반으로 예측 모델을 만드는 것의 위험성에 대한 더 많은 정보는 바로카스와 셀브스트(Barocas and Selbst, 2016)와 오닐(O'Neil, 2016)을 보라.

정부가 공개 대회를 활용하는 것을 가로막을 수 있는 문제점 하나는, 공개 대회에는 프라이버시 침해로 이어질 수 있는 데이터 공개가 필요하다는 점이다. 공개 모집에서 프라이버시 침해와 데이터 공개 문제에 관한 더 많은 정보는 나라야난, 휴이와 펠턴(Narayanan, Huey, and Felten, 2016)과 6장의 논의를 참고하라.

예측과 설명 간의 차이점 및 공통점에 대한 더 많은 내용은 브라이만(Breiman, 2001), 슈무엘리(Shmueli, 2010), 와츠(Watts, 2014) 그리고 클라인

베르크 등(Kleinberg et al., 2015)을 참고하라. 사회연구에서 예측의 역할에 대한 더 많은 내용은 애시(Athey, 2017), 세더만과 바이드만(Cederman and Weidmann, 2017), 호프먼 등(Hofman et al., 2017), 수브라마니안과 쿠마르(Subrahmanian and Kumar, 2017), 야코니와 웨스트폴(Yarkoni and Westfall, 2017)을 참고하라.

설계에 대한 조언을 포함하여, 생물학 분야에서 이루어진 공개 모집 프로젝트에 대한 논평은 사에즈-로드리게스 등(Saez-Rodriguez et al., 2016)을 보라.

• 분산 데이터 수집(5.4절)

이버드에 대한 설명은 바타샤르지(Bhattacharjee, 2005), 로빈스(Robbins, 2013), 설리번 등(Sullivan et al., 2014)을 활용한 것이다. 연구진이 이버드 데이터를 분석하기 위하여 어떻게 통계적 모델을 사용했는지에 대한 더 많은 내용은 핑크 등(Fink et al., 2010), 허버트와 량(Hurlbert and Liang, 2012)을 참고하라. 이버드 참가자들의 숙련도를 추정하는 것에 대한 더 많은 내용은 켈링, 존스턴 등(Kelling, Johnston, et al., 2015)을 보라. 조류학 분야에서 시민 과학의 역사에 대한 더 많은 정보는 그린우드(Greenwood, 2007)를 참고하라.

말라위 기사 프로젝트에 대한 더 많은 정보는 왓킨스와 스위들러(Watkins and Swidler, 2009), 그리고 칼러, 왓킨스와 앙고티(Kaler, Watkins, and Angotti, 2015)에서 볼 수 있다. 남아프리카에서 진행된 관련 프로젝트에 대한 더 많은 내용은 앙고티와 세놋(Angotti and Sennott, 2015)을 참고하라. 말라위 기사 프로젝트의 데이터를 사용한 연구 사례들을 더 보려면 칼러(Kaler, 2004)와 앙고티 등(Angotti et al., 2014)을 보라.

• 자신만의 협업 설계를 해보자(5.5절)

내가 들어왔던 성공적인 대규모 협업 프로젝트와 실패한 프로젝트의 사례들을 토대로 프로젝트 설계에 관한 조언을 하는 나의 접근 방식은 귀납적이었다. 한편으로는 대규모 협업 프로젝트의 설계와 관련 있는 온라인 커뮤니티를 설계하는 과정에 더 일반적인 사회심리학 이론들의 적용을 시도하려는 연구 흐름이 잇따르고 있다. 그 예로 크라우트 등(Kraut et al., 2012)이 있다.

참가자들에 대한 동기 부여와 관련하여, 왜 사람들이 대규모 협업 프로젝트에 참여하는지 정확하게 밝혀내는 것은 실제로 상당히 어렵다(Cooper et al., 2010; Nov, Arazy and Anderson, 2011; Tuite et al., 2011; Raddick et al., 2013; Preist, Massung and Coyle, 2014). 만약 여러분이 미세 업무 노동 시장(예를 들어 아마존 메커니컬 터크)에서 대가를 지불하는 방식으로 참가자들에 대한 동기 부여를 계획한다면 키투르 등(Kittur et al., 2013)이 몇 가지 조언을 줄 것이다.

뜻밖의 상황을 허용하는 것과 관련하여, 주니버스 프로젝트Zooiverse projects에서 나온 예상치 못했던 발견들에 대한 더 많은 사례는 마셜, 린토트와 플레처(Marshall, Lintott, and Fletcher, 2015)를 참고하라.

윤리적 문제와 관련하여, 수반되는 문제들에 대한 좋은 일반적 개론은 길버트(Gilbert, 2015), 살레이 등(Salehi et al., 2015), 슈미트(Schmidt, 2013), 윌리엄슨(Williamson, 2016), 레스닉, 엘리어트와 밀러(Resnik, Elliott, and Miller, 2015), 그리고 지트레인(Zittrain, 2008)을 참고하라. 특히 크라우드 피고용자에 대한 법적 문제와 연관된 문제들은 펠스티너(Felstiner, 2011)를 보라. 오코너(O'Connor, 2013)는 연구자와 참가자들의 역할 구분이 불분명할 때 연구의 윤리적 맹점에 대한 문제를 제기한다. 시민 과학 프로젝트에서 참가자들을 보호하면서 데이터를 공유하는 것과 관련된 문제들에 대해서는 바우저 등(Bowser et al., 2014)을 보라. 퍼담(Purdam, 2014)과 빈트와 험프리스(Windt and Humphreys, 2016) 두 연구는 분산 데이터 수집에서 윤리적 문제에 관한 논의를 몇 가지 하고 있다. 마지막으로, 대부분의 프로젝트는 참가자들의 기여는 인정하지만 그들에게 저자의 지위를 부여하지는 않는다. 폴딧의 경우, 게임 참여자들은 종종 저자 명단에 올랐다(Cooper et al., 2010; Khatib et al., 2011). 다른 공개 모집 프로젝트에서, 우승한 참가자는 종종 자신이 제시한 해결책을 설명하는 논문을 쓸 수도 있다(Bell, Koren, and Volinsky, 2010; Dieleman, Willett, and Dambre, 2015).

난이도: 🌓 쉬움   🌓 중간   🌓 어려움   🌓 매우 어려움
💰 데이터 수집   ➕ 수학 지식 필요   📱 코딩 능력 필요   ♥ 선호 대상

1. [🌓, 📱, 💰, ♥] 정치 성명서의 크라우드 코딩에 대한 브노이Benoit와 동료들(2016)의 연구에서 제기된 가장 흥미로운 주장 중 하나는 결과가 재현 가능하다는 것이다. 메르츠, 리걸과 레반돕스키(Merz, Regel, and Lewandowski, 2016)는 성명서 뭉치Manifesto Corpus에 접근 권한을 제공한다. 아마존 메커니컬 터크의 노동력을 활용하여 브노이 등(Benoit et al., 2016)의 그림 2를 재현해보라. 여러분의 결과는 얼마나 유사하게 나왔는가?

2. [🌓] 인플루엔자넷 프로젝트Influenzanet project에서 자원자로 구성된 패널들은 감기와 유사한 질병과 관련된 발병률, 확산성, 그리고 건강 추구 행태를 보고한다(Tilston et al., 2010; von Noort et al., 2015).
   ① 인플루엔자넷 프로젝트, 구글 독감 트렌드Google Flu Trends, 그리고 기존 인플루엔자 추적 시스템 사이에 설계, 비용 및 발생 가능한 오류를 비교 및 대조하라.
   ② 신종 인플루엔자의 발생과 같이 고정적이지 않은 시점을 고려해서, 각각의 시스템 내에서 발생 가능한 오류를 서술하라.

3. [🌓, 📱, 💰] 《이코노미스트》는 주간지이다. 인간 기반 연산 프로젝트를 만들어 표지에 등장하는 여성 대 남성의 비율이 시간에 따라 어떻게 변화해왔는지 살펴보라.
   잡지는 각기 다른 지역 여덟 군데(아프리카, 아시아 태평양, 유럽, 유럽연합, 라틴아메리카, 중동, 북아메리카, 영국)에서 서로 다른 표지로 출간될 수 있고, 모든 표지는 잡지사의 웹사이트에서 다운로드가 가능하다. 여덟 군데 지역 중 하나를 골라 분석을 실행하라. 다른 누군가가 그대로 재현할 수 있을 만큼

충분한 세부 정보를 포함하여 분석 과정을 서술하라.

이 질문은 크라우드플라워CrowdFlower라는 크라우드소싱 회사의 데이터과
학자인 저스틴 테누토Justin Tenuto가 진행한 유사한 프로젝트에서 영감을 얻
었다. "《타임》은 정말로 녀석들을 좋아해Time Magazine Really Likes Dudes"를
참고하라(http://www.crowdflower.com/blog/time-magazine-cover- data).

4. [🌀, 🔛, 🧩] 이전 질문을 바탕으로, 이제 여덟 군데 지역 전체에 대한 분석
을 실행하라.

① 지역에 따라 어떤 차이점을 발견했는가?

② 여덟 군데 지역 전체를 대상으로 분석 규모를 확대하기 위해 추가 시간과
비용이 얼마나 많이 소모되었는가?

③ 《이코노미스트》가 매주 100개의 서로 다른 표지로 출간된다고 상상해보
자. 주당 100개의 표지로 분석 규모를 확대하려면 시간과 비용이 얼마나
많이 추가되어야 할지 추정해보라.

5. [🌀, 🔛] 캐글Kaggle과 같이 공개 모집 프로젝트를 주관하는 웹사이트가 몇
군데 있다. 그 프로젝트 중 하나에 참여하여 해당 프로젝트와 공개 모집 전반
에 관하여 무엇을 배웠는지 서술하라.

6. [🌀] 여러분이 관심 있어 하는 분야의 학술지에서 최근 다루어진 이슈들을
살펴보라. 공개 모집 프로젝트로 다시 설계가 가능한 연구가 있는가? 왜 그런
가? 혹은 왜 그렇지 않은가?

7. [🌀] 퍼담(Purdam, 2014)은 런던의 구걸 행태에 대한 분산 데이터 수집 방
법을 설명한다. 이 연구 설계의 장단점을 요약하라.

8. [🌀] 중복성은 분산 데이터 수집의 품질을 평가하기 위한 중요한 방법이다.
빈트와 험프리스(Windt and Humphreys, 2016)는 동東콩고인들의 분쟁 사건
에 대한 보고 자료를 수집하기 위해 시스템을 개발하고 시험했다. 연구를 읽
어보라.

① 그들의 설계가 어떻게 중복성을 확보하는가?

② 그들은 프로젝트에서 수집된 데이터의 타당성 검증을 위해 몇 가지 접근 방식을 제공했다. 그것들을 요약하라. 어떤 방식이 가장 설득력 있는가?

③ 데이터의 타당성 검증을 위한 새로운 방법을 제안해보라. 제안은 비용 면에서 효율적이고 윤리적인 방식으로 데이터에 대한 신뢰도를 높여야 한다.

9. [🎛] 카림 라카니Karim Lakhani와 동료들(2013)은 전산생물학 문제 해결을 위해 새로운 알고리즘을 제안받는 공개 모집 프로젝트를 기획하였다. 그들은 89개의 새로운 전산 접근 방식을 포함하여 총 600개가 넘는 제안을 받았다. 제출된 내용 중 30개는 미국 국립보건원의 메가블래스트MegaBLAST보다 성능이 뛰어났고, 최고의 제출물은 매우 높은 수준으로 정확도와 속도(1,000배 빠른)를 구현해냈다.

① 그들의 논문을 읽고, 동일한 종류의 공개 대회에서 활용할 수 있는 사회연구 문제를 제안해보라. 특히 이러한 종류의 공개 대회는 기존 알고리즘의 성능을 향상시키고 속도를 증가시키는 데 초점을 둔다. 만약 여러분이 여러분의 분야에서 이와 같은 문제를 생각해낼 수 없다면, 왜 그럴 수 없는지 설명해보라.

10. [🎛, ♥] 인간 기반 연산 프로젝트는 아마존 메커니컬 터크의 참가자들에게 의존하는 경우가 많다. 아마존 메커니컬 터크에서 일하기 위해 그곳에 가입하여 1시간 동안 일을 해보자. 이 경험이 인간 기반 연산 프로젝트의 설계, 품질 및 윤리에 대한 여러분의 생각에 어떻게 영향을 주는가?

윤리

6.1. 들어가는 말

이전 장들에서는 디지털 시대가 사회적 데이터를 수집하고 분석하는 새로운 기회를 창출했다는 점을 보여주었다. 하지만 디지털 시대는 새로운 윤리적 도전 또한 만들어냈다. 이번 장의 목표는 이러한 윤리적 도전을 책임감 있게 다루기 위해 필요한 도구를 소개하는 것이다.

현재 디지털 시대의 사회연구를 수행하는 적절한 방법에 대해 합의점은 없는 상태이다. 이러한 불확실성은 연관된 두 가지 문제로 이어지는데, 그중 한 문제가 다른 하나보다 훨씬 더 많은 관심을 받았다. 첫 번째 문제는, 일부 연구자들이 사람들의 프라이버시를 침해하거나, 참가자들을 비윤리적 실험에 참여시켰다는 비난을 받아온 점이다. 이번 장에서 더 자세하게 서술할 이런 사례들은 광범위한 논쟁과 토론의 주제였다. 두 번째 문제는, 윤리적 불확실성 때문에 윤리적이면서 중요한 연구까지도 진행이 되지 못하는 의욕 상실이 있어온 점이다. 내 생각에는 두 번째 문제가 과소평가되어 온 것이 사실이다. 예를 들어 2014년 에볼라가 유행했을 당시, 공중보건 관료들은 병의 확산을 통제하기 위해 에볼라가 크게 창궐한 국가들에서 사람들의 이동에 관한 정보를 알고 싶어 했다. 휴대전화 회사들은 이러한 정보를 일부 제공할 수 있는 상세한 통화 기록을 가지고 있었지만, 윤리적·법적 문제 때문에 해당 데이터에 대한 연구자들의 분석 시도는 수렁에 빠졌다(Wesolowski et al., 2014; McDonald, 2016). 우리가 공동체로서 연구자들과 대중 모두에게 공유되는 윤리적 규범과 표준을 발전시킬 수 있다면(나는 우리가 해낼 수 있다고 생각한다), 디지털 시대의 능력을 책임감 있으면서도 사회에 도움이 되는 방식으로 활용할 수 있을 것이다.

공유되는 윤리적 표준을 만드는 데에서 한 가지 장애물은, 사회과학자들과 데이터과학자들이 연구윤리에 대해 서로 다르게 접근하는 경향이 있다는 점이다. 사회과학자들의 연구윤리에 대한 사고방식은 연구윤리위원회IRB와 준수 의무가 부과되는 규정들의 지배를 받는다. 무엇보다 경험 연구를 수행하는 대부분의 사회과학자들은 IRB 심사의 관료적 절차를 통해서만 윤리적 토론을 경험한다. 이에 반해 데이터과학자들은 컴퓨터 과학이나 컴퓨터 공학 분야에서 연구윤리에 대한 논의가 일반적이지 않기 때문에 연구윤리와 관련된 체계적인 경험을 거의 하지 않는다. 사회과학자들의 규칙rule에 기반한 접근 방식과 데이터과학자들의 사후ad hoc 접근 방식은 두 가지 모두 디지털 시대의 사회연구에는 잘 들어맞지 않는다. 나는 우리가 기존의 방식 대신 공동체로서 원칙 principle에 기반한 접근 방식을 택한다면 진전을 이룰 수 있다고 믿는다. 즉, 연구자들은 당연하게 받아들이고 따라야 한다고 가정할 기존의 규칙뿐만 아니라, 더 일반적인 윤리 원칙을 통해서도 자신의 연구를 평가해야 한다. 이러한 원칙 기반 접근 방식을 통해 연구자들은 아직 규칙이 만들어지지 않은 경우를 접했을 때 더 합리적인 결정을 할 수 있으며, 자신의 추론을 다른 연구자들 및 대중과 나눌 수도 있게 된다.

내가 옹호하는 원칙 기반 접근 방식은 새로운 것이 아니다. 이러한 접근 방식은 수십 년 전에 발간된 이정표적 보고서 두 가지인 「벨몬트 보고서Belmont Report」와 「멘로 보고서Menlo Report」에 대부분 정식화되어 있는 생각에 의지한다. 곧 보게 되겠지만, 원칙 기반 접근 방식은 때때로 명쾌하면서도 실천 가능한 해법으로 이끄는 경우가 있다. 그리고 설령 확실한 해법으로 이어지지 않더라도, 적절한 윤리적 균형을 달성하기 위해서 결정적인 손익계산과 관련된 사항들을 명확하게 해준다. 나아가 원칙 기반 접근 방식은 여러분이 일하는 곳(대학교, 정부, NGO, 기업 등)에 관계없이 도움이 될 만큼 충분히 일반적이다.

이번 장은 선량한 연구자에게 도움을 주기 위해 구성되었다. 자신의 연구에서 연구윤리를 어떻게 고려할 것인가? 연구를 더 윤리적으로 만들기 위해 무엇을 할 수 있을까? 2절에서는 윤리적 토론을 불러온 디지털 시대 연구 계획 세 가지를 소개하도록 하겠다. 이어지는 3절에서는, 앞의 구체적인 예시들에서 윤리적 불확실성을 야기하는 근본적인 이유가 무엇이라고 생각하는지 설명하고자 한다. 그 이유는 연구자들이 사람들의 동의를 구하지 않거나, 인지조차 하지 못하는 상태에서 그들을 관찰하거나 실험을 할 수 있는 권력이 급속하게 증가했기 때문이다. 이러한 권력은 우리의 규범, 규칙, 법률보다 훨씬 더 빠르게 변화한다. 4절에서는 여러분의 사고를 이끌어줄 수 있는 기존 원칙 네 가지를 소개하겠다. 인간 존중의 원칙, 선행의 원칙, 정의의 원칙, 법과 공익 존중의 원칙이다. 5절에서는 여러분이 직면하게 될 가장 어려운 도전인, '윤리적으로 정당한 목적을 달성하기 위해 윤리적으로 의심스러운 수단을 활용하는 것은 어느 경우에 적합한가'라는 질문에 도움이 될 수 있는 포괄적인 윤리 체계 두 가지인 결과주의consequentialism와 의무론deontology을 요약할 것이다. 이 원칙과 윤리 체계(그림 6.1 참조)들은 기존 규정들이 허용하는 사항에만 집중하는 것을 넘어서서 나아갈 수 있도록 해줄 것이며, 여러분의 추론을 다른 연구자들 및 대중과 나눌 때 의사소통 능력도 향상시켜줄 것이다.

6절에서는 앞서 서술한 배경에 더불어, 디지털 시대의 사회연구자들에게 특별히 도전적인 영역 네 가지, 즉 고지에 입각한 동의(6.6.1항), 정보 위험에 대한 이해와 관리(6.6.2항), 프라이버시(6.6.3항), 불확실한 국면에서 윤리적 결정을 내리기(6.6.4항)에 대해 논의하겠다. 마지막으로 7절에서는 명확한 윤리가 규정되지 않은 영역에서 작업을 하기 위한 실천적 조언 세 가지를 논의했다. 이 장은 터스키기 매독 실험Tuskegee Syphilis Study, 「벨몬트 보고서」, 미연방 연구

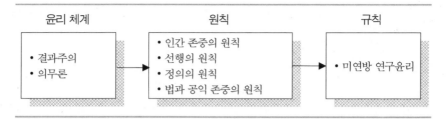

윤리 체계	원칙	규칙
• 결과주의 • 의무론	• 인간 존중의 원칙 • 선행의 원칙 • 정의의 원칙 • 법과 공익 존중의 원칙	• 미연방 연구윤리

그림 6.1_ 연구를 통제하는 규칙은 윤리 체계에서 나온 원칙으로부터 도출된다.

이번 장의 핵심 주장은 연구자들이 자신의 연구를 평가할 때, 주어진 대로 수용하고 당연히 따라야 한다고 가정되는 기존 규칙뿐만 아니라 더 일반적인 윤리적 원칙에 의해서도 평가해야 한다는 것이다. 미연방 연구윤리는 현재 미국에서 대부분의 정부 지원 연구를 통제하는 규정들의 집합이다(상세한 내용은 이번 장의 「역사」 부록을 참조하기 바란다). 네 가지 원칙들은 연구자들에게 윤리적 지침을 제시하기 위해 블루리본위원회 blue-ribbon panels가 작성한 두 문서인 「벨몬트 보고서」와 「멘로 보고서」에서 나왔다 (상세한 내용은 「역사」 부록을 참조하기 바란다). 마지막으로, 결과주의와 의무론은 수백 년 동안 철학자들이 발전시켜온 윤리 체계이다. 두 체계를 구분하는 단순하면서도 빠른 방법은, 의무론자는 수단에 주목하며, 결과론자는 목적에 주목하는 것이다.

윤리Common Rule, 「멘로 보고서」에 대한 토론을 포함하여 미국에서의 연구윤리 관리감독의 진화 과정을 간략하게 요약한 「역사」 부록으로 끝을 맺는다.

6.2. 세 가지 사례

디지털 시대의 사회연구는 이성적이고 선의를 지닌 사람들 사이에서도 윤리적 이견이 발생하는 상황에 놓이게 될 것이다.

더 구체적으로 살펴보기 위해, 윤리적 논란을 야기한 디지털 시대의 연구 사례 세 가지로 이 장을 시작하도록 하겠다. 나는 두 가지 이유로 인해 세 가지 연구를 선정하였다. 첫째, 세 경우 모두 결코 간단한 정답은 없다. 이는 이성적이고 선의를 지닌 사람들 사이에서도 해당 연구들이 진행되었어야 했는지, 그리고 어떤 변화를 통해 연구를 발전시켜야 하는지에 대해 의견이 일치하지 않는다는 말이다. 두 번째, 세 연구들은 모두 원칙, 윤리 체계, 그리고 나중에 논의할 윤리적 불확실성의 영역에서 많은 부분을 구체적으로 보여준다.

6.2.1. 감정 전염

> 70만 명의 페이스북 이용자가 그들의 감정을 바꿀 수도 있는 실험의 대상이 되었다. 하지만 참가자들에게 실험 참가에 대한 동의를 받지 않았으며, 연구는 제3자에 의한 유의미한 윤리적 관리감독하에 놓이지도 않았다.

2012년 1월의 일주일간, 약 70만 명에 달하는 페이스북 이용자들이 '감정 전염', 다시 말해 사람의 감정이 상호작용하는 다른 사람들의 감정에 얼마나 영향을 받는지를 연구하기 위한 실험에 노출되었다. 앞서 4장에서 이미 이 실험에 대해 다루었지만, 여기서 다시 살펴보도록 하겠다. 감정 전염 실험의 참가자들은 네 개의 집단으로 구분되었다. 각 집단은 뉴스피드에서 부정적 단어(예: 슬픔)를 포함하는 타인의 게시글이 무작위로 차단되는 '부정성 감소' 집단, 긍정적 단어(예: 행복)를 포함하는 타인의 게시글이 무작위로 차단되는 '긍정성 감소' 집단, 그리고 두 집단 각각에 대한 통제집단으로 구성되었다. 연구진은 긍정성 감소 집단에 배정된 사람들이 통제집단에 비해 긍정적인 단어를 조금 덜 사용하며, 부정적인 단어를 조금 더 사용한다는 점을 발견하였다. 마찬가지로, 부정성 감소 집단의 사람들은 통제집단에 비해 긍정적인 단어를 조금 더 사용하며, 부정적인 단어를 조금 덜 사용한다는 점도 발견하였다. 따라서 이 실험을 진행한 연구진은 감정 전염의 증거를 발견하였다(Kramer, Guillory, and Hancock, 2014). 실험 설계와 결과에 대한 더 상세한 논의는 4장을 참고하기 바란다.

이 논문이 《미국국립과학원회보》에 게재되자 연구자들과 언론 양쪽에서 수많은 격렬한 항의가 제기되었다. 이 논문에 대한 격렬한 분노는 크게 두 가지 사항에 주목한다. ① 실험 참가자들은 페이스북의 표준적인 서비스 약관 외에 어떠한 동의 관련 고지도 받지 못했고, ② 실험이 제3자에 의한 유의미한 연구 윤리 검토를 거치지 않고 진행된 것이다(Grimmelmann, 2015). 이 논쟁에서 윤리적 의문이 제기되자 저널 측에서는 이례적으로 신속하게 연구윤리 및 윤리적 심사과정에 대한 '편집 위원회의 우려 표명'을 발표하게 되었다(Verma, 2014). 이 실험은 이후 몇 년간 지속적으로 치열한 토론과 의견 충돌의 소재가 되었으며, 실험에 대한 비판이 유사한 종류의 연구들을 음지로 몰아넣는 의도치 않은 효과를 냈을 수도 있다(Meyer, 2014). 일각에서는 기업들이 아직도 이러한 종류의 실험을 중단하지 않고 계속 수행하고 있다고 주장한다. 즉, 기업들이 더는 이를 공개적으로 진행하지 않는 것뿐이라는 것이다. 이 논쟁은 페이스북에서 연구에 대한 윤리적 심사절차를 제정하는 원동력이 되었을 수 있다(Hernandez and Seetharaman, 2016; Jackman and Kanerva, 2016).

6.2.2. 취향, 연결, 시간

> 연구진은 페이스북에서 학생들의 정보를 수집하여 대학교의 기록과 결합해 연구에 활용한 후, 이 자료를 다른 연구자들과 공유하였다.

교수들과 보조연구원들로 이루어진 연구진이 2006년부터 매년 학생들의 페이스북 신상 자료를 모으기 시작하여, '미국 동북부의 다양한 사립대학'의 2009년도 졸업생들의 자료를 수집하였다. 이후 연구진은 학생들의 교우관계와 문화적 취향에 대한 정보를 포함하는 페이스북 자료를, 학생들의 전공과 캠퍼스 내 생활공간에 대한 정보를 포함하는 대학의 자료와 결합하였다. 결합된 자료는 매우 가치 있었고, 연구진은 이 자료를 이용하여 사회 연결망이 형성되는 방식(Wimmer and Lewis, 2010)이나 사회 연결망과 행동이 공진화하는 방식(Lewis, Gonzalez, and Kaufman, 2012)과 같은 주제에 대해 새로운 지식을 창출하였다. '취향, 연결, 시간Tastes, Ties, and Time' 연구진은 이 자료를 자신들의 연구에 활용하는 것에 그치지 않고, 학생들의 프라이버시를 보호하기 위한 몇 가지 절차를 거친 후 이 자료를 다른 연구자들이 사용할 수 있도록 공개하였다(Lewis et al., 2008).

불행히도, 자료가 공개된 후 단 며칠 만에 다른 연구자들은 이 자료에 나오는 학교가 하버드대학이라는 것을 추론해냈다(Zimmer, 2010). '취향, 연결, 시간' 연구진은 부분적으로 학생들에게 정보 수집에 대한 고지를 하지 않았기 때문에(모든 절차는 하버드의 연구윤리위원회와 페이스북에 의해 심사를 거친 후 승인되었다), "윤리적 연구 기준을 준수하는 데에 실패"(Zimmer, 2010)했다고 규탄받았다. 학계로부터의 비판에 더해, 신문에는 "학생들의 프라이버시를 파괴했다고 규탄받는 하버드 연구진"(Parry, 2011)과 같은 기사가 대서특필되었다. 결과적으로 문제의 자료는 인터넷에서 삭제되었고, 다른 연구자들도 더는 이용할 수 없게 되었다.

6.2.3. 앙코르

억압적인 정부가 사람들의 컴퓨터에서 차단했을 만한 웹사이트에 연구진이 몰래 방문하였다.

2014년 3월, 샘 버넷Sam Burnett과 닉 핌스터Nick Feamster는 전 세계의 인터넷 검열을 실시간으로 측정하기 위해 앙코르Encore라는 시스템을 개발해냈다. 조지아 공과대학교에 소속된 연구진은 이를 위해 웹사이트 소유자들에게 웹페이지의 소스 파일에 다음과 같은 몇 줄의 작은 코드를 삽입할 것을 권장하였다.

```
<iframe src= "//encore.noise.gatech.edu/task.html"
     width="0" height="0"
     style= "display: none" ></iframe>
```

이 코드가 포함된 웹페이지에 접속하게 되면, 이용자의 웹 브라우저는 연구진이 검열 가능성이 있다고 판단하여 주시하고 있는 웹사이트(예: 활동금지된 정

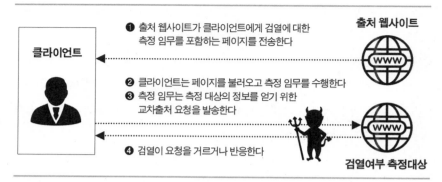

● 출처 웹사이트가 클라이언트에게 검열에 대한 측정 임무를 포함하는 페이지를 전송한다

❷ 클라이언트는 페이지를 불러오고 측정 임무를 수행한다
❸ 측정 임무는 측정 대상의 정보를 얻기 위한 교차출처 요청을 발송한다

❹ 검열이 요청을 거르거나 반응한다

클라이언트

출처 웹사이트

검열여부 측정대상

그림 6.2_ 앙코르의 연구 설계 도식.
출발 웹사이트에는 몇 줄의 작은 코드가 삽입되어 있다(❶단계). 이용자의 컴퓨터는 측정 임무를 작동시키는 웹페이지를 불러온다(❷단계). 이용자의 컴퓨터는 활동이 금지된 정치집단의 웹사이트와 같은 측정대상에 접속을 시도한다(❸단계). 정부와 같은 검열 주체는 측정대상에 대한 접속 시도를 차단할 수도 있다(❹단계). 최종적으로 이용자의 컴퓨터는 요청 결과를 연구진에게 보고한다(위 그림에는 표시하지 않았다).

당의 홈페이지)에 접속을 시도할 것이다. 그 후 웹 브라우저는 차단 가능성이 있는 웹사이트에 접속이 가능한지의 여부를 연구진에게 보고한다(그림 6.2). 나아가, 이 모든 과정은 이용자가 웹페이지의 HTML 소스 파일을 확인해보지 않는 이상 알 수 없도록 진행된다(Burnett and Feamster, 2015: 그림 1 참조). 이와 같이 제3자에 의한 보이지 않는 페이지 접속 요청은 사실 웹상에서는 매우 흔한 일이지만(Narayanan and Zevenbergen, 2015), 확실히 검열을 측정하기 위해 시도된 적은 거의 없었다.

검열을 측정하기 위한 이러한 시도는 기술적 측면에서 매우 매력적인 특징을 가지고 있다. 충분한 수의 웹사이트가 위의 코드를 포함하고 있다면, 앙코르는 어떤 웹사이트가 검열당했는지 국제적 규모로 실시간 측정 자료를 제공할 수 있다. 연구 계획을 실행하기에 앞서 연구진은 연구윤리위원회와 상의를 했으나, 위원회는 연구 계획이 미연방 연구윤리(미국 연방정부의 예산 지원을 받는 대부분의 연구를 통제하는 일련의 조항. 더 상세한 내용은 이 장 마지막의 「역사」 부록을 참조하기 바란다)가 적용되는 '인간 대상 연구'가 아니라는 이유로 계획에 대한 심사를 거부하였다.

하지만 앙코르가 작동하고 얼마 지나지 않아 대학원생인 벤 제벤베르헌Ben Zevenbergen이 연구의 윤리 문제를 제기하기 위해 연구진에게 연락을 취했다. 특히 제벤베르헌은 특정 국가가 민감하게 반응하는 웹사이트에 해당 시민의 컴퓨터가 접속을 시도할 경우 그 시민이 위험에 노출될 수 있다는 점과, 이 사람들은 연구에 참여하게 된다는 어떠한 공지도 받지 못했다는 점을 우려하였다. 이러한 대화에 기반하여, 앙코르 연구진은 연구 계획을 수정하여 페이스북, 트위터, 유튜브에 대한 검열로 측정 대상을 한정하였다. 이 사이트들에 대한 제3자의 접근 시도는 정상적인 웹 브라우징에서도 일어나는 평범한 일이기 때문이다(Narayanan and Zevenbergen, 2015).

이렇게 수정된 설계를 이용하여 자료를 수집한 후, 방법론과 일부 결과를 서술한 논문은 컴퓨터 과학 분야의 명망 있는 학술대회인 SIGCOMM에 투고되었다. 프로그램 위원회는 해당 논문의 기술적 기여에는 찬사를 보냈으나, 참가자들에게 고지에 입각한 동의를 구하지 않은 점에 대해서는 우려를 표명하였다. 결과적으로 위원회는 논문을 발표하기로 결정했지만, 윤리적 우려를 표명하는 성명서를 함께 발표하였다(Burnett and Feamster, 2015). 이러한 성명서 발표는 SIGCOMM에서 유례가 없는 일이었고, 이 사례는 컴퓨터 과학자들이 수행하는 연구에서 윤리의 본질에 대한 추가적인 토론을 촉발하였다(Narayanan and Zevenbergen, 2015; Jones and Feamster, 2015).

6.3. 디지털은 다르다Digital is different

디지털 시대의 사회연구는 특별한 속성이 있으며 따라서 제기되는 윤리적 쟁점이 예전과는 다르다.

아날로그 시대에 대부분의 사회연구는 상대적으로 제한된 규모였으며 꽤 명료한 일련의 규칙에 따라 수행되었다. 하지만 디지털 시대의 사회연구는 다르다. 때로는 기업이나 정부와 협력하기도 하는 연구자들은 연구 참가자들에 대해 과거보다 권력을 더 많이 가지고 있지만, 권력을 행사하는 방식에 대한 규칙은 아직 명료하지 않다. 여기서 권력이라 함은 사람들에게 동의를 구하지 않거나 심지어 사람들이 인지하지 못하는 사이에, 그들을 상대로 어떤 일을 진행할 수 있는 능력을 의미한다. 연구자가 사람들에게 할 수 있는 일에는 그들의 행동을 관찰하거나 실험에 참여시키는 일 등이 포함된다. 관찰을 하거나 심리를 바꿀 수 있는 연구자들의 권력은 증가했지만, 권력 행사 방식에 대한 명료한 규범은 동등하게 발전하지는 못하였다. 사실 연구자들은 일관성 없고 중복되는 규칙, 법률, 규범에 기반하여 자신들의 권력을 어떻게 행사할지 결정해야 한다. 이러한 강력한 능력과 모호한 지침의 조합은 까다로운 상황을 만들어낸다.

오늘날 연구자가 가지고 있는 권력은 사람들의 동의를 구하지 않거나 알아채지 못하는 상태로 그들의 행동을 관찰할 수 있는 능력이다. 물론 연구자들은 과거에도 이런 일들을 할 수 있었지만, 많은 빅 데이터 열성 지지자들이 반복하여 외쳐왔던 대로 디지털 시대에는 그 규모가 완전히 달라졌다. 특히 우리가 학생이나 교수 개인의 눈높이 대신, 연구자들이 점점 더 자주 협업을 하는 조직들인 기업이나 정부의 눈높이에서 바라본다면 잠재적인 윤리적 문제는 더 복잡해진다. 대중 감시mass surveillance의 개념을 시각적으로 이해할 수 있게 도와주는 비유는 **판옵티콘**panopticon이라고 생각한다. 원래는 제러미 벤담 Jeremy Bentham이 감옥의 건축 양식으로 제시한 판옵티콘은 중앙의 감시탑을 감방들이 둘러싸는 형태로 지어진 원형 건축물이다(그림 6.3 참조). 감시탑에 누가 앉든 간에 그 자신은 보이지 않으면서도 감방에 있는 모든 죄수의 행동을 관찰할 수 있다. 따라서 감시탑에 앉은 사람은 **숨은 감시자**unseen seer이다 (Foucault, 1995). 일부 프라이버시 옹호자들의 관점에서 보면, 디지털 시대는 정보기술 기업들과 정부가 우리의 행동을 끊임없이 감시하고 기록하는 판옵티콘과 같은 감옥으로 우리를 몰아넣는다.

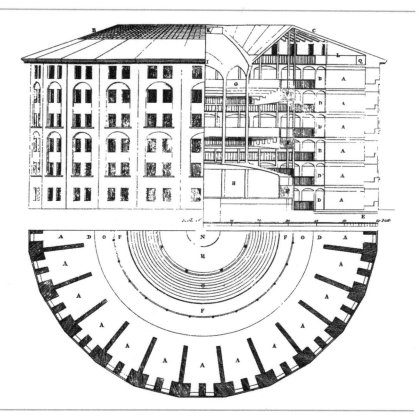

그림 6.3_ 제러미 벤담이 최초로 제시한 판옵티콘 감옥의 설계.
중앙에는 모두의 행동을 볼 수 있지만 자신은 보이지 않는 숨은 감시자가 있다.
자료: 윌리 리빌리Willey Reveley, 1791년 작(출처: 위키피디아).

　이 비유를 좀 더 응용해보자. 많은 사회연구자들은 디지털 시대에 대해 생각할 때 자신이 사람들의 행동을 관찰하여, 모든 종류의 흥미롭고 중요한 연구에 활용할 수 있는 마스터 데이터베이스master database를 구축하는 감시탑에 있다고 생각한다. 하지만 지금은 여러분 자신이 감시탑이 아니라 여러 감방 중 하나에 앉아 있다고 상상해보자. 폴 옴Paul Ohm(2010)의 표현대로 마스터 데이터베이스가 비윤리적 방식으로 악용될 수도 있는 파멸의 데이터베이스로 보이기 시작할 것이다.

이 책 독자 중에서는 보이지 않는 감시자가 자신의 데이터를 책임감을 가지고 사용하며 데이터를 적대적 세력으로부터 안전하게 지켜줄 것이라고 신뢰할 만한 국가에서 살 만큼 운이 좋은 사람도 일부 있을 것이다. 그러나 그 외의 독자들은 그렇게 운이 좋지 않으며, 나는 대중 감시로 인해 그들에게 발생하는 문제들은 매우 분명하다고 확신한다. 하지만 운이 좋은 독자들에게조차 대중 감시로 인해 발생하는 **예상치 못한 2차 사용**unanticipated secondary use 문제는 중요한 골칫거리다. 이는 맞춤형 광고처럼 한 가지 목적을 위해 생산된 데이터베이스가 언젠가는 매우 다른 목적으로 이용될 수 있음을 의미한다. 예상치 못한 2차 사용의 끔찍한 사례는 제2차 세계대전 기간에 발생했다. 이 당시 유태인, 집시 등을 대상으로 대량학살을 자행하기 용이하도록 하는 데에 정부의 인구조사 자료가 이용되었다(Seltzer and Anderson, 2008). 평화로운 시대에 데이터를 수집했던 통계학자들은 대부분 선한 의도를 가지고 있었으며, 많은 시민들 역시 그들이 데이터를 책임감 있게 사용할 것이라고 신뢰하였다. 하지만 나치가 정권을 잡으며 세상이 변하자, 이 데이터들은 결코 예상하지 못했던 방식으로 이용 가능해졌다. 단적으로 말해, 마스터 데이터베이스가 일단 형성되면 누가 마스터 데이터베이스의 접속 권한을 얻게 될지 그리고 어떤 방식으로 이용할지는 예상하기 어렵다. 실제로 윌리엄 셀처William Seltzer와 마고 앤더슨 Margo Anderson은 인구 데이터 체계와 인권침해가 직간접적으로 연관된 사례 18가지를 기록하였다(표 6.1). 게다가 셀처와 앤더슨의 지적대로 대부분의 인권침해는 비밀리에 이루어지기 때문에, 이 목록의 사례 수는 거의 확실하게 과소평가 되었다고 볼 수 있다.

평범한 사회연구자들이 2차 사용을 통해 인권침해와 같은 일에 가담하게 될 가능성은 극히 적다. 하지만 내가 이 문제를 다루려 하는 이유는, 몇몇 사람들이 여러분의 작업에 반응하는 방식을 이해하는 데에 도움이 되기 때문이다. 예를 들어 '취향, 연결, 시간' 연구로 돌아가보자. 연구진은 각각 페이스북과 하버드에서 수집한 완전하고 세밀한 자료들을 결합하여, 학생들의 사회생활과 문

표 6.1_ 인구 데이터 체계가 인권침해와 직·간접적으로 연관된 사례들

장소	시간	대상	데이터 체계	인권침해 내역 / 유력한 국가의 의도
오스트레일리아	19세기~20세기 초	애보리진 (호주 원주민)	인구등록	강제이주, 대량학살 요소
중국	1966~1976	문화대혁명 기간 중 적대계급 출신	인구등록	강제이주, 군중을 상대로 폭동 선동
프랑스	1940~1944	유태인	인구등록, 특별 인구조사	강제이주, 대량학살
독일	1933~1945	유태인, 집시 등	다수	강제이주, 대량학살
헝가리	1945~1946	독일국민, 독일어화자	1941년 인구조사	강제이주
네덜란드	1940~1944	유태인, 집시	인구등록체계	강제이주, 대량학살
노르웨이	1845-1930	사미, 크벤	인구조사	인종청소
노르웨이	1942~1944	유태인	특별인구조사, 인구등록	대량학살
폴란드	1939~1943	유태인	주로 특별인구조사	대량학살
루마니아	1941~1943	유태인, 집시	1941년 인구조사	강제이주, 대량학살
르완다	1994	투치족	인구등록	대량학살
남아프리카공화국	1950~1993	아프리카인과 '유색' 인구	1951년 인구조사와 인구등록	아파르트헤이트, 투표권 박탈
미국	19세기	아메리카 원주민	특별인구조사, 인구등록	강제이주
미국	1917	징병법 위반 의심자	1910년 인구조사	징집 명부 등록 기피자들에 대한 수사와 기소
미국	1941~1945	일본계 미국인	1940년 인구조사	강제이주, 억류
미국	2001~2008	테러리스트 용의자	국립교육통계센터NCES 조사와 행정데이터	국내·외 테러리스트에 대한 수사와 기소
미국	2003	아랍계 미국인	2000년 인구조사	알려지지 않음
소비에트연방	1919~1939	소수민족	다양한 인구조사	강제이주, 형벌과 그 외 심각한 범죄들

자료: 각각의 사례와 선별 기준에 대한 더 상세한 정보를 원한다면 원문(Seltzer and Anderson, 2008)을 보라. 전부는 아니지만 이 사례 중에는 예상치 못한 2차 사용과 연관되어 있는 경우도 있다.

화생활에 대해 놀랍도록 풍부한 관점을 창조해냈다(Lewis et al., 2008). 이 자료는 많은 사회연구자들에게 좋은 일에 활용할 수 있는 마스터 데이터베이스처럼 보였다. 하지만 같은 자료가 다른 사람들에게는 비윤리적으로 이용될 수 있는 파멸의 데이터베이스의 시발점으로 보였다. 사실 양쪽 모두 어느 정도는 옳을 것이다.

대중 감시에 더하여, 역시 기업이나 정부와 협업하는 연구자들은 무작위로 통제된 실험을 수행하기 위해 사람들의 삶에 더 많이 개입할 수 있게 되었다. 예를 들어 감정 전염 연구에서 연구진은 참여를 인지조차 하지 못하는 70만 명에게 어떠한 동의도 구하지 않은 채 실험에 참가시켰다. 4장에서 서술한 대로, 이런 식으로 참가자들을 몰래 실험에 참가시키는 일은 드물지 않으며 대기업의 협력까지도 필요로 하지 않는다. 사실 4장에서 나는 그 방법을 알려준 것이다.

이처럼 연구자의 권력은 증가하고 있지만, 연구자들은 여전히 **일관성 없고 중복되는 규칙, 법률, 규범**에 시달리고 있다. 이러한 비일관성 문제의 원인 하나는, 디지털 시대의 역량이 규칙, 법률, 규범보다 더 빠르게 변화하고 있다는 점이다. 예를 들어 미연방 연구윤리(미국 연방정부의 예산 지원을 받는 대부분의 연구를 관할하는 일련의 조항들)는 1981년 이래로 그리 많이 바뀌지 않았다. 비일관성 문제의 두 번째 원인은 프라이버시와 같은 추상적 개념을 둘러싼 규범들이 연구자, 정책 입안자, 활동가들 사이에서 여전히 합의되지 않은 채 격렬한 토론의 대상으로 남아 있다는 점이다. 이 영역에서 전문가들이 단일한 합의에 도달할 수 없다면, 경험적 연구를 진행하는 연구자들이나 실험 참가자들 역시 합의점을 찾을 수 있을 것이라 기대해서는 안 될 것이다. 비일관성의 세 번째이자 마지막 원인은, 디지털 시대의 연구가 점점 더 다른 맥락들과 혼합되면서 서로 다른 규범과 규칙이 중복될 가능성이 높아지는 것이다. 예를 들어, 감정 전염 연구는 페이스북의 데이터과학자들과 코넬대학교의 교수 및 대학원생들의 협업으로 이루어졌다. 당시 페이스북에서 제3자의 감독 없이 대규모 실험을 진행하는 일은, 실험이 페이스북의 서비스 약관을 준수하는 것과 마찬가지로 일반적인 일이었다. 반면 코넬대학교의 규범과 규칙은 확실히 달랐다. 실질적으로 모든 실험은 코넬대학교 연구윤리위원회의 심사를 받아야 했다. 그렇다면 감정 전염 실험에는 페이스북과 코넬대학교 중 어느 쪽의 규칙이 적용되어야 했을까? 규칙, 법률, 규범이 일관성 없고 중복되는 한, 선량한 연구자들조차 옳은 일을 하기 어려울 수 있다. 사실 이러한 비일관성 때문에 단 하나의 옳은 일이라는 것 자체가 존재하지 않을지도 모른다.

종합하자면, 증가하는 권력과 그 권력을 행사하는 방식에 대한 합의의 부재라는 두 가지 특성은 디지털 시대에 작업하는 연구자가 가까운 미래에 윤리적 도전에 직면하게 될 것임을 의미한다. 다행히도 이러한 도전에 대처할 때 완전히 공백상태에서 시작할 필요는 없다. 오히려 연구자들은 기존의 윤리적 원칙과 체계로부터 지혜를 끌어올 수 있다. 이 주제는 다음 두 절의 주제이다.

6.4. 네 가지 원칙

윤리적 불확실성에 직면하는 연구자들을 이끌어줄 수 있는 원칙 네 가지는 인간 존중의 원칙, 선행의 원칙, 정의의 원칙, 법과 공익 존중의 원칙이다.

디지털 시대에 연구자들이 직면하는 윤리적 도전은 과거의 윤리적 도전과는 다소 다르다. 하지만 연구자들은 이전의 윤리학적 사고를 기반으로 이러한 도전에 대응할 수 있다. 나는 특히 이전의 「벨몬트 보고서」(1979)와 「멘로 보고서」(Dittrich, Kenneally, and others, 2011)에서 표명된 원칙이 연구자들이 직면한 윤리적 도전에 대해 추론할 때 도움이 되리라고 믿는다. 이 장의 「역사」부록에서 더 상세하게 서술하고 있다시피, 두 보고서는 모두 다양한 이해 당사자들의 의견을 들을 수 있는 전문가 패널이 수년간의 숙의를 거쳐 만들어낸 결과물이다.

우선 1974년, 연구자들의 윤리적 실패(악명 높은 터스키기 매독 실험에서 거의 4

만 명에 달하는 아프리카계 미국인이 연구자들에 의해 적극적으로 기만당하여 약 40년 간 안전하고 효과적인 치료를 받지 못했다. 「역사」 부록 참고)에 대한 대응으로, 미국 의회는 인간을 대상으로 하는 연구들에 대한 윤리적 지침을 만들기 위한 국가 위원회를 구성하였다. 벨몬트 컨퍼런스 센터Belmont Conference Center에서 이루 어진 4년간의 모임 끝에, 위원회는 간략하지만 강력한 문서인 「벨몬트 보고서」 를 작성하였다. 「벨몬트 보고서」는 인간을 대상으로 하는 연구를 관할하는 일 련의 규정을 담고 있으며 IRB에서 준수의무를 부과하는 미연방 연구윤리의 지 적 기초이다(Porter and Koski, 2008).

이후 2010년, 컴퓨터 보안 연구자들의 윤리적 실패와 디지털 시대의 연구에 「벨몬트 보고서」의 관념을 적용하는 어려움에 대응하기 위해, 특히 미국 국토 안전부Department of Homeland Security를 위시한 미국 연방정부는 정보통신기술 ICT과 관련된 연구에 적용할 수 있는 윤리 체계의 지침을 마련하기 위해 최정 상급 위원회를 구성하였다. 이러한 노력의 결과가 「멘로 보고서」이다(Dittrich, Kenneally, and others, 2011).

「벨몬트 보고서」와 「멘로 보고서」는 모두 연구자들의 윤리적 숙의를 이끌 어줄 수 있는 네 가지 원칙을 제시한다. 인간 존중의 원칙, 선행의 원칙, 정의의 원칙, 법과 공익 존중의 원칙이 그것들이다. 이 네 가지 원칙을 현장에서 실제 로 적용하는 일이 항상 쉬운 것은 아니며, 까다로운 조정이 필요할 수도 있다. 하지만 이 원칙들은 상충되는 점들을 명료하게 하는 일을 도와주고, 연구 설계 의 개선점을 제시해주며, 연구자들이 자신의 추론을 동료나 대중에게 설명할 수 있도록 해준다.

6.4.1. 인간 존중의 원칙

인간 존중의 원칙Respect for Persons은 인간을 자율적인autonomous 존재로 대 우하며 그들의 의사를 존중하는 일에 대한 원칙이다.

「벨몬트 보고서」는 인간 존중의 원칙이 서로 다른 두 부분으로 구성되어 있다고 주장한다. ① 개인들은 자율적인 존재로 대우받아야 한다. ② 자율성이 침해당하는 개인은 추가적인 보호를 받아야 한다. 단순히 말해서, 자율성이란 사람들이 자신의 삶을 스스로 통제할 수 있도록 놓아두는 것과 같다. 다르게 말하면, 인간 존중의 원칙은 연구자들이 사람들에게 그들의 동의 없이 무언가를 해서는 안 된다는 것을 의미한다. 매우 중요하게도, 이 원칙은 연구자들이 자신이 하려는 일이 사람들에게 무해하거나, 심지어 이득이 된다고 판단하는 경우에도 유지된다. 인간 존중의 원칙은 연구자가 아니라 연구 대상자가 결정권을 가져야 한다는 신념으로 이어진다.

실제 상황에서 인간 존중의 원칙은 가능하다면 연구자가 참가자들에게 실험에 대해 고지한 후 동의를 받아야 한다는 점을 의미한다고 해석되어왔다. 고지에 입각한 동의informed consent라는 기본 관념은 참가자가 이해할 수 있는 형식으로 적절한 정보를 설명받은 후 자발적으로 참여에 동의해야 한다는 것이다. 각각의 개념은 그 자체로 상당한 추가 토론과 연구의 주제가 되었으며(Manson and O'Neill, 2007), 이 책 6.6.1항을 할애하여 더 상세히 다루도록 하겠다.

인간 존중의 원칙을 이 장의 도입부에서 강조한 세 가지 예시에 적용해보면 각각의 사례와 관계된 영역들이 강조된다. 각각의 경우에 연구자들은 참가자의 동의나 인지 없이 그들의 데이터를 이용하거나(취향, 연결, 시간), 측정 임무를 수행하는 데에 그들의 컴퓨터를 이용하거나(앙코르), 실험에 참가시켰다(감정 전염). 인간 존중의 원칙을 위반한다고 해서 자동적으로 해당 연구들이 윤리적으로 허용될 수 없는 것은 아니다. 인간 존중의 원칙은 네 가지 원칙 중 하나일 뿐이다. 하지만 인간 존중의 원칙을 고려해보는 일은 연구의 윤리성을 높일 수 있는 방식 몇 가지를 제시한다. 예컨대 연구자는 연구가 시작되기 전이나 종료된 후에 참가자들에게 일종의 동의를 구할 수도 있다. 6.6.1항에서 고지에 입각한 동의에 대해 논의할 때 대안에 대해서도 다루도록 하겠다.

6.4.2. 선행의 원칙

선행의 원칙Beneficence은 연구의 위험/이익 개요에 대한 이해와 개선, 그리고 위험과 이익의 적절한 균형을 결정하는 일에 대한 원칙이다.

「벨몬트 보고서」는 선행의 원칙이 연구자가 참가자에 대해 지켜야 하는 의무이며, 이는 두 가지 부분을 포함한다고 말한다. ① 피해를 끼치지 말라, ② 잠재적 위험을 최소화하고, 잠재적 이익을 극대화하라. 「벨몬트 보고서」는 "피해를 끼치지 말라"라는 관념의 기원이 의료 윤리 분야의 히포크라테스 전통까지 거슬러 올라간다고 보며, 연구자들이 "다른 사람들에게 발생할 이익과 관계없이, 누군가에게 위해를 가해서는 안 된다"라는 강력한 형태로 표현하고 있다(Belmont Report, 1979). 하지만 「벨몬트 보고서」는 유용한 지식을 얻는 것이 누군가를 위험에 노출시킬 수도 있다는 점을 함께 인정한다. 그러므로 피해를 끼치지 말라는 의무는 탐구에 대한 의무와 충돌하며, 이로 인해 종종 연구자들이 "위험이 수반됨에도 확실한 이익을 추구하는 것을 어떤 경우에 정당화할 수 있는가, 그리고 반대로 어떤 경우에 위험 때문에 이익을 포기해야 하는가"에 대한 결정을 내리기 어렵게 된다(Belmont Report, 1979).

실제 현장에서, 선행의 원칙은 연구자들이 서로 구분되는 두 가지 과정을 수행해야 한다는 의미로 해석된다. 그것은 위험/이익 분석과, 위험과 이익이 적절한 윤리적 균형에 도달했는지 여부에 대한 결정이다. 첫 번째 과정은 대체적으로 실질적인 전문 지식을 필요로 하는 기술적인 문제이다. 반면 두 번째 과정은 대체적으로 전문 지식이 비교적 중요하지 않거나, 심지어 해로울 수도 있는 윤리적 문제이다.

위험/이익 분석은 연구의 위험과 이익에 대해 이해하고, 둘의 교환비를 개선하는 것을 모두 포괄한다. 특히 위험에 대한 분석은 두 가지 요소를 반드시 포함해야 한다. 부작용이 발생할 가능성과, 부작용의 심각성에 대한 분석이다. 연구자는 위험/이익 분석의 결과에 따라, 부작용 발생 가능성을 줄이는 방향

(부작용에 취약한 참가자들을 실험에서 배제하는 등)이나 부작용이 발생할 경우 그 심각성을 줄이는 방향(참가자의 요청이 있을 경우 상담을 제공하는 등)으로 연구 설계를 조정할 수 있다. 더 나아가, 연구자는 위험/이익 분석을 실시할 때 자신의 작업이 참가자뿐만 아니라 비참가자와 사회 시스템에 미칠 영향까지 고려할 필요가 있다. 예컨대 4장에서 다루었던, 위키피디아 편집자에 대한 보상의 효과를 다룬 레스티보와 반 더 라이트(Restivo and van de Rijt, 2012)의 실험을 떠올려보자. 이 실험에서 연구진은 보상을 받을 만한 기여를 했다고 판단한 소수의 편집자들에게 보상을 주고, 동등하게 보상받을 자격이 있었으나 보상받지 못한 통제집단과 비교하여, 이후 그들의 위키피디아에 대한 기여 내역을 추적하였다. 그런데 만약 레스티보와 반 더 라이트가 소수에게 보상을 주는 대신, 위키피디아가 넘칠 만큼 많은 사람들에게 보상을 주었다고 상상해보자. 이러한 설계 변경이 그 어떤 개별 참가자에게도 피해를 주지는 않겠지만, 위키피디아의 전체 보상 생태계를 교란시킬 수 있다. 다시 말해, 위험/이익 분석을 실시할 때, 연구가 참가자에게 미치는 영향뿐만 아니라 더 넓은 세계에 미치는 영향까지 고려해야 한다.

다음으로, 위험을 최소화하고 이익이 극대화되면 연구자는 연구가 알맞은 위험/이익 균형에 도달했는지 평가해야 한다. 윤리학자들은 평가방식으로 비용과 편익의 단순한 총합을 추천하지는 않는다. 특히 어떤 위험들은 이익이 무엇이든 간에 연구를 허용할 수 없는 것으로 만들어버린다(예를 들어「역사」부록에서 서술하는 터스키기 매독 실험). 대개 기술적 문제인 위험/이익 분석과 달리 이 두 번째 단계는 더욱 심도 있는 윤리적인 문제이며, 사실 구체적인 세부 영역에 대한 전문 지식이 없는 사람들에 의해 논의가 풍부해질 수 있다. 실제로 외부자는 내부자와 다른 것들을 알아차릴 수 있기 때문에, 미국의 연구윤리위원회들은 의무적으로 비연구자 최소한 한 명을 위원회에 포함시키고 있다. 미국의 윤리위원회에서 일할 때 나의 경험에 의하면 이런 외부자들은 집단적 편향을 방지하는 데 도움이 된다. 따라서 연구 계획이 적절한 위험/이익 분석과 충돌하는지 여부를 결정하기 어렵다면, 동료 연구자에게 문의하지 말고 연구자가 아닌 사람들에게 물어보라. 깜짝 놀랄 만한 답을 줄지도 모른다.

선행의 원칙을 우리가 살펴보았던 세 가지 예시에 적용해보면, 각 실험들의 위험/이익 균형을 향상시킬 수 있는 변화를 알려준다. 예컨대 감정 전염 실험에서, 연구진은 감정 조작에 나쁜 방식으로 반응할 가능성이 특히 높은 18세 이하의 미성년자를 연구에서 배제하려는 시도를 할 수 있었다. 또한 효과적인 통계적 방법론(4장에서 상세하게 서술했다시피)을 통해 참가자의 숫자를 최소화할 수도 있었다. 나아가, 참가자들을 관찰하여 피해를 입은 것 같은 참가자에게 지원을 제공할 수도 있었다. 취향, 연결, 시간 연구에서는 연구진이 데이터를 공개할 때 안전장치를 더 많이 준비할 수 있었다. 연구진에서 실시한 절차가 당시의 관행과 부합한다고 시사한 하버드대학교 윤리위원회의 승인을 받기는 했지만, 6.6.2항에서 정보 관련 위험에 대해 서술할 때 데이터 공개에 대해 더 상세한 의견을 제시하도록 하겠다. 마지막으로 앙코르의 사례에서, 연구진은 연구의 측정 목표를 달성하기 위한 위험한 접속 요청의 수를 최소화할 수 있었으며, 억압적인 정부로부터 가장 위협받는 참가자들을 배제할 수도 있었다. 이러한 각각의 가능한 변화는 연구 설계에 비용과 편익의 교환을 도입하며, 나의 목표는 연구자들이 이러한 변화를 꼭 수용해야 한다고 제안하는 것이 아니다. 그보다는 선행의 원칙이 제안할 수 있는 변화의 종류를 보여주는 것이다.

마지막으로, 디지털 시대에는 일반적으로 위험과 이익을 평가하는 일이 더 복잡해졌지만, 실제로 연구자들이 자신의 연구가 가지는 효용을 늘리는 것이 용이해지기도 했다. 특히 디지털 시대의 도구들은 연구자들이 연구에 사용한 데이터와 코드를 다른 연구자들에게 제공하고, 오픈 액세스 출판Open Access Publishing을 통해 논문을 열람하는 것을 가능하게 만들어줌으로써, 연구의 개방성과 재현 가능성을 급격하게 높여주었다. 결코 쉽지만은 않은 이러한 개방성과 연구 재현 가능성으로의 변화는 연구 대상자들을 추가적인 위험에 노출시키는 일 없이도 연구자들이 자신의 연구가 주는 효용을 증가시킬 수 있는 방안을 제공한다(6.6.2항의 정보 관련 위험에서 상세하게 논의할 데이터 공유는 예외이다).

6.4.3. 정의의 원칙

정의의 원칙Justice은 연구의 위험과 이익이 공정하게 배분되도록 보장하는 것에 대한 원칙이다.

「벨몬트 보고서」는 정의의 원칙이 연구의 부담 및 이익의 분배를 다루는 원칙이라고 주장한다. 이는 사회의 나머지 집단이 연구의 혜택을 누리는 동안 특정 집단이 연구의 비용을 짊어져서는 안 된다는 말이다. 예를 들어 19세기와 20세기 초반에 걸쳐 임상실험으로 인해 향상된 의료기술의 혜택은 주로 부유한 사람들에게로 흘러들어 갔지만, 임상실험의 대상이 되는 부담은 대부분 가난한 사람들에게 돌아갔다.

실제로 정의의 원칙은 초기에는 취약한 사람들이 연구자들에게 보호받아야 한다는 의미로 해석되었다. 다른 말로, 연구자들이 사회적 약자를 의도적으로 희생자로 삼는 일은 결코 허용되어서는 안 된다는 의미이다. 과거에 저학력자나 선거권이 박탈된 시민(Jones, 1993), 수감자(Spitz, 2005), 보호시설에 수용된 정신장애 아동(Robinson and Unruh, 2008), 늙고 쇠약한 입원환자(Arras, 2008)와 같이 극단적으로 취약한 사람들을 대상으로 하는 다수의 비윤리적 연구들이 수행되었던 것은 매우 문제적인 패턴이다.

하지만 1990년경, 정의에 대한 관점은 보호protection에서 접근access으로 급격하게 선회하기 시작하였다(Mastroianni and Kahn, 2001). 예를 들어, 활동가들은 아동, 여성, 인종적 소수자들이 실험에서 얻은 지식으로부터 이익을 누릴 수 있도록, 이들 집단이 반드시 임상실험에 포함될 필요가 있다고 주장하였다 (Epstein, 2009).

보호와 접근에 대한 의문에 더하여, 정의의 원칙은 종종 참가자에 대한 적절한 보상이 무엇인지에 대한 의문을 제시하는 것으로 해석된다. 이 의문은 의료윤리에서 가장 논쟁이 되는 토론 주제이다(Dickert and Grady, 2008).

정의의 원칙을 우리의 세 가지 사례에 적용하는 것은 세 연구를 보는 또 다른 관점을 제시해준다. 세 연구 모두, 참가자에게 금전적인 보상을 하지 않았다. 앙코르는 정의의 원칙에 대한 가장 복잡한 의문을 제시한다. 선행의 원칙은 억압적인 정부가 들어선 국가의 참가자들을 배제할 것을 제안하는 반면, 정의의 원칙은 이 사람들에게 인터넷 검열을 정확하게 측정하는 데에 참여하고 그로부터 편익을 누릴 수 있도록 허용해야 한다고 주장할 수 있다. 취향, 연결, 시간의 사례에서도 연구의 부담은 일군의 학생들이 짊어졌으며 이득은 나머지 사회 전체가 보았기 때문에 정의의 원칙에 대한 의문이 역시 제기된다. 마지막으로 감정 전염 연구에서는, 연구 대상이 되는 부담을 짊어진 참가자를 연구 결과에서 이익을 얻을 가능성이 가장 높은(즉, 페이스북 이용자) 모집단에서 무작위로 추출했다. 이런 의미에서 감정 전염의 연구 설계는 정의의 원칙에 잘 부합했다고 볼 수 있다.

6.4.4. 법과 공익 존중의 원칙

법과 공익 존중의 원칙Respect for Law and Public Interes은 선행의 원칙을 특정한 연구 참가자들을 넘어, 모든 관련된 이해 당사자들을 포함하는 데까지 확장시킨 것이다.

여러분의 사고를 이끌어줄 수 있는 네 번째이자 마지막 원칙은 법과 공익 존중의 원칙이다. 이 원칙은 「멘로 보고서」에서 등장했으며, 따라서 사회과학자들에게는 잘 알려진 편은 아닐 것이다. 「멘로 보고서」는 법과 공익 존중의 원칙이 선행의 원칙에 함축되어 있기는 하지만, 전자는 별도로 고려해야 할 만한 부분이라 주장한다. 특히 선행의 원칙은 참가자에게 주목하는 경향이 있는 반면, 법과 공익 존중의 원칙은 연구자들이 넓은 시야를 가지고 법을 고려사항에 포함하도록 분명히 권장한다.

「멘로 보고서」에서, 법과 공익 존중의 원칙은 서로 다른 두 가지 요소로 구성되어 있다. 그것은 ① 준수compliance와 ② 투명성에 기초한 책임성이다. 준수란 연구자가 관련된 법과 계약, 그리고 서비스 약관을 확인하고 이를 따르려고 노력해야 한다는 의미이다. 예를 들어 준수가 웹사이트 컨텐츠 수집을 고려하는 연구자라면 대상 웹사이트의 서비스 약관 동의를 읽어보고 판단해야 한다는 것을 의미한다. 하지만 서비스 약관 위배가 허용되는 상황이 있을 수 있다. 법과 공익 존중의 원칙은 네 가지 원칙 중 하나에 지나지 않는다는 점을 기억하자. 예컨대 한때 버라이즌Verizon 사와 AT&T 사의 서비스 약관은 모두 소비자가 자신을 비판할 수 없도록 하고 있었다(Vaccaro et al., 2015). 나는 연구자들이 이러한 서비스 약관 동의에 자동적으로 얽매여서는 안 된다고 생각한다. 이상적으로는 연구자들이 서비스 약관 동의를 위배한다면, 연구자들은 투명성에 기초한 책임성이 제시하는 바에 따라 자신들의 결정을 공개적으로 설명해야 한다(쇨러 등(Soeller et al., 2016)을 보라). 하지만 이러한 개방성은 연구자들을 추가적인 법적 위험에 노출시킬 것이다. 예컨대 미국의 「컴퓨터 사기 및 남용 방지법Computer Fraud and Abuse Act」은 서비스 약관 동의를 위배하는 일을 불법으로 만들 수도 있다(Sandvig and Karahalios, 2016; Krafft, Macy, and Pentland, 2016). 지금까지 설명해온 간략한 논의에 윤리적 숙고에 대한 준수까지 포함시키면 더욱 복잡한 의문이 제기된다.

법과 공익 존중의 원칙은 이를 준수하는 것뿐만 아니라 투명성에 기초한 책임성을 권장한다. 투명성에 기초한 책임성은 연구자들이 자신의 연구 모든 단계에서 목표, 방법론, 결과를 명료하게 인지하고 자신의 행동에 책임을 져야 한다는 점을 의미한다. 책임성에 기초한 투명성에 대하여 또 다르게 이해할 수 있는 방법은 연구 공동체가 비밀리에 연구를 진행하는 것을 막으려는 시도로 보는 것이다. 책임성에 기초한 투명성은 윤리적 논쟁에서 공적 영역이 더 폭넓은 역할을 맡을 수 있도록 해주며, 이는 윤리적 이유에서도, 실용적 이유에서도 모두 중요하다.

앞서 검토해왔던 세 가지 연구에 법과 공익 존중의 원칙을 적용하는 일은 연구자들이 법적 문제와 마주했을 때 발생하는 복잡성을 일부 보여준다. 예컨대 그리멜만(Grimmelmann, 2015)은 감정 전염 연구가 메릴랜드주에서는 불법이었을 것이라고 주장한다. 특히 2002년에 통과된 「메릴랜드주 하원 법안 917호 Maryland House Bill 917」는 미연방 연구윤리의 적용 범위를, 독립적으로 자금 조달을 하는 경우를 포함한(많은 전문가들은 감정 전염 연구가 미국 연방정부로부터 연구자금을 지원받지 않는 기관인 페이스북에 의해 수행되었기 때문에, 연방법상으로는 미연방 연구윤리에 종속되지 않는다고 생각한다) 메릴랜드주에서 실시되는 모든 연구로 확장하였다. 하지만 일부 학자들은 「메릴랜드주 하원 법안 917호」가 그 자체로 위헌적이라고 생각한다(Grimmelmann, 2015: 237~238). 현역 사회연구자들은 판사가 아니기 때문에, 미국 50개 주의 모든 법률의 합헌 여부를 이해하고 판단할 준비가 되어 있지 않다. 이러한 복잡성은 국제적 규모의 연구에서 더 심각해진다. 예를 들어 170개국의 참가자가 관련된 앙코르 연구는 법률 준수를 엄청나게 어려운 일로 만들었다. 모호한 법적 환경에 대응하여 연구자들은 연구에 대한 제3자의 윤리적 심의를 통해 법적 요구사항에 대한 조언을 받거나, 의도치 않게 연구가 불법일 경우 개인적 보호를 받는 등의 도움을 받을 수 있다.

반면, 세 가지 연구는 모두 학술지에 연구 결과를 게재하여 책임성에 기초한 투명성을 부여받았다. 사실 감정 전염은 오픈 액세스 형식으로 출판되었기 때문에, 연구 공동체와 더 넓은 범위의 대중이 연구 설계와 결과에 대해 사후에라도 잘 알 수 있었다. 책임성에 기초한 투명성을 평가하는 간단하면서도 손쉬운 방법 하나는 다음과 같이 자문하는 것이다. "만약 이 연구 방식이 내 고향의 지역신문 1면에 실려도 편할까?" 만약 답이 "아니요"라면, 이는 연구 계획에 변경이 필요하다는 신호이다.

결론적으로 「벨몬트 보고서」와 「멘로 보고서」는 연구를 평가하는 데에 활용할 수 있는 네 가지 원칙을 제시하였다. 이는 인간 존중의 원칙, 선행의 원칙, 정의의 원칙, 법과 공익 존중의 원칙이다. 실제 연구 현장에서 네 가지 원칙을 적용하는 일이 항상 간단하지는 않으며, 까다로운 조정이 필요할 수도 있다. 예를 들어 감정 전염 실험의 참가자에게 실험에 대한 사후 설명을 할 것인지 여부를 결정하는 것과 관련하여, 인간 존중의 원칙에 따르면 사후 설명이 권장

되겠지만 선행의 원칙은 사후 설명을 지양할 것이다(사후 설명은 그 자체로 참가자에게 해로울 수 있다). 서로 경쟁 관계에 있는 원칙들 사이에서 균형을 잡는 자동적인 방법은 없지만, 이 원칙들은 비용과 편익을 명료하게 하는 일을 도와주고, 연구 설계의 개선점을 제시해주며, 연구자들이 자신의 추론을 동료나 대중에게 설명할 수 있게 해준다.

6.5. 두 가지 윤리 체계

> 연구윤리에 대한 논쟁은 결과주의와 의무론 사이의 불일치로 압축되는 경우가 대부분이다.

인간 존중, 선행, 정의, 법과 공익 존중에 대한 네 가지 윤리적 원칙은 주로 두 개의 더 추상적인 윤리 체계인 결과주의와 의무론으로부터 파생된 원칙이다. 이 체계를 이해하는 일은, 연구윤리에서 가장 근본적인 긴장들 중 하나인 윤리적 목적을 달성하기 위해 비윤리적 수단을 사용하는 문제를 확인하고 추론할 수 있도록 해주므로 유용하다.

제러미 벤담Jeremy Bentham과 존 스튜어트 밀John Stuart Mill의 연구에 기원을 두는 결과주의는, 세계를 더 나은 상태로 이끄는 행동을 취하는 일에 주목한다(Sinnott-Armstrong, 2014). 위험과 이익 사이의 균형에 집중하는 선행의 원칙이 바로 결과주의적 사고에 깊이 뿌리를 두고 있다. 반면 이마누엘 칸트Immanuel Kant의 연구에 기원을 두는 의무론은 결과로부터 독립적인 윤리적 의무에 주목한다(Alexander and Moore, 2015). 참가자의 자율성에 집중하는 인간 존중의 원칙은 의무론적 사고에 깊이 뿌리를 두고 있다. 두 체계를 구별해주는 빠르고 단순한 기준은, 의무론자는 수단에 주목하고 결과주의자는 목적에 주목한다는 점이다.

두 가지 체계가 작동하는 방식을 보기 위해 고지에 입각한 동의에 대해 생각해보자. 두 체계 모두 고지에 입각한 동의를 지지하는 근거로 활용될 수 있지만, 이유는 각자 다르다. 결과주의자는 고지에 입각한 동의가, 위험과 예상 이익 사이에 적절한 조정을 하지 않은 연구를 금지함으로써 참가자들을 위험으로부터 보호하는 데에 도움이 된다고 주장한다. 다시 말해 결과주의자의 사고는 고지에 입각한 동의가 참가자를 나쁜 결과로부터 보호하는 데에 도움이 된다는 이유에서 지지하는 것이다. 반면 의무론자의 주장은 참가자의 자율성을 존중해야 한다는 연구자의 의무에 주목한다. 이러한 접근 방식의 차이를 고려하면, 온전한 결과주의자는 어떠한 위험도 없을 경우에는 고지에 입각한 동의를 요구하는 일을 기꺼이 포기하겠지만, 반대로 온전한 의무론자는 그렇지 않을 것이다.

결과주의와 의무론은 모두 중요한 윤리적 통찰을 제공해주지만, 양자 모두 터무니없는 극단으로 치달을 수 있다. 결과주의의 경우 극단적 사례 중 하나는 장기 이식Transplant이라고 할 수 있다. 장기부전으로 죽어가는 환자 다섯과, 다섯을 모두 살릴 수 있는 장기를 지닌 한 명의 건강한 환자를 담당하는 의사를 떠올려보자. 일정한 조건하에서는, 결과주의자 의사는 장기를 얻기 위해 건강한 환자를 죽이는 것을 허용하거나 심지어는 요구하게 될 것이다. 이렇게 수단에 대한 고려를 전혀 하지 않은 채 완전히 목적에만 집착하는 데에는 결함이 있다.

마찬가지로 의무론 역시 시한폭탄Time bomb이라 부르는 사례와 같이 곤란한 극단적 상황으로 빠질 수 있다. 수백만 명의 목숨을 앗아 갈 수도 있는 시한폭탄의 위치를 알고 있는 테러리스트를 체포한 경찰을 상상해보자. 의무론자 경찰은 테러리스트가 폭탄의 위치를 밝히도록 속이기 위한 거짓말을 하지 않을 것이다. 목적에 대한 고려를 전혀 하지 않은 채 수단에 완전히 집착하는 데에도 마찬가지로 결함이 있다.

실제 현장에서 대부분의 사회연구자들은 이 두 가지 윤리 체계의 조합을 내재적으로 수용하고 있다. 두 윤리적 학설이 혼재된 것에 주목하면 많은 윤리적 논쟁이 큰 진전을 보지 못하는 이유를 명료하게 해준다. 윤리적 논쟁들은 결과를 더 중시하는 사람들과 의무를 더 중시하는 사람들 사이의 논쟁으로 이어지는 경향이 있다. 결과주의자들은 보통 목적을 내세워 주장하지만, 이러한 주장은 수단에 대해 우려하는 의무론자들에게 와닿지 않는다. 마찬가지로 수단에 대한 의무론자들의 주장 역시 결과에 주목하는 결과주의자들에게 설득력이 없다. 결과주의자와 의무론자 사이의 논쟁은 서로 비켜 지나가는 양측two ships passing in the night과 같다.

이러한 토론에 대한 해법 한 가지는, 사회연구자들을 위해 일관성 있고 도덕적으로 견고하며 적용하기 쉬운 결과주의와 의무론의 조합을 개발하는 것이다. 하지만 안타깝게도 이는 실현될 가능성이 낮다. 이미 철학자들은 매우 오랜 시간 동안 이 문제로 어려움을 겪어오고 있다. 그래도 연구자들은 윤리적 도전에 대해 추론하고, 손익교환을 명료하게 하며, 연구 설계를 향상시키기 위해 두 가지 윤리 체계와 이 체계들이 함축하는 네 가지 원칙을 활용할 수 있다.

6.6. 까다로운 영역들

네 가지 윤리적 원칙인 인간 존중의 원칙, 선행의 원칙, 정의의 원칙, 법과 공익 존중의 원칙과 두 가지 윤리 체계인 결과주의와 의무론은 연구 과정에서 마주치는 윤리적 문제가 어떤 것이든 간에 추론에 틀림없이 도움이 될 것이다. 하지만 이 장 초반에 서술한 디지털 시대의 연구의 속성과 우리가 지금까지 검토해왔던 윤리적 논쟁들을 보았을 때, 나는 특별히 까다로운 네 가지 영역이 있다고 생각한다. 고지에 입각한 동의, 정보 위험에 대한 이해와 관리, 프라이버시, 불확실한 국면에서 윤리적 결정을 내리기이다. 다음 절에서 이 네 가지 문제를 더 상세하게 서술하고, 문제를 다루는 방식에 대한 조언을 할 것이다.

6.6.1. 고지에 입각한 동의

연구자는 다음 규칙을 지켜야 하며, 지킬 수 있다. 대부분의 연구에는 어떤 형태의 동의가 있어야 한다.

고지에 입각한 동의는 누군가는 거의 집착이라고 말할 정도로(Emanuel, Wendler, and Grady, 2000; Manson and O'Neill, 2007) 연구윤리에서 근본적인 개념이다. 가장 간단한 형태의 연구윤리는 다음과 같다. "모든 것에 대해 고지에 입각한 동의를 구하라". 하지만 이 간단한 규칙은 기존의 윤리적 원칙, 윤리적 규제, 혹은 실제 연구 수행과 양립하기 어렵다. 그 대신, 연구자들은 더 복잡한 다음 규칙을 따를 수 있으며, 따라야만 한다. "대부분의 연구에는 어떤 형태건 동의가 있어야 한다"라는 것이다.

우선 고지에 입각한 동의에 대한 아주 단순한 개념을 넘어 더 나아가기 위해서, 차별을 연구하기 위한 현장 실험에 대해 더 자세히 이야기하고자 한다. 이연구에서 서로 다른 특성(일부는 남성, 일부는 여성이라고 하자)을 가장한 가짜 지원자들이 서로 다른 직업에 채용 지원을 하였다. 만약 한 유형의 지원자가 더많이 채용된다면, 연구자들은 채용 절차상에 차별이 존재한다고 결론 내릴 수있다. 이 장의 목적에 비추어보아, 이 실험에 관하여 가장 중요한 점은 실험의참가자인 고용주에게 어떠한 동의도 구하지 않았다는 점이다. 사실 이 참가자들은 적극적으로 기만당한 것이다. 하지만 이와 같은 차별을 연구하기 위한 현장 실험은 최소 17개국에서 117개의 연구가 수행되어왔다(Riach and Rich, 2002; Rich, 2014).

차별을 연구하기 위해 현장 실험을 활용하는 연구자들은 집합적으로 자신들의 연구를 윤리적으로 용인될 수 있게 만들어줄 네 가지 요소를 식별해냈다. ① 고용주에 대한 피해가 제한적이다, ② 차별에 대한 신뢰성 있는 측정은 사회적효용이 매우 크다, ③ 차별을 측정하는 다른 방식들은 취약하다, ④ 기만이 구직시장이라는 환경의 규범을 심각하게 침해하지 않는다는 사실이다. 각각의 조건은 매우 중요하며, 이 중 어떤 것도 만족스럽지 않다면 윤리적 사례는 더 도전적일 것이다. 이 요소들 중 세 가지는 「벨몬트 보고서」의 윤리적 원칙에서 도출해낼 수 있다. 제한적 피해(인간 존중의 원칙과 선행의 원칙)와 큰 효용 및 다른 수단의 취약함(선행의 원칙과 정의의 원칙)이다. 마지막 특성인 맥락 내 규범에 대한 침해 금지는 「멘로 보고서」의 법과 공익 존중의 원칙에서 도출될 수 있다. 바꿔 말하면, 채용 지원은 이미 어느 정도 기만이 있을 것으로 예상되는 환경이다. 따라서 이 실험은 해당 영역의 기존 윤리적 지형을 오염시키지 않는다.

원칙에 기반한 주장에 더하여, 많은 연구윤리위원회들은 이런 연구들에서 동의의 결여가 기존 규칙, 특히 미연방 연구윤리 d 부분의 §46.116을 위배하지 않는다고 결론 내렸다. 마지막으로, 미국의 법원 역시 차별을 측정하기 위한 현장 실험에서 동의의 결여와 속임수 사용을 용인해주었다(제7 미연방항소법원, No.81-3029). 따라서 동의를 구하지 않는 현장 실험의 활용은 기존의 윤리적 원칙 및 규칙과 (적어도 미국의 규칙과는) 양립 가능하다. 광범위한 사회연구 공동체, 다수의 연구윤리위원회와 미연방항소법원이 이러한 추론을 지지해왔다. 그러므로 우리는 "모든 것에 대해 고지에 입각한 동의를 구하라"라는 단순한 규칙을 기각해야 한다. 이는 연구자들이 지킬 수도 없고, 지킬 의무도 없는 규칙이다.

"모든 것에 대해 고지에 입각한 동의를 구하라"라는 규칙 이상으로 넘어가는 일은 연구자들에게 어려운 질문을 남긴다. 어떤 종류의 연구에 어떤 형태의 동의가 필요할까? 대부분 아날로그 시대의 의학 연구에서 다루어진 맥락이기는 해도, 자연스럽게 이 질문을 둘러싼 상당한 수의 논쟁이 있어왔다. 니르 이열(Nir Eyal, 2012)은 이 논쟁들을 요약하며 다음과 같은 글을 썼다.

개입에 따르는 위험 부담이 더 클수록, 큰 충격이나 완전히 '삶을 바꾸는 선택'일 수록, 가치판단의 비중이 크거나 더 논란이 많을수록, 개입이 직접적으로 영향을 미치는 사적인 신체 영역일수록, 연구 진행자가 서로 갈등하고 감독이 없을수록, 매우 강고한 고지에 입각한 동의가 필요하다. 다른 경우에는 강고한 고지에 입각한 동의의 필요성이, 사실은 어떠한 형태의 동의라도 필요성이 훨씬 적다. 여기에 해당하는 경우라면, 높은 비용이 그러한 필요성을 손쉽게 압도할 것이다[내부 인용은 생략].

이 논쟁이 주는 중요한 통찰은 고지에 입각한 동의가 모 아니면 도가 아니라는 점이다. 동의에는 강한 형태와 약한 형태가 있다. 어떤 상황에서는 강고한 형태의 고지에 입각한 동의가 필수적으로 보일 수 있으나, 다른 상황에서는 약한 형태의 동의가 적절할지도 모른다. 다음으로 연구자들이 고지에 입각한 동의를 얻는 것을 골치 아프게 만드는 이유 세 가지를 서술하고, 각각의 경우에 취할 수 있는 대책 몇 가지를 서술할 것이다.

첫째, 때로는 참가자에게 고지에 입각한 동의 여부를 물어보는 것이 참가자가 위험에 처할 가능성을 증가시킬 수도 있다. 예를 들어 앙코르 연구의 경우, 억압적인 정부 치하에 사는 사람들에게 인터넷 검열 측정을 위해 그들의 컴퓨터를 사용해도 되는지 동의 여부를 물어보는 일은, 이에 동의한 사람들을 더 큰 위험에 빠뜨릴 것이다. 동의가 위험을 증가시킬 경우, 연구자는 자신이 하는 일에 대한 정보를 공개하고 참가자가 실험에서 이탈할 수 있는 가능성을 보장할 수 있다. 또한 연구자들은 참가자들을 대표하는 집단(예를 들어 비정부기구)에게 동의를 구할 수도 있다.

둘째, 때로는 연구를 시작하기 전에 완전한 고지에 입각한 동의를 구하는 것이 연구의 과학적 가치를 위협할 수 있다. 예를 들어 감정 전염 연구에서 연구진이 감정에 대한 실험을 하고 있다는 사실이 참가자들에게 알려졌다면, 참가자들의 행동이 바뀌었을 수도 있다. 참가자들에게 정보를 주지 않거나 심지어 속이는 일은, 특히 심리학에서 주로 수행하는 실험실 실험을 비롯하여 각종 사회연구에서는 이례적인 일이 아니다. 연구를 시작하기 전에 동의에 입각한 동의를 구하는 것이 가능하지 않다면, 연구자들은 연구가 종료된 이후에 참가자들에게 **사후 설명**debrief을 할 수 있다(그리고 보통 그렇게 한다). 사후 설명은 일반적으로 실제로 벌어진 일들을 설명하고, 무엇이든 피해를 치료하고, 사후에 동의를 구하는 일을 포함한다. 하지만 현장 실험에서의 사후 설명이 설명 자체로 참가자에게 피해를 끼칠 수 있다면 사후 설명을 하는 것이 적절한지에 대한 논쟁이 있다(Finn and Jakobsson, 2007).

셋째, 때로는 연구로 인해 영향을 받는 모든 사람들에게 고지에 입각한 동의를 얻어내는 일이 물리적으로 비현실적일 수도 있다. 예를 들어, 비트코인 Bitcoin 블록체인[비트코인은 암호화폐이며, 블록체인은 모든 비트코인 거래에 대한 공적 기록이다(Narayanan et al., 2016)]에 대해 연구하려는 연구자를 상상해보자. 안타깝게도 비트코인을 이용하는 사람은 완전한 익명인 경우가 다수이기 때문에, 비트코인 이용자 모두에게 동의를 얻어내는 일은 불가능하다. 이런 경우 연구자는 비트코인 이용자의 표본과 접촉하여 그들에게 고지에 입각한 동의를 요청해볼 수 있다.

연구자가 고지에 입각한 동의를 얻어낼 수 없는 이유 세 가지는 위험 증가, 연구 목표의 훼손, 현실적 제약으로서, 이것이 연구자가 고지에 입각한 동의를 얻기 위해 고군분투하는 이유의 전부는 아니다. 그리고 내가 제안한 해법들인 연구에 대해 공적으로 알리고 이탈을 보장하기, 제3자에게 동의 구하기, 사후 설명, 참가자의 표본 집단에게 동의를 구하기가 모든 경우에 실행 가능하지 않을 수도 있다. 게다가 설령 이런 해법들이 모두 가능하다고 하더라도, 특정한 연구는 이 해법으로 충분하지 않을 수도 있다. 하지만 이러한 예시가 보여주는 바는 고지에 입각한 동의가 모 아니면 도가 아니라는 점이며, 창의적인 해법들이 모든 이해 당사자에게 완전한 고지에 입각한 동의를 받을 수 없는 연구의 윤리적 균형을 향상시켜줄 수 있다는 점이다.

결론적으로, 연구자는 "모든 것에 대해 고지에 입각한 동의를 구하라"보다는 "대부분의 것들에는 어떤 형태의 동의가 있어야 한다"라는 더 복잡한 규칙을 따라야 하며, 그럴 수 있다. 원칙의 용어로 표현하자면, 고지에 입각한 동의는 인간 존중의 원칙의 필요조건도 아니며 충분조건도 아니다(Humphreys, 2015: 102). 게다가 인간 존중의 원칙은 연구윤리를 고려할 때 균형을 맞출 필요가 있는 원칙들 중 하나일 뿐이다. 인간 존중의 원칙이 자동적으로 선행의 원칙, 정의의 원칙, 법과 공익 존중의 원칙을 압도해서는 안 되며, 이는 지난 40년에 걸쳐 윤리학자들이 반복적으로 주장한 지점이다(Gillon, 2015: 112~113). 윤리 체계의 용어로 표현하자면, 모든 것에 대해 고지에 입각한 동의를 받아야 한다는 주장은 피해자를 시한폭탄 사례(6.5절을 보라)와 같은 상황으로 몰아넣는 과도한 의무론적 입장이다.

마지막으로 실천적인 문제인데, 어떠한 종류의 동의도 없이 연구를 진행하려고 한다면, 여러분은 회색지대에 있음을 알아야 한다. 신중하라. 동의 없이 차별에 대한 실험 연구들을 진행하기 위해 연구자들이 만들어낸 윤리적 주장들을 되돌아보라. 여러분의 정당화가 그만큼 강력한가? 고지에 입각한 동의는 많은 대중적 윤리 이론들의 핵심이기 때문에, 여러분은 자신의 결정을 방어해야 할 상황에 놓일 가능성이 높다는 점을 알아야 한다.

6.6.2. 정보 위험을 이해하고 관리하기

> 정보 위험은 사회연구에서 가장 일반적인 위험이다. 이 위험은 극적으로 증가했으며, 이해하기 가장 어려운 위험이다.

디지털 시대 연구의 두 번째 윤리적 도전은 정보 공개로부터 피해가 발생할 가능성인 정보 위험informational risk이다(National Research Council, 2014). 개인정보의 공개로 인해 경제적 피해(실직), 사회적 피해(망신), 심리적 피해(우울증)는 물론 더 나아가 범죄에 의한 피해(불법 행위로 인한 체포)까지 발생할 수 있다. 불행하게도 디지털 시대에는 우리의 행동에 대한 정보가 훨씬 더 많기 때문에 정보 위험이 극적으로 증가되었다. 그리고 정보 위험은 물리적 위험과 같이 아날로그 시대의 사회연구에서 우려되었던 위험과 비교했을 때, 이해와 관리가 훨씬 더 까다롭다는 점이 드러났다.

사회연구자들이 정보 위험을 줄이기 위해 사용하는 방법 하나는 데이터의 '익명 처리'이다. '익명 처리'는 데이터에서 특정인을 식별할 수 있는 이름, 주소, 전화번호와 같은 정보들을 삭제하는 절차이다. 하지만 이러한 접근은 많은 사람들이 생각하는 것에 비해 훨씬 효과적이지 않으며, 사실 심도 높은 수준에서, 그리고 근본적으로 제한적이다. 그렇기 때문에 내가 앞으로 '익명 처리'를 쓸 때마다 이 절차는 익명처럼 보이게 만드는 것이지 진정한 익명성을 보장하지 않는다는 점을 상기시키기 위해 계속 따옴표를 붙일 것이다.

'익명 처리'의 극적인 실패 사례는 1990년대 말 매사추세츠주에서 발생했다 (Sweeney, 2002). 집단보험위원회Group Insurance Commission: GIC는 모든 정부 고용자를 위한 건강보험 가입을 책임지는 정부 기관이다. GIC는 이 일을 통해 정부 고용자 수천 명의 상세한 의료 기록을 수집하였다. 연구를 촉진하려는 노력의 일환으로, GIC는 이 기록을 연구자들에게 공개하기로 결정하였다. 하지만 데이터 전체를 공유하지는 않았으며, 이름이나 주소와 같은 정보들을 삭제한 '익명 처리'된 데이터를 제공하였다. 그런데 연구자들에게 유용할 수 있다고 판단한 인구학적 정보(우편번호, 생년월일, 인종, 성별)나 의료 정보(내원일, 진단명, 수술)와 같은 다른 정보들은 그대로 남겨두었다(그림 6.4)(Ohm, 2010). 불행하게도, 이 정도 '익명 처리'는 데이터를 보호하기에 충분하지 않았다.

GIC의 '익명 처리'의 결함을 보여주기 위해 MIT의 대학원생이었던 라타냐 스위니Latanya Sweeney는 매사추세츠 주지사인 윌리엄 웰드William Weld의 고향인 케임브리지시의 선거인 명부를 20달러에 구매하였다. 이 선거인 명부는 성명, 자택 주소, 우편번호, 생년월일, 성별과 같은 정보를 담고 있었다. 의료정보 파일과 선거인 파일이 같은 영역(우편번호, 생년월일, 성별)을 공유하고 있다는 사실은 스위니가 이 두 파일을 연결할 수 있음을 의미했다. 스위니는 웰드의 생년월일이 1945년 7월 31일이라는 점을 알고 있었고, 선거인 명부에서 같은 생년월일인 사람은 케임브리지에 여섯 명뿐이었다. 게다가 이 그 여섯 명 중 남성은 세 명뿐이었다. 그리고 이 세 명의 남성 중, 웰드의 우편주소와 일치하는 것은 오직 한 명이었다. 따라서 선거인 명부는 의료기록상에서 웰드의 생년월일, 성별, 우편번호의 조합을 가진 누군가가 바로 윌리엄 웰드라는 것을 보여주었다. 본질적으로 이 세 가지 정보는 데이터에서 웰드의 **고유 지문**을 만

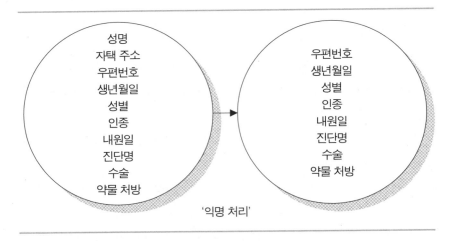

성명
자택 주소
우편번호
생년월일
성별
인종
내원일
진단명
수술
약물 처방

우편번호
생년월일
성별
인종
내원일
진단명
수술
약물 처방

'익명 처리'

그림 6.4_ '익명 처리'는 명확한 식별 정보를 제거하는 절차이다.
예를 들어 정부 고용자들의 의료보험 기록을 공개할 때, 매사추세츠주의 집단보험위원회
GIC는 파일에서 성명과 자택 주소를 삭제하였다. 나는 이 절차가 실제 익명성을 보장하는
것이 아니라 익명성처럼 보이게 하는 것이기 때문에 '익명 처리'라는 단어에 따옴표를 사
용하였다.

들어준 것이다. 이 사실을 활용하여 스위니는 웰드의 의료기록을 특정할 수 있
었고, 웰드에게 그의 의료기록을 우편으로 보내어 그녀의 업적을 알렸다(Ohm,
2010).

스위니의 작업은 컴퓨터 보안 커뮤니티에서 인용한 표현인 '재식별 공격
re-identification attacks'의 기본 구조를 보여준다. 이 공격에서 각각 어떠한 민감
한 정보도 드러내지 않는 두 데이터셋을 결합하자 민감한 정보가 노출되었다.

스위니의 작업 및 다른 유사한 작업들에 대응하는 오늘날의 연구자들은 '익
명 처리' 과정에서 보통 훨씬 더 많은 정보, 즉 '개인식별정보personally identifying
information: PII'라고 부르는 모든 정보(Narayanan and Shmatikov, 2010)를 삭제한
다. 나아가 오늘날 많은 연구자들은 의료기록, 금융기록, 불법적 행동에 대한
설문조사 응답과 같은 특정 데이터는 '익명 처리'를 거친 후에라도 공개하기에
는 너무 민감할 수 있다는 점을 인지하고 있다. 하지만 내가 곧 제시할 사례들

은 사회연구자들이 생각을 바꿀 필요가 있음을 시사한다. 첫 번째 단계로, 모든 데이터는 잠재적으로 식별 가능하며 따라서 잠재적으로 민감하다고 가정하는 편이 현명하다. 다시 말해, 정보 위험이 연구 계획의 일부분에만 적용된다고 생각하지 말고, 어느 정도까지는 모든 계획에 적용된다고 가정해야 한다.

이러한 발상 전환의 양면은 넷플릭스 대회의 사례에서 드러난다. 5장에서 서술한 대로, 넷플릭스는 50만 명에 달하는 회원들이 제공한 영화 평점 1억 개를 공개하였고, 전 세계인들을 대상으로 넷플릭스의 영화 추천 성능을 개선할 수 있는 알고리즘에 대한 공개 모집을 제시하였다. 데이터를 공개하기 전에 넷플릭스는 이름과 같이 개인을 식별할 수 있는 모든 분명한 정보를 제거하였다. 또한 추가적 단계로 나아가 기록의 일부에 약간의 교란(예를 들어 몇몇 평점을 4점에서 3점으로 변경하는)을 적용하였다. 하지만 이러한 노력을 했더라도, 얼마 지나지 않아 이 자료가 여전히 익명성을 보장하고 있지 않다는 것이 드러났다.

데이터가 공개되고 단 2주 만에, 아빈드 나라야난Arvind Narayanan과 비탈리 스마티코프Vitaly Shmatikov는 특정인의 영화 취향을 알아내기가 가능하다는 것을 보여주었다(Arvind Narayanan and Vitaly Shmatikov, 2008). 그들의 재식별 공격에 활용된 기술은 스위니의 작업과 비슷하다. 잠재적으로 민감한 정보를 포함하지만 확실하게 식별 가능한 정보를 포함하지는 않는 데이터와 사람들의 신상정보를 포함하는 다른 데이터를 결합하는 방식이다. 이 데이터들 각각은 안전할 수 있지만, 두 데이터가 연동되었을 때 결합된 데이터는 정보 관련 위험을 만들어낼 수 있다. 넷플릭스 데이터의 사례에서 이런 일이 발생할 수 있는 이유는 다음과 같다. 액션과 코미디 영화에 대한 나의 생각을 직장 동료들과 공유하기로 했지만, 종교 및 정치 영화에 대한 의견은 공유하지 않으려 한다고 상상해보자. 동료들은 넷플릭스 데이터에서 나의 기록을 찾아내기 위해 내가 공유했던 정보를 이용할 수 있다. 내가 공유한 정보는 윌리엄 웰드의 생년월일, 우편번호, 성별과 같이 고유한 지문이 될 수 있다. 동료들이 데이터에서 나의 고유한 지문을 찾아낸다면, 그들은 내가 공유하지 않기로 한 영화들을 포함한 모든 영화에 대한 나의 평점도 알 수 있다. 특정 개인에 초점을 맞춘 이

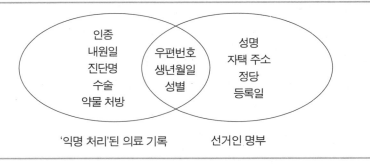

인종
내원일
진단명
수술
약물 처방

우편번호
생년월일
성별

성명
자택 주소
정당
등록일

그림 6.5_ '익명 처리'된 데이터의 재식별
라타냐 스위니는 윌리엄 웰드 주지사의 의료 기록을 찾아내기 위해 '익명 처리'된 건강기록과 선거인 명부를 조합하였다.
자료: 스위니(Sweeney, 2002: 그림 1)를 변형.

런 류의 **선별 공격**targeted attack에 더하여, 나라야난과 스마티코프는 일부 사람들이 인터넷 영화 데이터베이스IMDb 페이지에 올린 개인정보와 영화 평점 자료와, 넷플릭스 데이터를 결합하여 같은 방식으로 많은 사람들을 대상으로 하는 광역 공격도 가능하다는 점을 보여주었다. 그야말로 특정인의 고유한 지문이 존재하는 모든 정보는, 영화 평점 정보조차 특정인을 식별하기 위해 이용될 수 있다.

넷플릭스 데이터가 선별적 공격과 광역 공격 모두에서 개인을 재식별할 수 있기는 하지만, 여전히 위험이 그리 크지 않아 보일지도 모른다. 무엇보다, 영화 평점은 매우 민감한 정보로는 보이지 않는다. 일반적으로는 이 말이 맞을지 모르겠지만, 데이터에 포함된 50만 명 중 일부에게는 영화 평점이 매우 민감한 문제일 수 있다. 실제로 재식별에 대응하여, 클로짓 레즈비언 여성들이 연대하여 넷플릭스를 상대로 하는 집단소송을 제기하였다. 해당 소송에서 문제가 되는 사항은 아래와 같이 표현되었다(Singel, 2009).

영화와 평점 데이터는… 고도로 개인적이며 민감한 본성에 대한 정보를 포함한다. 회원들의 영화 데이터는 넷플릭스 회원의 성 정체성, 정신질환, 알코올 중독

치료, 친족에 의한 성폭력, 물리적 학대, 가정폭력, 간통, 강간과 같은 다양한 고도의 개인적 문제들에 대한 관심 또는 투쟁을 노출시켰다.

넷플릭스 대회 데이터의 재식별은 모든 데이터는 잠재적으로 식별 가능하며, 잠재적으로 민감하다는 점을 보여준다. 이 지점에서 여러분은 이 문제가 오직 사람을 대상으로 하는 데이터에만 적용할 수 있는 주장이라고 생각할 수도 있다. 놀랍게도 그렇지 않다. 정보공개법의 요구에 따라, 뉴욕시 정부는 승하차 시간, 장소, 승객량을 포함하는 뉴욕의 모든 택시 운행 기록을 2013년에 공개하였다(2장에서 파버(Farber, 2015)가 노동경제학에서 중요한 이론을 검증하기 위해 유사한 데이터를 활용했던 점을 상기하자). 택시 운행에 대한 이 데이터는 인간에 대한 정보를 제공하지 않는 것으로 보이기 때문에 해롭지 않아 보이지만, 앤서니 토카Anthony Tockar는 택시 데이터셋이 실제로 사람들에 대한 잠재적으로 민감한 정보를 다수 포함하고 있다는 점을 알아챘다. 그는 이를 보여주기 위해 뉴욕의 대규모 스트립 클럽인 허슬러 클럽Hustler Club에서 자정에서 새벽 6시 사이에 출발하는 모든 택시 운행 기록을 검토하여, 각 택시들의 하차 위치를 찾아냈다. 이 탐색은 본질적으로 허슬러 클럽에 빈번하게 방문하는 일부 사람들의 주소 목록을 밝혀냈다. 시 정부가 데이터를 공개했을 때 이러한 사태를 염두에 두었다고 상상하기는 어렵다. 사실 이 기술은 병원, 관공서, 종교시설 등 도시의 모든 장소에 방문한 사람들의 자택 주소를 알아내는 데에도 그대로 이용될 수 있다.

넷플릭스 대회와 뉴욕시 택시 데이터의 두 사례는 상대적으로 숙련된 사람들도 자신이 공개한 데이터의 정보 관련 위험을 정확하게 추정하는 데에 실패할 수 있다는 것을 보여준다(Barbaro and Zeller, 2006; Zimmer, 2010; Narayanan, Huey, and Felten, 2016). 그리고 이 사례들은 결코 특별한 사례가 아니다. 게다가 이러한 문제가 있는 데이터는 여전히 온라인에서 자유롭게 접근이 가능한 경우가 많기 때문에 데이터 공개를 중지하는 일이 어렵다는 것을 보여준다. 종합하자면 이 사례들은 컴퓨터 과학 연구에서의 프라이버시만큼 중요한 결론으

표 6.2_ '다섯 가지 안전 원칙'과 데이터 보호 계획을 수립하고 실행하기 위한 원칙들

안전	행동
계획 안전	데이터를 활용하는 계획은 윤리적인 선으로 제한한다.
인물 안전	접속 권한은 데이터에 관해 신뢰할 만한 사람으로 한정한다(예: 윤리 훈련을 이수한 사람).
데이터 안전	데이터는 가능한 선까지 개인식별이 불가능하게 통합해야 한다.
설정 안전	데이터는 적절한 물리적(자물쇠가 설치된 방 등), 소프트웨어적(패스워드 설정, 암호화 등) 보호를 갖춘 컴퓨터에 저장해야 한다.
결과 안전	우연한 프라이버시 유출을 방지하기 위해 연구 결과를 검토해야 한다.

자료: 데사이, 리치와 웰턴(Desai, Ritchie, and Welpton, 2016).

로 이어진다. 연구자는 모든 데이터가 **잠재적으로 식별 가능**하며 또한 **잠재적으로 민감**하다고 가정해야 한다.

안타깝게도, 모든 데이터가 잠재적으로 식별 가능하며 잠재적으로 민감하다는 사실에 대한 단순한 해결책은 존재하지 않는다. 하지만 데이터로 작업을 하는 동안 정보 위험을 줄이기 위한 방식 하나는 **데이터 보호 계획**data protection plan을 만들고 따르는 것이다. 이 계획은 데이터가 유출될 가능성을 줄여주며, 설령 유출이 이루어졌더라도 위험을 줄여줄 것이다. 어떤 암호화 형식을 사용할 것인지와 같은 데이터 보호 계획의 세부사항은 시간의 흐름에 따라 변하겠지만, 영국 데이터서비스UK Data Service는 **다섯 가지 안전 원칙**five safes이라고 부르는 유용한 다섯 가지 범주의 데이터 보호 계획을 정립하였다. 계획 안전, 인물 안전, 데이터 안전, 설정 안전, 결과 안전(표 6.2 참조)(Desai, Ritchie, and Welpton, 2016)이 그것이다. 각각의 개별 항목만으로는 결코 완전한 보호를 제공할 수 없다. 하지만 다섯 가지 안전 원칙이 모이면, 정보 위험을 줄일 수 있는 강력한 요인 조합을 형성한다.

직접 데이터를 사용하고 있을 때 데이터를 보호하는 문제 외에도, 연구 과정에서 정보 위험이 특히 두드러지는 단계는 다른 연구자들과 데이터를 공유하는 경우이다. 과학자들 사이의 데이터 공유는 과학적 연구를 위한 노력의 핵심

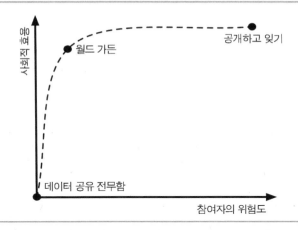

그림 6.6_ 데이터 공개 전략은 하강하는 연속선상에 존재할 수 있다.
이 연속선상에서 여러분이 있어야 할 지점은 데이터의 구체적인 세부사항 및 해당 상황
에 적절한 위험과 효용 균형을 결정하도록 도와주는 제3자의 검토에 따른다. 이 곡선의
정확한 형태는 데이터의 특성과 연구 목표에 달려 있다(Goroff, 2015).

가치로서 지식의 발전을 크게 촉진한다. 영국 하원은 데이터 공유의 중요성을
다음과 같이 서술한다(Molloy, 2011).

> 연구자가 기존 문헌에서 보고된 결과를 재현하고, 검증 후 기반으로 삼으려 한다
> 면 데이터에 대한 접근은 필수적이다. 그렇게 해서는 안 되는 강력한 이유가 없는
> 한, 데이터는 완전히 공개되어 공적으로 접근 가능하다고 가정해야 한다.

하지만 데이터를 다른 연구자들과 공유함으로써 참가자에 대한 정보 위험
성은 증가하게 될 것이다. 그렇기 때문에 데이터 공유는 다른 과학자들에게 데
이터를 공유해야 한다는 의무와, 참가자들에 대한 정보 위험을 최소화해야 한
다는 의무 사이의 근본적 긴장을 야기하는 것으로 보인다. 다행히도 이 딜레마
는 보기보다 치명적이지는 않다. 데이터 공유는 각 지점마다 사회적 효용과 참
가자에 대한 위험이 서로 다른 비율로 혼합되어 있는 하향 연속선이라고 보는

게 낫다(그림 6.6).

한쪽 극단에서 누구와도 데이터를 공유하지 않는다면, 참가자에 대한 위험은 가장 적지만 동시에 사회가 얻을 수 있는 것도 가장 적어진다. 반대편 극단에서 데이터를 '익명 처리'한 후 모두에게 공개하며 공개하고 잊어버릴release and forget 수 있다. 데이터를 공개하지 않는 것과 비교한다면, 공개하고 잊어버리는 것은 사회에 가장 높은 효용을 가져다줄 수 있지만 참가자의 위험도 또한 가장 커진다. 두 극단 사이에는 내가 월드 가든walled garden(울타리가 있는 정원—옮긴이 주)이라고 부르는 접근법을 포함한 다양한 범위의 혼종이 있다. 이 접근법에서 데이터는 특정 기준을 충족시키고 특정한 규칙들(예컨대 IRB와 데이터 보호 계획에 의한 감독)을 준수하는 것에 동의한 사람들에게만 공유된다. 월드 가든 접근법은 더 적은 위험을 감수하면서도, 공개하고 잊어버리는 방식의 효용을 상당 부분 제공한다. 물론 이런 식의 접근은 '누가 어떤 조건으로, 얼마나 오랫동안 접속할 수 있어야 하는가', '월드 가든을 유지하고 지키기 위해 누가 비용을 지불해야 하는가'와 같은 많은 의문을 낳지만, 이런 문제들을 극복할 수 없는 것 또한 아니다. 사실 미시간대학교University of Michigan의 정치사회연구를 위한 대학교 간 컨소시엄Inter-university Consortium for Political and Social Research의 데이터 보관소와 같이, 연구자들이 당장 활용할 수 있는 월드 가든이 이미 작동하고 있다.

그렇다면 여러분의 연구에서 데이터는 연속선상에서 전혀 공유 안 함, 월드 가든, 공개하고 잊어버리기 중 어디에 위치해야 할까? 이는 데이터의 세부사항에 달려 있다. 연구자들은 인간 존중의 원칙, 선행의 원칙, 정의의 원칙, 법과 공익 존중의 원칙 사이에서 균형을 잡아야 한다. 이러한 관점에서 본다면, 데이터 공유는 특별한 윤리적 난제가 아니다. 이는 연구자가 적절한 윤리적 균형을 잡아야 하는 연구의 여러 측면 중 하나일 뿐이다.

내 생각에 일부 비판자들이 데이터 공유에 반대하는 이유는, 의심할 여지 없이 위험이 실재하기는 하지만 그들이 공유에 따른 위험에만 주목하고 이에 따른 효용은 무시하기 때문이다. 그러므로 위험과 효용 양쪽에 모두 관심을 가지도록 고무하기 위한 비유를 제시해보도록 하겠다. 매년마다 자동차 사고는 수천 명의 죽음을 야기하지만, 우리는 운전을 금지시키려고 하지는 않는다. 사실 운전이 많은 멋진 일들을 가능하게 해주기 때문에, 이를 금지하라는 요청은 부조리하다. 게다가 사회는 운전을 할 수 있는 사람(예컨대 특정 연령에 도달해야 하고, 특정 시험을 통과해야 한다)과 운전을 할 수 있는 방식(예를 들어 속도제한)에 제약을 부과한다. 또한 이러한 규칙들을 강제하는 역할을 맡은 사람(예를 들어 경찰)이 있으며, 규칙을 어긴 사람에게는 처벌이 가해진다. 사회가 운전을 규제하는 데에 적용하는 것과 같은 균형 잡힌 사고는 데이터 공유에도 적용할 수 있다. 나는 우리가 데이터 공유에 대한 찬반을 둘러싼 절대주의자의 주장보다는, 어떻게 데이터 공유의 위험을 줄이고 효용을 증가시킬 수 있는지에 초점을 맞춤으로써 가장 큰 진전을 이룩할 수 있다고 생각한다.

결론적으로, 정보 관련 위험은 극적으로 증가했으며 예측하고 계량하기가 매우 어렵다. 따라서 모든 데이터는 잠재적으로 식별 가능하며 잠재적으로 민감하다고 가정하는 편이 최선이다. 연구를 수행하는 과정에서 정보 관련 위험을 줄이기 위해서, 연구자는 데이터 보호 계획을 수립하고 준수할 수 있다. 나아가 정보 관련 위험은 연구자가 다른 과학자들과 데이터를 공유하는 것을 금지하지 않는다.

6.6.3. 프라이버시

프라이버시는 정보의 적절한 흐름에 대한 권리이다.

연구자가 곤란을 겪을 만한 세 번째 영역은 프라이버시이다. 로런스(Lowrance, 2012)가 매우 간결하게 말했다시피 "인간은 존중받아야 하기 때문에 프라이버시 또한 존중받아야 한다". 하지만 프라이버시는 악명 높도록 혼란스러운 개념이며(Nissenbaum, 2010: 4장), 그렇기 때문에 연구에 대해 구체적인 결정을 내리기 위해 활용하기가 어렵다.

프라이버시에 대한 일반적인 사고방식은 공과 사의 대조이다. 이러한 사고방식으로 인해 공적으로 접근 가능한 정보의 경우, 사람들의 프라이버시를 침해하는 것을 고려하지 않는 연구자들에 의해 이용될 수 있다. 하지만 이러한 접근 방식은 문제로 이어질 수 있다. 예컨대 2007년 11월, 코스타스 파나고폴로스Costas Panagopoulos는 세 개 마을의 모든 주민에게 다가오는 선거에 대한 편지를 보냈다. 아이오와주의 몬티첼로Monticello와 미시간주의 홀랜드Holland 두 마을에서, 파나고폴로스는 투표를 한 사람들의 명단을 신문에 발표하겠다고 약속 혹은 위협을 하였다. 다른 마을인 아이오와주 엘리Ely에서는 투표를 하지 않은 사람들의 명단을 신문에 발표하겠다고 약속 혹은 위협을 하였다. 이러한 조치는 선행 연구들(Gerber, Green, and Larimer, 2008)에서 효과가 크게 나타나는 것으로 밝혀진 감정인 자부심과 수치심을 촉발하기 위해 설계되었다(Panagopoulos, 2010). 투표 참여 여부에 대한 정보는 미국에서는 공개 정보이며 누구나 접속을 할 수 있다. 따라서 투표 정보는 이미 공개되어 있기 때문에, 연구자는 이를 신문에 발표하는 데에는 아무런 문제도 없다고 주장할 수도 있다. 하지만 다른 한편으로, 이러한 주장은 어떤 사람들에겐 무언가 잘못되었다고 느껴질 수 있다.

이 사례에서 보여준 대로, 공과 사의 대조는 너무 단순하다(boyd and Crawford, 2012; Markham and Buchanan, 2012). 프라이버시에 대한 더 나은 사고방식은, 특히 디지털 시대에 부상하는 문제들을 다루기 위해 설계된 **맥락상의 무결성** contextual integrity의 관념이다(Nissenbaum, 2010). 맥락상의 무결성은 정보를 공과 사로 분류하기보다는 정보의 흐름에 주목한다. 니센바움(Nissenbaum, 2010)에 따르면, "프라이버시에 대한 권리는 비밀이나 통제에 대한 권리가 아니며, 개인 정보의 **적절한 흐름**에 대한 권리이다".

맥락상의 무결성의 기저에 있는 핵심적 개념은 **맥락-상대적인 정보 규범들** context-relative informational norms이다(Nissenbaum, 2010). 이는 특정 조건에서 정보의 흐름을 규정하는 규범들이며, 세 가지 요인parameter에 의해 결정된다.

- 행위자(주체, 발신자, 수신자)
- 속성(정보의 유형)
- 전파 원칙(정보 흐름에 부과되는 제약)

그러므로 여러분이 연구자로서 허가 없이 데이터에 대한 이용 여부를 결정해야 할 때, "이 데이터를 사용하는 것이 맥락-상대적인 정보 규범들을 침해하는가?"라고 질문해보는 것이 유용하다. 파나고폴로스(Panagopoulos, 2010)의 사례로 돌아가자면, 이 경우에 외부 연구자가 투표 참여자 혹은 비참여자의 명단을 신문에 공개하는 일은 정보 규범을 침해하는 것으로 보인다. 사람들은 정보가 이런 식으로 흐를 것이라고 예상하지는 않았을 것이다. 사실 지역 투표 관리 공무원들이 그에게 보낸 편지의 발신인을 추적한 후, 그에게 명단을 공개하는 것은 좋은 생각이 아니라고 설득했기 때문에, 파나고폴로스는 그의 약속 혹은 위협을 실행하지는 않았다(Issenberg, 2012: 307).

맥락-상대적인 정보 규범들은 이 장 서두에서 다룬, 휴대전화 통화내역 기록을 활용하여 2014년 서아프리카 에볼라 창궐 기간 사람들의 이동을 추적한 사례를 평가하는 데에도 유용할 수 있다. 이런 조건이라면 서로 다른 두 가지 상황을 그려볼 수 있다.

- 상황 1: 추후에 어떤 용도로도 이용이 가능[전파 원칙]할 수도 있는/ 완전히 정당하지 않은 정부[행위자]에게/ 완전한 전체 통화기록을 전송[속성]한다.
- 상황 2: 에볼라 창궐에 대응하기 위해 자료를 사용하며 대학교 윤리위원회의 감독을 받는[전파 원칙]/ 존경받는 대학교 연구자들에게[행위자]/ 부분적으로 '익명 처리'된 기록[속성]을 전송한다.

두 상황 모두 통신회사로부터 통화내역 자료가 유출된 상황이기는 하지만 행위자, 속성, 전파 원칙의 차이로 인해 위 두 상황에 관련된 정보 규범들은 동일하지 않다. 세 가지 요인 중 어느 하나에만 집중한다면 과도하게 단순한 의

사결정으로 빠지게 될 수 있다. 사실 니센바움(Nissenbaum, 2015)은 이 세 요인들 중 어느 요인도 다른 요인으로 환원될 수 없으며, 단독으로 정보 규범을 규정할 수 없다고 강조하였다. 이러한 정보 규범들의 3차원적 본성은 속성이나 전파 원칙에 집중하였던 과거의 노력들이 프라이버시에 대한 상식적 개념을 포착하는 데에 효과적이지 못했던 이유를 설명해준다.

의사결정을 위해 맥락-상대적인 정보 규범들을 활용하는 데에서 걸림돌 하나는, 연구자가 이런 규범들을 사전에 알기가 어렵고 평가하기도 어렵다는 점이다(Acquisti, Brandimarte, and Loewenstein, 2015). 게다가 어떤 연구자가 이 규범들을 위배한다 하더라도, 이것이 자동적으로 해당 연구가 실시되어서는 안 된다는 것을 의미하지도 않는다. 사실 니센바움(Nissenbaum, 2010)의 책 8장 전체가 '선good을 위해 규칙을 깨기'에 관한 내용이다. 이렇듯 복잡하지만, 맥락-상대적인 정보 규범들은 프라이버시와 관련된 의문에 대해 추론하는 데에 여전히 유용한 방식이다.

마지막으로, 프라이버시는 인간 존중의 원칙을 최우선으로 여기는 연구자와 선행의 원칙을 최우선으로 여기는 연구자 사이에서 벌어지는 오해가 존재하는 영역이다. 공중보건 연구자가 강력한 전염성을 가진 질병의 확산을 막기 위해 사람들이 샤워를 하는 모습을 몰래 감시하는 경우를 상상해보자. 선행의 원칙에 집중하는 연구자라면 이 연구가 사회에 가져다줄 효용에 주목하며, 발각되지 않게 감시한다면 참가자에게 피해가 없다고 주장할 것이다. 반면, 인간 존중의 원칙을 우선시하는 연구자라면 연구자가 사람들을 존중하지 않았다는 점에 주목하며, 참가자가 감시를 알아채지 못했더라도 참가자의 프라이버시를 침해하는 행위로 인해 피해가 발생한다고 주장할 것이다. 바꿔 말하면, 어떤 사람들에게는 프라이버시 침해 그 자체가 피해이다.

결론적으로, 프라이버시에 대해 추론할 때, 과도하게 단순화된 공과 사의 이분법을 넘어 행위자(주체, 발신자, 수신자), 속성(정보의 유형), 전파 원칙(정보 흐름에 부과된 제약)의 세 가지 요소로 구성된 맥락-상대적인 정보 규범들에 대해 생각해보는 것이 유용하다. 어떤 연구자들은 프라이버시 침해로 인해 발생할 수 있는 피해의 관점에서 평가하지만, 다른 연구자들은 프라이버시 침해를 그 자체로 피해라고 여긴다. 많은 디지털 시스템에서 프라이버시의 개념이 시간 이 흐름에 따라 변화하고 사람과 상황에 따라 너무나 다양하기 때문에(Acquisti, Brandimarte, and Loewenstein, 2015), 프라이버시는 앞으로도 얼마간은 연구자 들에게 까다로운 윤리적 결정의 원천이 될 가능성이 높다.

6.6.4. 불확실한 국면에서 결정하기

불확실하다고 해서 아무 행동도 안 할 필요는 없다.

연구자들이 어려움을 겪을 것으로 예상되는 네 번째이자 마지막 영역은 불확 실한 국면에서 결정을 내리는 일이다. 모든 철학적 담론화나 균형 잡기가 끝난 후에는, 연구윤리는 결국 무엇을 하고 무엇을 하지 않을 것인지에 대한 결정과 관련된 문제이다. 불행히도 이런 결정들은 불완전한 정보를 기반으로 이루어 져야 할 때가 많다. 예를 들어 앙코르 실험을 설계할 때, 연구자들은 앙코르의 금지 사이트 접속 시도로 인해 경찰이 찾아올 확률을 알고 싶을 것이다. 혹은 감정 전염 실험을 설계한다면, 실험이 일부 참가자들에게 우울증을 촉발할 확 률에 대해 알고 싶을 것이다. 이 확률은 극히 낮을 수도 있지만, 실험을 해보기 전에는 알 수 없다. 또한 어떠한 프로젝트도 부작용에 대한 정보를 공개적으로 추적한 적이 없기 때문에, 이 확률들은 여전히 알려지지 않고 있다.

불확실성은 디지털 시대의 사회연구의 고유한 문제는 아니다. 「벨몬트 보고 서」가 체계적인 손익분석에 대해 서술할 때, 이를 정확하게 계량하는 일은 매 우 까다로운 일이 될 것이라는 점을 정확하게 인정하고 있다. 하지만 이러한 불확실성은 디지털 시대에 더 치명적이다. 부분적으로는 우리가 아직 이런 유 형의 연구를 많이 경험해보지 못했기 때문이며, 한편으로는 연구 자체의 특성 때문이기도 하다.

이러한 불확실성을 고려하여, 어떤 사람들은 예방의 원칙Precautionary Principle

의 속어적 표현이라고 할 만한 "나중에 후회하느니 미리 준비하는 것이 낫다 better safe than sorry"라는 태도를 옹호하는 것 같다. 이런 접근 방식은 합리적으로 보이며 심지어 현명해 보이기까지 할 수 있지만, 실제로는 해로운 결과를 낳는다. 이런 방식으로는 연구가 얼어붙고, 사람들이 상황에 대해 지나치게 협소한 관점을 지니게 된다(Sunstein, 2005). 예방의 원칙의 문제점을 이해하기 위해 감정 전염 실험의 사례를 생각해보자. 이 실험은 70만 명을 포함하도록 계획되었고, 실험에 참가한 사람에게 피해를 입힐 수 있는 분명한 가능성이 존재했다. 하지만 동시에 이 실험은 페이스북 이용자들과 사회에 이득이 될 지식을 산출해낼 가능성도 있었다. 따라서 실험을 허용하는 데에는 위험이 따르지만 (지금까지 충분히 논의해왔듯이), 실험은 귀중한 지식을 생산할 수도 있기 때문에 실험을 하지 않는 데에도 위험이 따를 것이다. 물론 실험을 하는 것과 하지 않는 것만이 선택지는 아니다. 다양한 윤리적 균형점을 만들어내는 많은 연구 설계 수정 방법이 있다. 하지만 어느 시점에는 연구를 해야 할지 말아야 할지 선택해야 할 것이며, 두 경우 모두 위험을 수반한다. 행동을 할 경우에 따르는 위험에만 주목하는 것은 부적절하다. 단적으로 말해, 위험이 따르지 않는 접근 방식은 존재하지 않는다.

예방의 원칙을 넘어 불확실한 상황하의 의사결정에 대해 생각하는 중요한 방식은 **최소위험표준**minimal risk standard이다. 이 표준은 참가자가 스포츠 경기를 하거나 운전을 하는 등의 일상적 일들이 가지는 위험과 비교하여 특정한 연구의 위험을 측정하려는 시도이다(Wendler et al., 2005). 이 접근 방식이 가치 있는 이유는 어떤 연구가 최소위험표준을 충족시키는지를 평가하는 일이 실제 위험 수준을 평가하는 일에 비해 더 용이하기 때문이다. 예를 들어 감정 전염 실험에서 연구를 시작하기 전에 연구진은 실험에 사용된 뉴스 피드의 감정적 내용을 페이스북의 다른 뉴스 피드의 감정적 내용들과 비교해볼 수 있다. 두 내용이 비슷하다면, 연구진은 해당 연구가 최소위험표준을 만족시킨다고 결론 내릴 수 있다(Meyer, 2015). 그리고 연구진은 위험의 **절대적 수준을 모르더라도** 이런 결정을 내릴 수 있다. 동일한 접근 방식을 앙코르 실험에도 적용할 수 있다. 최초에 앙코르는 억압적인 정부를 가진 국가에서 활동이 금지된 정치집단의 웹사이트와 같이 민감하다고 알려진 웹사이트들에 접속 요청을 촉발시켰다. 보다시피 특정 국가들에서 이는 참가자들에게 최소한의 위험이 아니다. 하지만 트위터, 페이스북, 유튜브에만 접속 요청을 보내도록 수정된 앙코르의 버전에서는 평범한 웹 활동을 하는 동안에 접속 요청을 보내기 때문에, 최소한의 위험만을 가진다(Narayanan and Zevenbergen, 2015).

미지의 위험을 가진 연구에 대해 의사결정을 할 때 중요한 두 번째 관념은, 연구자들이 주어진 규모의 효과를 신뢰성 있게 탐지하는 데에 필요할 표본의 규모를 계산하게 해주는 검정력 분석power analysis이다(Cohen, 1988). 여러분의 연구가 설령 매우 작은 위험이라도 아무튼 참가자를 위험에 노출시킨다면, 선행의 원칙은 여러분이 연구 목표를 달성하기 위해 필요한 최소한의 위험만을 부과해야 한다고 제안한다(4장의 축소 원칙을 상기하자). 일부 연구자들은 자신들의 연구를 가능한 한 대규모로 만드는 데에 집착하지만, 연구윤리는 연구자가 자신의 연구를 가능한 한 소규모로 만들어야 한다고 제안한다. 물론 검정력 분석은 새로운 게 아니지만 아날로그 시대에 활용되었던 방식과 오늘날 활용되어야 하는 방식 사이에는 중요한 차이가 있다. 아날로그 시대에 연구자는 일반적으로 자신의 연구가 너무 소규모(즉, 과소검정under- powered)가 아니라는 점을 확인하기 위해 검정력 분석을 실시하였다. 하지만 오늘날에 연구자는 자신의 연구가 너무 대규모(즉, 과검정over-powered)가 아니라는 점을 확인하기 위해 검정력 분석을 실시해야 한다.

최소위험표준과 검정력 분석은 연구 설계에 대한 추론에 도움이 되겠지만, 참가자들이 연구에 대해 느끼는 방식이나 참가로 인해 어떤 위험을 경험할 것인지에 대해서는 어떠한 새로운 정보를 제공하지 않는다. 불확실성에 대처하는 또 다른 방식은 윤리적 응답 설문ethical-response survey과 단계적 실험 조치staged trials로 이어지는 추가 정보 수집이다.

윤리적 응답 설문에서 연구자는 제시한 연구 계획에 대한 간략한 설명을 한 후, 두 가지 질문을 한다.

- 질문 1: 만약 당신이 아끼는 누군가가 이 실험의 참가자 후보라면, 당신은 그 사람을 참가시키기를 원하겠습니까?: [예], [상관없음], [아니요]
- 질문 2: 연구자가 이 실험을 진행하는 것이 허락되어야 한다고 믿으십니까?: [예], [예, 하지만 걱정은 됨], [잘 모르겠음], [아니요]

각 질문에 뒤이어 응답자에게는 자신의 답변에 대해 설명할 수 있는 공란이 제공된다. 마지막으로 응답자, 즉 잠재적인 참가자이거나 미세 업무 노동 시장에서 모집한 사람(아마존 메커니컬 터크와 같은)일 수 있는 사람들은 몇몇 기초적인 인구학적 질문들에 답변한다(Schechter and Bravo-Lillo, 2014).

윤리적 응답 설문은 내가 특별히 매력적이라고 생각하는 특징 세 가지를 지닌다. 첫째, 이 설문은 연구가 진행되기 전에 실시되며, 따라서 연구가 시작되기 전에 문제를 미연에 방지할 수 있다(부작용에 대해 감시하는 접근과는 정반대로). 둘째, 윤리적 응답 설문의 응답자들은 일반적으로 연구자가 아니기 때문에 연구자들이 자신의 연구를 대중의 관점에서 볼 수 있도록 도와준다. 마지막으로, 윤리적 응답 설문은 연구자가 같은 연구 프로젝트의 여러 버전을 제시하여 수용자의 윤리적 균형을 평가할 수 있게 해준다. 하지만 윤리적 응답 설문의 한 가지 한계는 설문 결과가 주어졌을 때 여러 연구 설계 중 무엇을 선택해야 하는지 명확하지 않다는 점이다. 하지만 이러한 한계가 있어도, 윤리적 응답 설문은 유용하게 보인다. 사실 세크터와 브라보릴로(Schechter and Bravo-Lillo, 2014)는 윤리적 응답 설문의 참가자가 제기한 우려에 반응한 연구 계획을 취소했다고 보고한 바 있다.

윤리적 응답 설문이 제시된 연구에 대한 반응을 평가하는 데에 유용하게 쓰일 수 있기는 하지만, 부작용의 발생 확률이나 위험도를 측정할 수는 없다. 의학 연구자들이 위험성이 높은 조건에서 불확실성을 다루는 한 가지 방식은, 일부 사회연구에도 도움이 될 접근 방식인 단계적 실험 조치이다. 신약의 효과를 시험할 때 연구자는 곧바로 대규모 무작위 임상실험 단계로 넘어가지 않는다. 그 대신에 우선적으로 그들은 연구를 두 단계로 진행한다. 간략하게 설명하자면, 1단계 조치에서 연구자는 안전한 처방을 찾는 데에 특별히 집중하며, 소수의 사람만을 포함시킨다. 안전한 처방이 결정되었다면, 2단계 조치는 약의 효능(즉, 최상의 상황에서 약이 듣는 능력)을 평가하는 것이다(Singal, Higgins, and Waljee, 2014). 1단계와 2단계 연구가 완벽히 종료된 이후에만 대규모 무작위 통제 실험에서 신약 효과를 평가할 수 있도록 허가를 받는다. 신약개발에서 활용되던 단계적 실험 조치의 구조가 사회연구에 그대로 딱 들어맞지 않을 수도 있지만, 불확실성과 직면했을 때 연구자는 철저하게 안전성과 효과에만 초점을 맞춘 소규모 연구를 진행할 수 있다. 예컨대 앙코르의 사례에서, 여러분은 연구진이 법의 지배가 강하게 작동하는 국가의 참가자만을 대상으로 연구를 시작하는 것을 상상해볼 수 있다.

최소위험표준, 검정력 분석, 윤리적 응답 설문, 단계적 실험 조치의 네 가지 접근 방식을 함께 활용하면 불확실한 국면에서도 합리적인 방식으로 연구를 계속 진행하는 데에 도움이 될 것이다. 불확실하다고 해서 아무것도 하지 않을 필요는 없다.

6.7. 실용적 조언들

연구윤리에는 고상한 윤리적 원칙뿐만 아니라 실용적 문제들이 있다.

이 장에서 서술한 윤리적 원칙과 체계들에 더하여, 디지털 시대의 사회연구를 실시하고, 심사하고, 토의한 내 개인적인 경험에 기반한 실용적 조언을 세 가지 하려고 한다: IRB는 상한선이 아니라 하한선이다. 다른 모든 사람의 입장이 되어보라. 연구윤리를 이산형이 아니라 연속형으로 생각하라.

6.7.1. IRB는 상한선이 아니라 하한선이다

많은 연구자들이 IRB에 대해 모순적인 시각을 고수하는 것 같다. 연구자들은 한편에서는 IRB가 갈피를 잡지 못하는 관료기구라고 생각한다. 하지만 동시에 IRB를 윤리적 결정의 최후 중재자로 판단하기도 한다. 많은 연구자들이 IRB가 승인하면 무조건 모든 게 괜찮다고 믿는 것 같다. IRB가 현재 처한 상황에 따른 수많은 실제 한계를 알고 있다면 연구자로서 우리는 연구윤리에 더 책임성을 가져야 한다. 그리고 실제로 IRB가 처한 많은 한계가 있다(Schrag, 2010, 2011; Hoonaard, 2011; Klitzman, 2015; King and Sands, 2015; Schneider, 2015). IRB는 상한선이 아니라 하한선이며, 이러한 생각은 핵심적인 두 가지 함의를 가진다.

첫째, IRB가 하한선이라는 말은, 여러분이 IRB 심사를 요구하는 기관에서 일한다면 그 규칙을 따라야 한다는 의미이다. 이는 매우 뻔한 말로 보이겠지만 나는 몇몇 사람들이 IRB를 회피하려고 하는 모습을 알아챘다. 실제로 여러분이 윤리적으로 확실한 합의가 존재하지 않는 영역에서 일한다면 IRB는 강력한 우군이 될 것이다. IRB의 규칙들을 준수하면, 여러분의 연구가 무언가 잘못된 방향으로 흐를 때 IRB가 후원을 해줄 것이다(King and Sands, 2015). 하지만 규칙을 준수하지 않는다면 여러분은 혼자만 매우 어려운 상황에 처할 수 있다.

둘째, IRB가 상한선이 아니라는 말은 서류 양식을 채우고 규칙을 준수하는 것만으로는 충분하지 않다는 의미이다. 여러분은 연구자로서 윤리적으로 행동하는 방식에 대해 가장 잘 알고 있는 사람일 경우가 많다. 궁극적으로 여러분은 연구자이며, 윤리적 책임은 여러분의 몫이다. 바로 논문에 올라간 여러분 이름에 윤리적 책임이 걸려 있다.

IRB를 상한선이 아니라 하한선으로 다루는 확실한 방법 하나는 여러분의 논문에 윤리적 지침 부록ethical appendix을 첨부하는 것이다. 사실 여러분은 자신의 작업을 동료 연구자들과 대중에게 어떻게 설명할 것인지 생각하도록 스스로를 강제하기 위해, 연구를 시작하기도 전에 윤리적 지침 부록부터 만들 수도

표 6.3_ 자신의 연구윤리에 대한 흥미로운 논의를 제시하는 논문들

연구	제시된 논점
van de Rijt et al.(2014)	동의를 구하지 않은 현장 실험
	맥락적 피해를 피하기
Paluck and Green(2009)	개발도상국에서의 현장 실험
	민감한 주제에 대한 연구
	복잡한 동의 문제
	발생할 수 있는 피해에 대한 교정
Burnett and Feamster(2015)	동의를 구하지 않은 연구
	위험을 계량하기 어려울 때 위험과 효용의 균형 잡기
Chaabane et al.(2014)	연구의 사회적 함의
	유출된 데이터 파일을 이용하기
Jakobsson and Ratkiewicz(2006)	동의를 구하지 않은 현장 실험
Soeller et al.(2016)	이용약관 위배

있다. 윤리적 지침 부록을 쓰면서 스스로 불편함을 느낀다면 여러분의 연구는 적절한 윤리적 균형점을 만족시키지 못한 것이다. 윤리적 지침 부록을 출판하는 일은 스스로의 작업을 진단하는 데에 도움이 되는 것과 더불어, 연구 공동체가 실제 경험적 연구의 사례에 기반하여 윤리적 문제들에 대해 토론하고 적절한 규범을 정립하는 데에 유용할 것이다. 표 6.3에서는 연구윤리에 대해 훌륭하게 논하고 있다고 생각하는 경험연구 논문들을 제시하였다. 내가 이 논문 저자들의 모든 주장에 동의하지는 않지만, 그들은 모두 카터(Carter, 1996)가 규정한 의미에서의 무결성에 입각하여 행동하는 연구자의 사례들이다. ① 연구자는 옳다고 생각하는 것과 그르다고 생각하는 것을 결정해야 한다. ② 연구자는 개인적 손해가 있더라도 결정한 대로 행동해야 한다. ③ 연구자는 상황에 대한 윤리적 분석에 기반하여 행동한다는 점을 공개적으로 보여주어야 한다.

6.7.2. 다른 모든 사람의 입장이 되어보라

연구자들은 자주 자신들이 세계를 보는 유일한 렌즈인, 연구의 과학적 목표에만 집중한다. 이러한 근시안적 태도는 잘못된 윤리적 판단으로 이어질 수 있다. 따라서 여러분이 자신의 연구에 대해서 생각할 때, 연구의 참가자, 다른 관련 이해 당사자, 심지어는 언론인의 입장이 되어서 여러분의 연구에 어떻게 반응할지 상상해보라. 이러한 관점의 수용은 여러분이 이러한 입장 각각에서 어떻게 느낄지를 상상하는 일과는 다르다. 그보다는 다른 입장의 사람들이 어떻게 느낄지 상상하려고 노력하는 일이며, 이러한 과정은 공감을 유도할 가능성이 높다(Batson, Early, and Salvarani, 1997). 다른 사람의 입장에서 여러분의 작업에 대해 생각해보는 일은 문제를 미리 찾아내고 더 나은 윤리적 균형점으로 옮겨 가는 데에 유용할 수 있다.

나아가 다른 사람의 입장에서 여러분의 작업에 대해 생각할 때에는, 생생한 최악의 시나리오에 관심이 고정될 가능성이 높을 것이라고 예상해야 한다. 예를 들어, 감정 전염 실험에 대한 반응으로 어떤 비판자들은 이 실험이 가능성은 낮지만 극단적으로 생생한 최악의 경우인 자살을 유발할 가능성에 주목하였다. 사람들의 감정이 활성화되고 최악의 시나리오에 주목하게 되면, 그들은 이 최악의 사건이 발생할 확률이 얼마나 될지는 완전히 놓치게 될 수 있다(Sunstein, 2002). 하지만 사람들이 감정적으로 반응한다는 사실이 그들이 무지하고, 비합리적이고, 혹은 어리석다고 무시해야 한다는 것을 의미하지는 않는다. 우리는 아무도 윤리에 대한 완벽한 관점을 지니고 있지 않다는 점을 깨닫기 위해 충분히 겸손해야 한다.

6.7.3. 연구윤리를 이산형이 아니라 연속형으로 생각하라

디지털 시대의 사회연구에서 윤리에 대한 토론은 자주 이분법적 용어를 통해 발생하곤 한다. 예를 들어 감정 전염 연구는 윤리적이거나 윤리적이지 않다.

이러한 이분법적 사고는 논의를 양극화하고, 공동의 규범을 발전시키려는 노력을 저해하고, 지적인 나태함을 증폭시키고, '윤리적'이라고 분류된 연구자들이 더 윤리적으로 행동할 책임을 면제한다. 내가 봤던 연구윤리와 관련된 가장 생산적인 대화는 연구윤리에 대한 이분법적 사고를 뛰어넘어 연속적인 개념으로 나아갔다.

연구윤리에 대한 이분법적 개념의 중요한 실용적 문제는, 이러한 개념이 논의를 양극화시킨다는 점이다. 감정 전염 연구를 '비윤리적'이라고 부르는 일은 진정한 잔혹행위들과 해당 연구를 똑같이 취급하는 것이며, 이는 전혀 도움이 되지 않는다. 그보다는 연구에서 여러분이 문제를 찾아낸 측면에 대해 구체적으로 이야기를 하는 것이 더 유용하고 적절하다. 이분법적 사고와 양극화된 언어에서 벗어나는 일은 비윤리적 행위를 감추기 위해 모호한 언어를 사용하라는 요청이 아니다. 그보다는, 윤리에 대한 연속적인 개념은 더 사려 깊고 정확한 언어 사용으로 이어질 것이라고 생각한다. 나아가, 연구윤리에 대한 연속적인 개념은 이미 '윤리적'이라고 판단되는 작업을 진행 중인 연구자라 할지라도, 모두가 자신의 작업에서 더 나은 윤리적 균형을 만들기 위해 매진해야 한다는 점을 명확하게 해준다.

6.8. 나오는 말

디지털 시대의 사회연구는 새로운 윤리적 문제들을 부상시킨다. 하지만 이 문제들은 극복이 불가능하지 않다. 공동체로서 우리가 연구자와 대중 모두에게 지지를 받는 공동의 윤리적 규범과 표준을 발달시킬 수 있다면, 우리는 디지털 시대가 가지는 가능성을 사회에 책임을 가지고 이익이 되는 방식으로 길들일 수 있다. 이 장은 우리가 이런 방향으로 나아가게 하려는 시도를 표현했으며, 나는 연구자들에게 있어서 핵심은 곧 적절한 규칙들을 준수하면서 동시에 원칙에 기반하는 사고를 도입하는 것이라고 생각한다.

6.2절에서는 윤리적 논쟁을 낳은 디지털 시대 연구 기획 세 가지를 서술하였다. 6.3절에서는 디지털 시대의 사회연구에서 윤리적 불확실성을 야기하는 근본적 이유라고 생각하는 요인을 서술하였다. 그것은 바로 사람들의 동의를 구하지 않고, 심지어 알아차리지도 못하게 관찰하거나, 실험에 참가시킬 수 있도록 하는 연구자의 권력이 급격하게 증가한 것이다. 이러한 가능성은 우리의 규범, 규칙, 법률보다 빠르게 변화하고 있다. 다음으로 6.4절에서는 여러분의 사고를 안내해줄 수 있는 기존 원칙 네 가지를 서술하였다. 인간 존중의 원칙, 선행의 원칙, 정의의 원칙, 법과 공익 존중의 원칙이다. 과연 어떤 경우에 윤리적으로 적절한 목적을 달성하기 위해 윤리적으로 의문스러운 수단을 채택하는 것이 적절한가? 6.5절에서는 이러한 가장 근본적인 도전에 직면했을 때 도움이 될 만한 포괄적 윤리 체계 두 가지인 결과주의와 의무론을 요약하였다. 이 원리들과 윤리 체계는 여러분이 기존의 규정이 허용하는 일에만 집중하던 것을 넘어서게 해주며, 다른 연구자들 및 대중과 여러분의 추론에 대해 소통하는 능력을 증진시켜준다.

6.6절에서는 이러한 배경들과 함께 디지털 시대의 사회연구자에게 특별히 도전적인 영역 네 가지에 대해 논의하였다. 이는 고지에 입각한 동의(6.6.1항), 정보 위험에 대한 이해와 관리(6.6.2항), 프라이버시(6.6.3항), 불확실한 국면에서 윤리적 결정을 내리기(6.6.4항)이다. 마지막으로 6.7절에서는 윤리가 정립되지 않은 영역에서 작업을 할 때 필요한 실용적인 세 가지 조언으로 결론을 맺었다.

범위로 말하자면 이 장은 일반화가 가능한 지식을 추구하는 개별 연구자의 관점에 초점을 맞추고 있다. 따라서 연구의 윤리적 감독 체계 개선에 대한 중요한 질문들이 생략되었다. 기업에 의한 데이터 수집과 이용의 규제, 정부에 의한 대중 감시와 같은 질문들이다. 이런 질문들은 확실히 복잡하고 까다롭지만, 연구윤리에서 나온 발상 중 일부는 이런 다른 맥락에서도 유용하리라 희망한다.

표 6.4_ 터스키기 매독 실험의 간략한 경과

연도	사건
1932	매독에 감염된 남성 약 400명이 연구에 등록되었고, 그들은 연구의 본질에 대해 정보를 받지 못했다.
1937~1938	PHS는 지역에 이동 의료 시설을 파견했으나, 연구에 등록된 남성들에게는 치료가 제공되지 않았다.
1942~1943	연구에 등록된 남성들이 치료를 받는 것을 막기 위해, PHS는 그들이 제2차 세계대전에 징집되지 않도록 개입했다.
1950s	페니실린이 매독에 대해 폭넓게 사용이 가능한 효과적인 치료 방법이 되었으나, 연구에 등록된 남성들은 여전히 치료받지 못했다(Brandt, 1978).
1969	PHS는 연구에 대한 윤리심사위원회를 소집했고, 위원회는 연구를 계속할 것을 권고했다.
1972	전 PHS의 직원인 피터 벅스턴이 기자에게 연구에 대해 말했고, 언론이 이야기를 폭로했다.
1972	미국 상원은 터스키기 실험을 포함한 인간 대상 실험에 대한 청문회를 열었다.
1973	정부는 공식적으로 연구를 종료했고, 생존자들에게 공인된 치료를 실시했다.
1997	빌 클린턴 미국 대통령이 터스키기 실험에 대해 공개적, 공식적으로 사과했다.

자료: 존스(Jones, 2011)에서 재구성.

부록_ 역사

이 「역사」 부록은 미국의 연구윤리에 대한 매우 간략한 리뷰를 제공한다.

연구윤리에 대한 모든 논의에 앞서 과거 연구자들이 과학의 이름으로 끔찍한 짓들을 자행했다는 점을 인지할 필요가 있다. 그중 최악은 터스키기 매독 실험(표 6.4)이다. 1932년 미국의 공중위생국Public Health Service: PHS 연구진은 매독의 효과를 추적하기 위해, 매독에 감염된 흑인 남성 약 400명을 연구에 참여시켰다. 이 남성들은 앨라배마주의 터스키기 근방에서 충원되었다. 이 연구는 순전히 흑인 남성에서 매독의 경과를 기록하기 위해 설계되었기 때문에, 연구 시작부터 치료를 하지 않았다. 참가자들은 연구의 본질에 대해 속았고(그들은 '나쁜 피'에 대한 연구라고 들었다), 매독은 치명적인 질병임에도 참가자들은 효과가 없는 가짜 치료를 받았다. 연구가 진행됨에 따라 매독에 대한 안전하고 효과적인 치료법들이 개발되었지만, 연구진은 참가자가 이러한 치료를 어디서도 받을 수 없도록 적극적으로 개입하여 차단하였다. 예를 들어 제2차 세계대전 동안 연구진은 입대를 할 경우 받을 수 있는 치료를 막기 위해 연구에 포함된 모든 남성들의 징집을 유예시켰다. 연구진은 40년간 참가자들을 기만하고 치료를 거부한 것이다.

터스키기 매독 실험은 당대 미국의 남부에서는 일반적이었던 인종주의와 극단적 불평등을 배경으로 시작되었다. 하지만 40년간의 역사에 걸쳐, 이 연구에는 흑인과 백인을 모두 포함한 수많은 연구자들이 연루되었다. 그리고 직접적으로 연루된 연구자들뿐만 아니라, 더 많은 연구자들이 틀림없이 의학 문헌에 출판된 15개의 연구 보고서 중 하나를 읽었다(Heller, 1972). 연구가 시작된 지 약 30년 후인 1960년대 중반 피터 벅스턴Peter Buxtun이라는 PHS 직원이 이 연구가 도덕적으로 충격적이라고 판단하여 연구를 종료하도록 PHS 내부에서 압박하기 시작하였다. 벅스턴에 반응하여, 1969년 PHS는 연구의 완전한 윤리적 심사를 위해 위원회를 소집하였다. 충격적이게도, 윤리심사위원회는 연구진이 감염된 남성들에게 계속 치료를 하지 말아야 한다고 결정하였다. 심의 과정에서 한 위원이 한 말에 주목해볼 만하다. "이와 같은 연구는 결코 또 할 수 없다. 그러니 이 이점을 살리자"(Brandt, 1978). 대부분 의사로 구성된, 전원이 백인인 위원회는 일종의 고지에 입각한 동의를 갖추어야 한다고 결정했다. 하지만 동시에 연구 참가자들은 자신의 연령과 낮은 교육 수준 때문에 스스로 고지에 입각한 동의를 할 수 없다고 판단하였다. 따라서 위원회는 연구진이 지역의 의료 공무원에게 '대리 동의'를 받을 것을 권고하였다. 결국 완전한 윤리 심사를 거친 후에도 치료 보류는 지속되었다. 1972년, 벅스턴은 최종적으로 이 이야기를 언론인에게 제보하였고, 진 헬러Jean Heller는 이 연구를 세상에 폭로하는 일련의 기사들을 썼다. 광범위한 대중의 분노가 촉발된 후에야 연구는 최종적으로 중단되었고, 생존자들에게 치료가 이루어졌다.

이 연구의 피해자에는 남성 399명뿐만 아니라 그 가족까지 포함된다. 당사자들이 치료를 받지 못했기 때문에 최소한 아내 22명, 자녀 17명, 손자 두 명에게서 매독이 발병했을 수 있다(Yoon, 1997). 게다가 이 연구가 야기한 피해는 연구가 종료된 이후에도 오래 지속되었다. 이 연구는 정당하게도 아프리카계 미국인들이 의료공동체에 대해 갖는 신뢰를 저하시켰으며, 신뢰의 저하는 이들이 의학적 치료를 기피하여 건강을 악화시키는 결과를 낳았다(Alsan and Wanamaker, 2016). 나아가 이러한 신뢰 결여 때문에 1980년대와 1990년대에 HIV/AIDS를 치료하고자 하는 노력에 제약을 받았다(Jones, 1993: 14장).

이토록 끔찍한 연구가 오늘날에도 벌어질 것이라고 상상하기는 어렵지만, 나는 터스키기 매독 실험에는 디지털 시대에 사회연구를 진행하는 사람들에게 해당하는 중요한 교훈이 세 가지 있다고 생각한다. 첫째, 그 자체로 하지 말아야 하는 연구들도 있다는 점을 상기시켜준다. 둘째, 연구가 참가자뿐만 아니라, 연구가 종료된 이후에도 오랫동안 참가자의 가족과 공동체 전체에 피해를 끼칠 수 있다는 점을 보여준다. 마지막으로, 연구자들이 끔찍한 윤리적 결정을 내릴 수도 있다는 점을 보여준다. 사실 나는 이 연구에 연루된 많은 사람들이 그토록 오랜 기간에 걸쳐 이런 무시무시한 결정을 내려왔다는 점이 오늘날의 연구자들에게 틀림없이 어떤 두려움을 촉발할 것이라고 생각한다. 그리고 안타깝게도, 터스키기의 사례는 유일한 사례가 결코 아니다. 이 시기에 벌어진 문제적인 사회, 의료 연구에 대한 다른 사례가 여럿 있다(Katz, Capron, and Glass, 1972; Emanuel et al., 2008).

1974년에 터스키기 매독 실험을 비롯한 연구자들에 의한 윤리적 실패 사례들에 대한 반응으로, 미국 하원은 생물의료 및 행동연구에서 인간 연구 대상 보호를 위한 국가위원회National Commission for the Protection of Human Subjects of Biomedical and Behavioral Research를 창설했고, 인간 피험자를 포함하는 연구에 대한 윤리적 지침을 개발하는 작업에 착수했다. 벨몬트 컨퍼런스 센터에서 진행한 4년간의 회의 끝에, 위원회는 생명윤리에 대한 추상적 토론과 일상적인 연구 행위 양쪽에 모두 지대한 영향을 미친「벨몬트 보고서」를 작성하게 되었다.

「벨몬트 보고서」는 세 개의 장으로 구성되었다. 첫 번째 장인 '실천과 연구의 경계'에서 보고서는 범위를 정리한다. 특히 보편적인 지식을 추구하는 연구와 일상적인 조치 및 활동을 포함하는 실행 간에 구분이 필요하다는 주장을 펼친다. 나아가 「벨몬트 보고서」의 윤리적 원칙들은 오직 연구에만 적용되어야 한다고 주장한다. 이러한 연구와 실행의 분리는 「벨몬트 보고서」가 디지털 시대의 사회연구에 잘 들어맞지 않는 이유 중 하나로 지목되어왔다(Metcalf and Crawford, 2016; boyd, 2016).

「벨몬트 보고서」의 두 번째 및 세 번째 부분은 인간 존중의 원칙, 선행의 원칙, 정의의 원칙이라는 세 가지 윤리적 원칙을 제시하고, 해당 원칙들이 실제 연구에 어떻게 적용될 수 있는지 서술한다. 이 원칙들은 내가 이 장 본문에서 더 상세하게 서술한 바 있다.

「벨몬트 보고서」는 폭넓은 목표를 제시하지만, 매일매일의 활동을 감시하기에 쉽게 활용될 수 있는 문서는 아니다. 따라서 미국 정부는 구어체로 미연방 연구윤리(정식 명칭은 Title 45 Code of Federal Regulations, Part 46, Subparts A-D 이다)라고 부르는 일련의 규정을 만들었다(Porter and Koski, 2008). 이 규정들은 연구에 대한 심사, 승인, 감독 절차들을 서술하고 있으며, 연구윤리위원회IRBs 는 이를 강제해야 한다. 「벨몬트 보고서」와 미연방 연구윤리의 차이를 이해하기 위해서, 각각이 고지에 입각한 동의를 서술하는 방식을 보자. 「벨몬트 보고서」는 고지에 입각한 동의에 대한 철학적 추론 및 진정한 고지에 입각한 동의를 대표할 수 있는 광범위한 특성들을 서술하는 데에 비해, 미연방 연구윤리는 고지에 입각한 동의서에 포함되어야 하는 필수 항목 여덟 가지와 부가적 요소 여섯 가지를 나열한다. 법에 따라 미연방 연구윤리는 미연방 정부의 자금 지원을 받는 연구를 거의 모두 관할한다. 나아가, 미연방 정부로부터 자금 지원을 받는 많은 기관들이 개별 연구의 자금 출처와 관계없이, 해당 기관에서 수행하는 연구 모두에 대해 미연방 연구윤리를 적용한다. 하지만 미연방 연구윤리는 미연방 정부로부터 자금 지원을 받지 않는 기업들에는 자동적으로 적용되지 않는다.

나는 거의 대부분의 연구자들이 「벨몬트 보고서」에서 나타난 대로 윤리적 연구의 넓은 목표를 존중하지만, 미연방 연구윤리와 IRB와 작업하는 절차에 대해서 광범위한 불만이 있다고 생각한다(Schrag, 2010, 2011; Hoonaard, 2011; Klitzman, 2015; King and Sands, 2015; Schneider, 2015). 명확히 하자면, IRB에 대한 비판자들은 윤리에 반대하는 것이 아니다. 그보다는 현재의 체제가 적절한 균형을 충족시키지 못하므로, 다른 방식을 통해 목표를 더 성공적으로 달성할 수 있을 것이라 생각한다. 하지만 나는 IRB는 기정사실로서 받아들일 것이다. 여러분이 IRB의 규칙을 준수할 것을 요청받는다면 그렇게 해야 한다. 그렇지만 나는 여러분이 연구윤리에 대해 판단할 때, 원칙 기반 접근 또한 수용하도록 권장하고 싶다.

이 배경은 우리가 미국에서 IRB의 심사라는 규칙에 기반한 체제에 이르기까지의 과정을 매우 간략하게 요약하였다. 오늘날 「벨몬트 보고서」와 미연방 연구윤리를 판단할 때, 우리는 이들이 다른 시대에 만들어졌으며 특히 제2차 세계대전 도중과 이후의 의료윤리 위반이라는 시대의 문제에 대한 매우 현명한 대응이었다는 점을 기억해야 한다(Beauchamp, 2011).

윤리적 규칙을 마련하려는 의학자들과 행동과학자들의 노력과 더불어, 규모가 더 작고 잘 알려지지는 않았지만 컴퓨터 과학자들에 의한 노력도 있다. 사실 디지털 시대의 연구가 만들어낸 윤리적 도전과 마주친 첫 번째 연구자들은 사회과학자가 아니다. 그들은 컴퓨터 과학자, 그중에서도 특히 컴퓨터 보안 분야의 연구자이다. 1990년대에서 2000년대에 걸쳐, 컴퓨터 보안 연구자들은 봇넷botnets을 운영하거나 비밀번호가 취약한 컴퓨터 수천 대를 해킹하는 등 윤리적으로 의문스러운 연구를 다수 수행하였다(Bailey, Dittrich, and Kenneally, 2013; Dittrich, Carpenter, and Karir, 2015). 이런 연구에 대한 반응으로 특히 국토안전부를 위시한 미국 정부는 정보통신기술ICT과 관련된 연구의 윤리 체계에 대한 지침을 쓰기 위해 블루리본위원회blue-ribbon commission를 구성하였다. 이러한 노력의 결과가 「멘로 보고서」이다(Dittrich, Kenneally, and others,

2011). 컴퓨터 보안 연구자들의 우려가 사회연구자들의 우려와 정확하게 같지는 않지만, 「멘로 보고서」는 사회연구자들에게도 중요한 세 가지 교훈을 제시한다.

첫째, 「멘로 보고서」는 「벨몬트 보고서」의 세 가지 원칙인 인간 존중의 원칙, 선행의 원칙, 정의의 원칙을 재확인하며 네 번째 원칙인 법과 공익 존중의 원칙을 덧붙인다. 나는 이 장 본문에서 네 번째 원칙을 소개하고 이 원칙이 사회연구에 어떻게 적용되어야 하는지 서술하였다(6.4.4항).

둘째, 「멘로 보고서」는 연구자들에게 「벨몬트 보고서」의 '인간 피험자를 대상으로 하는 연구'라는 협소한 정의를 넘어 "인간에게 피해를 끼칠 가능성이 있는 연구"라는 더 일반적인 개념으로 나아갈 것을 요청한다. 「벨몬트 보고서」의 시각의 한계는 앙코르 사례에서 잘 드러난다. 프린스턴대학교와 조지아 공과대학교의 IRB는 앙코르가 '인간 피험자를 대상으로 하는 연구'가 아니며, 따라서 미연방 연구윤리에 따른 감독을 받을 필요가 없다고 판결하였다. 하지만 앙코르는 확실히 인간에게 피해를 끼칠 가능성이 있다. 가장 극적으로는, 억압적인 정부가 무고한 사람을 감옥에 가두는 결과로 이어질 수 있다. 원칙 기반 접근은 연구자가 설령 IRB의 승인이 있다 하더라도 '인간 피험자를 대상으로 하는 연구'라는 좁은 법적인 정의 뒤로 숨지 말아야 한다는 점을 의미한다. 연구자는 '인간에게 피해를 끼칠 가능성이 있는 연구'라는 더 일반적인 개념을 수용해야 하며, 인간에게 피해를 끼칠 가능성을 가진 모든 연구를 윤리적 판단의 대상으로 설정해야 한다.

셋째, 「멘로 보고서」는 연구자들이 「벨몬트 보고서」의 원칙들을 적용할 때 고려해야 하는 이해 당사자의 범위를 확대할 것을 요청한다. 연구가 삶에서 분리된 영역으로부터 일상적인 활동에 포함된 무언가로 이동함에 따라, 윤리적 판단 역시 특정한 연구 참가자를 넘어 관련된 비참가자와 연구가 수행되는 환경을 포함하는 방향으로 확장되어야 한다. 바꿔 말하자면, 「멘로 보고서」는 연구자들이 단순히 자신의 연구 참가자들을 넘어 윤리적 시각을 넓힐 것을 요청한다.

이「역사」부록은 사회, 의료, 컴퓨터 과학 분야에서 연구윤리 심사에 대한 매우 간략한 설명을 제시하였다. 의학 분야에서 연구윤리에 대한 단행본 분량의 논의를 보려면 이매뉴얼 등(Emanuel et al., 2008)이나 보상과 차일드리스(Beauchamp and Childress, 2012)를 참고하라.

다음 읽을거리

• 들어가는 말(6.1절)

연구윤리는 전통적으로 과학적 사기와 신용배당과 같은 주제들을 포함한다. 이런 주제들은 의학연구소와 국립과학아카데미 및 국립공학아카데미Institute of Medicine and National Academy of Sciences and National Academy of Engineering(2009)에서 발간한 『과학자의 길에 대하여On Being a Scientist』에서 매우 자세하게 다루었다.

이 장은 미국의 상황에 매우 영향을 많이 받았다. 다른 국가들의 윤리적 감독 절차를 더 알고 싶다면, 데스포사토(Desposato, 2016b)의 6~9장을 보길 바란다. 이 장에 영향을 미친 의료윤리 원칙들이 지나치게 미국 편향적이라는 주장에 대해서는 홀름(Holm, 1995)을 참고하라. 미국에서 연구윤리위원회들에 대한 더 상세한 역사적 검토에 대해서는 스타크(Stark, 2012)를 보라. 학술지《정치과학과 정치학Political Science and Politics: PS》은 정치학자들과 IRB 간의 관계에 대한 전문적 심포지엄을 개최하였다. 요약으로는 마르티네스-에베르스(Martinez-Ebers, 2016)를 보라.

미국에서 「벨몬트 보고서」와 후속 규제조치들은 연구와 실행을 분리하는 경향이 있다. 나는 윤리적 원칙과 체계들이 두 조건 모두에 적용된다고 생각하기 때문에, 이 장에서 이러한 구분을 하지 않았다. 이러한 구분과 그로부터 발생한 문제들을 알기 위해서는 보상과 사가이(Beauchamp and Saghai,

2012), 마이어(Meyer, 2015), 보이드(boyd, 2016), 메트칼프와 크로퍼드 (Metcalf and Crawford, 2016)를 보라.

페이스북에서 연구감독에 대한 더 상세한 내용은 잭먼과 캐너바(Jackman and Kanerva, 2016)를 보라. 기업과 비정부기구에서 연구감독에 대한 견해는 칼로(Calo, 2013), 폴로넷스키, 테네와 제롬(Polonetsky, Tene, and Jerome, 2015), 그리고 테네와 폴로넷스키(Tene and Polonetsky, 2016)를 보라.

2014년 서아프리카 에이즈 창궐 대처를 돕기 위한 휴대전화 데이터 사용과 관련하여, 휴대전화 데이터가 가지는 프라이버시 위험에 대한 더 상세한 내용은 메이어, 뮤츨러와 미첼(Mayer, Mutchler, and Mitchell, 2016)을 보라. 휴대전화 데이터를 활용한 이전의 위기 관련 연구들의 사례에 대해서는 벵트손 등(Bengtsson et al., 2011)과 루, 벵트손과 홀름(Lu, Bengtsson, and Holme, 2012)을 보고, 위기 관련 연구의 윤리에 대한 상세한 내용은 크로퍼드와 핀 (Crawford and Finn, 2015)을 보라.

● 세 가지 사례(6.2절)

많은 사람들이 감정 전염 연구에 대한 글을 썼다. 《연구윤리Research Ethics》 학술지는 2016년도 1월호 전체를 해당 실험에 대한 논의에 바쳤다. 개괄적으로는 헌터와 에반스(Hunter and Evans, 2016)를 참고하라. 《미국국립과학원회보》는 해당 실험에 대한 논문을 두 편 출간하였다. 칸, 베에나와 매스트로야니(Kahn, Vayena, and Mastroianni, 2014)와 피스케와 하우저(Fiske and Hauser, 2014)가 그것이다. 해당 실험에 대한 논의로는 푸슈만과 보즈다그 (Puschmann and Bozdag, 2014), 마이어(Meyer, 2014; 2015), 그리멜만 (Grimmelmann, 2015), 셀링거와 하르츠그(Selinger and Hartzog, 2015), 클라인스만과 버클리(Kleinsman and Buckley, 2015), 쇼(Shaw, 2015), 플릭(Flick, 2015)을 보라.

● 디지털은 다르다(6.3절)

대중 감시에 대해서 마이어 쇤베르거(Mayer-Schönberger, 2009)와 마르크스 (Marx, 2016)가 폭넓은 개관을 제공한다. 감시에 드는 비용 변화의 구체적인 사례로, 뱅크스톤과 솔타니(Bankston and Soltani, 2013)는 휴대전화를 이용한 범죄 용의자 추적이 물리적 감시에 비해 50배는 더 저렴하다고 추정한다. 작동하는 감시에 대한 논의는 아준와, 크로퍼드와 슐츠(Ajunwa, Crawford, and Schultz, 2016)도 보라. 벨과 겜멜(Bell and Gemmell, 2009)은 자기 감시에 대한 더 낙관적인 관점을 제시한다.

전적으로 혹은 부분적으로 공적인 관찰 가능한 행동(예를 들어 취향, 연결, 시간)을 추적할 수 있을 뿐 아니라, 연구자들은 많은 참가자들이 사적인 것으로 취급하는 영역까지 추론해낼 수 있다. 예컨대 코신스키와 동료들(Kosinski et al., 2013)은 평범한 디지털 흔적 자료(페이스북의 '좋아요')로 보이는 데이터에서 성적 지향이나 중독성 물질의 사용과 같은 민감한 정보를 추론해낼 수 있다는 점을 보여주었다. 마법 같은 이야기로 들릴지도 모르지만, 코신스키와 동료들이 사용한 접근 방식—디지털 흔적, 설문조사, 지도 학습의 조합—은 실제로는 내가 여러분에게 이미 이야기했던 방식이다. 3장(질문하기)을 다시 떠올려보라. 나는 블루먼스톡과 동료들(Blumenstock et al., 2015)이 르완다의 빈곤을 추정하기 위해 설문조사 데이터와 휴대전화 데이터를 결합한 방식을 말하였다. 개발도상국에서 빈곤을 효율적으로 측정하기 위해 사용될 수 있는 것과 정확히 같은 접근 방식이 잠재적으로 프라이버시를 침해하는 추론에도 사용될 수 있다.

건강 데이터의 의도하지 않은 2차 이용 가능성과 관련된 더 상세한 내용은 오도헤티 등(O'Doherty et al., 2016)을 보라. 의도하지 않은 2차 이용의 잠재성에 더하여, 불완전한 마스터 데이터베이스의 구축조차 사람들이 특정 내용을 읽기 싫어하거나 특정 주제에 대한 논의를 회피하게 만든다면 사회적·정치적 생활을 얼어붙게 하는 효과가 있을 수 있다. 이와 관련해서는 샤우어 (Schauer, 1978)와 페니(Penney, 2016)를 보라.

규칙이 중복되는 상황에서 연구자들은 종종 '규제 쇼핑regulatory shopping' 에 관여한다(Grimmelmann, 2015; Nickerson and Hyde, 2016). 특히 IRB의 감

시를 피하고 싶어 하는 일부 연구자들은 IRB의 감독범위 밖에 있는 연구자들(예를 들어 기업이나 비정부기구 소속)과 협업관계를 구축하면, 협업자들이 데이터를 수집한 후 비식별화할 수 있다. 그러면 해당 연구는 최소한 현재 규칙에 대한 일부 해석에 따르면 '인간 피험자를 대상으로 하는 연구'로 더는 분류되지 않기 때문에, IRB의 감독을 받는 연구자는 이 비식별화된 데이터를 IRB의 감시 없이 분석할 수 있다. 이런 류의 IRB 회피는 연구윤리에 대한 원칙 기반 접근과 양립할 수 없을 것이다. 미연방 연구윤리를 갱신하고자 하는 노력이 2011년에 시작되었고, 이 과정은 2017년에 최종적으로 마무리되었다(Jashchik, 2017). 미연방 연구윤리의 갱신 노력에 대한 상세한 내용은 에반스(Evans, 2013), 전미연구평의회(National Research Council, 2014), 허드슨과 콜린스(Hudson and Collins, 2015), 메트칼프(Metcalf, 2016)를 보라.

● 네 가지 원칙(6.4절)

생명의료 윤리에 대한 고전적인 원칙 기반 접근은 보샹과 차일드리스(Beauchamp and Childress, 2012)의 접근이다. 그들은 생명의료 윤리의 지침이 되어야 하는 핵심 원칙 네 가지를 제시한다. 자율성에 대한 존중 원칙, 무해성의 원칙, 선행의 원칙, 정의의 원칙이다. 무해성의 원칙은 다른 사람에게 피해를 유발하는 것을 강하게 금지한다. 이러한 개념은 "피해를 끼치지 마라"라는 히포크라테스적 신념과 깊숙이 연결되어 있다. 연구윤리에서 이 원칙은 종종 선행의 원칙과 섞이기는 하지만, 두 원칙의 구분에 대한 더 상세한 내용은 보샹과 차일드리스(Beauchamp and Childress, 2012: 5장)를 보고, 이러한 원칙들이 지나치게 미국적이라는 비판에 대해서는 홀름(Holm, 1995)을 참조하라. 원칙들이 서로 충돌할 때의 조정에 대한 상세한 내용은 길론(Gillon, 2015)을 보라.

이 장의 네 가지 원칙은 '소비자 주체 검토 위원회CSRBs'라고 부르는 조직을 통해 기업이나 비정부기구에서 실행되는 연구(Polonetsky, Tene, and Jerome, 2015)에 대한 윤리적 감독의 지침으로 제시되기도 했었다(Calo, 2013).

● 인간 존중의 원칙(6.4.1항)

자율성에 대한 존중에 더하여, 「벨몬트 보고서」는 모든 사람들이 진정한 자기결정을 할 수는 없다는 점 역시 인지하고 있다. 예를 들어 어린이, 병자 또는 자유가 극도로 억압받는 상황에서 살아가는 사람은 완전히 자율적인 개인으로서 행동할 수 없으며, 따라서 이런 사람들에게는 추가적인 보호가 필요하다.

디지털 시대에 인간 존중의 원칙을 적용하는 일은 어려운 일일 수 있다. 예를 들어 디지털 시대의 연구에서 연구자들은 참가자에 대해 아는 정보가 매우 적기 때문에, 자기결정 능력이 약한 사람들에게 추가적인 보호를 제공하기 어려울 수 있다. 게다가 디지털 시대 사회연구에서 고지에 입각한 동의는 거대한 도전 앞에 놓여 있다. 몇몇의 경우, 진정한 고지에 입각한 동의는 정보와 이해력이 서로 충돌하는 투명성의 역설로 인해 곤란을 겪을 수 있다 (Nissenbaum, 2011). 단순하게 말해서 연구자가 데이터 수집, 분석, 보안 실행의 성격에 대해 모든 정보를 제공한다면, 많은 참가자들이 이해에 어려움을 겪을 것이다. 그렇다고 해서 연구자가 포괄적인 정보만을 제공한다면, 중요한 기술적 세부사항이 결여될 것이다. 아날로그 시대의 의학 연구─「벨몬트 보고서」에서 고려하는 지배적인 환경─에서는 의사가 투명성의 역설을 해소하기 위해 개별 참가자들과 개인적으로 면담하는 장면을 상상해볼 수 있다. 하지만 수천에서 수백만 명을 대상으로 하는 온라인 연구에서 이러한 면대 면 접근은 불가능하다. 디지털 시대에 합의와 관련된 두 번째 문제는, 대규모 데이터 저장소 분석과 같은 일부 연구의 경우에는 모든 참가자에게 고지에 입각한 동의를 받는 일이 비현실적이라는 점이다. 6.6.1항에서 고지에 입각한 동의와 관련하여 이 문제와 다른 문제들을 더 상세하게 다루었다. 하지만 이런 난점이 있음에도 우리는 고지에 입각한 동의가 인간 존중의 원칙의 필요조건도, 충분조건도 아니라는 점을 기억할 필요가 있다.

고지에 입각한 동의가 등장하기 전의 의학 연구에 대한 더 상세한 내용은 밀러(Miller, 2014)를 참고하라. 고지에 입각한 동의에 대한 서적으로는 맨슨과 오닐(Manson and O'Neill, 2007)을 보라. 고지에 입각한 동의에 대한 추천 목록은 아래를 더 보라.

● 선행의 원칙(6.4.2항)

맥락에 대한 피해는 연구가 특정한 인물이 아니라 사회적 환경에 미칠 수 있는 피해이다. 이 개념은 약간 추상적이기는 하지만, 고전적인 사례를 통해 보여줄 것이다. 위치타 배심원 연구(Vaughan, 1967; Katz, Capron, and Glass, 1972: 2장) —또는 시카고 배심원 연구Chicago Jury Project라고도 부름(Cornwell, 2010) —가 그 사례이다. 이 연구에서 시카고대학교 연구진은 사법체계의 사회적 측면에 대한 더 큰 연구의 한 부분으로서, 캔자스주 위치타시의 배심원 여섯 명의 평결을 몰래 기록하였다. 판사와 변호사들은 기록을 허용했으며, 절차에 대한 엄격한 감독이 있었다. 하지만 배심원단은 기록이 이루어지고 있다는 점을 인지하지 못하였다. 연구가 공개되자, 공적인 분노가 일어났다. 법무부는 연구에 대한 수사에 착수하였고, 연구진은 하원에서 증언을 위해 소환당했다. 궁극적으로, 하원은 배심원의 평결을 몰래 기록하는 일을 불법으로 규정하는 새로운 법안을 통과시켰다.

위치타 배심원 연구에 대한 비판자들의 우려는 참가자들에게 피해를 끼칠 위험에 대한 것이 아니라, 배심원의 숙의 맥락에 피해를 끼칠 위험에 대한 것이었다. 그들은 만약 배심원단의 구성원이 자신들의 논의가 안전하고 보호받는 공간에서 이루어진다는 점을 믿지 못한다면, 미래에 숙의가 진행되기란 더 어려워질 것이라고 생각하였다. 배심원의 평결에 더하여, 변호사와 의뢰인의 관계나 심리적 돌봄과 같이 사회가 추가적인 보호를 제공하는 다른 특수한 사회적 맥락도 존재한다(MacCarthy, 2015).

맥락에 대한 피해 위험과 사회체계의 혼란은 정치학의 몇몇 현장 실험에서도 제기된다(Desposato, 2016b). 정치학의 현장 실험에 대해서 좀 더 맥락에 민감한 비용편익 계산에 대한 사례는 짐머먼(Zimmerman, 2016)을 보라.

● 정의의 원칙(6.4.3항)

참가자에 대한 보상은 디지털 시대의 연구와 관련된 많은 환경들에서 논의되어 왔다. 러니어(Lanier, 2014)는 참가자들에게 자신들이 생성한 디지털 기록에 대해 대가를 지불하자고 제시한다. 베더슨과 퀸(Bederson and Quinn, 2011)은 온라인 노동 시장에서의 보상에 대해 논의한다. 마지막으로, 데스포사토 (Desposato, 2016a)는 현장 실험에서 참가자들에게 보상할 것을 제시한다. 그는 참가자에게 직접 보상을 하지는 못하더라도 참가자들을 대변하여 일을 하는 집단에 기부를 할 수 있다는 점을 지적한다. 예를 들어, 앙코르 실험에서 연구자는 인터넷 접속을 지원하기 위해 일하는 집단에 기부를 할 수 있다.

• 법과 공익 존중의 원칙(6.4.4항)

서비스 이용약관은 동등한 당사자 사이에 협상을 통해 맺은 계약이나 합법적 정부에 의해 제정된 법률에 비해 무게감이 적어야 한다. 과거에 연구자가 서비스 이용약관을 침해했던 상황들은 일반적으로 자동화된 쿼리를 활용하여 기업의 행동을 감시하는 일과 관련되었다(차별을 측정하기 위한 현장 실험과 매우 유사한). 추가적인 논의를 위해서는 바카로 등(Vaccaro et al., 2015), 브룩먼(Bruckman, 2016a; 2016b)을 참고하라. 이용약관에 대해 논의하는 경험 연구의 사례는 쇨러 등(Soeller et al., 2016)을 보라. 연구자가 이용약관을 위배했을 때 직면할 수 있는 법적인 문제들에 대한 상세한 내용은 산비와 카라할리오스(Sandvig and Karahalios, 2016)를 참고하라.

• 두 가지 윤리 체계(6.5절) ────────────

확실히 결과주의와 의무론에 대해 무수한 분량의 글들이 쓰여왔다. 디지털 시대의 연구에 대한 추론에 이러한 윤리 체계들을 활용하는 방식의 사례에 대해서는제벤베르헌 등(Zevenbergen et al., 2015)을 보라. 예를 들어 개발경제학의 현장 실험에 어떻게 적용될 수 있는지에 대해서는 바엘레(Baele, 2013)를 참조하라.

• 고지에 입각한 동의(6.6.1항)

차별 감시 연구들에 대한 더 자세한 논의는 페이저(Pager, 2007) 및 리아치와 리치(Riach and Rich, 2004)를 보라. 이 연구들은 고지에 입각한 동의를 구하지 않았을 뿐만 아니라, 사후 설명을 하지 않는 기만 행위까지 저질렀다.

데스포사토(Desposato, 2016a)와 험프리스(Humphreys, 2015)는 동의를 구하지 않은 현장 실험에 대한 조언을 제공한다.

소머스와 밀러(Sommers and Miller, 2013)는 참가자들을 속인 이후에도 참가자들에게 사후 설명을 하지 않은 것을 옹호하는 많은 주장이나, 연구자가 사후 설명을 포기해야 한다는 주장을 검토한다.

즉, 매우 좁은 특정 상황하에서, 사후 설명에는 납득할 만한 현실적 어려움이 따르지만, 연구자들은 할 수만 있다면 사후 설명을 하는 데에는 거리낌이 없을 것이다. 연구자가 어수룩한 참가자 풀을 보존하거나, 참가자의 분노를 피하거나, 참가자를 피해로부터 보호하기 위해 사후 설명을 포기하는 일이 허용되어서는 안 된다.

다른 이들은 사후 설명이 이익보다 더 큰 피해를 야기할 수 있는 일부 상황에서는 사후 설명을 하지 말아야 한다고 주장한다(Finn and Jakobsson, 2007). 사후 설명에 대한 논쟁이 불거지는 것은, 인간 존중의 원칙을 선행의 원칙보다 더 중시하는 연구자도 있지만 그 반대로 여기는 연구자도 있는 경우이다. 한 가지 가능한 해법은 사후 설명을 참가자를 위한 학습 경험으로 만들어주는 방법을 찾는 것이다. 이는 사후 설명을 피해를 야기할 수도 있는 무언가로 여기기보다는, 사후 설명이 참가자에게도 이익이 될 수 있다는 사고방식이다. 이러한 종류의 사후 설명의 교육적 사례로 자거틱 등(Jagatic et al., 2007)을 참고하라. 심리학자들은 사후 설명을 위한 기술들을 발전시켰고(Holmes, 1976a; 1976b; Mills, 1976; Baumrind, 1985; Oczak and Niedźwieńska, 2007), 이러한 기술 중 일부는 디지털 시대의 연구에도 유용하게 적용될 수 있을 것이다. 험프리스(Humphreys, 2015)는 내가 서술했던 사후 설명 전략과 밀접하게 연관된 지연된 동의deferred consent에 대한 흥미로운 발상을 제공한다.

참가자 중 일부 표본에게만 동의 여부를 물어본다는 발상은 험프리스(Humphreys, 2015)가 **추론된 동의**inferred consent라고 부른 것과 관련이 있다.

고지에 입각한 동의와 관련하여 제시되었던 또 다른 발상은 온라인 실험에 동의하는 사람들로 구성된 패널을 구축하는 것이다(Crawford, 2014). 일각에서는 이러한 패널은 무작위로 추출된 표본이 아닐 것이라고 주장한다. 하지만 이 책의 3장(질문하기)은 사후층화를 통해 이 문제를 충분히 다룰 수 있다는 점을 보여주었다. 또한 패널에 포함되는 것에 대한 동의는 다양한 실험의 범위를 포괄할 수 있다. 다시 말해, 참가자들은 개별 실험들 각각에 대해 매번 동의를 할 필요가 없으며, 광범위 동의broad consent라고 부르는 동의만 하면 된다(Sheehan, 2011). 일괄 동의와 각 연구별 동의 사이의 차이, 가능한 혼합물에 대한 상세한 내용은 허턴과 헨더슨(Hutton and Henderson, 2015)을 보라.

● 정보 위험을 이해하고 관리하기(6.6.2항)

결코 특이한 일이 아닌 넷플릭스 대회의 사례는 사람들에 대한 상세한 정보를 포함하고 있는 데이터셋의 중요한 기술적 속성을 보여주며, 현대의 사회적 데이터셋의 '익명 처리' 가능성에 대한 중요한 교훈을 준다. 각각의 개인들에 대한 수많은 정보의 파편은, 나라야난과 스마티코프(Narayanan and Shmatikov, 2008)가 정식으로 규정한 의미에서 희소할 가능성이 높다. 각각의 기록들은 서로 같지 않으며, 사실은 매우 유사한 기록들마저도 없다. 각각의 개인들은 데이터셋에서 가장 가까운 이웃과 매우 멀리 떨어져 있다. 넷플릭스 데이터는 영화 2만 편에 대한 5점 척도로 구성되어 각각의 개인들의 자료가 가질 수 있는 경우의 수가 $6^{20,000}$(6의 2만 승)개에 달하기 때문에(5점 척도에 더하여, 평점을 아예 매기지 않을 수도 있기 때문에 6이다) 희소할 것이라고 상상할 수 있다. 이 수는 매우 크고 파악하기 어렵다.

희소성은 두 가지 핵심적 함의를 지닌다. 첫째, 무작위 변화에 기반한 데이터셋 '익명 처리' 시도는 실패할 가능성이 높다. 넷플릭스가 평점 일부를 무작위적으로 조정하더라도(실제로 했고), 변경된 기록은 여전히 공격자가 가지고 있는 정보에 가장 근접하고 접근이 가능한 기록이기 때문에 충분하지 않을 것이다. 둘째, 희소성은 공격자가 불완전하거나 부분적인 지식만을 가지고 있더라도 재식별이 가능하다는 점을 의미한다. 예를 들어 넷플릭스 데이터에서 공격자가 두 영화에 대한 여러분의 평점을 알고 있으며, 여러분이 평점들을 매긴 날짜를 전후 3일간으로 알고 있다고 가정해보자. 단지 이 정보만으로도 넷플릭스 데이터에서 68%의 서로 다른 개인들을 구분해낼 수 있다. 공격자가 전후 14일간 여러분이 평점을 매긴 영화 여덟 편을 알고 있다면, 설령 그중 영화 두 편의 평점 정보가 완전히 틀렸다 하더라도, 데이터셋에서 99%의 서로 다른 개인들을 구분해낼 수 있다. 다시 말해 희소성은 데이터 '익명 처리' 시도를 어렵게 하는 근본적인 문제인데, 현대의 사회적 데이터셋이 대부분 희소하다는 것은 불행한 일이다. 희소 데이터에 대한 '익명 처리'를 다루는 더 자세한 내용은 나라야난과 스마티코프(Narayanan and Shmatikov, 2008)를 보라.

전화 메타 정보 역시 '익명'이며 민감한 정보는 아닌 것 같지만, 그렇지 않다. 전화 메타 정보는 식별 가능하며 민감한 정보이다(Mayer, Mutchler, and Mitchell, 2016; Landau, 2016).

그림 6.6에서 나는 정보 공개에 따른 참가자에 대한 위험과 사회적 효용 사이의 교환을 그렸다. 접속을 제한하는 접근 방식(예를 들어 월드 가든)과 데이터를 제한하는 접근 방식(예를 들어 '익명 처리') 간의 비교는 라이터와 키니(Reiter and Kinney, 2011)를 참조하라. 데이터의 위험 수준에 따른 분류 체계는 스위니, 크로사스와 바르-시나이(Sweeney, Crosas, and Bar-Sinai, 2015)을 보라. 데이터 공유를 둘러싼 일반적인 논의에 대한 더 상세한 내용은 야코비츠(Yakowitz, 2011)를 참조하라.

데이터의 위험과 이익 사이의 교환에 대한 더 상세한 분석은 브리켈과 스마티코프(Brickell and Shmatikov, 2008), 옴(Ohm, 2010), 라이터(Reiter, 2012), 우(Wu, 2013), 고로프(Goroff, 2015)를 보라. 이러한 교환을 대규모 공개 온라인 강좌MOOCs의 실제 데이터에 적용한 사례에 대해서는 다리어스 등(Daries et al., 2014)과 앙길리, 빌리츠슈타인과 왈도(Angiuli, Blitzstein, and Waldo, 2015)를 보라.

차분 프라이버시는 참가자들에게는 적은 위험과 사회에는 높은 효용을 동시에 조합할 수 있는 대안적 접근 방식을 제시한다. 드워크와 로스(Dwork and Roth, 2014)와 나라야난, 휴이와 펠턴(Narayanan, Huey, and Felten, 2016)을 보라.

연구윤리에 대한 많은 규칙들의 핵심인 개인식별정보PII 개념에 대한 상세한 내용은 나라야난과 스마티코프(Narayanan and Shmatikov, 2010)와 슈바르츠와 솔러브(Schwartz and Solove, 2011)를 보라. 모든 데이터는 잠재적으로 민감하다는 점에 대한 상세한 내용은 옴(Ohm, 2015)을 참고하라.

이 절에서, 나는 서로 다른 데이터셋들 간의 연결이 정보 관련 위험으로 이어질 수 있다는 점을 보여주었다. 하지만 커리(Currie, 2013)가 주장하는 대로 이러한 연결은 연구에 새로운 기회를 창출해낼 수도 있다.

다섯 가지 안전 원칙에 대한 자세한 내용은 데사이, 리치와 웰턴(Desai, Ritchie, and Welpton, 2016)을 참고하라. 어떻게 결과가 식별될 수 있는지에 대한 사례는 질병 유행 지도가 어떻게 식별되는지를 보여준 브라운슈타인, 카사와 맨들(Brownstein, Cassa, and Mandl, 2006)을 보라. 드워크 등(Dwork et al., 2017)은 특정한 질병을 가지고 있는 개인의 수에 대한 통계와 같은 집적 데이터에 대한 공격을 검토한다.

데이터 이용과 공개에 대한 질문들은 데이터 소유권에 대한 질문도 제기한다. 데이터 소유권에 대한 상세한 내용은 에반스(Evans, 2011)와 펜트랜드(Pentland, 2012)를 보라.

● 프라이버시(6.6.3항)

워런과 브랜다이스(Warren and Brandeis, 1890)는 프라이버시에 대한 이정표가 되는 법적 문서이며, 프라이버시는 곧 혼자 남을 권리라는 견해를 가장 지지해준다. 내가 추천할 만한 프라이버시에 대한 단행본에는 솔러브(Solove, 2010)와 니센바움(Nissenbaum, 2010)이 포함된다.

사람들이 프라이버시에 대해 생각하는 방식에 대한 경험적 연구들을 다루는 논평은 아키스티, 브란디마르테와 뢰벤슈타인(Acquisti, Brandimarte, and Loewenstein, 2015)을 보라. 펠란, 람페와 레스닉(Phelan, Lampe, and Resnick, 2016)은 사람들이 프라이버시에 대해 상반되어 보이는 진술을 하는 방식을 설명하기 위해 이중 체제 이론—사람들은 때로는 직관적 우려에 주목하지만, 때로는 숙고를 거친 우려에 주목한다—을 제시한다. 트위터와 같은 온라인 환경에서의 프라이버시에 대한 견해는 노이하우스와 웹무어(Neuhaus and Webmoor, 2012)를 참고하라.

《사이언스》는 프라이버시 사안 및 정보 관련 위험에 대해 서로 다른 다양한 관점을 제시하고 있는, '프라이버시의 종말The End of Privacy'이라는 제목의 특별호를 발간하였다. 요약은 엔서링크와 친(Enserink and Chin, 2015)을 보라. 칼로(Calo, 2011)는 프라이버시 침해에서 발생하는 피해들에 대해 사고하기 위한 틀을 제공한다. 디지털 시대의 초기에 프라이버시를 우려한 조기 사례는 패커드(Packard, 1964)를 보라.

● 불확실한 국면에서 결정하기(6.6.4항)

최소위험표준을 적용하려고 할 때 발생하는 도전 한 가지는, 평가의 기준으로 누구의 일상생활을 활용해야 하는지 명확하지 않다는 점이다(National Research Council, 2014). 예를 들어, 노숙자는 일상생활에서 느끼는 불편함이 높은 수준일 것이다. 하지만 그렇다고 해서 노숙자를 위험성이 큰 연구에 노출시키는 것이 윤리적으로 허용될 수 있다는 것을 시사하지는 않는다. 이런 이유로 인해, 최소 위험은 특수한 인구specific-population 표준이 아니라 일반적 인구general-population를 기준으로 평가해야 한다는 합의가 증가하는 것으로 보인다. 나도 일반적 인구 표준이라는 발상에 전반적으로 동의하기는 하지만, 페이스북과 같은 대규모 온라인 플랫폼에서는 특수한 인구 표준이 합리적이라고 생각한다. 따라서 감정 전염 실험에 대해 평가할 때, 페이스북에서의 일상적 위험을 기준으로 평가를 하는 것이 합리적이라고 생각한다. 이 경우 특수한 인구 표준은 측정이 훨씬 쉬우며, 연구의 부담이 사회적 취약집단(예를 들어 죄수나 고아들)에만 불공정하게 부과되지 않게 해야 한다는 정의의 원칙과 충돌할 가능성이 낮다.

● 실용적 조언들(6.7절)

다른 학자들도 더 많은 논문에서 윤리적 지침 부록을 포함하도록 요청하였다 (Schultze and Mason, 2012; Kosinski et al., 2015; Partridge and Allman, 2016). 킹과 샌즈(King and Sands, 2015)도 실용적 조언들을 제시한다. 죽과 동료들 (Zook and colleagues, 2017)은 '합리적인 빅 데이터 연구를 위한 간단한 십계명'을 제시한다.

난이도: ⌁ 쉬움　⌁ 중간　⌁ 어려움　⌁ 매우 어려움
🍪 데이터 수집　▦ 수학 지식 필요　⟨/⟩ 코딩 능력 필요　♥ 선호 대상

1. [⌁] 클라인스만과 버클리(Kleinsman and Buckley, 2015)는 감정 전염 실험에 반대하며 다음과 같이 주장하였다.

> 페이스북 실험에 따른 위험성이 낮은 게 사실이라고 하더라도, 지나고 보니 실험의 결과가 매우 유용하다고 판단되더라도, 여기에는 반드시 지켜져야 하는 중요한 원칙이 걸려 있다. 도둑질은 훔친 금액과 관계없이 도둑질이다시피, 우리 모두는 연구의 성격과 상관없이 사전 지식과 동의 없이는 실험에 동원되지 않을 권리가 있다.

　① 이 장에서 논의한 두 개의 윤리 체계(결과주의와 의무론) 중, 이 주장과 가장 명료하게 부합하는 틀은 무엇인가?
　② 이제, 여러분이 위의 입장에 반대 주장을 하길 원한다고 상상해보자. 《뉴욕타임스》의 기자에게 어떻게 주장을 펼칠 것인가?
　③ 여러분이 이 주제에 대해 동료들과 논의를 한다면, 여러분의 주장은 동료들의 주장과 얼마나 다를까?

2. [⌁] 매독, 메이슨과 스타버드(Maddock, Mason, and Starbird, 2015)는 연구자가 이미 삭제된 트윗을 연구에 활용해도 되는지에 대해 고려하였다. 배경을 알기 위해 그들의 논문을 읽어보라.
　① 해당 논문의 결정을 의무론의 관점에서 분석하라.
　② 동일한 결정을 결과주의자의 관점에서 분석하라.
　③ 이 경우에 여러분은 어떤 입장이 더 설득력 있다고 판단하는가?

3. [⌁] 험프리스(Humphreys, 2015)는 현장 실험의 윤리에 대한 논문에서, 일

부 참가자에게는 해를 미치지만 나머지 참가자에게는 도움이 되는 개입을 모든 이해 당사자에게 동의를 받지 않고 시행할 때의 윤리적 도전을 강조하는 사고실험을 아래와 같이 제시한다.

> 연구자가 빈민가에 가로등을 설치하는 것이 폭력 범죄를 줄이는지 규명하고 싶어 하는 지역 단체들과 접촉했다고 가정해보자. 이 연구에서 대상은 범죄자다. 범죄자들에게 고지에 입각한 동의를 받으려고 하는 것은 연구를 위태롭게 할 가능성이 높으며, 어쨌든 기꺼이 밝힐 수 없을 것이다(인간 존중의 원칙 침해). 범죄자들은 연구의 효용을 누리지 못하고 비용만을 부담하게 될 것이다(정의의 원칙 침해). 또한 연구의 효용에 대한 의견이 다를 수 있다. 만약 연구가 효과적이라면, 특히 범죄자들은 결과를 가치 있게 여기지 않을 것이다(연구 대상에 대한 선행을 평가하기가 어렵다)… 여기서는 단순히 연구 대상을 둘러싼 문제만 특별한 사안이 아니다. 예를 들어 범죄자들이 가로등을 설치한 단체에 보복을 하는 상황과 같이, 연구 대상이 아닌 사람까지 포괄하는 위험도 있다. 지역 단체는 이러한 위험성을 잘 알고 있지만, 부분적으로는 논문 출간 자체가 동기로 작용하는 부유한 대학교 소속 연구자에 대한 근거 없는 기대 때문에 잘못된 믿음을 가지고 기꺼이 위험부담을 지려고 할 수도 있다."

① 설계된 실험에 대한 여러분의 윤리적 평가를 지역 단체에 이메일로 써보라. 제시한 대로 실험을 하도록 도울 것인가? 여러분의 결정에 어떤 요인이 영향을 미쳤는가?
② 이 연구 설계에 대한 여러분의 윤리적 평가를 향상시킬 만한 변화가 있을까?

4. [🔧] 1970년대에 미국의 중서부에 위치한 대학교의 남자 화장실에서 벌어진 현장 실험에 남성 60명이 참가하였다(연구진은 대학교 이름을 밝히지 않았다)(Middlemist, Knowles, and Matter, 1976). 연구진은 조머(Sommer, 1969)가 "불청객이 오지 않을 것으로 예상하는, 사람의 신체를 둘러싼 보이지 않는 영역"으로 규정한 사적 공간이 침해당했을 때 사람들이 반응하는 방식에 관심을 가졌다. 더 구체적으로, 연구진은 남성의 방뇨가 근접한 타인의 존재로 인해 얼마나 영향을 받는지를 연구 주제로 선택하였다. 순수하게 관찰만 하는

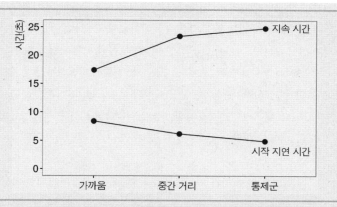

그림 6.7_ 미들미스트, 노레스와 매터(Middlemist, Knowles, and Matter, 1976)
의 결과.
화장실에 들어온 남성들은 세 조건 중 하나에 배정되었다. 가까운 거리(다른 사
람이 바로 옆 소변기에 있었음), 중간 거리(다른 사람이 한 칸 떨어진 소변기에
있었음), 통제군(사람 없음)이다. 변기 칸에 숨어 있는 관찰자는 자체 제작한 잠
망경을 이용하여 지연 시간과 방뇨의 지속시간을 관찰하였다. 추정의 표준오차
는 접근이 불가능하다.
자료: 미들미스트, 노레스와 매터(Middlemist, Knowles, and Matter, 1976: 그림 1)에
서 가져옴.

연구를 진행한 후, 연구진은 현장 실험을 진행하였다. 참가자들은 세 개의 소
변기 중 가장 왼쪽에 있는 소변기만 사용하도록 강제되었다(연구진은 어떻게
이를 가능하게 했는지 정확하게 설명하지는 않았다). 다음으로, 참가자들은 3단
계로 구분된 개인 간 거리 중 한 단계에 배정되었다. 어떤 사람에 대해서는
실험 협조자가 바로 오른쪽 옆 소변기를 이용했으며, 어떤 사람에 대해서는
실험 협조자가 한 칸 떨어진 소변기를 이용하였다. 그리고 어떤 사람에 대해
서는 어떤 실험 협조자도 화장실에 들어오지 않았다. 연구진은 참가자의 소
변기에 가까운 변기 칸에 연구 조교를 숨겨놓고 그들의 결과 변수—지연 시
간과 체류—를 측정하였다. 아래는 연구진이 측정 과정을 서술한 방식이다.

연구 대상의 소변기에 가장 가까운 변기 칸에 관찰자가 대기하고 있다. 이 과정
의 예비 실험 동안 청각을 통한 낌새는 [방뇨의] 시작과 끝의 신호로 활용할 수

없다는 점이 명확해졌다. … 그 대신, 시각적 꼼수를 사용하였다. 관찰자는 변기 칸의 바닥에 쌓여 있는 책 무더기 속에 설치된 프리즘 잠망경을 활용하였다. 바닥과 변기 칸의 벽 사이에 있는 11인치(28센티미터)의 공간이 잠망경을 통해 볼 수 있는 시야를 확보해주었으며, 소변을 보는 사람의 하반신과 소변 줄기를 직접 볼 수 있었다. 하지만 관찰자는 연구 대상의 얼굴을 볼 수는 없었다. 관찰자는 연구 대상이 소변기에 다가갔을 때와 방뇨를 시작하였을 때 두 개의 스톱워치를 작동시켰으며 방뇨가 끝났을 때 작동을 종료시켰다.

연구진은 물리적 거리가 가까워질수록 방뇨 시작이 지연되고 방뇨 지속 시간이 짧아진다는 점을 발견하였다(그림 6.7).
① 여러분은 이 실험의 참가자가 피해를 입었다고 생각하는가?
② 여러분은 연구진이 이 실험을 진행해야 했다고 생각하는가?
③ 만약 이 실험을 진행해야 한다면, 윤리적 균형을 향상시키기 위해 어떤 변경사항을 제안하겠는가?

5. [🐾, 💙] 예비선거를 약 10일 앞둔 2006년 8월, 미시간주에 거주하는 2만 명의 사람들은 자신과 이웃의 투표 기록을 보여주는 우편을 받았다(그림 6.8)(이 장에서 논의했던 것처럼 미국에서 주 정부는 각 선거에 대한 투표인 기록을 가지고 있으며, 이 정보는 대중이 접근 가능하다). 일반적인 우편물 한 부는 투표율을 약 1% 정도 올리지만, 이 우편물은 한 부당 관측된 것 중 가장 큰 8.1%까지 투표율을 올렸다(Gerber, Green, and Larimer, 2008). 이 효과는 매우 컸기 때문에 할 맬초Hal Malchow라는 정치 요원이 도널드 그린에게 실험의 결과를 출판하지 않는 대가로 10만 달러를 제공하였다(아마 맬초가 이 정보를 자신을 위해 사용할 수 있도록)(Issenberg, 2012: 304). 하지만 앨런 거버와 도널드 그린, 그리고 크리스토퍼 라리머는 2008년에 《미국 정치학 리뷰 American Political Science Review》에 논문을 게재하였다.

여러분이 그림 6.8의 우편물을 주의 깊게 검토한다면 연구진의 이름이 등장하지 않는다는 점을 알아차릴 수 있을 것이다. 회신 주소는 실전 정치 컨설팅Practical Political Consulting 앞으로 되어 있다. 저자들은 논문의 감사의 말에서 다음과 같이 설명한다. "이 논문에서 연구한 우편 프로그램을 설계하고

30423-3

For more information: (517) 351-1975
email: etov@grebner.com
Practical Political Consulting
P. O. Box 6249
East Lansing, MI 48826

PRSRT STD
U.S. Postage
PAID
Lansing, MI
Permit # 444

ECRLOT **C050
THE JACKSON FAMILY
9999 MAPLE DR
FLINT MI 48507

Dear Registered Voter:

WHAT IF YOUR NEIGHBORS KNEW WHETHER YOU VOTED?

Why do so many people fail to vote? We've been talking about the problem for years, but it only seems to get worse. This year, we're taking a new approach. We're sending this mailing to you and your neighbors to publicize who does and does not vote.

The chart shows the names of some of your neighbors, showing which have voted in the past. After the August 8 election, we intend to mail an updated chart. You and your neighbors will all know who voted and who did not.

DO YOUR CIVIC DUTY — VOTE!

MAPLE DR	Aug 04	Nov 04	Aug 06
9995 JOSEPH JAMES SMITH	Voted	Voted	______
9995 JENNIFER KAY SMITH		Voted	______
9997 RICHARD B JACKSON		Voted	______
9999 KATHY MARIE JACKSON		Voted	______
9999 BRIAN JOSEPH JACKSON		Voted	______
9991 JENNIFER KAY THOMPSON		Voted	______
9991 BOB R THOMPSON		Voted	______
9993 BILL S SMITH			______
9989 WILLIAM LUKE CASPER		Voted	______
9989 JENNIFER SUE CASPER		Voted	______
9987 MARIA S JOHNSON	Voted	Voted	______
9987 TOM JACK JOHNSON	Voted	Voted	______
9987 RICHARD TOM JOHNSON		Voted	______
9985 ROSEMARY S SUE		Voted	______
9985 KATHRYN L SUE		Voted	______
9985 HOWARD BEN SUE		Voted	______
9983 NATHAN CHAD BERG		Voted	______
9983 CARRIE ANN BERG		Voted	______
9981 EARL JOEL SMITH			______
9979 DEBORAH KAY WAYNE		Voted	______
9979 JOEL R WAYNE		Voted	______

그림 6.8_ 거버, 그린과 라리머(Gerber, Green, and Larimer, 2008)에서 발췌한 우편물.
이 우편물은 투표율을 한 부당 8.1%씩 증가시켰는데, 이는 관측된 효과 중에 가장 큰 효과였다.
자료: 거버, 그린과 라리머(Gerber, Green, and Larimer, 2008: 부록 A)에서 복사를 허가받았음.

관리한 실전 정치 컨설팅의 마크 그레너Mark Grebner에게 특별한 감사의 말을 전한다.”

① 이 장에서 서술하였던 윤리적 원칙 네 가지에 의거하여 이러한 실험 조치를 평가해보라.

② 맥락적 통합의 관점에서 이러한 실험 조치를 평가해보라.

③ 여러분은 이 실험에 어떤 변경사항을 제안하겠는가?

④ 마크 그레너가 이 시기에 이미 유사한 우편물을 발송했다면 위 질문에 대한 여러분의 답변에 영향이 있는가? 더 일반적으로 표현하자면, 연구자는 이미 실무자가 만든 기존의 조치들을 평가할 때 어떻게 생각해야 하는가?

⑤ 여러분이 실험군에 속한 사람들에게는 고지에 입각한 동의를 받겠지만, 통제군에 속한 사람들에게는 그렇게 하지 않기로 결정했다고 상상해보라. 이 결정은 실험군과 통제군 사이에서 나타나는 투표율 차이의 원인을 이해하는 데에 어떤 영향을 미칠까?

⑥ 이 논문이 게재되었을 때 함께 첨부할 수 있는 윤리적 지침 부록을 써보라.

6. [🎧] 앞 문제에 이어지는 문제이다. 위의 우편물(그림 6.8)을 받은 수신자 2만 명과, 잠재적으로 덜 민감한 우편물을 받은 수신자 6만 명 모두 반발을 하였다. 사실 아이젠버그(Issenberg, 2012: 198)는 “사무실의 자동응답기가 너무 빨리 채워져서 새로운 발신자는 메시지를 남길 수 없었기 때문에, 그레너[실전 정치 컨설팅의 책임자]는 얼마나 많은 사람들이 불만을 표출하기 위해 기꺼이 전화를 하는 수고를 했는지 계산할 수 없었을 것이다”라고 보고한다. 사실 그레너는 실험의 규모를 키운다면 반발이 훨씬 커질 수도 있다고 지적했었다. 그는 연구진 중 한 명인 앨런 거버에게 말하였다. “앨런, 우리가 50만 달러를 써서 주 전체를 대상으로 실험을 한다면, 우리는 살만 루시디Salman Rushdie처럼 숨어 살아야 할 겁니다”(Issenberg, 2012: 200).

① 이 정보가 5번 문제에서 여러분의 답변을 바꾸었는가?

② 미래에 이와 유사한 연구가 진행된다면, 여러분은 불확실한 국면에서의 의사결정에 대처하는 전략 중 어떤 전략을 추천하겠는가?

7. [🎧, ♥] 현장에서 대부분의 윤리적 논쟁은 연구자들이 참가자들에게 진정

한 고지에 입각한 동의를 받지 않아 발생한다(예를 들어 이 장에서 서술한 사례 연구 세 가지). 하지만 진정한 고지에 입각한 동의를 받은 연구에서도 윤리적 논쟁은 벌어질 수 있다. 여러분은 참가자들에게 진정한 고지에 입각한 동의를 받았지만, 여전히 비윤리적이라고 생각할 만한 가상 연구를 설계해보라.

힌트: 곤란을 겪는다면, 이매뉴얼, 웬들러와 그래디(Emanuel, Wendler, and Grady, 2000)를 읽어볼 수 있다.

8. [🎯, ♥] 연구자들은 자신의 윤리적 추론을 다른 연구자나 일반적인 대중에게 설명하는 데에 곤란을 겪곤 한다. 취향, 연결, 시간 연구가 참가자의 재식별이 가능하다는 점이 밝혀진 후, 연구진의 책임자인 제이슨 카우프만Jason Kauffman은 이 연구 계획의 윤리에 대해 다소 공적인 논평을 남겼다. 짐머(Zimmer, 2010)를 읽고, 이 장에서 서술한 원칙들과 윤리 체계를 활용하여 카우프만의 논평을 고쳐 써보라.

9. [🎯] 뱅크시Banksy는 영국에서 가장 유명한 현대 작가 중 한 사람이며, 정치적인 길거리 벽화(그림 6.9)로 알려져 있다. 하지만 그의 정확한 정체는 수수께끼이다. 뱅크시는 개인 웹사이트를 가지고 있기 때문에 그가 원한다면 자신의 정체를 공개할 수 있지만, 그렇게 하지 않았었다. 2008년, 《데일리메일 Daily Mail》은 뱅크시의 실명을 알아냈다고 주장하는 기사를 발간하였다. 그리고 2016년, 미셸 하우지Michelle Hauge, 마크 스티븐슨Mark Stevenson, D. 킴 로스모D. Kim Rossmo와 스티븐 C. 르 콤버Steven C. Le Comber(2016)는 지리적 프로파일링용 디리클레 과정 혼합 모형Dirichlet process mixture model of geographic profiling을 활용하여 이 주장에 대한 검증을 시도하였다. 더 구체적으로 말하자면, 그들은 우선 브리스톨과 런던에서 뱅크시의 벽화가 그려진 지리적 위치들을 수집하였다. 다음으로, 옛날 신문기사와 투표 기록을 검색하여 지목된 이름을 가진 개인의 과거 주소와 아내의 이름, 그리고 축구팀을 찾아냈다. 저자들은 자신들의 논문의 발견을 다음과 같이 요약하였다.

수사할 만한 다른 진지한 '용의자'[원문 그대로]가 없는 상황에서, [이름은 삭제] 와 연관된 주소가 브리스톨과 런던의 지리적 프로필 꼭대기에 포함되어 있다는

그림 6.9_ 2014년 캐서린 옝겔Kathryn Yengel이 뱅크시Banksy의 작품인 스파이 부스Spy Booth를 찍은 사진.
스파이 부스는 영국 첼트넘에 있는 실제 공중전화 주위에 뱅크시가 벽화를 그려 작품이 되었다.
자료: Kathryn Yengel/Flickr.

것 이상으로는 여기서 제시한 분석을 근거로 뱅크시의 정체에 대한 결정적인 진술을 하기는 어렵다.

이 사례를 더 자세히 고려한 메트칼프와 크로퍼드(Metcalf and Crawford, 2016)를 따라, 나도 이 연구에 대해 논할 때 개인의 이름을 포함시키지 않기로 하였다.

① 이 장의 원칙들과 윤리 체계를 활용하여 이 연구를 평가해보라.

② 여러분이라면 이 연구를 하겠는가?

③ 저자들은 논문 초록에서 다음과 같은 문장으로 이 연구를 정당화한다. "더 폭넓게는, 이 결과는 경미한 테러 관련 행위들(예를 들어 벽화)이 더 심각한 사건이 발생하기 전에 테러리스트들의 기지 위치를 찾아내는 일에 도

움이 될 수 있다는 이전의 제안들을 지지한다. 그리고 복잡한 실제 세상의 문제에 모델을 적용하는 매혹적인 사례를 제공한다." 이 문장이 논문에 대한 여러분의 의견을 바꾸었는가? 그렇다면 어떻게 바꾸었는가?

④ 저자들은 논문의 말미에 뒤이어 윤리적 기록을 포함시켰다. "저자들은 [이름은 삭제]와 친지들의 프라이버시를 인지하고 존중했으며, 따라서 공적 영역에 있는 데이터만을 사용하였다. 우리는 의도적으로 정확한 주소들을 생략하였다." 이 말이 논문에 대한 여러분의 의견을 바꾸는가? 그렇다면 어떻게 바꾸었는가? 여러분은 공사 이분법이 이 경우에 적절하다고 생각하는가?

10. [🐢] 메트칼프(Metcalf, 2016)는 "개인정보를 포함하고 있지만 공개적으로 접근 가능한 데이터셋은 연구자들에게는 가장 매력적이지만 연구 대상에게는 가장 위험하다"고 주장하였다.

① 이 주장을 지지해주는 구체적인 사례 두 가지는 어떤 것인가?

② 같은 논문에서 메트칼프는 "데이터셋을 공개하는 시점에서부터 정보 관련 위험은 이미 시작되었다"라고 간주하는 것은 시대착오적이라고도 주장하였다. 이 주장이 참이 될 수 있는 한 가지 예시를 제시하라.

11. [🐢, ❤] 이 장에서 나는 모든 데이터는 잠재적으로 식별 가능하며, 민감하다는 경험 법칙을 제시하였다. 표 6.5는 명확한 개인식별정보는 아니지만, 여전히 특정인과 연결될 수 있는 데이터의 예시들을 나열하였다.

표 6.5_ 명확한 개인식별정보는 아니지만, 여전히 특정인과 연결될 수 있는 사회적 데이터의 사례들

데이터	참고문헌
건강보험 기록	Sweeney(2002)
신용카드 사용 데이터	Montjoye et al.(2015)
넷플릭스 영화 평점 데이터	Narayanan and Shmatikov(2008)
전화 통화 메타 정보	Mayer, Mutchler, and Mitchell(2016)
검색 로그 데이터	Barbaro and Zeller(2006)
학생들에 대한 인구학적, 행정, 사회적 데이터	Zimmer(2010)

① 이 사례들 중 두 가지를 골라 각각의 경우에 대한 재식별 공격이 얼마나 유사한 구조를 지니고 있는지 서술하라.

② ①에서 고른 두 사례 각각에 대해, 각각의 데이터가 어떻게 데이터셋에 포함된 사람들에 대한 민감한 정보를 노출시킬 수 있는지 서술하라.

③ 이제 표에서 세 번째 데이터셋을 골라보자. 해당 데이터셋을 공개하려고 고려하는 누군가에게 이메일을 써보라. 누군가에게 왜 그 데이터가 잠재적으로 식별 가능하며 민감한지 설명해보라.

12. [🐢] 여러분의 동료뿐만 아니라 여러분 연구의 참가자나 일반 대중까지 포함하는 타인의 입장에서 생각해보자. 이 구분은 유대인 만성질환 병원Jewish Chronic Disease Hospital의 사례에서 보여주고 있다(Katz, Capron, and Glass, 1972, 1장; Lerner 2004; Arras, 2008).

체스터 서덤Chester M. Southam 박사는 슬론-케터링 암연구소의 뛰어난 내과의이자 연구자이며, 코넬대학교 의과대학 조교수였다. 1963년 6월 16일, 서덤과 동료 두 명은 뉴욕의 유대인 만성질환 병원에서 22명의 쇠약한 환자들에게 살아 있는 암세포를 주사하였다. 이 주사는 암환자의 면역체계를 이해하기 위한 서덤의 연구의 일환이었다. 이전 연구에서, 서덤은 건강한 지원자들은 주입된 암세포를 물리치는 데 대략 4~6주 정도가 걸리는 반면, 이미 암을 보유 중인 환자는 훨씬 더 오랜 기간이 걸린다는 점을 발견하였다. 서덤은 암환자들의 반응이 지연되는 이유가 그들의 암 때문인지, 아니면 그들이 늙고 이미 쇠약해져 있기 때문인지가 궁금하였다. 이 가능성들을 검증하기 위해, 서덤은 암은 없지만 늙고 쇠약한 일군의 사람들에게 살아 있는 암세포를 주사하기로 하였다. 부분적으로는 참여를 요청받은 내과의 세 명이 사임하면서 연구 내용이 퍼졌을 때, 일부는 이 연구를 나치의 강제수용소 실험에 빗대었으나, 부분적으로는 서덤의 보증에 기반한 다른 사람들은 연구에서 문제점을 찾지 못하였다. 결과적으로, 뉴욕주 교육위원회New York State Board of Regents는 서덤이 의료 행위를 계속해도 되는지를 결정하기 위해 이 사례에 대한 심사를 하였다. 서덤은 자신을 변호하며 "최고의 책임 있는 임상 시험의 전통"에 입각해 행동했다고 주장하였다. 그의 변호는 그를 위해 증언한 여러 뛰어난 전문가들이 지지하는 몇 가지 주장을 근거로 한다. ⊙그의 연구는 매

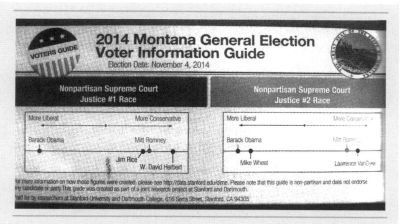

그림 6.10_ 더 많은 정보를 제공받은 유권자가 투표를 할 확률이 높아지는지를 측정하는 실험의 일환으로, 정치학자 세 명이 몬태나주에서 등록된 유권자 10만 2,780명에게 발송한 우편물.

이 실험의 표본 크기는 주의 전체 유권자의 약 15%에 달한다(Willis, 2014).

자료: 모틀(Motl, 2015)에서 재인용.

우 과학적이며 사회적으로 가치 있다. ⓒ 참가자에게 주목할 만한 위험은 없다. 이 주장은 부분적으로 600명 이상의 사람을 대상으로 한 서덤의 10년간의 선행 연구에 근거한다. ⓒ 폭로 수준은 연구자가 제시한 위험 수준에 맞추어 조정되어야 한다. ⓔ 연구는 당대의 의료 시험 표준과 부합한다. 궁극적으로, 교육위원회는 서덤에게 사기, 기만, 비전문적 진행에 유죄 판결을 내렸고 그의 의사 면허를 1년간 정지시켰다. 하지만 겨우 몇 년도 지나지 않아, 서덤은 미국암연구자협회American Association of Cancer Researchers의 의장으로 선출되었다.

① 이 장에서 소개한 네 가지 원칙을 활용하여 서덤의 연구를 평가해보라.

② 서덤은 자신의 동료들의 관점을 취했고 자신의 작업에 대해 동료들이 어떻게 반응할지 올바르게 예측한 것으로 보인다. 실제로 많은 동료들이 서덤을 옹호하는 증언을 하였다. 하지만 그는 자신의 연구가 대중에게 얼마나 문제가 될 것인지 이해할 수 없거나 이해하려는 시도를 하지 않았다. 여러분은 연구윤리에서 참가자나 동료들의 의견과 구분할 수 있는 여론이

어떤 역할을 맡아야 한다고 생각하는가? 만약 대중의 여론과 동료들의 의견이 다를 때에는 어떻게 해야 하는가?

13. [🕐]「콩고 동부에서 집단 씨앗 뿌리기: 실시간 분쟁 데이터를 수집하기 위한 휴대전화의 활용Crowdseeding in Eastern Congo: Using Cell Phones to Collect Conflict Events Data in Real Time」이라는 제목의 논문에서 판 더르 빈트와 험프리스(Van der Windt and Humphreys, 2016)는 자신들이 콩고 동부에 만든 분산 데이터 수집 체계를 서술한다(5장을 보라). 이 연구진이 참가자들에게 미칠 수 있는 피해와 관련된 불확실성에 어떻게 대처했는지 서술하라.

14. [🕐] 2014년 10월, 세 명의 정치학자들이 더 많은 정보를 제공받은 유권자가 투표를 할 확률이 높아지는지를 측정하는 실험의 일환으로 몬태나주의 등록된 유권자 10만 2,780명[해당 주에서 전체 유권자의 약 15%(Willis, 2014)]에게 우편을 발송하였다. "2014 몬태나 총선 유권자 정보 안내"라는 제목의 우편물은 버락 오바마와 밋 롬니를 비교 대상으로 포함해, 진보에서 보수까지의 척도에 무소속 선거인 몬태나주 대법원 판사 후보자를 표시하였다. 우편물은 몬태나주 인장의 복제본을 포함하고 있었다(그림 6.10).

몬태나주의 유권자들은 우편물에 불만을 가졌으며, 몬태나주의 주정부 국무장관인 린다 맥컬로Linda McCulloch가 주정부에 공식 항의를 제출하도록 만들었다. 연구진을 고용한 다트머스대학교와 스탠퍼드대학교는 우편물을 받은 모든 사람들에게 편지를 보냈다. 모든 잠재적 혼란에 대해 사과를 하면서도 해당 우편물은 "어떤 정당, 후보, 단체와도 연관이 없으며 어떠한 선거에도 영향을 미치려는 의도가 없었다"라는 점을 명확하게 밝혔다. 편지는 또한 우편물에 표시된 순위가 "각각의 선거운동에 기부한 사람들에 대한 공개 정보에 근거"했다고 명확히 하였다(그림 6.11).

2015년 5월, 몬태나주의 정치행위 감독관 조너선 모틀Jonathan Motl은 연구진이 몬태나주 법을 위반했다고 결정하였다. "감독관은 스탠퍼드, 다트머스와/또는 그 연구진이 등록, 보고, 독립된 예산 공개를 필수로 하는 몬태나 선거운동법을 위반했다는 점을 보여주기에 증거가 충분하다고 판단하였다"(Sufficient Finding Number 3 in Motl, 2015). 감독관은 몬태나주 인장의 인가

그림 6.11_ 그림 6.10에서 보여준 우편물을 수신한 몬태나주에서 등록된 유권자 10만 2,780명에게 보낸 사과 편지.
이 편지는 우편물을 보낸 연구진을 고용한 대학교인 다트머스와 스탠퍼드의 총장 명의로 발송되었다.
자료: 모틀(Motl, 2015)에서 재인용.

받지 않은 사용이 몬태나주 법을 위반했는지 여부에 대해서도 카운티 검사가 조사할 것을 권고하였다(Motl, 2015).

스탠퍼드와 다트머스대학교는 모틀의 판결에 동의하지 않았다. 스탠퍼드대학교의 대변인 리사 라핀Lisa Lapin은 "스탠퍼드대학교는… 어떤 선거법도 위반하지 않았다고 믿으며" 해당 우편물은 "어떤 후보에 대해서도 어떠한 지지나 반대를 포함하고 있지 않다"라고 말하였다. 그녀는 우편물이 "비당파적이며 어떤 후보나 정당도 지지하지 않는다"라고 정확하게 명시했다는 점을 지적하였다(Richman, 2015).

① 이 장에서 서술한 네 가지 원칙과 두 윤리 체계를 활용하여 이 연구를 평가하라.

② 우편물이 유권자 중 무작위로 추출된 표본에게 발송된다고 가정한다면(하지만 이에 대한 상세한 내용은 아래 문항에서 다루겠다), 어떤 조건이 이 우편물이 대법원 판사 선거의 결과를 바꿀 수 있도록 만들 수 있을까?

③ 사실 우편물은 무작위로 추출된 표본에게 발송되지 않았다. 제러미 존슨 Jeremy Johnson(수사를 도운 정치학자)의 보고서에 따르면 우편물은 "민주당 우세 지역에 거주하는 리버럴 중도 성향일 가능성이 높은 것으로 식별된 유권자 6만 4,265명과, 공화당 우세 지역에 거주하는 보수 중도 성향의 3만 9,515명의 유권자에게 발송되었다. 연구진은 민주당 지지자와 공화당 지지자 수의 차이에 대해, 민주당 유권자의 투표율이 유의미하게 낮을 것이라고 예상했기 때문이라고 정당화했다." 이 사실이 연구 설계에 대한 여러분의 평가를 바꾸었는가? 만약 그렇다면 어떻게 바꾸었는가?

④ 수사에 대응하며 연구진은 "어떤 법관 선거도 경선에서 치열한 경쟁이 벌어지지는 않았다. 몬태나주의 이전 법관 선거들의 맥락에서 2014년 경선을 분석한 결과에 근거하여, 연구진은 해당 설계로 이루어진 연구가 경쟁의 결과를 바꾸지 않을 것"이기 때문에 해당 선거를 연구 대상으로 선정했다고 말했다(Motl, 2015). 이 말은 연구에 대한 여러분의 평가를 바꾸는가? 만약 그렇다면 어떻게 바꾸었는가?

⑤ 실제로 선거 결과는 특별히 접전은 아니었던 것으로 드러났다(표 6.6). 이 사실이 연구에 대한 여러분의 평가를 바꾸는가? 만약 그렇다면 어떻게 바꾸었는가?

⑥ 이 연구는 한 연구자에 의해 다트머스대학교의 IRB의 심사를 받았지만, 세부사항은 실제로 몬태나주에서 진행된 연구 내용과 실질적으로 다르다는 점이 드러났다. 몬태나주에서 사용된 우편물은 IRB에 전혀 제출되지 않았다. 이 연구는 스탠퍼드대학교의 IRB에는 아예 제출되지도 않았다.

이 사실이 연구에 대한 여러분의 평가를 바꾸는가? 만약 그렇다면 어떻게 바꾸었는가?

⑦ 연구진이 캘리포니아주의 유권자 14만 3,000명과 뉴햄프셔주의 유권자 6만 6,000명에게도 유사한 선거 자료를 보냈다는 점이 드러났다. 내가 아는 선에서, 이 약 20만 명에 달하는 추가 수신자들에게서 촉발된 공식적 문제 제기는 없었다. 이 사실이 연구에 대한 여러분의 평가를 바꾸는가? 만약 그렇다면 어떻게 바꾸었는가?

⑧ 여러분이 연구 책임자라면 연구를 어떻게 다르게 진행하였을까? 여러분이 비당파적 선거에서 추가적 정보가 투표율을 높이는지 여부를 규명하는 데에 관심이 있다면 어떻게 연구를 설계하겠는가?

표 6.6_ 2014년 몬태나주 대법관 선거 결과

후보	득표수	비율
대법관#1		
데이비드 허버트W. David Herbert	65,404	21.59%
짐 라이스Jim Rice	236,963	78.22%
대법관#2		
로런스 반다이크Lawrence VanDyke	134,904	40.80%
마이크 휘트Mike Wheat	195,303	59.06%

자료: 몬태나주 정부 웹페이지.

15. [🎯] 2016년 5월 8일 두 연구자 에밀 커크가드Emil Kirkegaard와 율리우스 비제르거Julius Bjerrekaer는 온라인 데이트 사이트인 오케이큐피드OkCupid에서 정보를 수집한 후, 사이트에서 최상위 질문 2,600개에 대한 답변에 더하여 사용자명, 연령, 성별, 위치, 종교적 견해, 점성술에 대한 견해, 데이트 취향, 사진의 수와 같은 변수들을 포함한 7만 명의 사용자 데이터셋을 공개하였다. 공개된 데이터를 첨부한 논문의 초고에서, 저자들은 "누군가는 데이터를 수집하고 공개하는 것의 윤리를 문제 삼을 수도 있다. 하지만 이 데이터셋의 데이터는 이미 공개적으로 접근이 가능하거나 가능했던 데이터이기 때문에, 현재 공개하는 이 데이터셋은 그저 좀 더 유용한 형태에 지나지 않을 뿐이다"라

고 하였다.

데이터 공개에 대한 반응으로, 저자 중 한 명이 트위터에서 질문을 받았다. "이 데이터셋은 재식별 가능성이 매우 높다. 심지어 사용자명까지 포함하는 가? '익명 처리'를 위한 어떤 작업이라도 했는가?" 저자의 답변은 "'익명 처리'는 하지 않았다. 데이터는 이미 공개되어 있다"였다(Zimmer, 2016; Resnick, 2016).

① 이 장에서 서술한 원칙들과 윤리 체계를 활용하여 이 데이터 공개 사례를 평가하라.

② 여러분은 자신의 연구를 위해 이 데이터를 이용하겠는가?

③ 만약에 여러분이 스스로 데이터를 수집했다면 어땠을까?

16. [🕐] 2010년도에 미국 육군의 정보 분석가가 위키리크스WikiLeaks에 25만 개의 기밀 외교 전문들을 제공했으며, 위키리크스는 후에 정보를 온라인에 게시하였다. 질과 스펄링(Gill and Spirling, 2015)은 "위키리크스의 폭로는 잠재적으로 국제관계학에서 파악하기 어려운 이론들을 검증하기 위해 활용할 수 있는 귀중한 데이터들을 대표한다"라고 주장하며, 유출된 문건의 표본을 통계적으로 특징지었다. 예를 들어, 저자들은 폭로된 문건들이 해당 시기 동안 전체 외교 전문의 약 5% 정도를 대표한다고 추정했으나, 이 비율은 대사관마다 다양하다(해당 논문의 그림 1을 보라).

① 해당 논문을 읽고, 논문에 대해 윤리적 지침 부록을 써보라.

② 저자들은 유출된 문건 중 어떤 문건도 내용에 대해서는 분석하지 않았다. 여러분이라면 이 전문들을 활용하여 진행할 만한 연구 계획이 있는가? 아니면 진행하지 않을 계획이 있는가?

17. [🕐] 기업들이 불만에 대처하는 방식을 연구하기 위해, 연구자는 뉴욕시의 최고급 레스토랑에 240개의 가짜 불만 편지를 보냈다. 아래는 이 가짜 편지로부터 인용한 내용이다.

당신의 식당에서 겪었던 최근의 경험에 매우 분노했기 때문에 이 편지를 씁니다. 얼마 전, 아내와 저는 첫 번째 결혼기념일을 축하했었는데… 식사를 한 후 4

시간 정도 후에 증상이 나타나면서 끔찍한 저녁이 되어버렸습니다. 지속되는 메스꺼움, 구토, 설사, 복부경련 이 모든 것이 제가 식중독에 걸렸다는 것을 알려주었습니다. 계속 구토를 하는 와중에 타일 깔린 화장실의 바닥에 태아처럼 몸을 말고 쓰러져 있는 저를 보는 아내를 생각하니 우리의 특별하고 낭만적인 저녁을 망친 것 같아 매우 화가 치밀었습니다. 상업개선협회Better Business Bureau나 보건부Department of Health에 신고를 하려는 것이 제 의도는 아니지만, [레스토랑 상회] 측이 제가 기대하고 있는 바를 이해하고 그에 맞춰 적절하게 조치를 취할 수 있기를 바랍니다.

① 이 장에서 서술한 원칙들과 윤리 체계를 활용하여 이 연구를 평가해보라. 여러분의 평가를 고려한다면, 여러분은 이 연구를 하겠는가?

② 아래는 위의 편지를 받은 레스토랑의 반응이다(Kifner, 2001).

주인, 매니저, 셰프가 컴퓨터에서 [편지의 발신인]의 예약 내역이나 신용카드 결제 내역을 뒤지고, 메뉴와 음식을 망칠 가능성이 있는 전달 과정들을 모두 점검하고, 가능한 과실에 대해 모든 주방 종업원들에게 물어보는 대혼란이 있었다. 이 모든 게 대학교와 교수가 모두 인정한 빌어먹을 경영학 연구 때문이었다.

이 정보가 연구에 대한 여러분의 평가를 바꾸었는가?

③ 내가 아는 선에서, 이 연구는 IRB나 어떠한 제3자의 감독도 받지 않았다. 이 사실이 연구에 대한 여러분의 평가를 바꾸는가? 이유는 무엇인가?

18. [🎧] 위의 문항에 이어서, 위 연구를 역시 식당이 관련된 완전히 다른 연구와 비교해보자. 뉴마크와 동료들(Neumark and colleagues, 1996)의 다른 연구에서는 식당의 고용 과정에서 일어나는 성차별을 조사하기 위해 필라델피아의 65개 식당에 남자 대학생과 여자 대학생 각각 두 명이 남종업원과 여종업원 자리에 지원하는 가짜 이력서를 넣게 하였다. 총 130개의 지원서를 넣었으며, 54번의 면접과 39번의 취직으로 이어졌다. 이 연구는 고급 식당에서 여성에 대한 성차별이 통계적으로 유의미하게 존재한다는 점을 발견하였다.

① 이 연구의 윤리적 지침 부록을 써보라.

② 여러분은 이 연구가 앞선 문항에서 묘사된 연구와 윤리적으로 다르다고

생각하는가? 만약 그렇게 생각한다면, 어떻게 다른가?

19. [🕐, ♥] 2010년도 즈음의 언젠가, 미국에서 6,548명의 교수들은 아래와 비슷한 이메일을 받았다.

친애하는 살가닉 교수님께.

저는 예비 박사 지원자로, 교수님의 연구에 상당한 관심을 가지고 있기 때문에 이 메일을 씁니다. 제 계획은 오는 가을에 박사 과정에 지원하는 것이며, 그동안에 연구 기회에 대해 가능한 한 최대한 많은 것을 배우기를 열렬히 희망합니다.

제가 오늘 계속 캠퍼스 내에 있을 예정이라서, 갑작스러운 연락인 것은 알지만 교수님의 연구와, 혹시 제가 교수님의 연구에 참여가 가능할지에 대해 교수님께서 편하신 시간대에 맞추어 10분 정도의 간단한 대화를 나눌 수 있을지 궁금합니다.

교수님과의 만남이 저의 이번 캠퍼스 방문 목적 중 최우선 사항이기 때문에, 교수님께서 편하신 시간이라면 언제든지 괜찮습니다.

교수님의 고려에 미리 감사를 드립니다.

진심을 담아. 카를로스 로페스

이 이메일은 가짜였다. 교수들이 ㉠ 시간(오늘 대 다음 주), ㉡ 인종과 성별을 드러내는 신호를 다양하게 조합한 발신자의 이름(카를로스 로페스, 메레디스 로버트, 라지 싱 등) 중 어느 쪽에 더 비중을 두고 반응하는지를 측정하기 위한 현장 실험의 일환이었다. 연구진이 면담을 1주일 내로 요청했을 경우, 백인 남성이 연구실 구성원으로 받아들여질 확률은 여성이나 소수자에 비해 약 25%가 높았다. 하지만 가짜 학생이 당일 면담을 요청했을 경우, 이러한 차이는 본질적으로 사라졌다(Milkman, Akinola, and Chugh, 2012).

① 이 장에서 나온 원칙들과 윤리 체계에 따라 이 실험을 평가하라.
② 연구가 종료된 후에, 연구진은 모든 참가자에게 다음과 같은 사후 설명을 발송하였다.

최근 여러분은 박사 과정에 대해 논의하기 위해 10분의 면담을 요청하는 학생의 이메일을 받으셨습니다(이메일의 내용은 아래에 나와 있습니다). 저희는 오늘 여러분께 해당 이메일의 진정한 목적이 연구의 일환이었다는 것을 알려드리기 위해 이메일을 드립니다. 저희는 진심으로 저희 연구가 여러분께 혼란을 초래하지 않았길 바라며 여러분이 느끼셨을 모든 불편함에 대해 사과드립니다. 이 편지가 저희 연구의 목적과 설계에 대해 충분히 설명을 하여 실험 연루에 대한 여러분들의 일말의 우려를 덜어드리기를 바랍니다. 여러분께서 이 편지를 받으신 이유를 이해하는 데에 관심을 가지고 계시다면, 시간을 들여 이후의 내용을 읽어주시면 감사하겠습니다. 저희는 여러분께서 이 대규모 학술 연구를 통해 창출될 것으로 기대되는 지식의 가치를 이해해주시기를 바랍니다.

연구의 목적과 설계에 대한 설명 이후, 다음과 같이 덧붙였다.

저희의 연구 결과가 활용 가능해지는 대로, 저희 웹사이트에 게시하도록 하겠습니다. 이 연구로부터는 어떠한 식별 가능한 데이터도 보고되지 않으며, 연구 대상 사이의 설계는 이메일 응답 패턴을 개인적이 아니라 오직 집합적 수준에서만 식별할 수 있도록 되어 있으니 안심하시기 바랍니다. 저희가 발표한 연구나 데이터 그 어느 것도 특정 개인이나 대학교를 특정해낼 수 없을 것입니다. 물론 교원 개개인이 면담 요청을 수락하거나 거절하는 데에는 수많은 이유가 있기 때문에, 어떠한 개별적 이메일 응답도 의미 있지 않습니다. 모든 데이터는 이미 비식별 조치를 거쳤으며 식별 가능한 이메일 응답들은 저희의 데이터베이스와 연결 서버에서도 이미 삭제되었습니다. 또한 데이터가 식별 가능한 경우 강력하고 안전한 암호로 보호되었습니다. 그리고 인간을 대상으로 하는 연구를 수행할 때 언제나 그렇듯, 저희의 연구 원안은 저희 대학교 연구윤리위원회(컬럼비아대학교 모닝사이드 IRB와 펜실베이니아대학교의 IRB)의 승인을 받았습니다.

연구 대상으로서 여러분의 권리에 대한 의문이 생기시거든, [삭제]에 위치한 컬럼비아대학교의 모닝사이드 연구윤리위원회에 연락하시거나 [삭제]로 이메일을 보내시거나 [삭제]에 위치한 펜실베이니아대학교의 연구윤리위원회로 연락해주시기 바랍니다.

저희가 수행한 연구에 대한 여러분의 시간 할애와 이해심에 다시 한 번 감사드립니다.

③ 이 경우에 사후 설명에 찬성하는 입장과 반대하는 입장은 무엇일까? 여러분은 이 실험에서 연구진이 참가자들에게 사후 설명을 해야 한다고 생각하는가?

④ 제공된 온라인 자료에서, 연구진은 '인간 연구 대상 보호'라는 절을 포함시켰다. 이 절을 읽어보라. 여러분이 더하거나 제거할 내용이 있는가?

⑤ 연구진에게 이 실험의 비용은 무엇인가? 참가자에게 이 실험의 비용은 무엇인가? 앤드루 겔먼(Andrew Gelman, 2010)은 이 연구의 참가자들이 실험이 종료된 이후에 자신의 시간으로 보상을 받을 수 있다고 주장하였다. 여러분도 동의하는가? 이 장에서 제시한 원칙들과 윤리 체계들을 활용하여 여러분의 주장을 펼쳐보라.

7.1. 미래를 바라보며

1장에서 말했다시피, 사회연구자들은 마치 사진술에서 영화 촬영술로 넘어가는 것과 같은 이행 과정의 한복판에 있다. 이 책에서 우리는 연구자들이 디지털 시대의 가능성을 활용하여, 최근까지만 하더라도 불가능했던 방법으로 행동을 관찰하고(2장), 질문을 던지고(3장), 실험을 진행하고(4장), 협업하는(5장) 것을 살펴보았다.

하지만 이런 기회를 활용하는 연구자들은 반드시 까다롭고 애매모호한 윤리적 결정 문제에 직면하게 될 것이다(6장). 마지막 장에서는 앞선 내용들을 관통하면서도 미래의 사회연구에 중요한 세 가지 주제를 강조하고자 한다.

7.2. 미래의 연구 주제들

7.2.1. 레디메이드와 커스텀메이드의 혼합

순수한 레디메이드 전략과 순수한 커스텀메이드 전략 중 어느 쪽도 디지털 시대의 역량을 완전하게 활용할 수 없다. 미래에 우리는 하이브리드hybrids를 만들게 될 것이다.

서론에서 나는 마르셀 뒤샹의 레디메이드 방식을 미켈란젤로의 커스텀메이드 방식과 대조했다. 이러한 대조는 주로 레디메이드 자료를 사용하는 데이터과학자와, 주로 커스텀메이드 자료를 사용하는 사회과학자 간의 차이를 보여준다. 하지만 순전히 어느 한쪽만을 사용한 접근은 한계가 있기 때문에, 우리는 미래에 보다 많은 하이브리드 접근을 보게 될 것이다. 레디메이드 자료만을 사용하길 원하는 연구자들은 훌륭한 레디메이드 자료가 그리 많지 않기 때문에 곤란을 겪게 될 것이다. 다른 한편으로 커스텀메이드 자료만을 사용하길 원하는 연구자들은 방대한 양의 자료를 다루기 어려울 것이다. 하지만 하이브리드 접근은 레디메이드 자료의 규모라는 장점과, 연구 질문과 자료 사이의 긴밀한 적합성이라는 커스텀메이드 자료의 장점을 결합할 수 있다.

이미 우리는 경험적 연구를 다룬 네 개 장에서 이러한 하이브리드의 예시들을 보았다. 2장에서 구글 독감 트렌드가 신속한 예측을 위해 상시 접근이 가능한 빅 데이터 시스템(검색 질의)과 전통적인 확률기반 측정 시스템(CDC의 독감 감시 시스템)을 결합하는 방식을 보았다(Ginsberg et al., 2009). 3장에서는 스테판 앤솔라베에르와 에이탄 허시가 실제로 투표를 하는 사람들의 특성을 알아내기 위해, 커스텀메이드 설문조사 데이터와 레디메이드 정부 행정 데이터를 결합시키는 방식을 보았다(Ansolabehere and Hersh, 2012). 4장에서는 오파워 사社가 수백만 명의 행동에 대한 사회적 규범의 영향력을 연구하기 위해, 레디메이드 전력량 측정 기반 시설과 커스텀메이드 실험 조치를 결합하여 어떻게 실험을 수행하는지 보았다(Allcott, 2015). 마지막으로 5장에서는 케네스 브노이와 동료들이 정책 토론의 동학을 연구하는 데 활용할 수 있는 데이터를 구축하기 위해, 정당이 작성한 레디메이드 성명서들에 대해 커스텀메이드 크라우드 코딩 과정을 적용하는 방식을 보았다(Benoit et al., 2016).

이러한 네 가지 사례는 모두, 연구를 위해 생산되지 않은 빅 데이터에 추가적 정보를 결합하여 연구에 더 적합한 데이터로 만들어 가치를 높이는 일이 미래에는 강력한 전략이 될 것임을 보여준다(Groves, 2011). 커스텀메이드나 레디메이드 중 어느 쪽에서 시작되었는가를 막론하고, 하이브리드 방식은 많은 연구 문제의 해결을 약속한다.

7.2.2. 참여자 중심의 데이터 수집

> 연구자 중심으로 이루어진 과거의 데이터 수집 방식이 디지털 시대에는 이전처럼 잘 작동하지 않을 것이다. 미래에는 참여자 중심의 접근이 채택될 것이다.

여러분이 디지털 시대에 데이터를 수집하기 원한다면, 지금 다른 사람들의 시간과 관심을 놓고 경쟁을 벌이고 있다는 점을 깨달을 필요가 있다. 참여자의 시간과 관심은 연구의 원재료이기 때문에 무척 귀중하다. 많은 사회과학자들은 대학 실험실의 학부생처럼 상대적으로 고분고분한 집단을 상대로 연구를 설계하는 일에 익숙해져 있다. 이러한 조건에서는 연구자의 요구가 지배적이며, 참여자의 즐거움은 우선적 고려 대상에서 제외된다. 그러나 디지털 시대의 연구에서 이러한 접근은 이제 더는 가능하지 않다. 참여자는 대부분 연구자와 물리적으로 떨어져 있으며, 두 집단의 상호작용은 컴퓨터에 의해 매개된다. 이러한 조건은 연구자가 참여자의 관심을 끌기 위한 경쟁을 해야 하며, 따라서 보다 즐거운 참여 경험을 만들어내야 한다는 것을 의미한다. 이것이 참여자와의 상호작용과 관련된 각 장에서 데이터 수집을 위해 참여자 중심의 접근을 취하는 연구들의 예시를 살펴본 이유이다.

예를 들어 3장에서 샤라드 고엘, 윈터 메이슨, 던컨 와츠가 실제로는 태도 조사를 영리하게 포장한 프렌드센스Friendsense라는 게임을 만든 방식을 보았다 (Goel, Mason, and Watts, 2010). 4장에서는 내가 피터 도즈, 던컨 와츠와 함께 창안한 음악 다운로드 실험(Salganik, Dodds, and Watts, 2006)과 같이 사람들이 실제로 참여하길 원하는 실험을 설계함으로써 참여자 수에 따른 가변 비용이 발생하지 않게 하는 방식을 살펴보았다. 마지막으로 5장에서는 케빈 샤빈스키, 크리스 린토트, 그리고 갤럭시 주 팀이 10만 명 이상의 사람들에게 천문학적 (단어의 두 가지 의미 모두에서) 이미지를 분류하는 작업에 참여하도록 동기를 부여하여 대규모 협업을 창조해낸 방식을 살펴보았다(Lintott et al., 2011). 이 모든 사례에서 연구자들은 참여자에게 좋은 경험을 하게 해주는 데에 주목하였고, 이러한 참여자 중심 접근을 통해 각각의 경우 새로운 종류의 연구가 가능해졌다.

나는 미래에 연구자들이 좋은 사용자 경험을 만들어내기 위해 노력하는 데이터 수집 방식을 지속적으로 발전시켜 나가기를 기대한다. 디지털 시대에서 여러분 연구의 참여자는 단 한 번의 클릭으로 개dog가 스케이트보드를 타는 동영상으로 넘어갈 수 있다는 것을 잊지 말자.

7.2.3. 연구 설계에서의 윤리

윤리는 이제 주변적 관심사가 아닌 핵심 문제로 대두될 것이며, 결국 그 자체로 연구 주제가 될 것이다.

디지털 시대에 윤리는 점차 연구를 형성하는 핵심적인 쟁점으로 부상할 것이다. 이 말은, 미래에는 '우리가 무엇을 할 수 있는가'에 대해서는 덜 고민하는 반면, '우리가 무엇을 해야 하는가'에 대해서는 더 많은 고민을 하게 될 것이라는 말이다. 실제로 이렇게 된다면, 나는 사회과학자들의 규칙 기반 접근과 데이터과학자들의 사후 접근이 6장에서 서술했던 원칙 기반 접근과 같은 것으로 진화할 것이라고 기대한다. 또한 윤리가 점점 더 중요해짐에 따라, 윤리 자체가 방법론적 연구의 주제로 더 많이 등장할 것이라고 예상한다. 오늘날 사회연구자들이 더 저렴하고 더 정확한 추정을 위해 새로운 방법론 개발에 많은 시간과 노력을 쏟아붓는 것과 마찬가지로, 우리가 좀 더 윤리적으로 책임감 있는 방법론을 개발하기 위해서도 노력하게 되리라 기대한다. 이러한 변화는 단지 연구자들이 윤리를 목적으로서 고려하기 때문만이 아니라, 사회연구를 수행하는 수단으로도 생각하기 때문에 발생할 것이다.

이러한 경향을 보여주는 사례로는 차분 프라이버시differential privacy(Dwork, 2008)(작은 임의의 값을 자료에 삽입하여 개인 기록이 드러나지 않게 처리하는 기법 — 옮긴이 주)에 대한 연구가 있다. 예를 들어 병원은 상세한 의료 기록을 가지고 있으며, 연구자는 이 데이터에서 어떤 패턴을 이해하기를 원한다고 가정해보자. 차분적으로 개인화된 알고리즘은 특정 개인과 관련된 어떠한 특성이라도 학습할 위험을 최소화하면서도 연구자들이 통합된 패턴(예를 들어 흡연자는 암에 걸릴 가능성이 높다)을 알 수 있게 해준다. 이러한 프라이버시 보호 알고리즘을 발전시키는 것은 활발한 연구 분야가 되었다. 이와 관련한 책 한 권 분량의 조치들에 대해서는 드워크와 로스(Dwork and Roth, 2014)를 참고하라. 차분 프라이버시는 연구 공동체가 윤리적 도전에 응하여 연구 계획으로 전환하고 결국 진전을 이루어낸 사례이다. 이는 내가 사회연구의 다른 영역에서도 점차 더 많이 보게 될 것이라고 생각하는 본보기이다.

기업이나 정부와 종종 협업하는 연구자가 점차 권력이 커짐에 따라, 복잡한 윤리적 사안들을 피하기가 점점 더 어려워질 것이다. 내 경험에 따르면 많은 사회과학자들과 데이터과학자들은 이런 윤리적 사안을 피해야 할 늪으로 여긴다. 하지만 나는 이런 회피가 점점 전략으로서 사용할 수 없을 것이라고 생각한다. 공동체로서 우리가 다른 연구 문제들을 다루던 대로 창의성과 노력을 가지고 이러한 문제에 뛰어들어 씨름한다면 문제를 잘 다룰 수 있을 것이다.

7.3. 시작으로 돌아와서

사회연구의 미래는 사회과학과 데이터과학의 결합이 될 것이다.

우리 여정의 끝머리에서, 이 책 첫 장의 첫 페이지에서 서술했던 연구로 돌아가보자. 조슈아 블루먼스톡과 동료들(Blumenstock, Cadamuro, and On, 2015)은 르완다에서 부의 지리적 분포를 추정하기 위해 약 150만 명의 상세한 통화 기록 데이터와 1,000명에 대한 설문조사 데이터를 결합하였다. 그들의 추정치는 개발도상국에서 설문조사의 시금석인 인구통계 건강조사의 결과와 유사했지만, 그들의 방법이 약 10배는 더 빠르고 50배는 더 저렴하였다. 이렇게 극적으로 빠르고 저렴한 추정 방식은 그 자체가 목적이 아니라 목적을 위한 수단이며, 연구자나 정부, 기업에 새로운 가능성을 창출한다. 나는 이 책의 서두에서 이 연구를 사회연구의 미래를 향하는 창으로 서술했는데, 이제 여러분이 그 이유를 이해했기를 바란다.

참고문헌

Abelson, Hal, Ken Ledeen, and Harry Lewis. 2008. *Blown to Bits: Your Life, Liberty, and Happiness After the Digital Explosion*. Upper Saddle River, NJ: Addison-Wesley.

Acquisti, Alessandro, Laura Brandimarte, and George Loewenstein. 2015. "Privacy and Human Behavior in the Age of Information." *Science* 347 (6221): 509–14. doi:10.1126/science. aaa1465.

Adair, John G. 1984. "The Hawthorne Effect: A Reconsideration of the Methodological Artifact." *Journal of Applied Psychology* 69 (2): 334–45. doi:10.1037/0021-9010.69.2.334.

Adams, Nicholas. 2016. "A Crowd Content Analysis Assembly Line: Annotating Text Units of Analysis." SSRN Scholarly Paper ID 2808731. Rochester, NY: Social Science Research Network. http://papers.ssrn.com/abstract=2808731.

Adams, Tim. 2012. "Galaxy Zoo and the New Dawn of Citizen Science." *Guardian*, March. http://www.guardian.co.uk/science/2012/mar/18/galaxy-zoo-crowdsourcing-citizen-scienti sts.

Administrative Data Taskforce. 2012. "The UK Administrative Data Research Network: Improving Access for Research and Policy." Economic and Social Research Council. http://www.esrc. ac.uk/files/research/administrative-data-taskforce-adt/improving-access-for-research-and-policy/.

Agarwal, Sameer, Yasutaka Furukawa, Noah Snavely, Ian Simon, Brian Curless, Steven M. Seitz, and Richard Szeliski. 2011. "Building Rome in a Day." *Communications of the ACM* 54 (10): 105–12. doi:10.1145/2001269.2001293.

Ajunwa, Ifeoma, Kate Crawford, and Jason Schultz. 2016. "Limitless Worker Surveillance." SSRN Scholarly Paper ID 2746211. Rochester, NY: Social Science Research Network. https://

papers. ssrn.com/abstract=2746211.

Al-Ubaydli, Omar, and John A. List. 2013. "On the Generalizability of Experimental Results in Economics: With a Response to Camerer." Working Paper 19666. National Bureau of Economic Research. http://www.nber.org/papers/w19666.

Alexander, Larry, and Michael Moore. 2015. "Deontological Ethics." In *The Stanford Encyclopedia of Philosophy*, edited by Edward N. Zalta, Spring 2015. http://plato.stanford.edu/archives/spr2015/entries/ethics-deontological/.

Allcott, Hunt. 2011. "Social Norms and Energy Conservation." *Journal of Public Economics*, Special Issue: The Role of Firms in Tax Systems, 95(910): 1082–95. doi:10.1016/j.jpubeco.2011.03.003.

_____. 2015. "Site Selection Bias in Program Evaluation." *Quarterly Journal of Economics* 130(3): 1117–65. doi:10.1093/qje/qjv015.

Allcott, Hunt, and Todd Rogers. 2014. "The Short-Run and Long-Run Effects of Behavioral Interventions: Experimental Evidence from Energy Conservation." *American Economic Review* 104(10): 3003–37. doi:10.1257/aer.104.10.3003.

Alsan, Marcella, and Marianne Wanamaker. 2016. "Tuskegee and the Health of Black Men." Working Paper 22323. National Bureau of Economic Research. http://www.nber.org/papers/w22323.

Althouse, Benjamin M., Yih Yng Ng, and Derek A. T. Cummings. 2011. "Prediction of Dengue Incidence Using Search Query Surveillance." *PLoS Neglected Tropical Diseases* 5(8): e1258. doi:10.1371/journal.pntd.0001258.

Althouse, Benjamin M., Samuel V. Scarpino, Lauren A. Meyers, John W. Ayers, Marisa Bargsten, Joan Baumbach, John S. Brownstein, et al. 2015. "Enhancing Disease Surveillance with Novel Data Streams: Challenges and Opportunities." *EPJ Data Science* 4(1): 17. doi:10.1140/epjds/s13688- 015-0054-0.

American Association of Public Opinion Researchers. 2016. *Standard Definitions: Final Dispositions of Case Codes and Outcome Rates for Surveys*, 9th ed. AAPOR. http://www.aapor.org/AAPOR_ Main/media/publications/Standard-Definitions20169theditionfinal.pdf.

Amorín, R., E. Pérez-Montero, J. M. Vílchez, and P. Papaderos. 2012. "The Star Formation History and Metal Content of the Green Peas. New Detailed GTC-OSIRIS Spectrphotometry of Three Galaxies." *Astrophysical Journal* 749(2): 185. doi:10.1088/0004-637X/749/2/185.

Andersen, Erik, Eleanor O'Rourke, Yun-En Liu, Rich Snider, Jeff Lowdermilk, David Truong, Seth Cooper, and Zoran Popovic. 2012. "The Impact of Tutorials on Games of Varying Complexity." In *Proceedings of the 2012 ACM Annual Conference on Human Factors in Computing Systems*, 59–68. CHI '12. New York: ACM. doi:10.1145/2207676.2207687.

Anderson, Ashton, Sharad Goel, Gregory Huber, Neil Malhotra, and Duncan Watts. 2014. "Political Ideology and Racial Preferences in Online Dating." *Sociological Science*, 28–40. doi:10.15195/v1.a3.

Anderson, Ashton, Sharad Goel, Gregory Huber, Neil Malhotra, and Duncan J. Watts. 2015. "Rejoinder to Lewis." *Sociological Science* 2: 32–35. doi:10/15195/v2.a3.

Anderson, Chris. 2008. "The End of Theory: The Data Deluge Makes the Scientific Method

Obsolete." *Wired*, June. http://www.wired.com/2008/06/pb-theory/.

Anderson, Richard G. 2013. "Registration and Replication: A Comment." *Political Analysis* 21 (1): 38-39. doi:10.1093/pan/mps034.

Angiuli, Olivia, Joe Blitzstein, and Jim Waldo. 2015. "How to de-Identify Your Data." *Communications of the ACM* 58 (12): 48-55. doi:10.1145/2814340.

Angotti, Nicole, and Christie Sennott. 2015. "Implementing Insider Ethnography: Lessons from the Public Conversations about HIV/AIDS Project in Rural South Africa." *Qualitative Research* 15 (4): 437-53. doi:10.1177/1468794114543402.

Angotti, Nicole, Margaret Frye, Amy Kaler, Michelle Poulin, Susan Cotts Watkins, and Sara Yeatman. 2014. "Popular Moralities and Institutional Rationalities in Malawi's Struggle Against AIDS." *Popula- tion and Development Review* 40 (3): 447-73. doi:10.1111/j.1728-4457.2014.00693.x.

Angrist, Joshua D. 1990. "Lifetime Earnings and the Vietnam Era Draft Lottery: Evidence from Social Security Administrative Records." *American Economic Review* 80 (3): 313-36. http://www.jstor.org/stable/2006669.

Angrist, Joshua D., and Alan B. Krueger. 2001. "Instrumental Variables and the Search for Identification: From Supply and Demand to Natural Experiments." *Journal of Economic Perspectives* 15 (4): 69-85. doi:10.1257/jep.15.4.69.

Angrist, Joshua D., and Jörn-Steffen Pischke. 2009. *Mostly Harmless Econometrics: An Empiricist's Companion.* Princeton, NJ: Princeton University Press.

Angrist, Joshua D., Guido W. Imbens, and Donald B. Rubin. 1996. "Identification of Causal Effects Using Instrumental Variables." *Journal of the American Statistical Association* 91 (434): 444-55. doi:10.2307/2291629.

Ansolabehere, Stephen, and Eitan Hersh. 2012. "Validation: What Big Data Reveal About Survey Misreporting and the Real Electorate." *Political Analysis* 20 (4): 437-59. doi:10.1093/pan/mps023.

Ansolabehere, Stephen, and Douglas Rivers. 2013. "Cooperative Survey Research." *Annual Review of Political Science* 16 (1): 307-29. doi:10.1146/annurev-polisci-022811-160625.

Ansolabehere, Stephen, and Brian F. Schaffner. 2014. "Does Survey Mode Still Matter? Findings from a 2010 Multi-Mode Comparison." *Political Analysis* 22 (3): 285-303. doi:10.1093/pan/mpt025.

Antoun, Christopher, Chan Zhang, Frederick G. Conrad, and Michael F. Schober. 2015. "Comparisons of Online Recruitment Strategies for Convenience Samples Craigslist, Google AdWords, Facebook, and Amazon Mechanical Turk." *Field Methods*, September. doi:10.1177/1525822X15603149.

APA Working Group. 2008. "Reporting Standards for Research in Psychology: Why Do We Need Them? What Might They Be?" *American Psychologist* 63 (9): 839-51. doi:10.1037/0003-066X.63.9.839.

Aral, Sinan, and Dylan Walker. 2011. "Creating Social Contagion through Viral Product Design: A Randomized Trial of Peer Influence in Networks." *Management Science* 57 (9): 1623-39. doi:10.1287/mnsc.1110.1421.

Aral, Sinan, Lev Muchnik, and Arun Sundararajan. 2009. "Distinguishing Influence-Based Contagion from Homophily-Driven Diffusion in Dynamic Networks." *Proceedings of the National Academy of Sciences of the USA* 106 (51): 21544–9. doi:10.1073/pnas.0908800106.

Aral, Sinan and Chirstos Nicolaides. 2017. "Exercise contagion in a global social network." *Nature Communications* 8: Article number 14753. doi:10.1038/ncomms14753.

Arceneaux, Kevin, Alan S. Gerber, and Donald P. Green. 2006. "Comparing Experimental and Matching Methods Using a Large-Scale Voter Mobilization Experiment." *Political Analysis* 14 (1): 37–62. doi:10.1093/pan/mpj001.

———. 2010. "A Cautionary Note on the Use of Matching to Estimate Causal Effects: An Empirical Example Comparing Matching Estimates to an Experimental Benchmark." *Sociological Methods & Research* 39 (2): 256–82. doi:10.1177/0049124110378098.

Aronow, Peter M., and Allison Carnegie. 2013. "Beyond LATE: Estimation of the Average Treatment Effect with an Instrumental Variable." *Political Analysis* 21 (4): 492–506. doi: 10.1093/pan/mpt013.

Aronow, Peter M., and Joel A. Middleton. 2013. "A Class of Unbiased Estimators of the Average Treat- ment Effect in Randomized Experiments." *Journal of Causal Inference* 1 (1): 135–54. doi:10.1515/jci-2012-0009.

Aronson, Elliot, Phoebe C. Ellsworth, J. Merrill Carlsmith, and Marti Hope Gonzales. 1989. *Methods of Research In Social Psychology*, 2nd ed. New York: McGraw-Hill.

Arras, John D. 2008. "The Jewish Chronic Disease Hospital Case." In *The Oxford Textbook of Clinical Research Ethics*, edited by E. J. Emanuel, R. A. Crouch, C. Grady, R. K. Lie, F. G. Miller, and D. Wendler, 73–79. Oxford: Oxford University Press.

Arrow, Kenneth J., Robert Forsythe, Michael Gorham, Robert Hahn, Robin Hanson, John O. Ledyard, Saul Levmore, et al. 2008. "The Promise of Prediction Markets." *Science* 320 (5878): 877–78. doi:10.1126/science.1157679.

Asur, S., and B. A Huberman. 2010. "Predicting the Future with Social Media." In *2010 IEEE/WIC/ACM International Conference on Web Intelligence and Intelligent Agent Technology (WI-IAT)*, 1: 492–99. doi:10.1109/WI-IAT.2010.63.

Athey, Susan, and Guido Imbens. 2016a. "Recursive Partitioning for Heterogeneous Causal Effects." *Proceedings of the National Academy of Sciences of the USA* 113 (27): 7353–60. doi: 10.1073/pnas.1510489113.

———. 2016b. "The Econometrics of Randomized Experiments." *ArXiv:1607.00698 [stat.ME]*, July. http://arxiv.org/abs/1607.00698.

Ayres, Ian, Mahzarin Banaji, and Christine Jolls. 2015. "Race Effects on eBay." *RAND Journal of Economics* 46 (4): 891–917. doi:10.1111/1756-2171.12115.

Ayres, Ian, Sophie Raseman, and Alice Shih. 2013. "Evidence from Two Large Field Experiments That Peer Comparison Feedback Can Reduce Residential Energy Usage." *Journal of Law, Economics, and Organization* 29 (5): 992–1022. doi:10.1093/jleo/ews020.

Back, Mitja D., Albrecht C. P. Küfner, and Boris Egloff. 2011. "Automatic or the People?: Anger on September 11, 2001, and Lessons Learned for the Analysis of Large Digital Data Sets." *Psychological Science* 22 (6): 837–38. doi:10.1177/0956797611409592.

Back, Mitja D., Albrecht C.P. Küfner, and Boris Egloff. 2010. "The Emotional Timeline of September 11, 2001." *Psychological Science* 21(10): 1417–19. doi:10.1177/0956797610382124.

Baele, Stéphane J. 2013. "The Ethics of New Development Economics: Is the Experimental Approach to Development Economics Morally Wrong?" *Journal of Philosophical Economics* 12(1): 2–42. http://hdl.handle.net/10871/17048.

Bail, Christopher A. 2015. "Taming Big Data Using App Technology to Study Organizational Behavior on Social Media." *Sociological Methods & Research*, May, 0049124115587825. doi:10.1177/ 0049124115587825.

Bailey, Michael, David Dittrich, and Erin Kenneally. 2013. "Applying Ethical Principles to Information and Communications Technology Research: A Companion to the Menlo Report." Washington, DC: Department of Homeland Security.

Baker, Chris. 2008. "Trying to Design a Truly Entertaining Game Can Defeat Even a Certified Genius." *Wired*, March. http://www.wired.com/gaming/gamingreviews/magazine/16-04/pl_games.

Baker, Reg, J. Michael Brick, Nancy A. Bates, Mike Battaglia, Mick P. Couper, Jill A. Dever, Krista J. Gile, and Roger Tourangeau. 2013. "Summary Report of the AAPOR Task Force on Non-Probability Sampling." *Journal of Survey Statistics and Methodology* 1(2): 90–143. doi:10.1093/jssam/smt008.

Baker, Scott R., and Constantine Yannelis. 2015. "Income Changes and Consumption: Evidence from the 2013 Federal Government Shutdown." SSRN Scholarly Paper ID 2575461. Rochester, NY: Social Science Research Network. http://papers.ssrn.com/abstract=2575461.

Bakshy, Eytan, and Dean Eckles. 2013. "Uncertainty in Online Experiments with Dependent Data: An Evaluation of Bootstrap Methods." In *Proceedings of the 19th ACM SIGKDD International Conference on Knowledge Discovery and Data Mining*, 1303–11. KDD '13. New York: ACM. doi:10.1145/2487575.2488218.

Bakshy, Eytan, Dean Eckles, Rong Yan, and Itamar Rosenn. 2012. "Social Influence in Social Advertising: Evidence from Field Experiments." In *Proceedings of the 13th ACM Conference on Electronic Com- merce*, 146–61. EC '12. New York: ACM. doi:10.1145/2229012.2229027.

Bakshy, Eytan, Itamar Rosenn, Cameron Marlow, and Lada Adamic. 2012. "The Role of Social Networks in Information Diffusion." In *Proceedings of the 21st International Conference on World Wide Web*, 519–28. WWW '12. New York: ACM. doi:10.1145/2187836.2187907.

Bamford, James. 2012. "The NSA Is Building the Country's Biggest Spy Center (Watch What You Say)." *Wired*, March. https://www.wired.com/2012/03/ff_nsadatacenter/all/1/.

Bamford, Steven P, Robert C Nichol, Ivan K Baldry, Kate Land, Chris J Lintott, Kevin Schawinski, Anže Slosar, et al. 2009. "Galaxy Zoo: The Dependence of Morphology and Colour on Environment." *Monthly Notices of the Royal Astronomical Society* 393(4): 1324–52. doi:10.1111/j.1365-2966.2008.14252.x.

Bamman, David, Brendan O'Connor, and Noah Smith. 2012. "Censorship and Deletion Practices in Chinese Social Media." *First Monday* 17(3). doi:10.5210/fm.v17i3.3943.

Banerjee, Abhijit V., and Esther Duflo. 2009. "The Experimental Approach to Development Economics." *Annual Review of Economics* 1(1): 151–78. doi:10.1146/annurev.economics.050708.

143235.

Banerji, Manda, Ofer Lahav, Chris J. Lintott, Filipe B. Abdalla, Kevin Schawinski, Steven P. Bamford, Dan Andreescu, et al. 2010. "Galaxy Zoo: Reproducing Galaxy Morphologies via Machine Learning." *Monthly Notices of the Royal Astronomical Society* 406(1): 342–53. doi: 10.1111/j.1365-2966.2010.16713.x.

Banfield, J. K., H. Andernach, A. D. Kapin'ska, L. Rudnick, M. J. Hardcastle, G. Cotter, S. Vaughan, et al. 2016. "Radio Galaxy Zoo: Discovery of a Poor Cluster Through a Giant Wide- Angle Tail Radio Galaxy." *Monthly Notices of the Royal Astronomical Society* 460(3): 2376–84. doi:10.1093/mnras/stw1067.

Bankston, Kevin S., and Ashkan Soltani. 2013. "Tiny Constables and the Cost of Surveillance: Making Cents Out of United States v. Jones." *Yale L.J. Online* 123: 335. http://yalelawjournal.org/forum/tiny-constables-and-the-cost-of-surveillance-making-cents-out-of-united-states-v-jones.

Ban'bura, Marta, Domenico Giannone, Michele Modugno, and Lucrezia Reichlin. 2013. "Now-Casting and the Real-Time Data Flow." In *Handbook of Economic Forecasting*, edited by Graham El- liott and Allan Timmermann, 2, Part A: 195–237. Handbook of Economic Forecasting. Elsevier. doi:10.1016/B978-0-444-53683-9.00004-9.

Bapna, Ravi, Ramprasad Jui, Galit Shmueli, and Akmed Umyyarov. 2016. "One-Way Mirrors in Online Dating: A Randomized Field Experiment." *Management Science*, February. doi:10.1287/mnsc.2015.2301.

Barbaro, Michael, and Tom Zeller Jr. 2006. "A Face Is Exposed for AOL Searcher No. 4417749." *New York Times*, August. http://select.nytimes.com/gst/abstract.html?res=F10612FC345B0C7A8CDDA10894DE404482.

Bardsley, Nicolas, Robin Cubitt, Graham Loomes, Peter Moffatt, Chris Starmer, and Robert Sugden. 2009. *Experimental Economics: Rethinking the Rules*. Princeton, NJ: Princeton University Press.

Barocas, Solon, and Andrew D. Selbst. 2016. "Big Data's Disparate Impact." *California Law Review* 104: 671–732. doi:10.15779/Z38BG31.

Baron, Reuben M., and David A. Kenny. 1986. "The Moderator–Mediator Variable Distinction in Social Psychological Research: Conceptual, Strategic, and Statistical Considerations." *Journal of Personality and Social Psychology* 51(6): 1173–82. doi:10.1037/0022-3514.51.6.1173.

Batson, C. Daniel, Shannon Early, and Giovanni Salvarani. 1997. "Perspective Taking: Imagining How Another Feels Versus Imaging How You Would Feel." *Personality and Social Psychology Bulletin* 23(7): 751–58. doi:10.1177/0146167297237008.

Baumeister, Roy F., Kathleen D. Vohs, and David C. Funder. 2007. "Psychology as the Science of Self-Reports and Finger Movements: Whatever Happened to Actual Behavior?" *Perspectives on Psychological Science* 2(4): 396–403. doi:10.1111/j.1745-6916.2007.00051.x.

Baumrind, Diana. 1985. "Research Using Intentional Deception: Ethical Issues Revisited." *American Psychologist* 40(2): 165–74. doi:10.1037/0003-066X.40.2.165.

Bean, Louis H. 1950. "Reviewed Work: The Pre-Election Polls of 1948. by Frederick Mosteller, Herbert Hyman, Philip J. McCarthy, Eli S. Marks, David B. Truman." *Journal of the American*

Statistical Association 45(251): 461–64. doi:10.2307/2280305.

Beasley, Asaf, and Winter Mason. 2015. "Emotional States vs. Emotional Words in Social Media." In *Proceedings of the ACM Web Science Conference*, 31:1–31:10. WebSci '15. New York,: ACM. doi:10.1145/2786451.2786473.

Beauchamp, Tom L. 2011. "The Belmont Report." In *The Oxford Textbook of Clinical Research Ethics*, edited by Ezekiel J. Emanuel, Christine C. Grady, Robert A. Crouch, Reidar K. Lie, Franklin G. Miller, and David D. Wendler. Oxford: Oxford University Press.

Beauchamp, Tom L., and James F. Childress. 2012. *Principles of Biomedical Ethics*, 7th ed. New York: Oxford University Press.

Beauchamp, Tom L., and Yashar Saghai. 2012. "The Historical Foundations of the Research-Practice Distinction in Bioethics." *Theoretical Medicine and Bioethics* 33(1): 45–56. doi:10.1007/ s11017-011-9207-8.

Bederson, Benjamin B., and Alexander J. Quinn. 2011. "Web Workers Unite! Addressing Challenges of Online Laborers." In *CHI '11 Extended Abstracts on Human Factors in Computing Systems*, 97–106. CHI EA '11. New York: ACM. doi:10.1145/1979742.1979606.

Beenen, Gerard, Kimberly Ling, Xiaoqing Wang, Klarissa Chang, Dan Frankowski, Paul Resnick, and Robert E. Kraut. 2004. "Using Social Psychology to Motivate Contributions to Online Communities." In *Proceedings of the 2004 ACM Conference on Computer Supported Cooperative Work*, 212–21. CSCW '04. New York: ACM. doi:10.1145/1031607.1031642.

Bell, Gordon, and Jim Gemmell. 2009. *Total Recall: How the E-Memory Revolution Will Change Everything*. New York: Dutton Adult.

Bell, Robert M., Yehuda Koren, and Chris Volinsky. 2010. "All Together Now: A Perspective on the Netflix Prize." *Chance* 23(1): 24–24. doi:10.1007/s00144-010-0005-2.

Belli, Robert F., Michael W. Traugott, Margaret Young, and Katherine A. McGonagle. 1999. "Reducing Vote Overreporting in Surveys: Social Desirability, Memory Failure, and Source Monitoring." *Public Opinion Quarterly* 63(1): 90–108. doi:10.1086/297704.

Bello, G A, J Chipeta, and J Aberle-Grasse. 2006. "Assessment of Trends in Biological and Behavioural Surveillance Data: Is There Any Evidence of Declining HIV Prevalence or Incidence in Malawi?" *Sexually Transmitted Infections* 82(Suppl 1): i9–i13. doi:10.1136/sti.2005.016030.

Belmont Report. 1979. *The Belmont Report: Ethical Principles and Guidelines for the Protection of Human Subjects of Research*. US Department of Health, Education, and Welfare.

Bengtsson, Linus, Xin Lu, Anna Thorson, Richard Garfield, and Johan von Schreeb. 2011. "Improved Response to Disasters and Outbreaks by Tracking Population Movements with Mobile Phone Network Data: A Post-Earthquake Geospatial Study in Haiti." *PLoS Medicine* 8(8): e1001083. doi:10.1371/journal.pmed.1001083.

Bennett, James, and Stan Lanning. 2007. "The Netflix Prize." In *Proceedings of KDD Cup and Workshop*, 2007: 35.

Benoit, Kenneth, Drew Conway, Benjamin E. Lauderdale, Michael Laver, and Slava Mikhaylov. 2016. "Crowd-Sourced Text Analysis: Reproducible and Agile Production of Political Data." *American Political Science Review* 110(2): 278–95. doi:10.1017/S0003055416000058.

Berent, Matthew K., Jon A. Krosnick, and Arthur Lupia. 2016. "Measuring Voter Registration and Turnout in Surveys: Do Official Government Records Yield More Accurate Assessments?" *Public Opinion Quarterly* 80 (3): 597–621. doi:10.1093/poq/nfw021.

Berinsky, Adam J., and Sara Chatfield. 2015. "An Empirical Justification for the Use of Draft Lottery Numbers as a Random Treatment in Political Science Research." *Political Analysis* 23 (3): 449 –54. doi:10.1093/pan/mpv015.

Berinsky, Adam J., Gregory A. Huber, and Gabriel S. Lenz. 2012. "Evaluating Online Labor Markets for Experimental Research: Amazon.com's Mechanical Turk." *Political Analysis* 20 (3): 351–68. doi:10.1093/pan/mpr057.

Berinsky, Adam J., Michele F. Margolis, and Michael W. Sances. 2014. "Separating the Shirkers from the Workers? Making Sure Respondents Pay Attention on Self-Administered Surveys." *American Journal of Political Science* 58 (3): 739–53. doi:10.1111/ajps.12081.

———. 2016. "Can We Turn Shirkers into Workers?" *Journal of Experimental Social Psychology* 66: 20–28. doi:10.1016/j.jesp.2015.09.010.

Berk, Richard, Emil Pitkin, Lawrence Brown, Andreas Buja, Edward George, and Linda Zhao. 2013. "Covariance Adjustments for the Analysis of Randomized Field Experiments." *Evaluation Review* 37 (3–4): 170–96. doi:10.1177/0193841X13513025.

Bernedo, María, Paul J. Ferraro, and Michael Price. 2014. "The Persistent Impacts of Norm-Based Messaging and Their Implications for Water Conservation." *Journal of Consumer Policy* 37 (3): 437–52. doi:10.1007/s10603-014-9266-0.

Bertrand, Marianne, and Sendhil Mullainathan. 2004. "Are Emily and Greg More Employable Than Lakisha and Jamal? A Field Experiment on Labor Market Discrimination." *American Economic Review* 94 (4): 991–1013. http://www.jstor.org/stable/3592802.

Beskow, Laura M., Lauren Dame, and E. Jane Costello. 2008. "Certificates of Confidentiality and the Compelled Disclosure of Research Data." *Science* 322 (5904): 1054–55. doi:10.1126/science.1164100.

Beskow, Laura M., Robert S. Sandler, and Morris Weinberger. 2006. "Research Recruitment Through US Central Cancer Registries: Balancing Privacy and Scientific Issues." *American Journal of Public Health* 96 (11): 1920–26. doi:10.2105/AJPH.2004.061556.

Bestor, Daniel R., and Eric Hamp. 2010. "Peer to Patent: A Cure for Our Ailing Patent Examination System." *Northwestern Journal of Technology and Intellectual Property* 9 (2): 16– 28. http:// scholarlycommons.law.northwestern.edu/njtip/vol9/iss2/1.

Bethlehem, Jelke. 1988. "Reduction of Nonresponse Bias Through Regression Estimation." *Journal of Official Statistics* 4 (3): 251–60. http://www.jos.nu/Articles/abstract.asp?article=43251.

———. 2010. "Selection Bias in Web Surveys." *International Statistical Review* 78 (2): 161–88. doi:10.1111/j.1751-5823.2010.00112.x.

———. 2016. "Solving the Nonresponse Problem With Sample Matching?" *Social Science Computer Review* 34 (1). doi:10.1177/0894439315573926.

Bethlehem, Jelke, Fannie Cobben, and Barry Schouten. 2011. *Handbook of Nonresponse in Household Surveys*. Hoboken, NJ: Wiley.

Bhattacharjee, Yudhijit. 2005. "Citizen Scientists Supplement Work of Cornell Researchers,"

Science 308(5727): 1402–3. doi:10.1126/science.308.5727.1402.

Blank, Steve. 2013. "Why the Lean Start-Up Changes Everything." *Harvard Business Review*, May. https://hbr.org/2013/05/why-the-lean-start-up-changes-everything.

Bloniarz, Adam, Hanzhong Liu, Cun-Hui Zhang, Jasjeet S. Sekhon, and Bin Yu. 2016. "Lasso Adjustments of Treatment Effect Estimates in Randomized Experiments." *Proceedings of the National Academy of Sciences of the USA* 113(27): 7383–90. doi:10.1073/pnas.1510506113.

Blumenstock, Joshua E. 2014. "Calling for Better Measurement: Estimating an Individual's Wealth and Well-Being from Mobile Phone Transaction Records." Presented at KDD—Data Science for Social Good 2014, New York. http://escholarship.org/uc/item/8zs63942.

Blumenstock, Joshua E., Gabriel Cadamuro, and Robert On. 2015. "Predicting Poverty and Wealth from Mobile Phone Metadata." *Science* 350(6264): 1073–6. doi:10.1126/science.aac4420.

Blumenstock, Joshua E., Niall C. Keleher, and Joseph Reisinger. 2016. "The Premise of Local Information: Building Reliable Economic Indicators from a Decentralized Network of Contributors." In *Proceedings of the Eighth International Conference on Information and Communication Technologies and Development*, 61:1–61:5. ICTD '16. New York: ACM. doi:10.1145/2909609.2909646.

Blumenstock, Joshua Evan, Marcel Fafchamps, and Nathan Eagle. 2011. "Risk and Reciprocity Over the Mobile Phone Network: Evidence from Rwanda." *SSRN ELibrary*, October. http://papers.ssrn.com/sol3/papers.cfm?abstract_id=1958042.

Boase, Jeffrey, and Rich Ling. 2013. "Measuring Mobile Phone Use: Self-Report versus Log Data." *Journal of Computer-Mediated Communication* 18(4): 508–19. doi:10.1111/jcc4.12021.

Boellstorff, Tom, Bonnie Nardi, Celia Pearce, T. L. Taylor, and George E. Marcus. 2012. *Ethnography and Virtual Worlds: A Handbook of Method*. Princeton, NJ: Princeton University Press.

Bohannon, John. 2009. "Gamers Unravel the Secret Life of Protein." *Wired*, April. https://www.wired.com/2009/04/ff-protein/.

———. 2016. "Mechanical Turk Upends Social Sciences." *Science* 352(6291): 1263–64. doi:10.1126/science.352.6291.1263.

Bollen, Johan, Huina Mao, and Xiaojun Zeng. 2011. "Twitter Mood Predicts the Stock Market." *Journal of Computational Science* 2(1): 1–8. doi:10.1016/j.jocs.2010.12.007.

Bollen, Kenneth A. 2012. "Instrumental Variables in Sociology and the Social Sciences." *Annual Review of Sociology* 38(1): 37–72. doi:10.1146/annurev-soc-081309-150141.

Bond, Robert M., Christopher J. Fariss, Jason J. Jones, Adam D. I. Kramer, Cameron Marlow, Jaime E. Settle, and James H. Fowler. 2012. "A 61-Million-Person Experiment in Social Influence and Political Mobilization." *Nature* 489(7415): 295–98. doi:10.1038/nature11421.

Bonney, Rick, Jennifer L. Shirk, Tina B. Phillips, Andrea Wiggins, Heidi L. Ballard, Abraham J. Miller-Rushing, and Julia K. Parrish. 2014. "Next Steps for Citizen Science." *Science* 343(6178): 1436–37. doi:10.1126/science.1251554.

Bothwell, Laura E., Jeremy A. Greene, Scott H. Podolsky, and David S. Jones. 2016. "Assessing the Gold Standard Lessons from the History of RCTs." *New England Journal of Medicine* 374(22): 2175–81. doi:10.1056/NEJMms1604593.

Boudreau, Kevin J., and Karim R. Lakhani. 2013. "Using the Crowd as an Innovation Partner." *Harvard Business Review* 91 (4): 60–69, 140.

Bourdieu, Pierre. 1987. *Distinction: A Social Critique of the Judgement of Taste*, translated by Richard Nice. Cambridge, MA: Harvard University Press.

Bowser, Anne, Andrea Wiggins, Lea Shanley, Jennifer Preece, and Sandra Henderson. 2014. "Sharing Data while Protecting Privacy in Citizen Science." *Interactions* 21 (1): 70–73. doi:10. 1145/2540032.

Box, George E. P., J. Stuart Hunter, and William G. Hunter. 2005. *Statistics for Experimenters: Design, Innovation, and Discovery*, 2nd edition. Hoboken, NJ: Wiley-Interscience.

boyd, danah. 2016. "Untangling Research and Practice: What Facebook's Emotional Contagion Study Teaches Us." *Research Ethics* 12 (1): 4–13. doi:10.1177/1747016115583379.

boyd, danah, and Kate Crawford. 2012. "Critical Questions for Big Data." *Information, Communication & Society* 15 (5): 662–79. doi:10.1080/1369118X.2012.678878.

Bradburn, Norman M., Seymour Sudman, and Brian Wansink. 2004. *Asking Questions: The Definitive Guide to Questionnaire Design*, rev. ed. San Francisco: Jossey-Bass.

Brandt, Allan M. 1978. "Racism and Research: The Case of the Tuskegee Syphilis Study." *Hastings Center Report* 8 (6): 21–29. doi:10.2307/3561468.

Brayne, Sarah. 2014. "Surveillance and System Avoidance: Criminal Justice Contact and Institutional Attachment." *American Sociological Review* 79 (3): 367–91. doi:10.1177/0003122414530398.

Breiman, Leo. 2001. "Statistical Modeling: The Two Cultures (with Comments and a Rejoinder by the Author)." *Statistical Science* 16 (3): 199–231. doi:10.1214/ss/1009213726.

Brick, J. Michael. 2013. "Unit Nonresponse and Weighting Adjustments: A Critical Review." *Journal of Official Statistics* 29 (3): 329–53. doi:10.2478/jos-2013-0026.

Brick, J. Michael, and Clyde Tucker. 2007. "Mitofsky–Waksberg: Learning From The Past." *Public Opinion Quarterly* 71 (5): 703–16. doi:10.1093/poq/nfm049.

Brickell, Justin, and Vitaly Shmatikov. 2008. "The Cost of Privacy: Destruction of Data-Mining Utility in Anonymized Data Publishing." In *Proceedings of the 14th ACM SIGKDD International Conference on Knowledge Discovery and Data Mining*, 70–78. KDD '08. doi:10.1145/1401890.1401904.

Brownstein, John S., Christopher A. Cassa, and Kenneth D. Mandl. 2006. "No Place to Hide: Reverse Identification of Patients from Published Maps." *New England Journal of Medicine* 355 (16): 1741–42. doi:10.1056/NEJMc061891.

Bruckman, Amy. 2016a. "Do Researchers Need to Abide by Terms of Service (TOS)? An Answer." *The Next Bison: Social Computing and Culture*. https://nextbison.wordpress.com/2016/02/26/tos/.

———. 2016b. "More on TOS: Maybe Documenting Intent Is Not So Smart." *The Next Bison: Social Computing and Culture*. https://nextbison.wordpress.com/2016/02/29/tos2/.

Bryson, Maurice C. 1976. "The Literary Digest Poll: Making of a Statistical Myth." *American Statistician*. 30 (4): 184–85. doi:10.1080/00031305.1976.10479173.

Budak, Ceren, and Duncan Watts. 2015. "Dissecting the Spirit of Gezi: Influence vs. Selection in the Occupy Gezi Movement." *Sociological Science* 2: 370–97. doi:10.15195/v2.a18.

Budak, Ceren, Sharad Goel, and Justin M. Rao. 2016. "Fair and Balanced? Quantifying Media Bias Through Crowdsourced Content Analysis." *Public Opinion Quarterly* 80(S1): 250–71. doi:10.1093/poq/nfw007.

Buelens, Bart, Piet Daas, Joep Burger, Marco Puts, and Jan van den Brakel. 2014. "Selectivity of Big Data." Discussion paper, Statistics Netherlands. http://www.pietdaas.nl/beta/pubs/pubs/Selectivity_Buelens.pdf.

Bullock, John G., Donald P. Green, and Shang E. Ha. 2010. "Yes, but What's the Mechanism? (Don't Expect an Easy Answer)." *Journal of Personality and Social Psychology* 98(4): 550–58. doi:10.1037/a0018933.

Burke, Moira, and Robert E. Kraut. 2014. "Growing Closer on Facebook: Changes in Tie Strength Through Social Network Site Use." In *Proceedings of the SIGCHI Conference on Human Factors in Computing Systems*, 4187–96. CHI '14. New York: ACM. doi:10.1145/2556288.2557094.

Burnett, Sam, and Nick Feamster. 2015. "Encore: Lightweight Measurement of Web Censorship with Cross-Origin Requests." In *Proceedings of the 2015 ACM Conference on Special Interest Group on Data Communication*, 653–67. SIGCOMM '15. London: ACM. doi:10.1145/2785956.2787485.

Buttice, Matthew K., and Benjamin Highton. 2013. "How Does Multilevel Regression and Post-stratification Perform with Conventional National Surveys?" *Political Analysis* 21(4): 449–67. doi:10.1093/pan/mpt017.

Cahalan, Don. 1989. "Comment: The Digest Poll Rides Again!" *Public Opinion Quarterly* 53(1): 129–33. doi:10.1086/269146.

Callegaro, Mario, Reginald P. Baker, Jelke Bethlehem, Anja S. Göritz, Jon A. Krosnick, and Paul J. Lavrakas, eds. 2014. *Online Panel Research: A Data Quality Perspective*. Chichester, UK: Wiley.

Calo, Ryan. 2011. "The Boundaries of Privacy Harm." *Indiana Law Journal* 86: 1131. http://ilj.law.indiana.edu/articles/86/86_3_Calo.pdf.

———. 2013. "Consumer Subject Review Boards: A Thought Experiment." *Stanford Law Review Online*, 97–102. https://www.stanfordlawreview.org/online/privacy-and-big-data-consumer-subject-review-boards/.

Camerer, Colin. 2011. "The Promise and Success of Lab-Field Generalizability in Experimen- tal Economics: A Critical Reply to Levitt and List." *SSRN ELibrary*, December. http://papers.ssrn.com/sol3/papers.cfm?abstract_id=1977749.

Camerer, Colin, Linda Babcock, George Loewenstein, and Richard Thaler. 1997. "Labor Supply of New York City Cabdrivers: One Day at a Time." *Quarterly Journal of Economics* 112(2): 407–41. doi:10.1162/003355397555244.

Campbell, Donald T. 1957. "Factors Relevant to the Validity of Experiments in Social Settings." *Psycho- logical Bulletin* 54(4): 297–312. doi:10.1037/h0040950.

Canfield, Casey, Wändi Bruine de Bruin, and Gabrielle Wong-Parodi. 2016. "Perceptions of Electricity- Use Communications: Effects of Information, Format, and Individual Differences."

Journal of Risk Research, January: 1–22. doi:10.1080/13669877.2015.1121909.

Card, David, Raj Chetty, Martin S. Feldstein, and Emmanuel Saez. 2010. "Expanding Access to Admin- istrative Data for Research in the United States." SSRN Scholarly Paper ID 1888586. Rochester, NY: Social Science Research Network. http://papers.ssrn.com/abstract=1888586.

Cardamone, Carolin, Kevin Schawinski, Marc Sarzi, Steven P Bamford, Nicola Bennert, C. M Urry, Chris Lintott, et al. 2009. "Galaxy Zoo Green Peas: Discovery of a Class of Compact Extremely Star-Forming Galaxies." *Monthly Notices of the Royal Astronomical Society* 399 (3): 1191–205. doi:10.1111/j.1365-2966.2009.15383.x.

Carneiro, Pedro Manuel, Sokbae Lee, and Daniel Wilhelm. 2016. "Optimal Data Collection for Randomized Control Trials." SSRN Scholarly Paper ID 2776913. Rochester, NY: Social Science Research Network. http://papers.ssrn.com/abstract=2776913.

Carpenter, Kenneth J. 1988. *The History of Scurvy and Vitamin C*. Cambridge: Cambridge University Press.

Carpenter, Patricia A., Marcel A. Just, and Peter Shell. 1990. "What One Intelligence Test Measures: A Theoretical Account of the Processing in the Raven Progressive Matrices Test." *Psychological Review* 97 (3): 404–31. doi:10.1037/0033-295X.97.3.404.

Carter, Stephen L. 1996. *Integrity*. New York: HarperCollins. Casella, George. 2008. *Statistical Design*. New York: Springer.

Castillo, Carlos. 2016. *Big Crisis Data: Social Media in Disasters and Time-Critical Situations*. New York: Cambridge University Press.

Centola, D. 2010. "The Spread of Behavior in an Online Social Network Experiment." *Science* 329 (5996): 1194–97. doi:10.1126/science.1185231.

Centola, Damon. 2011. "An Experimental Study of Homophily in the Adoption of Health Behavior." *Science* 334 (6060): 1269–72. doi:10.1126/science.1207055.

Cerulo, Karen A. 2014. "Reassessing the Problem: Response to Jerolmack and Khan." *Sociological Methods & Research* 43 (2): 219–26. doi:10.1177/0049124114526378.

Chaabane, Abdelberi, Terence Chen, Mathieu Cunche, Emiliano De Cristofaro, Arik Friedman, and Mohamed Ali Kaafar. 2014. "Censorship in the Wild: Analyzing Internet Filtering in Syria." In *Proceedings of the 2014 Conference on Internet Measurement Conference*, 285–98. IMC '14. New York: ACM. doi:10.1145/2663716.2663720.

Chakraborti, Sayan, Naveen Yadav, Carolin Cardamone, and Alak Ray. 2012. "Radio Detection of Green Peas: Implications for Magnetic Fields in Young Galaxies." *Astrophysical Journal Letters* 746 (1): L6. doi:10.1088/2041-8205/746/1/L6.

Chandler, Jesse, Gabriele Paolacci, and Pam Mueller. 2013. "Risks and Rewards of Crowdsourcing Marketplaces." In *Handbook of Human Computation*, edited by Pietro Michelucci, 377–92. New York: Springer.

Chandler, Jesse, Gabriele Paolacci, Eyal Peer, Pam Mueller, and Kate A. Ratliff. 2015. "Using Non-naive Participants Can Reduce Effect Sizes." *Psychological Science* 26 (7): 1131–39. doi:10.1177/0956797615585115.

Charness, Gary, Uri Gneezy, and Michael A. Kuhn. 2012. "Experimental Methods: Between-Subject and Within-Subject Design." *Journal of Economic Behavior & Organization* 81 (1): 1–

8. doi:10.1016/ j.jebo.2011.08.009.

———. 2013. "Experimental Methods: Extra-Laboratory Experiments—Extending the Reach of Experimental Economics." *Journal of Economic Behavior & Organization* 91 (July): 93–100. doi:10.1016/j.jebo.2013.04.002.

Chen, Yan, and Joseph Konstan. 2015. "Online Field Experiments: A Selective Survey of Methods." *Journal of the Economic Science Association* 1 (1): 29–42. doi:10.1007/s40881-015-0005-3.

Chen, Yan, F. Maxwell Harper, Joseph Konstan, and Sherry Xin Li. 2010. "Social Comparisons and Contributions to Online Communities: A Field Experiment on MovieLens." *American Economic Review* 100 (4): 1358–98. doi:10.1257/aer.100.4.1358.

Cheng, Justin, and Michael S. Bernstein. 2015. "Flock: Hybrid Crowd-Machine Learning Classifiers." In *Proceedings of the 18th ACM Conference on Computer Supported Cooperative Work & Social Computing*, 600–611. CSCW '15. New York: ACM. doi:10.1145/2675133. 2675214.

Chetty, Raj, Nathaniel Hendren, Patrick Kline, and Emmanuel Saez. 2014. "Where Is the Land of Opportunity? The Geography of Intergenerational Mobility in the United States." *Quarterly Journal of Economics* 129 (4): 1553–1623. doi:10.1093/qje/qju022.

Choi, Hyunyoung, and Hal Varian. 2012. "Predicting the Present with Google Trends." *Economic Record* 88 (June): 2–9. doi:10.1111/j.1475-4932.2012.00809.x.

Chu, Z., S. Gianvecchio, H. Wang, and S. Jajodia. 2012. "Detecting Automation of Twitter Accounts: Are You a Human, Bot, or Cyborg?" *IEEE Transactions on Dependable and Secure Computing* 9 (6): 811–24. doi:10.1109/TDSC.2012.75.

Cialdini, Robert B. 2009. "We Have to Break Up." *Perspectives on Psychological Science* 4 (1): 5–6. doi:10.1111/j.1745-6924.2009.01091.x.

Cialdini, Robert B., Carl A. Kallgren, and Raymond R. Reno. 1991. "A Focus Theory of Normative Conduct: A Theoretical Refinement and Reevaluation of the Role of Norms in Human Behavior." *Advances in Experimental Social Psychology* 24 (20): 201–34.

Clark, Eric M., Chris A. Jones, Jake Ryland Williams, Allison N. Kurti, Mitchell Craig Norotsky, Christopher M. Danforth, and Peter Sheridan Dodds. 2016. "Vaporous Marketing: Uncovering Pervasive Electronic Cigarette Advertisements on Twitter." *PLoS ONE* 11 (7): e0157304. doi:10.1371/journal.pone.0157304.

Clark, William Roberts, and Matt Golder. 2015. "Big Data, Causal Inference, and Formal The- ory: Contradictory Trends in Political Science?" *PS: Political Science & Politics* 48 (1): 65–70. doi:10.1017/S1049096514001759.

Clery, Daniel. 2011. "Galaxy Zoo Volunteers Share Pain and Glory of Research." *Science* 333 (6039): 173– 75. doi:10.1126/science.333.6039.173.

Cohen, Jacob. 1988. *Statistical Power Analysis for the Behavioral Sciences*, 2nd ed. Hillsdale, NJ: Routledge.

———. 1992. "A Power Primer." *Psychological Bulletin* 112 (1): 155–59. doi:10.1037/0033-2909. 112.1.155.

Cohn, Michael A., Matthias R. Mehl, and James W. Pennebaker. 2004. "Linguistic Markers of Psychological Change Surrounding September 11, 2001." *Psychological Science* 15 (10): 687–

93. doi:10.1111/j.0956-7976.2004.00741.x.

Connelly, Roxanne, Christopher J. Playford, Vernon Gayle, and Chris Dibben. 2016. "The Role of Administrative Data in the Big Data Revolution in Social Science Research." *Social Science Research*, 59: 1–12. doi:10.1016/j.ssresearch.2016.04.015.

Conrad, Frederick G., and Michael F. Schober, eds. 2008. *Envisioning the Survey Interview of the Future*. Hoboken, NJ: Wiley.

Conrad, Frederick G., Jessica S. Broome, José R. Benkí, Frauke Kreuter, Robert M. Groves, David Van- nette, and Colleen McClain. 2013. "Interviewer Speech and the Success of Survey Invitations." *Journal of the Royal Statistical Society: Series A (Statistics in Society)* 176 (1): 191 –210. doi:10.1111/j.1467- 985X.2012.01064.x.

Converse, Jean M. 1987. *Survey Research in the United States: Roots and Emergence 1890–1960*. Berkeley: University of California Press.

Cook, Samantha, Corrie Conrad, Ashley L. Fowlkes, and Matthew H. Mohebbi. 2011. "Assessing Google Flu Trends Performance in the United States during the 2009 Influenza Virus A (H1N1) Pandemic." *PLoS ONE* 6 (8): e23610. doi:10.1371/journal.pone.0023610.

Cooper, Seth, Firas Khatib, Adrien Treuille, Janos Barbero, Jeehyung Lee, Michael Beenen, Andrew Leaver-Fay, David Baker, Zoran Popovic, and Foldit players. 2010. "Predicting Protein Structures with a Multiplayer Online Game." *Nature* 466 (7307): 756–60. doi:10.1038/ nature09304.

Coppock, Alexander, and Donald P. Green. 2015. "Assessing the Correspondence between Experimental Results Obtained in the Lab and Field: A Review of Recent Social Science Research." *Political Science Research and Methods* 3 (1): 113–31. doi:10.1017/psrm.2014.10.

Coppock, Alexander, Andrew Guess, and John Ternovski. 2016. "When Treatments Are Tweets: A Network Mobilization Experiment over Twitter." *Political Behavior* 38 (1): 105–28. doi:10. 1007/s11109- 015-9308-6.

Cornwell, Erin York. 2010. "Opening and Closing the Jury Room Door: A Sociohistorical Consideration of the 1955 Chicago Jury Project Scandal." *Justice System Journal* 31 (1): 49– 73. doi:10.1080/0098261X.2010.10767954.

Correll, Shelley J., Stephen Benard, and In Paik. 2007. "Getting a Job: Is There a Motherhood Penalty?" *American Journal of Sociology* 112 (5): 1297–1339. doi:10.1086/511799.

Cosley, Dan, Dan Frankowski, Sara Kiesler, Loren Terveen, and John Riedl. 2005. "How Over- sight Improves Member-Maintained Communities." In *Proceedings of the SIGCHI Conference on Human Factors in Computing Systems*, 11–20. CHI '05. New York: ACM. doi:10.1145/1054972.1054975.

Costa, Dora L., and Matthew E. Kahn. 2013. "Energy Conservation Nudges and Environmentalist Ideology: Evidence from a Randomized Residential Electricity Field Experiment." *Journal of the European Economic Association* 11 (3): 680–702. doi:10.1111/jeea.12011.

Couper, Mick P. 2011. "The Future of Modes of Data Collection." *Public Opinion Quarterly* 75 (5): 889– 908. doi:10.1093/poq/nfr046.

Coviello, L., J.H. Fowler, and M. Franceschetti. 2014. "Words on the Web: Noninvasive Detection of Emotional Contagion in Online Social Networks." *Proceedings of the IEEE* 102 (12): 1911–

21. doi:10.1109/JPROC.2014.2366052.

Coviello, Lorenzo, Yunkyu Sohn, Adam D. I. Kramer, Cameron Marlow, Massimo Franceschetti, Nicholas.

Christakis, and James H. Fowler. 2014. "Detecting Emotional Contagion in Massive Social Networks." *PLoS ONE* 9(3): e90315. doi:10.1371/journal.pone.0090315.

Cox, J., E. Y. Oh, B. Simmons, C. Lintott, K. Masters, A. Greenhill, G. Graham, and K. Holmes. 2015. "Defining and Measuring Success in Online Citizen Science: A Case Study of Zooniverse Projects." *Computing in Science & Engineering* 17(4): 28–41. doi:10.1109/MCSE.2015.65.

Crain, Rhiannon, Caren Cooper, and Janis L. Dickinson. 2014. "Citizen Science: A Tool for Integrating Studies of Human and Natural Systems." *Annual Review of Environment and Resources* 39(1): 641–65. doi:10.1146/annurev-environ-030713-154609.

Cranshaw, Justin, and Aniket Kittur. 2011. "The Polymath Project: Lessons from a Successful Online Collaboration in Mathematics." In *Proceedings of the 2011 Annual Conference on Human Factors in Computing Systems*, 1865–74. CHI '11. New York: ACM. doi:10.1145/1978942.1979213.

Crawford, Kate. 2014. "The Test We Can and Should Run on Facebook." *Atlantic*, July. http://www.theatlantic.com/technology/archive/2014/07/the-test-we-canand-shouldrun-on-facebook/373819/. Crawford, Kate and Megan Finn. 2015. "The Limits of Crisis Data: Analytical and Ethical Challenges of Using Social and Mobile Data to Understand Disasters." *GeoJournal* 80(4): 491–502. doi:10.1007/s10708-014-9597-z.

Cronbach, Lee J., and Paul E. Meehl. 1955. "Construct Validity in Psychological Tests." *Psychological Bulletin* 52(4): 281–302. doi:10.1037/h0040957.

Currie, Janet. 2013. "Big Data versus Big Brother: On the Appropriate Use of Large-Scale Data Collections in Pediatrics." *Pediatrics* 131(Suppl. 2): S127–S132. doi:10.1542/peds.2013-0252c.

Dabalen, Andrew, Alvin Etang, Johannes Hoogeveen, Elvis Mushi, Youdi Schipper, and Johannes von Engelhardt. 2016. *Mobile Phone Panel Surveys in Developing Countries: A Practical Guide for Mi- crodata Collection.* Directions in Development–Poverty. Washington, DC: World Bank Publications. http://hdl.handle.net/10986/24595.

Daries, Jon P., Justin Reich, Jim Waldo, Elise M. Young, Jonathan Whittinghill, Daniel Thomas Seaton, Andrew Dean Ho, and Isaac Chuang. 2014. "Privacy, Anonymity, and Big Data in the Social Sciences." *Queue* 12(7): 30:30–30:41. doi:10.1145/2639988.2661641.

De Choudhury, Munmun, Winter A Mason, Jake M Hofman, and Duncan J Watts. 2010. "In- ferring Relevant Social Networks from Interpersonal Communication." In *Proceedings of the 19th International Conference on World Wide Web*, 301–10. WWW '10. Raleigh, NC: ACM. doi:10.1145/1772690.1772722.

De Mauro, Andrea, Marco Greco, Michele Grimaldi, Georgios Giannakopoulos, Damianos P. Sakas, and Daphne Kyriaki-Manessi. 2015. "What Is Big Data? A Consensual Definition and a Re- view of Key Research Topics." *AIP Conference Proceedings* 1644(1): 97–104. doi:10.1063/1.4907823.

De Waal, Ton, Marco Puts, and Piet Daas. 2014. "Statistical Data Editing of Big Data." *Paper for the*

Royal Statistical Society. https://www.researchgate.net/profile/Ton_De_Waal/publication/268923823_Statistical_Data_Editing_of_Big_Data/links/547b03440cf293e2da2bbe25.pdf.

Dean, J., and S. Ghemawat. 2008. "MapReduce: Simplified Data Processing on Large Clusters." *Commu- nications of the ACM* 51 (1): 107–13.

Dean, Jeffrey, and Sanjay Ghemawat. 2004. "MapReduce: Simplified Data Processing on Large Clus- ters." In *Proceedings of the 6th Conference on Symposium on Opearting Systems Design & Imple- mentation*, vol. 6. Berkeley, CA: USENIX Association. https://static.googleusercontent.com/media/research.google.com/en//archive/mapreduce-osdi04.pdf.

Deaton, Angus. 2010. "Instruments, Randomization, and Learning About Development." *Journal of Economic Literature* 48 (2): 424–55. doi:10.1257/jel.48.2.424.

Dehejia, Rajeev H. and Sadek Wahba. 1999. "Causal Effects in Nonexperimental Studies: Reevaluating the Evaluation of Training Programs." *Journal of the American Statistical Association* 94 (448): 1053–62. doi:10.1080/01621459.1999.10473858.

Deng, Alex, Ya Xu, Ron Kohavi, and Toby Walker. 2013. "Improving the Sensitivity of Online Controlled Experiments by Utilizing Pre-Experiment Data." In *Proceedings of the Sixth ACM In- ternational Conference on Web Search and Data Mining*, 123–32. WSDM '13. New York: ACM. doi:10.1145/2433396.2433413.

Desai, Tanvi, Felix Ritchie, and Richard Welpton. 2016. "Five Safes: Designing Data Access for Research." University of the West of England. http://www1.uwe.ac.uk/bl/research/bristoleconomicanalysis/economicsworkingpapers/economicspapers2016.aspx.

Desposato, Scott. 2016a. "Conclusion and Recommendations." In *Ethics and Experiments: Problems and Solutions for Social Scientists and Policy Professionals*, edited by Scott Desposato 267–89. New York: Routledge.

_____. ed. 2016b. *Ethics and Experiments: Problems and Solutions for Social Scientists and Policy Professionals*. New York: Routledge.

Diaz, Fernando, Michael Gamon, Jake M. Hofman, Emre Kiciman, and David Rothschild. 2016. "Online and Social Media Data As an Imperfect Continuous Panel Survey." *PLoS ONE* 11 (1): e0145406. doi:10.1371/journal.pone.0145406.

Dickert, Neal, and Christine Grady. 2008. "Incentives for Research Participants." In *The Oxford Textbook of Clinical Research Ethics*, edited by E. J. Emanuel, R. A. Crouch, C. Grady, R. K. Lie, F. G. Miller, and D. Wendler, 386–97. Oxford: Oxford University Press.

Dickinson, Janis L., Benjamin Zuckerberg, and David N. Bonter. 2010. "Citizen Science as an Ecological Research Tool: Challenges and Benefits." *Annual Review of Ecology, Evolution, and Systematics* 41 (1): 149–72. doi:10.1146/annurev-ecolsys-102209-144636.

Dieleman, Sander, Kyle W. Willett, and Joni Dambre. 2015. "Rotation-Invariant Convolutional Neural Networks for Galaxy Morphology Prediction." *Monthly Notices of the Royal Astronomical Society* 450 (2): 1441–59. doi:10.1093/mnras/stv632.

Dillman, Don A. 2002. "Presidential Address: Navigating the Rapids of Change: Some Observations on Survey Methodology in the Early Twenty-First Century." *Public Opinion Quarterly* 66 (3): 473–94. http://www.jstor.org/stable/3078777.

Dillman, Don A., Jolene D. Smyth, and Leah Melani Christian. 2008. *Internet, Mail, and*

Mixed-Mode Surveys: The Tailored Design Method, 3rd ed. Hoboken, NJ: Wiley.

———. 2014. *Internet, Phone, Mail, and Mixed-Mode Surveys: The Tailored Design Method*, 4th ed. Hoboken, NJ: Wiley.

DiMaggio, Paul, John Evans, and Bethany Bryson. 1996. "Have American's Social Attitudes Become More Polarized?" *American Journal of Sociology* 102(3): 690–755. http://www.jstor.org/stable/2782461.

Dittrich, D., K. Carpenter, and M. Karir. 2015. "The Internet Census 2012 Dataset: An Ethical Examination." *IEEE Technology and Society Magazine* 34(2): 40–46. doi:10.1109/MTS.2015.2425592.

Dittrich, David, Erin Kenneally, and others. 2011. "The Menlo Report: Ethical Principles Guiding Information and Communication Technology Research." *US Department of Homeland Security*. http://www.caida.org/publications/papers/2012/menlo_report_ethical_principles/.

Doleac, Jennifer L., and Luke C.D. Stein. 2013. "The Visible Hand: Race and Online Market Outcomes." *Economic Journal* 123(572): F469–F492. doi:10.1111/ecoj.12082.

Doll, Richard, and A. Bradford Hill. 1954. "The Mortality of Doctors in Relation to Their Smok- ing Habits: A Preliminary Report." *British Medical Journal* 1(4877): 1451–55. http://www.ncbi.nlm.nih.gov/pmc/articles/PMC2085438/.

Doll, Richard, Richard Peto, Jillian Boreham, and Isabelle Sutherland. 2004. "Mortality in Relation to Smoking: 50 Years' Observations on Male British Doctors." *BMJ* 328(7455): 1519. doi:10.1136/bmj.38142.554479.AE.

Donoho, David. 2015. "50 Years of Data Science." Based on a presentation at Tukey Centennial Workshop, Princeton NJ, September. http://courses.csail.mit.edu/18.337/2015/docs/50YearsDataScience.pdf.

Dreber, Anna, Thomas Pfeiffer, Johan Almenberg, Siri Isaksson, Brad Wilson, Yiling Chen, Brian A. Nosek, and Magnus Johannesson. 2015. "Using Prediction Markets to Estimate the Reproducibility of Scientific Research." *Proceedings of the National Academy of Sciences of the USA* 112(50): 15343– 47. doi:10.1073/pnas.1516179112.

Drenner, Sara, Max Harper, Dan Frankowski, John Riedl, and Loren Terveen. 2006. "Insert Movie Reference Here: A System to Bridge Conversation and Item-Oriented Web Sites." In *Proceedings of the SIGCHI Conference on Human Factors in Computing Systems*, 951–54. CHI '06. New York: ACM. doi:10.1145/1124772.1124914.

Druckman, James N., and Arthur Lupia. 2012. "Experimenting with Politics." *Science* 335(6073): 1177–79. doi:10.1126/science.1207808.

Druckman, James N., Donald P. Green, James H. Kuklinski, and Arthur Lupia. 2006. "The Growth and Development of Experimental Research in Political Science." *American Political Science Review* 100(4): 627–35. doi:10.1017/S0003055406062514.

Dunn, Halbert L. 1946. "Record Linkage." *American Journal of Public Health and the Nations Health* 36(12): 1412–16. doi:10.2105/AJPH.36.12.1412.

Dunning, Thad. 2012. *Natural Experiments in the Social Sciences: A Design-Based Approach*. Cambridge: Cambridge University Press.

Dwork, Cynthia. 2008. "Differential Privacy: A Survey of Results." In *International Conference on*

Theory and Applications of Models of Computation, 1–19. Berlin: Springer. doi:10.1007/978-3-540-79228-4_1. Dwork, Cynthia, and Aaron Roth. 2014. "The Algorithmic Foundations of Differential Privacy." *Foundations and Trends in Theoretical Computer Science* 9 (3–4): 211–407. doi:10.1561/0400000042.

Dwork, Cynthia, Adam D. Smith, Thomas Steinke, and Jonathan Ullman. 2017. "Hiding in Plain Sight: A Survey of Attacks on Private Data." *Annual Review of Statistics and Its Application* 4: 61–84. doi:10.1146/annurev-statistics-060116-054123.

Dwyer, Patrick C., Alexander Maki, and Alexander J. Rothman. 2015. "Promoting Energy Conservation Behavior in Public Settings: The Influence of Social Norms and Personal Responsibility." *Journal of Environmental Psychology* 41 (March): 30–34. doi:10.1016/j.jenvp.2014.11.002.

Eckles, Dean, René F. Kizilcec, and Eytan Bakshy. 2016. "Estimating Peer Effects in Networks with Peer Encouragement Designs." *Proceedings of the National Academy of Sciences of the USA* 113 (27): 7316–22. doi:10.1073/pnas.1511201113.

Edelman, Benjamin G., Michael Luca, and Dan Svirsky. 2016. "Racial Discrimination in the Sharing Economy: Evidence from a Field Experiment." SSRN Scholarly Paper ID 2701902. Rochester, NY: Social Science Research Network. http://papers.ssrn.com/abstract=2701902.

Efrati, Amir. 2016. "Facebook Struggles to Stop Decline in Original Sharing." *The Information.* https://www.theinformation.com/facebook-struggles-to-stop-decline-in-original-sharing.

Einav, Liran, and Jonathan Levin. 2014. "Economics in the Age of Big Data." *Science* 346 (6210): 1243089. doi:10.1126/science.1243089.

Einav, Liran, Theresa Kuchler, Jonathan Levin, and Neel Sundaresan. 2015. "Assessing Sale Strategies in Online Markets Using Matched Listings." *American Economic Journal: Microeconomics* 7 (2): 215–47. doi:10.1257/mic.20130046.

Ekstrand, Michael D., Daniel Kluver, F. Maxwell Harper, and Joseph A. Konstan. 2015. "Letting Users Choose Recommender Algorithms: An Experimental Study." In *Proceedings of the 9th ACM Conference on Recommender Systems*, 11–18. RecSys '15. New York, NY, USA: ACM. doi:10.1145/2792838.2800195.

Elmagarmid, Ahmed K., Panagiotis G. Ipeirotis, and Vassilios S. Verykios. 2007. "Duplicate Record De-tection: A Survey." *IEEE Transactions on Knowledge and Data Engineering* 19 (1): 1–16. doi:10.1109/TKDE.2007.250581.

Emanuel, Ezekiel J., Christine C. Grady, Robert A. Crouch, Reidar K. Lie, Franklin G. Miller, and David Wendler, eds. 2008. *The Oxford Textbook of Clinical Research Ethics.* Oxford: Oxford University Press.

Emanuel, Ezekiel J., David Wendler, and Christine Grady. 2000. "What Makes Clinical Research Ethical?" *Journal of the American Medical Association* 283 (20): 2701–11. doi:10.1001/jama.283.20.2701.

Enserink, Martin, and Gilbert Chin. 2015. "The End of Privacy." *Science* 347 (6221): 490–91. doi:10.1126/science.347.6221.490.

Epstein, Steven. 2009. *Inclusion: The Politics of Difference in Medical Research.* Chicago: University of Chicago Press.

Eriksson, Jakob, Lewis Girod, Bret Hull, Ryan Newton, Samuel Madden, and Hari Balakrishnan. 2008. "The Pothole Patrol: Using a Mobile Sensor Network for Road Surface Monitoring." In *Proceedings of the 6th International Conference on Mobile Systems, Applications, and Services*, 29–39. MobiSys '08. New York: ACM. doi:10.1145/1378600.1378605.

Evans, Barbara J. 2011. "Much Ado About Data Ownership." *Harvard Journal of Law and Technology* 25. http://jolt.law.harvard.edu/articles/pdf/v25/25HarvJLTech69.pdf.

———. 2013. "Why the Common Rule Is Hard to Amend." SSRN Scholarly Paper ID 2183701. Rochester, NY: Social Science Research Network. http://papers.ssrn.com/abstract=2183701.

Eyal, Nir. 2012. "Informed Consent." In *The Stanford Encyclopedia of Philosophy*, edited by Edward N. Zalta, Fall 2012. http://plato.stanford.edu/archives/fall2012/entries/informed-consent/.

Falk, Armin, and James J. Heckman. 2009. "Lab Experiments Are a Major Source of Knowledge in the Social Sciences." *Science* 326 (5952): 535–38. doi:10.1126/science.1168244.

Farber, Henry S. 2015. "Why You Can't Find a Taxi in the Rain and Other Labor Supply Lessons from Cab Drivers." *Quarterly Journal of Economics* 130 (4): 1975–2026. doi:10.1093/qje/qjv026.

Fellegi, Ivan P., and Alan B. Sunter. 1969. "A Theory for Record Linkage." *Journal of the American Statistical Association* 64 (328): 1183–1210. doi:10.2307/2286061.

Felstiner, Alek. 2011. "Working the Crowd: Employment and Labor Law in the Crowdsourcing Industry." *Berkeley Journal of Employment and Labor Law* 32 (1): 143–203. http://www.jstor.org/stable/24052509.

Ferrara, Emilio, Onur Varol, Clayton Davis, Filippo Menczer, and Alessandro Flammini. 2016. "The Rise of Social Bots." *Communications of the ACM* 59 (7): 96–104. doi:10.1145/2818717.

Ferraro, Paul J., Juan Jose Miranda, and Michael K. Price. 2011. "The Persistence of Treatment Effects with Norm-Based Policy Instruments: Evidence from a Randomized Environmental Policy Experiment." *American Economic Review (Papers and Proceedings of the 123rd Annual Meeting of the American Economic Association)* 101 (3): 318–22. http://www.jstor.org/stable/29783762.

Feuerverger, Andrey, Yu He, and Shashi Khatri. 2012. "Statistical Significance of the Netflix Challenge." *Statistical Science* 27 (2): 202–31. http://www.jstor.org/stable/41714795.

Fienberg, Stephen E. 1971. "Randomization and Social Affairs: The 1970 Draft Lottery." *Science* 171 (3968): 255–61. doi:10.1126/science.171.3968.255.

Fink, Daniel, Wesley M. Hochachka, Benjamin Zuckerberg, David W. Winkler, Ben Shaby, M. Arthur Munson, Giles Hooker, Mirek Riedewald, Daniel Sheldon, and Steve Kelling. 2010. "Spatiotem- poral Exploratory Models for Broad-Scale Survey Data." *Ecological Applications* 20 (8): 2131–47. doi:10.1890/09-1340.1.

Fink, Günther, Margaret McConnell, and Sebastian Vollmer. 2014. "Testing for Heterogeneous Treatment Effects in Experimental Data: False Discovery Risks and Correction Procedures." *Journal of Development Effectiveness* 6 (1): 44–57. doi:10.1080/19439342.2013.875054.

Finn, P., and M. Jakobsson. 2007. "Designing Ethical Phishing Experiments." *IEEE Technology and Society Magazine* 26 (1): 46–58. doi:10.1109/MTAS.2007.335565.

Fischer, Claude S. 2011. *Still Connected: Family and Friends in America Since 1970.* New York: Russell Sage Foundation.

Fiske, Susan T., and Robert M. Hauser. 2014. "Protecting Human Research Participants in the Age of Big Data." *Proceedings of the National Academy of Sciences of the USA* 111(38): 13675–76. doi:10.1073/pnas.1414626111.

Fitzpatrick, J. W., F. B. Gill, M. Powers, and K. V. Rosenberg. 2002. "Introducing eBird: The Union of Passion and Purpose." *North American Birds* 56: 11–13.

Flick, Catherine. 2016. "Informed Consent and the Facebook Emotional Manipulation Study." *Research Ethics* 12(1) 14–28. doi:10.1177/1747016115599568.

Fortson, Lucy, Karen Masters, Robert Nichol, Kirk Borne, Edd Edmondson, Chris Lintott, Jordan Raddick, Kevin Schawinski, and John Wallin. 2011. "Galaxy Zoo: Morphological Classification and Citizen Science." *ArXiv:1104.5513 [astro-ph.IM]*, April. http://arxiv.org/abs/1104.5513.

Foucault, Michel. 1995. *Discipline & Punish: The Birth of the Prison*, translated by Alan Sheridan. New York: Vintage Books.

Fox, John, and Sanford Weisberg. 2011. *An R Companion to Applied Regression*, 2nd ed. Thousand Oaks, CA: SAGE. http://socserv.socsci.mcmaster.ca/jfox/Books/Companion.

Frangakis, Constantine E., and Donald B. Rubin. 2002. "Principal Stratification in Causal Inference." *Biometrics* 58(1): 21–29. doi:10.1111/j.0006-341X.2002.00021.x.

Frank, Robert H. 2016. *Success and Luck: Good Fortune and the Myth of Meritocracy.* Princeton, NJ: Princeton University Press.

Frank, Robert H., and Philip J. Cook. 1996. *The Winner-Take-All Society: Why the Few at the Top Get So Much More Than the Rest of Us*, reprint ed. New York: Penguin Books.

Freedman, David A. 1991. "Statistical Models and Shoe Leather." *Sociological Methodology* 21: 291–313. doi:10.2307/270939.

———. 2008. "On Regression Adjustments to Experimental Data." *Advances in Applied Mathematics* 40(2): 180–93. doi:10.1016/j.aam.2006.12.003.

Freedman, David, Robert Pisani, and Roger Purves. 2007. *Statistics*, 4th ed. New York: W. W. Norton. Frison, Lars, and Stuart J. Pocock. 1992. "Repeated Measures in Clinical Trials: Analysis Using Mean Summary Statistics and Its Implications for Design." *Statistics in Medicine* 11(13): 1685–1704. doi:10.1002/sim.4780111304.

Galaxy Zoo. 2016. "Exclusive Interview with Our Recent Citizen Science Co-Authors." *Galaxy Zoo.* https://blog.galaxyzoo.org/2016/04/18/exclusive-interview-with-our-recent-citizen-science-co-authors/.

Garbarski, Dana, Nora Cate Schaeffer, and Jennifer Dykema. 2016. "Interviewing Practices, Conversa- tional Practices, and Rapport Responsiveness and Engagement in the Standardized Survey Interview." *Sociological Methodology* 46(1): 1–38. doi:10.1177/0081175016637890.

Gardner, Howard. 2011. *Frames of Mind: The Theory of Multiple Intelligences.* New York: Basic Books. Gayo-Avello, Daniel. 2011. "Don't Turn Social Media into Another 'Literary Digest' Poll." *Communications of the ACM* 54(10): 121–28. doi:10.1145/2001269.2001297.

_____. 2013. "A Meta-Analysis of State-of-the-Art Electoral Prediction From Twitter Data." *Social Science Computer Review* 31 (6): 649–79. doi:10.1177/0894439313493979.

Gee, Laura K. 2015. "The More You Know: Information Effects in Job Application Rates by Gender in a Large Field Experiment." SSRN Scholarly Paper ID 2612979. Rochester, NY: Social Science Research Network. http://papers.ssrn.com/abstract=2612979.

Geiger, R. Stuart. 2014. "Bots, Bespoke, Code and the Materiality of Software Platforms." *Information, Communication & Society* 17 (3): 342–56. doi:10.1080/1369118X.2013.873069.

Gelman, Andrew. 2007. "Struggles with Survey Weighting and Regression Modeling." *Statistical Science* 22 (2): 153–64. doi:10.1214/088342306000000691.

_____. 2010. "63,000 Worth of Abusive Research··· or Just a Really Stupid Waste of Time?" *Statistical Modeling, Causal Inference, and Social Science.* http://andrewgelman.com/2010/05/06/ 63000_worth_of/.

_____. 2013. "Preregistration of Studies and Mock Reports." *Political Analysis* 21 (1): 40–41. doi:10.1093/ pan/mps032.

Gelman, Andrew, and John Carlin. 2014. "Beyond Power Calculations Assessing Type S (Sign) and Type M (Magnitude) Errors." *Perspectives on Psychological Science* 9 (6): 641–51. doi:10.1177/ 1745691614551642.

Gelman, Andrew, and John B. Carlin. 2002. "Poststratification and Weighting Adjustments." In *Survey Nonresponse*, edited by Robert M. Groves, Don A. Dillman, John L. Eltinge, and Roderick J.A. Little, 289–302. Hoboken, NJ: Wiley.

Gerber, Alan S., and Donald P. Green. 2000. "The Effects of Canvassing, Telephone Calls, and Direct Mail on Voter Turnout: A Field Experiment." *American Political Science Review* 94 (3): 653–63. doi:10.2307/2585837.

_____. 2005. "Correction to Gerber and Green (2000), Replication of Disputed Findings, and Reply to Imai (2005)." *American Political Science Review* 99 (2): 301–13. doi:10.1017/ S000305540505166X.

_____. 2012. *Field Experiments: Design, Analysis, and Interpretation.* New York: W. W. Norton.

Gerber, Alan S., Kevin Arceneaux, Cheryl Boudreau, Conor Dowling, and D. Sunshine Hillygus. 2015. "Reporting Balance Tables, Response Rates and Manipulation Checks in Experimental Research: A Reply from the Committee That Prepared the Reporting Guidelines." *Journal of Experimental Political Science* 2 (2): 216–29. doi:10.1017/XPS.2015.20.

Gerber, Alan S., Donald P. Green, and Christopher W. Larimer. 2008. "Social Pressure and Voter Turnout: Evidence from a Large-Scale Field Experiment." *American Political Science Review* 102 (1): 33–48. doi:10.1017/S000305540808009X.

Gerber, Alan, Kevin Arceneaux, Cheryl Boudreau, Conor Dowling, Sunshine Hillygus, Thomas Palfrey, Daniel R. Biggers, and David J. Hendry. 2014. "Reporting Guidelines for Experimental Research: A Report from the Experimental Research Section Standards Committee." *Journal of Experimental Political Science* 1 (1): 81–98. doi:10.1017/xps.2014.11.

Gilbert, Sarah. 2015. "Participants in the Crowd: Deliberations on the Ethical Use of Crowdsourcing in Research." In *CSCW 15 Workshop on Ethics at the 2015 Conference on*

Computer Supported Cooperative Work. https://cscwethics2015.files.wordpress.com/2015/02/gilbert.pdf.

Gill, Michael, and Arthur Spirling. 2015. "Estimating the Severity of the WikiLeaks U.S. Diplomatic Cables Disclosure." *Political Analysis* 23 (2): 299–305. doi:10.1093/pan/mpv005.

Gillon, Raanan. 2015. "Defending the Four Principles Approach as a Good Basis for Good Medical Practice and Therefore for Good Medical Ethics." *Journal of Medical Ethics* 41 (1): 111–16. doi:10.1136/medethics-2014-102282.

Ginsberg, Jeremy, Matthew H. Mohebbi, Rajan S. Patel, Lynnette Brammer, Mark S. Smolinski, and Larry Brilliant. 2009. "Detecting Influenza Epidemics Using Search Engine Query Data." *Nature* 457 (7232): 1012–14. doi:10.1038/nature07634.

Glaeser, Edward L., Andrew Hillis, Scott Duke Kominers, and Michael Luca. 2016. "Crowdsourcing City Government: Using Tournaments to Improve Inspection Accuracy." Working Paper 22124. National Bureau of Economic Research. http://www.nber.org/papers/w22124.

Glaser, Barney, and Anselm Strauss. 1967. *The Discovery of Grounded Theory: Strategies for Qualitative Research*. New Brunswick, NJ: Aldine Transaction.

Gleick, James. 2011. *The Information: A History, a Theory, a Flood*. New York: Pantheon.

Glennerster, Rachel, and Kudzai Takavarasha. 2013. *Running Randomized Evaluations: A Practical Guide*. Princeton, NJ: Princeton University Press.

Goel, Sharad, Jake M. Hofman, Sébastien Lahaie, David M. Pennock, and Duncan J. Watts. 2010. "Predicting Consumer Behavior with Web Search." *Proceedings of the National Academy of Sciences of the USA* 107 (41): 17486–90. doi:10.1073/pnas.1005962107.

Goel, Sharad, Winter Mason, and Duncan J. Watts. 2010. "Real and Perceived Attitude Agreement in Social Networks." *Journal of Personality and Social Psychology* 99 (4): 611–21. doi:10.1037/a0020697.

Goel, Sharad, Adam Obeng, and David Rothschild. 2016. "Non-Representative Surveys: Fast, Cheap, and Mostly Accurate." *Working Paper*. https://5harad.com/papers/dirtysurveys.pdf.

Goldberg, Amir. 2015. "In Defense of Forensic Social Science." *Big Data & Society* 2 (2): doi:10.1177/2053951715601145.

Golder, Scott A., and Michael W. Macy. 2011. "Diurnal and Seasonal Mood Vary with Work, Sleep, and Daylength across Diverse Cultures." *Science* 333 (6051): 1878–81. doi:10.1126/science.1202775.

———. 2014. "Digital Footprints: Opportunities and Challenges for Online Social Research." *Annual Review of Sociology* 40 (1): 129–52. doi:10.1146/annurev-soc-071913-043145.

Goldman, William. 1989. *Adventures in the Screen Trade: A Personal View of Hollywood and Screenwrit- ing*, reissue ed. New York: Grand Central Publishing.

Goldstein, Daniel G., R. Preston McAfee, and Siddharth Suri. 2013. "The Cost of Annoying Ads." In *Proceedings of the 22nd International Conference on World Wide Web*, 459–70. WWW '13. Republic and Canton of Geneva, Switzerland: International World Wide Web Conferences Steering Committee. doi:10.1145/2488388.2488429.

Goldstein, Daniel G., Siddharth Suri, R. Preston McAfee, Matthew Ekstrand-Abueg, and Fernando Diaz. 2014. "The Economic and Cognitive Costs of Annoying Display Advertisements."

Journal of Marketing Research 51 (6): 742–52. doi:10.1509/jmr.13.0439.

Goldstone, Robert L., and Gary Lupyan. 2016. "Discovering Psychological Principles by Mining Naturally Occurring Data Sets." *Topics in Cognitive Science* 8 (3): 548–68. doi:10.1111/tops.12212.

Goldthorpe, John H. 1991. "The Uses of History in Sociology: Reflections on Some Recent Tendencies." *British Journal of Sociology* 42 (2): 211–30. doi:10.2307/590368.

Goroff, Daniel L. 2015. "Balancing Privacy Versus Accuracy in Research Protocols." *Science* 347 (6221): 479–80. doi:10.1126/science.aaa3483.

Gowers, Timothy, and Michael Nielsen. 2009. "Massively Collaborative Mathematics." *Nature* 461 (7266): 879–81. doi:10.1038/461879a.

Gray, Mary L., Siddharth Suri, Syed Shoaib Ali, and Deepti Kulkarni. 2016. "The Crowd Is a Collaborative Network." In *Proceedings of the 19th ACM Conference on Computer-Supported Cooperative Work & Social Computing*, 134–47. CSCW '16. New York: ACM. doi:10.1145/ 2818048.2819942.

Grayson, Richard. 2016. "A Life in the Trenches? The Use of Operation War Diary and Crowdsourcing Methods to Provide an Understanding of the British Army's Day-to-Day Life on the Western Front." *British Journal for Military History* 2 (2). http://bjmh.org.uk/index.php/bjmh/article/view/96.

Green, Donald P., and Alan S. Gerber. 2003. "The Underprovision of Experiments in Political Science." *Annals of the American Academy of Political and Social Science* 589 (1): 94–112. doi:10.1177/0002716203254763.

———. 2015. *Get Out the Vote: How to Increase Voter Turnout*, 3rd ed. Washington, DC: Brookings Institution Press.

Green, Donald P., and Holger L. Kern. 2012. "Modeling Heterogeneous Treatment Effects in Survey Experiments with Bayesian Additive Regression Trees." *Public Opinion Quarterly* 76 (3): 491–511. doi:10.1093/poq/nfs036.

Green, Donald P., Brian R. Calfano, and Peter M. Aronow. 2014. "Field Experimental Designs for the Study of Media Effects." *Political Communication* 31 (1): 168–80. doi:10.1080/10584609.2013.828142.

Greenwald, Anthony G. 1976. "Within-Subjects Designs: To Use or Not to Use?" *Psychological Bulletin* 83 (2): 314–20. doi:10.1037/0033-2909.83.2.314.

Greenwood, Jeremy J. D. 2007. "Citizens, Science and Bird Conservation." *Journal of Ornithology* 148 (S1): 77–124. doi:10.1007/s10336-007-0239-9.

Grimmelmann, James. 2015. "The Law and Ethics of Experiments on Social Media Users." SSRN Scholarly Paper ID 2604168. Rochester, NY: Social Science Research Network. http://papers.ssrn.com/abstract=2604776.

Grimmer, Justin, and Brandon M. Stewart. 2013. "Text as Data: The Promise and Pitfalls of Automatic Content Analysis Methods for Political Texts." *Political Analysis* 21 (3): 267–97. doi:10.1093/pan/mps028.

Grimmer, Justin, Solomon Messing, and Sean J. Westwood. 2014. "Estimating Heterogeneous Treatment Effects and the Effects of Heterogeneous Treatments with Ensemble Methods."

Working paper, Stanford University. http://stanford.edu/jgrimmer/het.pdf.

Groen, Jeffrey A. 2012. "Sources of Error in Survey and Administrative Data: The Impor- tance of Reporting Procedures." *Journal of Official Statistics* 28(2). http://www.jos.nu/Articles/abstract.asp?article=282173.

Groves, Robert M. 2004. *Survey Errors and Survey Costs*. Hoboken, NJ: Wiley.

_____. 2006. "Nonresponse Rates and Nonresponse Bias in Household Surveys." *Public Opinion Quar- terly* 70(5): 646–75. doi:10.1093/poq/nfl033.

_____. 2011. "Three Eras of Survey Research." *Public Opinion Quarterly* 75(5): 861–71. doi:10.1093/poq/nfr057.

Groves, Robert M., and Robert Louis Kahn. 1979. *Surveys by Telephone: A National Comparison with Personal Interviews*. New York: Academic Press.

Groves, Robert M., and Lars Lyberg. 2010. "Total Survey Error: Past, Present, and Future." *Public Opinion Quarterly* 74(5): 849–79. doi:10.1093/poq/nfq065.

Groves, Robert M., Floyd J. Fowler Jr., Mick P. Couper, James M. Lepkowski, Eleanor Singer, and Roger Tourangeau. 2009. *Survey Methodology*. Hoboken, NJ: Wiley.

Grusky, David B., Timothy M. Smeeding, and C. Matthew Snipp. 2015. "A New Infrastructure for Monitoring Social Mobility in the United States." *Annals of the American Academy of Political and Social Science* 657(1): 63–82. doi:10.1177/0002716214549941.

Gueron, Judith M. 2002. "The Politics of Random Assignment: Implementing Studies and Affecting Policy." In *Evidence Matters: Randomized Trials in Education Research*, edited by Frederick F. Mosteller and Robert F. Boruch, 15–49. Washington, DC: Brookings Institution Press.

Hafner, Katie. 2006. "Researchers Yearn to Use AOL Logs, but They Hesitate." *New York Times*, August. http://www.nytimes.com/2006/08/23/technology/23search.html.

Halevy, Alon, Peter Norvig, and Fernando Pereira. 2009. "The Unreasonable Effectiveness of Data." *IEEE Intelligent Systems* 24(2): 8–12. doi:10.1109/MIS.2009.36.

Halpern, Scott D, Rachel Kohn, Aaron Dornbrand-Lo, Thomas Metkus, David A Asch, and Kevin G Volpp. 2011. "Lottery-Based Versus Fixed Incentives to Increase Clinicians' Response to Surveys." *Health Services Research* 46(5): 1663–74. doi:10.1111/j.1475-6773.2011.01264.x.

Hand, Eric. 2010. "Citizen Science: People Power." *Nature News* 466(7307): 685–87. doi:10.1038/466685a. Hanmer, Michael J., Antoine J. Banks, and Ismail K. White. 2014. "Experiments to Reduce the Over-Reporting of Voting: A Pipeline to the Truth." *Political Analysis* 22(1): 130–41. doi:10.1093/pan/mpt027.

Hansen, Ben B., and Jake Bowers. 2008. "Covariate Balance in Simple, Stratified and Clustered Compara- tive Studies." *Statistical Science* 23(2): 219–36. doi:10.1214/08-STS254.

Hargittai, Eszter. 2015. "Is Bigger Always Better? Potential Biases of Big Data Derived from Social Network Sites." *Annals of the American Academy of Political and Social Science* 659(1): 63–76. doi:10.1177/0002716215570866.

Hargittai, Eszter, and Christian Sandvig, eds. 2015. *Digital Research Confidential: The Secrets of Studying Behavior Online*. Cambridge, MA: MIT Press.

Harper, F. Maxwell, and Joseph A. Konstan. 2015. "The MovieLens Datasets: History and Context." *ACM Transactions on Interactive Intelligent Systems* 5(4): 19:1–19:19. doi:10.

1145/2827872.

Harper, F. Maxwell, Shilad Sen, and Dan Frankowski. 2007. "Supporting Social Recommendations with Activity-Balanced Clustering." In *Proceedings of the 2007 ACM Conference on Recommender Systems*, 165–68. RecSys '07. New York: ACM. doi:10.1145/1297231. 1297262.

Harrison, G. W., and J. A List. 2004. "Field Experiments." *Journal of Economic Literature* 42(4): 1009–55.

Hart, Nicky. 1994. "John Goldthorpe and the Relics of Sociology." *British Journal of Sociology* 45 (1): 21–30. doi:10.2307/591522.

Hastie, Trevor, Robert Tibshirani, and Jerome Friedman. 2009. *The Elements of Statistical Learning: Data Mining, Inference, and Prediction.* 2nd ed. New York: Springer.

Hauge, Michelle V., Mark D. Stevenson, D. Kim Rossmo, and Steven C. Le Comber. 2016. "Tagging Banksy: Using Geographic Profiling to Investigate a Modern Art Mystery." *Journal of Spatial Science* 61 (1): 185–90. doi:10.1080/14498596.2016.1138246.

Hauser, David J., and Norbert Schwarz. 2015a. "Attentive Turkers: MTurk Participants Perform Better on Online Attention Checks Than Do Subject Pool Participants." *Behavior Research Methods* 48 (1): 400–7. doi:10.3758/s13428-015-0578-z.

———. 2015b. "Its a Trap! Instructional Manipulation Checks Prompt Systematic Thinking on Tricky Tasks." *SAGE Open* 5(2): 2158244015584617. doi:10.1177/2158244015584617.

Hausman, Jerry. 2012. "Contingent Valuation: From Dubious to Hopeless." *Journal of Economic Perspectives* 26(4): 43–56. doi:10.1257/jep.26.4.43.

Hawley, Steven A. 2012. "Abundances in Green Pea Star-Forming Galaxies." *Publications of the Astro-nomical Society of the Pacific* 124(911): 21–35. doi:10.1086/663866.

Healy, Andrew, and Neil Malhotra. 2013. "Retrospective Voting Reconsidered." *Annual Review of Political Science* 16(1): 285–306. doi:10.1146/annurev-polisci-032211-212920.

Healy, Kieran. 2015. "The Performativity of Networks." *European Journal of Sociology/Archives Européennes de Sociologie* 56(2): 175–205. doi:10.1017/S0003975615000107.

Heckman, James J., and Jeffrey A. Smith. 1995. "Assessing the Case for Social Experiments." *Journal of Economic Perspectives* 9(2): 85–110. http://www.jstor.org/stable/2138168.

Heckman, James J., and Sergio Urzúa. 2010. "Comparing IV With Structural Models: What Simple IV Can and Cannot Identify." *Journal of Econometrics* 156(1): 27–37. doi:10.1016/j. jeconom.2009.09.006.

Hedström, Peter. 2006. "Experimental Macro Sociology: Predicting the Next Best Seller." *Science* 311(5762): 786–87. doi:10.1126/science.1124707.

Hedström, Peter, and Petri Ylikoski. 2010. "Causal Mechanisms in the Social Sciences." *Annual Review of Sociology* 36(1): 49–67. doi:10.1146/annurev.soc.012809.102632.

Heller, Jean. 1972. "Syphilis Victims in U.S. Study Went Untreated for 40 Years." *New York Times*, July, pp. 1 and 8.

Henrich, Joseph, Steven J. Heine, and Ara Norenzayan. 2010a. "The Weirdest People in the World?" *Behavioral and Brain Sciences* 33(2–3): 61–83. doi:10.1017/S0140525X0999152X.

———. 2010b. "Most People Are Not WEIRD." *Nature* 466(7302): 29–29. doi:10.1038/466029a.

Hernandez, Daniela, and Deepa Seetharaman. 2016. "Facebook Offers Details on How It Handles Research." *Wall Street Journal*, June. http://www.wsj.com/articles/facebook-offers-details-how-it-handles-research-1465930152.

Hernán, Miguel A., and James M. Robins. 2016. "Using Big Data to Emulate a Target Trial When a Randomized Trial Is Not Available." *American Journal of Epidemiology* 183 (8): 758–64. doi:10.1093/aje/kwv254.

Hersh, Eitan D. 2013. "Long-Term Effect of September 11 on the Political Behavior of Victims Families and Neighbors." *Proceedings of the National Academy of Sciences of the USA* 110 (52): 20959–63. doi:10.1073/pnas.1315043110.

Higgins, Michael J., Fredrik Sävje, and Jasjeet S. Sekhon. 2016. "Improving Massive Experiments with Threshold Blocking." *Proceedings of the National Academy of Sciences of the USA* 113 (27): 7369–76. doi:10.1073/pnas.1510504113.

Hilbert, Martin, and Priscila López. 2011. "The World's Technological Capacity to Store, Communicate, and Compute Information." *Science* 332 (6025): 60–65. doi:10.1126/science.1200970.

Ho, Daniel E., Kosuke Imai, Gary King, and Elizabeth A. Stuart. 2007. "Matching as Nonparametric Preprocessing for Reducing Model Dependence in Parametric Causal Inference." *Political Analysis* 15 (3): 199–236. doi:10.1093/pan/mpl013.

Hogan, Bernie, and Brent Berry. 2011. "Racial and Ethnic Biases in Rental Housing: An Audit Study of Online Apartment Listings." *City & Community* 10 (4): 351–72. doi:10.1111/j.1540-6040.2011.01376.x.

Holland, Paul W. 1986. "Statistics and Causal Inference." *Journal of the American Statistical Association* 81 (396): 945. doi:10.2307/2289064.

Holm, S. 1995. "Not Just Autonomy — the Principles of American Biomedical Ethics." *Journal of Medical Ethics* 21 (6): 332–38. doi:10.1136/jme.21.6.332.

Holmes, David S. 1976a. "Debriefing After Psychological Experiments: I. Effectiveness of Postdeception Dehoaxing." *American Psychologist* 31 (12): 858–67. doi:10.1037/0003-066X.31.12.858.

———. 1976b. "Debriefing After Psychological Experiments: II. Effectiveness of Postexperimental Desen- sitizing." *American Psychologist* 31 (12): 868–75. doi:10.1037/0003-066X.31.12.868.

Holt, D., and T. M. F. Smith. 1979. "Post Stratification." *Journal of the Royal Statistical Society. Series A (General)* 142 (1): 33–46. doi:10.2307/2344652.

Hong, Lu, and Scott E. Page. 2004. "Groups of Diverse Problem Solvers Can Outperform Groups of High- Ability Problem Solvers." *Proceedings of the National Academy of Sciences of the USA* 101 (46): 16385–9. doi:10.1073/pnas.0403723101.

Hoonaard, Will C. van den. 2011. *Seduction of Ethics: Transforming the Social Sciences*. Toronto: University of Toronto Press.

Hopkins, Daniel, and Gary King. 2010. "A Method of Automated Nonparametric Content Analy- sis for Social Science." *American Journal of Political Science* 54 (1): 229–47. doi:10.1111/j.1540-5907.2009.00428.x.

Horton, John J., and Prasanna Tambe. 2015. "Labor Economists Get Their Microscope: Big Data and Labor Market Analysis." *Big Data* 3(3): 130–37. doi:10.1089/big.2015.0017.

Horton, John J., and Richard J. Zeckhauser. 2016. "The Causes of Peer Effects in Production: Evidence from a Series of Field Experiments." Working Paper 22386. National Bureau of Economic Research. http://www.nber.org/papers/w22386.

Horton, John J., David G. Rand, and Richard J. Zeckhauser. 2011. "The Online Laboratory: Conducting Experiments in a Real Labor Market." *Experimental Economics* 14(3): 399–425. doi:10.1007/s10683-011-9273-9.

Horvitz, D. G., and D. J. Thompson. 1952. "A Generalization of Sampling Without Replace- ment from a Finite Universe." *Journal of the American Statistical Association* 47(260): 663–85. doi:10.1080/01621459.1952.10483446.

Hout, Michael, and Thomas A. DiPrete. 2006. "What We Have Learned: RC28's Contributions to Knowledge About Social Stratification." *Research in Social Stratification and Mobility* 24(1): 1–20. doi:10.1016/j.rssm.2005.10.001.

Howe, Jeff. 2009. *Crowdsourcing: Why the Power of the Crowd Is Driving the Future of Business.* New York: Crown Business.

Howison, James, Andrea Wiggins, and Kevin Crowston. 2011. "Validity Issues in the Use of Social Network Analysis with Digital Trace Data." *Journal of the Association for Information Systems* 12(12). http://aisel.aisnet.org/jais/vol12/iss12/2.

Huber, Gregory A., and Celia Paris. 2013. "Assessing the Programmatic Equivalence Assumption in Question Wording Experiments Understanding Why Americans Like Assistance to the Poor More Than Welfare." *Public Opinion Quarterly* 77(1): 385–97. doi:10.1093/poq/nfs054.

Huber, Gregory A., Seth J. Hill, and Gabriel S. Lenz. 2012. "Sources of Bias in Retrospective Decision Making: Experimental Evidence on Voters Limitations in Controlling Incumbents." *American Politi- cal Science Review* 106(4): 720–41. doi:10.1017/S0003055412000391.

Huberman, Bernardo A. 2012. "Big Data Deserve a Bigger Audience." *Nature* 482(7385): 308. doi:10.1038/482308d.

Huberty, Mark. 2015. "Can We Vote with Our Tweet? On the Perennial Difficulty of Election Fore- casting with Social Media." *International Journal of Forecasting* 31(3): 992–1007. doi:10.1016/j.ijforecast.2014.08.005.

Hudson, Kathy L., and Francis S. Collins. 2015. "Bringing the Common Rule into the 21st Century." *New England Journal of Medicine* 373(24): 2293–6. doi:10.1056/NEJMp1512205.

Hulth, Anette, Gustaf Rydevik, and Annika Linde. 2009. "Web Queries as a Source for Syndromic Surveillance." *PLoS ONE* 4(2): e4378. doi:10.1371/journal.pone.0004378.

Humphreys, Macartan. 2015. "Reflections on the Ethics of Social Experimentation." *Journal of Globaliza- tion and Development* 6(1): 87–112. doi:10.1515/jgd-2014-0016.

Humphreys, Macartan, and Jeremy M. Weinstein. 2009. "Field Experiments and the Political Econ- omy of Development." *Annual Review of Political Science* 12(1): 367–78. doi:10.1146/annurev.polisci.12.060107.155922.

Humphreys, Macartan, Raul Sanchez de la Sierra, and Peter van der Windt. 2013. "Fishing, Commitment, and Communication: A Proposal for Comprehensive Nonbinding Research Registration." *Political Analysis* 21(1): 1–20. doi:10.1093/pan/mps021.

Hunter, David, and Nicholas Evans. 2016. "Facebook Emotional Contagion Experiment Controversy." *Research Ethics* 12(1): 2‒3. doi:10.1177/1747016115626341.

Hurlbert, Allen H., and Zhongfei Liang. 2012. "Spatiotemporal Variation in Avian Migration Phenology: Citizen Science Reveals Effects of Climate Change." *PLoS ONE* 7(2): e31662. doi:10.1371/ journal.pone.0031662.

Hutton, Luke, and Tristan Henderson. 2015. "'I Didn't Sign Up for This!': Informed Consent in Social Network Research." In *Ninth International AAAI Conference on Web and Social Media.* http://www.aaai.org/ocs/index.php/ICWSM/ICWSM15/paper/view/10493.

Igo, Sarah E. 2008. *The Averaged American: Surveys, Citizens, and the Making of a Mass Public.* Cambridge, MA: Harvard University Press.

Imai, Kosuke. 2005. "Do Get-Out-the-Vote Calls Reduce Turnout? The Importance of Statistical Methods for Field Experiments." *American Political Science Review* 99(2): 283‒300. doi:10.1017/S0003055405051658.

Imai, Kosuke, and Marc Ratkovic. 2013. "Estimating Treatment Effect Heterogeneity in Randomized Program Evaluation." *Annals of Applied Statistics* 7(1): 443‒70. doi:10.1214/ 12-AOAS593.

Imai, Kosuke, and Teppei Yamamoto. 2013. "Identification and Sensitivity Analysis for Multiple Causal Mechanisms: Revisiting Evidence from Framing Experiments." *Political Analysis* 21 (2): 141‒71. doi:10.1093/pan/mps040.

Imai, Kosuke, Luke Keele, Dustin Tingley, and Teppei Yamamoto. 2011. "Unpacking the Black Box of Causality: Learning About Causal Mechanisms from Experimental and Observa-tional Studies." *American Political Science Review* 105(4): 765‒89. doi:10.1017/S0003055411 000414.

Imai, Kosuke, Dustin Tingley, and Teppei Yamamoto. 2013. "Experimental Designs for Identifying Causal Mechanisms." *Journal of the Royal Statistical Society: Series A (Statistics in Society)* 176 (1): 5‒51. doi:10.1111/j.1467-985X.2012.01032.x.

Imbens, Guido W. 2010. "Better LATE Than Nothing: Some Comments on Deaton (2009) and Heckman and Urzua(2009)." *Journal of Economic Literature* 48(2): 399‒423. doi:10.1257/ jel.48.2.399.

Imbens, Guido W., and Paul R. Rosenbaum. 2005. "Robust, Accurate Confidence Intervals with a Weak Instrument: Quarter of Birth and Education." *Journal of the Royal Statistical Society: Series A (Statistics in Society)* 168(1): 109‒26. doi:10.1111/j.1467-985X.2004.00339.x.

Imbens, Guido W., and Donald B. Rubin. 2015. *Causal Inference in Statistics, Social, and Biomedical Sciences.* Cambridge: Cambridge University Press.

Institute of Medicine and National Academy of Sciences and National Academy of Engineering. 2009. *On Being a Scientist: A Guide to Responsible Conduct in Research,* 3rd ed. Washington, DC: National Academies Press. http://dx.doi.org/10.17226/12192.

Issenberg, Sasha. 2012. *The Victory Lab: The Secret Science of Winning Campaigns.* New York: Broadway Books.

Izotov, Yuri I., Natalia G. Guseva, and Trinh X. Thuan. 2011. "Green Pea Galaxies and Cohorts: Luminous Compact Emission-Line Galaxies in the Sloan Digital Sky Survey." *Astrophysical*

Journal 728 (2): 161. doi:10.1088/0004-637X/728/2/161.

Jackman, Molly, and Lauri Kanerva. 2016. "Evolving the IRB: Building Robust Review for Industry Research." *Washington and Lee Law Review Online* 72 (3): 442. http://scholarlycommons. law.wlu.edu/wlulr-online/vol72/iss3/8.

Jackson, Michelle, and D. R. Cox. 2013. "The Principles of Experimental Design and Their Application in Sociology." *Annual Review of Sociology* 39 (1): 27–49. doi:10.1146/annurev-soc-071811-145443.

Jagatic, Tom N., Nathaniel A. Johnson, Markus Jakobsson, and Filippo Menczer. 2007. "Social Phishing." *Communications of the ACM* 50 (10): 94–100. doi:10.1145/1290958.1290968.

Jakobsson, Markus, and Jacob Ratkiewicz. 2006. "Designing Ethical Phishing Experiments: A Study of (ROT13) rOnl Query Features." In *Proceedings of the 15th International Conference on World Wide Web*, 513–22. WWW '06. New York: ACM. doi:10.1145/1135777.1135853.

James, Gareth, Daniela Witten, Trevor Hastie, and Robert Tibshirani. 2013. *An Introduction to Statistical Learning*. New York: Springer.

Japec, Lilli, Frauke Kreuter, Marcus Berg, Paul Biemer, Paul Decker, Cliff Lampe, Julia Lane, Cathy O'Neil, and Abe Usher. 2015. "Big Data in Survey Research AAPOR Task Force Report." *Public Opinion Quarterly* 79 (4): 839–80. doi:10.1093/poq/nfv039.

Jarmin, Ron S., and Amy B. O'Hara. 2016. "Big Data and the Transformation of Public Policy Analysis." *Journal of Policy Analysis and Management* 35 (3): 715–21. doi:10.1002/pam. 21925.

Jaschik, Scott. 2017. "New 'Common Rule' for Research." *Inside Higher Ed*, January. https://www. insidehighered.com/news/2017/01/19/us-issues-final-version-common-rule-research-involving-humans.

Jensen, David D., Andrew S. Fast, Brian J. Taylor, and Marc E. Maier. 2008. "Automatic Identification of Quasi-Experimental Designs for Discovering Causal Knowledge." In *Proceedings of the 14th ACM SIGKDD International Conference on Knowledge Discovery and Data Mining*, 372–80. KDD '08. New York: ACM. doi:10.1145/1401890.1401938.

Jensen, Robert. 2007. "The Digital Provide: Information (Technology), Market Performance, and Welfare in the South Indian Fisheries Sector." *Quarterly Journal of Economics* 122 (3): 879–924. doi:10.1162/qjec.122.3.879.

Jerit, Jennifer, Jason Barabas, and Scott Clifford. 2013. "Comparing Contemporaneous Labora- tory and Field Experiments on Media Effects." *Public Opinion Quarterly* 77 (1): 256–82. doi:10. 1093/poq/nft005.

Jerolmack, Colin, and Shamus Khan. 2014. "Talk Is Cheap: Ethnography and the Attitudinal Fallacy." *Sociological Methods & Research* 43 (2): 178–209. doi:10.1177/0049124114523396.

Jones, Ben, and Nick Feamster. 2015. "Can Censorship Measurements Be Safe(R)?" In *Proceedings of the 14th ACM Workshop on Hot Topics in Networks*, 1:1–1:7. HotNets-XIV. New York: ACM. doi:10.1145/2834050.2834066.

Jones, Damon. 2015. "The Economics of Exclusion Restrictions in IV Models." Working Paper 21391. National Bureau of Economic Research. http://www.nber.org/papers/w21391.

Jones, James H. 1993. *Bad Blood: The Tuskegee Syphilis Experiment, New and Expanded Edition*.

New York: Free Press.

———. 2011. "The Tuskegee Syphilis Experiment." In *The Oxford Textbook of Clinical Research Ethics*, edited by Ezekiel J. Emanuel, Christine C. Grady, Robert A. Crouch, Reidar K. Lie, Franklin G. Miller, and David D. Wendler. Oxford: Oxford University Press.

Jones, Jason J., Robert M. Bond, Christopher J. Fariss, Jaime E. Settle, Adam D. I. Kramer, Cameron Marlow, and James H. Fowler. 2013. "Yahtzee: An Anonymized Group Level Matching Procedure." *PLoS ONE* 8 (2): e55760. doi:10.1371/journal.pone.0055760.

Jones, Jason J., Robert M. Bond, Eytan Bakshy, Dean Eckles, and James H. Fowler. 2017. "Social Influence and Political Mobilization: Further Evidence from a Randomized Experiment in the 2012 U.S. Presidential Election." *PLoS ONE* 12 (4): e0173851. doi:10.1371/journal.pone.0173851.

Jordan, Jack. 2010. "Hedge Fund Will Track Twitter to Predict Stock Moves." *Bloomberg.com.* http://www.bloomberg.com/news/articles/2010-12-22/hedge-fund-will-track-twitter-to-predict-stockmarket-movements.

Judson, D. H. 2007. "Information Integration for Constructing Social Statistics: History, Theory and Ideas Towards a Research Programme." *Journal of the Royal Statistical Society: Series A (Statistics in Society)* 170 (2): 483–501. doi:10.1111/j.1467-985X.2007.00472.x.

Jungherr, Andreas. 2013. "Tweets and Votes, a Special Relationship: The 2009 Federal Election in Germany." In *Proceedings of the 2nd Workshop on Politics, Elections and Data*, 5–14. PLEAD '13. New York: ACM. doi:10.1145/2508436.2508437.

———. 2015. *Analyzing Political Communication with Digital Trace Data.* Contributions to Political Science. Cham: Springer.

Jungherr, Andreas, Pascal Jürgens, and Harald Schoen. 2012. "Why the Pirate Party Won the German Election of 2009 or The Trouble With Predictions: A Response to Tumasjan, A., Sprenger, T. O., Sander, P. G., & Welpe, I. M. Predicting Elections with Twitter: What 140 Characters Reveal About Political Sentiment." *Social Science Computer Review* 30 (2): 229–34. doi:10.1177/0894439311404119.

Kahn, Jeffrey P., Effy Vayena, and Anna C. Mastroianni. 2014. "Opinion: Learning as We Go: Lessons from the Publication of Facebook's Social-Computing Research." *Proceedings of the National Academy of Sciences of the USA* 111 (38): 13677–9. doi:10.1073/pnas.1416405111.

Kaler, Amy. 2004. "AIDS-Talk in Everyday Life: The Presence of HIV/AIDS in Men's Informal Conversation in Southern Malawi." *Social Science & Medicine* 59 (2): 285–97. doi:10.1016/j.socscimed.2003.10.023.

Kaler, Amy, Susan Cotts Watkins, and Nicole Angotti. 2015. "Making Meaning in the Time of AIDS: Longitudinal Narratives from the Malawi Journals Project." *African Journal of AIDS Research* 14 (4): 303–14. doi:10.2989/16085906.2015.1084342.

Kalton, Graham, and Ismael Flores-Cervantes. 2003. "Weighting Methods." *Journal of Official Statistics* 19 (2): 81–98. http://www.jos.nu/articles/abstract.asp?article=192081.

Kalton, Graham, and Howard Schuman. 1982. "The Effect of the Question on Survey Responses: A Review." *Journal of the Royal Statistical Society. Series A (General)* 145 (1): 42–73. doi:10.2307/2981421.

Katz, Jay, Alexander Morgan Capron, and Eleanor Swift Glass. 1972. *Experimentation with Human Beings: The Authority of the Investigator, Subject, Professions, and State in the Human Experimentation Process.* Russell Sage Foundation. http://www.jstor.org/stable/10.7758/9781610448345.

Keating, Conrad. 2014. *Smoking Kills: The Revolutionary Life of Richard Doll.* Oxford: Signal Books.

Keeter, Scott, Courtney Kennedy, Michael Dimock, Jonathan Best, and Peyton Craighill. 2006. "Gauging the Impact of Growing Nonresponse on Estimates from a National RDD Telephone Survey." *Public Opinion Quarterly* 70(5): 759–79. doi:10.1093/poq/nfl035.

Keeter, Scott, Carolyn Miller, Andrew Kohut, Robert M. Groves, and Stanley Presser. 2000. "Consequences of Reducing Nonresponse in a National Telephone Survey." *Public Opinion Quarterly* 64(2): 125–48. http://www.jstor.org/stable/3078812.

Keiding, Niels, and Thomas A. Louis. 2016. "Perils and Potentials of Self-Selected Entry to Epidemiologi- cal Studies and Surveys." *Journal of the Royal Statistical Society: Series A (Statistics in Society)* 179(2): 319–76. doi:10.1111/rssa.12136.

Kelling, Steve, Daniel Fink, Frank A. La Sorte, Alison Johnston, Nicholas E. Bruns, and Wesley M. Hochachka. 2015. "Taking a Big Data Approach to Data Quality in a Citizen Science Project." *Ambio* 44(Suppl. 4): 601–11. doi:10.1007/s13280-015-0710-4.

Kelling, Steve, Jeff Gerbracht, Daniel Fink, Carl Lagoze, Weng-Keen Wong, Jun Yu, Theodoros Damoulas, and Carla Gomes. 2012. "eBird: A Human/Computer Learning Network to Improve Biodiversity Conservation and Research." *AI Magazine* 34(1): 10. http://www.aaai.org/ ojs/index.php/aimagazine/article/view/2431.

Kelling, Steve, Alison Johnston, Wesley M. Hochachka, Marshall Iliff, Daniel Fink, Jeff Gerbracht, Carl Lagoze, et al. 2015. "Can Observation Skills of Citizen Scientists Be Estimated Using Species Accumulation Curves?" *PLoS ONE* 10(10): e0139600. doi:10.1371/journal.pone.0139600.

Kent, DM, and RA Hayward. 2007. "Limitations of Applying Summary Results of Clinical Trials to Individual Patients: The Need for Risk Stratification." *JAMA* 298(10): 1209–12. doi:10.1001/jama.298.10.1209.

Khan, Shamus, and Dana R. Fisher. 2013. *The Practice of Research: How Social Scientists Answer Their Questions.* New York: Oxford University Press.

Khatib, Firas, Seth Cooper, Michael D. Tyka, Kefan Xu, Ilya Makedon, Zoran Popović, David Baker, and Foldit Players. 2011. "Algorithm Discovery by Protein Folding Game Players." *Proceedings of the National Academy of Sciences of the USA* 108(47): 18949–53. doi:10.1073/pnas.1115898108.

Kifner, John. 2001. "Scholar Sets Off Gastronomic False Alarm." *New York Times*, September. http://www.nytimes.com/2001/09/08/nyregion/scholar-sets-off-gastronomic-false-alarm.html.

King, Gary, and Ying Lu. 2008. "Verbal Autopsy Methods with Multiple Causes of Death." *Statistical Science* 23(1): 78–91. doi:10.1214/07-STS247.

King, Gary, and Melissa Sands. 2015. "How Human Subjects Research Rules Mislead You and Your University, and What to Do About It." *Working Paper*, August. http://j.mp/1d2gSQQ.

King, Gary, Robert O. Keohane, and Sidney Verba. 1994. *Designing Social Inquiry: Scientific Inference in Qualitative Research*. Princeton, NJ: Princeton University Press.

King, Gary, Emmanuel Gakidou, Nirmala Ravishankar, Ryan T. Moore, Jason Lakin, Manett Vargas, Martha María Téllez-Rojo, Juan Eugenio Hernández Ávila, Mauricio Hernández Ávila, and Héctor Hernández Llamas. 2007. "A 'Politically Robust' Experimental Design for Public Policy Evaluation, with Application to the Mexican Universal Health Insurance Program." *Journal of Policy Analysis and Management* 26 (3): 479–506. doi:10.1002/pam.20279.

King, Gary, Jennifer Pan, and Margaret E. Roberts. 2013. "How Censorship in China Allows Government Criticism but Silences Collective Expression." *American Political Science Review* 107 (2): 326–43. doi:10.1017/S0003055413000014.

———. 2014. "Reverse-Engineering Censorship in China: Randomized Experimentation and Participant Observation." *Science* 345 (6199): 1251722. doi:10.1126/science.1251722.

———. 2017. "How the Chinese Government Fabricates Social Media Posts for Strategic Distraction, Not Engaged Argument." *American Political Science Review*, in press. http://j.mp/2ovks0q.

Kish, Leslie. 1979. "Samples and Censuses." *International Statistical Review* 47 (2): 99–109. doi:10.2307/1402563.

Kittur, Aniket, Jeffrey V. Nickerson, Michael Bernstein, Elizabeth Gerber, Aaron Shaw, John Zimmerman, Matt Lease, and John Horton. 2013. "The Future of Crowd Work." In *Proceedings of the 2013 Conference on Computer Supported Cooperative Work*, 1301–18. CSCW '13. New York: ACM. doi:10.1145/2441776.2441923.

Kleinberg, Jon, Jens Ludwig, Sendhil Mullainathan, and Ziad Obermeyer. 2015. "Prediction Policy Problems." *American Economic Review* 105 (5): 491–95. doi:10.1257/aer.p20151023.

Kleinsman, John, and Sue Buckley. 2015. "Facebook Study: A Little Bit Unethical But Worth It?" *Journal of Bioethical Inquiry* 12 (2): 179–82. doi:10.1007/s11673-015-9621-0.

Klitzman, Robert. 2015. *The Ethics Police? The Struggle to Make Human Research Safe*. Oxford: Oxford University Press.

Kloumann, Isabel Mette, Chenhao Tan, Jon Kleinberg, and Lillian Lee. 2016. "Internet Collaboration on Extremely Difficult Problems: Research versus Olympiad Questions on the Polymath Site." In *Proceedings of the 25th International Conference on World Wide Web*, 1283–92. WWW '16. International World Wide Web Conferences Steering Committee. doi:10.1145/2872427.2883023.

Kohavi, Ron, Alex Deng, Brian Frasca, Roger Longbotham, Toby Walker, and Ya Xu. 2012. "Trustworthy Online Controlled Experiments: Five Puzzling Outcomes Explained." In *Proceedings of the 18th ACM SIGKDD International Conference on Knowledge Discovery and Data Mining*, 786–94. KDD '12. New York: ACM. doi:10.1145/2339530.2339653.

Kohavi, Ron, Alex Deng, Brian Frasca, Toby Walker, Ya Xu, and Nils Pohlmann. 2013. "Online Controlled Experiments at Large Scale." In *Proceedings of the 19th ACM SIGKDD International Conference on Knowledge Discovery and Data Mining*, 1168–76. KDD '13. New York: ACM. doi:10.1145/2487575.2488217.

Kohli, Pushmeet, Michael Kearns, Yoram Bachrach, Ralf Herbrich, David Stillwell, and Thore

Graepel. 2012. "Colonel Blotto on Facebook: The Effect of Social Relations on Strategic Interaction." In *Proceedings of the 4th Annual ACM Web Science Conference*, 141–50. WebSci '12. New York: ACM. doi:10.1145/2380718.2380738.

Kohut, Andrew, Scott Keeter, Carroll Doherty, Michael Dimock, and Leah Christian. 2012. "Assessing the Representativeness of Public Opinion Surveys." *Pew Research Center, Washington, DC.* http://www.people-press.org/files/legacy-pdf/Assessing%20the%20 Representativeness%20of%20Public%20Opinion%20Surveys.pdf.

Konstan, Joseph A., and Yan Chen. 2007. "Online Field Experiments: Lessons from CommunityLab." In *Proceedings of Third International Conference on E-Social Science*. Citeseer. http://citeseerx.ist.psu.edu/viewdoc/download?doi=10.1.1.100.3925&rep=rep1&type=pdf.

Kosinski, Michal, Sandra C. Matz, Samuel D. Gosling, Vesselin Popov, and David Stillwell. 2015. "Facebook as a Research Tool for the Social Sciences: Opportunities, Challenges, Ethical Considerations, and Practical Guidelines." *American Psychologist* 70(6): 543–56. doi:10. 1037/a0039210.

Kosinski, Michal, David Stillwell, and Thore Graepel. 2013. "Private Traits and Attributes Are Predictable from Digital Records of Human Behavior." *Proceedings of the National Academy of Sciences of the USA*, March. doi:10.1073/pnas.1218772110.

Kossinets, Gueorgi, and Duncan J. Watts. 2006. "Empirical Analysis of an Evolving Social Network." *Science* 311(5757): 88–90.

———. 2009. "Origins of Homophily in an Evolving Social Network." *American Journal of Sociology* 115(2): 405–50. http://www.jstor.org/stable/10.1086/599247.

Krafft, Peter M., Michael Macy, and Alex "Sandy" Pentland. 2017. "Bots as Virtual Confederates: Design and Ethics." In *Proceedings of the 2017 ACM Conference on Computer Supported Cooperative Work and Social Computing*, 1831–190. CSCW '17. New York: ACM. doi:10.1145/2998181.2998354.

Kramer, Adam D. I., Jamie E. Guillory, and Jeffrey T. Hancock. 2014. "Experimental Evidence of Massive-Scale Emotional Contagion Through Social Networks." *Proceedings of the National Academy of Sciences of the USA* 111(24): 8788–90. doi:10.1073/pnas.1320040111.

Kramer, Adam D.I. 2012. "The Spread of Emotion via Facebook." In *Proceedings of the SIGCHI Conference on Human Factors in Computing Systems*, 767–70. CHI '12. New York: ACM. doi:10.1145/2207676.2207787.

Kraut, Robert E., Paul Resnick, Sara Kiesler, Moira Burke, Yan Chen, Niki Kittur, Joseph Konstan, Yuqing Ren, and John Riedl. 2012. *Building Successful Online Communities: Evidence-Based Social Design*. Cambridge, MA: MIT Press.

Kravitz, Richard L., Naihua Duan, and Joel Braslow. 2004. "Evidence-Based Medicine, Heterogeneity of Treatment Effects, and the Trouble with Averages." *Milbank Quarterly* 82(4): 661–87. doi:10.1111/j.0887-378X.2004.00327.x.

Kreuter, Frauke, Stanley Presser, and Roger Tourangeau. 2008. "Social Desirability Bias in CATI, IVR, and Web Surveys The Effects of Mode and Question Sensitivity." *Public Opinion Quarterly* 72(5): 847–65. doi:10.1093/poq/nfn063.

Krosnick, Jon A. 2011. "Experiments for Evaluating Survey Questions." In *Question Evaluation*

Methods, edited by Jennifer Madans, Kristen Miller, Aaron Maitland, and Gordon Willis, 213–38. Hoboken, NJ: Wiley. http://dx.doi.org/10.1002/9781118037003.ch14.

Kruskal, William, and Frederick Mosteller. 1979a. "Representative Sampling, I: Non-Scientific Literature." *International Statistical Review/Revue Internationale de Statistique* 47 (1): 13–24. doi:10.2307/1403202.

———. 1979b. "Representative Sampling, II: Scientific Literature, Excluding Statistics." *International Statistical Review/Revue Internationale de Statistique* 47 (2): 111–27. doi:10.2307/1402564.

———. 1979c. "Representative Sampling, III: The Current Statistical Literature." *International Statistical Review/Revue Internationale de Statistique* 47 (3): 245–65. doi:10.2307/1402647.

———. 1980. "Representative Sampling, IV: The History of the Concept in Statistics, 1895-1939." *Inter- national Statistical Review/Revue Internationale de Statistique* 48 (2): 169–95. doi:10.2307/1403151.

Kuminski, Evan, Joe George, John Wallin, and Lior Shamir. 2014. "Combining Human and Machine Learning for Morphological Analysis of Galaxy Images." *Publications of the Astronomical Society of the Pacific* 126 (944): 959–67. doi:10.1086/678977.

Kwak, Haewoon, Changhyun Lee, Hosung Park, and Sue Moon. 2010. "What Is Twitter, a Social Network or a News Media?" In *Proceedings of the 19th International Conference on World Wide Web*, 591–600. WWW '10. New York: ACM. doi:10.1145/1772690.1772751.

Laitin, David D. 2013. "Fisheries Management." *Political Analysis* 21 (1): 42–47. doi:10.1093/pan/mps033.

Lakhani, Karim R., Kevin J. Boudreau, Po-Ru Loh, Lars Backstrom, Carliss Baldwin, Eric Lonstein, Mike Lydon, Alan MacCormack, Ramy A. Arnaout, and Eva C. Guinan. 2013. "Prize-Based Contests Can Provide Solutions to Computational Biology Problems." *Nature Biotechnology* 31 (2): 108–11. doi:10.1038/nbt.2495.

Lamb, Anne, Jascha Smilack, Andrew Ho, and Justin Reich. 2015. "Addressing Common Analytic Challenges to Randomized Experiments in MOOCs: Attrition and Zero-Inflation." In *Proceedings of the Second (2015) ACM Conference on Learning @ Scale*, 21–30. L@S '15. New York: ACM. doi:10.1145/2724660.2724669.

Landau, Susan. 2016. "Transactional Information Is Remarkably Revelatory." *Proceedings of the National Academy of Sciences of the USA* 113 (20): 5467–69. doi:10.1073/pnas.1605356113.

Lane, Jeffrey. 2016. "The Digital Street An Ethnographic Study of Networked Street Life in Harlem." *American Behavioral Scientist* 60 (1): 43–58. doi:10.1177/0002764215601711.

Lanier, Jaron. 2014. *Who Owns the Future?*, reprint ed. New York: Simon & Schuster.

Larsen, Michael, and William E. Winkler. 2014. *Handbook of Record Linkage Methods*. Hobolen, NJ: Wiley.

Law, Edith, and Luis von Ahn. 2011. *Human Computation*. Synthesis Lectures on Artificial Intelligence and Machine Learning. Morgan & Claypool. doi:10.2200/S00371ED1V01Y201107AIM013.

Lax, Jeffrey R., and Justin H. Phillips. 2009. "How Should We Estimate Public Opinion in The States?" *American Journal of Political Science* 53 (1): 107–21. doi:10.1111/j.1540-5907.

2008.00360.x.

Lazer, David. 2015. "Issues of Construct Validity and Reliability in Massive, Passive Data Collections." *The City Papers: An Essay Collection from The Decent City Initiative.* http://citiespapers.ssrc.org/issues-of-construct-validity-and-reliability-in-massive-passive-data-collections/.

Lazer, David, Ryan Kennedy, Gary King, and Alessandro Vespignani. 2014. "The Parable of Google Flu: Traps in Big Data Analysis." *Science* 343 (6176): 1203–5. doi:10.1126/science.1248506.

Lazer, David, Alex Pentland, Lada Adamic, Sinan Aral, Albert-László Barabási, Devon Brewer, Nicholas Christakis, et al. 2009. "Computational Social Science." *Science* 323 (5915): 721–23. doi:10.1126/science.1167742.

Ledford, Heidi. 2007. "Patent Examiners Call in the Jury." *Nature* 448 (7151): 239. doi:10.1038/448239a.

Lee, Sunghee. 2006. "Propensity Score Adjustment as a Weighting Scheme for Volunteer Panel Web Surveys." *Journal of Official Statistics* 22 (2): 329–49. http://www.jos.nu/Articles/abstract.asp?article=222329.

Lee, Sunghee, and Richard Valliant. 2009. "Estimation for Volunteer Panel Web Surveys Using Propensity Score Adjustment and Calibration Adjustment." *Sociological Methods & Research* 37 (3): 319–43. doi:10.1177/0049124108329643.

Lee, Young Jack, Jonas H. Ellenberg, Deborah G. Hirtz, and Karin B. Nelson. 1991. "Analysis of Clinical Trials by Treatment Actually Received: Is It Really an Option?" *Statistics in Medicine* 10 (10): 1595–1605. doi:10.1002/sim.4780101011.

Legewie, Joscha. 2015. "The Promise and Perils of Big Data for Social Science Research." *The Cities Papers.* http://citiespapers.ssrc.org/the-promise-and-perils-of-big-data-for-social-science-research/.

_____. 2016. "Racial Profiling and Use of Force in Police Stops: How Local Events Trigger Periods of Increased Discrimination." *American Journal of Sociology* 122 (2): 379–424. doi:10.1086/687518.

Lerner, Barron H. 2004. "Sins of Omission: Cancer Research Without Informed Consent." *New England Journal of Medicine* 351 (7): 628–30. doi:10.1056/NEJMp048108.

Levitt, Steven D., and John A. List. 2007a. "What Do Laboratory Experiments Measuring Social Preferences Reveal about the Real World?" *Journal of Economic Perspectives* 21 (2): 153–74. http://www.jstor.org/stable/30033722.

_____. 2007b. "Viewpoint: On the Generalizability of Lab Behaviour to the Field." *Canadian Journal of Economics/Revue Canadienne d'économique* 40 (2): 347–70. doi:10.1111/j.1365-2966.2007.00412.x.

_____. 2009. "Field Experiments in Economics: The Past, the Present, and the Future." *European Economic Review* 53 (1): 1–18. doi:10.1016/j.euroecorev.2008.12.001.

_____. 2011. "Was There Really a Hawthorne Effect at the Hawthorne Plant? An Analysis of the Original Illumination Experiments." *American Economic Journal: Applied Economics* 3 (1): 224–38. doi:10.1257/app.3.1.224.

Levy, Karen E. C. and Solon Baracas. 2017. "Refractive Surveillance: Monitoring Customers to Manage Workers." *International Journal of Communications.* In press.

Lewis, Kevin. 2015a. "Studying Online Behavior: Comment on Anderson et al. 2014." *Sociological Science* 2 (January): 20–31. doi:10.15195/v2.a2.

———. 2015b. "Three Fallacies of Digital Footprints." *Big Data & Society* 2 (2): 2053951715602496. doi:10.1177/2053951715602496.

Lewis, Kevin, Marco Gonzalez, and Jason Kaufman. 2012. "Social Selection and Peer Influence in an Online Social Network." *Proceedings of the National Academy of Sciences of the USA* 109 (1): 68–72. doi:10.1073/pnas.1109739109.

Lewis, Kevin, Jason Kaufman, Marco Gonzalez, Andreas Wimmer, and Nicholas Christakis. 2008. "Tastes, Ties, and Time: A New Social Network Dataset Using Facebook.com." *Social Networks* 30 (4): 330–42. doi:10.1016/j.socnet.2008.07.002.

Lewis, Randall A., and Justin M. Rao. 2015. "The Unfavorable Economics of Measuring the Returns to Advertising." *The Quarterly Journal of Economics* 130 (4): 1941–73. doi:10.1093/qje/qjv023.

Lin, Mingfeng, Henry C. Lucas, and Galit Shmueli. 2013. "Research Commentary—Too Big to Fail: Large Samples and the *p*-Value Problem." *Information Systems Research* 24 (4): 906–17. doi:10.1287/isre.2013.0480.

Lin, Winston. 2013. "Agnostic Notes on Regression Adjustments to Experimental Data: Reex-amining Freedman's Critique." *Annals of Applied Statistics* 7 (1): 295–318. doi:10.1214/12-AOAS583.

Lin, Winston, and Donald P. Green. 2016. "Standard Operating Procedures: A Safety Net for Pre-Analysis Plans." *PS: Political Science & Politics* 49 (3): 495–500. doi:10.1017/S1049096516000810.

Lind, Laura H., Michael F. Schober, Frederick G. Conrad, and Heidi Reichert. 2013. "Why Do Survey Respondents Disclose More When Computers Ask the Questions?" *Public Opinion Quarterly* 77 (4): 888–935. doi:10.1093/poq/nft038.

Link, Michael W. 2015. "Presidential Address AAPOR2025 and the Opportunities in the Decade Before Us." *Public Opinion Quarterly* 79 (3): 828–36. doi:10.1093/poq/nfv028.

Lintott, Chris J., Kevin Schawinski, Anže Slosar, Kate Land, Steven Bamford, Daniel Thomas, M. Jordan Raddick, et al. 2008. "Galaxy Zoo: Morphologies Derived from Visual Inspection of Galaxies from the Sloan Digital Sky Survey." *Monthly Notices of the Royal Astronomical Society* 389 (3): 1179–89. doi:10.1111/j.1365-2966.2008.13689.x.

Lintott, Chris, Kevin Schawinski, Steven Bamford, Anže Slosar, Kate Land, Daniel Thomas, Edd Edmondson, et al. 2011. "Galaxy Zoo 1: Data Release of Morphological Classifications for Nearly 900 000 Galaxies." *Monthly Notices of the Royal Astronomical Society* 410 (1): 166–78. doi:10.1111/j.1365-2966.2010.17432.x.

List, John A. 2011. "Why Economists Should Conduct Field Experiments and 14 Tips for Pulling One Off." *Journal of Economic Perspectives* 25 (3): 3–16. doi:10.1257/jep.25.3.3.

List, John A., Sally Sadoff, and Mathis Wagner. 2011. "So You Want to Run an Experiment, Now What? Some Simple Rules of Thumb for Optimal Experimental Design." *Experimental*

Economics 14(4): 439. doi:10.1007/s10683-011-9275-7.

List, John A., Azeem M. Shaikh, and Yang Xu. 2016. "Multiple Hypothesis Testing in Experimental Economics." Working Paper 21875. National Bureau of Economic Research. http://www.nber.org/papers/w21875.

Little, R. J. A. 1993. "Post-Stratification: A Modeler's Perspective." *Journal of the American Statistical Association* 88(423): 1001-12. doi:10.2307/2290792.

Little, Roderick J. A., and Donald B. Rubin. 2002. *Statistical Analysis with Missing Data*, 2nd ed. Hoboken, NJ: Wiley-Interscience.

Liu, Yabing, Chloe Kliman-Silver, and Alan Mislove. 2014. "The Tweets They Are a-Changin: Evolution of Twitter Users and Behavior." In *ICWSM*, 30:5-314. https://www.aaai.org/ocs/index.php/ICWSM/ICWSM14/paper/viewFile/8043/8131/.

Loewen, Peter John, Daniel Rubenson, and Leonard Wantchekon. 2010. "Help Me Help You: Conducting Field Experiments with Political Elites." *Annals of the American Academy of Political and Social Science* 628(1): 165-75. doi:10.1177/0002716209351522.

Lohr, Sharon L. 2009. *Sampling: Design and Analysis*, 2nd ed. Boston, MA: Cengage Learning.

Longford, Nicholas T. 1999. "Selection Bias and Treatment Heterogeneity in Clinical Trials." *Statistics in Medicine* 18(12): 1467-74. doi:10.1002/(SICI)1097-0258(19990630)18:12 ⟨1467::AID-SIM149⟩3.0.CO;2-H.

Lowrance, William W. 2012. *Privacy, Confidentiality, and Health Research*. Cambridge: Cambridge University Press.

Lu, Xin, Linus Bengtsson, and Petter Holme. 2012. "Predictability of Population Displacement after the 2010 Haiti Earthquake." *Proceedings of the National Academy of Sciences of the USA* 109 (29): 11576-81. doi:10.1073/pnas.1203882109.

Lucking-Reiley, David. 1999. "Using Field Experiments to Test Equivalence between Auction Formats: Magic on the Internet." *American Economic Review* 89(5): 1063-80. http://www.jstor.org/stable/117047.

Ludwig, Jens, Jeffrey R. Kling, and Sendhil Mullainathan. 2011. "Mechanism Experiments and Policy Evaluations." *Journal of Economic Perspectives* 25(3): 17-38. doi:10.1257/jep.25.3.17.

Lung, J. 2012. "Ethical and Legal Considerations of reCAPTCHA." In *2012 Tenth Annual International Conference on Privacy, Security and Trust (PST)*, 211-16. doi:10.1109/PST.2012.6297942.

Lusinchi, Dominic. 2012. "President Landon and the 1936 Literary Digest Poll." *Social Science History* 36(1): 23-54. http://www.jstor.org/stable/41407095.

MacCarthy, Mark. 2015. "Privacy Restrictions and Contextual Harm." *Working Paper.* http://moritzlaw.osu.edu/students/groups/is/files/2016/07/Privacy-Policy-and-Contextual-Harm-June-2016-Final-.pdf.

Mackenzie, Donald. 2008. *An Engine, Not a Camera: How Financial Models Shape Markets*. Cambridge, MA: MIT Press.

Maddock, Jim, Robert Mason, and Kate Starbird. 2015. "Using Historical Twitter Data for Research: Ethical Challenges of Tweet Deletions." In *CSCW 15 Workshop on Ethics at the 2015*

Conference on Computer Supported Cooperative Work, Vancouver, Canada. https://cscwethics2015.files. wordpress.com/2015/02/maddock.pdf.

Magdy, Walid, Kareem Darwish, and Ingmar Weber. 2016. "#FailedRevolutions: Using Twitter to Study the Antecedents of ISIS Support." *First Monday* 21 (2). doi:10.5210/fm.v21i2.6372.

Malhotra, Neil, and Jon A. Krosnick. 2007. "The Effect of Survey Mode and Sampling on Inferences About Political Attitudes and Behavior: Comparing the 2000 and 2004 ANES to Internet Surveys with Nonprobability Samples." *Political Analysis* 15 (3): 286–323. doi:10.1093/pan/mpm003.

Malone, Thomas W., and Michael S. Bernstein. 2015. *Handbook of Collective Intelligence.* Cambridge, MA: MIT Press.

Manson, Neil C., and Onora O'Neill. 2007. *Rethinking Informed Consent in Bioethics.* Cambridge: Cambridge University Press.

Manzi, Jim. 2012. *Uncontrolled: The Surprising Payoff of Trial-and-Error for Business, Politics, and Society.* New York: Basic Books.

Mao, Andrew, Winter Mason, Siddharth Suri, and Duncan J. Watts. 2016. "An Experimental Study of Team Size and Performance on a Complex Task." *PLoS ONE* 11 (4): e0153048. doi:10.1371/journal.pone.0153048.

Mao, Huina, Scott Counts, Johan Bollen, and others. 2015. "Quantifying the Effects of On- line Bullishness on International Financial Markets." In *ECB Workshop on Using Big Data for Forecasting and Statistics, Frankfurt, Germany.* http://www.busman.qmul.ac.uk/newsandevents/events/eventdownloads/bfwgconference2013acceptedpapers/114925.pdf.

Margetts, Helen, Peter John, Tobias Escher, and Stéphane Reissfelder. 2011. "Social Information and Political Participation on the Internet: An Experiment." *European Political Science Review* 3 (3): 321–44. doi:10.1017/S1755773911000129.

Markham, Annette, and Elizabeth Buchanan. 2012. "Ethical Decision-Making and Internet Research: Recommendations from the AoIR Ethics Working Committee." Version 2.0. Association of Internet Researchers. https://cms.bsu.edu/sitecore/shell/-/media/WWW/DepartmentalContent/ResearchIntegrity/Files/Education/Active/AoIR%20Social%20Media%20Working%20Committee.pdf.

Marshall, Philip J., Chris J. Lintott, and Leigh N. Fletcher. 2015. "Ideas for Citizen Science in Astronomy." *Annual Review of Astronomy and Astrophysics* 53 (1): 247–78. doi:10.1146/annurev-astro-081913-035959.

Martinez-Ebers, Valerie. 2016. "Introduction." *PS: Political Science & Politics* 49 (2): 287–88. doi:10.1017/S1049096516000214.

Marx, Gary T. 2016. *Windows Into the Soul: Surveillance and Society in an Age of High Technology.* Chicago: University of Chicago Press.

Mas, Alexandre, and Enrico Moretti. 2009. "Peers at Work." *American Economic Review* 99 (1): 112–45. doi:10.1257/aer.99.1.112.

Mason, Winter, and Siddharth Suri. 2012. "Conducting Behavioral Research on Amazon's Mechanical Turk." *Behavior Research Methods* 44 (1): 1–23. doi:10.3758/s13428-011-0124-6.

Mason, Winter, and Duncan J Watts. 2009. "Financial Incentives and the 'Performance of Crowds'."

Proceedings of the Human Computation (HCOMP) Workshop: Knowledge Discovery and Data Mining Conference 11: 100–108. doi:10.1145/1809400.1809422.

Masters, Karen L. 2009. "She's an Astronomer: Aida Berges." Galaxy Zoo. https://blog.galaxyzoo.org/2009/10/01/shes-an-astronomer-aida-berges/.

Masters, Karen L, Robert C Nichol, Ben Hoyle, Chris Lintott, Steven P Bamford, Edward M Edmondson, Lucy Fortson, et al. 2011. "Galaxy Zoo: Bars in Disc Galaxies." Monthly Notices of the Royal Astronomical Society 411 (3): 2026–34. doi:10.1111/j.1365-2966.2010.17834.x.

Masters, Karen L. 2012. "A Zoo of Galaxies." Proceedings of the International Astronomical Union 10 (H16): 1–15. doi:10.1017/S1743921314004608.

Mastroianni, Anna, and Jeffrey Kahn. 2001. "Swinging on the Pendulum: Shifting Views of Justice in Human Subjects Research." Hastings Center Report 31 (3): 21–28. doi:10.2307/3527551.

Mauboussin, Michael J. 2012. The Success Equation: Untangling Skill and Luck in Business, Sports, and Investing. Boston, MA: Harvard Business Review Press.

Mayer, Jonathan, Patrick Mutchler, and John C. Mitchell. 2016. "Evaluating the Privacy Properties of Telephone Metadata." Proceedings of the National Academy of Sciences of the USA 113 (20): 5536–41. doi:10.1073/pnas.1508081113.

Mayer-Schönberger, Viktor. 2009. Delete: The Virtue of Forgetting in the Digital Age. Princeton, NJ: Princeton University Press.

Mayer-Schönberger, Viktor, and Kenneth Cukier. 2013. Big Data: A Revolution That Will Transform How We Live, Work, and Think. Boston: Eamon Dolan/Houghton Mifflin Harcourt.

Maynard, Douglas W. 2014. "News From Somewhere, News From Nowhere On the Study of Interaction in Ethnographic Inquiry." Sociological Methods & Research 43 (2): 210–18. doi:10.1177/0049124114527249.

Maynard, Douglas W., and Nora Cate Schaeffer. 1997. "Keeping the Gate: Declinations of the Request to Participate in a Telephone Survey Interview." Sociological Methods & Research 26 (1): 34–79. doi:10.1177/0049124197026001002.

Maynard, Douglas W., Jeremy Freese, and Nora Cate Schaeffer. 2010. "Calling for Participation Requests, Blocking Moves, and Rational (Inter)action in Survey Introductions." American Sociological Review 75 (5): 791–814. doi:10.1177/0003122410379582.

Mayo-Wilson, Evan, Paul Montgomery, Sally Hopewell, Geraldine Macdonald, David Moher, and Sean Grant. 2013. "Developing a Reporting Guideline for Social and Psychological Intervention Trials." British Journal of Psychiatry 203 (4): 250–54. doi:10.1192/bjp.bp.112.123745.

McDonald, Sean. 2016. "Ebola: A Big Data Disaster." CIS Papers 2016.01. The Centre for Internet & Society. http://cis-india.org/papers/ebola-a-big-data-disaster.

McFarland, Daniel A., and H. Richard McFarland. 2015. "Big Data and the Danger of Being Precisely Inaccurate." Big Data & Society 2 (2). doi:10.1177/2053951715602495.

McKenzie, David. 2012. "Beyond Baseline and Follow-up: The Case for More T in Experiments." Journal of Development Economics 99 (2): 210–21. doi:10.1016/j.jdeveco.2012.01.002.

Meissner, Peter, and R Core Team. 2016. "Wikipediatrend: Public Subject Attention via Wikipedia

Page View Statistics." https://CRAN.R-project.org/package=wikipediatrend.

Mervis, Jeffrey. 2014. "How Two Economists Got Direct Access to IRS Tax Records." http://www.sciencemag.org/news/2014/05/how-two-economists-got-direct-access-irs-tax-records.

Merz, Nicolas, Sven Regel, and Jirka Lewandowski. 2016. "The Manifesto Corpus: A New Resource for Research on Political Parties and Quantitative Text Analysis." *Research & Politics* 3(2): 2053168016643346. doi:10.1177/2053168016643346.

Metcalf, Jacob. 2016. "Big Data Analytics and Revision of the Common Rule." *Communications of the ACM* 59(7): 31–33. doi:10.1145/2935882.

Metcalf, Jacob, and Kate Crawford. 2016. "Where Are Human Subjects in Big Data Research? The Emerging Ethics Divide." *Big Data & Society* 3(1): 1–14. doi:10.1177/2053951716650211.

Meyer, Bruce D., Wallace K. C. Mok, and James X. Sullivan. 2015. "Household Surveys in Crisis." *Journal of Economic Perspectives* 29(4): 199–226. doi:10.1257/jep.29.4.199.

Meyer, Michelle N. 2014. "Misjudgements Will Drive Social Trials Underground." *Nature* 511 (7509): 265–65. doi:10.1038/511265a.

―――. 2015. "Two Cheers for Corporate Experimentation: The A/B Illusion and the Virtues of Data-Driven Innovation." *Colorado Technology Law Review* 13(2): 273–332. ctlj.colorado.edu/wp-content/uploads/2015/08/Meyer-final.pdf.

Michel, Jean-Baptiste, Yuan Kui Shen, Aviva P. Aiden, Adrian Veres, Matthew K. Gray, the Google Books Team, Joseph P. Pickett, et al. 2011. "Quantitative Analysis of Culture Using Millions of Digitized Books." *Science* 331(6014): 176–82. doi:10.1126/science.1199644.

Middlemist, R. D., E. S. Knowles, and C. F. Matter. 1976. "Personal Space Invasions in the Lavatory: Suggestive Evidence for Arousal." *Journal of Personality and Social Psychology* 33 (5): 541–46.

Milkman, Katherine L., Modupe Akinola, and Dolly Chugh. 2012. "Temporal Distance and Discrimination An Audit Study in Academia." *Psychological Science* 23(7): 710–17. doi:10.1177/0956797611434539.

Miller, Franklin G. 2014. "Clinical Research Before Informed Consent." *Kennedy Institute of Ethics Journal* 24(2): 141–57. doi:10.1353/ken.2014.0009.

Mills, Judson. 1976. "A Procedure for Explaining Experiments Involving Deception." *Personality and Social Psychology Bulletin* 2(1): 3–13. doi:10.1177/014616727600200102.

Mitchell, Gregory. 2012. "Revisiting Truth or Triviality: The External Validity of Research in the Psychological Laboratory." *Perspectives on Psychological Science* 7(2): 109–17. doi:10.1177/1745691611432343.

Mitofsky, Warren J. 1989. "Presidential Address: Methods and Standards: A Challenge for Change." *Public Opinion Quarterly* 53(3): 446–53. doi:10.1093/poq/53.3.446.

Molloy, Jennifer C. 2011. "The Open Knowledge Foundation: Open Data Means Better Science." *PLoS Biology* 9(12): e1001195. doi:10.1371/journal.pbio.1001195.

Monogan, James E. 2013. "A Case for Registering Studies of Political Outcomes: An Application in the 2010 House Elections." *Political Analysis* 21(1): 21–37. doi:10.1093/pan/mps022.

Montjoye, Yves-Alexandre de, Laura Radaelli, Vivek Kumar Singh, and Alex Sandy Pentland. 2015. "Unique in the Shopping Mall: On the Reidentifiability of Credit Card Metadata." *Science* 347

(6221): 536–39. doi:10.1126/science.1256297.

Moore, David W. 2002. "Measuring New Types of Question-Order Effects: Additive and Subtractive." *Public Opinion Quarterly* 66 (1): 80–91. doi:10.1086/338631.

Morens, David M., and Anthony S. Fauci. 2007. "The 1918 Influenza Pandemic: Insights for the 21st Century." *Journal of Infectious Diseases* 195 (7): 1018–28. doi:10.1086/511989.

Morgan, Stephen L., and Christopher Winship. 2014. *Counterfactuals and Causal Inference: Methods and Principles for Social Research*, 2nd ed. New York: Cambridge University Press.

Morton, Rebecca B., and Kenneth C. Williams. 2010. *Experimental Political Science and the Study of Causality: From Nature to the Lab*. Cambridge: Cambridge University Press.

Mosteller, Frederick. 1949. *The Pre-Election Polls of 1948: The Report to the Committee on Analysis of Pre-Election Polls and Forecasts*. Vol. 60. Social Science Research Council.

Motl, Jonathan R. 2015. "McCulloch V. Stanford and Dartmouth." COPP 2014-CFP-046. Helena, MT: Commissioner of Political Practices of the State of Montana. http://politicalpractices. mt.gov/content/2recentdecisions/McCullochvStanfordandDartmouthFinalDecision.

Muchnik, Lev, Sinan Aral, and Sean J. Taylor. 2013. "Social Influence Bias: A Randomized Experiment." *Science* 341 (6146): 647–51. doi:10.1126/science.1240466.

Munger, Kevin. 2016. "Tweetment Effects on the Tweeted: Experimentally Reducing Racist Harassment." *Working Paper*. http://kmunger.github.io/pdfs/Twitter_harassment_final.pdf.

Murphy, Kevin P. 2012. *Machine Learning: A Probabilistic Perspective*. Cambridge, MA: MIT Press.

Murray, Michael P. 2006. "Avoiding Invalid Instruments and Coping with Weak Instruments." *Journal of Economic Perspectives* 20 (4): 111–32. http://www.jstor.org/stable/30033686.

Mutz, Diana C. 2011. *Population-Based Survey Experiments*. Princeton, NJ: Princeton University Press. Mutz, Diana C., and Robin Pemantle. 2015. "Standards for Experimental Research: Encouraging a Better Understanding of Experimental Methods." *Journal of Experimental Political Science* 2 (2): 192–215. doi:10.1017/XPS.2015.4.

Narayanan, Arvind, and Vitaly Shmatikov. 2008. "Robust De-Anonymization of Large Sparse Datasets." In *Proceedings of the 2008 IEEE Symposium on Security and Privacy*, 111–25. Washington, DC: IEEE Computer Society. doi:10.1109/SP.2008.33.

——. 2010. "Myths and Fallacies of 'Personally Identifiable Information'." *Communications of the ACM* 53 (6): 24–26. doi:10.1145/1743546.1743558.

Narayanan, Arvind, and Bendert Zevenbergen. 2015. "No Encore for Encore? Ethical Questions for Web-Based Censorship Measurement." *Technology Science*, December. http://techscience. org/a/2015121501/.

Narayanan, Arvind, Joseph Bonneau, Edward Felten, Andrew Miller, and Steven Goldfeder. 2016. *Bitcoin and Cryptocurrency Technologies: A Comprehensive Introduction*. Princeton, NJ: Princeton University Press.

Narayanan, Arvind, Joanna Huey, and Edward W. Felten. 2016. "A Precautionary Approach to Big Data Privacy." In *Data Protection on the Move*, edited by Serge Gutwirth, Ronald Leenes, and Paul De Hert, 357–85. Law, Governance and Technology Series 24. Dordrecht: Springer Netherlands. http://link.springer.com/chapter/10.1007/978-94-017-7376-8_13.

Nardo, Michela, Marco Petracco-Giudici, and Minás Naltsidis. 2016. "Walking down Wall Street with a Tablet: A Survey of Stock Market Predictions Using the Web." *Journal of Economic Surveys* 30 (2): 356–69. doi:10.1111/joes.12102.

National Research Council. 2013. *Nonresponse in Social Science Surveys: A Research Agenda*. Edited by Roger Tourangeau and Thomas J. Plewe. Panel on a Research Agenda for the Future of Social Science Data Collection, Committee on National Statistics. Division of Behavioral and Social Sciences and Education. Washington, DC: National Academies Press. http://www. nap.edu/catalog/18293.

——. 2014. *Proposed Revisions to the Common Rule for the Protection of Human Subjects in the Behavioral and Social Sciences*. Committee on Revisions to the Common Rule for the Protection of Human Subjects in Research in the Behavioral and Social Sciences. Board on Behavioral, Cognitive, and Sensory Sciences, Committee on National Statistics, Division of Behavioral and Social Sciences and Education. Washington, DC: National Academies Press.

Netflix. 2009. "Netflix Prize: View Leaderboard." http://www.netflixprize.com/leaderboard.

Neuhaus, Fabian and Timothy Webmoor. 2012. "Agile Ethics for Massified Research and Visualization." *Information, Communication & Society* 15 (1): 43–65. doi:10.1080/1369118X. 2011.616519.

Neumark, David, Roy J. Bank, and Kyle D. Van Nort. 1996. "Sex Discrimination in Restaurant Hiring: An Audit Study." *Quarterly Journal of Economics* 111 (3): 915–41. doi:10.2307/ 2946676.

Newman, Mark W., Debra Lauterbach, Sean A. Munson, Paul Resnick, and Margaret E. Morris. 2011. "It's Not That I Don't Have Problems, I'm Just Not Putting Them on Facebook: Challenges and Opportunities in Using Online Social Networks for Health." In *Proceedings of the ACM 2011 Conference on Computer Supported Cooperative Work*, 341–50. CSCW '11. New York,: ACM. doi:10.1145/1958824.1958876.

Newport, Frank. 2011. "Presidential Address: Taking AAPOR's Mission To Heart." *Public Opinion Quarterly* 75 (3): 593–604. doi:10.1093/poq/nfr027.

Nickerson, David W., and Susan D. Hyde. 2016. "Conducting Research with NGOs: Relevant Counterfactuals from the Perspective of Subjects." In *Ethics and Experiments: Problems and Solutions for Social Scientists and Policy Professionals*, edited by Scott Desposato, 198–216. New York: Routledge.

Nielsen, Michael. 2012. *Reinventing Discovery: The New Era of Networked Science*. Princeton, NJ: Princeton University Press.

Nisbett, Richard E., and Timothy D. Wilson. 1977. "Telling More Than We Can Know: Verbal Reports on Mental Processes." *Psychological Review* 84 (3): 231–59. doi:10.1037/0033-295X.84.3.231.

Nissenbaum, Helen. 2010. *Privacy in Context: Technology, Policy, and the Integrity of Social Life*. Stanford, CA: Stanford Law Books.

——. 2011. "A Contextual Approach to Privacy Online." *Daedalus* 140 (4): 32–48. doi:10.1162/ DAED_a_00113.

——. 2015. "Respecting Context to Protect Privacy: Why Meaning Matters." *Science and Engineering Ethics*, July. doi:10.1007/s11948-015-9674-9.

Nosek, Brian A., and Daniël Lakens. 2014. "Registered Reports: A Method to Increase the Credibility of Published Results." *Social Psychology* 45(3): 137–41. doi:10.1027/1864-9335/a000192.

Nov, Oded, Ofer Arazy, and David Anderson. 2011. "Dusting for Science: Motivation and Participation of Digital Citizen Science Volunteers." In *Proceedings of the 2011 iConference*, 68–74. iConference '11. New York: ACM. doi:10.1145/1940761.1940771.

Noveck, Beth Simone. 2006. "Peer to Patent: Collective Intelligence, Open Review, and Patent Reform." *Harvard Journal of Law and Technology* 20(1): 123–62.

———. 2009. *Wiki Government: How Technology Can Make Government Better, Democracy Stronger, and Citizens More Powerful.* Washington, DC: Brookings Institution Press.

Oczak, Malgorzata, and Agnieszka Niedz'wien'ska. 2007. "Debriefing in Deceptive Research: A Pro- posed New Procedure." *Journal of Empirical Research on Human Research Ethics* 2(3): 49–59. doi:10.1525/jer.2007.2.3.49.

Ohm, Paul. 2010. "Broken Promises of Privacy: Responding to the Surprising Failure of Anonymization." *UCLA Law Review* 57: 1701–77. http://papers.ssrn.com/sol3/papers.cfm?abstract_id=1450006.

———. 2015. "Sensitive Information." *Southern California Law Review* 88: 1125–96. Ohmer, Susan. 2006. *George Gallup in Hollywood.* New York: Columbia University Press.

Olken, Benjamin A. 2015. "Promises and Perils of Pre-Analysis Plans." *Journal of Economic Perspectives* 29(3): 61–80. http://www.jstor.org/stable/43550121.

Olson, Donald R., Kevin J. Konty, Marc Paladini, Cecile Viboud, and Lone Simonsen. 2013. "Reassess- ing Google Flu Trends Data for Detection of Seasonal and Pandemic Influenza: A Comparative Epidemiological Study at Three Geographic Scales." *PLoS Computational Biology* 9 (10): e1003256. doi:10.1371/journal.pcbi.1003256.

Olson, Janice A. 1996. "The Health and Retirement Study: The New Retirement Survey." *Social Security Bulletin* 59: 85. http://heinonline.org/HOL/Page?handle=hein.journals/ssbul59&id=87&div=13& collection=journals.

———. 1999. "Linkages with Data from Social Security Administrative Records in the Health and Retirement Study." *Social Security Bulletin* 62: 73. http://heinonline.org/HOL/Page?handle=hein.journals/ssbul62&id=207&div=25&collection=journals.

Orne, Martin T. 1962. "On the Social Psychology of the Psychological Experiment: With Particular Reference to Demand Characteristics and Their Implications." *American Psychologist* 17(11): 776–83. doi:10.1037/h0043424.

Orr, Larry L. 1998. *Social Experiments: Evaluating Public Programs With Experimental Methods.* Thousand Oaks, CA: SAGE.

Overton, W. Scott, and Stephen V. Stehman. 1995. "The Horvitz–Thompson Theorem as a Unifying Perspective for Probability Sampling: With Examples from Natural Resource Sampling." *American Statistician* 49(3): 261–68. doi:10.2307/2684196.

O'Connor, Dan. 2013. "The Apomediated World: Regulating Research when Social Media Has Changed Research." *Journal of Law, Medicine & Ethics* 41(2): 470–83. doi:10.1111/jlme.12056.

O'Doherty, Kieran C., Emily Christofides, Jeffery Yen, Heidi Beate Bentzen, Wylie Burke, Nina Hallowell, Barbara A. Koenig, and Donald J. Willison. 2016. "If You Build It, They Will Come: Unintended Future Uses of Organised Health Data Collections." *BMC Medical Ethics* 17: 54. doi:10.1186/s12910- 016-0137-x.

O'Neil, Cathy. 2016. *Weapons of Math Destruction: How Big Data Increases Inequality and Threatens Democracy.* New York: Crown.

Pacheco, Julianna. 2011. "Using National Surveys to Measure Dynamic U.S. State Public Opinion A Guideline for Scholars and an Application." *State Politics & Policy Quarterly* 11(4): 415-39. doi:10.1177/1532440011419287.

Packard, Vance. 1964. *The Naked Society.* New York: D. McKay.

Page, Lindsay C., Avi Feller, Todd Grindal, Luke Miratrix, and Marie-Andree Somers. 2015. "Principal Stratification: A Tool for Understanding Variation in Program Effects Across Endogenous Subgroups." *American Journal of Evaluation* 36(4): 514-31. doi:10.1177/1098214015594419.

Page, Scott E. 2008. *The Difference: How the Power of Diversity Creates Better Groups, Firms, Schools, and Societies.* Princeton, NJ: Princeton University Press.

Pager, Devah. 2007. "The Use of Field Experiments for Studies of Employment Discrimination: Contributions, Critiques, and Directions for the Future." *Annals of the American Academy of Political and Social Science* 609: 104-33. http://www.jstor.org/stable/25097877.

Paluck, Elizabeth Levy, and Donald P. Green. 2009. "Deference, Dissent, and Dispute Resolution: An Experimental Intervention Using Mass Media to Change Norms and Behavior in Rwanda." *American Political Science Review* 103(4): 622-44. doi:10.1017/S0003055409990128.

Panagopoulos, Costas. 2010. "Affect, Social Pressure and Prosocial Motivation: Field Experimental Evidence of the Mobilizing Effects of Pride, Shame and Publicizing Voting Behavior." *Political Behavior* 32(3): 369-86. doi:10.1007/s11109-010-9114-0.

Panger, Galen. 2016. "Reassessing the Facebook Experiment: Critical Thinking About the Valid- ity of Big Data Research." *Information, Communication & Society* 19(8): 1108-26. doi:10.1080/1369118X.2015.1093525.

Paolacci, G., J. Chandler, and P. G Ipeirotis. 2010. "Running Experiments on Amazon Mechanical Turk." *Judgment and Decision Making* 5(5): 411-19. http://journal.sjdm.org/10/10630a/jdm10630a.html.

Parigi, Paolo, Jessica J. Santana, and Karen S. Cook. 2017. "Online Field Experiments Studying So- cial Interactions in Context." *Social Psychology Quarterly* 80(1): 1-19 doi:10.1177/0190272516680842.

Park, David K., Andrew Gelman, and Joseph Bafumi. 2004. "Bayesian Multilevel Estimation with Poststratification: State-Level Estimates from National Polls." *Political Analysis* 12(4): 375-85. doi:10.1093/pan/mph024.

Parry, Marc. 2011. "Harvard Researchers Accused of Breaching Students' Privacy." *Chronicle of Higher Education,* July. http://chronicle.com/article/Harvards-Privacy-Meltdown/128166/.

Partridge, Craig and Mark Allman. 2016. "Ethical considerations in network measurement papers." *Communications of the ACM* 59(10): 58-64. doi:10.1145/2896816.

Pasek, Josh, S. Mo Jang, Curtiss L. Cobb, J. Michael Dennis, and Charles Disogra. 2014. "Can Marketing Data Aid Survey Research? Examining Accuracy and Completeness in Consumer-File Data." *Public Opinion Quarterly* 78 (4): 889–916. doi:10.1093/poq/nfu043.

Pe-Than, Ei Pa Pa, Dion Hoe-Lian Goh, and Chei Sian Lee. 2015. "A Typology of Human Computation Games: An Analysis and a Review of Current Games." *Behaviour & Information Technology* 34 (8): 809–24. doi:10.1080/0144929X.2013.862304.

Pearl, Judea. 2009. *Causality: Models, Reasoning and Inference*, 2nd ed. Cambridge: Cambridge University Press.

——. 2015. "Generalizing Experimental Findings." *Journal of Causal Inference* 3 (2): 259–66. doi:10.1515/jci-2015-0025.

Pearl, Judea, and Elias Bareinboim. 2014. "External Validity: From Do-Calculus to Transportability across Populations." *Statistical Science* 29 (4): 579–95. doi:10.1214/14-STS486.

Pearl, Judea, Madelyn Glymour, and Nicholas P. Jewell. 2016. *Causal Inference in Statistics: A Primer*. Chichester, UK: Wiley.

Penney, Jonathon. 2016. "Chilling Effects: Online Surveillance and Wikipedia Use." *Berkeley Technology Law Journal* 31 (1): 117. doi:10.15779/Z38SS13.

Pepe, Margaret Sullivan. 1992. "Inference Using Surrogate Outcome Data and a Validation Sample." *Biometrika* 79 (2): 355–65. doi:10.2307/2336846.

Phan, Tuan Q., and Edoardo M. Airoldi. 2015. "A Natural Experiment of Social Network Formation and Dynamics." *Proceedings of the National Academy of Sciences of the USA* 112 (21): 6595–6600. doi:10.1073/pnas.1404770112.

Phelan, Chanda, Cliff Lampe, and Paul Resnick. 2016. "It's Creepy, But It Doesn't Bother Me." In *Proceedings of the 2016 CHI Conference on Human Factors in Computing Systems*, 5240–51. CHI '16. New York: ACM. doi:10.1145/2858036.2858381.

Piatetsky, Gregory. 2007. "Interview with Simon Funk." *SIGKDD Explorations Newsletter* 9 (1): 38–40. doi:10.1145/1294301.1294311.

Pickard, Galen, Wei Pan, Iyad Rahwan, Manuel Cebrian, Riley Crane, Anmol Madan, and Alex Pentland. 2011. "Time-Critical Social Mobilization." *Science* 334 (6055): 509–12. doi:10.1126/science.1205869.

Pink, Sarah, Heather Horst, John Postill, Larissa Hjorth, Tania Lewis, and Jo Tacchi. 2015. *Digital Ethnography: Principles and Practice*. Los Angeles: SAGE.

Pirlott, Angela G., and David P. MacKinnon. 2016. "Design Approaches to Experimental Mediation." *Journal of Experimental Social Psychology* 66: 29–38 doi:10.1016/j.jesp.2015.09.012.

Polgreen, Philip M., Yiling Chen, David M. Pennock, and Forrest D. Nelson. 2008. "Using Internet Searches for Influenza Surveillance." *Clinical Infectious Diseases* 47 (11): 1443–8. doi:10.1086/593098.

Polonetsky, Jules, Omer Tene, and Joseph Jerome. 2015. "Beyond the Common Rule: Ethical Structures for Data Research in Non-Academic Settings." SSRN Scholarly Paper ID 2621559. Rochester, NY: Social Science Research Network. http://papers.ssrn.com/abstract=2621559.

Porter, Joan P., and Greg Koski. 2008. "Regulations for the Protection of Humans in Research in the United States: The Common Rule." In *The Oxford Textbook of Clinical Research Ethics*. Oxford: Oxford University Press.

Porter, Nathaniel D., Ashton M. Verdery, and S. Michael Gaddis. 2016. "Big Data's Little Brother: Enhancing Big Data in the Social Sciences with Micro-Task Marketplaces." *ArXiv:1609.08437 [cs.CY]*, September. http://arxiv.org/abs/1609.08437.

Preist, Chris, Elaine Massung, and David Coyle. 2014. "Competing or Aiming to Be Average?: Normifi-cation As a Means of Engaging Digital Volunteers." In *Proceedings of the 17th ACM Conference on Computer Supported Cooperative Work & Social Computing*, 1222–33. CSCW '14. New York: ACM. doi:10.1145/2531602.2531615.

Prentice, Deborah A., and Dale T. Miller. 1992. "When Small Effects Are Impressive." *Psychological Bulletin* 112 (1): 160–64. doi:10.1037/0033-2909.112.1.160.

Presser, Stanley, and Johnny Blair. 1994. "Survey Pretesting: Do Different Methods Produce Different Results?" *Sociological Methodology* 24: 73–104. doi:10.2307/270979.

Presser, Stanley, Mick P. Couper, Judith T. Lessler, Elizabeth Martin, Jean Martin, Jennifer M. Rothgeb, and Eleanor Singer. 2004. "Methods for Testing and Evaluating Survey Questions." *Public Opinion Quarterly* 68 (1): 109–30. doi:10.1093/poq/nfh008.

Provost, Foster, and Tom Fawcett. 2013. "Data Science and Its Relationship to Big Data and Data-Driven Decision Making." *Big Data* 1 (1): 51–59. doi:10.1089/big.2013.1508.

Purdam, Kingsley. 2014. "Citizen Social Science and Citizen Data? Methodological and Ethical Challenges for Social Research." *Current Sociology* 62 (3): 374–92. doi:10.1177/0011392114527997.

Pury, Cynthia L. S. 2011. "Automation Can Lead to Confounds in Text Analysis." *Psychological Science* 22 (6): 835–36. doi:10.1177/0956797611408735.

Puschmann, Cornelius, and Engin Bozdag. 2014. "Staking Out the Unclear Ethical Terrain of Online Social Experiments." *Internet Policy Review* 3 (4). doi:10.14763/2014.4.338.

Puts, Marco, Piet Daas, and Ton de Waal. 2015. "Finding Errors in Big Data." *Significance* 12 (3): 26–29. doi:10.1111/j.1740-9713.2015.00826.x.

Quinn, Alexander J., and Benjamin B. Bederson. 2011. "Human Computation: A Survey and Taxonomy of a Growing Field." In *Proceedings of the 2011 Annual Conference on Human Factors in Computing Systems*, 1403–12. CHI '11. New York: ACM. doi:10.1145/1978942.1979148.

Raddick, M. Jordan, Georgia Bracey, Pamela L. Gay, Chris J. Lintott, Carie Cardamone, Phil Murray, Kevin Schawinski, Alexander S. Szalay, and Jan Vandenberg. 2013. "Galaxy Zoo: Motivations of Citizen Scientists." *Astronomy Education Review* 12 (1). doi:10.3847/AER2011021.

Raftery, Adrian E., Nan Li, Hana Ševčíková, Patrick Gerland, and Gerhard K. Heilig. 2012. "Bayesian Probabilistic Population Projections for All Countries." *Proceedings of the National Academy of Sciences of the USA* 109 (35): 13915–21. doi:10.1073/pnas.1211452109.

Rand, David G. 2012. "The Promise of Mechanical Turk: How Online Labor Markets Can Help Theorists Run Behavioral Experiments." *Journal of Theoretical Biology*, Evolution of Cooperation, 299 (April): 172–79. doi:10.1016/j.jtbi.2011.03.004.

Rao, J.N.K, and Isabel Molina. 2015. *Small Area Estimation*, 2nd edi. Hoboken, NJ: Wiley.

Rashid, Al Mamunur, Istvan Albert, Dan Cosley, Shyong K. Lam, Sean M. McNee, Joseph A. Konstan, and John Riedl. 2002. "Getting to Know You: Learning New User Preferences in Recommender Systems." In *Proceedings of the 7th International Conference on Intelligent User Interfaces*, 127–34. IUI '02. New York: ACM. doi:10.1145/502716.502737.

Rasinski, Kenneth A. 1989. "The Effect of Question Wording on Public Support for Government Spending." *Public Opinion Quarterly* 53 (3): 388–94. doi:10.1086/269158.

Ratkiewicz, Jacob, Michael D. Conover, Mark Meiss, Bruno Goncalves, Alessandro Flammini, and Filippo Menczer Menczer. 2011. "Detecting and Tracking Political Abuse in Social Media." In *Fifth International AAAI Conference on Weblogs and Social Media*. http://www.aaai. org/ocs/index.php/ICWSM/ICWSM11/paper/view/2850.

R Core Team. 2016. "R: A Language and Environment for Statistical Computing." Vienna: R Foundation for Statistical Computing.

Reichman, Nancy E., Julien O. Teitler, Irwin Garfinkel, and Sara S. McLanahan. 2001. "Fragile Families: Sample and Design." *Children and Youth Services Review* 23 (45): 303–26. doi:10.1016/S0190-7409(01)00141-4.

Reiter, Jerome P. 2012. "Statistical Approaches to Protecting Confidentiality for Microdata and Their Effects on the Quality of Statistical Inferences." *Public Opinion Quarterly* 76 (1): 163–81. doi:10.1093/poq/nfr058.

Reiter, Jerome P., and Satkartar K. Kinney. 2011. "Sharing Confidential Data for Research Purposes: A Primer." *Epidemiology* 22 (5): 632–35. doi:10.1097/EDE.0b013e318225c44b.

Ren, Yuqing, F. Maxwell Harper, Sara Drenner, Loren Terveen, Sara Kiesler, John Riedl, and Robert Kraut. 2012. "Building Member Attachment in Online Communities: Applying Theories of Group Identity and Interpersonal Bonds." *MIS Quarterly* 36 (3): 841–64. http://dl.acm.org/citation. cfm?id=2481655.2481665.

Reno, Raymond R., Robert B. Cialdini, and Carl A. Kallgren. 1993. "The Transsituational Influence of Social Norms." *Journal of Personality and Social Psychology* 64 (1): 104–12. doi:10. 1037/0022- 3514.64.1.104.

Resnick, Brian. 2016. "Researchers Just Released Profile Data on 70,000 OkCupid Users without Permission." *Vox*. http://www.vox.com/2016/5/12/11666116/70000-okcupid-users-data-release.

Resnick, Paul, Richard Zeckhauser, John Swanson, and Kate Lockwood. 2006. "The Value of Reputation on eBay: A Controlled Experiment." *Experimental Economics* 9 (2): 79–101. doi:10.1007/s10683-006-4309-2.

Resnik, David B., Kevin C. Elliott, and Aubrey K. Miller. 2015. "A Framework for Address- ing Ethical Issues in Citizen Science." *Environmental Science & Policy* 54 (December): 475–81. doi:10. 1016/j.envsci.2015.05.008.

Restivo, Michael, and Arnout van de Rijt. 2012. "Experimental Study of Informal Rewards in Peer Production." *PLoS ONE* 7 (3): e34358. doi:10.1371/journal.pone.0034358.

———. 2014. "No Praise without Effort: Experimental Evidence on How Rewards Affect Wikipedia's Contributor Community." *Information, Communication & Society* 17 (4): 451–62. doi:10.1080/1369118X.2014.888459.

Riach, P. A, and J. Rich. 2002. "Field Experiments of Discrimination in the Market Place." *Economic Journal* 112 (483): F480–F518. doi:10.1111/1468-0297.00080.

Riach, Peter A., and Judith Rich. 2004. "Deceptive Field Experiments of Discrimination: Are They Ethical?" *Kyklos* 57 (3): 457–70. doi:10.1111/j.0023-5962.2004.00262.x.

Rich, Judith. 2014. "What Do Field Experiments of Discrimination in Markets Tell Us? A Meta Analysis of Studies Conducted Since 2000." SSRN Scholarly Paper ID 2517887. Rochester, NY: Social Science Research Network. http://papers.ssrn.com/abstract=2517887.

Richman, Josh. 2015. "Stanford and Dartmouth Researchers Broke Law with Election Mailer, Montana Official Says." *San Jose Mercury News*, May. http://www.mercurynews.com/nation-world/ci_28100916/stanford-and-dartmouth-researchers-broke-law-election-mailer.

Robbins, Jim. 2013. "Crowdsourcing, for the Birds." *New York Times*, August. http://www.nytimes.com/2013/08/20/science/earth/crowdsourcing-for-the-birds.html.

Robinson, Walter M., and Brandon T. Unruh. 2008. "The Hepatitis Experiments at the Willowbrook State School." In *The Oxford Textbook of Clinical Research Ethics*, edited by E. J. Emanuel, R. A. Crouch, C. Grady, R. K. Lie, F. G. Miller, and D. Wendler, 386–97. Oxford: Oxford University Press.

Rosenbaum, Paul R. 2002. *Observational Studies*. 2nd edition. New York: Springer.

———. 2010. *Design of Observational Studies*. New York: Springer.

———. 2015. "How to See More in Observational Studies: Some New Quasi-Experimental Devices." *Annual Review of Statistics and Its Application* 2 (1): 21–48. doi:10.1146/annurev-statistics-010814-020201.

Rosenzweig, Mark R., and Kenneth I. Wolpin. 2000. "Natural 'Natural Experiments' in Economics." *Journal of Economic Literature* 38 (4): 827–74. doi:10.1257/jel.38.4.827.

Rothman, Kenneth J., John EJ Gallacher, and Elizabeth E. Hatch. 2013. "Why Representativeness Should Be Avoided." *International Journal of Epidemiology* 42 (4): 1012–14. doi:10.1093/ije/dys223.

Rubin, Donald B. 2004. *Multiple Imputation for Nonresponse in Surveys*. Hoboken, NJ: Wiley-Interscience. Russell, William Moy Stratton, and Rex Leonard Burch. 1959. *The Principles of Humane Experimental Technique*. http://altweb.jhsph.edu/pubs/books/humane_exp/addendum.

Rust, John and Susan Golombok. 2009. *Modern Psychometrics: The Science of Psychological Assessment*, 3rd ed. Hove, UK: Routledge.

Rutherford, Alex, Manuel Cebrian, Sohan Dsouza, Esteban Moro, Alex Pentland, and Iyad Rahwan. 2013. "Limits of Social Mobilization." *Proceedings of the National Academy of Sciences of the USA* 110 (16): 6281–86. doi:10.1073/pnas.1216338110.

Ruths, Derek, and Jürgen Pfeffer. 2014. "Social Media for Large Studies of Behavior." *Science* 346 (6213): 1063–64. doi:10.1126/science.346.6213.1063.

Saez-Rodriguez, Julio, James C. Costello, Stephen H. Friend, Michael R. Kellen, Lara Mangravite, Pablo Meyer, Thea Norman, and Gustavo Stolovitzky. 2016. "Crowdsourcing Biomedical Research: Leveraging Communities as Innovation Engines." *Nature Reviews Genetics* 17 (8): 470–86. doi:10.1038/nrg.2016.69.

Sakshaug, Joseph W., and Frauke Kreuter. 2012. "Assessing the Magnitude of Non-Consent Biases in Linked Survey and Administrative Data." *Survey Research Methods* 6 (2): 113-22.

Sakshaug, Joseph W., Mick P. Couper, Mary Beth Ofstedal, and David R. Weir. 2012. "Linking Survey and Administrative Records Mechanisms of Consent." *Sociological Methods & Research* 41 (4): 535-69. doi:10.1177/0049124112460381.

Salehi, Niloufar, Lilly C. Irani, Michael S. Bernstein, Ali Alkhatib, Eva Ogbe, Kristy Milland, and Clickhappier. 2015. "We Are Dynamo: Overcoming Stalling and Friction in Collective Action for Crowd Workers." In *Proceedings of the 33rd Annual ACM Conference on Human Factors in Computing Systems*, 1621-30. CHI '15. New York: ACM. doi:10.1145/2702123.2702508.

Salganik, Matthew J. 2007. "Success and Failure in Cultural Markets." PhD Thesis, Columbia University. Salganik, Matthew J., and Karen E. C. Levy. 2015. "Wiki Surveys: Open and Quantifiable Social Data Collection." *PLoS ONE* 10 (5): e0123483. doi:10.1371/journal.pone. 0123483.

Salganik, Matthew J., and Duncan J. Watts. 2008. "Leading the Herd Astray: An Experimental Study of Self-Fulfilling Prophecies in an Artificial Cultural Market." *Social Psychology Quarterly* 71 (4): 338-55. doi:10.1177/019027250807100404.

———. 2009a. "Social Influence: The Puzzling Nature of Success in Cultural Markets." In *The Oxford Handbook of Analytical Sociology*, edited by Peter Hedström and Peter Bearman, 315-41. Oxford: Oxford University Press.

———. 2009b. "Web-Based Experiments for the Study of Collective Social Dynamics in Cultural Markets." *Topics in Cognitive Science* 1 (3): 439-68. doi:10.1111/j.1756-8765.2009.01030.x.

Salganik, Matthew J., Peter Sheridan Dodds, and Duncan J. Watts. 2006. "Experimental Study of Inequality and Unpredictability in an Artificial Cultural Market." *Science* 311 (5762): 854-56. doi:10.1126/science.1121066.

Sampson, Robert J., and Mario Luis Small. 2015. "Bringing Social Science Back In: The Big Data Revolution and Urban Theory." *The Cities Papers*. http://citiespapers.ssrc.org/bringing-social-science-back-in-the-big-data-revolution-and-urban-theory/.

Sandvig, Christian, and Eszter Hargittai. 2015. "How to Think About Digital Research." In *Digital Research Confidential: The Secrets of Studying Behavior Online*, edited by Eszter Hargittai and Christian Sandvig. Cambridge, MA: MIT Press.

Sandvig, Christian, and Karrie Karahalios. 2016. "Most of What You Do Online Is Illegal. Let's End the Absurdity," *Guardian*, June. https://www.theguardian.com/commentisfree/2016/jun/30/cfaa-online-law-illegal-discrimination.

Santos, Robert L. 2014. "Presidential Address Borne of a Renaissance—A Metamorphosis for Our Future." *Public Opinion Quarterly* 78 (3): 769-77. doi:10.1093/poq/nfu034.

Saris, Willem E., and Irmtraud N. Gallhofer. 2014. *Design, Evaluation, and Analysis of Questionnaires for Survey Research*, 2nd ed. Hoboken, NJ: Wiley. http://dx.doi.org/10.1002/9781118634646.

Sauermann, Henry, and Chiara Franzoni. 2015. "Crowd Science User Contribution Patterns and Their Implications." *Proceedings of the National Academy of Sciences of the USA* 112 (3): 679-84. doi:10.1073/pnas.1408907112.

Sauver, Jennifer L. St, Brandon R. Grossardt, Barbara P. Yawn, L. Joseph Melton, and Walter A. Rocca. 2011. "Use of a Medical Records Linkage System to Enumerate a Dynamic Population Over Time: The Rochester Epidemiology Project." *American Journal of Epidemiology* 173 (9): 1059–68. doi:10.1093/aje/kwq482.

Särndal, Carl-Erik, and Sixten Lundström. 2005. *Estimation in Surveys with Nonresponse.* Hoboken, NJ: Wiley.

Särndal, Carl-Erik, Bengt Swensson, and Jan Wretman. 2003. *Model Assisted Survey Sampling.* New York: Springer.

Schaeffer, Nora Cate, Dana Garbarski, Jeremy Freese, and Douglas W. Maynard. 2013. "An Interactional Model of the Call for Survey Participation Actions and Reactions in the Survey Recruitment Call." *Public Opinion Quarterly* 77 (1): 323–51. doi:10.1093/poq/nft006.

Schauer, Frederick. 1978. "Fear, Risk and the First Amendment: Unraveling the Chilling Effect." *Boston University Law Review* 58: 685. http://heinonline.org/HOL/Page?handle=hein. journals/bulr58&id=695&div=&collection=.

Schechter, Stuart, and Cristian Bravo-Lillo. 2014. "Using Ethical-Response Surveys to Identify Sources of Disapproval and Concern with Facebook's Emotional Contagion Experiment and Other Con- troversial Studies." *Microsoft Research Technical Report* MSR-TR-2014-97 (October). http://research. microsoft.com/pubs/220718/CURRENT%20DRAFT%20-%20Ethical-Response% 20Survey.pdf.

Schmidt, F. A. 2013. "The Good, The Bad and the Ugly: Why Crowdsourcing Needs Ethics." In *2013 Third International Conference on Cloud and Green Computing (CGC)*, 531–35. doi:10.1109/ CGC.2013.89.

Schneider, Carl E. 2015. *The Censor's Hand: The Misregulation of Human-Subject Research.* Cambridge, MA: MIT Press.

Schnell, Rainer. 2013. "Linking Surveys and Administrative Data." *German Record Linkage Center, Working Paper Series.* http://www.record-linkage.de/-download=wp-grlc-2013-03.pdf.

Schober, Michael F., and Frederick G. Conrad. 2015. "Improving Social Measurement by Understanding Interaction in Survey Interviews." *Policy Insights from the Behavioral and Brain Sciences* 2 (1): 211–19. doi:10.1177/2372732215601112.

Schober, Michael F., Frederick G. Conrad, Christopher Antoun, Patrick Ehlen, Stefanie Fail, Andrew Hupp, Michael Johnston, Lucas Vickers, H. Yanna Yan, and Chan Zhang. 2015. "Precision and Disclosure in Text and Voice Interviews on Smartphones." *PLoS ONE* 10 (6): e0128337. doi:10.1371/journal.pone.0128337.

Schober, Michael F., Josh Pasek, Lauren Guggenheim, Cliff Lampe, and Frederick G. Conrad. 2016. "Social Media Analyses for Social Measurement." *Public Opinion Quarterly* 80 (1): 180–211. doi:10.1093/poq/nfv048.

Schonlau, Matthias, Arthur van Soest, Arie Kapteyn, and Mick Couper. 2009. "Selection Bias in Web Sur- veys and the Use of Propensity Scores." *Sociological Methods & Research* 37 (3): 291–318. doi:10.1177/0049124108327128.

Schrag, Zachary M. 2010. *Ethical Imperialism: Institutional Review Boards and the Social Sciences, 1965- 2009.* Baltimore: Johns Hopkins University Press.

_____. 2011. "The Case Against Ethics Review in the Social Sciences." *Research Ethics* 7(4): 120–31. doi:10.1177/174701611100700402.

Schrage, Michael. 2011. "Q and A: The Experimenter." *MIT Technology Review*. http://www.technology review.com/news/422784/qa-the-experimenter/.

Schultz, P. Wesley, Azar M. Khazian, and Adam C. Zaleski. 2008. "Using Normative Social Influence to Promote Conservation Among Hotel Guests." *Social Influence* 3(1): 4–23. doi:10.1080/15534510701755614.

Schultz, P. Wesley, Jessica M. Nolan, Robert B. Cialdini, Noah J. Goldstein, and Vladas Griskevicius. 2007. "The Constructive, Destructive, and Reconstructive Power of Social Norms." *Psychological Science* 18(5): 429–34. doi:10.1111/j.1467-9280.2007.01917.x.

Schultze, Ulrike, and Richard O. Mason. 2012. "Studying Cyborgs: Re-Examining Internet Studies as Human Subjects Research." *Journal of Information Technology* 27(4): 301–12. doi:10.1057/jit.2012.30. Schulz, Kenneth F., Douglas G. Altman, David Moher, and for the CONSORT Group. 2010. "CONSORT 2010 Statement: Updated Guidelines for Reporting Parallel Group Randomised Trials." *PLoS Medicine* 7(3): e1000251. doi:10.1371/journal.pmed.1000251.

Schuman, Howard, and Stanley Presser. 1979. "The Open and Closed Question." *American Sociological Review* 44(5): 692–712. doi:10.2307/2094521.

_____. 1996. *Questions and Answers in Attitude Surveys: Experiments on Question Form, Wording, and Context*. Thousand Oaks, CA: SAGE.

Schwartz, Paul M., and Daniel J. Solove. 2011. "The PII Problem: Privacy and a New Concept of Personally Identifiable Information." SSRN Scholarly Paper ID 1909366. Rochester, NY: Social Science Research Network. http://papers.ssrn.com/abstract=1909366.

Sears, David O. 1986. "College Sophomores in the Laboratory: Influences of a Narrow Data Base on Social Psychology's View of Human Nature." *Journal of Personality and Social Psychology* 51(3): 515–30. doi:10.1037/0022-3514.51.3.515.

Sekhon, Jasjeet S. 2009. "Opiates for the Matches: Matching Methods for Causal Inference." *Annual Review of Political Science* 12(1): 487–508. doi:10.1146/annurev.polisci.11.060606.135444.

Sekhon, Jasjeet S., and Rocío Titiunik. 2012. "When Natural Experiments Are Neither Natural nor Experiments." *American Political Science Review* 106(1): 35–57. doi:10.1017/S0003055411000542.

Selinger, Evan, and Woodrow Hartzog. 2016. "Facebook's Emotional Contagion Study and the Ethical Problem of Co-Opted Identity in Mediated Environments Where Users Lack Control." *Research Ethics* 12(1): 35–43. doi:10.1177/1747016115579531.

Seltzer, William, and Margo Anderson. 2008. "Using Population Data Systems to Target Vulnerable Population Subgroups and Individuals: Issues and Incidents." In *Statistical Methods for Human Rights*, edited by Jana Asher, David Banks, and Fritz J. Scheuren, 273–328. New York: Springer. http://link.springer.com/chapter/10.1007/978-0-387-72837-7_13.

Shadish, William R. 2002. "Revisiting Field Experimentation: Field Notes for the Future." *Psychological Methods* 7(1): 3–18. doi:10.1037/1082-989X.7.1.3.

Shadish, William R., and Thomas D. Cook. 2009. "The Renaissance of Field Experimentation in

Evaluating Interventions." *Annual Review of Psychology* 60(1): 607–29. doi:10.1146/annurev.psych.60.110707.163544.

Shadish, William R., Thomas D. Cook, and Donald T. Campbell. 2001. *Experimental and Quasi-Experimental Designs for Generalized Causal Inference*, 2nd ed. Boston: Cengage Learning.

Shamir, Lior, Carol Yerby, Robert Simpson, Alexander M. von Benda-Beckmann, Peter Tyack, Filipa Samarra, Patrick Miller, and John Wallin. 2014. "Classification of Large Acoustic Datasets Using Machine Learning and Crowdsourcing: Application to Whale Calls." *Journal of the Acoustical Society of America* 135(2): 953–62. doi:10.1121/1.4861348.

Sharma, Amit, Jake M. Hofman, and Duncan J. Watts. 2015. "Estimating the Causal Impact of Recommendation Systems from Observational Data." In *Proceedings of the Sixteenth ACM Con- ference on Economics and Computation*, 453–70. EC '15. New York: ACM. doi:10.1145/2764468. 2764488.

———. 2016. "Split-Door Criterion for Causal Identification: Automatic Search for Natural Experiments." *ArXiv:1611.09414 [stat.ME]*, November. http://arxiv.org/abs/1611.09414.

Shaw, David. 2015. "Facebooks Flawed Emotion Experiment: Antisocial Research on Social Network Users." *Research Ethics*, May, 1747016115579535. doi:10.1177/1747016115579535.

Sheehan, Mark. 2011. "Can Broad Consent Be Informed Consent?" *Public Health Ethics* 4(3): 226–35. doi:10.1093/phe/phr020.

Shiffrin, Richard M. 2016. "Drawing Causal Inference from Big Data." *Proceedings of the National Academy of Sciences of the USA* 113(27): 7308–9. doi:10.1073/pnas.1608845113.

Shmueli, Galit. 2010. "To Explain or to Predict?" *Statistical Science* 25(3): 289–310. doi:10.1214/10-STS330.

Simester, Duncan, Yu (Jeffrey) Hu, Erik Brynjolfsson, and Eric T Anderson. 2009. "Dynamics of Retail Advertising: Evidence from a Field Experiment." *Economic Inquiry* 47(3): 482–99. doi:10.1111/j.1465- 7295.2008.00161.x.

Simmons, Joseph P., Leif D. Nelson, and Uri Simonsohn. 2011. "False-Positive Psychology Undisclosed Flexibility in Data Collection and Analysis Allows Presenting Anything as Significant." *Psychological Science* 22(11): 1359–66. doi:10.1177/0956797611417632.

Singal, Amit G., Peter D. R. Higgins, and Akbar K. Waljee. 2014. "A Primer on Effectiveness and Efficacy Trials." *Clinical and Translational Gastroenterology* 5(1): e45. doi:10.1038/ctg.2013.13.

Singel, Ryan. 2009. "Netflix Spilled Your Brokeback Mountain Secret, Lawsuit Claims." *Wired*. http://www.wired.com/2009/12/netflix-privacy-lawsuit/.

Singleton Jr, Royce A., and Bruce C. Straits. 2009. *Approaches to Social Research*, 5th ed. New York: Oxford University Press.

Sinnott-Armstrong, Walter. 2014. "Consequentialism." In *The Stanford Encyclopedia of Philosophy*, edited by Edward N. Zalta, Spring 2014. http://plato.stanford.edu/archives/spr2014/entries/consequentialism/.

Slowikowski, Kamil. 2016. "Ggrepel: Repulsive Text and Label Geoms for 'Ggplot2'." https://CRAN.R-project.org/package=ggrepel.

Small, Mario Luis. 2009. "How Many Cases Do I Need? On Science and the Logic of Case Selection in Field-Based Research." *Ethnography* 10(1): 5–38. doi:10.1177/1466138108099586.

Smith, Gordon C. S., and Jill P. Pell. 2003. "Parachute Use to Prevent Death and Major Trauma Related to Gravitational Challenge: Systematic Review of Randomised Controlled Trials." *BMJ* 327 (7429): 1459–61. doi:10.1136/bmj.327.7429.1459.

Smith, T. M. F. 1976. "The Foundations of Survey Sampling: A Review." *Journal of the Royal Statistical Society. Series A (General)* 139(2): 183–204. doi:10.2307/2345174.

———. 1991. "Post-Stratification." *Journal of the Royal Statistical Society. Series D (The Statistician)* 40(3): 315–23. doi:10.2307/2348284.

Smith, Tom W. 1987. "That Which We Call Welfare by Any Other Name Would Smell Sweeter: An Analysis of the Impact of Question Wording on Response Patterns." *Public Opinion Quarterly* 51 (1): 75–83. doi:10.1086/269015.

———. 2011. "The Report of the International Workshop on Using Multi-Level Data from Sam- ple Frames, Auxiliary Databases, Paradata and Related Sources to Detect and Adjust for Non-response Bias in Surveys." *International Journal of Public Opinion Research* 23(3): 389–402. doi:10.1093/ijpor/edr035.

Sobel, Dava. 1996. *Longitude: The True Story of a Lone Genius Who Solved the Greatest Scientific Problem of His Time.* Harmondsworth, UK: Penguin.

Soeller, Gary, Karrie Karahalios, Christian Sandvig, and Christo Wilson. 2016. "MapWatch: Detect-ing and Monitoring International Border Personalization on Online Maps." In *Proceedings of the 25th International Conference on World Wide Web*, 867–78. WWW '16. Republic and Can- ton of Geneva, Switzerland: International World Wide Web Conferences Steering Committee. doi:10.1145/2872427.2883016.

Solove, Daniel J. 2010. *Understanding Privacy.* Cambridge, MA: Harvard University Press.

Sommer, Robert. 1969. *Personal Space: The Behavioral Basis of Design.* Englewood Cliffs, NJ.: Prentice Hall.

Sommers, Roseanna, and Franklin G. Miller. 2013. "Forgoing Debriefing in Deceptive Research: Is It Ever Ethical?" *Ethics & Behavior* 23(2): 98–116. doi:10.1080/10508422.2012.732505.

Sovey, Allison J., and Donald P. Green. 2011. "Instrumental Variables Estimation in Political Sci-ence: A Readers Guide." *American Journal of Political Science* 55(1): 188–200. doi:10.1111/j.1540- 5907.2010.00477.x.

Spector, Alfred, Peter Norvig, and Slav Petrov. 2012. "Google's Hybrid Approach to Research." *Commu- nications of the ACM* 55(7): 34–37. doi:10.1145/2209249.2209262.

Spitz, Vivien. 2005. *Doctors from Hell: The Horrific Account of Nazi Experiments on Humans.* Boulder, CO: Sentient.

Squire, Peverill. 1988. "Why the 1936 Literary Digest Poll Failed." *Public Opinion Quarterly* 52(1): 125–33. doi:10.1086/269085.

Srivastava, Sameer B., Amir Goldberg, V. Govind Manian, and Christopher Potts. 2017. "Enculturation Trajectories: Language, Cultural Adaptation, and Individual Outcomes in Organizations." *Management Science* in press. doi:10.1287/mnsc.2016.2671.

Stark, Laura. 2012. *Behind Closed Doors: IRBs and the Making of Ethical Research.* Chicago: University Of Chicago Press.

Stephens-Davidowitz, Seth. 2014. "The Cost of Racial Animus on a Black Candidate: Evidence Using Google Search Data." *Journal of Public Economics* 118: 26–40. doi:10.1016/j.jpubeco. 2014.04.010.

Stewart, Neil, Christoph Ungemach, Adam J. L. Harris, Daniel M. Bartels, Ben R. Newell, Gabriele Paolacci, and Jesse Chandler. 2015. "The Average Laboratory Samples a Population of 7,300 Ama- zon Mechanical Turk Workers." *Judgment and Decision Making* 10(5): 479–91. http://journal.sjdm.org/14/14725/h2.html.

Stokes, Donald E. 1997. *Pasteur's Quadrant: Basic Science and Technological Innovation.* Washington, DC: Brookings Institution Press.

Stone, Arthur A., and Saul Shiffman. 1994. "Ecological Momentary Assessment (EMA) in Behavioral Medicine." *Annals of Behavioral Medicine* 16(3): 199–202.

Stone, Arthur, Saul Shiffman, Audie Atienza, and Linda Nebeling, eds. 2007. *The Science of Real-Time Data Capture: Self-Reports in Health Research.* New York: Oxford University Press.

Stuart, Elizabeth A. 2010. "Matching Methods for Causal Inference: A Review and a Look Forward." *Statistical Science* 25(1): 1–21. doi:10.1214/09-STS313.

Su, Jessica, Aneesh Sharma, and Sharad Goel. 2016. "The Effect of Recommendations on Network Structure." In *Proceedings of the 25th International Conference on World Wide Web*, 1157–67. WWW '16. Republic and Canton of Geneva, Switzerland: International World Wide Web Conferences Steering Committee. doi:10.1145/2872427.2883040.

Subrahmanian, V. S., Amos Azaria, Skylar Durst, Vadim Kagan, Aram Galstyan, Kristina Lerman, Linhong Zhu, et al. 2016. "The DARPA Twitter Bot Challenge." *ArXiv:1601.05140 [cs.SI]*, January. http://arxiv.org/abs/1601.05140.

Sugie, Naomi F. 2014. "Finding Work: A Smartphone Study of Job Searching, Social Contacts, and Wellbeing After Prison." PhD Thesis, Princeton University. http://dataspace.princeton.edu/jspui/handle/88435/dsp011544br32k.

———. 2016. "Utilizing Smartphones to Study Disadvantaged and Hard-to-Reach Groups." *Sociological Methods & Research*, January. doi:10.1177/0049124115626176.

Sunstein, Cass R. 2002. "Probability Neglect: Emotions, Worst Cases, and Law." *Yale Law Journal* 112(1): 61–107. http://www.yalelawjournal.org/essay/probability-neglect-emotions-worst-cases-and-law.

———. 2005. *Laws of Fear: Beyond the Precautionary Principle.* Cambridge: Cambridge University Press. Swanson, Alexandra, Margaret Kosmala, Chris Lintott, and Craig Packer. 2016. "A Generalized Approach for Producing, Quantifying, and Validating Citizen Science Data from Wildlife Images." *Conservation Biology* 30(3): 520–31. doi:10.1111/cobi.12695.

Sweeney, Latanya 2002. "K-Anonymity: A Model for Protecting Privacy." *International Journal on Uncertainty Fuzziness and Knowledge-Based Systems* 10(5): 557–70. doi:10.1142/S0218488502001648.

Sweeney, Latanya, Mercè Crosas, and and Michael Bar-Sinai. 2015. "Sharing Sensitive Data with Confidence: The Datatags System." *Technology Science*, October. http://techscience.org/a/201510 1601/.

Taddy, Matt, Matt Gardner, Liyun Chen, and David Draper. 2016. "A Nonparametric Bayesian Analysis of Heterogeneous Treatment Effects in Digital Experimentation." *Journal of Business & Economic Statistics*, 34(4): 661–72. doi:10.1080/07350015.2016.1172013.

Tang, John C., Manuel Cebrian, Nicklaus A. Giacobe, Hyun-Woo Kim, Taemie Kim, and Douglas "Beaker" Wickert. 2011. "Reflecting on the DARPA Red Balloon Challenge." *Communications of the ACM* 54(4): 78–85. doi:10.1145/1924421.1924441.

Tavory, Iddo, and Ann Swidler. 2009. "Condom Semiotics: Meaning and Condom Use in Rural Malawi." *American Sociological Review* 74(2): 171–89. doi:10.1177/000312240907400201.

Taylor, Sean J. 2013. "Real Scientists Make Their Own Data." http://seanjtaylor.com/post/41463778912/real-scientists-make-their-own-data.

Taylor, Sean J., Eytan Bakshy, and Sinan Aral. 2013. "Selection Effects in Online Sharing: Consequences for Peer Adoption." In *Proceedings of the Fourteenth ACM Conference on Electronic Commerce*, 821–36. EC '13. New York: ACM. doi:10.1145/2482540.2482604.

Tene, Omer, and Jules Polonetsky. 2016. "Beyond IRBs: Ethical Guidelines for Data Research." *Washington and Lee Law Review Online* 72(3): 458. http://scholarlycommons.law.wlu.edu/wlulr-online/vol72/iss3/7.

Thompson, Clive. 2008. "If You Liked This, You're Sure to Love That." *New York Times Magazine*, November. http://www.nytimes.com/2008/11/23/magazine/23Netflix-t.html.

Thomsen, Ib. 1973. "A Note on the Efficiency of Weighting Subclass Means to Reduce the Effects of Nonresponse When Analyzing Survey Data." *Statistisk Tidskrift* 4: 278–83. https://statistics.no/a/histstat/ano/ano_io73_02.pdf.

Tilston, Natasha L., Ken T. D. Eames, Daniela Paolotti, Toby Ealden, and W. John Edmunds. 2010. "Internet-Based Surveillance of Influenza-Like-Illness in the UK During the 2009 H1N1 Influenza Pandemic." *BMC Public Health* 10: 650. doi:10.1186/1471-2458-10-650.

Tockar, Anthony. 2014. "Riding with the Stars: Passenger Privacy in the NYC Taxicab Dataset." *Neustar Research*. https://research.neustar.biz/2014/09/15/riding-with-the-stars-passenger-privacy-in-the-nyc-taxicab-dataset/.

Toole, Jameson L., Yu-Ru Lin, Erich Muehlegger, Daniel Shoag, Marta C. González, and David Lazer. 2015. "Tracking Employment Shocks Using Mobile Phone Data." *Journal of the Royal Society Interface* 12(107): 20150185. doi:10.1098/rsif.2015.0185.

Toomim, Michael, Travis Kriplean, Claus Pörtner, and James Landay. 2011. "Utility of Human-Computer Interactions: Toward a Science of Preference Measurement." In *Proceedings of the 2011 Annual Conference on Human Factors in Computing Systems*, 2275–84. CHI '11. New York: ACM. doi:10.1145/1978942.1979277.

Torche, Florencia, and Uri Shwed. 2015. "The Hidden Costs of War: Exposure to Armed Conflict and Birth Outcomes." *Sociological Science* 2: 558–81. doi:10.15195/v2.a27.

Toshkov, Dimiter. 2015. "Exploring the Performance of Multilevel Modeling and Poststratification with Eurobarometer Data." *Political Analysis* 23(3): 455–60. doi:10.1093/pan/mpv009.

Tourangeau, Roger. 2004. "Survey Research and Societal Change." *Annual Review of Psychology* 55(1): 775–801. doi:10.1146/annurev.psych.55.090902.142040.

Tourangeau, Roger, and Ting Yan. 2007. "Sensitive Questions in Surveys." *Psychological Bulletin*

133 (5): 859–83. doi:10.1037/0033-2909.133.5.859.

Tufekci, Zeynep. 2014. "Big Questions for Social Media Big Data: Representativeness, Validity and Other Methodological Pitfalls." In *Proceedings of the Eighth International AAAI Conference on Weblogs and Social Media*, 505–14. http://www.aaai.org/ocs/index.php/ICWSM/ICWSM14/paper/view/8062.

Tuite, Kathleen, Noah Snavely, Dun-yu Hsiao, Nadine Tabing, and Zoran Popovic. 2011. "PhotoCity: Training Experts at Large-Scale Image Acquisition Through a Competitive Game." In *Proceedings of the 2011 Annual Conference on Human Factors in Computing Systems*, 1383–92. CHI '11. New York: ACM. doi:10.1145/1978942.1979146.

Tumasjan, Andranik, Timm O. Sprenger, Philipp G. Sandner, and Isabell M. Welpe. 2010. "Predicting Elections with Twitter: What 140 Characters Reveal About Political Sentiment." In *Pro- ceedings of the Fourth International AAAI Conference on Weblogs and Social Media*, 178–85. http://www.aaai.org/ocs/index.php/ICWSM/ICWSM10/paper/view/1441.

_____. 2012. "Where There is a Sea There are Pirates: Response to Jungherr, Jürgens, and Schoen." *Social Science Computer Review* 30 (2): 235–9. doi:10.1177/0894439311404123.

Tversky, Amos, and Daniel Kahneman. 1981. "The Framing of Decisions and the Psychology of Choice." *Science* 211 (4481): 453–58. http://www.jstor.org/stable/1685855.

Ugander, Johan, Brian Karrer, Lars Backstrom, and Cameron Marlow. 2011. "The Anatomy of the Facebook Social Graph." *ArXiv:1111.4503 [cs.SI]*, November. http://arxiv.org/abs/1111.4503.

Urbanek, Simon. 2013. "Png: Read and Write PNG Images." https://CRAN.R-project.org/package=png.

Vaccaro, K., K. Karahalios, C. Sandvig, K. Hamilton, and C. Langbort. 2015. "Agree or Cancel? Research and Terms of Service Compliance." In *ACM CSCW Ethics Workshop: Ethics for Studying Sociotechnical Systems in a Big Data World*. http://social.cs.uiuc.edu/papers/pdfs/Vaccaro-CSCW-Ethics-2015.pdf.

Vaillant, Gabriela Gonzalez, Juhi Tyagi, Idil Afife Akin, Fernanda Page Poma, Michael Schwartz, and Arnout van de Rijt. 2015. "A Field-Experimental Study of Emergent Mobilization in Online Collective Action." *Mobilization: An International Quarterly* 20 (3): 281–303. doi:10.17813/1086-671X-20-3-281. Vaisey, Stephen. 2014. "The Attitudinal Fallacy Is a Fallacy: Why We Need Many Methods to Study Culture." *Sociological Methods & Research* 43 (2): 227–31. doi:10.1177/0049124114523395.

Valliant, Richard, and Jill A. Dever. 2011. "Estimating Propensity Adjustments for Volunteer Web Surveys." *Sociological Methods & Research* 40 (1): 105–37. doi:10.1177/0049124110392533.

van de Rijt, Arnout, Idil Akin, Robb Willer, and Matthew Feinberg. 2016. "Success-Breeds-Success in Collective Political Behavior: Evidence from a Field Experiment." *Sociological Science* 3: 940–50. doi:10.15195/v3.a41.

van de Rijt, Arnout, Soong Moon Kang, Michael Restivo, and Akshay Patil. 2014. "Field Experiments of Success-Breeds-Success Dynamics." *Proceedings of the National Academy of Sciences of the USA* 111 (19): 6934–9. doi:10.1073/pnas.1316836111.

VanderWeele, T. J., and S. Vansteelandt. 2014. "Mediation Analysis with Multiple Mediators."

Epidemio- logic Methods 2(1): 95–115. doi:10.1515/em-2012-0010.

VanderWeele, Tyler. 2015. *Explanation in Causal Inference: Methods for Mediation and Interaction.* New York: Oxford University Press.

VanderWeele, Tyler J. 2009. "Mediation and Mechanism." *European Journal of Epidemiology* 24 (5): 217–24. doi:10.1007/s10654-009-9331-1.

VanderWeele, Tyler J., and Ilya Shpitser. 2013. "On the Definition of a Confounder." *Annals of Statistics* 41(1): 196–220. doi:10.1214/12-AOS1058.

van Noort, Sander P., Cláudia T. Codeço, Carl E. Koppeschaar, Marc van Ranst, Daniela Paolotti, and Gabriela M. Gomes. 2015. "Ten-Year Performance of Influenzanet: ILI Time Series, Risks, Vaccine Effects, and Care-Seeking Behaviour." *Epidemics* 13(December): 28–36. doi:10.1016/j.epidem.2015.05.001.

Vaughan, Ted R. 1967. "Governmental Intervention in Social Research: Political and Ethical Dimensions in the Wichita Jury Recordings." In *Ethics, Politics, and Social Research*, edited by Gideon Sjoberg, 50–77. Cambridge, MA: Schenkman.

Verma, Inder M. 2014. "Editorial Expression of Concern: Experimental Evidence of Massive-scale Emotional Contagion Through Social Networks." *Proceedings of the National Academy of Sciences of the USA* 111(29): 10779. doi:10.1073/pnas.1412469111.

Vo, Huy, and Claudio Silvia. 2016. "Programming with Big Data." In *Big Data and Social Science: A Practical Guide to Methods and Tools*, edited by Ian Foster, Rayid Ghani, Ron S. Jarmin, Frauke Kreuter, and Julia Lane, 125–43. Boca Raton, FL: CRC Press.

von Ahn, Luis. 2005. "Human Computation." PhD Thesis, Carnegie Mellon University.

von Ahn, Luis, and Laura Dabbish. 2004. "Labeling Images with a Computer Game." In *Proceedings of the SIGCHI Conference on Human Factors in Computing Systems*, 319–26. CHI '04. New York. doi:10.1145/985692.985733.

———. 2008. "Designing Games with a Purpose." *Communications of the ACM* 51(8): 58–67. doi:10.1145/1378704.1378719.

von Ahn, Luis, Benjamin Maurer, Colin McMillen, David Abraham, and Manuel Blum. 2008. "re-CAPTCHA: Human-Based Character Recognition via Web Security Measures." *Science* 321 (5895): 1465–8. doi:10.1126/science.1160379.

Wakefield, Sara, and Christopher Uggen. 2010. "Incarceration and Stratification." *Annual Review of Sociology* 36(1): 387–406. doi:10.1146/annurev.soc.012809.102551.

Waksberg, Joseph. 1978. "Sampling Methods for Random Digit Dialing." *Journal of the American Statistical Association* 73(361): 40–46. doi:10.1080/01621459.1978.10479995.

Waldrop, M. Mitchell. 2016. "The Chips Are down for Moore's Law." *Nature* 530(7589): 144–47. doi:10.1038/530144a.

Wallgren, Anders, and Britt Wallgren. 2007. *Register-Based Statistics: Administrative Data for Statistical Purposes.* Chichester, UK: Wiley.

Walton, Gregory M. 2014. "The New Science of Wise Psychological Interventions." *Current Directions in Psychological Science* 23(1): 73–82. doi:10.1177/0963721413512856.

Wang, Jing, Panagiotis G. Ipeirotis, and Foster Provost. 2015. "Cost-Effective Quality Assurance in Crowd Labeling." SSRN Scholarly Paper ID 2479845. Rochester, NY: Social Science Research

Network. http://papers.ssrn.com/abstract=2479845.

Wang, Wei, David Rothschild, Sharad Goel, and Andrew Gelman. 2015. "Forecasting Elections with Non-Representative Polls." *International Journal of Forecasting* 31(3): 980–91. doi: 10.1016/j.ijforecast.2014.06.001.

Warren, Samuel D., and Louis D. Brandeis. 1890. "The Right to Privacy." *Harvard Law Review* 4 (5): 193–220. doi:10.2307/1321160.

Watkins, Susan Cotts, and Ann Swidler. 2009. "Hearsay Ethnography: Conversational Journals as a Method for Studying Culture in Action." *Poetics* 37(2): 162–84. doi:10.1016/j.poetic.2009. 03.002.

Watts, Duncan J. 2012. *Everything Is Obvious: How Common Sense Fails Us.* New York: Crown Business.

———. 2014. "Common Sense and Sociological Explanations." *American Journal of Sociology* 120 (2): 313–51. doi:10.1086/678271.

Webb, Eugene J., Donald T. Campbell, Richard D. Schwartz, and Lee Sechrest. 1966. *Unobtrusive Measures.* Chicago: Rand McNally.

Weisberg, Herbert F. 2005. *The Total Survey Error Approach: A Guide to the New Science of Survey Research.* Chicago: University of Chicago Press.

Wendler, David, Leah Belsky, Kimberly M. Thompson, and Ezekiel J. Emanuel. 2005. "Quantifying the Federal Minimal Risk Standard: Implications for Pediatric Research Without a Prospect of Direct Benefit." *JAMA* 294(7): 826–32. doi:10.1001/jama.294.7.826.

Wesolowski, Amy, Caroline O. Buckee, Linus Bengtsson, Erik Wetter, Xin Lu, and Andrew J. Tatem. 2014. "Commentary: Containing the Ebola Outbreak—The Potential and Challenge of Mobile Network Data." *PLoS Currents.* doi:10.1371/currents.outbreaks.0177e7fcf52217b8b 634376e2f3efc5e.

West, Brady T., and Annelies G. Blom. 2016. "Explaining Interviewer Effects: A Research Synthesis." *Journal of Survey Statistics and Methodology*, November. doi:10.1093/ jssam/smw024.

Westen, Drew, and Robert Rosenthal. 2003. "Quantifying Construct Validity: Two Simple Measures." *Journal of Personality and Social Psychology* 84(3): 608–18. doi:10.1037/ 0022-3514.84.3.608.

Wickham, H. 2011. "The Split–Apply–Combine Strategy for Data Analysis." *Journal of Statistical Software* 40(1): 1–29.

Wickham, Hadley. 2007. "Reshaping Data with the Reshape Package." *Journal of Statistical Software* 21(12): 1–20. http://www.jstatsoft.org/v21/i12/.

———. 2009. *Ggplot2: Elegant Graphics for Data Analysis.* New York: Springer.

———. 2015. "Stringr: Simple, Consistent Wrappers for Common String Operations." https:// CRAN.R- project.org/package=stringr.

Wickham, Hadley, and Romain Francois. 2015. "Dplyr: A Grammar of Data Manipulation." https://CRAN.R-project.org/package=dplyr.

Wiggins, Andrea. 2011. "eBirding: Technology Adoption and the Transformation of Leisure into Science." In *Proceedings of the 2011 iConference*, 798–99. iConference '11. New York:

ACM. doi:10.1145/1940761.1940910.

Wilke, Claus O. 2016. "Cowplot: Streamlined Plot Theme and Plot Annotations for 'ggplot2'." https://CRAN.R-project.org/package=cowplot.

Willer, David, and Henry Walker. 2007. *Building Experiments: Testing Social Theory.* Stanford, CA: Stanford Social Sciences.

Williamson, Vanessa. 2016. "On the Ethics of Crowdsourced Research." *PS: Political Science & Politics* 49 (1): 77–81. doi:10.1017/S104909651500116X.

Willis, Derek. 2014. "Professors' Research Project Stirs Political Outrage in Montana," *New York Times*, October. https://www.nytimes.com/2014/10/29/upshot/professors-research-project-stirs-political-outrage-in-montana.html.

Wilson, Timothy D., Elliot Aronson, and Kevin Carlsmith. 2010. "The Art of Laboratory Experimentation." In *Handbook of Social Psychology.* Hoboken, NJ: Wiley. http://onlinelibrary.wiley.com/doi/10.1002/9780470561119.socpsy001002/abstract.

Wimmer, Andreas, and Kevin Lewis. 2010. "Beyond and Below Racial Homophily: ERG Models of a Friendship Network Documented on Facebook." *American Journal of Sociology* 116 (2): 583–642. http://www.jstor.org/stable/10.1086/653658.

Windt, Peter Van der, and Macartan Humphreys. 2016. "Crowdseeding in Eastern Congo Using Cell Phones to Collect Conflict Events Data in Real Time." *Journal of Conflict Resolution* 60 (4): 748–81. doi:10.1177/0022002714553104.

Wolfers, Justin, and Eric Zitzewitz. 2004. "Prediction Markets." *Journal of Economic Perspectives* 18 (2): 107–26. http://www.jstor.org/stable/3216893.

Wood, Chris, Brian Sullivan, Marshall Iliff, Daniel Fink, and Steve Kelling. 2011. "eBird: Engaging Birders in Science and Conservation." *PLoS Biology* 9 (12): e1001220. doi:10.1371/journal.pbio.1001220.

Wu, Felix T. 2013. "Defining Privacy and Utility in Data Sets." *University of Colorado Law Review* 84: 1117–77. http://lawreview.colorado.edu/wp-content/uploads/2013/11/13.-Wu_710_s.pdf.

Xie, Huizhi, and Juliette Aurisset. 2016. "Improving the Sensitivity of Online Controlled Experiments: Case Studies at Netflix." In *Proceedings of the 22nd ACM SIGKDD International Conference on Knowledge Discovery and Data Mining*, 645–654.doi:10.1145/2939672.2939733.

Yakowitz, Jane. 2011. "Tragedy of the Data Commons." *Harvard Journal of Law & Technology* 25: 1–67. http://jolt.law.harvard.edu/articles/pdf/v25/25HarvJLTech1.pdf.

Yang, Shihao, Mauricio Santillana, and S. C. Kou. 2015. "Accurate Estimation of Influenza Epidemics Using Google Search Data via ARGO." *Proceedings of the National Academy of Sciences of the USA* 112 (47): 14473–8. doi:10.1073/pnas.1515373112.

Yeager, David S., Jon A. Krosnick, LinChiat Chang, Harold S. Javitz, Matthew S. Levendusky, Alberto Simpser, and Rui Wang. 2011. "Comparing the Accuracy of RDD Telephone Surveys and Internet Surveys Conducted with Probability and Non-Probability Samples." *Public Opinion Quarterly* 75 (4): 709–47. doi:10.1093/poq/nfr020.

Yoon, Carol Kaesuk. 1997. "Families Emerge as Silent Victims Of Tuskegee Syphilis Experiment."

New York Times, May. http://www.nytimes.com/1997/05/12/us/families-emerge-as-silent-victims-of-tuskegee-syphilis-experiment.html.

Youyou, Wu, Michal Kosinski, and David Stillwell. 2015. "Computer-Based Personality Judgments Are More Accurate Than Those Made by Humans." *Proceedings of the National Academy of Sciences of the USA* 112 (4): 1036–40. doi:10.1073/pnas.1418680112.

Yu, Guangchuang. 2016. "Emojifont: Emoji Fonts for Using in R." https://CRAN.R-project.org/package=emojifont.

Zevenbergen, Bendert, Brent Mittelstadt, Carissa Véliz, Christian Detweiler, Corinne Cath, Julian Savulescu, and Meredith Whittaker. 2015. "Philosophy Meets Internet Engineering: Ethics in Networked Systems Research. (GTC Workshop Outcomes Paper)." SSRN Scholarly Paper ID 2666934. Rochester, NY: Social Science Research Network. http://papers.ssrn.com/abstract=2666934. Zhang, Han. 2016. "Causal Effect of Witnessing Political Protest on Civic Engagement." SSRN Scholarly Paper ID 2647222. Rochester, NY: Social Science Research Network. http://papers.ssrn.com/abstract=2647222.

Zhang, Li-Chun. 2000. "Post-Stratification and Calibration: A Synthesis." *American Statistician* 54 (3): 178–84. doi:10.1080/00031305.2000.10474542.

Zhou, Haotian, and Ayelet Fishbach. 2016. "The Pitfall of Experimenting on the Web: How Unattended Selective Attrition Leads to Surprising (Yet False) Research Conclusions." *Journal of Personality and Social Psychology* 111 (4): 493–504. doi:10.1037/pspa0000056.

Zignani, Matteo, Sabrina Gaito, Gian Paolo Rossi, Xiaohan Zhao, Haitao Zheng, and Ben Y. Zhao. 2014. "Link and Triadic Closure Delay: Temporal Metrics for Social Network Dynam- ics." In *Eighth International AAAI Conference on Weblogs and Social Media*. http://www.aaai.org/ocs/index.php/ICWSM/ICWSM14/paper/view/8042.

Zimmer, Michael. 2010. "But the Data Is Already Public: On the Ethics of Research in Facebook." *Ethics and Information Technology* 12 (4): 313–25. doi:10.1007/s10676-010-9227-5.

———. 2016. "OkCupid Study Reveals the Perils of Big-Data Science." *Wired*. https://www.wired.com/2016/05/okcupid-study-reveals-perils-big-data-science/.

Zimmerman, Birgitte. 2016. "Information and Power: Ethical Considerations of Political Information Experiments." In *Ethics and Experiments: Problems and Solutions for Social Scientists and Policy Professionals*, edited by Scott Desposato, 183–97. New York: Routledge.

Zittrain, Jonathan. 2008. "Ubiquitous Human Computing." *Philosophical Transactions of the Royal Society A: Mathematical, Physical and Engineering Sciences* 366 (1881): 3813–21. doi:10.1098/rsta.2008.0116. Zizzo, Daniel John. 2010. "Experimenter Demand Effects in Economic Experiments." *Experimental Economics* 13 (1): 75–98. doi:10.1007/s10683-009- 9230-z.

Zook, Matthew, Solon Barocas, Kate Crawford, Emily Keller, Seeta Peña Gangadharan, Alyssa Goodman, Rachelle Hollander, et al. 2017. "Ten Simple Rules for Responsible Big Data Research." *PLoS Computational Biology* 13 (3): e1005399. doi:10.1371/journal.pcbi.1005399.

찾아보기

비트 바이 비트
디지털 시대의 사회조사방법론

초판 1쇄 찍은날 2020년 3월 6일
초판 1쇄 펴낸날 2020년 3월 13일

지은이	매튜 살가닉
옮긴이	강정한·김이현·송준모·윤다솜
펴낸이	한성봉
편집	조유나·하명성·최창문·김학제·이동현·신소윤·조연주
콘텐츠제작	안상준
디자인	전혜진·김현중
마케팅	박신용·오주형·강은혜·박민지
경영지원	국지연·지성실
펴낸곳	도서출판 동아시아
등록	1998년 3월 5일 제1998-000243호
주소	서울시 중구 소파로 131 [남산동 3가 34-5]
페이스북	www.facebook.com/dongasiabooks
전자우편	dongasiabook@naver.com
블로그	blog.naver.com/dongasiabook
인스타그램	www.instargram.com/dongasiabook
전화	02) 757-9724, 5
팩스	02) 757-9726
ISBN	978-89-6262-324-6 93300

이 도서의 국립중앙도서관 출판예정도서목록(CIP)은
서지정보유통지원시스템 홈페이지(http://seoji.nl.go.kr)와
국가자료종합목록 구축시스템(http://kolis-net.nl.go.kr)에서
이용하실 수 있습니다. (CIP제어번호 : CIP2020006907)

※ 잘못된 책은 구입하신 서점에서 바꿔드립니다.

만든 사람들

편집	김경아·최창문
크로스교열	안상준
표지 디자인	전혜진